मैं और मेरा परिवेश

मैं और मेरा परिवेश

यशपाल

सम्पादन एवं समन्वय
आनन्द

विप्लव कार्यालय, लखनऊ की ओर से

लोकभारती प्रकाशन
पहली मंजिल, दरबारी बिल्डिंग, महात्मा गाँधी मार्ग, इलाहाबाद-1

विप्लव कार्यालय, लखनऊ
की ओर से

लोकभारती प्रकाशन
पहली मंजिल, दरबारी बिल्डिंग, महात्मा गाँधी मार्ग
इलाहाबाद-211 001

वेबसाइट : www.lokbhartiprakashan.com
ईमेल : info@lokbhartiprakashan.com

शाखाएँ : 1-बी, नेताजी सुभाष मार्ग, दरियागंज
नयी दिल्ली-110 002
अशोक राजपथ, साइंस कॉलेज के सामने
पटना-800 006 (बिहार)
36-ए, शेक्सपियर सरणी
कोलकाता-700 017

प्रथम संस्करण : 2014

बी.के. ऑफ़सेट
नवीन शाहदरा, दिल्ली-110032
द्वारा मुद्रित

MAIN AUR MERA PARIVESH
by Yashpal

ISBN : 978-81-8031-867-2

मूल्य : ₹ 600

प्राक्कथन

यह पुस्तक यशपाल जी के समय समय पर प्रकाशित परन्तु असंकलित लेखों और निबन्धों के प्रकाशन की शृंखला में पहली प्रस्तुति है। इस शृंखला में सम्मिलित अधिकांश लेख १९५५-१९७५ के बीच प्रकाशित हुए थे। योजना थी कि प्रत्येक की प्रकाशन-तिथि तथा जिस पत्र-पत्रिका में प्रकाशन हुआ उसके नाम का भी उल्लेख किया जाय परन्तु अनेक लेखों के बारे में पूरी सूचना उपलब्ध न होने के कारण यह सम्भव न हो सका।

इस शृंखला में प्रकाशित किये जा रहे लेख यशपाल रचनावली में इसलिए सम्मिलित नहीं हुए क्योंकि इनके बारे में पूरी सूचना रचनावली के १४ खण्डों के मुद्रित होने के बाद उभरकर सामने आयी। हर्ष का विषय है कि रचनावली में इनके सम्मिलन के बाद यशपाल साहित्य और पर्याप्त रूप में पाठकों के सामने आ सकेगा।

इन लेखों के प्रकाशन का श्रेय मुख्य रूप से प्रकाशवती जी को है जिन्होंने श्रमसाध्य प्रयत्नों से मूल या प्रकाशित सामग्री जमा की थी। अतएव इनका अन्ततोगत्वा प्रकाशन उनकी स्मृति को समर्पित है।

आनन्द

भूमिका

अपनी सक्रिय राजनीति और क्रान्तिकारी गतिविधियों के कारण सन् १९३८ में आजीवन कारावास से मुक्ति के बाद यशपाल (१९०३-१९७६) ने साहित्य और पत्रकारिता को अपनाया। इसकी तैयारी वे अपने जेल-जीवन में ही करते रहे। राजनीतिक कारणों से उनके गृहप्रान्त पंजाब में उनका प्रवेश प्रतिबन्धित होने से वे लखनऊ में ही बस गये और वहीं से उन्होंने आजीविका के छिटपुट अन्य प्रयासों के बाद 'विप्लव' का प्रकाशन शुरू किया और पत्रकारिता एवं साहित्य को ही अपने जीवन का लक्ष्य बना लिया। अपने इस रूपान्तरण को उन्होंने 'बुलेट की जगह बुलेटिन' के रूप में परिभाषित किया। उनके राजनीतिक क्रियाकलापों और अब परिवर्तित स्थितियों में इस साहित्य और पत्रकारिता सम्बन्धी गतिविधियों का लक्ष्य एक ही था—सामाजिक परिवर्तन में भरसक अपना योगदान।

यशपाल की मूल पहचान भले ही एक कथाकार की हो, लेकिन कथा-साहित्य के बाहर भी उन्होंने बहुत-कुछ लिखा है। उनका यह लेखन उनके पर्याप्त लम्बे और व्यवस्थित रचनाकाल में समय की अपनी जरूरतों एवं दबावों के हिसाब से हुआ। 'विप्लव' के सम्पादकीय, क्रान्तिकारी जीवन के अपने संस्मरण, यात्रावृत्त, प्रगतिशील लेखक संघ की गतिविधियों के प्रसंग में अपने अभिमत एवं टिप्पणियों के अतिरिक्त बड़ी संख्या में उन्होंने राजनीतिक निबन्ध भी लिखे। चूँकि पत्रिका के साथ उसके समानान्तर ही प्रकाशवती जी के सक्रिय सहयोग से उन्होंने प्रकाशन का काम भी शुरू किया, अपनी ही पुस्तकों के प्रकाशन के लिए, उनके इस छिटपुट लेखन का उपयोग भी प्रायः पुस्तकों के रूप में होता रहा। उनके कहानी-संग्रहों और उपन्यासों के अतिरिक्त 'सिंहावलोकन', 'मार्क्सवाद', 'गाँधीवाद की शव परीक्षा' और 'न्याय का संघर्ष' आदि उनकी इसी तरह लिखित सामग्री से बनी किताबें हैं।

यशपाल के बारे में एक आम धारणा यह है कि अपने वैचारिक आग्रहों के प्रति वे बहुत अनन्य और दृढ़ थे। इसी कारण अपने समय के साहित्यिक-राजनीतिक विवादों और बहसों में भी उनकी सक्रिय हिस्सेदारी रही। मार्क्सवादी और ग़ैर-मार्क्सवादी दोनों तरह के आलोचकों के विरोध के बीच उनका लेखन हुआ। जब-तब उन्हें अपने इन आलोचकों से भी उलझना होता था। भरसक सैद्धान्तिक रूप में वे अपना पक्ष रखते थे। सन् १९५५ के आस-पास मेरा उनसे जो व्यवस्थित पत्राचार शुरू हुआ और जो उनके जीवन के अन्त तक बना रहा, उनकी इस सक्रियता का ही एक हिस्सा था। सन् '६२ में उनके आत्मीय सम्पर्क

में आने के बाद आज भी यह सोचकर एक थ्रिल-सा अनुभव होता है कि मुझे उनका इतना स्नेह और विश्वास मिला। अनेक प्रसंगों में मेरी राय को महत्त्व देकर न सिर्फ उन्होंने अपने उपन्यास का शीर्षक बदला, सप्लाई रोककर एक अन्य उपन्यास का अन्तिम हिस्सा नये सिरे से लिखा भी। मेरे द्वारा उठाये गये सवालों के उत्तर में न सिर्फ़ उन्होंने लम्बे-लम्बे पत्र लिखे, मेरे लखनऊ जाने पर अनेक मुद्दों और साहित्यिक परिदृश्य पर उनसे लम्बी बातचीत भी होती रही।

अनुशासन, व्यवस्था और निरन्तरता सम्भवतः यशपाल के लेखन के केन्द्रीय सूत्र हैं। उनकी लिखित 'विप्लव' की सम्पादकीय टिप्पणियाँ निकट भविष्य में, प्रकाश हैं। मेरा अनुमान है कि उनसे प्रेमचन्द के 'विविध-प्रसंग' जैसे ही कई खण्ड बन सकते हैं। यह तो पता था कि उनके अनेक लेख, टिप्पणियाँ और स्तम्भों की सामग्री अभी भी असंकलित है, लेकिन वह सब सामग्री मिलाकर इतनी विपुल मात्रा में होगी, इसकी जानकारी मुझे नहीं थी। यह पर्याप्त प्रसन्नता और सन्तोष की बात है कि उनका एक असमाप्त उपन्यास और लम्बी कालावधि में लिखित अनेक लेखों के रूप में इतनी सामग्री प्रकाशनार्थ तैयार है कि उससे उनकी 'जेल डायरी' के अतिरिक्त निबन्धों के तीन संग्रह प्रकाशित हो सकते हैं। यशपाल ने सामाजिक एवं राजनीतिक मुद्दों पर तो लिखा ही है, व्यक्तिगत सन्दर्भों पर उनका आत्मगत लेखन भी काफी मात्रा में है।

गहरी और लम्बी खोजबीन के बाद समय-समय पर लिखित यशपाल के जो निबन्ध और आत्मगत रचनाएँ असंकलितप्राय रूप में मिल रहे हैं, उनमें से बड़ी संख्या में इस प्रस्तावित शृंखला के पहले खण्ड में दिये जा रहे हैं। मुझे याद है कि कभी यशपाल ने अपने आत्म-कथात्मक संस्मरण 'लेखा-जोख़ा' के नाम से लिखना शुरू किये थे। फिर बाद में शायद उन्हें लगा कि जो कुछ वे उसमें कहना चाहते हैं, उसका बहुत-कुछ 'सिंहावलोकन' में आ चुका है। उसका जितना अंश लिखा गया था वह दो निबन्धों के रूप में प्रकाशित हुआ। मोहन राकेश द्वारा सम्पादित 'सारिका' में 'आईने के सामने' और 'मेरी रचनाओं में अश्लीलता का प्रश्न' वस्तुतः उसी सामग्री से बने थे। इनमें से दूसरा निबन्ध डॉ. रामविलास शर्मा के 'रूपलेखा' में प्रकाशित लेख 'यशपाल जी और अश्लीलता' के उत्तर में लिखा गया था। इसका सन्दर्भ मेरी पुस्तक 'यशपाल के पत्र' में भी है। 'लहर' में प्रकाशित मेरी टिप्पणी के बाद यशपाल ने मुझे उस लेख का उत्तर लिखने को लिखा था। तब वे अपनी आँखों के कष्ट से जूझ रहे थे और उनका लिखना-पढ़ना बहुत सीमित हो गया था। दो बड़े लेखकों की बहस में मैंने पड़ना उचित नहीं समझा। मेरे मना कर देने पर ही शायद आपद्धर्म के तौर पर ही यह लेख उन्होंने लिखा था। इसका मूल प्रारूप 'लेखा-जोखा' में था। इसी तरह और भी अनेक रचनाएँ यशपाल ने अपने बचाव और औचित्य निर्धारण के रूप में लिखी हैं। 'मैं कहानी कैसे लिखता हूँ?' 'कहानी' के ऐतिहासिक बन चुके सन् १९५४ के विशेषांक में लिखा गया था, जिसमें उनकी कहानी 'पतिव्रता' भी छपी थी। इस लेख में शरतचन्द्र पर की गयी उनकी टिप्पणी के विरोध में मेरे पत्र के उनके उत्तर से ही लम्बा पत्राचार हमारे बीच शुरू हुआ। इसी प्रकार एक और निबन्ध का उल्लेख करना चाहूँगा जो अपनी आँखों के कष्ट के बावजूद उन्होंने मेरे अनुरोध पर लिखा। तब वे आँखों के ऑपरेशन के लिए मास्को जाने

की मानसिक तैयारी में भी थे। हंसराज रहबर का एक लेख 'पुरी का पत्र यशपाल के नाम' 'ज्ञानोदय' में छपा था। मेरी ज़िद पर, न चाहते हुए भी उन्होंने उसका उत्तर दिया था 'यशपाल का पत्र पुरी के नाम' शीर्षक से। यह 'ज्ञानोदय' के ही पत्र-विशेषांक में प्रकाशित हुआ था। यशपाल ने अपनी बात कहने में कभी कोई संकोच नहीं किया। बहस और विवाद से वे तभी बचते थे जब उन्हें लगता था कि इससे उनका योजनाबद्ध मूल-लेखन प्रभावित हो सकता है।

इस खण्ड में बहुत-सी ऐसी सामग्री है जो आत्मगत प्रकृति की है। इस सामग्री को एक जगह देख और पढ़कर किसी को भी आश्चर्य हो सकता है। यहाँ अपने लेखकीय जीवन के वैविध्यपूर्ण अनुभवों का खुलासा उन्होंने किया है—कभी अपनी इच्छा से और कभी दूसरों के अनुरोध पर।

जब मैं उनके सम्पर्क में आया और उन पर पुस्तक की तैयारी का विचार बनाया, मैं कुछ ऐसी सामग्री उनसे लेकर आया था जो निबन्धों के रूप में ही लिखी गयी थी। इनमें से कुछ लेख उन्होंने अपनी सोवियत संघ की यात्राओं में वहाँ के पत्रों या रेडियो के लिए लिखे थे। इनमें यासन्या पलान्या की उनकी यात्रा, तुर्गनेव आदि पर लिखित लेखों के अतिरिक्त 'प्रेमचन्द की पुण्यतिथि' शीर्षक से भी एक वार्त्ता थी जो उन्होंने मास्को रेडियो के लिए लिखी थी। उनके निधन के बाद जब कमलेश्वर ने 'सारिका' का यशपाल पर केन्द्रित अंक निकाला तो प्रकाशवती जी के सहयोग से इसमें की बहुत-सी सामग्री उसमें प्रकाशित की। इस खण्ड में तुलसीदास, कबीर आदि पर उनके अनेक विवादास्पद लेख भी हैं जो इधर वर्षों से अप्राप्य थे। कायदे से उस काम को और पहले हो जाना चाहिए था। लेकिन फिर भी, जैसी कहावत है—देर आमद, दुरुस्त आमद। इस ढेर-सारी सामग्री के एक जगह उपलब्ध हो जाने से यशपाल-जैसे बड़े क़द-बुत के लेखक की रचना-प्रक्रिया और रचनात्मक सरोकारों की दृष्टि से भी इस सामग्री का अपना महत्त्व है।

मधुरेश

अनुक्रम

मैं और मेरा परिवेश

मेरे साहित्यिक जीवन का आरम्भ

अपने साहित्यिक जीवन के आरम्भ का परिचय देने का अभिप्राय यदि साहित्य सृजन से जीविका उपार्जन करने की घटना या घटनावली का परिचय देना हो तो उसमें कुछ भी कठिनाई नहीं। परन्तु यदि अभिप्राय साहित्य सृजन की क्रिया के व्यवहार के आरम्भ का हो तो कुछ कठिनाई अवश्य होती है। इस प्रक्रिया की उपमा किसी सीमा तक बीज से वृक्ष बनने के समान होगी। यह सत्य है कि बीज से अंकुर किसी क्षण-विशेष में ही फूटता है या किसी क्षण-विशेष में ही वह फूटा हुआ अंकुर दृष्टि में आता है। परन्तु वास्तव में कई बार अंकुर के दिखायी दे सकने के योग्य होने से पहले भी वह फूट चुका होता है। इस रूपक को कुछ और विस्तार से देखिये। व्यक्ति के बीजरूपी स्वभाव या प्रवृत्ति से साहित्यिक सृजन की प्रवृत्ति का अंकुर फूट जाना एक बात है परन्तु अंकुर फूट जाने से पहले बीज पृथ्वी की आर्द्रता ग्रहण कर कुछ समय तक फूलता रहकर अंकुर उत्पन्न करने के लिए तैयार भी होता रहता है। भावी साहित्यिक की इस अवस्था को भी उसके साहित्यिक जीवन के आरम्भ में सम्मिलित किया जाना चाहिए अथवा नहीं?

मेरी बीती यह है कि बहुत बचपन में भी मुझे कथा, उपन्यास, यात्रा आदि पढ़ने की अदमनीय रुचि थी। बारह, तेरह, चौदह वर्ष की आयु की बात कह रहा हूँ। मैं उस समय गुरुकुल काँगड़ी का विद्यार्थी था और छात्रावास में रहता था। सन्ध्या समय हमें व्यायाम के लिए घण्टे-डेढ़ घण्टे फुटबाल, हाकी, कबड्डी कुछ-न-कुछ खेलने के लिए बोर्डिंग के मैदान में जाना होता था। मैं ऐसी कोई पुस्तक हाथ लग जाने पर अधिष्ठाता या सुपरिण्टेण्डेण्ट की आँख से बचकर बोर्डिंग में वह पुस्तक पढ़ने के लिए बैठ जाता। इस नियम भंग के कारण कई बार कान खिंचे, थप्पड़-मुक्का भी सहना पड़ा परन्तु यह व्यसन दुर्दमनीय था। आप समझ लीजिये कि कथा, कहानी और वृत्तान्त के प्रति यह रुचि और उसकी तृप्ति मुझमें कथा, कहानी रच सकने की इच्छा को पुष्ट कर रही होगी। गुरुकुल पुस्तकालय में कुछ ऐसी पुस्तकें थीं। ऐसी कुछ पुस्तकें विद्यार्थी अपने परिवार के लोगों के मिलने आने पर ले लेते थे। खाने, पीने, पहनने या दूसरी प्रकार की वस्तुओं के सम्बन्ध में गुरुकुल के नियम कड़े थे। विद्यार्थी अपने सम्बन्धियों से पुस्तकें ही ले सकते थे। हाँ, उपन्यास, विशेषकर श्रृंगार रस के उपन्यास निषिद्ध थे पर कुछ आ ही जाते थे। जिन विद्यार्थियों के अभिभावकों की आर्थिक अवस्था अच्छी थी, वे अपने संरक्षितों को बहुत-सी पुस्तकें दे जाते थे। मेरे माता-पिता मुझे ऐसी पुस्तकें नहीं दे जा सकते थे। मैं दूसरों से माँगकर ही पढ़ लिया करता था।

संध्या के भोजन के बाद विश्राम के समय विद्यार्थी इन पुस्तकों में पढ़ी हुई कहानियाँ गर्व से दूसरों को सुनाते थे। ऐसा भी होता कि स्वयं कहानी सुना सकने का गर्व पूरा करने के लिए विद्यार्थी अपनी पुस्तकें दूसरों को पढ़ने के लिए न देते थे। दूसरों से सुनकर सन्तुष्ट होना और स्वयं सुना सकने का सन्तोष न पा सकना मुझे बहुत खलता था। मैंने दूसरों से सुनी हुई कहानियों के आधार पर कल्पना से वैसी ही कहानी सुनाने का प्रयत्न किया और सुननेवालों की प्रतिक्रिया से समझा कि मैं सफल हूँ। उन्हीं दिनों जब मैं छठी कक्षा में पढ़ता था। अपने से ऊँची कक्षा के विद्यार्थियों को हस्तलिखित पत्रिका निकालते देखकर हमारी कक्षा के विद्यार्थियों ने भी अनुकरण करना चाहा। पत्रिका के लिए कहानी अनिवार्य होती है। प्रश्न आया कौन लिखेगा? हमारे एक साथी ने यह बीड़ा उठाया और अपने अभिभावकों से पायी पुस्तक में से एक कहानी नकल कर दी। मैं भला क्यों पीछे रहता। मैंने भी कल्पना से पढ़ी हुई कहानियों के आधार पर एक कहानी गढ़कर लिख दी। वह कहानी अब भी कुछ याद है परन्तु समय कम है इसलिए जाने दीजिये। ऊँची कक्षा के विद्यार्थियों ने मेरी लिखी कहानी की सराहना की। मुझे विश्वास हो गया कि मैं कहानी लिख सकता हूँ। गणित में मेरे नम्बर चाहे कम आयें पर मैं भी कुछ हूँ।

कोई मनोवैज्ञानिक कहेगा कि साहित्य रचना की मेरी प्रेरणा का स्रोत ईर्ष्या थी। आप चाहे जो कहें, वास्तविक बात आपके सम्मुख कह दूँ। आज भी किसी की अच्छी या सफल रचना पढ़कर मुझे वैसी ही रचना करने की प्रेरणा होती है। यह भी कह दूँ, डेढ़-दो सौ कहानियाँ और सात-आठ उपन्यास लिख चुका हूँ। साहित्यिक चोरी या नकल (plagiarism) का आरोप किसी ने मुझ पर नहीं लगाया।

कला और साहित्य के सृजन के लिए प्रेरणा का बहुत महत्त्व माना जाता है। वास्तव में ऐसा है भी। मुख्य वस्तु है वही, परन्तु मैंने उसे पकड़े रहने की आवश्यकता कभी अनुभव नहीं की। मेरा विचार है कि प्रेरणा स्वर की लहरों की भाँति हमारे वातावरण में सदा सर्वथा विद्यमान रहती है। लेखक उन्हें पकड़ सकने के योग्य होना चाहिए जैसे रेडियो का रिसीविंग सेट होता है। यह बात प्रयत्न और साधना से जगायी चेतना से होती है।

हाँ, तेरह-चौदह की आयु से मैं कभी-न-कभी कुछ-न-कुछ लिखता ही रहा परन्तु वह सब नितान्त वैयक्तिक वस्तुएँ थीं। लिखी गयीं और फाड़ दी गयीं। परन्तु जब लाहौर नेशनल कॉलिज में पढ़ रहा था, आदरणीय उदयशंकर जी भट्ट हमारे हिन्दी के लेक्चरर थे। एक दिन मेरा लिखा निबन्ध देखकर भट्ट जी ने पूछा, "कुछ कहानी-वहानी भी लिखते हो?" बहुत संकोच से अपराध स्वीकार किया। एक कहानी लिखकर भट्ट जी को दिखायी। भट्ट जी सन्तुष्ट हुए। वह कहानी उन दिनों बरेली से प्रकाशित 'भ्रमर' नामक पत्र में प्रकाशित हो गयी। बहुत साहस बढ़ा।

अपनी मानसिक अवस्था या तत्कालीन गुप्त भावना के कारण मैं उन दिनों छोटे-छोटे भावात्मक गद्य लिखा करता था। कानपुर के 'प्रताप' के सम्पादक उस समय (स्वर्गीय) गणेश शंकर जी विद्यार्थी थे। बिना किसी परिचय के ही उन्हें भेजने लगा। पुस्तकालय में साप्ताहिक 'प्रताप' का अंक आता तो धड़कते हुए हृदय से उसे उठाकर देखता। सबसे पहले अन्तिम पृष्ठ देखता। उन दिनों 'प्रताप' के अन्तिम पृष्ठ पर एक कॉलम रहता था, 'नहीं छापेंगे'। इसमें कुछ रचनाओं के नाम रहते थे जिन्हें स्थानाभाव के कारण अथवा विश्वास योग्य या सन्तोषजनक न होने के कारण न छापे जाने की सूचना रहती थी। अपनी रचना का नाम

इस स्तम्भ में न देखकर सन्तोष की साँस लेता और फिर पत्र को बहुत धीरे-धीरे आरम्भ से देखने लगता। मेरी लिखी सभी चीज़ें शनैः-शनैः छप गयीं और पहले पृष्ठ पर। फिर क्या कहना था। जब मैं यों साहित्य की सीढ़ी पर क़दम जमा रहा था, बमबाजी द्वारा क्रान्ति के अपराध में फ़रार हो जाना पड़ा। फ़रारी में कई बार नाम बदलकर लिखकर तृप्त किया। गिरफ़्तार हुआ और जेल जाना पड़ा। आजीवन जेल हुई थी परन्तु सात वर्ष बाद छूट गया। इन सात वर्षों में प्रकाशन की आशा न होने पर भी लिखता रहा। एक बार लिखे को बदलकर परिमार्जित कर कई बार लिखा। कहिये तो यह मेरे यत्न से लिखना सीखने का समय था।

जेल से छूटा तो और किसी काम लायक़ अपने को न पाया। लिखकर जीविका निर्वाह करने का हास्यास्पद कार्य आरम्भ किया। आरम्भ में एक कहानी या लेख का पारिश्रमिक चार रुपये मिलता था और कभी केवल धन्यवाद। अब आपकी दया से रोटी चलती है, कभी ख़ुश्क और कभी घी चुपड़ी हुई।

●

मेरी पहली कहानी

पहली कहानी कब-कैसे लिखी? सुदूर अतीत, साठ वर्ष पूर्व की घटना, परन्तु अमिट स्मृति। वैदिक धर्म के अनुकूल आर्य संस्कृति की शिक्षा के लिए मुझे गुरुकुल काँगड़ी (हरिद्वार) में प्रविष्ट करा दिया गया था। गुरुकुल की भावना और वातावरण आश्रम या मौनास्ट्री-जैसे थे परन्तु प्रणाली-प्रबन्ध दृष्टिकोण और व्यवहार आधुनिक। नियम, अनुशासन सादगी और ब्रह्मचर्य की रक्षा के अनुकूल। पाठ्यक्रम आधुनिक वैज्ञानिक शिक्षा-व्यवस्था को ध्यान में रखकर हिन्दी के माध्यम से। अंग्रेज़ी भाषा की भी उचित शिक्षा परन्तु संस्कृत को विशेष महत्त्व। विद्यार्थियों या ब्रह्मचारियों के शारीरिक और मानसिक विकास के लिए यथासम्भव अवसर देने के लिए कबड्डी, तैराकी, हाकी, फुटबाल, क्रिकेट, ड्रिल द्वारा व्यायाम। बौद्धिक प्रोत्साहन के लिए आयु अनुकूल और अच्छे स्तर की साहित्यिक तथा सभी विषयों का एक अच्छा पुस्तकालय। सावधानी यह बरती जाती थी कि पुस्तकें श्रृंगार रस से ब्रह्मचारियों के मानसिक ब्रह्मचर्य को स्खलित करनेवाली न हों। विद्यार्थियों को लेखन अथवा भाषण द्वारा उनके अभिव्यक्ति सामर्थ्य को प्रोत्साहन का भी अवसर दिया जाता था।

लेखन और साहित्यिक अभिव्यक्ति के अभ्यास-विकास के लिए कॉलेज विभाग के विद्यार्थी एक हस्तलिखित पत्रिका 'हंस' प्रकाशित करते थे। कॉलिज विभाग के अनुकरण में हाईस्कूल की कक्षाओं के विद्यार्थी भी अपनी पत्रिका प्रकाशित करते थे। उनकी सफलता और सराहना से आठवीं, सातवीं और छठी कक्षा के विद्यार्थियों ने भी प्रेरणा अनुभव की।

मैं छठी कक्षा में था और इस आयोजन में सहयोग के लिए बहुत उत्कण्ठित। अपनी पत्रिका को क्या नाम दिया था याद नहीं। कक्षा छह से कक्षा आठ (तेरह से पन्द्रह तक आयु) के विद्यार्थी निर्देश-सहायता से भी मौलिक रचनाएँ तो क्या तैयार कर पाते। अपनी पत्रिका तैयार कर सकने की उमंग में हमारी कल्पना थी, यथासम्भव अन्यों के लिए अपरिचित वर्णन, कविताएँ, कहानियाँ या उपन्यास के अंश सुलेख में पत्रिका के रूप-आकार में प्रस्तुत कर दिये जायँ।

गुरुकुल में विद्यार्थियों के लिए समान सात्त्विक भोजन, वस्त्र का नियम था। सम्पन्न विद्यार्थियों के अभिभावक अपने लड़कों के लिए विशिष्ट स्वादिष्ट पदार्थ, वस्त्र अथवा प्रसाधन सामग्री न ला सकते थे अलबत्ता अच्छी पुस्तकें इतिहास, यात्रा-वर्णन, जीवनियाँ, कहानी, उपन्यास यथेष्ट दे जा सकते थे। मेरा परिवार सम्पन्न न था। मुझे अपने परिवार से ऐसी

पुस्तकें बहुत कम, कभी ही मिल पातीं परन्तु इस प्रकार आयी पुस्तकों को सभी विद्यार्थी ले-देकर पढ़ लेते थे। मुझे कहानी, उपन्यास, यात्रा आदि पढ़ने का चाव खेलकूद से भी अधिक था। इतना कि कई बार खेल और व्यायाम के समय छिप-छिपकर पढ़ते रहने के लिए सज़ा भी पायी।

हमारी पत्रिका की योजना में सहयोगियों ने ऐसी पुस्तकों से प्रतिलिपियाँ तैयार कर लीं। मेरा विचार भी ऐसी किसी पुस्तक से एक कहानी या उपन्यास का अंश सुलेख में प्रस्तुत कर देने का था। मुझे पुस्तकालय या किसी साथी से प्रयोजन योग्य पुस्तक न मिल सकी क्योंकि यह अवसर प्रतियोगिता का था।

अपनी पत्रिका के लिए कहानी प्रस्तुत कर सकना मेरे लिये चुनौती बन गया। निश्चय कर लिया, कोई पुस्तक, पत्रिका न मिलने पर भी अपने मन से ही कहानी लिखूँगा। अपने तत्कालीन सामर्थ्य के अनुसार अपनी कल्पना से एक कहानी लिख भी डाली। बात पूरी करने के लिए उस कहानी का भाव या रूप-रेखा बताना सहायक होगा—

'क' और 'ख' नाम के दो मित्रों में परस्पर गूढ़ विश्वास और स्नेह था। आजीवन संगति-सहयोग का प्रण। 'क' ने अपनी भावना और प्रण के चिह्नस्वरूप, अपनी परम्परागत पारिवारिक सम्पत्ति में से एक अँगूठी 'ख' को भेंट कर दी। 'क' ने 'ख' से वचन ले लिया, कि 'ख' उसके स्नेह-स्मृतिचिह्न को आमरण अपने शरीर से पृथक् न करेगा।

दो वर्ष बाद 'क' ने अपना उपहार 'ख' के हाथ से ग़ायब देखा। 'क' ने 'ख' के व्यवहार से अपनी अवज्ञा की गहरी चोट अनुभव की। 'ख' ने मित्र को समझाने का प्रयत्न किया—मेरी मित्रता और प्रण के निश्चय पर विश्वास रखो। मुझे असाध्य विवशता में अपने प्राण समान प्यारे तुम्हारे दिये चिह्न से कुछ समय के लिए बिछुड़ना पड़ा है। कारण बताना शोभनीय नहीं परन्तु उस चिह्न को शीघ्रतम लौटा सकने के लिए प्राणपण से यत्न में हूँ। 'क' को 'ख' के विश्वासघात ने बेध दिया था। उसे 'ख' की बात सुनना भी असह्य लगा।

दो-तीन अवसरों पर जहाँ-तहाँ 'क' का 'ख' से अनायास सामना हो गया। 'ख' की कंकाल-सी हो गयी अवस्था देखकर 'क' को कौतूहल और दुःखद विस्मय तो हुआ परन्तु उसका मन 'ख' से कुछ पूछने को न हुआ।

कुछ समय बाद 'क' ने अपने अन्य विश्वस्त मित्र 'च' से सुना कि 'ख' रोग से दुरवस्था में है। 'च' का परिचय 'ख' से भी था। 'च' ने 'क' को स्वयं ही बता दिया—'ख' अपने मित्र 'ग' की पत्नी के रोग के कारण संकट में फँस गया है। 'ग' की पत्नी पेट में कष्ट के कारण मरणासन्न थी। 'ग' अपना सर्वस्व बेचकर भी उपचार का ख़र्च पूरा न कर पा रहा था। 'ख' यथाशक्ति 'ग' की सहायता कर रहा था। अन्ततः 'ख' ने अपने घर के सभी बहुमूल्य पदार्थ सर्राफ़ के यहाँ धरोहर रखकर 'ग' के लिए क़र्ज़ ले लिया। 'ग' की पत्नी के प्राण बच गये। परन्तु 'ख' को सर्राफ़ का ऋण और सूद चुकाने के लिए प्रतिमाह अपने वेतन का आधा भाग सर्राफ़ को दे देना पड़ता है। बेचारा मित्र की ख़ातिर दो वर्ष से भूख और कंगाली की यातना सह रहा था।

'क' ने भेद सुना तो स्तब्ध रह गया। सन्ध्या तक वही बात सोचता रहा। सन्ध्या को पर्याप्त धन लेकर 'ख' के यहाँ पहुँचा। मुख से शब्द न निकल सके। अविरल आँसू बहातें हुए 'ख' को गले से लगा लिया। सम्हलकर बोला- क्षमा करो मेरी भूल। तुमने मैत्री के दिखावे की अपेक्षा मैत्री की आत्मा की रक्षा की। यदि तुमने 'ग' से वास्तविक मैत्री न

निबाही होती तो किसी दिन मेरी भी उपेक्षा कर सकते थे। सच्ची मैत्री प्रदर्शन में नहीं, हितभाव में रहती है। इस छोटी कहानी का शीर्षक था—'अँगूठी'।

पहले तो सातवीं-आठवीं क्या दसवीं कक्षा के विद्यार्थियों को भी विश्वास न हुआ कि कहानी मेरी मौलिक रचना थी। विश्वास हो गया तो मेरी कल्पना की सराहना और साहित्यिक उज्ज्वल भविष्य की चर्चा हो गयी। लड़कपन के उस प्रयत्न का भाग्य वही हुआ जो हस्तलिखित पत्रिका का होना था। स्वीकार करता हूँ, उस प्रयत्न में सफलता की सराहना से तत्काल उत्साह, गौरव ही नहीं भविष्य में कथाकार बन सकने के आत्मविश्वास के बीज मेरे मस्तिष्क में आरोपित हो गये जो परिस्थितियाँ पाकर मेरे कथाकार जीवन का अवलम्ब या वृक्ष बन गये।

प्रसंग गुरुकुल के वातावरण से आरम्भ किया था। पाठकों की जिज्ञासा को अधर में न छोड़ देने के लिए बता दूँ, उसी वर्ष असाध्य रूप से बीमार हो जाने के कारण मेरा परिवार उपचार के लिए मुझे गुरुकुल से लाहौर ले गया। फिर मैं गुरुकुल न लौटा।

पहली कहानी लिखने की तथ्य घटना कह दी। इस कहानी के सम्बन्ध में कुछ और सच्चाई या तथ्य उधेड़ लेने में भी क्या संकोच? रचना मेरी है, अन्य को आपत्ति क्या? साहित्यिक रचनाओं के सम्बन्ध में प्रेरणा के स्रोतों, भावनात्मक उद्वेलनों, अभिव्यक्ति के आवेगों, सृजन पीड़ा आदि अनेक बातों की चर्चा होती है।

पहले इस कहानी के प्रेरणा के स्रोत की बात लीजिये। स्मृति को गहरा कुरेदता हूँ तो कह सकता हूँ कि इस आयु में भी कहानियाँ, उपन्यास पढ़ने से जो रसात्मक सन्तोष पाता था, वैसा ही रस या सन्तोष उत्पन्न या सृजन कर सकने की उमंग या स्पर्द्धा मेरे मन में जाग उठी थी।

उस अल्प आयु में सभी प्रकार के सामाजिक अनुभवों से विहीन बना दिये गये वातावरण में मैत्री भाव से अन्तरतम के उद्वेलन या उसकी अभिव्यक्ति के आवेग का मुझे क्या व्यावहारिक (मुक्त) ज्ञान और अनुभव हो सकता था? कह ही चुका हूँ गुरुकुल के वातावरण में हमें सभी सांसारिक, सामाजिक या गृहस्थ के अनुभवों से दूर रखने की सावधानी बरती जाती थी। इस पर भी यदि मैं अपनी कहानी में समाज का कुछ यथार्थ आभास ला सका तो वह समाज के तथ्य सम्पर्क से नहीं। समाज के वातावरण में श्वास लेने से, उस वातावरण में कान और आँखें खोले रहने की मज़बूरी से। अर्थात् मेरे अनुभव के सम्प्रेषण के मार्ग भौतिक नहीं वैचारिक ही थे। जान पड़ता है भौतिक सम्प्रेषण की अपेक्षा वैचारिक, भावनात्मक, संवेदनात्मक सम्प्रेषणों के साधन, मार्ग और सीमाएँ कहीं ज़्यादा रहती हैं।

इस कहानी की मौलिकता? किसी कहानी की मौलिकता या प्रेरणा का मूल अनुभव या ज्ञान किसी माध्यम से ही होता है तो गृहस्थ, समाज, संसार के सभी सम्बन्धों से कटे मेरे उस किशोर जीवन से मैत्री भाव की गूढ़ अनुभूति, स्पन्दन और उस स्पन्दन में विश्वासघात की वेदना की अनुभूति के लिए क्या, कैसे अवसर सम्भव थे? इस कहानी के कथानक की मौलिकता थी, मेरी उस आयु में पढ़ी हुई ऐसे प्रसंगों, कहानियों या घटनाओं की स्मृतियों के अंशों अथवा छायाओं को संगत, यथार्थ आभास के विश्वसनीय क्रम या सूत्र में बाँध सकना। उससे पूर्व पठन के माध्यम से समाज में मैत्री-सम्बन्धी भावनाओं, व्यवहारों का ज्ञान ही मेरा पर-अनुभव आश्रित यथार्थ अथवा वैचारिक अनुभव के ज्ञान का आधार था। उपर्युक्त उदाहरण

से स्वीकार करना होगा कि रचना के लिए अनुभव-प्राप्ति और संचय के माध्यम केवल प्रत्यक्ष-तथ्य, वैयक्तिक भोग या सामूहिक भोग ही नहीं, हमारे ज्ञान के सभी माध्यम हो सकते हैं।

रही सृजन पीड़ा। सृजन श्रम कहूँ या सृजन कौशल के प्रयोग का प्रयत्न कहना ठीक होगा? मुझे तो कहानी रचना के प्रयत्न में सफलता के लिए उमंग या स्पर्द्धा से तथ्याभास दे सकनेवाले कथाजाल बुन सकने के लिए उत्साह और सफलता की आशा की ही बात याद आती है।

आपके प्रश्न के उत्तर में कहानी रूप में अपनी प्रथम रचना प्रस्तुत करने के प्रयत्न की परिस्थितियाँ शब्दशः बता दीं। यथार्थ में यह वर्णन कहानी रचना का न होकर, कहानी रचना के कौशल की ओर प्रवृत्ति का हुआ। उदाहरण के लिए विद्यार्थी स्कूल में अंकगणित की शिक्षा के लिए लाखों रुपये के ब्याज-चक्रवृद्धि ब्याज, क्षेत्रफल, समय और कार्य के प्रश्नों में हानि-लाभ का हिसाब लगाता है। विद्यार्थी वास्तव में हानि-लाभ का हिसाब नहीं करता, भावी जीवन में उपयोग के लिए हानि-लाभ का हिसाब करना सीखता है। वैसे ही मैंने कहानी रचना के कौशल की ओर प्रवृत्ति होने की पहली घटना बता दी है। गुरुकुल छोड़कर चालू स्कूल शिक्षा में भरती हो जाने पर साहित्यिक अभिव्यक्ति को प्रोत्साहन देनेवाली परिस्थितियाँ न थीं परन्तु कथा रचना के माध्यम से अभिव्यक्ति की इच्छा के जो अंकुर फूट चुके थे वे शीघ्र न पनप सकने के दीर्घ व्यवधानों के बावजूद सूख नहीं गये।

मैट्रिक की परीक्षा पास की तो प्रथम असहयोग आन्दोलन का आवेग शिखर पर था। मैट्रिक की परीक्षा में विशिष्ट सफलता से कॉलेज में पढ़ सकने के लिए छात्रवृत्ति का अधिकारी था परन्तु मैं विदेशी दासता से मुक्ति के युद्ध में कांग्रेस का स्वयंसेवक बनकर गाँव-देहात में विद्रोही बनकर विदेशी सरकार से असहयोग संग्राम का सन्देश फैलाने लगा था। कुछ ही दिन बाद विदेशी सरकार के प्रति विद्रोह की भावना और उत्तेजना से उत्तर प्रदेश के चौरी-चौरा के गाँव में आन्दोलनकारी जनता और पुलिस में भिड़न्त हो गयी। कुछ आन्दोलनकारी मारे गये, थाना फूँक दिया गया और अधिकांश सिपाही जलते थाने में झोंक दिये गये।

गाँधी जी ने महान् नैतिक साहस से उस हिंसा का उत्तरदायित्व अपने सिर लिया। सार्वजनिक घोषणा कर दी, आन्दोलन में ऐसी हिंसक प्रवृत्ति आ जाना मेरी हिमालय के समान बड़ी भूल थी। असहयोग और सत्याग्रह आन्दोलन स्थगित हो गये। कांग्रेस का कार्यक्रम रह गया 'चर्ख़ा कातना', 'अल्लाह-ईश्वर तेरे नाम, सबको सुमति दे भगवान' गा-गाकर एकता का प्रचार करना। असहयोग सत्याग्रह द्वारा विदेशी गुलामी के विरुद्ध संघर्ष स्थगित कर दिया जाना निम्नवित्त मध्यम वर्ग के परिवारों के नौजवानों को वैयक्तिक विश्वासघात-जैसा लगा। जिस लक्ष्य या कार्यक्रम में जूझने के लिए वे अपना भविष्य जोखिम में डालकर या न्योछावर करके आये थे, वही स्थगित। कांग्रेस की पुकार पर सरकारी शिक्षा संस्थाओं से असहयोग करनेवाले विद्यार्थियों में से निन्यानबे प्रतिशत अपने भविष्य की चिन्ता से सरकारी शिक्षा संस्थाओं में लौट गये।

अपनी तत्कालीन बुद्धि से निश्चय किया, ऐसे नेता किसी लायक़ नहीं। विदेशी दासता के विरुद्ध संघर्ष हमें ही चलाना होगा। उसके लिए शिक्षा से योग्यता सामर्थ्य आवश्यक।

अन्य अनेक असहयोगी विद्यार्थियों की तरह लाहौर में नव-स्थापित नेशनल कॉलिज में भरती हो गया। वहाँ भगतसिंह, भगवतीचरण और सुखदेव सहपाठी थे। स्वाभाविक ही इस संस्था में सामाजिक, आर्थिक, राजनैतिक चेतना का वातावरण था। शिक्षा का प्रयोजन नौकरी के लिए सर्टीफिकेट नहीं, ज्ञान और मानसिक विकास था। उसमें अभिव्यक्ति अर्थात् साहित्यिक प्रवृत्ति भी सम्मिलित।

कॉलेज के दूसरे वर्ष में पहुँचकर परिस्थितियाँ और वातावरण में व्याप्त सामाजिक, आर्थिक, राजनैतिक समस्याएँ मस्तिष्क और भावनाओं को कचोटने, उद्वेलित करने लगीं। ऐसी परिस्थितियों और समस्याओं की ओर समाज का ध्यान दिलाने या उनके उपचार और परिहार के लिए अभिव्यक्ति का आवेग। इस आवेग की अभिव्यक्ति का माध्यम बना अपने भाव, उद्वेग या बात को उदाहरण (कहानी) के रूप में पेश करने का प्रयत्न। कुछ साथी ऐसे आवेगों की अभिव्यक्ति के लिए कविता का भी प्रयत्न करते थे। उस समय जो पहली कहानी लिखी, उसे ही वास्तव में अपनी पहली कहानी रचना कहना चाहूँगा। क्योंकि उस अभिव्यक्ति का अंकुर वैचारिक संवेदना या अनुभूतिजन्य प्रेरणा के बीज से फूटा था। उस कहानी का नाम याद नहीं। उस अभिव्यक्ति का प्रयोजन था और उस श्रम से मैंने रागात्मक सम्बन्ध और सन्तोष अनुभव किया था। वह कहानी हमारे हिन्दी अध्यापक की नज़र में पड़ गयी। उन्होंने मेरी लिपि उन दिनों बरेली से प्रकाशित होनेवाली मासिक पत्रिका 'भ्रमर' में भेज दी। हमारे वे आदरणीय अध्यापक थे—स्वर्गीय श्री उदयशंकर भट्ट। रचना प्रकाशित हो जाने पर अपने सामर्थ्य पर विश्वास हो गया। उत्साहित होकर कानपुर के साप्ताहिक 'प्रताप', 'प्रभा' तथा लाहौर की कुछ उर्दू पत्रिकाओं में स्फुट लेख लिखने लगा।

ग्रेजुएट बनकर कुछ दिन अध्यापक की नौकरी। फिर सशस्त्र क्रान्ति (हिन्दुस्तानी समाजवादी प्रजातन्त्र सेना) के गुप्त आन्दोलन में सहयोग। अनेक मामलों में वारण्टों के कारण तीन वर्ष फ़रारी और फिर पुलिस से सशस्त्र मुठभेड़ में गिरफ़्तारी और चौदह बरस कारावास का दण्ड। १९३७ में कांग्रेस मन्त्रिमण्डलों की स्थापना हो जाने के कारण सात बरस ही जेल में रहना पड़ा। जेल में ऊँची श्रेणी का राजनैतिक क़ैदी होने के कारण लिखने-पढ़ने के लिए नियमित सुविधाएँ भी थीं और सोचने और कल्पनाओं के लिए अबाध समय। वास्तव में कहानी रचना-प्रक्रिया के अभ्यास के लिए सबसे अधिक अवसर मुझे जेल में ही मिला। जेल के अन्तिम वर्षों में पच्चीस-तीस कहानियाँ तो लिखी ही होंगी। जेल से मुक्ति पर, वहाँ लिखी कहानियों में से एक कहानी 'मक्रील' के प्रकाशन पर समीक्षकों ने एक नये कहानी लेखक के उज्ज्वल उदय की भविष्यवाणी कर दी।

आपके प्रश्न का उत्तर हो गया। परन्तु मेरा कथ्य पूरा नहीं हुआ। जब भी अपनी अनेक कहानियों के प्रेरणाओं के बीजों, स्रोतों, उनकी उद्वेलक परिस्थितियों या अभिव्यक्ति के लिए विरूलता के कारणों की यादें आती हैं तो आजकल साहित्यिक अखाड़ों से उठती अनेक हुंकारें कानों में गूँज जाती हैं। सामान्यतः मुझे यथार्थवादी-प्रगतिवादी लेखक कहा जाता रहा है। उससे मैं सन्तोष भी अनुभव करता रहा हूँ। अब सुनता हूँ, वास्तविक यथार्थ लेखन केवल भोगा हुआ जीवन ही होता है। इधर-उधर से पायी जानकारी से उद्भूत अनुभूतियों के आधार पर कल्पना से गढ़े लेखन का आधार वास्तविक यथार्थ नहीं। ऐसे लेखन में प्रभावोत्पादक ऊर्जा असम्भव।

यह बताकर ख्यातनामा समीक्षकों की परख का उपहास नहीं करना चाहता कि मेरी

जिन अनेक रचनाओं को मुक्त या तथ्य जीवन के लेखन का उदाहरण बताकर सराहना की गयी है वे ९९ प्रतिशत पढ़ी या सुनी जानकारी से उद्भूत विचार, संवेदना या अनुभूति के आधार पर कल्पना ही हैं। प्रश्न है, क्या सद्यः विधवा के शोक-दुःख का सम्प्रेषण पाठक को देने के लिए पुरुष लेखक का विधवा बनना ज़रूरी होगा?

मेरे विचार में भावनाओं, विचारों और उद्वेगों के सम्प्रेषण के माध्यम या साधन होते हैं 'उदाहरण'। परन्तु ऐसे उदाहरणों का सम्प्रेषण सदा स्थूल भौतिक माध्यम से होना ही ज़रूरी नहीं होता। जब यह उदाहरण पूर्व यथार्थाभास से सबल और प्रभावी होते हैं तब इन्हें अच्छी कहानी भी कहा जा सकता है। कहानी के रूप में उदाहरण की पहुँच की सीमाएँ कहीं विस्तृत और दुर्धर्ष हो जाती हैं उसी परिमाण में समाज पर उनका प्रभाव। रामायण और महाभारत कभी घटना रहे होंगे। आज वे कहानी ही हैं परन्तु उनका प्रभाव देखिये। रामायण और महाभारत-जैसे विचारों के सम्प्रेषण के साधन गढ़ सकने का सामर्थ्य ही 'कहानी रचना का कौशल' कहा जाना चाहिए।

तेरह वर्ष की आयु में कहानी रचना का कौशल सीखने की इच्छा अनुभव की थी और बीस-इक्कीस की आयु से कहानी के माध्यम द्वारा सामूहिक अनुभूतियों, पीड़ाओं, आवश्यकताओं की छटपटाहट को अभिव्यक्ति देने का यत्न कर रहा हूँ। पहली कहानी से लेकर आज सोलह संग्रहों और तीन-चार कहानियों के रूप और स्वर भिन्न रहे हैं परन्तु उनकी आह और हुंकार एक ही रही है। मानव की जिजीविषा (will to live) मेरी पहली और अन्तिम कहानी।

●

मेरी पहली रचना

कई बार मुझसे यह प्रश्न पूछा जाता है कि मैंने लिखना कब शुरू किया था या सबसे पहली कहानी कब लिखी थी। सबसे पहली कहानी मैंने दूसरे कई लोगों की तरह पाँचवीं या छठीं कक्षा में गुरुकुल में पढ़ते समय लिखी थी। उस समय भी मुझे पाठ्य-पुस्तकों के अतिरिक्त दूसरी पुस्तकें, विशेषतः इतिहास और कहानियाँ पढ़ने में रुचि थी। गुरुकुल में लिखने-पढ़ने की प्रवृत्ति को प्रोत्साहित करने के लिए अच्छा वातावरण था। ऊँची श्रेणी के विद्यार्थी रंग-बिरंगी स्याहियों से लिखी और हाथ के बने चित्रों से सुसज्जित दो पत्रिकाएँ निकालते थे। उनमें से एक का नाम 'हंस' था। जयचन्द्र जी विद्यालंकार और सत्यव्रत जी विद्यालंकार उस समय दसवीं कक्षा में पढ़ते थे और हाथ का लिखा दैनिक पत्र 'अगुआ' प्रकाशित करते थे। उन्हें तभी से अपनी भविष्य की ज़िम्मेदारी का आभास था कि उन्हें 'अगुआ' बनना है। इन लोगों की देखा-देखी छोटी श्रेणी के विद्यार्थी भी अपनी पत्रिकाएँ निकालने की चेष्टा करते थे।

हम लोगों ने भी पाँचवीं या छठीं श्रेणी में हाथ से लिखी पत्रिका निकालने की चेष्टा की थी। उसका शायद एक ही अंक निकला था। मैंने उसमें एक कहानी 'अँगूठी' शीर्षक से लिखी थी। उस कहानी का भाव था कि एक व्यक्ति ने अपने मित्र को अँगूठी उपहार में दी। उपहार पानेवाले मित्र ने आर्थिक कठिनाई में उस अँगूठी को बेच दिया। यह देखकर उपहार देनेवाला मित्र अपमान मानकर नाराज़ हो गया। दोनों में भयंकर शत्रुता हो गयी। हमसे ऊपर की कक्षा के विद्यार्थियों ने उस कहानी की तारीफ़ की और मुझे ऐसा भरोसा हो गया कि मैं कहानी लिख सकता हूँ।

कुछ समय बाद एक कहानी लिखकर उदयशंकर जी भट्ट को दिखायी। यह कहानी उन दिनों बरेली से प्रकाशित होनेवाले मासिक पत्र 'भ्रमर' में प्रकाशित हुई। इस कहानी के सम्बन्ध में और कोई बात याद नहीं, अलबत्ता मेरा उत्साह ज़रूर बढ़ गया और मैं छोटे-छोटे गद्य-काव्य लिख-लिखकर कानपुर से प्रकाशित होनेवाली मासिक 'प्रभा' और साप्ताहिक 'प्रताप' को भेजने लगा। शायद 'प्रभा' और 'प्रताप' को पहले भेजे जानेवाले लेखों के साथ भी भट्ट जी ने अपनी सिफ़ारिश भेजी थी। स्वर्गीय गणेशशंकर जी विद्यार्थी के जीवनकाल में 'प्रभा' और 'प्रताप' हिन्दी-जगत् में क्रान्ति के अग्रदूत थे। आज कानपुर के 'प्रताप' का रंग दूसरा है। उस समय नये लेखक उनसे प्रोत्साहन की आशा रख सकते थे। प्रोत्साहन से मेरा

अभिप्राय पारिश्रमिक से नहीं, लेख प्रकाशित कर देने से ही है। तब लेख भेजते समय पारिश्रमिक की तो बात भी नहीं सोच सकता था।

'प्रताप' और 'प्रभा' में उन दिनों एक छोटा-सा कॉलम 'नहीं छापेंगे' भी रहता था। इस शीर्षक के नीचे उन रचनाओं के नाम रहते थे, जिन्हें सम्पादक स्थानाभाव या निस्सार समझने अथवा अपनी नीति के विरुद्ध होने के कारण प्रकाशित न कर सकते थे। 'प्रताप' और 'प्रभा' हमारे कॉलेज के पुस्तकालय में आते थे। मैं कोई भी रचना भेजने के बाद कई सप्ताह तक 'प्रताप' या 'प्रभा' का नया अंक आते ही धड़कते दिल से पहले इसी कॉलम को देखता था। अपनी रचना का नाम उस कॉलम में न पाकर उस अंक की लेख-सूची देखता। वहाँ भी अपनी रचना का नाम न देखकर अगले अंक तक प्रतीक्षा करने का साहस हो जाता।

अपनी रचना के अस्वीकृत हो जाने की आशंका इतनी उग्र और कटु थी कि मैं लगभग ५० वर्ष बाद भी उसका अनुभव कर सकता हूँ। जहाँ तक उगते लेखकों की अनुभूति का प्रश्न है, यह चोट बहुत गहरी समझी जानी चाहिए। परन्तु अब मैं कुछ समय सम्पादन-कार्य कर चुकने के बाद यह भी अनुभव करता हूँ कि रचनाएँ पाठकों के लिए प्रकाशित की जाती हैं और रचनाओं को आँकते समय पाठकों की दृष्टि में उपयोगिता और सन्तोष का ध्यान रखा जाना आवश्यक है। लेखक बन सकने के प्रयत्न में सफलता और असफलता की अनुभूतियों से लेखक का सामना होगा ही। किसी भी लेखक के सभी प्रयत्न समान रूप से सफल हो नहीं सकते। मेरे वे छोटे-छोटे लेख या गद्य-काव्य 'प्रताप' और 'प्रभा' से कभी लौटाये नहीं गये। इसका एक कारण यह भी था कि मेरी वे रचनाएँ 'प्रभा' और 'प्रताप' की भावना के अनुकूल थीं अर्थात उनमें व्यंजना और संकेत से रक्त का मूल्य देकर देश की स्वतन्त्रता प्राप्त करने की पुकार रहती थी।

मेरे साथी लिखने की मेरी प्रवृत्ति से परिचित हो चुके थे और मज़ाक में कभी-कभी मुझे 'साहित्यिक' सम्बोधन भी करने लगे थे। भगतसिंह में भी साहित्य-रचना की प्रवृत्ति थी, यह सन्देह किसी को नहीं हो पाया था। भगतसिंह ने एक-दो बार कोई चीज़ लिखकर मुझे सुनायी और परामर्श भी लिया था, परन्तु उसे प्रकाशित होने के लिए कहीं भेजा नहीं था।

१९२५ की एक घटना याद है। पंजाब हिन्दी सम्मेलन की नयी-नयी स्थापना हुई थी। इसके सर्वेसर्वा जयचन्द्र जी और उन दिनों लाहौर में मौजूद पुत्तूलाल जी विद्यार्थी थे। उर्दू-प्रधान लाहौर में सम्मेलन के प्रति बहुत कम लोगों की रुचि थी। नेशनल कॉलेज के कुछ विद्यार्थी और संस्थाओं के हिन्दी अध्यापक ही प्रायः उसमें योग देते। सम्मेलन ने किसी एक विषय पर सर्वोत्तम निबन्ध लिखने के लिए ५० रुपये के पुरस्कार की घोषणा की थी। इस प्रतियोगिता के लिए मैने भी निबन्ध लिखा था। कई महीने तक परिणाम की प्रतीक्षा करने पर पता लगा कि पुरस्कार किसी व्यक्ति को नहीं दिया जा सकता, क्योंकि निर्णायकों ने तीन निबन्धों को एक ही कोटि का ठहराया था। यह भी मालूम हो गया कि उन तीन में से एक निबन्ध मेरा था। दूसरे दो निबन्ध लेखकों के नाम जानने के लिए खोज की तो पता लगा कि दूसरा निबन्ध भगतसिंह का था और तीसरा जयचन्द्र जी की माता का।

अपने विचारों के प्रचार के लिए अथवा सन् १९२४-२५ में सो गयी राष्ट्रीय भावना को जगाने के लिए नेशनल कॉलेज के विद्यार्थियों ने नाटकों का माध्यम भी अपनाया था। इस चेष्टा के दोनों ही कारण थे, नाटक खेलने की इच्छा और नाटक को अपने विचारों के प्रचार का साधन बनाना भी। किसी लेखक का नाटक 'महाभारत' था। उसके वार्त्तालापों में जगह-जगह परिवर्तन करके हम लोगों ने अपने लिये उपयोगी बना लिया। इस नाटक का नाम रखा गया. 'कृष्ण विजय'। व्यंजना से अंग्रेज़ों को कौरव और देशभक्तों को पाण्डव बना लिया था। इसमें कुछ गाने, विशेषकर प्रहसन भाग में सम्मिलित कर लिये गये थे। इनमें से एक गाना था—'कदे तूँ वी हिन्दिया होश सँभाल ओ।' (ए हिन्दुस्तानी, तू होश सँभाल)। यह गाना सरदार अजीत सिंह जी के एक गीत को लेकर बनाया गया था। वह गीत अंग्रेज़ सरकार द्वारा ग़ैरक़ानूनी घोषित कर दिया गया था।

●

मैं कहानी कैसे लिखता हूँ?

यदि बहुत-से कहानी लेखक कहानी लिखने की अपनी प्रक्रिया का वास्तविक विश्लेषण कर सकें, तो कहानी लिखने के सम्बन्ध में बहुत-सी उपयोगी बातें जानी जा सकेंगी। इससे बहुत-से लोगों का कौतूहल पूरा होगा, सम्भव है, कुछ को लाभ भी हो सके। इसलिए अपने ढंग की बात साफ़-साफ़ लिख रहा हूँ।

वास्तविकता निर्धारित करने के लिए अपने कहानी लिखने के ढंग की बात कहनी है तो प्रभावशाली या रोचक बात कह देने की अपेक्षा स्मृति में से समय-समय के अनुभवों को बटोरना ज़रूरी है। यह भी याद रखूँ कि कहानी लिख सकने की अपनी क्षमता का विश्वास हो जाने पर कहानी लिख डालने में और बहुत दिन पहले, जब ऐसा विश्वास जम नहीं पाया था, मेरे कहानी लिखने के ढंग में अन्तर रहा है। अपनी-अपनी जगह ये दोनों ही अनुभव सत्य हैं।

कहानी लिखने या कोई भी काम कर सकने के लिए मूल वस्तु तो प्रेरणा को ही मानना पड़ेगा। साहित्यिक लोगों में यह शब्द 'प्रेरणा' बहुत रहस्यमय और गूढ़ अभिप्राय से प्रयोग किया जाता है। ऐसी भी भावना पायी जाती है कि प्रेरणा के लिए अद्भुत प्रतिभा पहली शर्त है और उसके विशेष प्रकार का आकाश, ऋतु या प्राकृतिक परिस्थितियों का सहयोग आवश्यक होता है। मेरी स्मृति में यह बात ख़ूब स्पष्ट है कि सबसे पहली कहानी मैंने बारह वर्ष की आयु में लिखी थी। उस समय कहानी लिखने की प्रेरणा दूसरों को कहानी लिखते देखकर ही हुई थी। ऐसे ही अच्छे चित्र देखकर चित्र बनाने की भी प्रवृत्ति होती थी। कभी-कभी अब भी हो जाती है। कई बार चित्र बनाये भी। परन्तु उसे साधने की अपेक्षा लिखने की ओर ही अधिक प्रवृत्ति हुई। शायद इसलिए कि मेरे सामाजिक और राजनैतिक उद्वेगों को मार्ग देने के लिए यही माध्यम अधिक उपयोगी लगा। कहानी सुनने और पढ़ने में अच्छी लगती ही थी। कुछ ऐसी ही भावना थी कि दूसरे लोग लिख सकते हैं तो मैं क्यों नहीं लिख सकता। उसके बाद जब कोई कहानी पढ़कर सन्तोष होता था, तो वैसी ही वस्तु की रचना कर सकने के सन्तोष की भी चाह होती थी। ऐसी चाह मन में होने पर समाज की सामूहिक धारणाओं से पायी हुई भावनाओं और समस्याओं को ही विषय बनाया जा सकता था। कहानी लिखने की चाह मन में होने पर मस्तिष्क विषय खोजता रहता है और सामने आने पर उन्हें पकड़ लेता है।

कहानी में और कहानी लिख सकने की सफलता में आकर्षण है। आकर्षण का कारण सौन्दर्य होता है। सौन्दर्य को मूर्त या दृश्य रूप में तो देखते ही हैं परन्तु सौन्दर्य का सूक्ष्म अस्तित्व भी होता है। कहानी में दृश्य कुछ न होने पर भी उससे मिलनेवाला सन्तोष उसके सौन्दर्य का प्रमाण है। कहानी पढ़कर हम उस सौन्दर्य का भोग करते हैं। कहानी लिखने की इच्छा का अर्थ मानना चाहिए, ऐसा सौन्दर्य रच सकने के सन्तोष की इच्छा ! जिन वस्तुओं और धारणाओं के प्रति हमारे मन और संस्कारों में सहानुभूति, श्रद्धा और आकर्षण हो, वे सभी हमारे लिये सुन्दर होती हैं। उदाहरणतः सहानुभूति का सौन्दर्य, सत्यपरायणता का सौन्दर्य, निःस्वार्थ उद्देश्य के लिए बलिदान हो जाने का सौन्दर्य। ऐसे सौन्दर्य से रंजित घटनाओं को अपने ज्ञान या अनुभवों के आधार पर कल्पना से गढ़ लेना या ऐसे सौन्दर्यों से सम्बद्ध घटनाओं को सुन्दर ढंग से वर्णन कर सकना ही कहानी - रचना की कला है।

जब हम सौन्दर्य की रचना के लिए कहानी लिखते हैं या कहिये मैं लिखता था, तो इसी प्रकार के सौन्दर्यों को कल्पना द्वारा गढ़ी हुई परिस्थितियों में काल्पनिक पात्रों द्वारा क्रियात्मक रूप देने की चेष्टा करता था। इससे दो प्रकार का सन्तोष होता था। एक तो कहानी के रूप में रोचक या सुन्दर रचना कर सकने का सन्तोष, दूसरे अपनी धारणा के अनुसार मान्यताओं के प्रति सहानुभूति और आकर्षण उत्पन्न कर सकने के कर्त्तव्य की पूर्ति का अथवा सद्प्रेरणा या तृप्ति का सौन्दर्य रच सकने का सन्तोष।

कहानी लिखने की प्रेरणा के सम्बन्ध में मेरे इस विश्लेषण से शायद यह ध्वनि निकलती जान पड़े कि ऐसी अवस्था में मेरी सचेत या अचेत भावना 'कला के लिए कला' की थी। इतनी बात तो ठीक है कि मैं व्यक्तिगत रूप से बिना किसी निश्चित लक्ष्य के भी कला का अभ्यास करना चाहता था। परन्तु जिन मान्यताओं को समर्थन देकर या जिस पाखण्ड का पर्दाफ़ाश करके मुझे सन्तोष होता था, उसका आधार सामाजिक था और मेरी इस इच्छा का कारण अपनी सामाजिक प्रवृत्ति को चरितार्थ कर पाने की इच्छा ही रही होगी। कला के माध्यम को सचेत रूप से उद्देश्य के लिए उपयोग में ला सकने का अवसर तो तभी आ सकता था, जब मैं उस माध्यम का उपयोग कर सकने की योग्यता का विश्वास प्राप्त कर लेता। इतनी बात तो स्पष्ट ही है कि मैं अपने मन और कल्पना में अनुभव होनेवाले सौन्दर्यों को समाज के सामने लाना चाहता था और वे सौन्दर्य सामाजिक भावनाओं और धारणाओं पर आश्रित थे और उनकी अनुभूति को मैं सामाजिक रूप में अनुभव करना चाहता था।

लिखने के सम्बन्ध में एक विशेष अनुभव मेरा भी रहा है, जैसा शायद कम ही कहानी लिखनेवालों को हुआ हो, अर्थात् फल की प्रकट आशा के बिना भी मैंने लिखा है। जेल के जीवन में, जब छूट जाने की आशा ही नहीं थी और न अपनी लिखी कहानियों के प्रकाशित हो सकने का विश्वास था, तब भी लिखता रहा हूँ। तब ख़ूब अच्छी चीज़ें लिख सकने का और लिखना आ जाने का ही सन्तोष हो सकता था। समस्या को ऐसे रूप में पेश कर सकने का सन्तोष कि उसकी उपेक्षा ही न की जा सके। ऐसी अवस्था में कई कहानियों को बार-बार लिखा। अपनी लिखी चीज़ को पाठक या आलोचक की दृष्टि से पढ़कर देखता था। सन्तोष न होने पर उसे दुबारा लिखता था। अब भी ऐसा करता हूँ। मेरा अनुभव है कि कोई भी कहानी दोहराने से या दुबारा लिख डालने से बहुत सुधर जाती है।

जब लोगों ने कहा कि मैं अच्छी कहानी लिख लेता हूँ और मुझे लिख सकने का विश्वास हो गया, तो कहानी लिखने में सीखने का प्रयोजन नहीं रहा। सीखना प्रयोजन न रहने पर भी कहानी लिखना ही एक प्रयोजन हो सकता है। रवि ठाकुर ने कहानी लिखने का प्रयोजन कहानी लिखने का सन्तोष भी बताया है, परन्तु मुझे जान पड़ता है कि कहानी लिखना एक क्रिया का प्रकट रूप है, उसके अव्यक्त कारण, जो इस प्रकट क्रिया के मूल में रहते हैं, भिन्न होते हैं। अपने सम्बन्ध में इन अव्यक्त कारणों की बात जब मैं सोचता हूँ, तो फिर पहली बात को ही दोहराना पड़ता है कि कहानी लिखने का प्रयोजन या प्रेरणा का मूल मस्तिष्क और विचारों में बन पानेवाले सौन्दर्यों को अभिव्यक्त करने की इच्छा अपनी व्यक्तिगत अनुभूतियों को समाज के सम्पर्क में लाने की इच्छा होती है। ऐसी भावना को स्वान्तः सुखाय कह दिया जाये, तो बिगड़ने की बात तो नहीं, परन्तु यह 'स्व' व्यक्ति की इकाई की सीमाओं से बहुत दूर-दूर तक फैलकर अपने सम्पर्क के समाज तक फैला रहता है और स्वान्तः सुखाय का वास्तविक अर्थ 'समाज सुखाय' ही होता है।

इतनी आयु तक अपने समाज को बहुत-कुछ समझने का अवसर मिला है, इसलिए अब केवल समाज की परम्परागत मान्यताओं और धारणाओं के लिए समर्थन प्राप्त करने से ही सामाजिक कर्तव्य पूरा कर लेने का सन्तोष नहीं होता। कुछ उलटा ही जान पड़ने लगा है। जान पड़ता है कि परिस्थितियाँ बदल गयी हैं। समाज ने अपने विकास के क्रम में अपने-आपको बदल लिया है। इसलिए मान्यताओं और धारणाओं के सम्बन्ध में पुनः विचार करने का समय आ गया लगता है। अनेक पुरानी मान्यताएँ और परम्पराएँ आज की परिस्थितियों में बहुत उखड़ी-उखड़ी लगती हैं। इनसे समाज में अव्यवस्था ही उत्पन्न होती दिखायी देती है। समाज का अंग होने के नाते अव्यवस्था के इन अव्यक्त कारणों को सुझा सकने में बल्कि ज़्यादा सन्तोष अनुभव होता है। इसी ओर मेरी अधिक प्रवृत्ति होती है यानी असुन्दर को प्रकट कर देने की ओर; अपने समाज को अन्धविश्वास के धोखे से बचाने की ओर।

कुछ लोग कहेंगे कि असौन्दर्य को प्रकट करके सन्तोष पाना मेरे स्वभाव की अव्यक्त कलात्मकता नही, बल्कि अव्यक्त विकृति है। मैं समझता हूँ कि मकान को सजाकर सुन्दर बना सकने के लिए पहले उसकी विषमताओं को खोजकर और खुरचकर दूर कर देना आवश्यक है। उन्हें छिपा देने से काम नहीं चल सकता। छिपाकर यदि सन्तोष करना चाहेंगे, तो ये विषमताएँ और विकृतियाँ मकान की दीवारों और छत को ही ले बैठेंगी। छिपी हुई चीज दिखायी चाहे न दे, दुर्गन्ध तो देती ही है।

उपर्युक्त सभी बातों को एक ही शीर्षक के अन्तर्गत कहानी के लिए विषय के चुनाव में ले लिया जा सकता है। मुख्य बात तो यही है, पर कुछ व्यावहारिक बातों के सम्बन्ध में भी जिज्ञासा हो सकती है। विषय चाहे जितना रोचक हो, या उद्देश्य चाहे जितना अच्छा हो, यदि कहानी के गठन में घटना की सच्चाई और स्वाभाविकता नहीं आ पाती, तो कहानी का कलात्मक पक्ष निर्बल रह जायेगा, उसे कहानी नहीं कहा जा सकेगा। पहली बात है, क्षेत्र और पात्रों का चुनाव। प्रायः लेखक अपने सुपरिचित क्षेत्रों और पात्रों को ही अपना माध्यम बनाते हैं। असल में यही ढंग ठीक भी है। इसका सबसे अच्छा उदाहरण शरत बाबू थे। उनका अपना क्षेत्र था, स्त्री की पारिवारिक स्थिति और विषय, भद्र समाज की विधवा। इस क्षेत्र और विषय के बाहर उन्होंने एक ही बार क़दम रखा है 'पथ के दावेदार' में। इस

उपन्यास में वे चारों खाने चित गिरे हैं, ये बात मैं स्वयं क्रान्तिकारी दल में काफ़ी काम कर चुकने के अनुभव के आधार पर कह सकता हूँ।

मैंने स्वयं घसियारिन और वेश्या, चोर-डाकू से लेकर व्यापार और सम्प्रदाय के नेताओं और कलाकार पात्रों तक को माध्यम बनाया है। पात्रों के अनुसार राजमहल, ऋषियों के आश्रम, वेश्या की कोठरी तक का क्षेत्र लिया है। मेरी यह बात बहुत लोगों को अव्यावहारिक लगेगी। प्रायः ही कहा जाता हैं, Write from life। मैं स्वयं इस बात से सहमत हूँ। लेकिन जीवन को जानने-समझने का उपाय क्या है? अर्थ क्या है? और उसकी कसौटी क्या है?

समाज के भिन्न-भिन्न अंगों का व्यक्तिगत सम्पर्क पाकर उनके विषय में लिखने का विचार तो ठीक है, परन्तु कितने आदमी कितनी स्थितियों से व्यक्तिगत सम्पर्क प्राप्त कर सकते हैं? मेरा अपना अनुभव है कि मैं स्वयं पेशावर से आगे कभी नहीं गया। 'देशद्रोही' उपन्यास में मैंने अफ़रीदी इलाक़ों, गज़नी और सोवियत के दक्षिण भाग के जीवन का वर्णन किया है। राहुल जी को उन भागों का व्यक्तिगत ज्ञान है। उन्होंने 'देशद्रोही' पढ़कर कहा था कि मेरा वर्णन अक्षरशः सत्य है। डॉ० रामविलास जी को मुझसे ही मालूम हो गया था कि मैं पेशावर से आगे कभी नहीं गया। उन्होंने 'देशद्रोही' की आलोचना करते समय लिख दिया कि राहुल जी की तसदीक़ के बावजूद अच्छा होता यदि यशपाल स्वयं देखे क्षेत्र का ही वर्णन करता। इससे वर्णन और चित्र अधिक सजीव हो सकता। उदाहरणतः जैसे यशपाल की कहानी 'या साईं सच्चे' के क्षेत्र का वर्णन है। बाद में मुझे डॉ० रामविलास जी को बताना पड़ा कि 'या साईं सच्चे' कहानी का क्षेत्र भी मेरी आँखों देखा नहीं है। उसे केवल लोगों से सुनकर ही जाना है। उदाहरण का अभिप्राय है कि मेरे लिये जीवन को जान सकने का सबसे बड़ा साधन तो अध्ययन ही है। वर्णित क्षेत्र या विषय का परिचय लेखक को होना ही चाहिए। वस्तु-परिचय का माध्यम केवल दो चरम चक्षु ही नहीं है। यदि मैं ऐसी सीख से बँध गया होता तो 'दिव्या' कभी न लिखता और डॉ० रामविलास जी के मत में प्रगतिशील तुलसीदास जी 'रामायण' न लिख पाते। 'देशद्रोही' लिखने की तैयारी में मैंने अनेक यात्रियों के भ्रमण वृत्तान्त और इनसाइक्लोपीडिया ब्रिटानिका से काफ़ी सहायता ली। समझता हूँ, पाठकों की अदालत में मैं असफल भी नहीं हुआ।

साथी लेखकों से प्रायः विषयों के अभाव की बात सुनी है। मुझे यह अभाव कुछ विशेष नहीं जान पड़ा। एक तो मुझे कई क्षेत्रों से विषय मिलते हैं, दूसरे मैं शारीरिक रूप से सुविधा न होने पर समाज के विभिन्न अंगों की मानसिक संगति पाने की चेष्टा करता रहता हूँ। उसका साधन है पुस्तकों, पत्र-पत्रिकाओं और बातचीत द्वारा अध्ययन और ग्राह्यता का अभ्यास। मेरे विचार में 'Write from life' का अर्थ यही है।

तुरन्त विषय खोजने से विषय चुनने में कठिनाई होती ही है। मेरा अपना अनुभव है कि समाज की संगति से समय-समय पर मन में बातें आती रहती है या समस्याएँ उठती रहती हैं। लिखने का समय आने पर उनमें जो उग्र होती हैं, आगे आ जाती हैं। सबसे सफल वे रहती हैं, जो लिखने के लिए बाध्य कर दें। असली सौन्दर्य वही है जो परास्त कर दे। मेरे लिये विषय मुख्य रहता है। पात्र उसके अनुरूप मैं गढ़ लेता हूँ। पात्र को लेकर कहानी बनाने का यत्न मैं नहीं करता। ऐसा करने से मेरे विचार में, रचना कहानी के बजाय शब्द-चित्र बन जाती है।

कुछ लोग ऐसी जिज्ञासा भी करते हैं कि मैं सुबह लिखता हूँ या सन्ध्या समय या रात में? नियमित रूप से लिखता हूँ या कभी-कभी? लिखते समय चाय अधिक पीता हूँ या सिगरेट? इस सम्बन्ध में किसी विशेष नियम का पालन नहीं कर सकता। बात लिखने के लिए हो तो किसी भी समय लिखी जा सकती है। ऐसा भी हुआ है कि दिन में दो कहानियाँ लिखी हैं और छह मास तक कोई नहीं लिख सका।

कुछ जिज्ञासुओं ने ऐसा भी प्रश्न किया है कि क्या मैं कहानी का पूरा रेखा-चित्र पहले बनाकर चलता हूँ? मैं प्रायः अपने विषय का स्पष्टीकरण करनेवाली घटना की कल्पना कर लेता हूँ। फिर घटना के लिए परिस्थितियों की और उसके अनुकूल पात्रों की। ध्यान इस बात का ज़रूर रखता हूँ कि मेरी रचना वास्तविक जान पड़े। जब पाठक कहे कि कहानी वास्तविक घटना के आधार पर है, तब मैं कहानी-कला की दृष्टि से अपने प्रयत्न को सफल समझता तो हूँ। इस बात का ध्यान रखने की चेष्टा करता हूँ कि परिणाम या कहानी के अन्त का अनुमान आरम्भ या मध्य में न हो सके। वह अकस्मात् पाठक के सामने आये ताकि पाठक की रुचि कहानी में बनी रहे।

अपने ढंग का एक उदाहरण दूँ : लखनऊ में रकाबगंज के पुल के पास बाज़ार के किनारे फ़ुटपाथ पर एक बुढ़िया को खरबूजों की डलिया के सामने बैठे रोते हुए देखा। मन को ठेस-सी लगी। सोचा, इसके रोने का कारण क्या हो सकता है? अनुमान किया, सम्भव है, इसके घर में किसी की मृत्यु हो गयी हो। यह स्पष्ट ही दिखायी दे रहा था कि उससे सहानुभूति प्रकट करनेवाला कोई नहीं है, क्योंकि वह साधनहीन है, छोटे लोगों में से है। जो सम्मानित है उनसे सहानुभूति प्रकट करनेवालों की कमी नहीं होती। कल्पना में एक समृद्ध परिवार की पुत्र-शोक से पीड़ित माता का चित्र सामने आ गया। दोनों चित्रों की तुलना से 'दुःख का अधिकार' कहानी बन गयी। यह कहानी 'ज्ञानदान' संग्रह में है। कुछ लोगों को कहानी बहुत पसन्द आयी। इसका अनुवाद फ्रेन्च और रूसी भाषाओं में भी हो गया है। यहाँ के कुछ आलोचकों को यह कहानी केवल शब्दचित्र जान पड़ी थी।

दूसरा उदाहरण : एक पाँच बरस की बालिका को लज्जा के कारण अपने कुर्ते के आँचल से ही अपना मुँह ढाँपते देखा। उसके शरीर पर दूसरा कोई कपड़ा था ही नहीं। बालिका का भोलापन देखकर तुरन्त ख़याल आया कि अज्ञान में केवल अभ्यास से लज्जा को ढाँपने के प्रयत्न से क्या हो जाता है! इस लड़की की नीयत और इसके काम में परस्पर कितना विरोध है! परिणाम में 'फूलो का कुर्ता' कहानी लिखी। हमारे एक प्रगतिशील आलोचक ने इस कहानी की आलोचना में लिखा था कि इस कहानी को कई बार पढ़कर भी उन्हें इसका अभिप्राय समझ नहीं आया। लन्दन जाने पर पता लगा कि चार्ल्स नेपियर, इण्डिया लाइब्रेरी के लाइब्रेरियन को यह कहानी वर्तमान सभ्यता के ढंग पर इतनी अच्छी विद्रूप जान पड़ी कि उन्होंने इसका अनुवाद अंग्रेज़ी में कर दिया था। बीसियों पाठकों ने इसे चुभती हुई चीज़ बताया, पर आलोचक तो आलोचक है।

आजकल कुछ लोग मुझे कहानी के अखाड़े का छोटा-मोटा ख़लीफ़ा समझने लग गये हैं। प्रायः ही कहानी पढ़कर राय देने या ठीक कर देने के अनुरोध सुनने पड़ते हैं। ऊपर के दो उदाहरणों से इतना तो स्पष्ट हो जाना चाहिए कि कोई कहानी मुझे या किसी आलोचक को न रुचने से ही असफल नहीं मान ली जा सकती है। ऐसा अनुरोध करनेवाले ये नहीं सोचते कि किसी की कहानी पढ़ने और ठीक करने में समय लगता है और थकान भी होती

है। आधा या पूरा दिन तो निकल ही जाता है। वह दिन का कुछ मूल्य न हुआ? अस्तु, पढ़ने के बाद यदि कह दिया कि इसे दुबारा लिख डालिये तो उदीयमान लेखक या लेखिका का चेहरा उतर जाता है। इतने कष्ट के लिए शायद ही कोई तैयार होता हो। अधिकांश उदीयमान कलाकार समझते हैं कि कहानी तो कला का तीर है, कमान से निकल गया, तो लौट थोड़ी ही सकता है। पर शौक़ तीर चलाने का नहीं, लक्ष्य पर तीर मारने का होना चाहिए। चाहे तीर सौ बार क्यों न चलाना पड़े। मेरी कहानी यदि कम्पोजीटर के हाथ में हो और वह कह दे कि बात समझ नहीं आयी, तो मैं उसे दोहराने के लिए व्याकुल हो उठता हूँ। मैंने देखा कि पाठकों की आलोचना सुनकर कुछ लेखक जवाब देते हैं कि 'आप बात समझे ही नहीं।' मेरी धारणा है कि पाठक समझा नहीं तो कसर मेरे कहने के ढंग में रही। आत्मविश्वास की इस न्यूनता का कारण शायद मेरी प्रतिभा की कमी ही हो। मुझे पाठक को सन्तुष्ट करने या उसके प्रति ईमानदारी निबाहने का भी ख़्याल रहता है, क्योंकि उसका दिया खाता हूँ।

—'कहानी' नववर्षाङ्क, जनवरी, १९५५

●

मेरी कहानियों की कहानी

कहानियों का जन्म अथवा रचना का आरम्भ कैसे हुआ इस विषय पर साहित्य के इतिहासज्ञों में बहुत मतभेद हो सकता है। परन्तु एक संसार प्रसिद्ध कहानी अथवा कथा-श्रृंखला 'अरेबियन नाइट्स' के जन्म या रचना की कहानी इस प्रकार प्रसिद्ध है : एक राजा का दृढ़ विश्वास था कि नारी प्रेम-व्यापार में स्थिर नहीं हो सकती। राजा को यह भी सह्य न था कि जिस नारी से वह सन्तोष पाये, उस नारी की संगति कोई अन्य पुरुष कर सके। उस राजा के लिए प्रति सन्ध्या एक कुमारी युवती प्रस्तुत की जाती थी। राजा रात भर की संगति के पश्चात् सूर्योदय के समय उस युवती का सिर कटवा देता था। हज़ारों युवतियाँ राजा की इस झक पर बलिदान हो चुकी थीं। एक सन्ध्या एक चतुर कुमारी युवती राजा की संगति के लिए प्रस्तुत की गयी। वह युवती राजा के विनोद के लिए एक कहानी सुनाने लगी। कहानी सूर्योदय से पूर्व समाप्त न हुई। युवती ने दिन में कहानी सुनाना स्वीकार न किया। कहानी के प्रति राजा के मन में इतनी प्रबल रुचि जाग उठी थी कि राजा ने कहानी पूरी सुन सकने की उत्सुकता में युवती को एक और रात की संगति के लिए जीवित रहने दिया। कहानी दूसरी और तीसरी रात भी समाप्त न हुई। ज्यों-ज्यों कहानी बढ़ रही थी, कहानी के प्रति राजा की रुचि, कौतूहल और उत्सुकता बढ़ती जा रही थी। राजा पूरी कहानी सुन सकने के लिए युवती के जीवन की अवधि एक एक दिन बढ़ाता जा रहा था। कहानी एक हज़ार और एक रात तक चलती रही। इतनी लम्बी कहानी के रूप में, मानवों के व्यवहार में कार्य-कारण के सम्बन्धों की व्याख्या सुनकर राजा अपनी झक की व्यर्थता समझ गया होगा या शेष जीवन भी मानव-जीवन के व्यापार के तारतम्य को अधिक गूढ़ता से समझ सकने के लिए कहानियाँ ही रही होंगी।

'अरेबियन नाइट्स' के जन्म के सम्बन्ध में यह कल्पना कहानी के प्रति मनुष्यों के आकर्षण और मनुष्यों पर कहानी के प्रभाव का बहुत अच्छा संकेत माना जा सकता है। कहानियों में मनुष्य, वैयक्तिक या सामूहिक रूप से, स्वयं अपनी आकांक्षाओं और व्यवहारों का चित्रण अथवा उन पर विचार आते हैं। यह प्रक्रिया कभी पुरानी घटनाओं या इतिहास द्वारा और अधिकांश में कल्पना द्वारा चलती है। इसलिए मनुष्य में बचपन से प्रौढ़ावस्था तक उनकी समझ के स्तर के अनुसार, कहानियों के प्रति रुचि और उत्सुकता बनी रहती है। कहानी को सामाजिक चिन्तन का सरल माध्यम कहा जा सकता है।

साधारण मनुष्यों की भाँति मुझे भी बहुत बचपन से ही कहानी के प्रति प्रबल रुचि और आकर्षण था। शायद उस आयु में रोचक और प्रभावशाली कहानी सुन पाना मेरे लिये

सबसे बड़ा सन्तोष और सुख था। मुझे ख़ूब याद है, मैं अपनी माँ से बार-बार सत्य और कर्त्तव्य की पूर्ति के लिए अपार कष्ट सहनेवाले राजा हरिश्चन्द्र की कहानी सुना करता था। वह कहानी सुनते समय मेरी आँखों से आँसू बहने लगते और हिचकी बँध जाती और उस कहानी को फिर सुन पाने की इच्छा भी बनी रहती। आठ-नौ बरस की आयु में पढ़ना सीख लेने पर माँ पर निर्भर न रहकर कहानियाँ, उपन्यास पढ़ने लगा। उस समय मेरे लिये सबसे बड़े सुख और सन्तोष की कल्पना थी कि स्कूल में छुट्टी हो जाये और मुझे कहानियों, उपन्यास अथवा यात्रा वर्णन की ख़ूब मोटी-सी पुस्तक मिल जाये। ऐसी कोई पुस्तक मिल जाने पर मैं उसे पढ़े बिना नहीं रह सकता था। बच्चों के लिए सभी प्रकार की कहानियाँ अथवा उपन्यास पढ़ना उचित नहीं समझा जाता। अपनी उत्सुकतावश न कर सकने के कारण कई बार डाँट-फटकार अथवा मार भी खायी।

मैंने बारह-तेरह की आयु तक बहुत-सी कहानियाँ और उपन्यास पढ़ लिये थे। यह अनुमान भी हो गया था कि कहानियाँ केवल तथ्य घटनाएँ ही नहीं होतीं, वे कल्पना से रची जाती हैं। बहुत सम्भव है, अनजाने में ऐसा सुझाव हितोपदेश, पंचतन्त्र अथवा 'ईसप की कथाओं' में ऐसी कहानियाँ पढ़ने से मिला हो जिनके पात्र पशु-पक्षी होते हैं। इतनी समझ तो सात-आठ वर्ष के बालकों में भी होती है कि पशु-पक्षी मनुष्यों की तरह बोल-चाल और व्यवहार नहीं कर सकते; दृष्टान्तों में पशु-पक्षियों को मनुष्यों की भूमिका दे दी गयी है। कहानियाँ पढ़ने से मुझे ऐसे चमत्कारों से सुख और सन्तोष की अनुभूति होती थी कि स्वयं भी कहानी गढ़ सकने के सन्तोष की अस्फुट-सी इच्छा भी अनुभव होने लगी थी।

मैंने आरम्भिक शिक्षा गुरुकुल काँगड़ी में पायी थी। उस संस्था में कॉलिज और मैट्रिक विभाग के विद्यार्थी अपने साहित्यिक अभ्यास और विकास के लिए अपनी हस्तलिखित पत्रिकाएँ निकालते थे। ऊँची कक्षाओं के विद्यार्थियों के अनुकरण में सातवीं-आठवीं कक्षा में विद्यार्थियों ने अपनी पत्रिका निकाली और उनके अनुकरण में छठी कक्षा के विद्यार्थियों ने भी प्रयत्न किया। मैं छठी कक्षा में था। पत्रिका में कहानी होनी ही चाहिए थी। वह कहानी मैंनें, अपनी उस समय की कल्पना की सामर्थ्य से लिखी थी। ऊँची कक्षा के विद्यार्थियों ने उस कहानी की सफलता की सराहना की। इस घटना से मैंने विश्वास पा लिया कि मैं प्रयत्न करने पर कहानी लिख सकूँगा।

गुरुकुल काँगड़ी में मेरा स्वास्थ्य ठीक नहीं रहता था। चौदह की आयु में मुझे गुरुकुल काँगड़ी से उठाकर लाहौर के डी. ए. वी. स्कूल में दाख़िल करवा दिया गया था। पारिवारिक परिस्थितियों के कारण आठवीं, नौवीं और दसवीं कक्षाओं की शिक्षा फ़ीरोज़पुर छावनी के स्कूल में पायी। लाहौर अथवा फ़ीरोज़पुर छावनी के स्कूलों में साहित्यिक प्रवृत्ति के लिए उत्साहवर्द्धक वातावरण नहीं था। उस अवस्था में भी मेरी कहानी, उपन्यास, जीवनियाँ अथवा यात्रा-वर्णन पढ़ने की इच्छा अदम्य रहती थी। जो कुछ भी जैसे भी मिल सकता था, पढ़ ही लेता था और कल्पना से रचना कर सकने की प्रवृत्ति भी बनी थी। उस प्रवृत्ति से कभी-कभी कुछ लिखने का भी प्रयत्न करता था परन्तु उपहास का पात्र न बनने की सावधानी में उसे गुप्त रखकर नष्ट कर देता था। फ़ीरोज़पुर छावनी के स्कूल से मैट्रिक की परीक्षा देने के बाद मैंने असहयोग आन्दोलन में भाग लेने के कारण बी. ए. तक की शिक्षा लाहौर के नेशनल कॉलेज में पायी थी। जिस समय मैं इण्टर के दूसरे वर्ष में था, नेशनल कॉलेज में हिन्दी के

अध्यापक थे, हिन्दी के प्रसिद्ध कवि, नाटककार और उपन्यास लेखक श्री उदयशंकर भट्ट। भट्ट जी ने मेरी साहित्यिक प्रवृत्ति पहचानकर मुझे उत्साहित किया।

बी. ए. के प्रथम वर्ष में पढ़ते समय भट्ट जी के सूत्र से मेरी एक कहानी उस समय बरेली से प्रकाशित होनेवाली हिन्दी मासिक पत्रिका 'भ्रमर' में प्रकाशित हो गयी थी। इससे उत्साह और आत्मविश्वास पाया।

नेशनल कॉलेज से ग्रेजुएशन के बाद उसी संस्था में हिन्दी अध्यापक का कार्य मिल गया था। मैं गद्य-काव्यों (प्रोज़-पोयम्स) के रूप में छोटे-छोटे लेख साप्ताहिक और मासिक पत्र-पत्रिकाओं को भेजता रहता था। यह रचनाएँ प्रकाशित हो जाती थीं। दो कहानियाँ उस समय लखनऊ से प्रकाशित 'सुधा' और 'माधुरी' में प्रकाशित हो गयी थीं।

छत्तीस-सैंतीस वर्ष बीत जाने पर भी मुझे ख़ूब याद है कि मेरी उन आरम्भिक रचनाओं की भाव और ध्वनि क्या होते थे! मुझे यह भी ख़ूब याद है कि बारह की आयु में पहली बार कहानी लिखने का प्रयत्न मैंने किस प्रेरणा से किया था! वह प्रेरणा थी—रचना अथवा अभिव्यक्ति का सामर्थ्य, और उससे सन्तोष अनुभव करने की इच्छा। उस आयु में मुझे जीवन का क्या अनुभव हो सकता था; विशेषकर सभी प्रकार के सामाजिक और सांसारिक अनुभवों से दूर, गुरुकुल काँगड़ी के आश्रम में! मैंने पढ़ी हुई कहानियों या घटनाओं के आधार पर कल्पना से कहानी गढ़ सकने का सन्तोष पाने का प्रयत्न किया था; वह कहानी मेरे बाल हृदय द्वारा अभिव्यक्ति की सामर्थ्य अनुभव करने की इच्छा का गुबार मात्र थी। बाईस-तेईस की आयु में अभिव्यक्ति के सामर्थ्य का भरोसा हो जाने पर अभिव्यक्ति की प्रेरणा और प्रयोजन स्पष्ट होने लगे। जीवन की इच्छा अथवा जीवन के लिए अवसर और प्रयत्न की इच्छा। 'जीवन के लिए अवसर और प्रयत्न' की मेरी वह इच्छा मुख्यतः उसी भावना के रूप में प्रकट हुई, जिस भावना के कारण मैं मैट्रिक में छात्रवृत्ति पाकर उत्तीर्ण होने पर भी सरकारी कॉलेज में दाख़िल होने से इनकार कर असहयोग आन्दोलन में भाग लेने लगा था। उस समय की मेरी रचनाओं में जीवन की अन्य कामनाओं और उमंगों की अभिव्यक्ति की अपेक्षा राष्ट्रीय स्वतन्त्रता के दृष्टिकोण से मानवी अधिकारों की छटपटाहट ही मुख्य होती थी। मैं उसी भावना को अपने रचना सामर्थ्य अथवा साहित्य साधना का मुख्य ध्येय बनाना चाहता था।

जवानी के आरम्भ में, साहित्य साधना को क्रियात्मक रूप देना आरम्भ करते ही मैं द्वन्द्व में फँस गया। कॉलेज में मैं शहीद भगतसिंह और सुखदेव का सहपाठी था। जिस समय मेरी रचनाओं को प्रकाशन का अवसर मिलने लगा, मैं सशस्त्र क्रान्ति के लिए गुप्त संगठन में भी भाग ले रहा था। एक ही समय दो नावों में सवारी की इच्छा निभ न सकी।

१९२८ के अन्त में भगतसिंह और कुछ मास पश्चात् सुखदेव भी गिरफ़्तार हो गया। गिरफ़्तारी से बचने और सशस्त्र क्रान्ति के प्रयत्न में भाग ले सकने के लिए मुझे फ़रार हो जाना पड़ा। मेरी लिख सकने या अभिव्यक्ति की इच्छा इतनी प्रबल थी कि फ़रारी के तीन वर्षों में प्रकाशन का अवसर न होने पर भी लिख सकने की इच्छा का दमन नहीं कर सकता था। कुछ रचनाओं को दूसरों के नाम से प्रकाशित कराना भी स्वीकार किया।

१९३२ के आरम्भ में गिरफ़्तार हो जाने पर मैंने चौदह वर्ष कारावास की सज़ा पायी। मित्रों और हितचिन्तकों ने बधाई दी कि फाँसी नहीं, चौदह बरस की क़ैद ही मिली। अस्तु, जेल जीवन में मेरे लिये जीवन को अनुभव कर सकने या जीवन की इच्छा को चरितार्थ कर

सकने का माध्यम या साधन अध्ययन द्वारा और कल्पना द्वारा जीवन को अनुभव करते रहने, कल्पना में जीवन पर विचार करते रहने अथवा काल्पनिक परिस्थितियों में काल्पनिक पात्रों द्वारा जीवन की शतरंज खेलते रहने के अतिरिक्त उपाय ही क्या था? जितना भी सम्भव था, पढ़ा और लिखता भी रहता था। रचनाओं के प्रकाशित हो सकने की आशा न होने पर भी जीवन की इच्छा को जागरूक और सक्रिय बनाये रखने के लिए ही लिखता था। स्वयं लिखे को आलोचक की दृष्टि से परखकर, उसे परिमार्जित कर पुनः लिखता था। यह क्रम सात वर्ष चला। १९३८ में कांग्रेसी शासन में जेल से रिहा हो जाने पर, जेल में लिखी कहानियाँ और निबन्ध कई संग्रहों में काम आये।

●

मैं और मेरा परिवेश

कहा जाता है कि कुछ लोग केवल जीते हैं। अभिप्राय है कि ऐसे लोग जैसे-तैसे प्राण-रक्षा कर लेने से सन्तुष्ट हो जाते हैं। निस्संकोच स्वीकार करूँगा कि जीवन में मेरा दृष्टिकोण और व्यवहार ऐसे नहीं रहे। याद है कि चेतना सँभालने के दिन से ही मुझे परिस्थितियों की लहरों में बह जाना मंजूर नहीं हुआ। लेकिन यह कह सकने का अधिकारी भी तो नहीं हूँ कि मैं जीवन के हर पल से कुछ-न-कुछ ग्रहण कर सका हूँ या एतदर्थ ऐसा कोई मार्ग बता सकता हूँ। हाँ, इतना सन्तोष ज़रूर है कि मैंने पिटकर जीना स्वीकार नहीं किया और मुझे ज़िन्दगी के लगभग सत्तर वर्ष व्यर्थ गँवा देने का खेद नहीं है।

मेरे जीवन का माध्यम साहित्य है। माध्यम शब्द का उपयोग व्यापक अर्थों में कर रहा हूँ। प्रयोजन, साधन और परिणति के अर्थों में ही नहीं, जीविका के अर्थ में भी। यह दम्भ न करूँगा कि मैंने साहित्य का माध्यम जीवन के प्रयोजन की अभिव्यक्ति, और जीविका के रूप में त्याग की उदात्त भावना से चुना था। जहाँ तक रुचि और प्रवृत्ति का सवाल है, यह सच है कि मैं किशोरावस्था यानी दस से चौदह-पन्द्रह वर्ष की आयु में भी साहित्य से बहुत सन्तोष पाता था। साहित्य से अभिप्राय उच्चस्तरीय गद्य-पद्य काव्यों से नहीं, बल्कि कथा-कहानी, यात्रा वर्णनों और वर्णनात्मक रचनाओं से है। ऐसी रचनाओं के सन्तोष से इतना मुग्ध हो जाता कि उस आयु में ही स्वयं भी जैसी रचना कर सकने का स्फुरण अनुभव हो जाता। यदि उस स्फुरण को मेरी लेखन प्रवृत्ति का बीज कहना चाहें, या उसे साहित्य की प्रेरणा का नाम देना चाहें तो मुझे आपत्ति नहीं। मुझे याद है, उसी आयु में, किसी निश्चित उद्‌देश्य की चेतना बिना, केवल कहानी लिख सकने के सन्तोष के लिए, उस आयु के सामर्थ्यानुसार कहानियाँ लिखी थीं। मेरे उन प्रयत्नों की तुलना मेरे समवयस्कों के पतंग या कन्दील बना सकने के प्रयत्नों से की जा सकती थी। उसमें विशिष्ट या महान् कैसे खोज निकाला जाये? अस्तु इसे मेरी लेखन प्रवृत्ति या क्षमता का बीज या सूत्रपात कहा जा सकता है।

मेरा अनुभव है कि लेखन में रुचि या लेखन की क्षमता होने से ही व्यक्ति लेखन को जीविका का माध्यम नहीं बना लेता। उदाहरण गिनाने की ज़रूरत नहीं। जीविका का साधन. या माध्यम व्यक्ति अनिवार्यतः परिस्थितियों और परिवेश के कारण अपनाता या चुनता है। मेरी परिस्थितियों में ऐसे कारण, यानी मेरा परिवेश मेरी मज़बूरियाँ थीं। इसे मेरे परिवेश की बात भी समझा जा सकता है।

आपका कौतूहल अधिक न बढ़ाने के लिए कुछ तथ्य बता दूँ। १९२० में मैट्रिक की परीक्षा जिले में डिस्टिंक्शन से पास की थी। इसलिए स्कॉलरशिप का भी अधिकारी। हमारे परिवार की आर्थिक स्थिति बहुत कमज़ोर थी। इसलिए आगे शिक्षा पाने के लिए स्कॉलरशिप बहुत बड़ी चीज़। यह भी कह दूँ, उस समय सफल वकीलों की प्रतिष्ठा और समृद्धि देखकर मेरा सपना वकील बनने का था। उसी समय कांग्रेस और गाँधी जी ने ब्रिटिश सरकार से असहयोग की अपील की - सरकारी नौकरियों, अदालतों, शिक्षा संस्थाओं से असहयोग! एक बरस में स्वराज का आश्वासन। मैं स्कॉलरशिप के लिए राष्ट्रीय पुकार की अवहेलना न कर सका। सभी सम्बन्धियों और हितचिन्तकों से नसीहत और फटकार सुनी परन्तु अपनी समझ से कर्त्तव्य की उपेक्षा करके वकील बनने का यत्न जारी न रख सका। उस कठिनाई में सहानुभूति मिली तो माँ से, जिसे मेरी बग़ावत के कारण सबसे अधिक कठिनाई सहनी थी। माँ ने कहा—अच्छा काम कर रहे हो। साहस है तो करो। मेरी चिन्ता मत करो। साफ़ कह दूँ मैं जैसा जो कुछ भी हूँ उस पर माँ का बहुत पड़ा प्रभाव।

सन् १९२१ फरवरी में चौरीचौरा काण्ड के कारण गाँधी जी ने उस असहयोग सत्याग्रह आन्दोलन को अपनी हिमालय जितनी बड़ी भूल मान लिया। सत्याग्रह असहयोग स्थगित। हज़ारों विद्यार्थी शायद सौ में निन्यानबे स्कूल कॉलेजों को वापस लौट गये। कुछ नहीं लौटे। उनमें मैं भी। लौटता कैसे, थूके हुए को चाटना असह्य। चाट सकने का मौका भी कहाँ? वह स्कॉलरशिप तो अब मिल न सकता था। बात और साफ़ कर देना अच्छा। सरकारी कॉलेज में पढ़ना न मंजूर तो वकील बनने या अच्छी सरकारी नौकरी का स्वप्न भी समाप्त। कारोबार-व्यवसाय के लिए न रुचि, न उसकी समझ और सबसे बड़ी बात साधन कहाँ! अख़बार और पुस्तकें, ख़ास तौर पर कथा-कहानी जासूसी उपन्यास भी पढ़ता ही था। वैसा लिख सकने की उमंग और विश्वास कि अख़बार में काम करनेवालों, पुस्तक लिखनेवालों को कुछ तो मिलता ही होगा। नट-मदारी भी लोगों का दिल बहलाकर ज़िन्दा रहते हैं। सरकारी नौकरी के रूप में देशद्रोह नहीं करना। जैसे भी निर्वाह हो, मन की बात तो कह पायेंगे। लेखक के व्यवसाय और जीवन के यथार्थ का कुछ परिचय न था। तिस पर लेखन से जीविका का एक अस्पष्ट स्वप्न। याद है एक रिश्तेदार बुज़ुर्ग विरक्ति से कह देते थे—यह पागलपन है मृग-मरीचिका!

मुझे ढालनेवाले परिवेश की बात अभी अधूरी है। यह इरादा बन गया कि अपनी बात कह पाने के सन्तोष और जीविका के लिए लेखक या पत्रकार बनने का यत्न करना है, परन्तु उसके लिए सामर्थ्य? मुझमें कवि की प्रतिभा और आत्मविश्वास न था कि मेरे अन्तरतम में सौन्दर्य और प्रेरणा की अजस्रधारा का स्रोत मौजूद है। इसलिए कहने लायक़ बात ढंग से कह सकने के लिए ज्ञान, चिन्तन और अभिव्यक्ति के साधन की शिक्षा-दीक्षा ज़रूरी। यानी अभी और पढ़ना चाहिए, जैसे भी हो।

शेरे-पंजाब स्वर्गीय लाला लाजपत राय द्वारा लाहौर में स्थापित नेशनल कॉलेज में पढ़ने चला गया। इस कॉलेज में संगति पायी शहीद साथियों भगतसिंह, सुखदेव और भगवतीचरण की। कुछ वही बात, करेला और नीम चढ़ा। यह सब साथी, विदेशी शासन विरोधी भावना में मुझसे उग्र। संक्षेप में, आपस में निश्चय हुआ कि कांग्रेस जो करे, विदेशी शासन से मुक्ति का संघर्ष जारी रहेगा। और उस समय की हम लोगों की समझ के अनुसार कांग्रेस का वैधानिक शान्तिपूर्ण संघर्ष (पीसफुल और लेजिटीमेट स्ट्रगल) आत्म प्रवंचना था। निश्चय कि

हमारा संघर्ष पूर्ण बग़ावत होगा, सभी साधनों और उपायों से। वही मार्ग जिस पर हमसे पहले पंजाब में गदर पार्टी, बंगाल और देश के अन्य भागों में सशस्त्र क्रान्ति में विश्वास रखनेवाले युवक चले थे और चल रहे थे। परन्तु कुछ अन्तर भी। हम लोग कॉलेज में अमेरिका-यूरोप का इतिहास, अर्थशास्त्र और राजनीतिशास्त्र भी पढ़ते थे। उसके अतिरिक्त पश्चिम से आयी सामयिक विचारधाराओं को समझने के प्रयत्न भी करते रहते थे। इसलिए देश, जनता और स्वतन्त्रता के विषय में हमारी समझ बदलती जा रही थी। हमने रामराज्य और ऋषियों के जगद्गुरु भारत के पुनरुत्थान के स्वप्न कभी नहीं देखे। राष्ट्र की स्वतन्त्रता की हमारी कल्पना श्रेणी और वर्ण भेदरहित ऐसे समाज की थी जिसमें बहुजन को आत्मनिर्णय से जीवन के भौतिक और मानसिक अवसरों की समान सुविधा और अपने श्रम का पूरा फल पाने का अधिकार और अवसर होगा। जिसे आजकल समाजवाद और 'ग़रीबी हटाओ' लक्ष्य का नाम दिया जाता है। हम लोगों ने अपने संगठन का नाम ही रखा था, हिन्दुस्तान समाजवादी प्रजातन्त्र सेना।

'मैं' का प्रसंग बहुत खिंच रहा हैं, लेकिन बात स्पष्ट करना ज़रूरी। कॉलेज में मेरा लिखने का प्रयत्न या अभ्यास जारी रहा, मेरी चार-छह छोटी-मोटी रचनाएँ जहाँ-तहाँ पत्रों में भी प्रकाशित हो गयीं। उस लेखन से केवल स्वान्तः सुख या अभिव्यक्ति का सन्तोष ही पाया। अपनी कल्पना के विरुद्ध पहली पगार या जीविका लेखन से नहीं, अध्यापन से पायी, शुरू में स्वयं पढ़ सकने के लिए ट्यूशन करके और ग्रेजुएट हो जाने पर उसी संस्था में अध्यापन का काम मिल जाने से। पर वह चला नहीं, शायद मैं निबाह भी न पाता।

१९२८ के अन्त में भगतसिंह, सुखदेव और दूसरे साथी पहले फ़रार हुए और फिर गिरफ़्तार। उसी क्रम में मुझे फ़रार हो जाना पड़ा। फ़रारी में नित्य नाम बदलने की मज़बूरी। उस अवस्था में व्यक्ति अपने नाम से अभिव्यक्ति और प्रकाशन की ललक कैसे पूरी कर सकता है? वह ललक तब भी उग्र और सजीव रही परन्तु उस समय अधिक ज़रूरी काम थे—बम और पिस्तौल के आयोजन। १९३२ में गिरफ़्तार होकर चौदह वर्ष की जेल। कहने को तो कठोर कारावास था, परन्तु उच्चस्तरीय राजनैतिक बन्दी, लिखने-पढ़ने की सुविधा पाते थे। जेल चौदह बरस न काटनी पड़ी। १९३८ में पहली बार कांग्रेस मन्त्रिमण्डल बनने पर रिहा कर दिया गया।

जेल से रिहा हुआ तो आयु के पैंतीसवें साल में यानी आधी आयु बीत चुकी थी। फिर निर्णय या परिवेश चुनने की मज़बूरी। लेकिन चुनने को था क्या? उस उम्र में अच्छी सरकारी नौकरी का क्या सवाल? और उद्योग-कारोबार आरम्भ करने के लिए साधन कहाँ? एक ही क्षमता जो कुछ अर्जन की थी—क़लम से अभिव्यक्ति। पहली जीविका का साधन एक साप्ताहिक में डेढ़ मास की नौकरी, उसे निबाह न सकने के कारण अपना मासिक पत्र 'विप्लव' आरम्भ करने की जोखिम! लोगों को जादुई कहानी जान पड़ेगी, पर है सच, तीन सौ रुपये की पूँजी से। पर एक बहुत बड़ा साधन या सहारा था, पत्नी प्रकाशवती का सहयोग। 'विप्लव' में हमें क्या सफलता मिली यह दूसरे लोग भी जानते हैं। 'विप्लव' का प्रकाशन सरकारी असन्तोष से पहले विदेशी शासन के और फिर अपने ही शासन के असन्तोष से स्थगित हो गया। लेकिन मेरे सम्पूर्ण लेखन-प्रकाशन में उसी 'विप्लव' की आत्मा क़ायम है।

अपने शेष परिवेश की बात बहुत संक्षेप में, जेल से रिहाई के बाद बहुत बार अपने से ही प्रश्न किया—राजनैतिक संघर्ष से बिलकुल उपराम क्यों? मेरा उत्तर था, राजनीति का अर्थ जीवन के प्रति सामूहिक चेतना से सक्रिय होना। पहली परिस्थितियों में वह काम बुलेट-बन्दूक से करना ठीक जँचा था, अब वह काम बुलेटिन यानी क़लम से बेहतर कर सकने का विश्वास। मेरे सम्पूर्ण परिवेश की व्याख्या इस वाक्य को समझा जा सकता है।

मैं मानव-जीवन की सबसे बड़ी आवश्यकता, अधिकार और सफलता आत्मनिर्णय के अवसर और क्षमता को मानता हूँ। वही वास्तविक स्वतन्त्रता है। मेरे विचार में अधिकार और अवसर से भी अधिक ज़रूरी है क्षमता। आत्मनिर्णय की क्षमता न होने पर उसके अधिकार और अवसर व्यर्थ रह जाते हैं। आत्मनिर्णय की क्षमता है मानसिक प्रवृत्ति और शक्ति। अपने समाज और राष्ट्र की आत्मनिर्णय की क्षमता को स्फुरित और उग्र कर सकना मेरा बड़ा सन्तोष है। आप इसे मेरी महत्त्वाकांक्षा या अहंकार कह देंगे तो इनकार न कर सकूँगा।

अपने समाज और राष्ट्र में इस क्षमता की उपेक्षा या न्यूनता देखना, अनुभव करना मेरा सबसे कटु या असह्य परिवेश है। उसे जीवन के आरम्भ से ही अनुभव किया था। समस्याओं के हल वैयक्तिक नहीं, सामूहिक हैं। उस सामूहिक दृष्टि से चिन्तन और अभिव्यक्ति ही मेरी नज़र में साहित्य है या मेरा परिवेश।

आत्मनिर्णय की क्षमता में सबसे बड़ी रुकावटें हैं परम्पराओं के अन्ध अनुगमन को सद्गुण मानकर स्वयं निर्णय का अधिकार तथा अवसर खो देना। अन्धविश्वासों की उस नींद को तोड़ने की आवश्यकता ही मेरा परिवेश है। इसलिए सामाजिक जीवन में क़दम-क़दम पर अन्तर्विरोधों की ओर संकेत करने का यत्न मेरा साहित्य या मेरी उपलब्धि है। उसमें रम जाना मेरा सबसे बड़ा सन्तोष। मेरी जीविका भी वही। निर्वाह के लिए समाज से जो कुछ पाता हूँ, इसी श्रम के लिए। इसलिए उसे और अधिक लगन से निबाहने का आग्रह है।

१९७३

●

मेरे उपन्यास के भगोड़े पात्र

उपन्यासकार अपने उपन्यास के समाज या सृष्टि के व्यक्तियों अथवा पात्रों का निर्माण स्वयं ही करता है, वही उन व्यक्तियों और पात्रों का विधाता होता है। उनके क्रियाकलाप और विचार उसकी इच्छा से ही बनते हैं। पात्र उपन्यासकार के हाथ की वस्तु होते हैं। फिर भी यह सम्भव है कि कुछ परिस्थितियों में उपन्यासकार के पात्र उसके हाथों से निकलकर भाग जायँ। स्थूल दृष्टि से यह बात तथ्य के विरुद्ध जान पड़ेगी, परन्तु यह विरोध केवल विरोधाभास ही है। वास्तव में उपन्यास के जगत् में दूसरे प्रकार की स्थिति भी उत्पन्न हो जा सकती है। अपने हाथों या अपनी कल्पना से बनाये पात्र के प्रति उपन्यासकार को ममता होती है। जब उपन्यासकार देखता है कि उसकी ममता का पात्र व्यक्ति ऐसी परिस्थिति में पड़ गया है कि उसका जीवन असम्भव हो गया है तो यह उस पात्र को भाग जाने का अवसर देता है और कभी उसे स्वयं भी भगा देता है।

मेरा विचार है कि उपन्यास लिखने में उपन्यासकार का प्रयोजन अपने समाज की परिस्थितियों और मान्यताओं का विवेचन करना रहता है। उपन्यासकार उन सामाजिक परिस्थितियों और मान्यताओं को पाठक समाज के सम्मुख ला सकने के लिए परस्पर सम्बद्ध घटनाओं की श्रृंखला की कल्पना करता है। उन काल्पनिक घटनाओं को पाठकों के विचार में विश्वासयोग्य बना सकने के लिए उन घटनाओं के अनुकूल पात्रों की सृष्टि करता हैं। बाज़ वक्त यह भी कहा जा सकता है कि उपन्यासकार अपने विचार को स्पष्ट करने के लिए कल्पना से व्यक्ति पात्रों की सृष्टि करके उनका पालन और पोषण करता है, उन्हें विशेष प्रकार का व्यवहार करने योग्य चतुर या सरल बनाता है अथवा भीरु और साहसी बनाता है। फिर उपन्यासकार समस्या की वेदी खड़ी करता है और उपन्यासकार अपने मन्तव्य अथवा प्रयोजन को स्पष्ट करने के लिए अपनी मानस सन्तान व्यक्तियों अथवा पात्रों को उस समस्या की वेदी पर बलि कर देता है। उपन्यासकार अपनी कल्पना में अपने कर्त्तव्य के लिए अपनी मानस सन्तान की बलि देकर उनके प्रति पाठक वर्ग की सहानुभूति और आदर जगा देता है। इस प्रकार उपन्यासकार अपनी कल्पना की सृष्टि से अपनी मानस सन्तान को मारता नहीं, बल्कि उन्हें शहीद बनाकर अमर कर देता है। वह उन्हें शहीद बनाकर अपने विश्वास में उनके प्रति न्याय कर देता है।

उपन्यासकार के मस्तिष्क में सभी समस्याएँ उतनी सीधी और सरल नहीं होतीं कि वह उनके विषय में साहस से दो-टूक बात कह सके और समाज को कह दे कि तुम्हारी अमुक

धारणा अमानवीय, अन्याय मात्र है। कुछ समस्याएँ ऐसी भी हो सकती हैं जिनमें उपन्यासकार अन्तर्द्वन्द्व तो स्पष्ट देखता है, परन्तु समाज की प्रगति की स्थिति से अपनी सीमाओं के कारण समन्वय की कल्पना नहीं कर सकता है। इस बात को यों भी कहा जा सकता है कि उपन्यासकार कुछ सामाजिक मान्यताओं या समाज द्वारा स्वीकृत व्यवस्थाओं में अन्याय तो देखता है, परन्तु स्वयं भी समाज का अंग होने के कारण उसकी विचार-शक्ति अथवा कल्पना उस अन्याय को दूर कर सकने का उपाय नहीं देख सकती। ऐसी अवस्था में भी उपन्यासकार उसे दिखायी पड़नेवाले अन्याय के विरुद्ध आवाज़ तो उठाना ही चाहता है। आवाज़ उठाकर वह समाज को पुकारता है कि इसका उपाय सोचो। ऐसी पुकार उठाने के लिए उपन्यासकार एक साहसी पात्र की सृष्टि करता है जो समाज के अन्याय को सहने के लिए तैयार नहीं। इस पात्र के माध्यम से उपन्यासकार समाज द्वारा स्वीकृत व्यवस्था और मान्यता की असंगति को तो स्पष्ट कर देता है, परन्तु किसी नयी व्यवस्था अथवा मान्यता का प्रस्ताव नहीं कर सकता। उपन्यासकार ऐसी दुविधा में पड़ जाता है कि वह किसी समस्या के लिए अथवा समस्या का प्रतिनिधित्व करनेवाले पात्र के प्रति समाज की बौद्धिक अथवा तार्किक सहानुभूति ही जगा सका है, हार्दिक अथवा भावात्मक सहानुभूति नहीं पा सका। यदि वह अपनी मानस सन्तान को उस समस्या के लिए बलि कर देगा तो भी वह पाठकों की दृष्टि में उसे शहीद नहीं बना सकेगा। ऐसी अवस्था में पूर्णतया स्पष्ट न की जा सकी समस्या के प्रतिनिधि मात्र को भाग जाने देना अथवा भगा देना ही उचित जान पड़ता है अर्थात् केवल समस्या की ओर संकेत करके सन्तोष कर लेना पड़ता है।

मेरे उपन्यास 'झूठा सच' के दूसरे भाग 'देश का भविष्य' में एक ऐसी ही पात्र डॉ. श्यामा है। श्यामा पैंतीस-छत्तीस वर्ष की पूर्ण युवा नारी है। वह अपने नगर की ख़ूब सफल और प्रतिष्ठित डॉक्टर है। यह केवल चिकित्सा के व्यवसाय में ही नहीं, बल्कि सामाजिक और सार्वजनिक जीवन में भी सफल और प्रतिष्ठित है। उसकी प्रतिष्ठा का कारण उसका चिकित्सा का कौशल, सर्वसाधारण के प्रति सहानुभूति, निःस्वार्थ सेवा और अच्छा स्वभाव तथा बुद्धिमत्ता है। सार्वजनिक क्षेत्र में उसके राजनीतिक विचारों का समर्थन न करनेवाले लोग भी उसकी उदारता, ईमानदारी और निःस्वार्थ सेवा-भाव के कायल हैं। उसकी प्रेक्टिस अच्छी होने के कारण उसे आर्थिक चिन्ता नहीं। वह बँगला किराये पर लेकर रहती है, नौकर-चाकर हैं और उसकी अपनी मोटर है। सरकारी क्षेत्रों में भी उसका सम्मान और प्रभाव है। उसकी पहुँच काफ़ी दूर तक हो सकती है, परन्तु अपने प्रभाव के कारण वह स्वयं कोई लाभ नहीं उठाती, सदा दूसरों को ही लाभ पहुँचाती है। चिकित्सा का कार्य वह केवल पैसा कमाने के लिए नहीं करती, रोगियों का दुःख दूर करने के लिए करती है, परन्तु उपन्यास के पाठक देखते हैं कि उस पर हीन चरित्र होने के लांछन लगाये जाते हैं।

डॉ. श्यामा आर्थिक और सार्वजनिक जीवन में सफल और आत्मनिर्भर होने पर भी पाठक को 'पूर्ण' नहीं जान पड़ती। जिसे पूर्ण नहीं माना जा सकता, उसे आत्मनिर्भर कैसे मान लिया जायगा। हमारा समाज पुरुष के बिना नारी की पूर्णतः और आत्मनिर्भरता की कल्पना नहीं कर सकता अर्थात् नारी को केवल पत्नी और माता के ही रूप में पूर्ण समझ सकता है। इसलिए श्यामा पाठक को पूर्णत सन्तुष्ट और आत्मनिर्भर नहीं दिखलायी देती, श्यामा का नारी के रूप में सन्तुष्ट न हो सकना अथवा आत्मनिर्भर न हो सकना ही उसकी समस्याओं को जन्म देता है।

यदि श्यामा दस-बारह वर्ष पूर्व चाहती तो यह हमारे समाज की साधारण नारी की तरह विवाह करके समाज के विश्वास के अनुसार पूर्णता प्राप्त कर सकती थी, परन्तु उस समय उसकी महत्त्वाकांक्षा अपने पाँव पर खड़े हो सकनेवाले स्वतन्त्र व्यक्ति बनने की थी। उस महत्त्वाकांक्षा को उसने पूरा कर लिया। उस समय श्यामा ने अपने नारीत्व की पूर्ति की चिन्ता नहीं की थी, परन्तु वह अपने नारीत्व से इनकार नहीं करती। वह अपने नारीत्व का दमन करने के लिए भी तैयार नहीं, परन्तु समाज नारी को अपने नारीत्व की पूर्ति करने का अधिकार देने की जो शर्तें नारी पर लगाता है, श्यामा उन शर्तों को सहने के लिए तैयार नहीं होती और समाज की व्यवस्था उसे जिस बात का अधिकार नहीं देती, उस पर मनुष्य और प्राणवान् होने के नाते वह अपना अधिकार समझती है।

समाज नारी को अपने नारीत्व की पूर्ति कर सकने का अवसर देने के लिए सबसे पहले उस पर पत्नीत्व की शर्त लगाता है अर्थात् वह एक पुरुष को आत्मसमर्पण कर दे, उस पुरुष की सम्पत्ति बन जाय और उस पुरुष के अतिरिक्त संसार में किसी पुरुष को न जाने। नारी समाज द्वारा लगायी गयी इस शर्त को पूरा कर सके, उसके लिए समाज नारी को ऐसी अवस्था में रखता आया है कि उसे अपने स्वामी-पुरुष के अतिरिक्त अन्य पुरुषों को जानने का अवसर ही न मिले या अन्य पुरुषों को पुरुष-भाव से देख सकने और जान सकने का अवसर न मिल सके। समाज ने स्त्री-पुरुष के सम्बन्ध के फलस्वरूप सन्तान के पालन-पोषण का मुख्य भार नारी पर डालकर और पुरुष-स्वामी की सेवा का भार नारी पर ही डालकर नारी का क्षेत्र घर की चारदीवारी के अन्दर निश्चित कर दिया और उस पर लगाये गये बन्धनों और परवशताओं को सह्य बना दिया, परन्तु श्यामा तो उन सीमाओं और परवशताओं से जकड़ी हुई नहीं। वह घर की चारदीवारी में बन्द पुरुष-पति की इच्छा के अधीन ही इच्छा कर सकनेवाली केवल सन्तानोत्पत्ति और पति-सेवा कर सकनेवाली मनुष्य की मादा की परवशता स्वीकार करने के लिए तैयार नहीं। उसका स्वतन्त्र व्यक्ति रहने का निश्चय और उसके चारों ओर बहुत-कुछ कर सकने का अवसर ही उसके मार्ग में समस्याएँ और उलझन पैदा करने के लिए उत्तरदायी जान पड़ते हैं।

तारा ने अपनी अत्यन्त कठिन अवस्था में डॉ० श्यामा से सहानुभूति और सहायता पायी थी। वह अपने अनुभवों और दूसरों के अनुभवों से जानती है कि डॉ० श्यामा उदार है, निश्छल है, साहसी है, इसलिए वह अनैतिक और अपवित्र हो ही नहीं सकती, परन्तु वह श्यामा के सार्वजनिक जीवन के प्रतिद्वन्द्वियों से श्यामा की बहुत बदनामी सुनती है। श्यामा को अनेक पुरुषों को फँसानेवाली, दूसरी स्त्रियों के पतियों को लुभा लेनेवाली कहा जाना तारा सहन नहीं कर सकती। उपन्यासकार भी पाठक का ध्यान इस अन्तर्विरोध की ओर दिलाना चाहता है कि क्या वास्तव में उदार, निश्छल, निःस्वार्थ, दूसरे के पीड़ा को अनुभव करनेवाला साहसिक व्यक्ति अनैतिक और चरित्रहीन हो सकता है? ऐसे व्यक्ति को अनैतिक कहने में परिस्थितियों का अथवा हमारी मान्यताओं का ही दोष तो नहीं है?

श्यामा पर केवल पुरुषों को ही क्रोध नहीं कि वह पत्नीत्व की दासता स्वीकार किये बिना पुरुष को चाहती है, स्त्रियाँ भी श्यामा से नाराज़ हैं कि वह उनकी तरह पत्नीत्व स्वीकार किये बिना सन्तोष क्यों चाहती है। समाज के सभी काम्य पुरुष किसी-न-किसी पत्नी के अधिकार में हैं। श्यामा उनके पुरुषों को क्यों बँटाना चाहती है? श्यामा अपना एक पति पुरुष लेकर क्यों नहीं बैठ जाती?

श्यामा कहती है, यदि वह पैंतीस-छत्तीस वर्ष की उम्र में हार मानकर पत्नीत्व की दासता स्वीकार करने के लिए तैयार भी हो जाय तो उसे समाज में ऐसा पुरुष कहाँ मिलेगा जो उस-जैसी स्त्री का पति हो सकने की आशा में बयालीस-पैंतालीस वर्ष की आयु तक अविवाहित बैठा रहा हो। श्यामा अपने बँगले का बग़ीचा सँभालने के लिए या अपनी गाड़ी चलाने के लिए आवश्यकतानुसार माली और ड्राइवर तो नौकर रख सकती है, क्या वह आवश्यकता पूर्ति के लिए एक पति भी नौकर रख ले?

हमारे समाज के परिवार पुरुष की योग्यता को अवलम्ब मानकर बनते और चलते आये हैं, परन्तु आधुनिक युग की शिक्षिता और आत्मनिर्भरता की महत्त्वाकांक्षा रखनेवाली युवती की योग्यता की भी पूर्णतया उपेक्षा नहीं कर दी जा सकती। स्त्री-पुरुष की योग्यताओं का यह समन्वय और दोनों को चुनाव का अधिकार और दोनों के सम-सन्तोष का प्रश्न क्या भविष्य में बौद्धिक वर्ग में विवाह न कर सकनेवालों की संख्या काफ़ी नहीं बढ़ा देगा? ऐसे लोग व्यावहारिक नैतिकताओं में आस्था होते हुए भी अपनी प्राकृतिक प्रवृत्तियों के विषय में क्या करेंगे? उनके लिए एकमात्र सम्मान योग्य मार्ग केवल आत्म-दमन ही होगा अथवा वे इस विषय में कुछ और सोचने-करने के लिए बाध्य हो जायेंगे। श्यामा का काल्पनिक व्यक्तित्व इसी समस्या की ओर संकेत करता है।

हमारे समाज की आर्थिक व्यवस्था में जो परिवर्तन हो रहे हैं और हमारे नारी समाज में शिक्षा के प्रसार और आत्मनिर्भरता की भावना का जो प्रभाव पड़ रहा है, उससे श्यामा-जैसे अनेक स्त्री-पुरुष समाज में पैदा होंगे ही। इससे तो कोई भी सचेत व्यक्ति इनकार नहीं कर सकता, परन्तु उनकी समस्या का क्या समाधान होगा, यह कह देना उपन्यासकार के लिए अभी सम्भव नहीं। इसलिए उपन्यासकार ने श्यामा के प्रति ममता के कारण उसे छिप जाने का अवसर दे देना ही उचित समझा।

●

मैं अपनी किस रचना में सबसे अधिक रम गया?

चालीस बरस से लिख रहा हूँ। छियालीस पुस्तकें प्रकाशित हो चुकी हैं। सामाजिक, राजनैतिक विषयों पर भी लिखा है परन्तु मेरी चर्चा अधिकतर कथाकार के रूप में हुई है। रचना के समय उसमें रम जाने से अभिप्राय कहानी-उपन्यासों से समझ रहा हूँ।

चालीस बरस पूर्व जमकर लिखना शुरू किया था जेल में। चौदह बरस जेल की सज़ा थी। उस समय जो कहानियाँ लिखता था उनके निकट भविष्य में या बरसों तक प्रकाशित हो सकने की कोई आशा या सम्भावना न थी फिर भी लिखता था कहानी बनाने-लिखने के आनन्द में खो जाने के लिए। स्पष्ट है कि उन कहानियों को गढ़ते-लिखते समय किसी पारिश्रमिक या लाभ की कल्पना भी न हो सकती थी। परन्तु कहानी लिखने का आनन्द या रस ऐसा था कि उसमें डूबकर जेल की परिस्थितियों की शारीरिक और मानसिक यातना को भुला सकता था। राजनैतिक कारणों से क़ैद के सातवें बरस में छूट गया। जेल से छूटने पर लिखना ही व्यवसाय बना लिया। इसके दूसरे भी कारण थे परन्तु एक बड़ा कारण लिखने के रस का या कथा-कहानी गढ़ने में रम जाने का चस्का भी था।

अपनी किस रचना में सबसे अधिक रस पाया, यह सोचने के लिए समय में कितनी दूर पीछे तक जाना पड़ेगा और अतीत की कितनी यादों और अनुभूतियों की पर्तों में टटोलना पड़ेगा। सचाई तो यह कि मैंने अब तक अपनी ऐसी कोई छोटी या बड़ी रचना प्रकाशित नहीं करवायी जिसे रचने या लिखने में स्वयं रसविभोर नहीं हुआ या उसकी कल्पना के आनन्द में स्वयं को खो न सका। अर्थात् मैंने अपनी छोटी या बड़ी प्रत्येक रचना के सृजन में चरम रस पाया है। उन सबमें से किसी एक को छाँटते समय अपनी अन्य रचनाओं के प्रति अन्याय की कचोट लगती है। फिर भी कुछ का ज़िक्र करना और अन्ततः एक का नाम बताना ज़रूरी।

जेल से छूटते ही मेरी तीन कहानियों के प्रकाशित होने से मुझे कहानीकार की मान्यता मिल गयी थी। इनमें पहली कहानी जेल में लिखी थी। कहानी का नाम है 'मक्रील'! मैं स्वयं को यथार्थवादी लेखक समझता हूँ, आलोचक भी ऐसा ही कहते हैं। परन्तु मक्रील नाम का कोई स्थान या नदी कहीं नहीं है। उस कहानी का यथार्थ केवल मेरी कल्पना थी कि चौदह बरस बाद जब जवानी खोकर बुढ़ापे में जेल से छूटूँगा और एक मान्यता-प्राप्त लेखक बन जाऊँगा तब मेरे लिये सराहना-स्नेह लेकर उनों से समर्पण का व्यावहारिक मूल्य-उपयोग क्या रह जायगा? संयोग कि मेरी इस कहानी के प्रकाशन पर आलोचकों ने कहा था—इस

नये कहानीकार का भविष्य उज्ज्वल होगा। यहाँ प्रसंग कहानी की सफलता का नहीं, लेखक को उसकी रचना में पाये आनन्द का है। चालीस बरस पहले की बात है। उस कल्पना में जाने कितने दिन खोया रहा कि बहुत बूढ़ा होकर जेल से छूट गया हूँ। बहुत बड़े साहित्यिक का—क्षमा कीजिये कल्पना में स्वयं को बहुत बड़ा सहित्यिक समझ लेने से किसी का कुछ नहीं बिगड़ेगा—हाँ, बहुत बड़े साहित्यिक का सम्मान पा लिया है। उस सम्मान पूजा से प्रचुर सराहना और भावों का अर्घ्य। उस कल्पना के रस की कल्पना कीजिये और फिर बुढ़ापे में उस सबकी निरर्थकता की ट्रेजिडी की मर्मान्तक वेदना। कहानी सफलता से पाये रोमांस और रोमांस की निरर्थकता की ट्रेजिडी का समन्वय है। रसों के उस द्वन्द्व में डूब जाना उस कहानी की शक्ति। इस तरह बीसियों कहानियों के रहस्य बता सकता हूँ जिनसे मैं कल्पना के अनेक क्षेत्रों में सन्तुष्ट-सम्मानित जीवन के रोमांस में डूब सका हूँ और बीसियों ऐसी कहानियाँ जिनकी काल्पनिक ट्रेजिडी से मर्मान्तक अवसाद में आत्मविस्मृत हो सका।

कहानी के बजाय उपन्यास को बड़ी उपलब्धि कहा जाता है। मैंने इस विधा में अधिक श्रम किया है। लेखक के लिए कहानी की रचना से प्राप्त सुख और उपन्यास की रचना में प्राप्त सुख में क्या अन्तर होता है? किस सुख को बड़ा कहा जाये? आनन्द या रस के ऐसे क्षण अनेक बार आते हैं जिनमें हम आत्मविस्मृत हो जाते हैं। उन क्षणों की एक-दूसरे से तुलना कैसे की जा सकती है? परिस्थितियों या वस्तुओं की तुलना करने के लिए उनका नाप-तोल ज़रूरी होता है। परन्तु मर्मस्पर्शी अनुभूतियों की तुलना उनकी तीव्रता के नाप से नहीं उनकी अनुभूति की अवधि से ही की जा सकती है। मर्मस्पर्शी रस या अनुभूति को कैसे नापा-तोला जा सकता है? यह सही है कि रसों की अनुभूतियों की तीव्रता और गहराई को नापना-तोलना उनकी परस्पर तुलना कठिन है। परन्तु तुलना के लिए समय की अवधि को भी नाप या मान मान लिया जा सकता है।

कहानी का आयाम प्रायः एक रोमांचक घटना का परिवेश होता है और वह रोमांचक घटना कहानी का क्लाइमेक्स चरम उद्वेग बिन्दु। उपन्यास के आयाम में सम्बद्ध घटनाओं की लड़ी के लिए गुंजाइश रहती है। उस लड़ी में अनेक घटनाएँ चरम उद्वेग बिन्दु को छू सकती हैं और उसी परिमाण में रचनाकार के लिए सृजन-क्रिया के आनन्द में विभोर हो जाने का अवसर। उपन्यास के रचनाकाल को हम उस रस निमग्नता की अवधि कह सकते हैं। जितने समय तक हम उस सृजन रस में निमग्नता में खोये रहे उसी अनुपात में आनन्द की अवधि और परिमाण।

मेरा उपन्यास 'दिव्या' अट्ठाईस वर्ष पूर्व प्रकाशित हुआ था। अभी तक उसकी बहुत चर्चा है। वास्तविकता यह कि उस उपन्यास के कथ्य या 'थीम' की झलक मन में आने पर उसे लिखने के निश्चय के तीन मास के भीतर ही उसे पूरा करके प्रकाशित कर दिया था। परन्तु उसे लिखने के लिए दो मास के समय में मेरा शरीर रोज़मर्रा ज़िन्दगी निभाता रहा परन्तु मैं अपने ऐतिहासिक ज्ञान के आधार पर अपनी कल्पना में दो हज़ार वर्ष पूर्व का भारतीय नागरिक था।

१९७२

यशपाल का पत्र पुरी के नाम

प्रिय पुरी,

'ज्ञानोदय' के सितम्बर अंक में अपने नाम तुम्हारा पत्र देखा। तुम्हारा तकाज़ा है कि 'झूठा सच' के एक नायक के रूप में तुम्हारे निर्माण का उत्तरदायित्व मुझ पर है। इसलिए, तुम जैसे भी, जो कुछ भी बन सके वह मेरी ज़िम्मेदारी है। पाठकों को तुम्हारे व्यक्तित्व और चरित्र में जो भी निर्बलताएँ और न्यूनताएँ दिखायी पड़ती हैं उनके लिए तुम मुझसे ही शिक़ायत कर सकते हो। पुरी, तुम्हें यह तो नहीं भूलना चाहिए कि मैंने तुम्हारे व्यक्तित्व में कुछ निर्बलताएँ रखने के बावजूद तुम्हें अच्छी ख़ासी साहित्यिक परख और प्रतिभा दी थी।

क्या तुम सन्देह कर सकते हो कि तुम्हारे व्यक्तित्व के सृजन में मेरा प्रयोजन 'झूठा सच' को सफल उपन्यास बना सकना ही नहीं था। तुम्हारे ऐसे ही व्यक्तित्व से 'झूठा सच' इस योग्य बन सका कि तुम्हें भड़कानेवाले भी इस उपन्यास को दिलचस्प और शाहकार अर्थात् कला की दृष्टि से सफल मानते हैं! अर्थात् इसकी सफलता का लोहा मानने के लिए बाध्य हैं। उपन्यास-जगत् में तुम्हें इसी बात से अपने व्यक्तित्व की सार्थकता और सफलता समझकर सन्तुष्ट होना चाहिए था परन्तु तुममें तो मार्क्सवादी हीरो बनने की महत्त्वाकांक्षा जगा दी गयी है।

पुरी, तुम्हारे इस पत्र में मुझे तुम्हारा रूप, विचार और भाषा ठीक वैसे नहीं दिखायी दे रहे हैं जैसी कि मैंने तुम्हारी सृष्टि की थी। मैं तुम्हारा निर्माता हूँ, तुम्हारे विचार और तुम्हारी भाषा पहचानने में मुझसे चूक नहीं हो सकती। स्पष्ट है, तुम्हें शिखण्डी बनाकर तुम्हारी आड़ से मार्क्सवाद का कोई अल्हड़ वकील तर्क के तीर मार रहा है। अल्हड़ इसलिए कहूँगा कि उसे मार्क्सवादी विचारधारा के प्रति सहानुभूति उत्पन्न की जाने की अपेक्षा मार्क्सवाद का दम्भ करनेवाले व्यक्तियों के अहंकार की चिन्ता ही अधिक है। तुम मानते हो कि मैंने तुम्हें साम्यवाद अथवा कम्युनिज़्म की विचारधारा से सहानुभूति रखनेवाला बनाया था, कम्युनिस्ट नहीं इसलिए जब तुम्हारी वर्ग-संघर्ष की बात पर रतन ने आपत्ति की "तुम हर बात में कम्युनिज़्म अड़ा देते हो" तो तुमने अपने लिये स्वाभाविक उत्तर दिया था, "मैं कम्युनिस्ट नहीं हूँ, दिस इज़ हिस्ट्री।" आज तुम शिक़ायत कर रहे हो कि मैंने तुमसे कम्युनिस्ट होना स्वीकार क्यों नहीं कराया। भले आदमी, तुम अपने द्वारा दिये गये उत्तर की ध्वनि को नहीं समझ सकते? जब मार्क्सवादी होने का दावा करनेवाला व्यक्ति कम्युनिस्टों के कार्यक्रम का समर्थन करता है, तो पाठक उस विचार को किस दृष्टि से देखेंगे और जब मार्क्सवादी होने

से इनकार करनेवाला व्यक्ति कम्युनिस्ट नीति का समर्थन उसे ऐतिहासिक सत्य बताकर करता है तो पाठक उसे किस दृष्टि से देखेंगे! तुम्हें मैंने चतुर व्यक्ति बनाया था। तुम इतना नहीं समझ सकते कि सर्वसाधारण लोग पहली स्थिति को अपने दल का समर्थन मात्र कहेंगे और दूसरी स्थिति को निष्पक्ष तथा विरोधी व्यक्ति द्वारा भी ऐतिहासिक सत्य को स्वीकार करने की मज़बूरी कहेंगे। कम्युनिस्ट दृष्टिकोण की तुम इससे बड़ी क्या सहायता कर सकते थे? तुम-जैसा समझदार व्यक्ति ऐसी बात नहीं कर सकता था। इन अल्हड़ मार्क्सवादियों का मुझसे पुराना तकाज़ा रहा है कि मेरे कथानकों के सभी पात्र कम्युनिस्ट होने चाहिए और कम्युनिस्ट भी ऐसे जिनमें कोई भी परिस्थितिजन्य मानवीय दुर्बलता न हो। मैकेनिकली परफेक्ट, परन्तु मैं सामर्थ्य भर अपने पात्रों को सामाजिक यथार्थ के तत्त्वों से बनाना चाहता हूँ। उन्हें कम्युनिस्ट भी बनाता हूँ तो उन कम्युनिस्टों-जैसा जिन्हें मैं पचासों की संख्या में व्यक्तिगत और आत्मीयता के अनुभव से जानता हूँ। मुझ पर तुम्हारी आड़ से किया गया यह आक्षेप नया नहीं है।

तुम्हें भड़कानेवाले ने तुम्हारी आड़ से अपने विचार में मुझ पर धराशायी प्रहार किया है कि क्या मैं मार्क्स द्वारा की गयी इतिहास की व्याख्या को ग़लत समझता हूँ? मुझे यह कहने में कोई भय नहीं है कि मैं इतिहास की मार्क्स द्वारा की गयी व्याख्या को अधिकांश में विश्वास योग्य मानता हूँ परन्तु यह नहीं मानता कि मार्क्स ने समाज और अन्तरराष्ट्रीय स्थिति के भविष्य के सम्बन्ध में जो स्थापनाएँ की थीं उन पर पुनर्विचार की आवश्यकता नहीं है। मैं मार्क्सवाद की माओ द्वारा की गयी व्याख्या की अपेक्षा ख़ुश्चेव द्वारा की गयी व्याख्या को ही तर्कसंगत मानता हूँ। तुम किस संगति में जा पड़े हो! याद रखो, नादान की दोस्ती जी का जंजाल होती है।

पुरी, यह ठीक है कि आरम्भिक अवस्था में तुम आदर्श से प्रेरित थे। परन्तु उस समय भी तुम्हारी आर्थिक महत्त्वाकांक्षाएँ और हीन भावना प्रकट होती रहती थी। तुम अपने चरित्र विकास के उत्तरार्द्ध में प्रलोभन सामने आने पर उन हीन भावनाओं और प्रवृत्तियों के शिकार होने से बच नहीं सके। 'झूठा सच' के कथानक में इस परिणति को तुम स्वाभाविक मानकर भी उसे आदर्शों का प्रोत्साहक नहीं मान सकते। परन्तु मैंने उपन्यास के उत्तरार्द्ध में तुम्हें अनुकरणीय बनाया ही नहीं।

अब तुम्हें शिक़ायत है कि यदि तुम्हारा व्यक्तित्व कुछ दुर्बलताओं से मुक्त होता तो तुम और कनक दोनों ही कुछ आदर्शों के अधिक पूरक हो सकते थे। तुम्हारी यह महत्त्वाकांक्षा और हीन भावना स्वाभाविक है। जिन लोगों में ऐसी प्रवृत्तियाँ होती हैं क़दम-क़दम पर फूटती ही रहती हैं। तुम क्यों चाहते हो कि तुम्हें ही आदर्श का पद दिया जाता? आदर्शों की ओर संकेत करनेवाले अन्य माध्यम उपन्यास में मौजूद हैं। आज तुमसे जैसी शिक़ायत करवायी जा रही है यदि उसके लिहाज से तुम्हारा व्यक्तित्व बनाया जाता तो तुम और तुम्हारे-जैसे पात्र कुछ आदर्शों की ओर संकेत करनेवाली मशीनें ही बन जाते, जैसा कि तुम्हें पट्टी पढ़ानेवाले अल्हड़ मार्क्सवादी चाहते हैं।

पुरी, तुमसे कहलाया गया है, कि तुम्हारी 'जिस्मानी नालायक़ी' को भी तलाक़ की वजह में शामिल कर लेने की तजह रो कहानी में रस की मात्रा ज़रूर बढ़ी है परन्तु इससे कनक के और लेखक के आदर्शों को भी धक्का लगा है। तुम्हारी यह धारणा ग़लत है। तलाक़ के कारणों में तुम्हारी 'जिस्मानी नालायक़ी' भी शामिल होने से लेखक के और कनक

के आदर्शों को कोई धक्का नहीं लगा। इस प्रसंग से कनक के चरित्र की निष्कपटता और साहस ही प्रकट हुआ और लेखक यह दिखा सका है कि प्रकट में अच्छे भले गार्हस्थ्य जीवन को किस प्रकार के घुन भीतर से पोला कर देते हैं। पोल को छिपाना मैं आदर्श नहीं मान सकता। यह तुम अब भी स्वीकार करते हो कि तुम्हें दी गयी इस ग्रन्थि ने कहानी की रस-वृद्धि में सहयोग दिया है। एक अदीब (साहित्यिक) की हैसियत से तुम्हें इस रस-वृद्धि की क़द्र करनी चाहिए। जानते हो, 'वाक्यं रसात्मकं काव्यम्' साहित्य का तो गुण ही रस है। जिस आदर्श अथवा जिन अन्तर्विरोधों की ओर संकेत करना मेरा प्रयोजन था उसके लिए मैं तुम्हारा उपयोग ठीक-ठीक कर सका हूँ यह तुम स्वीकार करते हो और असन्तुष्ट भी हो। तुम मेरा काम तो पूरा कर चुके हो, अब मार्क्सवादी बनना चाहते हो, तो बनो, परन्तु नादान मार्क्सवादी मत बनो।

पुरी, तुम्हें शिक़ायत है कि तुम्हारे व्यक्तित्व को दी गयी कमज़ोरियों का नतीजा यह है कि शुरू में तुम उपन्यास के हीरो हो और महेन्द्रनाथ नैयर विलेन है। लेकिन आखिर में नैयर इतना ज़ोरदार कैरेक्टर बन पड़ा है और तुमसे इतना बुलन्द उठ गया है कि वह हीरो और तुम विलेन बन गये हो। तुम पूछते हो "यह क्यों?" भले आदमी, स्वयं ही तुम स्वीकार करते हो कि तुममें कमज़ोरियाँ थीं और नैयर के व्यक्तित्व का एक उदात्त पहलू था। इसलिए ऐसी परिणति स्वाभाविक थी। तुम्हें यह कला की हत्या जान पड़ी है। तुम अपने अहं को ही कला समझते हो? तुमने इसे कला की हत्या तो कह दिया परन्तु यह नहीं संकेत किया कि तुम्हारे विलेन बन जाने और नैयर के हीरो बन जाने के विकासक्रम में तुम्हें कहानी किस स्थान पर उखड़ी हुई और अस्वाभाविक लगी? और यदि उपन्यास में इस विकास की प्रक्रिया को तुम स्वाभाविक, जमा हुआ और रसमय मानने के लिए मज़बूर हो तो इसे कला की हत्या न कहकर इसे कला का कौशल क्यों नहीं मानते? क्या तुम इसे लेखक की परिस्थितियों का प्रभाव दिखाने की सफलता नहीं कह सकते?

पुरी, तुमने समझदार और अदीब होकर भी हीन भावना के कारण अपने पत्र में क्या असंगत बात लिख दी है। तुम कहते हो "जिसे आपने हक़ीक़त बनाकर पेश किया है, वह अफ़राद की व्यक्ति की हक़ीक़त तो है—पर ज़िन्दगी की हक़ीक़त नहीं है।" तुम बताओ, क्या व्यक्ति का सत्य जीवन का सत्य नहीं होता? क्या व्यक्तियों का जीवन नहीं होता, समाज का ही जीवन होता है? क्या व्यक्तियों के अभाव में समाज के जीवन और सत्य की कल्पना कर सकते हो? क्या व्यक्ति को नगण्य मानना ही मार्क्सवाद और समाजवाद है? तो फिर नाज़ीज़्म और फासीज़्म क्या होगा? बेटा, व्यक्ति अथवा व्यक्तियों के जीवन के सत्य का समुच्चय ही समाज और सामूहिक जीवन का सत्य होता है। समाजवाद का लक्ष्य भी अन्ततः व्यक्तियों का उन्नयन होना चाहिए।

पुरी, तुम्हें न जाने किस नादान मार्क्सवादी ने बहका दिया है कि 'झूठा सच' की कहानी से ज़िन्दगी को बढ़ाने का समाजवादी आदर्श पूरा नहीं हुआ। 'झूठा सच' की कहानी में ज़िन्दगी को बढ़ाने के दृष्टिकोण का आधार मानवीय न्याय की भावना है। मानवीय न्याय की भावना और समाजवादी आदर्शों में क्या विरोध हो सकता है? तुम्हें सही मार्क्सवादी बनना है तो सही ढंग से सोचना भी सीखो। तुम्हें उत्तेजना देनेवाले नादान लोग ही मार्क्सवादी नहीं हैं, अन्य लोग भी मार्क्सवादी हैं और उन लोगों ने 'झूठा सच' में अपने आदर्शों का विरोध नहीं देखा। दृष्टिकोण सही होने पर तुम 'दिव्या' और 'देशद्रोही' के पात्रों

को भी यथार्थ के परिवेश में देख सकोगे। शायद तुम्हें मालूम होगा कि केरल में भी मार्क्सवादी हैं और उन लोगों ने 'दिव्या', 'देशद्रोही' और 'झूठा सच' से आकर्षित और सन्तुष्ट होकर इन पुस्तकों के अनुवाद मलयालम भाषा में प्रकाशित किये हैं। शायद सोवियत भूमि में भी मार्क्सवाद को समझनेवाले कुछ लोग होंगे। मुझे कई मास पूर्व मास्को और लेनिनग्राद से पत्रों द्वारा सूचना मिली थी कि 'झूठा सच' के दोनों भागों का अनुवाद रूसी भाषा में हो गया है और पुस्तक छप रही है। रूसी अनुवाद की भूमिका-लेखक श्री चैलीशेव ने इस उपन्यास की तुलना रूस के आधुनिक प्रमुख उपन्यास-लेखक शोलोखोव के डान नदी के तट के जीवन से सम्बन्धित उपन्यासों से की है और 'झूठा सच' को सोशलिस्ट रीयलिज़्म का जीवन्त उदाहरण बताया है।

तुम या तुम्हें शिखण्डी बनानेवाले व्यक्ति जब भी चाहें मेरे यहाँ आकर लेनिनग्राद और मास्को से प्राप्त पत्रों को देख सकते हैं। बताओ, तुम्हें ऐसे मार्क्सवादियों की परख और परामर्श पर भरोसा करना चाहिए?

तुम्हारा
यशपाल

ज्ञानोदय : नवम्बर, १९६३

●

ढील छोड़ी कि पतंग कटी!

किसी व्यक्ति से पूछा जाये कि भाई, अमुक काम क्यों करते हो? तो भावना समझी जाती है कि इससे सरल या अधिक लाभदायक दूसरा काम क्यों नहीं कर लेते? 'मैं क्यों लिखता हूँ?' इस प्रश्न का मेरा उत्तर यही हो सकता है कि मैं किसी दूसरे काम लायक़ नहीं हूँ। परन्तु इस उत्तर से प्रश्नकर्त्ता को सन्तोष नहीं होगा। सरल और संक्षिप्त बात से कम ही लोगों को सन्तोष होता है क्योंकि सरल-सीधी बात में कलात्मकता या मनोरंजकता नहीं होगी।

तथ्य यह है कि मुझे लड़कपन से ही वास्तविक या काल्पनिक वर्णन, जिसे कहानी भी कहा जा सकता है, पढ़ने से बहुत सन्तोष होता था। मानव प्रकृति है कि हमें जो कुछ अच्छा लगता है, उसका अनुकरण करना या उसे सीख लेना चाहते हैं। इसीलिए बच्चे सिखाये या बताये बिना भी कितनी ही बातें सीख जाते हैं। मिसाल के तौर पर गाली देना, लड़ना-झगड़ना या चोरी करना क्योंकि ये काम बुरे कहे जाने पर भी एक तरह की 'थ्रिल' या आनन्द का संवेदन देते हैं। पढ़ने से प्राप्त सन्तोष ने मेरे मन में पढ़ने लायक़ चीज़ लिख सकने की इच्छा लड़कपन में ही जगा दी। यह इच्छा दब नहीं गयी। प्रकट-अप्रकट में जब-तब अभ्यास करता रहा। यह स्थिति बीस-इक्कीस की आयु तक रही।

लेखक की योग्यता की कोई परीक्षा नहीं है। कम-से-कम मेरे लिये यह अच्छा है। जाने ऐसी परीक्षा पास कर सकता या नहीं, परन्तु व्यावहारिक परीक्षा है ज़रूर। व्यक्ति लेखक होने की मान्यता तब पाता है, जब प्रकाशक या सम्पादक उसके लेखन को पाठकों के सम्मुख प्रस्तुत करने योग्य समझ सकें। इस अवस्था में पहुँच जाने पर सीखने या अभ्यास के लिए लिखने की ज़रूरत नहीं रह जाती। तब फिर मैं क्यों लिखता हूँ? लिखता ही नहीं हूँ, बल्कि मेरा व्यवसाय ही लेखन है। मेरा लेखन ऐसा होना आवश्यक है, जो मुझे जीविका भी दे सके। लिखने की सरकारी नौकरी भी नहीं है कि एक बार 'कनफर्म' हो गये, तो चाहे जैसा घसीटते जाओ, एक आयु तक तनख़्वाह, मय तरक़्क़ी के मिलती जायेगी। स्वतन्त्र लेखन-जीवी की तो प्रत्येक रचना एक परीक्षा या टेस्ट होती है। जहाँ उसकी रचना सम्पादकों, प्रकाशकों, पाठकों को पूर्ण सन्तोष देने में ज़रा ढीली रही, उसकी पतंग कट जाने की आशंका हुई।

अब प्रश्न यह हो जाता है कि मैं क्या पाठकों के मनोरंजन के लिए ही लिखता हूँ? सामन्ती युग की धारणा से मनोरंजन करनेवाले भाँड़, नट, किस्साग़ो, गवैये आदि के पेशे

बहुत सम्मानित नहीं समझे जाते थे। ऐसे पेशेवर, सामन्तों अथवा समृद्ध लोगों के आश्रित या कृपापात्र होकर ही जीविका पा सकते थे। आधुनिक या औद्योगिक युग में ऐसी बात नहीं है। आज लोग महाराजाओं के दर्शन के लिए कम संख्या में, लेकिन सिनेमा के अभिनेता, अभिनेत्री या क्रिकेटर के दर्शन के लिए बहुत अधिक संख्या में दौड़ पड़ेंगे। उनके चित्र भी नेताओं के चित्रों से अधिक संख्या में हाट-बाज़ार में दिखायी देंगे। मेरे वर्ग के लेखकों के बारे में यह बात नहीं है, परन्तु गिना तो उन्हें भी पेशेवर मनोरंजनकर्त्ताओं के ही वर्ग में जायेगा। मुझे मनोरंजनकर्त्ता माने जाने से बहुत सन्तोष नहीं होगा परन्तु यह कैसे इनकार कर सकता हूँ कि जीविका पा सकने की मेरी सफलता पाठकों का मनोरंजन कर सकने या कुछ समय के लिए उनके मन-मस्तिष्क को पकड़ सकने की सफलता क़ा प्रमाण है।

यह सही है कि मैं लेखनी के माध्यम से पाठकों या समाज का मनोरंजन कर सकने में सफल हूँ, परन्तु चेतन रूप में यह कार्य मनोरंजन का साधन प्रस्तुत करने के प्रयोजन से नहीं करता। मेरा सचेत प्रयोजन समाज का मनोरंजन मात्र न होने पर भी मेरे लेखन-क्रम से समाज का मानसिक मनोरंजन हो सकना मेरी सफलता की शर्त है।

किन्तु मेरी चेतना में लिखने का प्रयोजन क्या रहता है? अपनी चेतना, अनुभूति और विश्वास में समाज के विशाल अस्तित्व का एक बहुत क्षुद्र भाग हूँ। मेरे अस्तित्व का स्रोत और आधार समाज है। इस नाते मैं अपने समाज के प्रति लगाव या दायित्व अनुभव करता हूँ। अपने जीवन का आधार सुरक्षित रखने के लिए जीना कर्त्तव्य समझता हूँ। यह परोपकार या परमार्थ की भावना नहीं है।

सब जानते हैं और मैं भी प्रत्यक्ष निर्विवाद रूप में अनुभव करता हूँ कि समाज की व्यवस्था की रक्षा, व्यवस्था में आवश्यक परिवर्तन, विकास और समाज जीवन के सन्तुष्ट बना सकनेवाले साधनों के उत्पादन और नियन्त्रण की प्रेरणाएँ दिग्दर्शन करनेवाले सूत्र, समाज के विचार-जगत् में रहते हैं। लेखक का क्षेत्र समाज का विचार-जगत् ही होता है। वह समाज का मनोरंजन भी विचार और कल्पना के माध्यम से ही कर सकता है। जैसे अन्य लोग समाज से जीविका पाने के लिए समाज के द्रव्य भण्डार या सेवा कार्य में सहयोग देते हैं, वैसे ही लेखक विचार-जगत् में सुव्यवस्था के सुझावों या प्रेरणा द्वारा सामाजिक जीवन की सुरक्षा या विकास में सहयोग दे सकता है परन्तु समाज को अपनी बात सुनाने के लिए भी तो कोई माध्यम चाहिए। थका हुआ समाज सदा उपदेश ही नहीं सुनते रहना चाहता। उपदेशों से शान्ति चाहनेवाले समाज के लिए तो मन्दिर, मस्जिद, गिरजे और परलोक चिन्तन के लिए यह काफी है। मेरी सफलता अपनी बात समाज के सामने ग्राह्य और रुचिकर बनाकर रख सकने में ही है। मैं समाज के प्रति अपने कर्त्तव्य और देय की पूर्ति के लिए ही लिखता हूँ। समाज उसकी अवहेलना न कर दे, इसलिए उसे मनोरंजक बनाना आवश्यक होता है।

'जीवन प्रभात', नवम्बर-दिसम्बर, १९६८, बम्बई

•

मुझ पर प्रभावकारी साहित्यिक कृति

गहरे और स्थायी प्रभाव प्रायः कच्ची उम्र में ही पड़ते हैं। यदि यह बताऊँ कि किस पुस्तक ने मुझ पर गहरा प्रभाव डाला तो उसी उम्र की स्मृति बतानी पड़ेगी। आपका प्रश्न विशेषतः साहित्यिक कृतियों के बारे में है। किसी कृति को साहित्य मानने या न मानने की कसौटी अपनी-अपनी हो सकती है। जिस कृति ने मुझ पर इतना प्रभाव डाला हो कि प्रौढ़ आयु तक उसे भूल नहीं सका हूँ या कहिये जिस प्रभाव ने सम्भवतः किसी सीमा तक मेरी जीवनधारा को भी बदल दिया हो, उसे साहित्य कहने की छूट आप मुझे देंगे ही। यह मैं स्वीकार करता हूँ कि संसार के महान् साहित्य की कोटि में उस पुस्तक की गणना कभी नहीं हुई। आप उस प्रभाव को ग्रहण कर लेने की ज़िम्मेवारी बहुत हद तक मेरी ही मानसिक अवस्था की प्रकृति पर डाल दे सकते हैं। मैं भी उस पर कोई आपत्ति या एतराज नहीं करूँगा।

बात लड़कपन की है। मेरी उम्र तेरह-चौदह वर्ष की रही होगी, यानी चालीस-इकतालीस वर्ष पहले की स्मृति है। इसलिए उसका कुछ धुँधला हो जाना भी क्षम्य होना चाहिए पर धुँधलापन पुस्तक में पायी भावना या प्रेरणा के सम्बन्ध में नहीं है, धुँधलापन इसी स्मृति पर है कि वह पुस्तक मेरे हाथ लग कैसे गयी थी। पर ख़्याल है कि भूल नहीं कर रहा हूँ। लाहौर डी. ए. वी. मिडिल स्कूल में सातवीं कक्षा में पढ़ रहा था और बोर्डिंग में रहता था। यह स्कूल मोहनलाल रोड पर था। मोहनलाल रोड पर स्कूल से कुछ ही दूर एक छोटी-सी स्टेशनरी की दुकान थी जहाँ से कभी-कभी कापी, पेन्सिल, निब या कोई स्कूली पुस्तक भी ख़रीद लेता था। दुकान के मालिक एक बहुत दुबले-पतले साफा बाँधनेवाले सज्जन थे। एक दिन उन्हें हिन्दी की एक पुस्तक से उर्दू लिपि में कुछ लिखते देखा।

छठी कक्षा तक मैंने गुरुकुल काँगड़ी में हिन्दी ही पढ़ी थी। डी. ए. वी. स्कूल में शिक्षा का माध्यम ज़रूर हिन्दी था परन्तु लाहौर में उर्दू का ही बोलबाला था। हिन्दी की पुस्तक देखकर मेरा कौतूहल जाग उठा। पुस्तक को उठाकर पढ़ने लगा। दुकानदार सज्जन भी चुप रहे। कई पृष्ठ पढ़ चुका तो ध्यान आया। सज्जन ने मुस्कुराकर पूछा—"तुम ऐसी कठिन हिन्दी समझ लेते हो?" मैंने हामी भरी और बहुत अनिच्छा से पुस्तक छोड़कर लौट आया परन्तु स्कूल की छुट्टी के बाद उस पुस्तक को और पढ़ पाने के लिए उनकी दुकान पर जा बैठा और पढ़ता रहा। वे कृपालु हुए और उन्होंने पुस्तक के प्रति मेरी श्रद्धा या पुस्तक के विषय के प्रति मेरी भावना से, सहानुभूति में पुस्तक बोर्डिंग ले जाकर पढ़ने की अनुमति दे दी।

यह सज्जन स्टेशनरी और स्कूली पुस्तकों की दुकान चलाते हुए उर्दू मासिक पत्रिका का सम्पादन करते थे। पत्रिका उर्दू में या फ़ारसी लिपि में प्रकाशित होती थी परन्तु आपको ताज्जुब होगा कि पत्रिका का नाम था 'मार्तण्ड आफ़ताब'। फ़ारसी लिपि में प्रकाशित पत्रिका का नाम मार्तण्ड रखे जाने के मनोवैज्ञानिक कारणों का विश्लेषण करने लगूँगा तो विषयान्तर हो जायेगा इसलिए रहने दीजिये।

हाँ, यह सज्जन उर्दू की पत्रिका के लिए हिन्दी की पुस्तकों से अनुवाद कर-करके लेख और कहानियाँ पूरे कर लेते थे। उर्दू पाठकों के लिए वह सब मौलिक तो होता ही था इसके अतिरिक्त उस प्रकार की प्रेरणा और भावना की गूँज देनेवाली वस्तुएँ उर्दू में कहाँ थीं?

याद है उस पुस्तक को पढ़कर मेरा रोम-रोम सिहर उठा था। यह कहना ठीक नहीं है कि मेरा ख़ून खौल उठा था। उस पुस्तक का विषय और शैली ख़ून खौला देनेवाली नहीं थी। पुस्तक ने भावना के माध्यम से मेरे मस्तिष्क को प्रभावित किया था। उस समय उस विषय में अपने सहपाठियों से या किसी से भी चर्चा नहीं कर सकता था। सम्भवतः इसलिए पुस्तक से पायी भावना मन में और भी गहरी बैठ गयी। मन-ही-मन निश्चय कर लिया, जिस प्रकार पुस्तक के लेखक ने अपने प्राण और जीवन उद्देश्य के लिए विसर्जित कर दिये हैं, उसी प्रकार मैं भी करूँगा। उन परिस्थितियों में वह उद्देश्य ऐसा ही था कि तन-मन विसर्जन कर देने का निश्चय किये बिना उस उद्देश्य की बात सोची ही नहीं जा सकती थी।

आपका इतना कौतूहल जगा देने के बाद उस छोटी-सी पुस्तक का नाम बता देना ही उचित है। उस पुस्तक का नाम था 'अन्दमान की गूँज'। इसे आदरणीय विनायक सावरकर ने ब्रिटिश सरकार के प्रति राजद्रोह या देश की स्वतन्त्रता के लिए संघर्ष से अपराध के लिए काला पानी की सज़ा भोगते समय अपनी माता को पत्रों के रूप में लिखा था। निश्चय ही यह पत्र ब्रिटिश सरकार द्वारा छानबीन कर लेने के बाद ही जेल से निकलने दिये जाते होंगे। इन पत्रों में शस्त्र उठाकर ख़ून बहा देने की ललकार तो हो ही नहीं सकती थी। यह पत्र श्री सावरकर ने अपने जीवन के उत्सर्ग से अपनी माता को हुई मर्मान्तक पीड़ा में उन्हें सान्त्वना देने के लिए लिखे थे। उस सान्त्वना का आधार था कि तुम कर्त्तव्य की वेदी पर अपने पुत्र को बलि करने का सन्तोष और गर्व पाओ। इन पत्रों का भावनात्मक तर्क कितना मार्मिक और प्रबल रहा होगा जिसने मेरे-जैसे व्यक्ति के मन-मस्तिष्क को चिरकाल तक प्रभावित कर दिया।

कॉलिज में पढ़ते समय भगतसिंह, सुखदेव और मैंने इस पुस्तक को फिर अंग्रेज़ी में भी पढ़ा था। अंग्रेज़ी में इस पुस्तक का नाम है 'इकोज फ्राम अन्दमान' और तब भी हम लोग इससे उसी प्रकार प्रभावित हुए थे। यह भी मुझे याद है कि बचपन से ही इस पुस्तक के देशभक्ति के पक्ष ने ही मुझे स्पर्श किया—साम्प्रदायिक भावना ने कभी नहीं। श्री सावरकर के राम का अर्थ मैंने देश ही समझा।

●

प्रिय कहानियाँ

जेल से मुक्ति (१९३८) के समय से, मेरी अन्य रचनाओं के साथ-साथ, औसतन प्रति डेढ़-दो वर्ष में मेरी कहानियों के संग्रह भी प्रकाशित होते रहे हैं। अब तक सोलह संग्रह। इन संग्रहों को पृथक्-पृथक् देखने से प्रत्येक संग्रह की कहानियों में कुछ सादृश्य जान पड़ता है। उसका कारण तत्कालीन चिन्तन और कल्पना की दिशा तथा विचारों की दृष्टि से कथ्य-विशेष के प्रति रुचि रही होगी। इस विभिन्नता के बावजूद मेरी सभी रचनाओं में मूलभूत एकसूत्रता भी जान पड़ती है। इस एकसूत्रता की चर्चा बाद में।

अपनी कहानियों में से कुछ को 'प्रिय' कहकर चुन देना रुचिकर नहीं है। कहा जाता है लेखक की रचनाएँ उसकी सृष्टि या सन्तति होती हैं। तटस्थ अथवा निष्पक्ष भाव से अपनी सन्तति की उपलब्धियों के विचार से सबको समान प्रिय मानकर भी, उनकी सफलता के निर्णय में संकोच नहीं होना चाहिए। परन्तु सन्ततियों का अपने जनक से पृथक् व्यक्तित्व और कृतित्व बन जाता है। लेखक की रचना सम्भवतः सदा ही उसके सर्जक व्यक्तित्व का अंश बनी रहती है। फिर भी एक कसौटी हो सकती है। सर्जक का अपना निर्णय नहीं, समाज अथवा पाठकों का निर्णय अथवा परख—जिनके लिए रचना की जाती है। अर्थात् किन रचनाओं की कितनी चर्चा हुई या किन रचनाओं ने समाज अथवा पाठकों को कितना रिझाया या उद्वेलित किया। कहानियों की संख्या संग्रह के प्रकाशन योग्य हो जाने पर प्रायः ऐसी ही कहानी का शीर्षक संग्रह को दिया जाता रहा है।

कहानी की सफलता की कसौटी हैं—समाज या पाठकों को रिझा सकना या उद्वेलित कर सकना। इस परख से रचना या कहानी का प्रयोजन समाज की रीझ या मनोरंजन ही जान पड़ता है। रवि बाबू के उद्धरण की गवाही भी दी जा सकती है : कहानी का उद्देश्य केवल कहानी है। कहानी लेखक कहानी लिखना या सुनाना चाहता है, इसीलिए कहानी लिखता है। कहानी लिखने-सुनने से या सुनने-पढ़ने से जो सन्तोष होता है, वही कहानी का आद्योपान्त उद्देश्य और लक्ष्य है, अन्य कुछ नहीं। रवि बाबू ने यह बात बहस से बचने के लिए कही होगी। इसे शब्दशः नहीं मान लेना चाहता। कहानी गढ़ना मेरी जीविका रही है। अनुभव से ख़ूब जानता था और जानता हूँ कि हलके-फुलके रोचक घटनाचक्र बनाकर लिखी गयी रचनाओं की खपत ख़ूब होती है। परिणाम में कम श्रम से अधिक उपार्जन की सम्भावना। इस सम्भावना की उपेक्षा दूसरे सन्तोष को महत्त्व देने के कारण करनी पड़ी।

यह ठीक है कि अपनी रचना से जीविका की आशा करता हूँ तो इन रचनाओं से समाज को मनोरंजन या सन्तोष देना ही होगा। परन्तु अपने सन्तोष की भी उपेक्षा नहीं कर सकता। पार्थिव सन्तोष की नहीं, अपने विचारों या अहम् के सन्तोष की। स्वयं को समाज का सचेत और समाज के प्रति उत्तरदायी अंश मानकर समाज को सचेत करते रहने के सन्तोष की। अपनी रचनाओं से समाज को मनोरंजन का सन्तोष देने के साथ-साथ इन रचनाओं द्वारा समाज को सचेत कर सकने के अपने विचार में कर्त्तव्यपूर्ति के सन्तोष के लिए भी यत्न करता रहा हूँ। मेरी रचनाएँ केवल मनोरंजक घटनाचक्र या विवरण नहीं बन पायी हैं। इन रचनाओं से पाठकों को प्रायः ही मनोरंजन की तह या पार्श्व में अपने संस्कारों या अभ्यस्त विश्वासों पर खोंच या चुभन की असुविधा भी अनुभव हो जाती है। इसका कारण मेरी कहानियों के मूलभूत सूत्र परम्परागत मान्यताओं का समर्थन नहीं अपितु अधिकांश में इन मान्यताओं के प्रति विद्रूप या विरोध का होना रहा है। इसलिए परम्परा और यथावत् स्थिति के हामियों ने मेरी रचनाओं को अनैतिक, अश्लील और कुरुचिपूर्ण भी कहा। मेरी रचनाओं के साहित्य के बाज़ार से बहिष्कार का भी यत्न किया जाता रहा है। मैंने विरोध के आर्थिक परिणाम को झेला है और अपने विवेक की रक्षा का सन्तोष भी पाया है।

प्रस्तुत कहानियों का चुनाव अधिकांश में संग्रहों के शीर्षकों से किया गया है। मेरा पहला संग्रह **'पिंजरे की उड़ान'** था। यह किसी कहानी का शीर्षक नहीं है। पिंजरा प्रतीक है जेल का। इस संग्रह की अधिकांश कहानियाँ जेल में लिखी थीं। उड़ान से अभिप्राय था अतीत की स्मृतियाँ और उसके आधार पर कल्पनाएँ। प्रस्तुत प्रकाशन के कलेवर में स्थान की भी समस्या है। अतः इस संग्रह से एक वैसी ही छोटी कहानी ले रहा हूँ—**'पहाड़ की स्मृति'**। **'वो दुनिया'** शीर्षक भी प्रतीकात्मक ही है। इसलिए उस दुनिया की ओर संकेत की कहानी ली है—**'जहाँ हसद नहीं'**। **'ज्ञानदान'** संग्रह से इसी शीर्षक की कहानी। यह कहानी प्रश्न है कि भरोसा विश्वासगत ज्ञान का अथवा अनुभवगत ज्ञान का किया जाये? **'अभिशप्त'** अभिशप्त जीवनों के कारण की जिज्ञासा है। **'तर्क की तूफ़ान'** को भावनाओं की घुटन में 'तर्क' की हवा से राहत की चाह मान सकते हैं।

सन् १९४५-४६ में विकट विवाद चल रहा था—'कला के लिए कला अथवा जीवन के लिए कला?' अपने विचार के पक्ष में **'भस्मावृत चिन्गारी'** कहानी लिखी थी। लगभग उन्हीं वर्षों में प्रकाशित मेरी कहानियों **'धर्मरक्षा'** और **'प्रतिष्ठा का बोझ'** आदि से क्षोभ का बवण्डर-सा उठ खड़ा हुआ था। इन कहानियों का संकलन प्रकाशित करते समय अपनी सफ़ाई कहानी के रूप में देने के लिए **'फूलो का कुर्ता'** कहानी लिखी थी। **'उत्तराधिकारी'** में वही परम्परागत मान्यताओं और परिस्थितिजन्य आवश्यकता का द्वन्द्व है। **'तुमने क्यों कहा था मैं सून्दर हूँ?'** पूछती है—सौन्दर्य की चाह या तलाश क्यों? कुछ आलोचक मेरी कहानियों के इन नौ संग्रहों को एक वर्ग में और शेष सात संग्रहों को दूसरे वर्ग में गिनते हैं।

आलोचकों का यह भी मत है कि मेरी कहानियों में रचना क्षमता के आत्मविश्वास के साथ-साथ विचार गरिष्ठता बढ़ती गयी है और कहानियाँ उत्तरोत्तर गम्भीर या बोझिल होती गयी हैं। स्वीकार करता हूँ, मैं अपनी रचनाओं को उत्तरोत्तर सप्रयोजन बनाने के लिए सचेत रहा हूँ। इस वर्ग में पहला संग्रह है **'धर्मयुद्ध'**। बहुत-से पाठकों ने इस कहानी को सफल हास्य ही समझा है परन्तु दूसरों ने इसे सत्याग्रह के सिद्धान्त और विधा पर भयंकर चोट

माना है। **'चित्र का शीर्षक'** संग्रह की कहानियों में विषय तथा विधा की बहुरूपता है। इस कहानी को संग्रह की प्रतिनिधि रचना नहीं कह सकता। यह कहानी-संग्रह का शीर्षक चुनी गयी क्योंकि इसे उत्कृष्ट कलात्मक सृजन मान लिया गया था। **'उत्तमी की माँ'** संग्रह में से **'भगवान् के पिता के दर्शन'** दे रहा हूँ। यह कहानी लिखकर बहुत-कुछ भुगता है। फिर भी चाहता हूँ यह फिर सामने आये। क्योंकि गत दस-बारह वर्षों में उदार दृष्टिकोण को दो-चार होना पड़ा है। **'ओ भैरवी'** ने असन्तोष या विरोध नहीं सराहना ही पायी थी। मेरी धारणा है इस कहानी में मेरा कथ्य बहुत स्पष्ट है। **'सच बोलने की भूल'** में शीर्षक से कहानी का मन्तव्य भाँप लेने का ख़्याल हो सकता है परन्तु मन्तव्य के निबाह का महत्त्व कम नहीं होता। **'खच्चर और आदमी'** को सबसे वयोवृद्ध हिन्दी कहानी लेखक श्री भगवतीप्रसाद वाजपेयी ने उँगलियों पर गिनी जा सकने योग्य अच्छी कहानियों में समझा है। सोलहवाँ संग्रह है **'भूख के तीन दिन'** जिसके शीर्षक में ही पीड़ा की चेतावनी है। तिस पर कहानी बहुत बड़ी है। इस संग्रह के लिए निश्चित कलेवर में अटेगी नहीं। पाठकों से विदा लेते या रिटायर होते समय उतनी पीड़ा का प्रसंग न लाकर कुछ वैसा प्रसंग अनुकूल रहेगा, इसलिए **'समय'** कहानी दे रहा हूँ।

अपनी रचनाओं के मूलभूत सूत्र के विषय में कहना है : व्यक्ति और समाज का जीवन परम्परागत नैतिक धारणाओं और मान्यताओं का अनुसरण करने के लिए नहीं है। समाज की नैतिक मान्यताओं का प्रयोजन सामाजिक व्यवस्था में और समाज के उत्तरोत्तर विकास में सहायक होना है। समाज की परिस्थितियों और जीवन निर्वाह के तरीक़ों में परिवर्तन स्वीकार करके अतीत में स्वीकृत मान्यताओं को अपरिवर्तनीय मानने का आग्रह संगत नहीं हो सकता। अतीत को अथवा परम्परागत मान्यताओं को समाज की वर्तमान परिस्थितियों और आवश्यकताओं की कसौटी पर परखने में और उन्हें समयानुकूल बताने में झिझक समाज के लिए घातक होगी। परम्परागत सामाजिक नियमों और मान्यताओं को अपनी सामाजिक परिस्थितियों और आवश्यकताओं के अनुकूल बना सकने की चेतना निरन्तर परिवर्तन के प्रवाह में समाज की शाश्वत आवश्यकता अथवा समस्या है। इस शाश्वत और मूल सामाजिक समस्या की अभिव्यक्ति के लिए विविधता का उतना ही निस्सीम और व्यापक क्षेत्र हो सकता है जितना कि मानव समाज के जीवन का।

(१९८७)

•

कथा में शिल्प

शिल्प का अर्थ विचारों के अनुसार रचना और निर्माण कर सकना है। शिल्प का प्रयोजन उपयोगिता और सौन्दर्य दोनों की सृष्टि करना होता है। साधारण सुविधा के लिए शिल्प को उपयोगी शिल्प और ललित शिल्प दो भागों में बाँट लिया जा सकता है। ललित शिल्प का प्रयोजन प्रधानतः सौन्दर्य की सृष्टि करना अथवा प्रकृति में उपलब्ध सौन्दर्य को प्रतिबिम्बित करना रहता है।

ललित शिल्प अथवा ललित कलाओं में चित्रकला और मूर्ति निर्माण के साथ साहित्य की भी गणना होती है। चित्रकला अथवा मूर्तिकला द्वारा सौन्दर्य का निर्माण किया जाता है, इस विषय में विवाद की गुंजाइश नहीं है। चित्रकार अथवा मूर्तिकार कभी तो प्रकृति द्वारा सौन्दर्य की देन को चित्रित अथवा प्रतिबिम्बित कर देता है और कभी अपनी भावना के सौन्दर्य को हिम-शृंगों अथवा वसन्त की शोभा को चित्रित कर इसी प्रयोजन को पूरा करते हैं। अत्यन्त सुन्दर शरीर को चित्र अथवा मूर्ति द्वारा प्रतिबिम्बित करना भी प्रकृति की भव्य देन को चिरस्थायी बनाकर मनुष्य समाज के लिए उपलब्ध कर देना है। चित्रकार अथवा मूर्तिकार भावों के सौन्दर्य को भी अंकित अथवा प्रस्तुत करते हैं। वीर रस, करुण रस अथवा शान्त रस की अभिव्यक्ति करनेवाली मूर्तियाँ अथवा चित्र इसी प्रयोजन को पूरा करते हैं। चित्रकार और मूर्तिकार के शिल्प और कला का क्षेत्र और सीमा देखे जा सकनेवाले सौन्दर्य ही हैं। चित्र अथवा मूर्ति शिल्प इस सौन्दर्य का कोई एक क्षण अथवा मूड ही प्रस्तुत कर सकते हैं। चित्र और मूर्ति शिल्प द्वारा यदि करुण रस का प्रदर्शन करने के लिए कोई चित्र या मूर्ति बनायी जाय तो वह करुणा उत्पन्न करनेवाले प्रसंग के किसी क्षण-विशेष के दृश्य या भाव को ही व्यक्त कर सकेंगे, सम्पूर्ण प्रसंग को नहीं। परन्तु सृष्टि और जीवन में सभी-कुछ प्रवाहमय और परिवर्तनशील है। रूप-सौन्दर्य और भाव-सौन्दर्य भी प्रवाहमय हैं। रूप और भाव के सौन्दर्य प्रवाह को कोई एक चित्र अथवा मूर्ति समग्र रूप में प्रस्तुत नहीं कर सकते। उदाहरणतः किसी सम्पूर्ण घटना अथवा व्यक्ति के जीवन को एक चित्र अथवा मूर्ति समग्र रूप में प्रस्तुत नहीं कर सकते। यह काम कथा के शिल्प द्वारा ही हो सकता है।

सौन्दर्य का प्रयोजन मानसिक सन्तोष दे सकना और मनुष्य के जीवन को सन्तुष्ट और विकासशील बनाना है और शिल्प का प्रयोजन सौन्दर्य की रचना अथवा अभिव्यक्ति है। सौन्दर्य का क्षेत्र स्थूल-जगत् में ही नहीं भाव-जगत् में भी है और उससे आगे विचार और

आदर्शों के जगत् में भी है। उदाहरणतः सत्यनिष्ठा का सौन्दर्य, कर्त्तव्यपरायणता का सौन्दर्य, बन्धु-भावना का सौन्दर्य, निःस्वार्थ कर्म का सौन्दर्य। ये सौन्दर्य ऐसे हैं जो मनुष्य समाज की आत्मा के पोषक हैं। जीवन को सौन्दर्य, सन्तोष और सामर्थ्य देकर उन्नत करनेवाली इन भावनाओं को स्वयं अनुभव करके अथवा ग्रहण करके अपनी कल्पना द्वारा सबल और प्रभावशाली बनाकर फिर समाज को देना कथा-शिल्प का प्रयोजन और कार्य है।

मानव समाज के आदर्शों और मान्यताओं की घोषणा कर देना एक काम है। यह काम स्मृतिकार या समाज के लिए नैतिकता की मान्यताओं को निश्चित करनेवाले करते हैं परन्तु इन मान्यताओं को विश्वास योग्य और रुचिकर ढंग से समाज के जीवन के लिए व्यावहारिक प्रमाणित कर देना कथा-शिल्पी का ही काम है।

रामचरितमानस की रचना करते समय तुलसी का प्रयोजन मर्यादा पुरुषोत्तम राम के आदर्श द्वारा मानव समाज के लिए मर्यादाओं को उपस्थित करना ही था। तुलसी के विश्वास में राम साधारण मनुष्य नहीं भगवान् थे और सीता भी मर्त्यलोक की साधारण नारी नहीं परन्तु सृष्टि की आदिशक्ति थीं। परन्तु तुलसीदास मानव समाज के लिए व्यावहारिक मर्यादाओं को उपस्थित करना चाहते थे इसलिए उन्होंने कल्पना से उन मर्यादाओं का आचरण करनेवाले राम और सीता को मर्त्यलोक के नर-नारियों-जैसा रूप दिया। यह जानते हुए भी कि भगवान् और आदिशक्ति भ्रम और दुःख के बन्धनों में नहीं फँस सकते थे, तुलसीदास जी ने मनुष्यों द्वारा मर्यादाओं के आचरण का उदाहरण दे सकने के लिए राम और सीता को भ्रम से भटके और दुःख से विभोर दिखाना भी आवश्यक समझा। यही कथा-शिल्प का आदर्श समझा जा सकता है।

किसी भी वस्तु के शिल्प को समझने के लिए सीधा उपाय यह हो सकता है कि उसकी निर्माण-प्रक्रिया का परिचय पाया जाय। सम्भव हो सके तो उस वस्तु का अंग-विच्छेद करके अथवा उसे उधेड़कर उसके निर्माण के तत्त्वों और प्रक्रिया को समझ लिया जाये।

कथा-साहित्य की पाठ्य-पुस्तकों के अनुसार कथा अथवा कहानी के छह तत्त्व हैं : एक–कथावस्तु, दूसरा–पात्र तथा उनका चरित्र-चित्रण, तीसरा–भाषा या शैली, चौथा–पूरक घटनाएँ, पाँचवाँ–वार्त्ता, छठा–परिस्थितियाँ। इन छह तत्त्वों के समीचीन समन्वय से कथा का निर्माण होता है। इन तत्त्वों के समीचीन समन्वय अथवा कथा-शिल्प की सफलता की कसौटी यह मानी जा सकती है कि जो घटना गढ़ी जाय वह पाठक या श्रोता का पूर्ण विश्वास पाकर उसे अभिभूत कर ले। इनमें से प्रत्येक तत्त्व का प्रयोग इस ढंग से होना चाहिए कि कहानी पाठक का पूर्ण विश्वास प्राप्त कर सके।

कथावस्तु या घटना कलाकार की अपनी देखी-सुनी भी हो सकती है या नितान्त कल्पित भी हो सकती है। घटना की कल्पना किसी सत्य का व्यावहारिक रूप प्रकट करने के लिए अथवा किसी मान्यता का विश्लेषण करने के लिए भी की जा सकती है। जब घटना की कल्पना की जाय तो वह कल्पना नितान्त व्यावहारिक होनी चाहिए। घटना को विश्वास योग्य बना सकने के लिए पात्रों की सृष्टि भी घटना-विशेष के अनुकूल ही होनी चाहिए अर्थात् उनका चरित्र इस प्रकार चित्रित किया जाना चाहिए कि वे सजीव जान पड़ें और उनसे उस प्रकार के व्यवहार की आशा की जा सके।

भाषा और शैली चरित्र के विकास में सहायक अथवा चित्रण के पूरक अंग होते हैं इसलिए कहानी की भाषा का प्रयोग प्रसंग के अनुकूल और पात्र के भी अनुकूल होना चाहिए। उदाहरणतः मन्दिर के पुजारी की भाषा और अभिव्यक्ति, बोलचाल में उसके मुहावरे एक प्रकार के होंगे। यह विशेष प्रकार की उपमाओं का प्रयोग करेगा और एक लोहार की अभिव्यक्ति की शैली दूसरी ही प्रकार की होगी। वह दूसरी ही प्रकार की उपमाओं का प्रयोग करेगा।

पूरक घटनाएँ यद्यपि कहानी के मुख्य ढाँचे के साथ उसे भरने के लिए लगायी जाती हैं परन्तु उनका महत्त्व बहुत अधिक होता है। वही वास्तव में पात्रों के चरित्र का विकास करती हैं और कहानी को पाठकों और श्रोताओं के विश्वास में गहरा बैठा सकती हैं। उदाहरण के लिए रामचरितमानस में सीता के चरित्र से इस प्रकार की एक घटना को लीजिये। राम, लक्ष्मण और सीता मार्ग पर चले जा रहे थे। उन्हें देखकर ग्राम-वधुओं को कौतूहल हो रहा था परन्तु उस कौतूहल के कारण ग्राम-वधुओं ने राम-लक्ष्मण से नहीं सीता से ही प्रश्न किया कि ये श्यामवर्ण भव्य-दर्शन पुरुष कौन हैं। सीता ने कटाक्ष से मुस्कराकर लक्ष्मण की ओर संकेत कर बताया ये मेरे देवर हैं और जो आगे चल रहे हैं वे इनके भाई हैं।

उपर्युक्त प्रसंग का जीवन की मर्यादाओं से कोई सम्पर्क नहीं है परन्तु यह पूरक घटना और इसका अत्यन्त ग्राह्य और यथार्थ चित्रण पाठक को विश्वास के सूत्रों से जकड़ लेता है और कथा की पृष्ठभूमि में समाज के व्यवहार का पूरा प्रतिबिम्ब उपस्थित कर देता है।

कथा में वार्त्ता कथा को गति देने के लिए और कथा के प्रयोजन को प्रकट करने के लिए होती है। रामचरितमानस का अधिकांश भाग वार्त्ता ही है। वार्त्ता में यथार्थ की रक्षा के लिए शिल्पी को बहुत सावधान रहना आवश्यक है।

परिस्थितियाँ कहानी का आधार होती हैं, जिन पर कहानी को स्थापित किया जाता है। उसके बिना कहानी वैसे ही गिर पड़ेगी जैसे बिना जड़ के वृक्ष खड़ा नहीं रह सकता।

कथा-शिल्प में और भी महत्त्वपूर्ण बातें रहती हैं, जैसे–कहानी का शीर्षक। शीर्षक द्वारा पाठक का कथा से पहला सम्पर्क होता है। शीर्षक पाठक का कौतूहल जगा सकता है तो वहीं कहानी की सफलता का आरम्भ हो जाता है। इसके पश्चात् कहानी का आरम्भ। आरम्भ भी इस प्रकार होना चाहिए कि पहले कुछ शब्द ही पाठक की रुचि को बाँध लें। इसके लिए कोई एक विधि नहीं बतायी जा सकती। यह शिल्पी के अपने चुनाव पर निर्भर करता है। अन्त के विषय में भी कहना आवश्यक है कि वह इस प्रकार घटे कि पाठक पर अपनी गहरी छाप छोड़ दे। प्रायः ही यह समझा जाता है कि अन्त का आभास पाठक का कौतूहल जागरित रखने के लिए समाप्ति से पूर्व न हो सके। बहुत हद तक यह बात ठीक है परन्तु शिल्पी अपने चातुर्य से जाने हुए अन्त में भी ऐसा भावोद्रेक उत्पन्न कर सकता है कि पाठक के मन में उत्पन्न हो चुकी भावना एक बार और अधिक उद्दीप्त हो जाय।

एक प्रश्न यह है कि कहानी की श्रेष्ठता की कसौटी क्या होनी चाहिए। कहानी की श्रेष्ठता उससे प्राप्त होनेवाले उपदेश या आदर्श से आँकी जानी चाहिए अथवा उसके निबाह और शिल्प चातुर्य से। इसका उत्तर स्पष्ट है। कहानी का प्रयोजन केवल नैतिक मान्यताओं की घोषणा करना नहीं है बल्कि रसोद्रेक द्वारा नैतिकता और मान्यता को ग्राह्य रूप में उपस्थित करना है। इसलिए प्रेमचन्द जी की दो कहानियों 'नमक का दारोगा' और 'कफ़न' में से कला की दृष्टि से 'कफन' को ही मान्यता दी जाती है। यह कहानी केवल दलित मानव का चित्रण होने पर भी अत्यन्त लोकप्रिय हुई है। अनेक भाषाओं में उसका अनुवाद हो जाना इसका प्रमाण है।

कुछ लेखक प्रेरणा को बहुत महत्त्व देते हैं। यदि प्रेरणा का विश्लेषण और स्पष्टीकरण किया जाय तो उसे हम कथाकार या कथा-शिल्पी की अपनी अनुभूति कहेंगे जो उसमें अभिव्यक्ति के लिए इच्छा और स्फूर्ति उत्पन्न करती है। ऐसी प्रेरणा के लिए समाज के जीवन और समस्याओं के प्रति जागरूक रहना आवश्यक है परन्तु प्रेरणा से अभिव्यक्ति की इच्छा और उसके लिए स्फुरण उत्पन्न हो जाने से ही कहानी नहीं बन जाती। उसके लिए एक प्रक्रिया की आवश्यकता होती है जिसे अभिव्यक्ति का शिल्प कहा जा सकता है। वह साधना और अभ्यास के बिना पूर्ण और परिष्कृत नहीं हो सकता।

●

लेखक के प्रतिनिधि का प्रिय पात्र

कथा लेखकों से प्रायः पूछ लिया जाता है कि तुम्हारी सृष्टि के सैकड़ों पात्रों में से किस पात्र ने तुम्हें सबसे अधिक उद्वेलित या प्रभावित किया जिसे तुम्हारा मानसिक बिम्ब या प्रतिनिधि माना जा सके। लेखक को इस प्रश्न का उत्तर देने में कठिनाई या उलझन होती है। सामान्यतः समझ लिया जाता है कि लेखकों की सभी रचनाओं-कहानियों अथवा उपन्यासों के पात्र लेखकों के अपने जीवन के परिवेशों या आयामों में से उन्हें विशेष रूप से या अधिकतम प्रभावित करनेवाले व्यक्ति या ऐसे व्यक्तियों के प्रतिबिम्ब होते हैं। ऐसे अनुमान का कारण जान पड़ता है कि लेखकों की रचनाओं के विभिन्न पात्र पाठकों को न्यून या अधिक मात्रा में प्रभावित करते हैं या पाठकों की सराहना-सहानुभूति पाते हैं। पाठक सहज मान सकते हैं कि जिस रचना का जो पात्र सर्वाधिक जीवन्त और प्रभावी बन पड़ा है, लेखक ने उस पात्र के सृजन में या उसे प्रतिबिम्बित करने में अधिकतम तन्मयता से श्रम किया होगा। पाठक अनुमान करेंगे, लेखक का ऐसा पात्र उसकी प्रकृति, प्रवृत्ति, मान्यताओं और भावनाओं का सर्वाधिक प्रतिनिधि या मूर्त रूप होगा या लेखक ने ऐसे पात्र में स्वयं को सर्वाधिक न्यस्त करने का सन्तोष अनुभव किया होगा। लेखक की किसी एक रचना के लिए अनुमान कुछ सीमा तक ठीक हो सकता है। परन्तु अधिकांश लेखक अपनी कल्पना रचित समग्र सृष्टि के सम्बन्ध में ऐसा अनुमान स्वीकार नहीं करेंगे, मैं भी नहीं कर सकता। कारण कि कोई भी कथा लेखक अपनी विस्तृत-से-विस्तृत रचना में भी अपने सम्पूर्ण चिन्तन और भावनाओं के क्षेत्रों और दिशाओं को पूर्णतः समाहित नहीं कर सकता।

कभी एक ही सफल या सशक्त रचना में पाठकों को परस्पर विरोधी प्रवृत्तियों या मान्यताओं के दो या अनेक पात्र समान रूप से जीवन्त या प्रभावी जान पड़ सकते हैं। रचना-विशेष का एक पात्र अपने चरित और विचारों से अपने सृजन के अभिप्रेत के लिए पाठक समाज का समर्थन कर अपने जनक द्वारा निर्दिष्ट कार्य को पूरा करता है। क्या उसी रचना का अन्य पात्र जिसे विरोधी या खलनायक भी कहा जा सकता है अपने चरित से पाठक समाज में अपने सृजन द्वारा त्याज्य बनाने के प्रति विरक्ति और विरोध भावना जगाकर अपने जनक के अभिप्रेत को पूरा नहीं करता? ऐसे भी उदाहरण हैं कि खल जान पड़नेवाला पात्र लेखक के प्रतिपादित के विरोध से, लेखक के अभिप्रेत के प्रकट समर्थक पात्र की अपेक्षा, लेखक के प्रयोजन को अधिक कौशल और सफलता से पूरा कर सके। ऐसी स्थिति में परस्पर विपरीत के प्रतिनिधि या मूर्त पात्र लेखक का उद्देश्य पूरा करने में समान रूप से उसके प्रतिनिधि या बिम्ब न होकर भी क्या उसके वात्सल्य और आभार के समान अधिकारी नहीं होंगे?

एक और भी पक्ष है। सम्भवतः प्रस्तुत प्रश्न का समाधान अनेक लेखकों की विभिन्न रचना-प्रक्रियाओं में पाया जा सके। अनुमानतः कथा रचना की प्रक्रिया दो तरह हो सकती है। कुछ लेखक तथ्य घटनाओं, स्थूल अनुभवों, स्थूल परिवेशों या मुक्त विषयवस्तु से कथा रचना करते हैं। स्थूल अनुभवों, परिवेशों और विषयवस्तु से अभिप्राय ऐसी भावनाओं, परिस्थितियों और घटनाओं से है जो रचनाकार को प्रत्यक्ष या स्थूल भौतिक अनुभवों या संवेदनाओं से अभिव्यक्ति की स्फूर्ति, उद्वेलन, आवेग या प्रेरणा देते हैं। स्वयं को यथार्थवादी कहनेवाले कुछ लेखक स्थूल या तथ्य अनुभूतियों से उद्भूत या प्रेरित रचनाओं को भोगा हुआ लेखन भी कहते हैं और ऐसी रचनाओं को ही प्रामाणिक और यथार्थवादी मानना चाहते हैं। ऐसे रचनाकार व्यक्ति और समाज के परिवेशों में व्याप्त विचारों, भावनाओं, अप्रकट अन्तर्विरोधों, वैचारिक द्वन्द्वों और नये समन्वय की चिन्ताओं को उस समय तक यथार्थ नहीं मानना चाहते जब तक वे तथ्य अनुभवों के रूप में प्रत्यक्ष न हो जायें या घटनारूप में उनका विस्फोट न हो जाये। सम्भव है, ऐसे स्थूल यथार्थ विषयवस्तु से रचना करनेवाले कथा-शिल्पी अपने कुछ पात्रों या पात्र-विशेष को अपनी प्रेरणा के विशिष्ट स्रोत या अपने मन्तव्यों का विशिष्ट प्रतिनिधि या अपनी सतत छाया बना सकें। मैं ऐसी रचना-प्रक्रिया पर निर्भर नहीं करता। अतः उसके विषय में अधिक न बता सकूँगा।

अनेक लेखक कथा रचना या अभिव्यक्ति की प्रेरणा के लिए प्रत्यक्ष तथ्यों, घटनाओं या स्थूल अनुभवों पर निर्भर नहीं करते। ऐसे लेखक अपनी चिन्तन-दृष्टि या भावना की अनुभूति से अपने या समाज के परिवेशों, विचारों, व्यवहारों में अप्रत्यक्ष भावनाओं, अन्तर्विरोधों, असन्तुलनों, मान्यताओं के द्वन्द्वों और नये समन्वयों की तड़प के कारणों को अनुभव कर लेते हैं। ऐसे लेखक समाज में अन्तर्निहित व्याकुलता के घटना रूप में विस्फोट के पूर्व ही अपने विचार से अभिव्यक्त करने के लिए उद्वेलित या विरूल हो जाते हैं। उनकी ऐसी अदम्य विरूलता ही उनकी रचना की प्रेरणा बन जाती है। इस कोटि के लेखक के वैचारिक आवेगों की अभिव्यक्ति या उन्हें कथा का रूप देना उस समय बहुत श्रमसाध्य हो जाता है जब लेखक समाज के बहुमत या प्रबल पक्ष की मान्यताओं में भ्रम या अन्तर्विरोध अनुभव कर समाज से लोहा लेने में समर्थ पात्रों की सृष्टि का यत्न करता है। ऐसे पात्रों के सृजन में रचनाकार को अपना वैचारिक अस्तित्व, अपना कल्पना सामर्थ्य अपनी रचना में चरम सीमा तक उत्सर्ग या समाहित कर देना होगा। सतत सचेत अग्रद्रष्टा रचनाकार के सम्मुख उपर्युक्त स्थिति एक ही बार तो नहीं आती। समाज की प्रत्येक अवस्था या व्यवस्था जीर्ण हो जाने पर अन्तर्विरोधों की उत्पत्ति से परिवर्तन की आवश्यकता के प्रति सूक्ष्मग्राही और संवेदी लेखक को अन्य समस्याओं से परिहार के लिए नये कारण और हेतु व्याकुल करने लगेंगे। लेखक इस नये उद्वेग या अभिप्रेत की अभिव्यक्ति के लिए सम्भवतः पूर्वापेक्षा अधिक सप्राण और ओजस्वी अपने नये मानसिक प्रतिनिधि या बिम्बों के समाहित हो जाने के लिए विवश हो जायेगा। ऐसी स्थितियों में लेखक के सामने अपने प्रिय प्रतिनिधि बिम्ब पात्र चुनने का प्रश्न कितनी बार आयेगा?

अपने अभिप्रेत की अभिव्यक्ति के लिए कल्पना से घटना रूप उदाहरण या घटना और घटना के लिए उपयुक्त पात्रों का सृजन करनेवाले रचनाकार का प्रयत्न सफल हो जाये

तो उसका कल्पनाप्रसूत आख्यान, पाठकों पर प्रभाव की कसौटी से तथ्य घटना या मुक्त लेखन से कम सफल न होगा। कथा साहित्य में ऐसे प्रचुर उदाहरण हैं।

प्रस्तुत प्रसंग में कल्पित घटना के लिए उपयुक्त पात्रों का सृजन भी कल्पना से ही सम्भव है। कल्पना भौतिक वस्तु नहीं। इसलिए कल्पना द्वारा पात्रों के सृजन में परिवेशों या दूसरी अड़चनों की सीमाएँ नहीं। इस रचना-प्रक्रिया में कोई सीमा है तो रचनाकार के अपने अभिप्रेत की अभिव्यक्ति की और कल्पना से यथार्थ का आभास दे सकने के सामर्थ्य की। उपर्युक्त प्रक्रिया से रचनाकार का प्रयोजन सम्पन्न करने के लिए उसके कुछ पात्रों के लिए समाज की सराहना और सहानुभूति पा सकने योग्य व्यवहार आवश्यक होगा। उसी के अन्य पात्रों को अपने सर्जक द्वारा गर्हित-त्याज्य के मूर्त रूप बनकर पाठकों की घृणा, निन्दा पाने में सफल होना होगा। ऐसे पात्र अपने चरितों में परस्पर भिन्न और विरोधी होकर भी लेखक के अभिप्रेत के समान रूप से आज्ञानुवर्ती सफल साधक होंगे। लेखक के अनिष्ट को वाणी देकर या मूर्त बनाकर उसे गर्हित और त्याज्य बना देने में सफल पात्र भी लेखक के आत्मज और अपने ही अंश होंगे। लेखक अपने प्रयोजन के लिए अनेक रूपों में विभिन्न भूमिकाएँ निबाहकर किस न्याय से अपने किस रूप या बिम्ब को प्रिय-अप्रिय बता सकेगा?

कहा जा सकता है कि लेखक अपने अभिप्रेत की स्थापना के लिए एक द्वन्द्व रचता है। द्वन्द्व के लिए दो पक्ष चाहिए ही। एक पक्ष लेखक की स्थापना का प्रतिनिधि और दूसरा पक्ष उसकी स्थापना का विरोधी। लेखक अपनी स्थापना की विजय के लिए स्वयं प्रसूत विरोधी चरित का पराभव या उसे बलि कर देता है। प्रश्न है लेखक की जो मानसिक सन्तति अपने सर्जक के अभिप्रेत के लिए बलि हो गयी, लेखक की कृतज्ञता, वात्सल्य और आदर न पायेगी?

उपर्युक्त प्रश्न पर विचार के लिए तर्कजाल बढ़ाते जाने की अपेक्षा प्रश्न को व्यावहारिक रूप में लें। अन्य लेखकों के पात्रों की सफलता-असफलता की चर्चा के बजाय अपने ही पात्रों को ही प्रस्तुत करता हूँ। मेरा एक चर्चित उपन्यास है 'दिव्या'। अनेक विश्वविद्यालयों में उच्च कक्षाओं के लिए पाठ्य-पुस्तक होने के कारण साहित्यिक रुचि के लोगों के लिए परिचित उदाहरण हो सकता है। इस उपन्यास की प्रमुख पात्र दिव्या कला निष्णात अतिभावुक सरल हृदया है। अपनी आस्था के लिए उसका साहस और दृढ़ता उसे पराजय और पीड़ा के भँवरों में डालते जाते हैं। समाज और जीवन-व्यापार के क्षेत्र में असफल और तिरस्कृत होकर भी वह झुकती नहीं। उसका आत्मविश्वास, विवेक और आस्था उद्ग्रीव रहते हैं।

इस उपन्यास की अन्य प्रमुख नारी पात्र है, सीरो। परिस्थितियाँ सीरो की स्पृहा को सुलभ अवसर के मार्ग प्रदान कर उसकी स्पृहा को बढ़ाकर उसे विवेकहीन बना देती हैं। उसकी अबाध स्पृहा और अविवेक ही उसे कुछ समय के लिए कामनापूर्ति के सिंहासन पर पहुँचा देते हैं।

इस उपन्यास का एक पात्र है पृथुसेन। प्रखर बुद्धि, शूर, अपमान और अन्याय के प्रतिकार के लिए प्राणान्त संघर्ष के लिए उद्यत। परिवर्तित परिस्थितियाँ उसके मार्ग के अवरोध दूर कर उसके लिए सफलता का सोपान प्रस्तुत कर देती हैं। पद, अधिकार और सामर्थ्य की असीम लालसा और सफलता का उन्माद उसके विवेक को ग्रस लेते हैं। परिस्थितियों का दूसरा परिवर्तन उसे पराभव और प्राण संकट में डाल देता है। शक्ति की

स्पर्द्धा के उन्माद से मुक्त उसका पुनः जागृत विवेक लौकिक भटकन को पहचानकर शाश्वत सत्य का पथिक बनना चाहता है।

उपन्यास का एक पात्र मारिष है। मारिष सन्तुष्ट, आत्मसम्मानी, अपरिग्रही स्वभाव के कारण साधनहीन है परन्तु याचक दीन नहीं। वह अपनी मान्यताओं पर अडिग और उनके उद्‌घोष में निर्भीक है। वह कथानक में कभी-कभी अकस्मात् आता है। परन्तु जब भी वह आता है, पाठक की स्मृति में उल्का की रेखा बना जाता है। विस्तार की आशंका में उपन्यास के केवल चार पात्रों का परिचय दे रहा हूँ।

उपन्यास का एक प्रसंग अति संक्षेप में—दिव्या अभिजात कुल की पुत्री थी। वह पृथुसेन के शौर्य, उसके प्रति अन्याय में सहानुभूति, उस पर विश्वास से उसके आकर्षण की प्रवंचना में गर्भवती हो गयी। सीरो ने उसे प्रतिद्वन्द्विता में ठुकराकर छद्मवेश में शरण खोजने के लिए विवश कर दिया। प्रसूता दिव्या को मथुरा के एक पुरोहित ने क्रय कर लिया। पुरोहित की रुग्णा पत्नी अपने नवजात पुत्र की उदरपूर्ति में अक्षम थी। दिव्या के भूख से बिलखते पुत्र को उसके सामने रखकर उसका स्तन प्रवाहित हो जाने पर उसका स्तन स्वामी पुत्र को पान करा दिया जाता। दिव्या का पुत्र क्षुधा से मरणासन्न हो गया।

एक मध्याह्न में दासी दिव्या भूख से सिसकते अपने पुत्र को वक्ष पर लिये स्वामी गृह से भाग गयी। अपरिचित महानगर में भटकती अभागी दासी के लिए शरण कहाँ? उसे भिक्षाटन से लौटते भिक्षुओं का आह्वान बार-बार सुनायी दिया—संसार के सन्तप्त लोगों, शान्ति और रक्षा के लिए बुद्ध की शरण आओ! धर्म की शरण आओ! संघ की शरण आओ! दासी दिव्या ने शरण के विश्वास से बौद्ध विहार के मुँदे द्वार के सम्मुख बार-बार गुहारा। बौद्ध आराम में नारी का प्रवेश निषिद्ध है। आर्त नारी की पुकार पर विहार के स्थविर द्वार के मुँदे कपाटों से प्रकट हुए। दिव्या ने स्थविर के चरणों में सिर रखकर अपनी सन्तान की प्राण रक्षा के लिए बुद्ध की शरण, धर्म की शरण, संघ की शरण की याचना की।

स्थविर ने शान्ति के संकेत से दिव्या से पूछा—"देवि, बुद्ध की शरण, धर्म की शरण, संघ की शरण की इच्छुक तुम कौन हो?"

"धर्मपिता, मैं इस असहाय सन्तान की माता हूँ।" दिव्या ने अपने पुत्र की ओर संकेत किया।

स्थविर ने पूछा—"देवि, क्या तुम्हारे धर्म और संघ की शरण ग्रहण करने में तुम्हारे पति की अनुमति है?"

दिव्या ने उत्तर दिया—"देव, दासी का पति नहीं है।"

स्थविर ने पूछा—"देवि, यदि पति नहीं है तो धर्म और संघ की शरण पाने के लिए तुम्हारे पिता की अनुमति है?"

दिव्या ने उत्तर दिया—"भन्ते, पिता भी नहीं हैं।"

स्थविर ने प्रश्न किया—"देवि, यदि पति और पिता नहीं हैं तो संघ की शरण के लिए तुम्हारे पुत्र की अनुमति है?"

दिव्या ने अपना पुत्र सम्मुख कर दिया—"देव, दासी का पुत्र अनुमति देने योग्य नहीं है।"

स्थविर ने नेत्र झुकाये प्रश्न किया—"यदि तुम दासी हो तो क्या तुम्हारा स्वामी तुम्हें संघ की शरण की अनुमति देता है?"

दिव्या ने व्याकुल याचना की—"नहीं भन्ते, दासी अपने पुत्र की रक्षा के लिए शरण माँगती है।"

स्थविर ने सिर हिला दिया—"देवि, धर्म के नियमानुसार संघ नारी के अभिभावक की अनुमति बिना नारी को संघ में शरण नहीं दे सकता।"

स्थविर के उत्तर से आहत दिव्या ने पुनः साहस किया—"परन्तु देव, भगवान् तथागत ने तो वेश्या अम्बपाली को संघ में शरण दी थी।"

स्थविर ने उत्तर दिया—"देवि, वेश्या स्वतन्त्र नारी है।" स्थविर विहार के द्वार के भीतर चले गये।

उपन्यास पढ़ने के उपरान्त प्रख्यात बौद्ध दार्शनिक भदन्त आनन्द कौसल्यायन से भेंट हुई तो दिव्या-स्थविर संवाद के उल्लेख से बोले—"बौद्ध धर्म के गाल पर क्या चाँटा लगाया है। वाह! वाह!"

दिव्या ने पाठकों से कितनी सराहना या सहानुभूति पायी है? अनुमान के लिए बता दूँ, पंजाब से केरल और मॉरीशस तक उपन्यास के अनेक पाठकों के परिवारों में बेटियों को दिव्या नाम दे दिया गया है।

स्वर्गीय राष्ट्रकवि मैथिलीशरण (दद्दा) ने 'दिव्या' को अनेक बार पढ़ा था। साक्षात् होने पर मुस्कान से पूछ लेते—"कहो मारिष, आजकल किस सत्य का निरूपण हो रहा है?" इन दो उल्लेखों से दिव्या को नारी पक्ष में मेरी मान्यता और मारिष को पुरुष रूप में अपने प्रिय प्रतिनिधि मानने से मुनकिर नहीं हो सकता। परन्तु क्या यह दोनों ही मेरे पात्र प्रतिनिधि हैं? उपन्यास के चार ही पात्रों के परिचय के लिए वचनबद्ध हूँ। माना कि दिव्या और मारिष इस उपन्यास प्रासाद के मण्डप हैं। परन्तु इन दोनों मण्डपों के चरित की पूर्णता का बोझ प्रसाद की नींवों, अनेक भित्तियों, स्थूणों, उपस्थूणों—पृथुसेन, सीरो, मल्लिका, धर्मस्थ, रत्नमाला, वैद्य भिक्षु चीवुक के बिना कैसे सँभलता? क्या उपन्यास के ये पात्र जिन्होंने आत्मबलिदान कर मेरे अभिप्रेत की अभिव्यक्ति को सबल बनाया, मेरे मानसिक अस्तित्व के अविभाज्य अंश और प्रिय नहीं हैं?

संक्षेप का संकल्प है परन्तु अधूरी बात से भ्रम की आशंका भी है। क्या केवल 'दिव्या' उपन्यास के प्रमुख पात्रों को ही अपने प्रतिनिधि और मानसिक बिम्ब मान सकता हूँ? मेरी अनुभूति यदि ऐसी होती तो 'दिव्या' से पूर्व और पश्चात् अपने अभिप्रायों की अभिव्यक्ति के लिए 'झूठा सच' आदि दस अन्य उपन्यासों और सोलह कहानी-संग्रहों के पात्रों की सृष्टि के लिए व्याकुलता क्यों अनुभव होती? मेरे विश्वास में मेरी सम्पूर्ण रचनाओं के पात्र मेरे वैचारिक अस्तित्व के विभिन्न पार्श्वों के प्रिय प्रतिनिधि और मेरे ही बिम्ब हैं। केवल पाठकों की सहानुभूति पानेवाले पात्र ही नहीं, पाठकों की वितृष्णा और विरोध पानेवाले पात्र भी मेरे उतने ही प्रिय हैं। खल जान पड़नेवाले मेरे पात्रों ने ही मेरे मन्तव्य के प्रवक्ता पात्रों को अपने कन्धों पर उठाया है। इसलिए वे मेरी कृतज्ञता और वात्सल्य के कम अधिकारी नहीं।

यदि दम्भ न समझें तो कहूँगा, लेखक कथा की सृष्टि का ब्रह्म है। ब्रह्म कृष्ण के मुख से 'गीता' में कहता है। शंकर, वल्लभाचार्य से लेकर तिलक, अरविन्द और संस्कृत

जाने बिना भी एनीबेसेण्ट, गाँधी जी और आचार्य विनोबा अपने-अपने विचार से 'गीता' की सैकड़ों व्याख्याएँ कर चुके हैं, तो मेरा दुस्साहस ही अक्षम्य क्यों? 'गीता' में कृष्ण की उक्ति लेखक की स्थिति से दोहराता हूँ—

अनेकवक्त्रनयनमनेकाद्‌भुतदर्शनम्।
अनेकदिव्याभरणं दिव्यानेकोद्यतायुधम्।

(अध्याय ११, श्लोक १०)

मैं देश-काल के अनुसार समाज-संसार को अनेक दृष्टियों से देखता हूँ और अनेक अवसरोचित वाणियों में समयानुकूल अभिव्यक्ति करता हूँ। अभिप्रेत को प्रकट करने के लिए मैं अनेक दिव्य और हेय रूपों और आभरणों में संघर्ष अथवा युद्ध के लिए उद्यत रहता हूँ। समय से विकसित और परिवर्तित होनेवाले मेरे आत्मा के प्रकट बिम्बों में मेरे अभीष्ट अभिप्रेत ही समाहित हैं।

●

आईने के सामने-१

आग्रह है कि मैं अपने व्यक्तित्व और कृतित्व का परिचय दूँ–

रोज़मर्रा के जीवन में सड़क, बाज़ार और बस में आते-जाते या कभी यात्रा में काफ़ी समय अनेक अपरिचित लोगों के साथ बीत जाता है। मुझे उन लोगों के और उन्हें मेरे व्यक्तित्व और कृतित्व के प्रति कोई कौतूहल नहीं होता। मेरे परिचय के प्रति कौतूहल उन्हीं पाठकों को हो सकता है जिनकी नज़रों से मेरी रचनाएँ गुज़री हैं। मेरी रचनाओं से उन्हें परोक्ष में मेरा परिचय मिला है। सम्भव है, पाठकों को मेरी अनेक रचनाओं से मेरे सम्बन्ध में भिन्न-भिन्न प्रकार के, परस्पर विरोधी आभास भी मिले होंगे। ऐसे विचित्र आभासों का समन्वय कर सकने के लिए ही मुझसे प्रश्न किया जा रहा है।

अपने व्यक्तित्व का और कृतित्व का परिचय बहुत झिझक से दे रहा हूँ। कारण अपने कृतित्व के प्रति संकोच नहीं, बल्कि यह है कि मैं स्वयं अन्य लोगों के सम्बन्ध में अपने अनुभवों और परख पर अधिक विश्वास करना चाहता हूँ, उनके कहे पर कम। क्या मेरे लिये यह उचित होगा कि पाठकों ने मेरी रचनाओं के आधार पर मेरे बारे में जो अच्छी-बुरी धारणाएँ बना ली हैं, उन्हे बदलने का यत्न करूँ?

अपने व्यक्तित्व और साहित्यिक कृतित्व की व्याख्या करने में संकोच का एक उचित कारण भी है। पाठक यदि मेरी अनेक रचनाएँ पढ़कर भी मेरी धारणाओं और मान्यताओं के रूप में मुझे ठीक नहीं समझ सके, तो मेरा किया-कराया अर्थात् साहित्यिक कृतित्व व्यर्थ ही समझा जाना चाहिए। कुछ और कागज़ काले कर देने से क्या लाभ होगा। अपनी असफलता का ऐसा विश्वास मेरे शेष जीवन के लिए अस्वास्थ्यकर होगा। हाँ, व्यक्ति यशपाल को परोक्ष से समझने में कुछ भ्रान्तियों का निराकरण किया जा सकता है। प्रसंग वहीं से आरम्भ करूँ। प्रवाह में, सम्भव है कुछ और भी कह जाऊँ!

कुछ सप्ताह पूर्व 'धर्मयुग' में एक कुमारी का मुझे लिखा पत्र और मेरा उत्तर प्रकाशित हुए थे। कुमारी को मैंने लिखा था, "तुमने मुझे यश दा सम्बोधन किया है। तुम्हारी कल्पना में मैं तेईस-चौबीस वर्ष का उत्साही युवक हूँ। वास्तव में मेरी आयु शायद तुम्हारे पिता से भी अधिक होगी...।"

किसी दूसरे नगर से आये एक सज्जन ने मिलने पर मेरे उस पत्र के सम्बन्ध में कहा, "आपकी आयु के सम्बन्ध में लोगों की विचित्र धारणाएँ हैं। पाठक प्रायः आपको तीस-चालीस के भीतर अनुमान करते हैं।"

मैंने सज्जन से जिज्ञासा की, "ऐसे अनुमान का क्या कारण है? क्या मेरी रचनाओं में बहुत कच्चापन अथवा उत्तरदायित्व की कमी जँचती है?"

सज्जन ने उत्तर दिया, "नहीं, नहीं, आपकी रचनाओं में जीवन की प्रबल इच्छा और उत्साह और पुरातन पर कटाक्ष इतना प्रबल होता है कि कल्पना में बिलकुल युवा लेखक का आभास होता है।"

सम्भव है सज्जन ने मेरा मन रखने के लिए ही मेरी आयु के सम्बन्ध में भ्रान्ति का कारण मेरी लेखनी और विचारों को सबल, उत्साह-भरा और प्रगतिशील बता दिया हो। सब पाठक ऐसा न समझते हों।

मेरा जन्म ३ दिसम्बर, १९०३ को हुआ था। देखने में कैसा लगता हूँ—कभी-कभी बस में भीड़ होने पर युवक मुझे बस में खड़ा देखकर स्वयं खड़े हो जाते हैं। मोतियाबिन्द से दृष्टि बहुत धुँधली हो जाने के कारण पहचान नहीं पाता हूँ कि परिचित हैं या अपरिचित। धन्यवाद देकर उन्हें कष्ट न कर बैठे रहने का अनुरोध करता हूँ। उत्तर मिलता है 'आप बुज़ुर्ग हैं, हमें आपका आदर करना चाहिए।' झेंपकर उनकी जगह बैठ जाता हूँ।

बूढ़ा समझा जाना मुझे अच्छा नहीं लगता, परन्तु अब इस तथ्य की अवहेलना नहीं कर सकता। दृष्टि के कारण और अन्यथा भी पहले की तरह लिख नहीं पाता हूँ। बहुत-सा समय बाग़वानी में काट देता हूँ। थोड़ा-बहुत तो अभी और लिखना ही है, परन्तु सोचता हूँ कि किये-कराये का, पाठकों के सामाधान के लिए, लेखा-जोखा तैयार कर देने का भी समय आ गया है।

मेरे रूप और वेश के सम्बन्ध में भी जिज्ञासा होगी। अनेक कृपालु पाठकों के पत्र मेरे चित्र की माँग के लिए आते रहते हैं। उन्हें प्रायः कृतार्थ नहीं कर सकता। कारण यह है कि नित नये फोटो खिंचवाते रहना व्ययसाध्य है और मैं अपने-आपको सुस्वरूप कभी नहीं समझ सका। केश कुछ जल्दी ही सफेद होने लगे थे। पत्नी नहीं चाहतीं कि मैं इतना बूढ़ा दिखायी दूँ। दो बूँद तेल लगा लेने से ही केश भूरे-से लगने लगते हैं। बकौल पत्नी के 'स्मार्ट लुक' आ जाता है, परन्तु मुझे चिकनाई से उसी तरह परहेज है जैसे बिल्ली को जल से।

मैं आधुनिक युग का चुस्त व्यावहारिक वेश पसन्द करता हूँ। अपरिचित देखकर साहित्यिक अथवा कलाकार होने का सन्देह नहीं करते। मेरे वेश और मुद्रा के सम्बन्ध में श्री उपेन्द्रनाथ अश्क ने १९५० में 'नया साहित्य' में लिखा था—यशपाल प्रायः यूरोपियन पोशाक में रहते हैं। प्रथम बार देखने पर सेक्रेटेरियट के किसी रिटायर्ड ईसाई अफ़सर का अनुमान होता है। हमारे क्रान्तिकारी दल के सदस्यों में दुर्गा भाभी की राय है—खामुखाह कलाकार बन गये। ढंग और बातों में सुपरिण्टेण्डेण्ट पुलिस होने के लायक़ हैं। सम्भव है इन दोनों विचारधाराओं के समन्वय से मेरी रूप-मुद्रा के आभास के लिए सहायता मिलेगी। कुछ लोगों का सुझाव है कि कला और साहित्यजीवी के दर्शन में कुछ तो सांकेतिक बात होनी ही चाहिए। शायद मेरे मन में अपनी साहित्यिक सफलता का इतना दम्भ है कि मैं उसे दिखाना आवश्यक नहीं समझता। जब लोग मेरे नाम से चौंककर ज़रा आदर प्रकट कर देते हैं, तो मन-ही-मन मुस्करा लेने का अवसर हो जाता है।

कोई व्यक्ति साहित्यिक कैसे बन जाता है, इस सम्बन्ध में पाठकों की विशेष रुचि हो सकती है। प्रश्न करनेवाले सम्भवतः लेखक के मानस, प्रवृत्तियों और विकास का लेखा-जोखा चाहते हैं। शायद साहित्यिक या कलाकार को विशेष प्रकार का मनुष्य समझा जाता है।

मैं साहित्यकारों को प्रकृति की विशेष देन अथवा विशिष्ट प्रकृति नहीं समझता। साहित्य संचित रसात्मक अभिव्यक्ति को कहा जाता है। रसात्मक अभिव्यक्ति की इच्छा सभी में होती है। मैं ऐसे अनेक लोगों को जानता हूँ, जिन्होंने अपने सन्तोष के लिए साहित्य रचना की है और कर सकते हैं परन्तु अधिक महत्त्वपूर्ण कामों में व्यस्त रहने के कारण उन्हें इस प्रवृत्ति के लिए समय नहीं मिलता। बहुत से लोग विद्यार्थी अवस्था में साहित्यिक बनने की इच्छा करते हैं, परन्तु अधिक आवश्यक कामों के कारण उधर ध्यान नहीं दे सकते। कुछ ऐसे भी निकल आते हैं, जो अपनी भावनाओं या कल्पनाओं की अभिव्यक्ति के शौक़ में अन्य आवश्यक कार्यों की उपेक्षा करने लगते हैं। बस ऐसे ही लोग यदि सफल हो जायें तो साहित्यिक बन जाते हैं। साहित्यिक व्यक्ति में विशेषता यही होती है कि अपनी अभिव्यक्ति की कामना को अन्य आवश्यक बातों से अधिक महत्त्व दे बैठता है। यही बात मुझ पर भी लागू होनी चाहिए।

मुझे बचपन से ही साहित्य अर्थात् रोचक पुस्तकें पढ़ने में गहरी रुचि थी। मैं उनमें बिलकुल डूब जाता था। यह रुचि व्यसन की सीमा तक थी। उसके कारण कई बार मार भी खायी। उससे मुझे इतना सन्तोष मिलता था कि सम्भवतः मन में वैसा सन्तोष देनेवाली वस्तु बना सकने की महत्त्वाकांक्षा जाग उठी। बारह-तेरह वर्ष की आयु थी। मैं गुरुकुल काँगड़ी में छठी श्रेणी का विद्यार्थी था। विद्यार्थियों की रुचि साहित्य की ओर बढ़ाने का यत्न किया जाता था। कॉलेज विभाग के विद्यार्थी अपनी हस्तलिखित पत्रिका प्रकाशित करते थे। हाईस्कूल के विद्यार्थी भी अपनी हस्तलिखित मासिक पत्रिका तैयार करने लगे। उनकी पत्रिका का नाम 'हंस' था। उनके अनुकरण में मिडिल, सातवीं-आठवीं श्रेणियों के विद्यार्थियों ने भी अपनी पत्रिका तैयार कर ली। बचपन की स्पर्द्धा में हमारी श्रेणी के विद्यार्थियों ने भी अपनी पत्रिका प्रस्तुत करने का निश्चय किया। पत्रिका में कहानियाँ रहना आवश्यक था। सब ब्योरा मुझे याद नहीं कि लेख और कविता हमने कैसे संचय किये थे। सम्भव है इधर-उधर से नक़ल कर लेने की योजना ही हो। कहानी के विषय में याद है।

मेरे एक सहपाठी को रोचक पुस्तकें पढ़ने का शौक़ मेरी ही तरह या मुझसे भी अधिक था। वह सम्पन्न परिवार का था। उसके पिता उसके लिए अनेक पुस्तकें दे जाते थे। मुझे निर्धन परिवार का होने के कारण ऐसी पुस्तकें नहीं मिल सकती थीं। मैं भी उससे लेकर पढ़ता था। मेरे सहपाठी ने पत्रिका के लिए कहानी प्रस्तुत करने का भार ले लिया और एक नयी पुस्तक में से कुछ अंश उद्धृत कर दिया। उसने मुझे वह पुस्तक देने से इनकार कर दिया।

पत्रिका में कहानी मैं भी लिखना चाहता था। मैंने बचकानी ईर्ष्या में मौलिक कहानी लिख डाली। उस कहानी का शीर्षक था 'अँगूठी'। कथानक में एक पात्र ने अपने मित्र को आजन्म मित्रता की प्रतीक अँगूठी भेट की थी। अँगूठी को आजन्म हाथ से दूर न करने का प्रण लिया था। अँगूठी पानेवाले पात्र का अन्य मित्र असह्य आर्थिक कठिनाई में पड़ गया। मित्र ने अपनी प्रतिज्ञा की रक्षा की अपेक्षा अन्य मित्र की कठिनाई को अधिक महत्त्व दिया और उस पर विश्वासघात का आरोप लग गया।

हाईस्कूल और मिडिल के विद्यार्थियों ने हम बच्चों की पत्रिका देखी। मेरी कहानी मौलिक थी, यह जानकर उन्हें विस्मय हुआ और उन्होंने बहुत सराहना की। मुझे अपनी

कल्पना की क्षमता पर विश्वास हो गया। इस घटना को अपने साहित्यिक जीवन का आरम्भ कह सकता हूँ।

पाठकों को मेरे साहित्यिक विकास के सम्बन्ध में कौतूहल है, तो मेरी इस मौलिक कहानी के सम्बन्ध में कुछ विवेचना धैर्य से सुनें। बारह-तेरह वर्ष की आयु में, नागरिक और पारिवारिक जीवन से दूर गुरुकुल काँगड़ी के आश्रम में पलनेवाले बालक को जीवन का क्या अनुभव हो सकता था? इस कहानी को मौलिक इसीलिए कहा जा सकता है कि उसको मैंने कहीं पढ़ा नहीं था। अनेक पढ़ी हुई कहानियों या सुनी हुई घटनाओं से सीखकर अपनी कल्पना से कथानक सँजो लिया था। उस साहित्य या अभिव्यक्ति के लिए मैंने क्या भावना या प्रेरणा अनुभव की होगी? प्रेरणा मुझे किसी घटना से नहीं मिली थी। प्रेरणा थी तो केवल कहानी बना लेने या लिख सकने के कौशल के अभ्यास की थी। मेरे इस अनुभव से स्पष्ट हो सकता है कि साहित्य का कौशल और शिल्प तथा साहित्य का प्रयोजन, अलग-अलग वस्तुएँ हैं। प्रयोजन की चेतना आयु और समझ बढ़ने पर हुई होगी।

पहले यही बताऊँ कि साहित्य के शिल्प अथवा कौशल का अभ्यास कैसे किया। गुरुकुल काँगड़ी उस समय हरिद्वार से पाँच मील दूर, गंगा की तीन धाराओं के पार, काँगड़ी ग्राम में था। काँगड़ी का जलवायु मेरे स्वास्थ्य के लिए अच्छा नहीं प्रमाणित हुआ। कह नहीं सकता, यदि मेरी पूर्ण शिक्षा गुरुकुल में ही हुई होती, मैं गुरुकुल का स्नातक बन जाता, तो आज मेरे जीवन का क्या रूप होता? जिस समय प्रथम असहयोग आन्दोलन चला, मैं फ़िरोज़पुर छावनी के एम.एल.एम. हाईस्कूल में दसवीं श्रेणी में था। गाँधी जी और कांग्रेस ने देश की स्वतन्त्रता के संग्राम में योग देने के लिए जनता को पुकारा था। सरकारी नौकरों से नौकरियाँ, वकीलों से अदालतें और विद्यार्थियों से शिक्षण संस्थाएँ छोड़ देने की अपील की गयी। हज़ारों विद्यार्थी कॉलेज और स्कूल छोड़कर स्वराज्य आन्दोलन में स्वयंसेवक बन गये।

असहयोग आन्दोलन की पुकार से मेरा मन भी स्वराज्य के संग्राम में कूद पड़ने के लिए उमग उठा। मैं स्कूल छोड़ देना चाहता था। मेरे हितचिन्तकों और सम्बन्धियों ने समझाया कि ऐसे काम ग़रीबों को शोभा नहीं देते। तुम पहले अपने भविष्य, माँ और छोटे भाई का ख़्याल करो। उनके कथन के तथ्य की उपेक्षा न कर सका। मेरे परिवार की आर्थिक अवस्था दयनीय थी। माँ फ़िरोज़पुर छावनी में अनाथालय के प्राइमरी स्कूल में नौकरी कर हम दोनों भाइयों को शिक्षा दे रही थीं। निर्वाह का कोई और सहारा नहीं था। हमारे अनेक सम्बन्धी बहुत अच्छी और सम्मानित स्थिति में थे। समाज में वकीलों और सरकारी अफ़सरों को मैं सबसे ऊँची स्थिति का समझता था। विद्यार्थी अवस्था में मेरी भी महत्त्वाकांक्षा थी, सफल वकील या बैरिस्टर बनकर समृद्ध सम्मानित जीवन बिताऊँगा।

सम्बन्धियों और हितचिन्तकों के समझाने से मैंने मैट्रिक की परीक्षा से पहले असहयोग न करना स्वीकार कर लिया। यह आशंका भी रही होगी कि लोग समझ लेंगे कि मैं परीक्षा से कतराकर देशभक्ति का ढोंग कर रहा हूँ। मन में निश्चय कर लिया कि मैट्रिक की परीक्षा पास करके अपने योग्य होने का प्रमाण दे दूँ। बाद में विदेशी सरकार से असहयोग कर दूँगा।

मैं स्कूल में अच्छा विद्यार्थी समझा जाता था। मैट्रिक में फर्स्ट डिवीजन में, अपने स्कूल में प्रथम और शायद जिले में भी प्रथम आया था। जो भी हो, मुझे सरकार से स्वीकृत कॉलेज

में पढ़ाई जारी रखने के लिए छात्रवृत्ति मिल सकती थी। मैं सरकारी कॉलेज में दाख़िल न होकर स्वराज्य आन्दोलन का स्वयंसेवक बन गया। मैंने बड़ा सरकारी अफ़सर या वकील बैरिस्टर बनने के स्वप्नों को तिलांजलि दे दी। जीविका के लिए क्या करूँगा, इस बात की कोई चिन्ता नहीं की। मेरे किशोर अपरिपक्व विचारों में अपने परिवार और जीविका की अपेक्षा देश के लिए स्वराज्य का महत्त्व अधिक ठहरा।

मैं फ़िरोज़पुर जिला कांग्रेस कमेटी का अवैतनिक स्वयंसेवक बनकर गाँव-गाँव फिरकर जनता को स्वराज्य के लिए लड़ने को पुकार रहा था। १९२१ में चौरी-चौरा की घटना हो गयी। चौरी-चौरा की जनता ने थाने को जलाकर पुलिस से बन्दूकें छीन ली थीं। उस घटना से गाँधी जी ने अनुभव किया कि देश की जनता अहिंसात्मक सत्याग्रह के योग्य नहीं थी। उन्होंने अहिंसात्मक सत्याग्रह आरम्भ करके हिमालय के समान बड़ी भूल की थी। उन्होंने आन्दोलन स्थगित कर दिया। मैं ठगा-सा रह गया।

मैं स्वराज्य के लिए अपने भविष्य की चिन्ता छोड़ चुका था, स्वराज्य की लड़ाई स्थगित हो गयी। भविष्य की चिन्ता के लिए मज़बूर हो गया। आन्दोलन स्थगित हो जाने पर हज़ारों विद्यार्थी फिर सरकारी संस्थाओं में लौट गये, पर मैं थूके हुए को चाट न सका!

पंजाब केसरी लाला लाजपत राय ने प्रथम असहयोग के समय लाहौर में कौमी विद्यापीठ नेशनल कॉलेज की स्थापना की थी। इस कॉलेज में बहुत ही कम व्यय में शिक्षा पायी जा सकती थी। मैं आगे की शिक्षा पा सकने के लिए वहीं चला गया। शहीद भगतसिंह और सुखदेव मेरे सहपाठी थे। शहीद भगवतीचरण हमसे एक वर्ष आगे थे। हम सभी लोग आन्दोलन के स्थगित हो जाने से बहुत खिन्न थे और आपस में क्रान्तिकारी राजनीति की चर्चा करते रहते थे। इस संगति का जो प्रभाव मेरे जीवन पर पड़ा, उसका विवरण देने के लिए यहाँ स्थान नहीं है।

स्कूल में पढ़ते समय मुझे जितने भी कहानी-उपन्यास मिल सके, पढ़ लिये थे। परिचितों के यहाँ से पत्रिकाओं की पुरानी फाइलें भी माँग-माँगकर पढ़ लेता था। लिखने की उमंग बार-बार उठती थी। कुछ-न-कुछ लिखता ही रहता था। नेशनल कॉलेज में आकर इस प्रवृत्ति को काफ़ी अवसर मिला। भगतसिंह और भगवतीचरण में भी साहित्यिक रुचि ख़ूब थी। वे भी कहानी, कविता और लेख लिखते रहते थे। प्रसिद्ध नाट्यकार और उपन्यासकार आदरणीय उदयशंकर जी भट्ट हमारे हिन्दी के अध्यापक थे। भट्ट जी ने मेरी प्रवृत्ति देखकर उत्साह बढ़ाया। उनकी सिफ़ारिश से मेरी एक कहानी उस समय बरेली से प्रकाशित 'भ्रमर' मासिक में छप गयी। मैं उस समय छोटे-छोटे भावात्मक गद्य लिखता रहता था। प्रयोजन अपनी भाषा को माँज सकने और अपनी भावनाओं को स्पष्ट अभिव्यक्त कर सकने का अभ्यास रहा होगा। प्रेम-प्रणय की पूजा और याचना के उद्‌गारों की अभिव्यक्ति भी व्यक्त की होगी। उसकी स्पष्ट स्मृति नहीं है। अधिकतर राष्ट्रीय स्वतन्त्रता की भावना के उद्‌बोधन और विदेशी दासता से विद्रोह की प्रेरणा के लिए ही लिखता था। अपनी अभिव्यक्ति की उमंग को सप्रयोजन बनाने की चेतना स्पष्ट अनुभव करने लगा था। इस समय तक साहित्यिक कौशल का अभ्यास स्वाभाविक प्रवृत्ति के कारण करता रहा था और मेरी अभिव्यक्ति की मुख्य भावना या प्रयोजन को स्वराज्य आन्दोलन ने रूप दे दिया था।

उस समय लाहौर के साहित्यिक क्षेत्र में उर्दू शैली और उर्दू लिपि का ही चलन था। मैं उर्दू लिपि पढ़ लेता था। शैली का भी अभ्यास कर लिया था। मैट्रिक में मैंने हिन्दी-संस्कृत

विषय लिये थे। उर्दू लिपि लिखने में मुझे दिक्कत होती थी। मैं अपनी रचना उर्दू शैली और हिन्दी लिपि में लिख लेता था। कोई साथी लिप्यन्तर कर देता था। मेरी रचनाएँ कभी-कभी स्थानीय उर्दू पत्रिकाओं में प्रकाशित होती रहती थीं। इससे मुझे पूरा सन्तोष न होता था।

उस युग में कानपुर से प्रकाशित 'प्रताप' (साप्ताहिक) और 'प्रभा' (मासिक) राष्ट्रीय भावना के प्रतीक माने जाते थे। इन पत्रों के सम्पादक शहीद गणेशशंकर विद्यार्थी और स्वर्गीय बालकृष्ण शर्मा 'नवीन' थे। मैं साहस करके अपनी रचनाएँ 'प्रताप' और 'प्रभा' के लिए भेजने लगा। रचना के साथ डाक टिकट भी रख देता था कि अस्वीकृत होने पर लौटायी जा सकें।

'प्रताप' और 'प्रभा' को रचना भेजकर नये लेखक के अनिश्चय और उत्सुकता की धुक-धुक मन में बनी रहती थी—छापने योग्य समझी जायेगी या नहीं। 'प्रताप' और 'प्रभा' के अंकों को देखने के लिए पुस्तकालयों में दौड़ा जाता। नया अंक देखकर हृदय धक-धक करने लगता। सबसे पहले अन्तिम पृष्ठ देखता। इन पत्रों के अन्तिम पृष्ठ पर एक शीर्षक रहता था—'नहीं छाप सकेंगे।' जिन रचनाओं अथवा सूचनाओं को प्रकाशित करने योग्य नहीं समझा जाता था, उनकी सूचना दे दी जाती थी। इस कॉलम में अपनी रचना का नाम न देखकर उसे अन्य स्थानों में खोजता था। 'प्रताप' और 'प्रभा' का सम्पादक-मण्डल निश्चय ही बहुत क़द्रदान था। मेरी प्रत्येक रचना छप जाती थी। उस उल्लास को समेटकर छिपाये रखना असम्भव हो जाता था। किसी-न-किसी बहाने जिन्हें दिखाना उपयोगी होता, दिखा देता।

उन दिनों मेरी रचनाएँ किस प्रकार की होती थीं, इसके उदाहरण में एक छोटी-सी घटना बतला सकता हूँ। अपनी आर्थिक कठिनाई के कारण कोई-न-कोई ट्यूशन कर लेता था। उन दिनों एक लड़की को हिन्दी रत्न या हिन्दी भूषण की परीक्षा की तैयारी के लिए पढ़ा रहा था। बात सन् २४-२५ की है। प्रथम असहयोग आन्दोलन के बाद लोगों में राष्ट्रीय भावना आ गयी थी। साहस भी कुछ बढ़ गया था। उस लड़की के परिवार में राष्ट्रीय भावना थी, परन्तु उस युग में अपनी राष्ट्रीय भावना और विदेशी सरकार से विरोध का डंका नहीं पीटा जा सकता था। एक सन्ध्या मैं लड़की को पढ़ाने गया। मेज़ पर 'प्रताप' का एक अंक पड़ा हुआ था। उस अंक के मुख्य पृष्ठ पर ही बीचोंबीच मेरी छोटी-सी रचना बहुत आदर से प्रकाशित की गयी थी। मेरा हाथ अंक की ओर बढ़ा। मुझसे जल्दी लड़की ने अंक को लपेटकर एक ओर रख दिया, "यह आपके काम की चीज़ नहीं है।" वह किसी को कैसे जानने देती कि उसके यहाँ विद्रोही साहित्य आता था। उस समय मैं मुस्कराकर रह गया, परन्तु लड़की में राष्ट्रीय भावना और उसके उत्साह के रहस्य की जानकारी काम में आयी। शनैः-शनैः उसे क्रान्तिकारी काम के लिए पटा लिया।

अप्रैल १९२९ में जब भगवती भाई के मकान पर पुलिस ने छापा मारा, वे मकान पर मौजूद नहीं थे। घर में बम के दो खोल थे। पुलिस घर को घेरे बैठे थी। दुर्गा भाभी ने किसी परिचित मर्द के घर में न होने के बहाने पुलिस को बाहर ही रोका हुआ था। मुझे समाचार भेजा। स्थिति जानता था। पड़ोस से इसी लड़की को साथ लेता आया। वह बीमार बच्चे को देखने के बहाने आयी। घर के भीतर गयी और लौटते समय बम के दोनों खोल और आपत्तिजनक काग़ज़ात अपने शरीर पर छिपाकर ले आयी।

जिस समय मैंने बी.ए. पास किया मेरी अनेक रचनाएँ प्रकाशित हो चुकी थीं। उन दिनों रचनाओं के लिए, कम-से-कम मेरी स्थिति के लेखक के लिए, पारिश्रमिक का कोई

प्रश्न नहीं उठ सकता था। मैंने साहित्य से जीविका की कल्पना ही नहीं की थी। मैं अच्छा विद्यार्थी समझा जाता था, इसलिए उसी संस्था में अध्यापक का काम मिल गया। मेरी साहित्य रचना का कारण केवल अभिव्यक्ति की उमंग को दबा न सकना था।

नेशनल कॉलेज के समाप्त हो जाने पर मैंने कुछ दिन इन्श्योरेन्स कम्पनी में क्लर्क का काम भी किया। इस समय मैं हिन्दुस्तान समाजवादी प्रजातन्त्र सेना के कार्य में सहयोग दे रहा था। भगतसिंह और सुखदेव चाहते थे कि मैं घर और नौकरी छोड़कर पूर्णरूपेण दल का काम करूँ। मैं उनकी बात टाल जाता था। वे लोग मुझे ताने देते थे—तुम्हें राष्ट्रीय ग़ुलामी से छूटने की अपेक्षा साहित्यिक बन जाने की महत्त्वाकांक्षा अधिक है।

उनकी बात बिलकुल ग़लत भी नहीं थी। मैं दोनों नावों में पाँव रखकर जीवन यात्रा करना चाहता था। वह सम्भव न था। १९२८ के अन्त में लाला लाजपत राय पर आक्रमण करनेवाले साण्डर्स का वध हुआ। मार्च १९२९ में दिल्ली केन्द्रीय एसेम्बली में बम फेंका गया। भगतसिंह गिरफ़्तार हो गया। मैंने पूर्णरूपेण दल का काम अपना लिया। अप्रैल में पुलिस ने हमारी बम फैक्टरी पर छापा मारा। मैं उस समय फैक्टरी में उपस्थित नहीं था। सुखदेव गिरफ़्तार हो गया था। यदि मैं लाहौर से निकल न जाता तो अवश्य गिरफ़्तार हो जाता। भगवतीचरण और मैं फ़रार होकर दल का काम करने लगे।

अपने साहित्यिक व्यक्तित्व और कृतित्व की बात कह रहा हूँ, इसलिए फ़रारी के दिनों और सशस्त्र विद्रोह के प्रयत्नों की बात अप्रासंगिक होगी। फ़रारी के समय भी साहित्यिक रुचि का दमन नहीं कर सका। पढ़ता तो था ही, प्रकाशन के अवसर और आशा के बिना भी लिखने से बाज नहीं रह सकता था। उस समय रजनी पामदत्त की एक छोटी-सी पुस्तक 'आज का भारत' का अनुवाद किया था। 'गाँधी और लेनिन' नामक पुस्तक का अंग्रेज़ी से हिन्दी में स्वतन्त्र अनुवाद भी किया था। अनुवाद इतना स्वतन्त्र था कि स्थान-स्थान पर कुछ पैरे बढ़ा दिये थे। इस कार्य में मेरा प्रयोजन अपने विचार में गाँधी और कांग्रेस के असहयोग के वैधानिक आन्दोलन की नीति के अन्तर्विरोधों को प्रकट करना था। प्रकाशक श्री ऋषभचरण जैन मेरी असलियत जानते थे। क्रान्तिकारी फ़रार की सहायता भी करना चाहते थे। हिन्दी में लगभग चार सौ पृष्ठों की पुस्तक के लिए उन्होंने मुझे बिना किसी पूर्व निश्चय के दो सौ रुपये दे दिये थे।

१९३१ के आरम्भ में 'हिन्दुस्तान समाजवादी प्रजान्तत्र सेना' के मुख्य नेता चन्द्रशेखर आजाद पुलिस से लड़ते हुए मारे गये। उनके बाद दल ने मुझे ही सेना का 'कमाण्डर-इन-चीफ' नियुक्त किया। मेरी व्यस्तता बहुत बढ़ गयी। १९३२ के आरम्भ में ही अवसरवश इलाहाबाद में ही मैं भी गिरफ़्तार हो गया। रात के अन्तिम पहर का अँधेरा था। पुलिस ने मकान और कमरे को चारों ओर से घेर लिया था। जब तक मेरे पास कारतूस रहे, पुलिस पर गोली चलाता रहा। पुलिसवाले मुझ पर गोली चलाते रहे। अँधेरे के कारण गोली किसी को न लगी। मैं शहीद न हो, गिरफ़्तार हो गया। मुक़दमे में चौदह वर्ष का कारावास पाया। जेल के नियमों के अनुसार चौदह वर्ष कारावास का दण्ड आजीवन कारावास के दण्ड के समानार्थक माना जाता था। चौदह वर्ष पूरे हो जाने पर भी मुक्ति सरकार की इच्छा पर निर्भर करती थी।

चौदह वर्ष का कारावास पाकर पूरा विश्वास नहीं था कि ज़िन्दा रहते मुक्ति का दिन आ जायेगा। यह भी प्रश्न था कि चौदह वर्ष कटेंगे कैसे? मन में धुँधली कल्पना थी कि

मुक्ति दण्ड पूरा करने से नहीं, किसी राजनैतिक परिवर्तन से ही सम्भव होगी। राजनैतिक और कुछ प्रसिद्ध क्रान्तिकारी होने के कारण मुझे जेल में 'बी' श्रेणी में रखा गया। भोजन, वस्त्र अथवा बिना कठिन श्रम के कारण स्थिति असह्य नहीं थी। पढ़ने-लिखने की सुविधा मिल सकती थी। मैंने बिना किसी पार्थिव परिणाम की आशा से केवल समय का सदुपयोग करने के लिए पहले बँगला पढ़ी, फिर फ्रेंच आरम्भ कर दी। फ्रेंच का इतना अभ्यास हो गया कि दिन भर में फ्रेंच पुस्तक के सौ पृष्ठ तक पढ़ डालता था। आवश्यकता होने पर कोश देख लेता था। फ्रेंच के बाद पढ़ने योग्य इटैलियन सीख ली। इन भाषाओं को केवल पढ़ सकता था। उच्चारण शायद किसी शब्द का ठीक नहीं आता था। जेल में वही पुस्तकें मिल सकती थीं, जिन्हें अंग्रेज़ी सरकार की सी. आई. डी. पास कर देती, इसलिए अधिकांश में 'क्लासिक्स' ही पढ़े। मैं केवल पढ़ता ही नहीं, लिखता भी था। राजनैतिक बन्दी लिखकर अपने पास रख सकते थे अथवा लिपि को जेल के दफ्तर में सुरक्षित रखवा सकते थे। हमें महीने में एक दिन पत्र मिलते थे और एक पत्र लिखने की अनुमति थी। सी. आई. डी. हमें प्राप्त होनेवाले पत्रों और हमारे लिखे पत्रों की बहुत सन्देह और सतर्कता से जाँच करती थी। उस समय के लिखे मेरे कुछ पत्र प्रकाशवती जी ने अभी तक सँभालकर रखे हैं। समय की कमी न होने और महीने में एक ही पत्र लिखने का अवसर होने के कारण हम लोग कई-कई पृष्ठों के पत्र लिखते थे। इन पत्रों में कई पृष्ठों पर केवल कुछ ही शब्द पढ़े जा सकते हैं। शेष को पुलिस ने भाव न समझ सकने के कारण अथवा कोई दूसरे अर्थ के सन्देह में काला करके अपाठ्य कर दिया है। ऐसी अवस्था में रचनाओं को प्रकाशन के लिए बाहर भेजने की क्या आशा हो सकती थी?

जेल में दूसरे राजनैतिक बन्दी भी साहित्यिक प्रयत्न में लगे रहते थे। मन्मथनाथ गुप्त और स्वर्गीय शचीन्द्र सान्याल भी ख़ूब लिखते रहते थे। हमें प्रकाशन की आशा नहीं थी, केवल अभिव्यक्ति के सन्तोष के लिए लिखते थे। कैसे मान लिया जाय कि साहित्य केवल जीविका के प्रयोजन के लिए रचा जाता है? जेल में मैं प्रकाशन की आशा के बिना अपनी लिखी कहानियों को स्वयं आलोचक की दृष्टि से पढ़ता था और साथियों को सुनाता था और उन्हें सुधारकर फिर लिखता था। मेरे प्रथम कहानी-संग्रहों 'पिंजरे की उड़ान', 'वो दुनिया' और 'ज्ञानदान' में जेल में लिखी हुई अनेक कहानियाँ सम्मलित हैं। प्रथम कहानी-संग्रह 'पिंजरे की उड़ान' का नाम अपने विचार में प्रतीकात्मक रखा था, अर्थात् जेल के पिंजरे में बन्द रहते समय कल्पना की उड़ानें। स्वास्थ्य ठीक न रहने के कारण मुझे सुल्तानपुर जेल सेनेटोरियम में भेज दिया गया था। कुछ मास में मेरा स्वास्थ्य सँभल गया। १९३७ में फिर मेरा स्वास्थ्य बहुत गिर गया। कांग्रेस सरकार हम सब राजनैतिक बन्दियों को एक साथ जेल से मुक्त कर देना चाहती थी। युक्त प्रान्त के गवर्नर ने अन्य बन्दियों की मुक्ति के लिए स्वीकृति दे दी। मुझे कुछ अधिक खतरनाक समझा। मेरी मुक्ति के लिए कांग्रेस सरकार द्वारा आग्रह किये जाने पर गवर्नर ने अड़चन लगा दी कि मैं प्रथम और द्वितीय लाहौर षड्यन्त्र के मामलों और दिल्ली षड्यन्त्र के मामलों में भी अभियुक्त था। मेरी मुक्ति के लिए पंजाब की तत्कालीन यूनियनिस्ट सरकार और दिल्ली सरकार से अनुमति आवश्यक थी। वे सरकारें भला क्यों अनुमति देतीं। राजनैतिक वार्ड में मैं अकेला रह गया। मेरा स्वास्थ्य बहुत गिर गया। बीमारी का कारण मुक्त न हो सकने का गम नहीं, शारीरिक ही था।

स्वर्गीय श्री रफी अहमद किदवई मेरी जेल से मुक्ति के लिए बहुत चिन्तित थे। उनका आग्रह था कि मैं पंजाब न जाने का वचन दे दूँ तो वे मेरी मुक्ति के लिए गवर्नर से लड़ सकेंगे। मैं कोई वचन देने के लिए तैयार न था। रफी साहब खिन्न हो गये। आखिर मैंने उन्हें एक डिप्लोमैटिक चाल सुझायी। उन्हें भी पसन्द आयी। यहाँ 'सिंहावलोकन' से उसकी पुनरावृत्ति अनावश्यक है। परिणाम में मेरी जेल से मुक्ति हो गयी। रफी साहब के परामर्श से पंजाब नहीं गया। वहाँ जाता तो फिर गिरफ़्तार हो जाने की पूरी सम्भावना थी।

जेल से मुक्ति के समय स्वास्थ्य की अवस्था ऐसी थी कि डॉक्टरों ने छह मास भुवाली में रहना आवश्यक बताया। भुवाली में दिन भर निठल्ला कैसे बैठा रहता। अभिव्यक्ति की उमंग निष्क्रिय कैसे रहने देती। एक छोटी-सी कहानी 'दुखी दुखी' लिखकर पुराने सम्बन्ध के नाते अपने परिचय के साथ कानपुर के 'प्रताप' साप्ताहिक को भेज दी। उन्हें कहानी तो पसन्द आयी ही, जेल से सद्यः मुक्त क्रान्तिकारी की सहायता के लिए उन्होंने 'प्रताप' में प्रायः ही कुछ भेजते रहने का निमन्त्रण दिया। 'पत्रपुष्प' की भेंट का आश्वासन भी दिया।

कांग्रेस सरकार की स्थापना से स्थिति बदल चुकी थी। अन्य क्रान्तिकारी बन्दियों के मुक्त हो जाने पर मुझे जेल में लिखी हुई पाण्डुलिपियाँ प्रकाशवती जी को सौंप देने की अनुमति मिल गयी थी। मेरी एक कहानी 'मक्रील', 'विशाल भारत' में प्रकाशित हो गयी थी। इस कहानी की काफ़ी चर्चा हुई थी। अनेक आलोचकों—श्री चन्द्रगुप्त विद्यालंकार और श्री राय कृष्णदास ने आशा प्रकट की थी कि—"इस नये लेखक का भविष्य उज्ज्वल होना चाहिए।"

कहावत है- अन्धा क्या चाहे, दो आँखें। अभिव्यक्ति की कामना से तड़पते को अभिव्यक्ति के प्रसार का अवसर और धन्यवाद में 'पत्रपुष्प'। प्रति सप्ताह 'प्रताप' के लिए विद्रूप और चुटकियों से भरा कॉलम भेजने लगा। एक बार धन्यवाद में मनीआर्डर भी आया, तीन-चार रुपये प्रति रचना के हिसाब से। इस पर भी रचनाएँ कुछ सप्ताह तक भेजता ही रहा। जब 'पत्रपुष्प' का मनीआर्डर न आया तो अपनी रचना 'प्रताप' के लिए अनावश्यक समझकर मौन हो गया परन्तु लिखता रहा। यह लेख 'न्याय का संघर्ष' संग्रह में काम आये। जेल से मुक्त हो जाने पर जीविका की चिन्ता मुझे परेशान कर रही थी। मेरे जेल में रहते समय प्रकाशवती जी (पत्नी) ने दाँत की डॉक्टरी की परीक्षा पास कर ली थी परन्तु डेण्टिस्ट्री की प्रेक्टिस आरम्भ करने के लिए धन नहीं था। भुवाली में बहुत आराम से अच्छे दिन बीत रहे थे। माँ के पास जो थोड़ा-बहुत रुपया था वह मेरे स्वास्थ्य के लिए ख़र्च कर रही थीं। भुवाली में मेरे चिकित्सक डॉ. प्रेमलाल साह अन्तरंग मित्र भी बन गये थे। एक दिन उन्होंने मेरे भविष्य की चिन्ता में पूछ ही लिया—"अब जीविका के लिए क्या सोचा है?"

"नौकरी के अतिरिक्त और सम्भव ही क्या हो सकता है?"

"किस प्रकार की नौकरी? किस व्यवसाय में?"

"सोचता हूँ किसी पत्र-पत्रिका में काम करूँगा।"

"कितने वेतन की आशा है?"

"आरम्भ में यदि एक सौ रुपया मिल जाये तो बहुत अच्छा होगा पर कह नहीं सकता।"

पत्रिका के सम्पादकीय कार्य की नौकरी की कल्पना इसीलिए की थी कि और किसी कार्य के अनुभव का दावा नहीं कर सकता था। साहित्य का ही क्षेत्र है जहाँ अनुभव के बिना क़द्र पाने का दावा किया जा सकता है। आरम्भ करने से पूर्व सभी साहित्यिकों में ऐसा साहस रहता है परन्तु अनुभव की कमी से कठिनाई अनुभव होती है। आजकल मुझे प्रतिमास उदीयमान लेखकों के ऐसे पत्र शिक़ायत के आ जाते हैं कि पूँजीवादी समाज उन्हें उचित महत्त्व न देकर कुचल डालना चाहता है। उन्हें विश्वास दिलाना कठिन हो जाता है कि साहित्य के क्षेत्र में संघर्ष और अनुभव की यही अनिवार्य प्रक्रिया है। अस्तु भुवाली में अधिक देर तक व्यय निबाहना कठिन था। स्वास्थ्य भी काफ़ी सुधर गया था। मैं और प्रकाशवती लखनऊ आ गये। जीविका के लिए नौकरी की तलाश आरम्भ कर दी। उस समय इतनी पत्र-पत्रिकाएँ कहाँ थीं। मैं हिन्दी या अंग्रेज़ी किसी भी भाषा में अवसर आज़माने के लिए उत्सुक था। इतना ही नहीं किसी भी व्यवसाय में नौकरी कर लेने के लिए तैयार था। भाग्य से नौकरी मिली 'कर्मयोगी' साप्ताहिक में।

स्वर्गीय सहगल जी 'कर्मयोगी' के प्रकाशन की तैयारी कर रहे थे। पत्रिका का प्रकाशन आरम्भ करने से पूर्व सोलह अंकों के लिए सामग्री संचित कर लेना चाहते थे। एक सम्पादक थे, एक उपसम्पादक। मैं सहायक सम्पादक रखा गया। वेतन था पचहत्तर रुपये। नौकरी के कुछ सप्ताह बाद ही मेरी भाषा और शैली से सन्तुष्ट होकर सहगल जी ने आदेश दिया कि मैं 'कर्मयोगी' के लिए क्रान्तिकारी दल के संस्मरण लिख डालूँ। १९३८ तक कांग्रेस मन्त्रिमण्डल की स्थापना से आधी ही स्वतन्त्रता मिली थी। मेरे विचार में उस समय संस्मरणों में सच्ची बातें लिखकर देने से बहुत-से लोगों को जोखिम सहना पड़ता। मेरे इनकार कर देने पर सहगल जी ने मेरी सेवा समाप्त कर दी। डेढ़ मास काम किया था, वेतन एक मास का ही मिला।

मैं फिर जीविका के लिए चिन्ता में था। 'कर्मयोगी' के प्रबन्ध विभाग में एक पुराने परिचित काम कर रहे थे। मेरी भाषा व शैली और सूझ का भरोसा कर उन्होंने परामर्श दिया कि मैं स्वयं अपनी मासिक पत्रिका आरम्भ कर दूँ। उन्होंने हिसाब सगझा दिया। अस्सी पृष्ठ की पत्रिका के एक अंक की हज़ार प्रतियाँ लगभग एक सौ पचास रुपये में छप सकेंगी। पत्रिका का वार्षिक मूल्य चार रुपये उचित होगा। उस समय के बाज़ार में यह सम्भव था। मुझे समझाया, यदि प्रथम अंक सुन्दर और सुचारु रूप से तैयार करके एक मास में चालीस वार्षिक ग्राहक भी बनाये जा सकें तो आगामी मास के अंक के लिए व्यय निकल आयेगा। डेढ़-दो पृष्ठ का विज्ञापन दिला देने का आश्वासन दिया। सोचा, यदि पत्रिका पठनीय होगी तो सौ-दो सौ प्रतियाँ भी न बिक सकेंगी? मैं दुविधा में ही था। प्रकाशवती ने निश्चय कर लिया। इतने ग्राहक तो परिचितों और सम्बन्धियों में ही मिल सकेंगे। माँ के पास तीन सौ की पूँजी शेष थी। पत्रिका के प्रकाशन का निश्चय कर लिया। नाम रखा 'विप्लव'। 'विप्लव' का प्रथम अंक तैयार करके एजेण्टों को नमूने की प्रतियाँ भेज दीं। प्रकाशवती ग्राहक बनाने के लिए लाहौर गयीं। मैं लखनऊ में यत्न करने लगा।

राजर्षि पुरुषोत्तमदास जी टण्डन उस समय संयुक्त प्रान्त की विधानसभा के स्पीकर थे। टण्डन जी मुझे जेल से मुक्त क्रान्तिकारी और हिन्दी में लिखने का शौक़ रखनेवाले के रूप में जानते थे। टण्डन जी के सामने अंक प्रस्तुत कर उनसे वार्षिक ग्राहक बनकर उत्साह बढ़ाने का अनुरोध किया।

टण्डन जी ने 'विप्लव' के पन्ने फरफराकर पूछा, "पूँजी कौन लगा रहा है?"

"स्वयं ही साहस किया है।"

टण्डन जी ने दस रुपये मँगवाये। नोट मेरी ओर बढ़ा दिये। छह रुपये लौटाने चाहे। टण्डन जी ने कहा—"रखो, रखो।"

रुपये धन्यवादपूर्वक जेब में रखकर टण्डन जी से अनुरोध किया—"पत्रिका का वार्षिक मूल्य केवल चार रुपये है। एक अंक प्रति मास आपकी ओर से प्रयाग हिन्दी विद्यापीठ को भेज दूँगा। छह अंकों के लिए कोई और पता भी दे दीजिये।"

टण्डन जी ने परामर्श दिया, "अंक भेजने की चिन्ता मत करो। पत्रिका के चक्कर में मत पड़ो। पत्रिकाएँ ऐसे नहीं निकलतीं। पहले जीविका का उपाय करो।" टण्डन जी से पाये दस रुपये में से हम एक प्रति उनके नाम पर, एक प्रति प्रयाग हिन्दी विद्यापीठ को और छह मास तक एक प्रति प्रयाग हिन्दी साहित्य सम्मेलन को भेजते रहे। उस समय अधिकांश हितचिन्तकों ने उस झगड़े में न पड़ने का परामर्श दिया था। कुछ ने कहा था, जब तीसरा अंक निकलेगा, तभी कुछ कहा जा सकेगा। प्रकाशवती जी ने पन्द्रह दिन के दौरे में चालीस-पचास ग्राहक बना लिये थे। कुछ ग्राहक मैंने भी बनाये थे। श्री चन्द्रभानु गुप्त (बाद में मुख्यमन्त्री, उत्तर प्रदेश) से उस समय ख़ूब मज़ाक और मित्रता थी। पाँच ग्राहक उन्होंने बना दिये थे। एजेण्टों के यहाँ से भी आर्डर आने लगे। संक्षेप में तीसरे अंक की ही कुछ अधिक प्रतियाँ छापनी पड़ीं। विज्ञापन भी कुछ मिलने लगा।

'विप्लव' की सफलता के दो रहस्य थे—पत्रिका की पाठ्य सामग्री पाठकों को नये ढंग की और रोचक भी लगती थी। दूसरी बात थी, अर्थ की सुविधा की आशा न होने के कारण बिना अर्थ के पत्रिका चलाने की व्यवस्था। पत्रिका के पूरे स्टाफ में केवल दो व्यक्ति थे। सम्पादकीय विभाग में प्रूफ रीडर, अनुवादक, लेखक और सम्पादक मैं ही था। प्रबन्ध विभाग में डिस्पैचर, क्लर्क और मैनेजर प्रकाशवती थीं। दोनों में से एक का वेतन ही निकल आना ही पर्याप्त था। मैं बिना पारिश्रमिक के रचनाएँ लेना उचित नहीं समझता था। इसलिए 'विप्लव' में ऐसे सहायकों की रचनाएँ प्रकाशित होती थीं जो अभिव्यक्ति के सन्तोष के लिए स्वयं सहयोग देना चाहते थे। 'विप्लव' में कई स्थायी स्तम्भ भी थे। तथ्य यह है कि पत्रिका के अस्सी पृष्ठों में से पचास-पचपन पृष्ठ की सामग्री मैं स्वयं ही लेखक का नाम, लेख की भाषा और शैली बदलकर लिख लेता था। कविता मैं कभी नहीं लिख सका। बच्चन और अन्य कवि मित्र मेरे साहस और उत्साह की सराहना में स्वयं उदारता से सहयोग देते थे। कुछ उदीयमान कवि अपनी कविता के लिए 'विप्लव' को ही उचित माध्यम समझने लगे थे। मेहनत हमें बहुत पड़ती थी। सप्ताह में दो रात न सोना कोई बड़ी बात न थी। परन्तु सफलता का नशा भी था। नौकरी या जीविका के लिए काम करने की भावना नहीं थी। पत्रिका के माध्यम से अपने सन्तोष का कार्य कर रहे थे।

'विप्लव' में कहानियाँ प्रायः मेरी ही लिखी प्रकाशित होती थीं। उनकी सराहना से उत्साहित होकर पहला कहानी-संग्रह 'पिंजरे की उड़ान' १९३९ में प्रकाशित किया। मेरे 'विप्लव' के लेख भी बहुत पसन्द किये जा रहे थे। 'न्याय का संघर्ष' शीर्षक से लेखों का एक संग्रह और 'मार्क्सवाद' पुस्तक प्रकाशित की। 'विप्लव' आरम्भ करने के पाँच मास बाद ही उसका उर्दू संस्करण 'बाग़ी' आरम्भ कर दिया था। भाषा में कुछ ही शब्दों व लिपि का अन्तर रहता था। हिन्दी लेखक रसूल अहमद 'अबोध' लिप्यन्तर का काम करते थे। काम

बहुत अच्छा चल रहा था। प्रकाशवती जी सर्जरी भी आरम्भ करना चाहती थीं। गणेशगंज मुहल्ले के नौ रुपये मासिक के दो कमरे छोड़कर हीवेट रोड पर चालीस रुपये मासिक में भव्य मकान ले लिया था। हिन्दी-उर्दू मिलाकर 'विप्लव' की छह हज़ार प्रतियाँ खप रही थीं। 'विप्लव' लोकप्रिय था, इसलिए पत्र विक्रेता एजेण्ट भुगतान में तंग नहीं करते थे।

'विप्लव' को स्थगित कर देने की मज़बूरी से हमारे जीवन में महत्त्वपूर्ण परिवर्तन आया। पत्रिका के स्थगित होने की घटना बताने से पहले एक भ्रान्ति की आशंका में चेतावनी दे देना उचित समझता हूँ। 'विप्लव' की अपेक्षाकृत सरल सफलता की कहानी से स्वावलम्बी बनना चाहनेवाले अनेक साहित्यिक महत्त्वाकांक्षा रखनेवाले नवयुवकों के कठिनाई में पड़ जाने की सम्भावना हो सकती है। ऐसे नवयुवकों के कुछ उदाहरण हैं जिन्होंने मेरे अनुकरण में स्वयं प्रकाशक-लेखक बनने के प्रयत्न में परेशानी उठायी है।

'विप्लव' को सफल बनाने के लिए हम लोगों ने जो कुछ किया, वह अन्य लोगों के लिए भी सम्भव हो सकता है। अनेक लोग हमसे भी अधिक साहस और श्रम निबाह सकेंगे परन्तु साहस और परिश्रम सब परिस्थितियों का उपाय नहीं कर सकते। गत पच्चीस वर्ष में प्रकाशन के बाज़ार की परिस्थितियाँ बहुत बदल गयी हैं। उस समय के पत्र-पत्रिका जगत् ने आजकल की तरह पूर्ण व्यावसायिक रूप नहीं ले लिया था। आज कोई भी पत्र अथवा पत्रिका पर्याप्त व्यावसायिक साधनों के बिना सफल नहीं हो सकती। पत्रिकाओं के उत्पादन की लागत पूर्वापेक्षा ५-६ गुना बढ़ गयी है। मूल्य पत्रिकाओं की संख्या बढ़ जाने के कारण प्रतिद्वन्द्विता में सवा या ड्योढ़े से अधिक नहीं हो पाया। अब अनेक पत्र-पत्रिकाएँ अच्छी पाठ्य-सामग्री होते हुए भी इतनी सस्ती हैं कि उन्हें पढ़कर रद्दी में बेचकर औना-पौना मूल्य वसूल कर लिया जा सकता है।

उस समय तक हिन्दी में पत्र-पत्रिकाएँ राष्ट्रीय भावना अथवा साहित्यिक रुचि के उद्देश्य से प्रकाशित की जाती थीं। उनकी सफलता भी उसी कसौटी से निश्चित होती थी। उस समय राष्ट्रीय भावना से पत्र-पत्रिका आरम्भ करनेवाले सम्पादक और प्रकाशक आर्थिक लाभ की आशा की अपेक्षा जमानत जब्ती और जेल यात्रा के जोखिम के लिए तैयार रहते थे। आज पत्रिका प्रकाशन का धन्धा पूर्णतः अर्थोपार्जन के लिए व्यवसाय बन गया है। प्रतिद्वन्द्विता में बढ़-चढ़कर आकर्षक, उपयोगी और सस्ती पत्र-पत्रिकाएँ निकल रही हैं। उनकी सफलता पूँजी के साधनों पर बाज़ार में जम सकने पर निर्भर करती है। 'विप्लव' के अनेक पुराने पाठक 'विप्लव' को याद कर एक अभाव अनुभव करते हैं। वे चाहते हैं कि 'विप्लव' को पुनः आरम्भ कर दिया जाये। मैं ख़ूब समझता हूँ कि वर्तमान परिस्थितियों में 'विप्लव' को सफल नहीं बना सकूँगा।

'सारिका', जुलाई, १९६२

●

आईने के सामने-२

लेखा-जोखा

अंग्रेजी सरकार ने भारत को जनता की अनुमति के बिना दूसरे महायुद्ध में घसीट लिया। सरकार के इस व्यवहार से प्रान्तों में मंत्रि-मंडलों ने त्यागपत्र दे दिया। प्रान्तों में अंग्रेज गवर्नरों ने शासन अपने हाथ में ले लिया था। १९३७ में जो आधी स्वतंत्रता देश को मिली, थी, उसके दिन जाने से राष्ट्रीय भावना रखने वाली जनता बौखला उठी। युद्ध के आरम्भ में फासिस्ट जर्मनी बहुत तजी से मित्र-राष्ट्रों : अंग्रेजों : को परास्त कर रहा था। ऐसी अवस्था में देश की सर्वसाधारण जनता अंग्रेजों को युद्ध में कोई सहयोग न देकर उन्हें मार भगाने के लिए उतावली हो रही थी। कांग्रेज भी आन्दोलन करने की तैयारी कर रही थी। उग्र राजनैतिक दलों, कम्युनिस्टरों और कांग्रेस समाजवादियों ने पूर्ण युद्ध-विरोध के आन्दोलन आरम्भ कर दिये वे और उनके कार्यकर्ता गिरफ़तार किये जा रहे थे। विप्लव की नीति अंग्रेज सरकार को सहयोग न देने के लिए पूर्ण युद्ध-विरोध और देश की मुक्ति के लिए आन्दोलन आरम्भ किये जाने के पक्ष में थी परन्तु इस प्रकार के लेख लिखते समय कानूनी गिरफ़त से बचे रह कर अपना कार्य जारी रखने के लिए सावधान था।

राष्ट्रीय भावना रखने वाली जनता को स्वतंत्रता के प्रयोजन से युद्ध-विरोधी आन्दोलन के लिए बहुत उतावला देख कर, गाँधी जी ने मार्च १९४१ में भारत को युद्ध में घसीट लिये जाने के विरोध में, व्यक्तिगत सत्याग्रह आन्दोलन आरम्भ कर दिया। इस आन्दोलन से सर्व-साधारण को संतोष न हुआ। आन्दोलन का लक्ष्य गाँधी जी ने देश के लिए स्वतंत्रता नहीं बल्कि युद्ध की हिंसा का नैतिक विरोध घोषित किया था। आन्दोलन आरम्भ करते समय यह भी कहा था कि अंग्रेज सरकार युद्ध के संकट में फंसी हुई है। ऐसे समय सरकार को आन्दोलन से परेशान करना भी हिंसा समझा जा सकता है। इस आन्दोलन का प्रयोजन सरकार को परेशान करना नहीं अपितु युद्ध की हिंसा के प्रति नैतिक असमर्थन प्रकट करना है। आन्दोलन में भाग लेने के लिए अहिंसा के सिद्धांत और ईश्वर में विश्वास और गाँधी जी से व्यक्तिगत अनुमति लेना आवश्यक था। सत्याग्रह सरकार को परेशान न कर, पुलिस का अपने सत्याग्रह करने के विचार की सूचना दे कर सत्याग्रह किये बिना ही जेल चले जाते थे।

राष्ट्रीय भावना रखने वाले सर्व-साधरण लोग संतुष्ट नहीं थे। वे उसे अवसर का अपव्यय समझ रहे थे। मै। गाँधीवाद को, यथार्थ की उपेक्षा करने वाला और वर्तमान में अव्यवहारक सामन्तवाद आदर्शों की पुनः स्थापना का यत्न करने वाली विचारधारा समझता था और समझता हूँ। गाँधीवादी विचारधारा से यों ही सहानुभूति नहीं थी, ऐसे आन्दोलन से क्या संतोष होता।

उग्र राष्ट्रीय भावना रखने वाले लोगों ने १९४१ मई के अंत में नागपुर में एक राजनैतिक कान्फ्रेंस का आयोजन किया। इस कान्फेंस का प्रयोज गाँधीवादी व्यक्तिगत सत्याग्रह के प्रति असंतोष प्रकट करके युद्ध के विरोध और स्वतंत्रता के लक्ष्य के लिए सामूहिक आन्दोलन की माँग उठाना था। मेरे विचार विप्लव द्वारा स्पष्ट थे। उस कान्फेंस का सभापतित्व करने के लिए मुझे बुलाया गया था।

कान्फ्रेंस के लिए नागपुर गया था। उस समय गाँधी जी सेवाग्राम से व्यक्तिगत आन्दोलन का संचालन कर रहे थे। कान्फ्रेंस के बाद में गाँधी जी की सेवा में पहुँचा। पहले से मुलाकात निश्चित नहीं थी। गाँधी जी ने मेरे बहुत दूर से आने का विचार कर उदारता से पाँच मिनट के लिए मिलना स्वीकार कर लिया परन्तु बातचीत लगभग आधे घंटे तक चली। मैंने व्यक्तिगत सत्याग्रह के सिद्धांत और कार्यक्रम के सम्बन्ध में अपने विचार और शंकायें प्रकट कीं। बहस कुछ खिंच गयी। गाँधी जी ने खिन्न हो कर उत्तर देने की अपेक्षा से मुख दीवार की ओर कर लिया।

गाँधी जी से हुए वार्तालाप का विवरण मैंने पत्रों में प्रकाशित कर दिया था। उस पर गाँधी जी ने आपत्ति की—बातचीत मेरी और उनकी व्यक्तिगत थी, उसे प्रकाशित करना उचित नहीं था। मैं गाँधी जी से किसी व्यक्तिगत सम्पर्क का दावा नहीं कर सकता था। पाठकों को गाँधी जी से मेरी भेंट और विचार-विनिमय के प्रति उत्सुकता होगी। उसे अपनी पुस्तक 'देखा-सोचा-समझा' में सम्मिलित कर चुका हूँ। यहाँ पुनरावृत्ति की आवश्यकता नहीं।

लखनऊ लौअ कर मैंने 'गाँधीवाद की शव-परीक्षा' नामक पुस्तक लिखी और प्रकाशित करायी। इस पुस्तक के कटु से कटु आलोचक भी आरोप नहीं लगा सकते कि पुस्तक में गाँधी जी के व्यक्तित्व के प्रति कोई असम्मानजनक बात लिखी गयी है। परन्तु मेरा यह काम कांग्रेसी सज्जनों और कांग्रेसी व्यवस्था की दृष्टि में अक्षम्य अपराध रहा।

युद्ध के समय गवर्नर की ओर से युक्त प्रान्त के प्रमुख शासक या चीफ सेक्रेटरी इस प्रान्त में १९४२ की क्रान्ति के दमन का श्रेय पाने वाले नीदरसोल थे। नीदरसोल ने मुझे बुलाया।

नीदरसोल ने कुर्सी की ओर संकेत कर दिया। मेरे बैठ जाने पर नीदर सोल ने अपनी कुर्सी पीछे खिसका क़र दोनों जूते मेज़ पर टिका दिये। मुझे वह अभद्रता सप्रयोजन जान पड़ी। मैंने भी कुर्सी पीछे खिसकायी और जूते मेज़ पर टिका दिये। नीदरसोल मुस्कराया, ठीक है, ठीक है, तुम भी आराम से बैठो, सिगरेट पीते ही तो सुलगा लो। तभी बात बतकल्लफी

और स्पष्टता से हो सकेगी। 'इस मुलाकात के बाद नीदीरसोल के अभद्र व्यवहार से लोगों को आतंकित करने के कई किस्से सुने। नीदरसोल ने तत्कालीन परिस्थिति की चर्चा कर पूछा,' जापान बढ़ा चला आ रहा है। जापान के प्रति तुम्हारा क्या रुख है? उत्तर दिया, 'जापान से लड़ने के लिए जो कुछ भी संभव हो करना चाहिए।' नीदरसोल ने विस्मय प्रकट किया, 'तुम तो पुराने ब्रिटिश विरोधी हो।' उत्तर दिया, 'जाने भूत से अनजाना भूत अधिक बुरा।' उसने विप्लव की नीति की शिकायत की और संभल जाने का परामर्श दिया। जितना संभल सकना संभव था, यत्न किया परन्तु मुझे गिरफतार कर लिया गया। विप्लव को १२००० रुपये की नकद जमानत जमा कराने का हुक्म हो गया।

युद्ध के समय अंग्रेज सरकार संदिग्ध राजनैतिक लोगों का 'प्रीविंटिव डिटेंशन' कानून के अनुसार गिरफतार करके कुछ समय के लिए नजरबंद कर देती थी। मुझे राजद्रोह के कानून में अभियोग चलाने के विचार से गिरफतार किया गया था। लखनऊ में काफी परिचय हो गया था। मैं जमानत पर छूट गया और बाद में मुकदमें में भी बरी हो गया। मेरी गिरफतारी और विप्लव के स्थगित हो जाने से हम संकट में पड़ गये। प्रकाशवती उस समय हमारी पहली संतान की आसन्न प्रतीक्षा में अस्वस्थ थीं। विप्लव के सहसा स्थगित हो जाने से एजंटों के यहाँ काफी रुपया लग गया। कागज और प्रेस वाले पत्र के स्थगित हो जाने के कारण तुरंत ही भुगतान चाहते थे। प्रकाशवती जी ने दांत की सर्जरी का सब सामान बेच डाला। उससे कितने दिन निबहता? उस समय मेरी प्रकाशित पुस्तकों की संख्या पाँच ही थी।

हम तीनों ने जीविका के लिए दस्तकारी का सहारा लिया। समये शेड, चमड़े के बटुये और नदियाँ बनाने लगे। अपनी दस्तकार का सामान बाजार में फेरी लगा कर नहीं बेचना पड़ा। हमारा बनाया साधन नये ढंग का था। बड़े दुकानदार थोक में खरीद लेते थे। हर दस्तकार के बेंच में माँ ने और प्रकाशवती दो ही कर्मचारी थे। पाचमेंट और चमड़े को काटने, रंगने और सीने का काम स्वयं करते थे। हमारे सामान की खपत हमारी आशा से कुछ अधिक ही हो जाती थी। हाथ से काम करने में असुविधा नहीं, संतोष और एक प्रकार की स्फूर्ति का अनुभव करते थे। दस्तकार का काम छूट जाने पर वैसे संतोष का अवसर नहीं रहा। अब उस स्फूर्ति के लिए बहुत वानदानी कर लेता हूँ।

युद्ध काल में विप्लव को सहयोग देने वाले लेखक जेलों में जा बैठे थे। कुल मास तो मुझे पत्रिका के पूरे अस्सी पृष्ठों का मसविदा स्वयं ही लिख लेना पड़ा। उस बोझ से मुक्ति अनुभव हुई। लिखने के लिए भी समय मिल जाता था। उन दिनों मैंने अनेक कहानियाँ लिखीं। कुछ नाम हो गया था, पत्रिकायें कहानियाँ मांगने लगीं। थीं। २५-३० रुपये तक पारिश्रमिक भी मिल जाता था। देशद्रोही ज्ञानदान, अभिशप्त, चक्कर क्लब आदि पुस्तकें तभी लिखीं। अपनी दस्तकारी के व्यवसाय और विप्लव की गुरानी फाईलों की बिक्री से पुस्तकें प्राकाशित करते रहे।

मैं सोचता हूँ, यदि विप्लव ने स्थगित हो गया होता तो मुझे कहानी और उपन्यास के क्षेत्र में इतना लिख सकने का अवसर न मिलता। मेरी सम्पूर्ण शक्ति विप्लव में खप जाती।

इसके अतिरिक्त लिखे हुए को दोहरा सकने का अवसर भी मिलने लगा। विप्लव के प्रकाशन के समय इतना अधिक लिखना पड़ता था कि लिखे हुए को प्रूफ देखते समय ही दोहरा पाता था। भाषा को मांज सकने की दृष्टि से यह मेरे लिए अच्छा न था। शासद उस समय मेरी रचनायें पाठकों की विषय-वस्तु के कारण ही रुचिकर अथवा पाठ्य लगती थीं। मैं स्वयं उस समय लिखी रचनाओं को नये संस्करणों में दोहराता हूँ तो अपनी भाषा से असंतोष अनुभव कर उसमें परिवर्तन कर देता हूँ।

उस समय की एक घटना से अपनी प्रवृत्ति की और संकेत कर सकता हूँ। उस समय संयुक्त प्रान्त में शिक्षा प्रसार विभाग के डायरेक्टर आदरणीर्य श्री नारायण चतुर्वेदी थे। शिक्षा विभाग उस समय भी बड़ी संख्या में पुस्तकें खरीदता थ। चतुर्वेदी जी हिन्दी के पुराने समर्थकों और उन्नायकों में से हैं। उस समय अनेक नये लेखकों को उनका प्रश्रय मिल रहा था। उनकी कृपा से हिन्दी के अनेक प्रकाशक बन गये। चतुर्वेदी जी की कद्रदानी और साहस की भी ख्याति थी। मुझे भी किसी ने चतुर्वेदी जी के दर्शन का परामर्श दिया। मुझ पर तक्तालीन सरकार की कटु दृष्टि थी इसलिये चतुर्वेदी जी के सरकारी पद का विचार कर समीप जाते झिझक अनुभव कर रहा था। मुझे किसी से सहायता की अपेक्षा करना अच्छा नहीं लगता परन्तु आर्थिक कठिनाई और अपने प्रकाशन कार्य को जमा सकने के लिए अपने दो संग्रह लेकर चतुर्वेदी जी की सेवा में गया। चतुर्वेदी जी मेरी रचनाओं से सर्वथा अपरिचित नहीं थे। संग्रह प्रस्तुत करने का प्रयोजन समझ कर बोले, भई, हम जानते हैं भाषा चुस्त और कहानी खूब लिख लेते हो। हिन्दी के लिए अच्छा काम कर रहे हो। यदि वादों-विवादों के चक्कर में न पड़ कर सीधे-साधे उपन्यास कहानी लिखो तो साहित्य के लिए अच्छा रहे। चतुर्वेदी जी ने उस प्रतिकूल परिस्थिति में भी मेरी अपेक्षाकृत निरापद पुस्तकों की दो प्रतियाँ काफी मात्रा में खरीदवा दी थीं। उससे मुझे अन्य पुस्तके प्रकाशित करके अपना प्रकाशन जमाने में कुछ सहायता मिली।

चतुर्वेदी जी का सुझाव स्पष्ट था। वादों-विवादों को छोड़ कर सीधे-साधे उपन्यास लिखने का परामर्श मान सकता तो चतुर्वेदी जी की अधिक सहायता का अधिकारी हो सकता था परन्तु न केवल उस समय, आज तक भी वैसा न कर सका इसलिए फिर चतुर्वेदी जी के समीप सहायता की आशा से जाने का अधिकार नहीं समझा।

हमारी दस्तकारी का धंधा दो वर्ष से कम ही चल सका। हमारे लैम्प शेड और चमड़े के सामान के नमूने पर सस्ते माल और श्रम से सामान तैयार करने वाले कुछ प्रतिद्वंदी बाजार में आ गये थे। इस बीच पांच नयी पुस्तकें प्रकाशित करके हम समाचारपत्र ऐजेंटों को छोड़ कर सीधे पुस्तक-विक्रेताओं के साथ सम्बन्ध स्थापित कर चुके थे। साहित्यिक कायर्च से जैसे-तैसे निर्वाह योग्य आय होने लगीं थी।

साहित्यिक कार्य से निर्वाह योग्य आये होने के सम्बन्ध में उन दिनों की दो घटनायें याद आती हैं। राष्ट्र भाषा प्रचार सभा, वर्धा के संस्थापक मदन्त आनन्द को सत्यायन भी लाहौर नेशनल कॉलेज के स्नातक हैं। पुराना परिचय है, विचारों में सामीप्य है। उन्हें मेरी

रचनाओं से संतोष मिलता है। विप्लव के लिए कभी-कभी लिखते रहते थे। लखनऊ आते हैं तो बौद्ध-विहार में ठहरते हैं परन्तु दर्शन अवश्य देते हैं। वे हमें दस्तकारी में लगे हुए भी देख गये थे। सन् ४५ में आये तो हमारा दस्तकारी का धंधा समापत हो चुका था। सहानुभूति में पूछ लिया, निर्वाह का क्या हाल-चाल है?

'ठीक चल रहा है'—मैंने उत्तर दिया।

आनन्द जी खिल गये, सब ठीक है सुन कर बहुत संतोष हुआ। कम-से-कम एक हिन्दी लेखक के मुख से तो सुनने को मिला की लेखन की आय से संतुष्ट है।

युद्ध के समय श्री बालकृष्णा राव सरकारी सार्वजनिक सम्पर्क विभाग के डायरेक्टर थे। युद्ध काल में हिन्दी को प्रोत्साहन देने के लिए श्री राव ने काफी साहस दिखलाया था। उनके दूसरे विभाग में स्थानांतरित हो कर लखनऊ से जाते समय हिन्दी के कुछ लेखकों के कृतज्ञता-ज्ञापन के लिए उनके सम्मानार्थ एक छोटी सी विदाई पार्टी दी थी। उस पार्टी में भी आमंत्रित था। श्री राव को उपस्थित लेखकों का परिचय दिया गया।

श्री राव से साक्षात्कार का पहला अवसर था। वह मेरा नाम सुनकर चौके और तर्जनी उठा कर बोले, 'देशद्रोही उपन्यास आपका ही है?' मेरे स्वीकार करने पर राव ने देशद्रोही की भरपूर प्रशंसा में कुछ विदेशी उपन्यांस से उसकी तुलना कर मेरी एक-दो कहानियों की भी प्रशंसा कर दी।

गोष्ठी में हिन्दी साहित्य के इतिहास के लेखक राव श्री शुकदेव बिहारी मिश्र उपस्थित थे। श्री राव मेरी बहुत प्रशन्सा सुन कर मिश्र जी को बहुत विस्मय हुआ। उन्होंने लेखक के रूप में मेरा नाम कभी नहीं सुना था। उन्होंने अनुरोध किया कि मैं किसी दिन उनके मकान पर उपस्थित हो कर उन्हें अपनी कुछ कहानियाँ दिखाऊँ। मिश्र जी की आयु और प्रतिष्ठा के विचार से उनके वहाँ गया। उस मनोरंजक भेंट की चर्चा के लोभ का दमन करना होगा। 'राष्ट्र भारती' पत्रिका में 'साहित्य का मूल्यांकन' शीर्षक से संस्मरण के रूप में तभी उसकी चर्चा कर दी थी। वह लेख मेरी पुस्तक 'देखा-सीखा-समझा' में भी है। इसलिए पूरे विवरण को छोड़ कर इतना ही कहूं कि मेरी कहानियों से बहुत संतुष्ट हो कर मिश्र जी ने जानना चाहा कि मैं जीविका के लिए क्या करता था। मैं लेखन से ही निर्वाह कर रहा था, यह जान कर मिश्र जी ने बहुत सहानुभूति से पूछा, निर्वाह हो जाता है, महीने में साठ रुपये बन जाते हैं। 'उनका समाधान कर दिया,' निर्वाह हो जाता है। 'तात्पर्य है कि सन् ४६-४७ तक मेरी १२-१३ पुस्तकें प्रकाशित हो चुकीं थीं। मैंने साहित्य क्षेत्र में निर्वाह योग्य स्थान बना लिया था। मेरी रचनाओं की चर्चा विस्तृत रूप में होने लगी थी और पाठकों को मेरे लिखने के ढंग के सम्बंध में जिज्ञासा होने लगी थी। इसलिए अपने लिखने के सम्बंध में संक्षेप में कह देना अप्रासंगिक न होगा।

हिन्दी लेखकों की चर्चा मे प्रगतिवादी और यथार्थवादी वर्ग में गिना जाता हूँ। प्रगतिवाद का सम्बन्ध रचनाओं के विषय-वस्तु अथवा लेखक के विचारों से होता है। उस सम्बन्ध में अपनी बात कहने से पहले अपने लिखने के ढंग के सम्बन्ध में ही कहूँगा। लेखन की शैली

का सम्बन्ध भी यथार्थवाद से हो सकता है इसलिए सफाई आवश्यक है कि मैं यथार्थवाद से क्या समझता हूँ? यदि साहित्य में यथार्थवाद से अभिप्राय समझा जाता है कि साहित्य को जीवन से लिया जाये, वह जीवन का सच्चा प्रतिबिम्ब हो और जीवन के विकास और परिपूर्णता की प्रेरणा दे। मैं अपनी रचनाओं को इन तीनों कसौटियों पर परखने के लिए प्रस्तुत हूँ। कुछ आलोचक और पाठक यथार्थवाद अथवा साहित्य को जीवन से लेने का अर्थ यह बता देते हैं कि कहानी अथवा उपन्यास का आधार स्वयं प्रत्यक्ष अनुभव किये तथ्य घटनाये होनी चाहियें। ऐसी भौतिक घटनाओं अथवा तथ्यों के आधार के बिना साहित्य ठीक और सबल नहीं हो सकता। मेरी धारणा, व्यवहार और अनुभव ऐसे नहीं हैं। मै। साहित्य के माध्यम से अपने विचारों की अभिव्यक्ति के लिए तथ्यों अथवा घटनाओं को उत्पन्न करने वाले मूल कारणों पर निर्भर करता हूँ। जिसे भावना का यथार्थ भी कहा जा सकता है। मेरी रचनाओं का आधार तथ्य घटनायें नहीं, घटनाओं को उत्पन्न करने वाले कारण, भावनायें और मान्यतायें होती हैं।

मैं जिन भावनाओं को सुन्दर अर्थात् समाजोपयोगी और कल्याणकारी समझता हूँ उनके प्रोत्साहन के लिए अभिव्यकित की प्रेरणा अनुभव करता हूँ और समाज को प्रेरणा देना चाहता हूँ। साथ ही जिन प्रेरणाओं को मैं असुन्दर, निर्दय, अन्यायपूर्ण और समाज के लिए अकल्याणकारी समझता हूँ, उनके विरोध की प्रेरणा भी अभिव्यक्ति करना चाहता हूँ। कथा साहित्य का लक्ष्य हृदयस्पर्शी उदाहरणों और दृष्ठातों से प्रेरणा देना ही है।

मैं जिन मान्यताओं के समर्थन अथवा विरोध में प्रेरणा उत्पन्न करना चाहता हूँ, उनके अनुकूल घटना की कल्पना कर लेता हूँ। घटना के अनुकूल पात्रों की कल्पना से बना लेता हूँ। मेरी कहानियों में वर्णित घटनायें मेरी व्यक्तिगत जानकारी में पार्थिव या भौतिक ह्रप में कभी घटी नहीं है इसलिये कोई आलोचक उन्हें यथार्थ भी कह सकते हैं। मैं मानता हूँ वे घटनायें तथ्य नहीं हैं परन्तु उन घटनाओं में जिन मूल कारणों, मान्यताओं, व्यवहारों और भावनाओं की ओर संकेत है वे कारण मान्यतायें, व्यवहार और भावनायें यथार्थ हैं। इन कारणों से इस प्रकार की घटनायें, किसी भी समय घट सकती हैं। शायद घटती भी रहती हैं। मैं ऐसी घटनाओं की रिपोर्ट इकट्ठा करने की प्रतीक्षा नहीं करता। वैसी घटनायें उत्पन्न कर सकने वाले कारणों की ओर संकेत करने के लिए अधिक मर्मस्पर्शी घटनाओं की कल्पना कर लेता हूँ। इससे मुझे समाज के प्रति अपना दायित्व पूर्ण करने का संतोष अनुभव होता है।

किसी हृदयस्पर्शी घटना अथवा उदाहरण का यथा-तथ्य वर्णन कर देना भी कला माना जा सकता है परन्तु कल्पना से अधिक हृदयस्पर्शी घटना बना लेना अधिक बड़ी कला मानी जानी चाहिये। कल्पना से ही विश्वसनीय घटना बना लेना ही कहानी की कला है। यथातथ्य वर्णन को कहानी की कला नहीं, विरण रिपोर्ट की कला ही कहानी चाहिए। तंथ्य को यथार्थ मानने से कल्पना का क्या महत्व रह जायेगा? फिर तो कहानी का अर्थ इतिहास और विवरण ही मानना होगा। मैं कहानी कल्पना से प्रसूत घटना और विवरण को ही मानना चाहता हूँ।

कहानी कल्पना से ही गड़ी जानी चाहिये परन्तु सफल कल्पना की कसौटी यह है कि वह तथ्य घटना जान पड़े। मैं कल्पना से कहानी गढ़ते समय एक झूठे गवाह का उत्तरदायित्व अनुभव करता हूँ। मैं पाठक समाज को बहुत सूक्ष्मदर्शी जज तथा कड़ी जिरह करने वाला वकील मानकर अपनी भावना के पक्ष या विपक्ष में गवाही के रूप में कल्पित घटना का वर्णन करता हूँ। इस बात के लिए सतर्क रहता हूँ। कि मेरे पाठक (जज और वकील) यह जानते हुए भी कि मैं झूठी गवाही दे रहा हूँ, मेरे बयान में कोई खामी या अंतरविरोध नहीं पकड़ सकेंगे। मेरे विचार में कहानी लेखक के लिए यह नितांत आवश्यक है। यदि वह अपनी कल्पना को तथ्य बना कर पाठक का विश्वास नहीं जीत सकेगा तो उनकी सहानुभूति नहीं पा सकेगा। वह संवेदना उत्पन्न करने में असफल रह जायेगा।

मेरी अब तक लगभग २०० मौलिक कहानियाँ और ७ मौलिक उपन्यास प्रकाशित हो चुके हैं। दो-तीन सुनी हुई घटनाओं के अतिरिक्त इन कहानियों और उपन्यासों का आधार हमारे नित्य जीवन में घट सकने वाली कल्पित घटनाये ही हैं। मैं इन्हें सफल इसलिए मान सकता हूँ कि पाठकों ने मेरी कहानियों और उपन्यासों की घटनाओं को मेरे व्यक्तित जीवन का अनुभव मान लिया है। जिन पाठकों को मेरे व्यक्तित्व के सम्बन्ध में जिज्ञासा है उन्हें तथ्य बता देना आवश्यक है कि बात ऐसी नहीं है।

'दादा कामरेड' उपन्यास को अनेक लोगों ने मेरी क्रान्तिकारी जीवन का इतिवृत्त मान लिया है परन्तु यह तथ्य नहीं है। 'दादा कामरेड' उपन्यास में मैंने अनेक सामाजिक मान्यताओं और धारणाओं का अंतरविरोध दिखाने का प्रयत्न किया है। मेरे सीमित जीवन में उन सब मान्यताओं का विश्लेषण कर सकने वाली घटनाओं का होने के लिए अवसर न था।

'देश द्रोही' उपन्यास का क्षेत्र भारत की सीमा से बाहर अफगानिस्तान और मध्य एशिया तक फैला हुआ है। उपन्यास में वजीरिस्तान, अफगानिस्तान और मध्य एशिया के भौलोगिक दृश्यों और सामाजिक जीवन की भी झलक है। यह उपन्यास लिखने के लिए गजेटियर्स, यात्रियों के वर्णन और साईक्लोपीडिया है जानकारी प्राप्त की थी। उपन्यास सन् १९.३ में प्रथम बार प्रकाशित हुआ था। उस समय तक मुझे पेशावर से आगे जाने का अवसर नहीं मिला था। उपन्यास के सब वर्णनों का आधार पुस्तकों से और लखनऊ प्राप्त जानकारी का कल्पना द्वारा उपयोग ही था। आदरणीय राहुल जी उन स्थानों में रह आये थे। राहुल जी ने 'देशद्रोही' के वर्णनों को बहुत रियलिस्टिक और यथार्थ बताया था।

प्रसिद्ध आलोचक डॉ० रामविलास शर्मा ने देशद्रोही पढ़कर व्यक्तिगत रूप से मुझसे पुस्तक की भावुकता पूर्ण सराहना की थी परन्तु कुछ दिन बाद उन्होंने पुस्तक की दूसरे ही प्रकार की आलोचना करना आवश्यक समझा। वे पुस्तक में किसी अस्वाभाविकता की ओर संकेत ही कर सकेगा उन्होंने अपनी आलोचना में चुटकी ली कि राहुल जी ने देश-द्रोही' के

अफगानिस्तान और मध्य एशिया के वर्णनों को बहुत ही यथार्थ बताया है। फिर भी हम कहेंगे कि यशपाल ने उपन्यास का क्षेत्र अपने देखे-सुने प्रदेशों में रखा होता तो वर्णन अधिक सजीव हो सकता था जैसे यशपाल की कहानी 'या सांई सच्चे' के प्रदेश का वर्णन है। तथ्य यह है कि 'या सांई सच्चे' कहानी में वर्णित धरातल भी मेरी आँखों देखा हुआ नहीं है। ना ही मैं कभी 'या सांई सच्चे' में वर्णित समाज के व्यक्तिगत सम्पर्क में आया हूँ। 'या सांई सच्चे' द्वारा में एक परम्परागत धारणा को अन्तरविरोध की ओर संकेत करना चाहता था। मेरे विचार में उस भावना को प्रभावोत्पादक रूप में प्रकट करने के लिए 'या सांई सच्चे' का आदिम अवस्था में रहने वाला समाज उपयोगी हो सकता था। कल्पना से यथार्थ को उपस्थित करने और यथार्थ के सम्बंध में आलोचकों की परख का भी यह एक अच्छा उदाहरण हो सकता है।

यथार्थ और तथ्य की तुलनात्मक चर्चा में अपने नये उपन्यास 'झूठा-सच' का भी उदाहरण दे सकता हूँ। पाठकों में मुझे व्यक्तिगत रूप से न जानने वालों की संख्या ही अधिक होना स्वाभाविक है। इसलिए अधिकांश ने 'झूठा-साच' के प्रथम भाग को विभाजन के समय की मेरी आप-बीती मान लिया है। लाहौर से आये अनेक लोगों ने अनुमान प्रकट किया है कि 'झूठा-सच' का पहला भाग 'वतन और देश', विभाजन के समय ही। लाहौर में बैठ कर डायरी के रूप में लिखा गया होगा। उसमें अनेक घटनाओं के उनके अनुभव हू-ब-हू तथ्य जान पड़ते हैं। अनेक पंजाबियों ने व्यक्तिगत मुलाकात होने पर मुझसे पूछा है, इसमें झूठा-सच क्या है? सच सच ही सच है। हमारा भी देखा है, केवल नाम बदल दिये होंगे। तथ्य यह है कि १९३९ में जेल से मुक्त होने के बाद १९४७ तक मैं लाहौर में नहीं, लखनऊ में ही था। एक बार १९४० के आरम्भ में भाई की बारात में दो दिन के लिए लाहौर गया था और फिर १९४५ में तीन दिन तक लाहौर रहा था। विभाजन की घटनाओं का परिचय मुझे समाचारपत्रों और सुनी हुई बातों से ही मिला। लाहौर की गलियों के जीवन का जो कुछ परिचय मुझे है, वह १९२९ के पूर्व का ही है। पूरा कथानक समाचारों के आधार पर संयोजित कल्पना ही है। कल्पना का प्रयोजन विभाजन के कारणों और प्रभावों की ओर संकेत करना था। झूठा-सच पाठकों को यथार्थ के रूप में स्वीकार हुआ है तो उनके लिए यथार्थ ही है परन्तु उसके वर्णन तथ्य घटनायें नहीं हैं। मैं जीवन के प्रत्यक्ष अनुभवों पर ही लिखने का नियम निबाहता तो 'झूठा-सच' नहीं लिख सकता था। 'दिव्या' और 'अमिता' की तो बात ही क्या?

कुछ आलोचकों को रचना में कोई भी त्रुटि न बतलाने से असंतोष रह जाता है। ऐसे आलोचकों ने 'झूठा-सच' के विषय में कहा है कि यह उपन्यास क्या, इतिहास और रिपोर्ट है। संभवतः ऐसी आलोचना का कारण उपन्यास में खास तिथियों की घटनाओं का वर्णन है और जहाँ-तहाँ प्रसिद्ध व्यक्तियों के यथा-तथ्य व्यक्तव्य हैं परन्तु ऐसी वस्तुएँ उपन्यास का एक प्रतिशत भी नहीं हैं। इन वस्तुओं का उपयोग तो कल्पना के पूरे अम्बार को विश्वसनीय बनाने के लिए ही किया गया है। उन तिथियों में वर्णित घटनाओं के पात्र कल्पित हैं। प्रसिद्ध

व्यक्तियों के व्यक्तव्यों को उद्धत करने वाले पात्र कल्पित हैं। ऐसी अवस्था में 'झूठा-सच' को वर्णन या इतिहास मात्र कहा जाये तो उसका अर्थ कल्पना को यथार्थ कहना होगा। यदि वर्णन या इतिहास कहने में ध्वनि अरोचकता और नीरसता की है तो निर्णय पुस्तक के पाठ्क ही करेंगे।

साहित्य में यथार्थवाद का अर्थ घटनाओं के तथ्य वर्णन कर देना ही नहीं होता परन्तु उन घटनाओं से जो हमारा सम्बन्ध है, उसकी ओर संकेत करना रहता है। तथ्यों को अपनी भावना और संस्कारों के प्रभाव से कई दृष्टियों से देखा जा सकता है।

कोई लेखक एक निर्धन बच्चे को चोरी के अपराध में पिटते देखता है। इस तथ्य का प्रयोग अनेक यथार्थों को प्रतिबिम्बित करने के लिए हो सकता है। इस घटना को माता-पिता के लिए बच्चे को अनुशासन में रखने या न रखने का उदाहरण बताया जा सकता है। इस व्यवहार को उचित बता कर उसके प्रति संतोष अनुभव किया जा सकता है। अबोध बच्चे पर ऐसे प्रभाव के लिए माता-पिता को उत्तरदायी बता कर उन्हें दण्ड दिये जाने का सुझाव दिया जा सकता है। हम अपराध का कारण परिवार का अनैतिक प्रभाव समझा जा सकता है। इस अपराध के कारण बच्चे के परिवार की दयनीय-आर्थिक अवस्था में खोजे जा सकते हैं। परिवार की दुरावस्था का कारण समाज में फैली बेकारी अथवा जीविका के उचित अवसर की कमी प्रतीत हो सकती है। बच्चे के इस अपराध के लिए उसमें अथवा उसके माता-पिता में मनोवैज्ञानिक प्रभावों को खोजा जा सकता है। इस अपराध का कारण समाज की आर्थिक विषमता से दूषित वातावरण अथवा व्यापक धांधली के उदाहरण भी बातये जा सकते हैं। इस अपराध से एक श्रेणी की अवस्था पर प्रकाश डाल कर श्रेणी हीन, सबके लिए समान अवसर देने वाली व्यवस्था के लिए क्रान्ति का सुझाव भी दिया जा सकता है। चोरी के अपराध में बच्चे का पिटना एक तथ्य अथवा एक स्थूल यथार्थ है।

मैं तथ्य से यथार्थ की कल्पना किस प्रकार कर लेता हूँ, इसके दो व्यवहारिक उदाहरण संक्षेप में देता हूँ। 'दुख-का अधिकार' एक मेरी बहुत छोटी सी कहानी है। उस कहानी का अनुवाद अनेक भाषाओं में हुआ है। इसलिए उसे अच्छी कहानी समझा जा सकता है। अभी परसों एक आलोचक ने मेरी 'दुख का अधिकार' कहानी को आजकल की नयी कहानी का उदाहरण बतलाया था। वास्तव में यह कहानी मैंने २२ वर्ष पूर्व लिखी थी। तथ्य यह है कि मैंने एक बहुत गरीब स्त्री को बाजार में फुटपाथ पर बैठे रोते देखा था। स्त्री के सामने एक डलिया में कुछ तरकारी थी। स्त्री को रोते देख कर करुणा उत्पन्न हुई। अनुमान किया क्या रो रही होगी! अनुमान की कल्पना 'दुख का अधिकार' कहानी है। कहानी का अन्तिम अंश-बहुत समृद्ध परिवार की पुत्रशोक से ग्रस्त माता का वर्णन भी, पुत्रशोक में चुपचाप न बैठ सकने वाली गरीब स्त्री की तुलना में कल्पना से ही किया है।

एक और उदाहरण—'जहाँ हसद नहीं' कहानी को ले लीजिये। यह कहानी मैंने जेल में लिखी थी। कहानी का तथ्य समाचारपत्र में पढ़ी हुई तीन-चार पंक्तियाँ थीं। किसी पुरुष ने अपनी पत्नी की हत्या के अभियोग में सफाई दी थी कि उसने पत्नी का गला पत्नी के

अनुरोध पर ही काट दिया था। अनुमान किया, कैसी अवस्था में पत्नी पति से स्वयं ऐसा अनुरोध कर सकती है और पति उस अनुरोध को पूरा कर सकता है तो किस कारण। उस अनुमान की कल्पना 'जहाँ हसद नहीं' शीर्षक कहानी है।

एक और उदाहरण :—हमारे समाज में सतीत्व नारी का सबसे बड़ा गुण समझा ज़ाता है। सतीत्व का अर्थ नारी का मात्र एक पुरुष से मैथुन-सम्बन्ध होना माना जाता है। कुछ जन-जातियों में उनकी आर्थिक और भौतिक परिस्थितियों के कारण बहुपति प्रथा समाज की स्वीकृत और सम्मानित प्रथा है। सतीत्व केवल नारी का होता है, पुरुष का नहीं। पुरुषों के लिए सतीत्व का महत्व यही है कि उनकी पत्नियाँ उनकी सम्पत्ति के लिए किसी अन्य पुरुष की संतान न उत्पन्न कर लें। यह नैतिकता केवल आर्थिक व्यवस्था की रक्षा के लिए है। यह विचार आने पर मैंने 'तर्क का तुफान' संग्रह में सम्मिलित कहानी 'डायन' लिख डाला। कहानी एक पंजाबी लड़का की है जो अपने नौकर के प्रेम में उसके साथ बीहड़ प्रदेशों में भाग जाती है। उस प्रदेश में बहुपति प्रथा है। पति के तीन और भाई हैं। पति की बिरादरी लड़की को बहुत समझाती है कि जब भाईयों का घर एक, जमीन एक, उनके तीन बापों की पत्नी एक थी तो उनकी पत्नियाँ अलग-अलग कैसे हो सकती हैं। तुम भाइयों में बैर फैलाने आई हो। लड़की अपने सतीत्व की रक्षा के लिए आत्म-हत्या कर लेती है। बिरादरी के समझदार निश्चय करते हैं कि लड़की निश्चय ही डायन के वश में थी वर्ना अपनी हत्या कोई स्वयं कैसे कर सकता है। यह कहानी लिखने के लिए तथ्य के ह्रप में मेरे पास केवल यह ज्ञान था कि कुछ जन-जातियों में बहुपति प्रथा भी होती है। समाज के विश्वासों में ऐसे अंतरविरोधों की ओर संकेत करने के कारण मुझे व्यभिचार का प्रचारक होने का लांछन सहना पड़ा लेकिन मैं समाज का गला घोंटने वाले यथार्थ की उपेक्षा कैसे कर दूं।

यह भी प्रश्न हो सकता है कि सतीत्व मन का होता है अथवा शरीर का। सतीत्व शारीरिक व्यवहार का बंधन मात्र है अथवा मन की उदात अवस्था। काल्पनिक पात्रों के माध्यम से एक समस्या के यथार्थ या सत्यों की विवेचना ही देश द्रोही और 'दिव्या' उपन्यास हैं।

स्थूल अथवा दृश्य यथार्थ को हम अपनी भावना और ज्ञान से ग्रहण करते हैं और उसी के अनुसार प्रभावित होते हैं। संक्षेप में इस दृष्टिकोण को हम आदर्श का नाम देते हैं। साहित्य में एक पक्ष यथार्थवाद का समझा जाता है एक आदर्शवाद का। जो पक्ष जीवन को सामयिक परिस्थितियों के सम्बन्ध में परख कर यथार्थ अथवा अपना दृष्टिकोण निश्चिय करता है उसे यथार्थवादी संज्ञा दी गई है। जो पक्ष जीवन के तथ्यों को क्रमागत नैतिकता के विश्वासों अथवा आदर्शों से परखता है और जीवन को उन्हीं क्रमागत नैतिकताओं के आदर्शों के अनुसार ढालना चाहता है, उसे आदर्शवादी पक्ष कहा जा सकता है। दोनों पक्षों में व्यवहारिक भेद यह जान पड़ता है कि यथार्थवादी पक्ष नैतिकता को...से उत्पन्न समझता है और नैतिकता का ह्रप जीवन के अवसर और विकास के लिए समयानुकूल बदल देना

चाहता है। आवर्शवादी पक्ष नैतिकता को स्वयं एक लक्ष्य मानता है और जीवन को उस लक्ष्य की प्राप्ति का साधन-मात्र मानता है। व्यवहारिक अनुभव यह है कि समाज का असंतुष्ट अंग सचेत हो जाने पर जीवन को यथार्थ के दृष्टिकोण से देखने लगता है और परिवर्तन की मांग करने लगता है। समाज का नियामक अंग अपनी स्थिति से संतुष्ट होने के कारण परिवर्तन की मांग का दमन करने के लिए स्वीकृत मान्यताओं और आदर्शों को यथावत प्रतिष्ठित रखना चाहता है। ऐसा द्वंद प्रत्येक परिवर्तन की मांग के समय होता है। मैं किसी नैतिकता को समाज की आवश्यकता से ऊँचा नहीं मानता इसलिए मेरी प्रवृत्ति विश्वासगत आदर्शों में नहीं अपितु यथार्थ को देखने, समझने और प्रस्तुत करने की ओर ही रहता है। इस प्रवृत्ति के कारण ही मैं सनातन नैतिकता में आस्था रखने वाले लोगों गाँधीवादियों और अपने दे। में कम्युनिस्ट विचार के नियामकों का असंतोष पाता रहा हूँ। इन तथ्यों को प्रसंग के अनुसार कहूँगा।

●

आईने के सामने-३

स्वतन्त्र भारत में 'विप्लव' का प्रकाशन

सन् १९४७ में स्वराज्य के बाद समझा स्वतन्त्रता से विचार प्रकट करने का समय आ गया है। 'विप्लव' का प्रकाशन पुनः आरम्भ कर दिया। इस बार 'विप्लव' के प्रकाशन की प्रेरणा जीविका के लिए नहीं थी। निर्वाह तो चल ही रहा था। प्रयोजन था राष्ट्र-निर्माण अथवा देश में प्रजातन्त्र प्रणाली के विकास में योग देना और समाजवादी भावना और विचारों का प्रचार करना।

छह वर्षों में पत्र-पत्रिकाओं के बाज़ार में बहुत परिवर्तन आ चुका था। पत्र-पत्रिकाओं के प्रकाशन का कार्य व्यावसायिक रूप ले चुका था। 'विप्लव' का प्रसार पहले की तरह न हो सका। पत्रिका की २५०० प्रतियाँ ही खपती थीं। 'विप्लव' जनवरी १९४९ तक प्रकाशित होता रहा। स्वेच्छा से सहयोग देनेवाले पहले की अपेक्षा अधिक थे। 'विप्लव' की नीति पूर्णतः सरकारी पक्ष की समर्थक नहीं, आलोचनात्मक थी। मुझे कांग्रेसी सरकार की व्यवस्था में अंग्रेज़ नौकरशाही के व्यवहार और नीति की गन्ध आती थी। उस समय कांग्रेसी सरकार ने सिद्धान्त रूप से श्रेणी-हीन समाज और समाजवाद की ओर बढ़ने की घोषणा नहीं की थी। इसलिए 'विप्लव' का समाजवादी प्रचार सरकार की दृष्टि में खटकता था।

'विप्लव' में कांग्रेसी सरकार के व्यवहार और नीति की आलोचना रहती थी। 'विप्लव' मज़दूरों की माँगों का समर्थक था परन्तु १९४८ में कम्युनिस्ट पार्टी ने जिस क्रान्तिकारी कार्यक्रम की घोषणा कर दी थी, 'विप्लव' उसका भी समर्थक नहीं था। १९४९ के आरम्भ में देशव्यापी रेलवे हड़ताल का आन्दोलन चला था। इस आन्दोलन का नेतृत्व कम्युनिस्ट पार्टी कर रही थी। 'विप्लव' श्रेणी-हीन समाज के लक्ष्य और किसान-मज़दूर तथा नौकरीपेशा लोगों की माँगों का समर्थन करता था। हड़ताल की रोकथाम के लिए देश भर में कम्युनिस्टों को गिरफ़्तार कर लिया गया। मैं कम्युनिस्ट पार्टी का मेम्बर न कभी था, न हूँ। किसी मज़दूर संघ का भी मेम्बर कभी नहीं बना परन्तु मुझे भी गिरफ़्तार कर लिया गया और 'विप्लव' पर प्रतिबन्ध लगा दिया गया।

कांग्रेस सरकार द्वारा अपनी गिरफ़्तारी मुझे बहुत ही अन्यायपूर्ण लगी। अंग्रेज़ सरकार मुझे गिरफ़्तार करने का यत्न कर रही थी तो कानपुर में पुलिस पर गोली चला, उन्हें जख्मी कर बच गया था। इलाहाबाद में गिरफ़्तारी के लिए आत्म-समर्पण न कर यथाशक्ति लड़ा और कारतूस समाप्त हो जाने पर गिरफ़्तार हो गया था। मैं अपनी गिरफ़्तारी को अंग्रेज़

सरकार का अन्याय नहीं कह सकता था। मैं उस सरकार से विद्रोह कर रहा था और उस सरकार को मेरी दृष्टि में मुझे मार डालने या गिरफ़्तार कर लेने का पूरा नैतिक अधिकार था। लड़ाई में मरना-मारना, हारना-जीतना होता ही है। मैं उसके लिए तैयार था परन्तु कांग्रेसी राज्य के स्वराज्य में, जिसके लिए मैं स्वयं जान पर खेल चुका था, गिरफ़्तार हो जाने की आशंका नहीं थी।

मैं अपने देश की सरकार से विद्रोह नहीं कर रहा था। अपनी प्रजातान्त्रिक सरकार से अंग्रेज़ नौकरशाही की नीति और व्यवहार को छोड़कर अधिक प्रजातान्त्रिक नीति और व्यवहार अपनाने की माँग कर रहा था। उस समय उत्तर प्रदेश के मुख्यमन्त्री स्व. गोविन्दवल्लभ पन्त तथा पुलिस मन्त्री लालबहादुर शास्त्री विचारों में भेद होने पर भी मेरे प्रति विश्वास और आदर प्रकट करते थे। अपनी गिरफ़्तारी से मन को बहुत चोट लगी। क्या मुझे अपने विचार प्रकट करने की स्वतन्त्रता नहीं है? अवसरवश उस समय मेरा स्वास्थ्य कुछ ढीला था और मैं अपने उपन्यास 'मनुष्य के रूप' का अन्तिम अध्याय लिख रहा था।

हिन्दी पत्रों ने मेरी गिरफ़्तारी का बहुत विरोध किया। श्री पाण्डेय बेचन शर्मा जी 'उग्र' साधारणतः मेरे विचारों के समर्थक नहीं थे। मेरी पुस्तकों की आलोचना में मुझे भारतीय संस्कृति पर आक्रमण करनेवाला कह चुके थे परन्तु मेरी गिरफ़्तारी को उन्होंने सरकार द्वारा विचार-स्वातन्त्र्य का हरण कहकर विरोध किया। उत्तेजना में लिख गये—साहित्यिक यशपाल को गिरफ़्तार करनेवाले कांग्रेसी मन्त्रियों को दस वर्ष के बाद देश भूल जायेगा परन्तु यशपाल की मृत्यु के बाद उसे सौ वर्षों तक याद रखेगा। उत्तर प्रदेश विधान सभा में स्वयं कांग्रेसी सदस्यों ने मेरी गिरफ़्तारी पर असन्तोष प्रकट किया।

प्रकाशवती मेरी गिरफ़्तारी से बहुत क्षुब्ध हो गयी थीं। वे पन्त जी के पास मेरी गिरफ़्तारी का कारण पूछने पहुँचीं। पता लगा कि पन्त जी को मेरी गिरफ़्तारी के सम्बन्ध में कुछ भी ज्ञान नहीं था। प्रकाशवती पन्त जी से उलझ पड़ीं, 'आप रेलवे हड़ताल की आशंका में कम्युनिस्टों को गिरफ़्तार कर रहे हैं, 'यश' तो कम्युनिस्ट नहीं है।' पन्त जी भी झुँझला उठे, 'पार्टी मेम्बर नहीं है परन्तु लोगों को कम्युनिस्ट तो बनाता है।'

प्रकाशवती ने शिक़ायत की, 'उनका स्वास्थ्य ठीक नहीं है। ज्वर आ जाता है और आपने जेल में डाल दिया है, क्या होगा?'

पन्त जी ने आश्वसन दिया, 'हाँ, स्वास्थ्य की बात कहो। उसका हमें भी ख़्याल है। जितना इलाज तुम करा सकती हो, उतना हम भी करा सकते हैं। तुम्हें सन्तोष न हो, जिस डॉक्टर को कहोगी, बुला देंगे।'

पन्त जी ने केवल थोथी सहानुभूति नहीं प्रकट की थी। उसी दिन चौथे पहर जेल में इन्स्पेक्टर जनरल आफ प्रिजिन्स, सिविल सर्जन और जेल के डॉक्टर सुपरिटेण्डेण्ट मेरे स्वास्थ्य की परीक्षा और चिन्ता के लिए पहुँच गये। उन्होंने मेरी सुविधा के लिए मुझे दूसरे कम्युनिस्ट बन्दियों से पृथक् रखना चाहा परन्तु मैंने स्वीकार न किया।

पन्त जी के परामर्श से प्रकाशवती मेरी गिरफ़्तारी का रहस्य जानने के लिए शास्त्री जी के पास गयीं। शास्त्री जी को भी इस विषय में कुछ मालूम न था परन्तु उन्हें खेद बहुत था। शास्त्री जी ने जिलाधीश से मिलने का परामर्श दिया। जिलाधीश स्वयं विस्मित थे।

अन्ततः पता लगा कि गड़बड़ी की आशंका में गिरफ़्तार करने के लिए आपत्तिजनक व्यक्तियों के लिए वारण्ट तैयार कर दिये गये थे। जिलाधीश ने वारण्टों पर हस्ताक्षर कर दिये थे। उनमें मेरा नाम भी था। जिलाधीश ने मुझे जेल से अपने बँगले पर बुलवाकर प्रकाशवती जी की उपस्थिति में परामर्श दिया—"जमानत या जामिन दे दो और घर लौट जाओ।' उत्तर दिया—'किससे जमानत देने के लिए कहूँ, मेरे पास न ज़मीन है न जायदाद।'

जिलाधीश मुस्कराये और प्रकाशवती की ओर संकेत किया, 'ये हस्ताक्षर कर दें।'

'इन्हें मैं करने न दूँगा।'

जिलाधीश ने समझाया—'औपचारिक बात है, चाहे ५० रु. की ही जमानत दे दो।' लेकिन मैं उसके लिए भी तैयार न हुआ।

जिलाधीश ने खिन्नता प्रकट की—'आप समस्या हल नहीं होने देना चाहते तो आपकी इच्छा।' मैं जेल लौट गया। तीन सप्ताह के लगभग जेल में रहा। 'मनुष्य के रूप' का अन्तिम अध्याय और उपन्यास की भूमिका जेल में ही लिखाकर भेजे थे। 'मनुष्य के रूप' के प्रत्येक संस्करण में भूमिका के नीचे हस्ताक्षर के साथ लखनऊ डिस्ट्रिक्ट जेल, फरवरी १९४९ छपा रहता है।

जेल से मुझे अस्वास्थ्य के कारण मुक्त कर दिया गया और डिटेन्शन की शेष अवधि के लिए लखनऊ से बाहर (एक्स्टर्न) रहने का आदेश दिया गया। मैंने इस आदेश पर भी आपत्ति की। शास्त्री जी ने समझाया—'अब बात न बढ़ाओ। हर साल पहाड़ जाते हो। लखनऊ में ज़रूरी काम हो तो बेशक आ जाना।' शायद इस घटना ने कांग्रेस सरकार की दृष्टि में मुझे भविष्य के लिए भी विरोधी निश्चित कर दिया।

उस वर्ष गर्मियों में अल्मोड़ा में रहा। अल्मोड़ा का वातावरण और संगति कुछ ऐसी अनुकूल बैठी कि तीन वर्ष तक गर्मियों में वहाँ जाता रहा। उन वर्षों में मैंने काफ़ी लिखा। 'सिंहावलोकन' के तीनों भाग, 'चित्र का शीर्षक', 'उत्तराधिकारी', 'धर्मयुद्ध' आदि संग्रहों की कहानियाँ, 'बात-बात में बात' और 'देखा-सोचा-समझा' के विद्रोहात्मक लेख अधिकांश में अल्मोड़ा में ही लिखे।

यथार्थ और अश्लीलता के प्रसंग में मैंने प्रगतिवादी आलोचकों से अपने कुछ मतभेद की चर्चा की है। उन दिनों प्रगतिवादी आन्दोलन बहुत ज़ोरों पर था। अनेक पत्र-पत्रिकाओं में मैंने भी अपने विचार प्रगतिवाद के सम्बध में प्रकट किये थे। आदर्शवादी पक्ष ने प्रगतिवाद की मान्यताओं से असन्तुष्ट होकर क्षोभ में प्रगतिवाद को 'शिश्नोदरवाद' का नाम दे दिया था। कुछ प्रगतिवादियों को वह उघड़ा हुआ, निन्दासूचक नाम पसन्द न था। मुझे उस नाम से कुछ भय न लगा। मेरे विचार में शिश्नोदरवाद का अर्थ सर्वसाधारण के लिए अत्यन्त स्पष्ट शब्दों में, जीवन की रक्षा और विकास के लिए अवसर और अधिकार की माँग थी। 'हंस' के लिए एक लेख लिखकर मैंने इस विषय में अपना दृष्टिकोण स्पष्ट करना चाहा। कुछ प्रगतिवादी साथियों को मेरा लेख उत्तेजना में स्वयं अपने ऊपर दोष लगा लेना जान पड़ा। यहाँ तक कि उन्होंने लेख का अन्तिम भाग ही बदल दिया था। दस-बारह वर्ष बाद भी मेरा दृष्टिकोण यथार्थवाद और प्रगतिवाद के सम्बन्ध में वही है।

अपना 'लेखा-जोखा' प्रस्तुत करते समय प्रगतिवादी दृष्टिकोण के सम्बन्ध में भी मुझे अपनी मान्यता स्पष्ट कर देनी चाहिए। इस विषय में पत्र-पत्रिकाओं में बहुत लिख चुका हूँ। 'सारिका' के पाठकों के ऊब जाने की आशंका में यह प्रसंग 'लेखा-जोखा' पुस्तक के लिए ही छोड़ रहा हूँ।

स्वतन्त्रता प्राप्ति के तुरन्त बाद ४-५ वर्ष तक प्रगतिवादी साहित्य का आन्दोलन बहुत ज़ोरों पर था। अधिकांश लेखक जनतन्त्र और प्रजातन्त्र की भावना को प्रोत्साहन दे रहे थे। हिन्दी कहानी और कविता के क्षेत्र में एक श्रेणी द्वारा दूसरी श्रेणी के शोषण के विरोध और समाज में समान अधिकारों के उपयोग के अवसर की माँग की भावना की बाढ़-सी आ गयी थी। आज भी हिन्दी साहित्य में पुरानी सामाजिक व्यवस्था की मान्यताओं का समर्थन बहुत कम ही मिलता है। हिन्दी साहित्य की प्रधान भावना आज भी नये समाज के निर्माण की ओर है जिसमें मानवता का उन्मुक्त विकास हो सके। हमारा साहित्य आज भी सभी दिशाओं से उन नैतिक मान्यताओं और विश्वासों पर प्रहार कर रहा है जो हमारी मानवता के उन्मुक्त विकास पर बाधाएँ लगाये हुए हैं। इसका अर्थ है कि हमारा साहित्य समाज को उन्मुक्त विकास का मार्ग देने के लिए नयी नैतिकता का मार्ग प्रशस्त कर रहा है। यह ज़रूर मानना पड़ेगा कि आज प्रगतिशील साहित्य का आन्दोलन और संगठन सूख गये हैं और श्रेणी संघर्ष की भावना को प्रकट प्रोत्साहन देनेवाले या स्पष्ट शब्दों में मज़दूर वर्ग के संघर्ष में सहानुभूति प्रकट करनेवाले मूल्यांकनकर्त्ता नये मापदण्डों को स्वीकार करें। तब तक नयी रचनाएँ और आगे बढ़ जायें।

मेरे विचार में हिन्दी के प्रगतिशील आन्दोलन और संगठन के सूख जाने का कारण आलोचकों की आलोचना की चिनगारियाँ नहीं थीं। इसका कारण हिन्दी साहित्यिक के लिए जीविका के अवसरों के द्वार खुल जाना है। दस-बारह वर्ष पूर्व साहित्यिक का आर्थिक कठिनाई में होना प्रायः स्वाभाविक बात समझी जाती थी। अब वह बात नहीं। गत वर्षों में हमारी सरकार ने राष्ट्र-निर्माण के लिए साहित्यिक और कलात्मक माध्यमों का उपयोग आरम्भ कर दिया है। हिन्दी के और अन्य भाषाओं के कई हज़ार साहित्यिक और कलाकार ऐसे कार्यों में अच्छी जीविका का प्रश्रय पा रहे हैं। मेरा सम्बन्ध हिन्दी क्षेत्र से है। आज दो-चार उपेक्षणीय हिन्दी लेखकों को छोड़कर ऐसा कौन हिन्दी लेखक है जिसे सौ-पचास व्यक्ति हिन्दी लेखक मानने को तैयार हों और उसे किसी-न-किसी रूप में राज्य का प्रश्रय अथवा सरकारी नौकरी न मिल गयी हो। याद आता है, दस-बारह वर्ष पूर्व प्रगतिशील लेखक पूँजीपति अन्नदाताओं के हाथ न बिक जाने के लिए सतर्कता की चेतावनी देते रहते थे। क्या सरकार अन्नदाता नहीं है?

यह दुराशा-मात्र ही होगी कि अधिकांश साहित्यिक सुविधापूर्ण साहित्यिक जीविका की उपेक्षा करके केवल आत्मसन्तोष की अभिव्यक्ति से ही सन्तोष पाते रहें। ख़ासकर जबकि साहित्य के प्रगतिशील आन्दोलन और संगठन को सरकार अपना विरोधी समझती रही हो और सरकारी नौकरों को साहित्य के प्रगतिशील आन्दोलनों से सम्बन्ध न रखने का स्पष्ट आदेश रहा हो। मेरा ऐसे बहुत-से साहित्यिकों से व्यक्तिगत परिचय है जो एक समय कला और साहित्यिक अभिव्यक्ति का प्रयोजन मार्क्सवादी दृष्टिकोण का प्रचार ही समझते थे। वे प्रगतिशील साहित्य के आन्दोलन और संगठन में बढ़-चढ़कर भाग लेते थे। वे मुझे अपना

आत्मीय समझते थे। परन्तु सरकारी नौकरी पा जाने के बाद सड़क-बाज़ार में आमना-सामना हो जाने पर सरकारी नौकरी के सम्मान की रक्षा के लिए या कम्युनिस्ट मार्का लेखक के सम्पर्क दोष से बचने के लिए आँखें मिलाने से कतराने लगे। उनके ऐसे व्यवहार का प्रभाव उनकी साहित्यिक अभिव्यक्ति पर भी अवश्य पड़ा होगा। इसके अतिरिक्त वे अपने पद अथवा नौकरी के लिए निर्दिष्ट साहित्यिक कार्य करें या आत्मतोष की अभिव्यक्ति करें? उन्हें अपने पद और नौकरी के प्रति दायित्व और ईमानदारी भी तो निभानी चाहिए। वे सरकार द्वारा अनुमोदित प्रगति की स्वीकृत सीमाओं से आगे बढ़ने की उच्छृंखलता कैसे कर सकते हैं? मेरा यही विचार है कि प्रगतिशील आन्दोलन और संगठन को, प्रगतिशील आलोचकों की अहम्मन्यता और कटुता नहीं सुखा सकती। हिन्दी लेखकों के लिए आर्थिक अवसरों की सुविधा और सौभाग्य ने लेखकों की दृष्टि में आन्दोलन और संगठन की आवश्यकता ही समाप्त कर दी है।

सम्भव है कि हिन्दी में प्रगतिशील साहित्य के आन्दोलन और संगठन के सूख जाने के कारणों के सम्बन्ध में मेरा विश्लेषण बहुत-से लोगों को मान्य न हो इसलिए प्रमाण में एक तथ्य की ओर ध्यान दिला दूँ। प्रगतिशील साहित्य का आन्दोलन और संगठन हिन्दी क्षेत्र में ही समाप्त हुआ है, उर्दू क्षेत्र में वह अब भी किसी-न-किसी रूप में चल रहा है। लखनऊ में अब भी उर्दू के प्रगतिशील लेखक बैठक करते रहते हैं। मैं हिन्दी प्रगतिशील लेखक संघ अथवा कुछ वर्ष पहले के लेखक संघ के लोप हो जाने के कारण तरक़्क़ी-पसन्द अदीबों की बैठकों में सम्मिलित हो जाता हूँ। किसी पर छींटे नहीं उड़ाना चाहता परन्तु राजनीतिक परिवर्तनों के स्वाभाविक और तर्कसंगत परिणामों से आज सरकारी क्षेत्र में जितना अवसर हिन्दी शैली के लेखकों के लिए है उतना उर्दू शैली के लेखकों के लिए नहीं है। स्वतन्त्रता-प्राप्ति के आरम्भिक वर्षों में स्थिति ठीक इससे उलटी थी। उस समय प्रगतिशील साहित्य के संगठनों में दस लेखकों में से नौ हिन्दी के और एक उर्दू का रहता था।

हिन्दी साहित्य के विकास में आज भी प्रगतिशील भावनाओं का ही प्राधान्य है परन्तु मज़दूर श्रेणी के प्रति सहानुभूति की भावना का ज्वार अवश्य कम हो गया है। उसका कारण मुझे नये या पुराने लेखकों की सहानुभूति पूँजीवाद की ओर हो जाना नहीं जान पड़ता। मुझे इसका कारण मज़दूर संघों (ट्रेड यूनियनों) विशेषकर सरकारी कर्मचारियों की यूनियनों के व्यवहार में दिखायी पड़ता है।

सर्वसाधारण जनता निजी उद्योग-धन्धों के कर्मचारियों के कार्य के सम्पर्क में नहीं आती परन्तु सरकारी कामों और उद्योगों—रेलवे, डाक, स्वास्थ्य, अदालतों, दफ़्तरों में काम करनेवालों के कार्य से जनता का नित्य सम्पर्क पड़ता रहता है। सरकारी कर्मचारियों में कर्त्तव्य के प्रति नित्य बढ़ती जाती उपेक्षा और अनुचित लाभ उठाने की प्रवृत्ति जनता में उनके प्रति घृणा और विरक्ति बढ़ा रही है। जनता उनके आन्दोलनों से क्या सहानुभूति करेगी? जनता देखती है कि यूनियन के प्रभाव से सरकारी नौकर अपनी तनख़ाह, नौकरी और अवकाश प्राप्ति के सम्बन्ध में जो सुरक्षा पा रहे हैं, उसका प्रभाव उनकी कर्त्तव्यनिष्ठा पर अच्छा नहीं पड़ रहा है। उदाहरणतः सफ़ाई कर्मचारियों की ट्रेड यूनियन अमुक कर्मचारी पर अन्याय से जुर्माना किये जाने अथवा नौकरी स्थगित किये जाने की शिक़ायत पर तो आन्दोलन कर सकती है परन्तु उस यूनियन को अपने कर्मचारी के नियत कार्य ठीक से न

करने पर या बिलकुल न करने पर कभी चिन्ता नहीं होती। फसल के अवसर पर लखनऊ शहर में प्रायः आधे पोस्टमैन गाँव में अपना कार्य सँभालने के लिए डॉक्टरों के सर्टीफिकेट पर छुट्टी ले चले जाते हैं। क्या डाक कर्मचारी ट्रेड यूनियन मान सकती है कि उनके इतने कर्मचारी सहसा बीमार पड़ जाते हैं। जनता डाक के लिए तरस जाती है। वह उनके संघर्षों के प्रति क्या सहानुभूति दिखलायेगी? २०-२५ वर्ष पूर्व सरकारी कर्मचारियों के प्रति जनता की दूसरी भावना थी। उनके संघर्षों और हड़तालों में जनता सहानुभूति से ही नहीं, आर्थिक सहायता से भी योग देती थी। अब वह बात नहीं रही है। गत वर्षों सरकारी कर्मचारियों की आम-हड़ताल के समय मुझे उनके प्रति जनता में सहानुभूति नहीं, विरोध की भावना ही दिखायी दी थी। इससे कुछ उदासी ही अनुभव हुई।

●

नोट : इसके कुछ अंश सम्भवतः "लेखा-जोखा" शीर्षक के अन्तर्गत प्रकाशित हुए हैं।

मैं हिन्दू क्यों हूँ?

मैं हिन्दू इसलिए हूँ कि मैंने एक हिन्दू परिवार में जन्म लिया था। यह मेरे भौगोलिक, आनुवंशिक और पारम्परिक अस्तित्व का तथ्य है। न तो मैं हिन्दू होने का गर्व ही अनुभव करता हूँ और न ही मुझे हिन्दू होने का कोई खेद है। मेरे हिन्दू होने के विचार से मैं चकित नहीं हूँ और न ही यह मुझे किसी प्रकार बाध्य ही करता है। हिन्दुत्व एक स्मारकीय धार्मिक विश्वास नहीं है वरन् यह विश्वासों का एक गठबन्धन है। यह भलीभाँति जाना जाता है कि एक हिन्दू धार्मिक सम्प्रदाय में छोटी-सी जूँ को भी मारना पाप समझा जाता है जबकि दूसरे हिन्दू सम्प्रदाय में देवता की वेदी पर बलि के रूप में बकरी या भैंस तक को मार देना एक पवित्र धार्मिक क्रिया समझी जाती है। इन हिन्दू सम्प्रदायों में भूतकाल में कभी भयंकर लड़ाइयाँ भी हुईं लेकिन धीरे-धीरे वे एक-दूसरे के विचार-स्वातन्त्र्य एवं विश्वास को सहन करना सीख गये। शायद यही कारण है कि बहुत-से हिन्दू अपनी सामाजिक रीतियों में असहिष्णु हैं लेकिन दूसरे के विचारों और विश्वासों के प्रति सहनशील हैं। मेरी दृष्टि में धर्म एक असंगत वस्तु है। धर्म मनुष्य का ईश्वर से एक रिश्ता है। मेरी छोटी आयु में, मेरे तमाम प्रयत्नों के बावजूद भी मैं ईश्वर को नहीं जान सका। इसलिए मैं दूसरों के धार्मिक विश्वास से परेशान नहीं होता। सहनशीलता, विचार-स्वातन्त्र्य एवं हिन्दुओं में एक-दूसरे के प्रति विश्वास मुझे धर्म के प्रति बिना किसी परवाह के हिन्दू बने रहने की स्वतन्त्रता प्रदान करता है। कभी-कभी औपचारिक अवसरों पर जब मुझे अपने धर्म की घोषणा करनी पड़ी, जैसे कि मुझे पासपोर्ट लेने के समय करनी पड़ी, तब मैंने अपना धर्म 'मानवता' घोषित किया।

हिन्दू समाज का सबसे बड़ा भेद करनेवाला लक्षण उनकी गाय पूजा और जातीय आधार की प्राचीन परम्परा है। मैं इनमें से किसी पर विश्वास नहीं करता। मैं इन दोनों को अजातीय, सामाजिक अन्याय, राष्ट्रीय आत्म-हत्या और अत्याचारी मानता हूँ। मैं जानता हूँ कि सहस्रों हिन्दू मेरे ऐसे विचार में विश्वास करते हैं तथा मेरी ही तरह से सोचते हैं। फिर भी उनकी नास्तिकता एवं निरीश्वरवाद उन्हें हिन्दू होने के अयोग्य नहीं मानती।

मेरे विचार में 'हिन्दू' भारतीय शब्द का पर्याय है। हिन्दू शब्द का वास्तविक अर्थ भारतवासी से है। यदि जैन और शाक्त दोनों आपस के धार्मिक विश्वासों में गम्भीर मतभेदों के बावजूद हिन्दू हो सकते हैं तो दूसरे भारतीय, जिनके भिन्न विश्वास हैं क्यों हिन्दू नहीं हो सकते? मेरे लिये तो मरियम प्रसाद, यीशु सिंह, मुहम्मद दास अथवा अली पाल शब्द जो कि धार्मिक चिह्न नहीं रखते, अपना धर्म भी नहीं पहचानते, किसी ख़ास प्रकार के पहनावे के कारण या अपने क्षेत्र में बहुलता से बोली जानेवाली भाषा बोलते हैं वे भी हिन्दू हो

सकते हैं। मैं और भी स्पष्ट करना चाहता हूँ कि मैं किसी भी स्त्री या पुरुष के साथ धार्मिक चिह्नों को अनुमोदित नहीं करता। लेकिन जो लोग हिन्दू कहलाना पसन्द नहीं करते या इसे उसी अभिप्राय से स्वीकार करते हैं तो मैं हिन्दू शब्द उन पर थोपना नहीं चाहता।

मेरी ग़ैर मंजूरी और बहुत-सी हिन्दुओं की धार्मिक एवं सामाजिक परम्पराओं, रिवाजों और अभ्यासों के न करने के बावजूद कोई भी हिन्दू मेरे हिन्दू होने पर कोई आपत्ति नहीं करता। अतः मैं भी हिन्दू कहे जाने पर आपत्ति नहीं करता।

●

विदेशों में भारतीय अध्यात्म - दो अनुभव

१९५५ जून में 'विश्व शान्ति कांग्रेस' में भाग लेने के लिए फिनलैण्ड की राजधानी हेलसिंकी में था। हेलसिंकी के नागरिकों ने कांग्रेस में आये विभिन्न राष्ट्रों के लोगों से परिचय और मेल-मिलाप के लिए एक सन्ध्या मिलन-समारोह किया था। भारतीय लेखक के नाते मैं भी निमन्त्रित था। ऐसे अवसर पर कार्यक्रम अधिकतर पीना-खाना, गाना-नाचना और निस्संकोच बातचीत होता है। समारोह प्रायः बारह-एक बजे तक चलता रहता है। इसलिए मैं समारोह में कुछ विलम्ब से ही गया। हमारे पहुँचने तक महफिल ख़ूब गरमा चुकी थी। बड़ा हाल संगीत और वाद्यों के स्वर से गूँज रहा था। स्त्री-पुरुष परस्पर बाँहें फैलाये, गोल बाँधे, दूसरे हाथ में प्याले थामे, अपने-अपने प्यालों से दूसरों को पिलाने के बाद स्वयं पीकर सामूहिक मैत्री का उच्छ्वास प्रकट कर रहे थे। कुछ टोलियाँ परस्पर हाथ पकड़े गोल बाँधे नाच रही थीं। कुछ लोग हाल के किनारे-किनारे लगी छोटी मेज़ों के साथ बैठे सिर भिड़ाये बातचीत में लीन थे। एक कोने में खाली मेज़ देखकर मैं दुभाषिये के साथ बैठा ही था, मेज़बान पूछ ही रहे थे कि क्या लाया जाये, एक युवा पुरुष लपकता हुआ हमारी ओर आ गया। उसने अंग्रेज़ी में सम्बोधन किया, "श्रीमान्, अपने साथ बैठने की अनुमति दीजिये।"

युवक बैठते ही बोला, "आप भारतीय लेखक हैं?"

स्वीकार किया और पूछा, "आप भारत के विषय में क्या जानना चाहते हैं?"

"बहुत समय से किसी भारतीय से मिलने की साध है", युवक बोला। उसका चेहरा और आँखें मदिरा के प्रभाव से आरक्त थीं। स्वर में भी मद्यजनित शिथिलता थी। दोनों हाथों के पंजे परस्पर जकड़, होंठों को दाँत से काटकर संयत होने का प्रयत्न कर बोला, "मुझे योग के सम्बन्ध में गहरी जिज्ञासा और उत्सुकता है। मैंने उसके विषय में कुछ अध्ययन किया है, परन्तु पर्याप्त ज्ञान और अभ्यास के लिए व्यावहारिक ज्ञान नहीं पा सका हूँ।"

योगाभ्यास के प्रति युवक की उत्सुकता से कौतूहल हुआ। पूछ लिया "योगाभ्यास और अध्यात्म में आपकी रुचि का प्रयोजन क्या है?"

"मैं योग से प्राप्त होनेवाली सांसारिक निस्संगता की शान्ति (पीस बाई डिटैचमेण्ट) अनुभव करना चाहता हूँ," युवक ने उत्तर दिया।

मैं देख रहा था कि युवक नशे के प्रभाव से अवश होकर बहुत यत्न से अपने-आपको सँभालने का यत्न कर रहा था और योगाभ्यास से प्राप्त सांसारिक निस्संगता के लिए उत्सुक था। युवक से प्रश्न किया, "आपको क्या पसन्द है—वाइन या शैम्पेन?"

"मुझे सफेद वाइन ज़्यादा पसन्द है।"

"कितनी पी है?" उससे प्रश्न किया।

"लगभग दो बोतल।" उत्तर देते समय युवक के होंठ नशे के प्रभाव से फैलते जा रहे थे।

"तुमने दो बोतल पी है, अभी सांसारिक निस्संगता की शान्ति की आधी मंज़िल तक पहुँचे हो। एक बोतल और पी लेते, तो पूर्ण रूप से अपने-आपमें डूबकर संसार से निरपेक्ष और निरसंग हो जाओगे।"

युवक ने अपनी अस्थिर गुलाबी आँखें मेरे चेहरे पर केन्द्रित करने का यत्न किया, "हाँ, कुछ समय के लिए।"

युवक को उत्तर दिया, "योगी भी तो सीमित समय या काल-विशेष के लिए ही समाधि से लौकिक निस्संगता और विस्मृति प्राप्त कर सकता है।"

युवक ने माथे पर त्योरियाँ डाल ध्यान से मेरी ओर देखा, सोचने का यत्न किया और उठकर मेरे गले से लिपट गया, "आओ, इकट्ठे पियें और सांसारिक निस्संगता प्राप्त करें।"

× × ×

सन् १९५६ अप्रैल-मई में चेकोस्लोवाकिया के भीतरी भागों में घूमने का अवसर मिला था। इस देश का याबलोनेत्स नगर गहनों के अन्तरराष्ट्रीय व्यापार के लिए प्रसिद्ध है। याबलोनेत्स से २५-३० किलोमीटर पर हरे-भरे टीलों के बीच कोजाकोव, एक बहुत छोटा-सा कस्बा है। स्थान के प्राकृतिक सौन्दर्य को मनुष्य के श्रम ने सँवारकर चार चाँद लगा दिये हैं। क़स्बे के बीच से बहुत स्वच्छ नीले ज़ल की धारा के दोनों तट पत्थरों से मढ़े हैं और दोनों किनारों पर प्रायः एक ही आकार के पोपलर के वृक्षों की कतारें हैं। सर्दी से बचकर भी प्राकृतिक दृश्य देख सकने के लिए होटल के कमरों की खिड़कियाँ और बारजे आदमकद काँच से मढ़े हुए हैं। उस स्थान पर पहुँच, पौन घण्टे के लगभग इधर-उधर घूमकर दुभाषिया मारिया और मैं होटल के बरामदे में बैठ गये। चाय की प्रतीक्षा की।

क़स्बे में बस्ती बहुत कम थी। स्थान शान्त, बहुत शान्त और विश्राम में ऊँघता-सा लग रहा था। वैसी ही मुद्रा होटल की भी थी। एक सज्जन ने प्रवेश किया—गहरे कत्थई रंग का सूट और हाथ में पोर्टफोलियो। हमारी ओर ही से चले आ रहे थे। चेहरे पर इष्ट को पा लेने की-सी प्रसन्नता का भाव था। आगन्तुक ने मुझे अंग्रेज़ी में सम्बोधन किया, "आप भारतीय हैं?" मेरे स्वीकार करने पर उनका चेहरा और भी खिल उठा, "अपने नगर में एक भारतीय के आने का समाचार पाते ही दौड़ा आया हूँ। इससे पूर्व ऐसा अवसर नहीं हुआ। भारत के प्रति मेरे मन में विशेष अनुराग और आदर है।"

सज्जन से भेंट कर मुझे भी बहुत प्रसन्नता हुई। अपने राष्ट्र के प्रति अनुराग और आदर किसे अच्छा नहीं लगता? यह व्यक्ति अंग्रेज़ी सरलता से बोल रहा था। चेकोस्लोवाकिया के अन्तर प्रदेश में घूमते समय सप्ताह भर से दुभाषिया मारिया के अतिरिक्त अंग्रेज़ी में सरलता से बात कर सकनेवाला व्यक्ति न मिला था। आगन्तुक को उत्तर दिया, "यह भेंट

मेरे लिये ही अधिक सन्तोष का कारण है। मेरे देश के प्रति आपको जो भी जिज्ञासा हो, समाधान का यत्न करूँगा।"

आगन्तुक का चेहरा गम्भीर हो गया, "मुझे भारत के अध्यात्म ज्ञान के प्रति बहुत जिज्ञासा, अनुराग और श्रद्धा भी है, विशेषकर 'डिवाइन सांग' (भगवद्‌गीता) के प्रति। मैंने उसका अध्ययन अंग्रेज़ी के माध्यम से किया है। मुझे संस्कृत भाषा से भी बहुत प्रेम है।" उन्होंने अपना पोर्टफोलियो खोला, सुन्दर आर्ट पेपर पर छपा हुआ एक पैम्फ्लेट मेरे हाथ में देकर बोले, "मैं गीता और भारतीय अध्यात्म का परिचय यूरोप के लोगों को देने का यत्न कर रहा हूँ। यह पैम्फ्लेट अंग्रेज़ी में है, आप इसे देखिये। अपने अवकाश का सम्पूर्ण समय इसी काम में लगाता हूँ।"

उत्सुकता से पैम्फ्लेट पर नज़र डाली। पैम्फ्लेट में भगवद्‌गीता के सम्बन्ध में तीन-चार पैरे का बहुत स्तुतिपूर्ण परिचय था। विशेष विस्मय यह देखकर हुआ कि पैम्फ्लेट में कुछ पंक्तियाँ देवनागरी अक्षरों में संस्कृत भाषा में भी छपी हुई थीं। पैम्फ्लेट पढ़कर विनोद की गुदगुदी अनुभव हुई, परन्तु आगन्तुक को ठेस न पहुँचाने के विचार से मुस्कान को वश में कर बताया, "हमारे देश के प्राचीन आध्यात्मिक ज्ञान के प्रति पश्चिम में जो अनुराग और श्रद्धा है, उसके लिए हम आभारी हैं, परन्तु अनेक शताब्दियों तक अध्यात्म ज्ञान का अवगाहन करने के पश्चात् हमारे राष्ट्र की जनता भौतिक ज्ञान और सामर्थ्य का महत्त्व भी समझने लगी है। आज हमारे राष्ट्र की प्रवृत्ति आध्यात्मिक कल्पनाओं की अपेक्षा भौतिक सामर्थ्य प्राप्त करने की ओर अधिक है। इसलिए हमारी जनता ने अपने संविधान में अपने राष्ट्र को धर्म-निरपेक्ष (सेक्यूलर) राष्ट्र स्वीकार किया है।"

सज्जन के चेहरे की मुद्रा उत्तेजनापूर्ण गम्भीरता में बदल गयी, "इसका अर्थ है कि आप पश्चिम की भौतिकता से आक्रान्त हो गये हैं। आप भारतीय अध्यात्म के वास्तविक महत्त्व को समझते ही नहीं।"

विनय से मुस्कराकर सज्जन को उत्तर दिया, "परन्तु मैं तो भारतीय ही हूँ और मैंने भगवद्‌गीता और उपनिषद् आदि का भी कुछ अध्ययन किया है। मैं स्वय को आध्यात्मिक चिन्तन के आधार से सर्वथा अपरिचित नहीं समझता।"

सज्जन का स्वर और भी उत्तेजित हो गया, "नहीं, आप भारतीय अध्यात्म के महत्त्व को नहीं समझते।" उसने आग्रह किया, "स्वयं भारतीय अपने आध्यात्मिक ज्ञान को— भारतीयता के तत्त्व को—खो बैठे हैं। वी हैव टु रिडिस्कवर इण्डिया फार इण्डियन्स (हमें भारतीयों को पुनः भारतीयता का परिचय देना होगा)।"

मैं सज्जन से पाया पैम्फ्लेट हाथ में लिये, भारतीयता से अपरिचित होने का लांछन सुनकर मुस्कान से उनके उत्तेजित चेहरे की ओर देख रहा था। सोच रहा था, क्या कहूँ?

मेरे हाथ में थमे पैम्फलेट में देवनागरी अक्षरों में छपी संस्कृत की पक्तियों के ऊपर अंग्रेज़ी में लिखा था—मूल डिवाइन सांग (भगवद्‌गीता) डिवाइन लैंग्वेज (देववाणी) संस्कृत में है। यहाँ गीता का एक श्लोक देववाणी संस्कृत की देवलिपि में दिया जाता है। जो पंक्तियाँ गीता के मूल श्लोक के रूप में उद्धृत थीं, वे वास्तव में बालकों को पढ़ायी जानेवाली संस्कृत

की पुस्तक 'हितोपदेश' से एक कहानी की कुछ पंक्तियाँ थीं—एकस्मिन् वनोद्‌देशे भासुरको नाम सिंह प्रतिवसतिस्म...आदि आदि।

सोच रहा था, ये हैं भारतीय अध्यात्मवाद के पश्चिमी प्रशंसक और प्रचारक, जो हमें हमारी आध्यात्मिकता की महत्ता का पुनः परिचय देना चाहते हैं, जो 'हितोपदेश' की कुछ पंक्तियों को ही गीता का सन्देश मानकर उससे आध्यात्मिक बल तथा उच्चता का अनुभव कर लेने का विश्वास कर सकते हैं। इस उदाहरण से यह भी स्पष्ट हुआ कि हितोपदेश की पंक्तियों को यदि गीता मानकर आध्यात्मिक श्रद्धा की पूर्ति हो सकती है, तो अध्यात्म के लिए निराधार विश्वास भी पर्याप्त हो सकता है।

●

लैव ताल्सताय से दो बातें

महान् कलाकार ताल्सताय की जयन्ती के अवसर पर याद आ गया—एक दिन मास्को में दोपहर के भोजन के समय कवि सुर्खोव और उक्साना से रूस के आधुनिक और पुरानी पीढ़ी के साहित्यिकों के विषय में चर्चा चल पड़ी। मेरी जिह्वा पर बार-बार ताल्सताय का नाम आ जाता था। ताल्सताय की एक बहुत प्रसिद्ध छोटी कहानी है—एक मनुष्य को कितनी भूमि चाहिए? मैंने पूछा, इस कहानी को आप प्रगतिवादी कह सकते हैं?

सुर्खोव ने प्रश्न का उत्तर सोचने के लिए खट्टी मलाई मिले सलाद का टुकड़ा मुख में ले लिया और पल भर सोचकर बोला—"लैव ताल्सताय का जन्म-स्थान गासन्या पलान्या और जिस मकान में वह रहते थे, बहुत दूर नहीं है। मोटर से केवल दो सौ किलोमीटर है। तीन घण्टे की दौड़। उक्साना तुम्हारे साथ जा सकती है। ताल्सताय का सेक्रेटरी अब भी वहाँ है सब-कुछ दिखा देगा।"

मन पुलक उठा। अपना प्रश्न भी भूल गया। दूसरे दिन सुबह ही यासन्या पलान्या जाना था। रातभर उस अप्रत्याशित सौभाग्य का उत्साह मन में बना रहा। नगर के एक चौक से गुज़रते समय उक्साना ने बताया—"नेपोलियन ने इसी स्थान से नगर में प्रवेश किया था।" ताल्सताय के उपन्यास 'युद्ध और शान्ति' के चित्र स्मृति में जगने लगे। जून का महीना था। चारों ओर हरियावल थी। तूला से गुज़रते समय याद आया, ताल्सताय ने इसी धरातल और पृष्ठभूमि का चित्रण करके बताया है मनुष्य युद्ध द्वारा किस प्रकार आत्म-संहार करता है।

ताल्सताय के बचपन, किशोरावस्था और यौवन की बातें याद आने लगीं। ताल्सताय ने अपने संस्मरणों में पैत्रोवस्कोये से मास्को तक इसी मार्ग से यात्रा का वर्णन किया है। वे इस सड़क पर हिचकोले खाती, खड़खड़ करती घोड़ागाड़ियों में यात्रा किया करते थे। मार्ग में दो-दो रात पड़ाव करते थे। वे प्रातः के कोहरे में मार्ग की सरायों के समीप गोबर के ढेरों से उड़ता वाष्प देखते थे। सड़कों पर स्थान-स्थान पर कीचड़ लाँघते थे। हमारी आँखों के सामने बिलकुल दूसरा चित्र था। ख़ूब समतल चिकनी सड़क। गाँवों की बगल से हरे-भरे खेतों और जंगलों में से द्रुतगति से सड़क पर फिसलते चले जा रहे थे।

सड़क के किनारे एक विशाल मूर्ति पर नज़र पड़ी। पहचाना—ताल्सताय की मूर्ति थी। वहाँ मार्ग फटता था। उक्साना ने बताया—पैत्रोवस्कोये आ गया। नीची चहारदीवारी से घिरे ऊँचे वृक्षों और घनी हरियावल से भरे हाते में गाड़ी ने प्रवेश किया। ताल्सताय के सेक्रेटरी ने उत्साह से सब-कुछ दिखाया।

ताल्सताय के जन्म का मकान अब मौजूद नहीं है। ताल्सताय ने एक प्रगतिवादी पत्रिका प्रकाशित करने के लिए बहुत-सा ऋण ले लिया था। ज़ार की सरकार ने पत्रिका

प्रकाशित करने की अनुमति नहीं दी परन्तु पत्रिका की तैयारी के लिए, लिये ऋण में ताल्सताय का पैतृक मकान अपने साजोसामान सहित बिक गया। मकान लकड़ी का था। ऋण उगाहनेवाले पूरे मकान और साज-सज्जा को उठा ले गये थे। ताल्सताय को अपने विचारों के कारण उतने बड़े मकान में रहना पसन्द भी नहीं था। उन्होंने अपने रहने के लिए एक छोटा दुमंज़िला मकान बनवा लिया था। ताल्सताय पुश्तैनी जागीरदार थे। जिस समृद्धि और शानशौक़त में उनका जीवन बीता था, उसकी याद से मकान बहुत ही छोटा है। मामूली आकार के तीन कमरे नीचे और तीन कमरे ऊपर। ताल्सताय का पूरा परिवार इसी में निर्वाह करता था। अतिथि भी आते ही रहते थे। नीचे का एक कमरा अतिथियों के लिए था। कभी अतिथि दो-दो कमरों में रहते थे। सेक्रेटरी ने बताया, उस कमरे में चेखोव, गोर्की और प्रसिद्ध चित्रकार रेपिन अनेक बार रहे थे। एक सनसनी-सी अनुभव हुई—ताल्सताय, चेखोव और गोर्की का मिलन-स्थल।

सबसे पहले ऊपर के बरामदे पर नज़र पड़ती है।

ताल्सताय के छोटे मकान के समीप एक बड़ा पक्का मकान है। यह मकान सोवियत सरकार ने महान् कलाकार से सम्बन्धित वस्तुओं के संग्रहालय के रूप में बनाया है।

छोटा मकान महान् कलाकार का बहुत भावपूर्ण स्मारक है। कलाकार के लिखने-पढ़ने के कमरे में मेज़ पर क़लम-दवात ठीक उसी तरह अब भी हैं, जैसे वे रहते थे। उनके हाथ के लिखे काग़ज़ भी बहुत छोटे-छोटे अक्षरों में मेज पर मौजूद हैं। काग़ज़ों को उड़ने से बचाने के लिए हरे बिल्लौर का स्मृति चिह्न-सा रखा है। सेक्रेटरी ने बताया - इस पर लिखा है—"क़लम से कही बात को कुल्हाड़ी भी नहीं काट सकती।"

ताल्सताय के स्वतन्त्र विचारों और धार्मिक प्रवृत्ति के कारण जार के समय के पादरियों ने उन्हें ईसाई सम्प्रदाय से बहिष्कृत कर दिया था। उस समय यह उपहार ताल्सताय को शीशे के कारखाने के मज़दूरों ने, लेखक के प्रति अपनी श्रद्धा प्रकट करने के लिए दिया था। ख़याल आया, ताल्सताय-जैसे दृढ़ ईश्वरविश्वासी को ईश्वरविरोधी करार दे दिया जा सकता था। ईश्वर में विश्वास कितनी विवादास्पद वस्तु हो सकती है। खूँटियों से उनके कपड़े और लबादे लटके हुए हैं। बिस्तर भी लगा हुआ है। इस छोटे मकान में बैठक और भोजन के लिए एक ही कमरा काम देता था।

सेक्रेटरी ने बताया - लेखक स्वयं कोने में रखी भारी कुर्सी पर बैठते थे। उनकी पत्नी सोफिया आन्द्रेवना जहाँ बैठती थीं वहीं लड़के और लड़कियों के बैठने का स्थान था। बीच में छोटी-सी जगह में दो पियानो रखे थे। जब अच्छा संगीत बजता था, ताल्सताय अपनी कुर्सी पर निढाल होकर गर्दन कुर्सी की पीठ से टिका लेते थे, घुटने पर घुटना चढ़ जाता और तन्मयता में आँखें मुँद जाती थीं।

कमरे के बीचोंबीच भोजन की मेज़ है। मेज़ पर तश्तरियाँ, गिलास, काँटे, चम्मच और छुरियाँ उसी स्थान पर लगी हुई हैं, जहाँ ताल्सताय के अन्तिम भोजन के समय थीं। सब मेज़ों पर मोटे काँच के आवरण चढ़ा दिये गये हैं।

सेक्रेटरी ने मकान की खिड़की से अहाते में चहारदीवारी के समीप पोखर की ओर संकेत किया—सोफिया आन्द्रेवना ने पति की स्वयं स्वीकार की हुई ग़रीबी और पारस्परिक कलह से विक्षिप्त होकर आत्महत्या के लिए उसी पोखरे में डूब जाने का यत्न किया था। शरीर में कँपकँपी अनुभव की।

लौटने के लिए जीने से उतरे तो नज़र द्वार के समीप खड़े वृक्ष की ख़ूब मोटी डाल पर अटक गयी। डाल में पीतल की एक अच्छी बड़ी घण्टी फँसकर निश्चल हो गयी है। घण्टी का कुण्डा और कुछ और भी भाग डाल के गुद्‌दे में धँसा हुआ है। घण्टी की जिरू को हिलाने पर केवल ठक-ठक शब्द हो सकता है, गूँज नहीं उठ सकती। सेक्रेटरी ने बताया - साठ वर्ष से भी पहले जब लेखक ने छोटा मकान बनवाया था और वृक्ष नवयुवा था, घण्टी वृक्ष की पतली डाल में तार से बाँध दी गयी थी। भोजन तैयार हो जाने पर नौकर परिवार के लोगों को मेज़ पर बुलाने के लिए यह घण्टी बजा देता था। वृक्ष की डाल बढ़ती गयी और उसने घण्टी के ऊपर के भाग को अपने जबड़ों में दबा लिया है।

ताल्सताय के बंशक्रमागत पुराने मकान के हाते से सड़क की ओर लौटते समय सोचा, डाल घण्टी को निगल रही है। यह इस बात का प्रतीक है कि काल सब-कुछ निगल लेता है। वृक्ष की डाल ठोस धातु की घण्टी को निगल रही है परन्तु ताल्सताय की वाणी लिपि के रूप में जिन काग़ज़ों पर अवतरित हो जाती है वे काग़ज़ भी चिरजीवी हो जाते हैं। सभ्य संसार का वह कौन-सा भाग है जो इस नीरव प्रदेश में मौन धारण किये छोटे-से मकान से निकले हुए विचारों की गूँज से आज भी मुखरित नहीं है?

पैत्रोवस्कोये की जागीर के उपवनों में भी घूमे जहाँ ताल्सताय ने बचपन में पहली बार खरगोश के शिकार का अनुभव प्राप्त किया था, जहाँ तीसरे पहर तक घूम-घूमकर बहुत थक गये थे। उसके बाद भोजन भी ऐसा मिला कि औंघा देनेवाला था।

लौटते समय गाड़ी फिर ताल्सताय की मूर्ति के समीप से गुज़री तो बगल में बैठी उक्साना ऊँघ गयी थी। सामने ड्राइवर यात्रा को सूर्यास्त से पूर्व पूरा कर सकने के लिए गाड़ी को ख़ूब तेज़ कर दृष्टि सड़क पर टिकाये था।

मैं अकेला रह गया था। लगा - ताल्सताय की मूर्ति अपना स्तूप छोड़कर उक्साना के स्थान पर आ बैठी है। उनका शरीर और कपड़े भी प्लास्टर या पत्थर के नहीं थे। उनके वही वस्त्र जो कमरे में खूँटियों पर लटके देखे थे, अब शरीर पर थे। अधिकांश सफेद घनी दाढ़ी में छिपे होंठों, मोटे फैले हुए नाक और तेवरियाँ भरे माथे पर एक करुणा की-सी झलक थी। आँखें मेरी ओर, जैसे मुझसे मौन प्रश्न कर रही हों—क्यों, क्या सोच रहे हो?

सहसा कोई उचित प्रश्न सूझा नहीं फिर भी झिझकते हुए पूछ लिया—आपने अपने साथ की शासन सत्ता, धार्मिक व्यवस्था और सामाजिक परम्परा से यातना, क्रोध और घृणा ही पायी थी फिर भी आप मानव की सहृदयता और मानव-प्रेम में कैसे विश्वास बनाये रख सके?

समीप बैठी मूर्ति के होंठ हिलते जान पड़े और मैंने सुना—क्रूरता और हिंसा मनुष्य की प्रकृति नहीं है। मनुष्य की प्रकृति यदि वैसी होती तो वह सामाजिक जीवन न जीता। मानव समाज के सहयोग से ही जी सकता है परन्तु जीवित रह सकने के प्रयत्न में जब सहयोग के स्थान पर दूसरे को अपने लिये उपयोग कर सकने का विचार आ जाता है तो मनुष्य अपने मानव शरीर में हिंस्र पशु की प्रवृत्ति पैदा कर लेता है। अपने लिये दूसरों को उपयोग कर सकने की प्रवृत्ति से मनुष्य भूमि पर खेती न करके भूमि का स्वामी बनता चला जाना चाहता है। अपने हाथों के लिए आवश्यक औजारों से उत्पादन न करके सैकड़ों, हज़ारों मनुष्यों द्वारा प्रयोग किये जा सकनेवाले साधनों को समेटता जाता है कि उनके श्रम के फल

को चूस सके। यही तो धन की प्यास है। धन की प्यास प्रबल हो जाने पर मनुष्य उत्पादन नहीं करता, छीनना चाहता है। छीनने में केवल आवश्यकता पूर्ति का प्रयोजन नहीं होता, दूसरों को अपने अधीन और सेवक बनाकर रखने का प्रयोजन मुख्य होता है। ऐसी हविस की सीमा नहीं है। धन की प्यास और परिग्रह और स्वामित्व की इच्छा नैतिकता की विरोधी है।

मैंने झिझकते हुए पूछ लिया—"परिग्रह की निस्सीम भावना या हविस की व्यर्थता पर कटाक्ष करने के लिए ही शायद आपने 'मनुष्य को कितनी भूमि चाहिएँ'? कहानी लिखी थी?"

समीप बैठी मूर्ति की आँखें चमक उठीं और मुझे सुनायी दिया—"निस्सन्देह, कोई सम्राट् विश्व विजय कर ले, कोई धन्नासेठ संसार भर की सोने की खानों का स्वामी हो जाये परन्तु अन्त में तो उसे साढ़े तीन हाथ धरती ही चाहिए। उसके लिए जीवन भर क्यों दुःखी हो और क्यों दूसरों को सताये?"

मैं तर्क के उत्साह से बोला—"महात्मा जी, भूस्वामी बनने की इच्छा से भूमि समेटनेवालों के प्रति तो आपका यह कटाक्ष सार्थक है। परन्तु क्या किसान साढ़े तीन हाथ भूमि की उपज से निर्वाह कर सकता है? क्या बीघा-डेढ़ बीघा धरती के किसानों को भी यह सीख उचित होगी? कहानी की कलात्मकता से मैं मुग्ध हूँ परन्तु..."

मैं चौंक पड़ा। मेरे शब्द मुख में ही रह गये। सहसा कड़े स्वर में सुनायी पड़ा—"तावारिश स्ताप।"

सोवियत पुलिस की वर्दी पहने सिपाही ने ड्राइवर को टोक दिया था—"ख़बरदार! तुम क़ानून के विरुद्ध बहुत तेज़ चला रहे हो।"

मेरी कल्पना बिखर गयी। लैव ताल्सताय अपनी बात पूरी किये बिना ही लोप हो गये थे।

●

सोवियत साहित्य से निकट सम्पर्क

अन्य देशों की राजधानियों की तरह मास्को को भी विशाल और भव्य इमारतों से प्रभावशाली बनाने का यत्न किया गया है। दूसरे स्थानों में नगर की सबसे विशाल और दर्शनीय इमारतें प्रायः राजशक्ति के केन्द्र, न्यायालय या बहुत बड़े व्यवसायों के निकाय होते हैं। मास्को में सबसे विशाल और सबसे अधिक दर्शनीय इमारतें हैं विश्वविद्यालय की। उसके बाद अन्य दर्शनीय इमारतों में गणना की जायेगी बड़े-बड़े सांस्कृतिक प्रासादों की। इस उदाहरण से सोवियत समाज की प्रवृत्ति और दृष्टिकोण का अनुमान करना हो तो जान पड़ेगा कि उनके विचार में जीवन की सबसे अधिक महत्त्वपूर्ण वस्तु है शिक्षा और संस्कृति।

मास्को में कई दूसरी वस्तुएँ भी हैं जो यात्रियों को सोवियत नागरिकों की साहित्यिक और कलात्मक रुचि का संकेत देती हैं। मास्को पहुँचने पर मुझे पीकिंग होटल में स्थान मिला था। पीकिंग होटल का पता बताना हो तो कहना होगा 'मायकोवस्की चौक' के साथ। इस चौक में जगत् प्रसिद्ध सोवियत कवि मायकोवस्की की विशाल मूर्ति खड़ी है। मास्को इलाज के प्रयोजन से गया था। शीघ्र ही ऑपरेशन के लिए अस्पताल में भर्ती हो जाना पड़ा। अस्पताल से लौटने पर पीकिंग होटल में कमरा न मिल सका। 'मिंस्क' होटल में स्थान मिला। मिंस्क होटल जिस मार्ग पर है उसका नाम महान् उपन्यासकार गोर्की के नाम पर गोर्की मार्ग है। गोर्की मार्ग के समीप ही एक और बड़ा चौक दिखायी दे जाता है। इस स्थान का नाम पुश्किन चौक है और यहाँ पुश्किन की विशाल मूर्ति ध्यान आकर्षित करती है।

ऑपरेशन के पश्चात् अस्पताल से मुक्ति मिलने पर डॉक्टरों ने स्वास्थ्य के विचार से कुछ दिन 'याल्टा' में रहने का परामर्श दिया था। याल्टा में मैं 'डोम त्वोर्चेस्त्वा' में अतिथि था। हिन्दी में डोम त्वोर्चेस्त्वा का शब्दानुवाद होगा 'सृजन नीड़' अर्थात् रचनात्मक कार्य के लिए स्थान। नाम की ध्वनि से अनुमान होता है कि शान्त छोटा-सा स्थान होगा जहाँ लेखक अपना कार्य निर्विघ्न कर सके। स्थान छोटा नहीं है। यहाँ लगभग अस्सी अतिथि आराम से रह सकते हैं। भोजन और निवास का सुविधाजनक प्रबन्ध है। व्यवस्था ऐसी है कि अतिथि जब चाहें भोजन या संगति के लिए एक स्थान पर एकत्र हो सकते हैं और जब चाहें निर्विघ्न अपने काम में डूबे रह सकते हैं। यह स्थान लेखक संघ की ही सम्पत्ति है। सोवियत के अन्य कई स्वास्थ्यवर्द्धक और रमणीक स्थानों में लेखक संघ के ऐसे भवन हैं। लेखक अपनी रुचि और प्रकृति के अनुसार विश्राम या रचनात्मक कार्य के लिए इनमें किसी भी स्थान को चुन सकते हैं। इस तथ्य से सोवियत में लेखकों की आर्थिक और सामाजिक स्थिति का कुछ आभास मिल सकता है।

याल्टा जाने पर नगर के दर्शनीय स्थानों के सम्बन्ध में उत्सुकता प्रकट करने पर सबसे पहले चेखोव स्मारक का नाम सुना। यों याल्टा में अन्य दर्शनीय स्थान भी बताये जाते हैं। उद्यान हैं, समुद्रतट पर विहार पथ है परन्तु सबसे पहले चर्चा चेखोव स्मारक की ही होती है। एण्टन चेखोव ने याल्टा की रमणीयता और स्वास्थ्यवर्द्धक वायु के आकर्षण से यहाँ अपने लिये मकान बना लिया था। सोवियत सरकार ने महान् लेखक की स्मृति में उस मकान को ठीक उसी रूप और अवस्था में सुरक्षित कर दिया है जैसे वह चेखोव के जीवनकाल में था। यह तो हुआ सरकार का दृष्टिकोण। विस्मय हुआ वहाँ दर्शकों की भीड़ देखकर। स्थान के परिचायक ने बताया कि प्रतिदिन औसतन डेढ़ सौ व्यक्ति उस साहित्यिक तीर्थ के दर्शन के लिए आ जाते हैं। याल्टा के अन्य उद्यानों और मार्गों पर भी अधिकांश में साहित्यिकों और कलाकारों की ही मूर्तियाँ दिखायी दीं। राजनीतिक नेताओं में से केवल एक विशाल मूर्ति, पत्तन के समीप चौक में लेनिन की दिखायी दी। याल्टा से लौटकर 'उक्रेनिया' होटल में स्थान मिल सका। इस होटल के सामने भी प्रकाण्ड मूर्ति उक्रेनिया के महाकवि 'शेवचेंको' की ही प्रस्तुत है।

इस यात्रा से पूर्व मास्को जाने पर सुना था कि कविगुरु रवि ठाकुर की रचनाओं के रूसी अनुवादों की बीस-पच्चीस लाख प्रतियाँ बिक जाती हैं। अपने देशों में पुस्तकों की बिक्री के विचार से संख्या अधिक जान पड़ी थी परन्तु रवि ठाकुर की रचनाओं के लिए ऐसी रुचि सुनकर अधिक विस्मय नहीं हुआ था। इस बार जब मैं अस्पताल में था, मास्को में रहनेवाले भारतीय मित्रों के अतिरिक्त मास्को विश्वविद्यालय के हिन्दी पढ़नेवाले विद्यार्थी, अध्यापक और कुछ सोवियत लेखक भी मिलने के लिए आ जाते थे। मेरे लिखे उपन्यास 'झूठा सच' के प्रथम भाग के रूसी अनुवादक लैव कुजनेत्सोव भी आये। वे रूसी में 'झूठा सच' की प्रतियाँ मुझे अपने हाथ से भेंट करना चाहते थे। बाज़ार से नयी प्रतियाँ ख़रीद सकने के लिए उन्हें काफ़ी दौड़-धूप करनी पड़ी। उन्होंने सन्तोष से बताया—सोवियत पाठकों को उपन्यास पसन्द आया है। इसलिए मूल उपन्यास लिखने में मेरे श्रम को और अनुवाद करने के उनके श्रम को भी सार्थक समझना चाहिए। उपन्यास पाठ्कों को कितना पसन्द आया है इसका अनुमान यों हो सकता है कि रूसी में एक हज़ार पृष्ठ से अधिक इस पुस्तक की १७०००० प्रतियाँ छपी थीं और अब बाज़ार में पुस्तक कई दुकानों का चक्कर लगाने के बाद मिली है, सब बिक गयीं।

मैं जानता हूँ, हमारी अपनी भाषा में इस पुस्तक की कितनी प्रतियाँ बिकी हैं। इससे अविश्वास की सीमा तक विस्मय हुआ। कुजनेत्सोव को सुझाया—आपकी संख्या में एक शून्य की अधिकता तो नहीं है? वे इतनी बड़ी भूल मानने के लिए तैयार नहीं हुए। एक और तथ्य से भी कुछ विस्मय हुआ। 'झूठा सच' के रूसी अनुवाद की पुस्तक की जिल्द हिन्दी पुस्तक की अपेक्षा अधिक दामों की है। परन्तु पुस्तक का दाम हिन्दी संस्करण की अपेक्षा दो-तिहाई ही है। सोवियत बाज़ारों में सभी वस्तुएँ सस्ती नहीं हैं। कुछ वस्तुएँ भारतीयों को बहुत महँगी भी जान पड़ेंगी, उदाहरणतः जूते, परन्तु पुस्तकें वहाँ आश्चर्यजनक रूप से सस्ते दामों पर मिल सकती हैं, मानो वे जीवन के लिए बहुत ही आवश्यक वस्तु हों। केवल रूसी भाषा में ही नहीं, अंग्रेज़ी तथा अन्य भाषाओं में छपी पुस्तकों के सम्बन्ध में भी यही बात है। अंग्रेज़ी के कुछ क्लासिकल उपन्यासों की बहुत अच्छी और बँधी हुई पुस्तकें मुझे

इतनी सस्ती जान पड़ीं कि दूर बोझ ले जाने की चिन्ता के बावजूद उन्हें ख़रीदे बिना न रह सका।

इस बात का भी प्रमाण मिला कि सोवियत के नागरिक पुस्तकें सुलभ होने का पूरा लाभ उठाते हैं। अस्पताल के पुस्तकालय में भी मुझे, कुछ वर्ष पूर्व सोवियत में प्रकाशित हुए मेरे उपन्यास 'दिव्या' की प्रति दिखायी दे गयी जो प्रति की अवस्था से काफ़ी पढ़ी गयी जान पड़ती थी। अस्पताल में कुछ रोगियों को मेरे भारतीय लेखक होने का पता चला तो मेरे रूसी भाषा के अज्ञान के कारण कठिनाई के बावजूद उन्होंने भारतीय साहित्य के प्रति अपनी रुचि का परिचय देने का यत्न किया। उन लोगों की जिह्वा पर कई भारतीय लेखकों के नाम थे–रवि ठाकुर के अतिरिक्त हरीन्द्र चट्टोपाध्याय, प्रेमचन्द, शरत, वल्लाथौल, अब्बास, कृष्ण चन्दर, वृन्दावनलाल वर्मा आदि। हिन्दी जाननेवाले हमारे आधुनिक लेखकों अज्ञेय, जैनेन्द्र, अश्क और राजेन्द्र यादव तक की चर्चा और उनकी रचनाओं की मीमांसा भी करना चाहते थे। सोवियत नागरिकों में साहित्यिक रुचि मास्को, लेनिनग्राद आदि प्रमुख नगरों तक ही सीमित नहीं है। मुझे मास्को के सोवियत लेखक संघ की मार्फत दूर देहात के कृषक पाठकों के भी दो पत्र मिले जिनमें 'झूठा सच'-जैसे और उपन्यास लिखने का और अपने सभी उपन्यासों का रूसी भाषा में अनुवाद कर देने का अनुरोध था।

सोवियत पाठकों की विशाल संख्या की रुचि को तृप्त करने का उत्तरदायित्व सोवियत के प्रकाशन-गृहों पर है। मास्को, लैनिनग्राद, कीव, ताशकन्द, अश्काबाद आदि नगरों में अनेक संस्थाओं के प्रकाशन-गृह हैं। मेरा अनुमान है कि संख्या तो उन्हीं प्रकाशन-गृहों की अधिक होगी जो प्राविधिक, वैज्ञानिक और शिक्षा-सम्बन्धी पुस्तकों का प्रकाशन करते हैं परन्तु व्यापकता उन प्रकाशन-गृहों के क्षेत्र की अधिक होगी जो साहित्यिक और कलात्मक रुचि के प्रकाशन करते हैं। रूसी की मूल रचनाओं से प्रकाशित पुस्तकों की संख्या तो प्रतिवर्ष सहस्रों तक पहुँचती ही है उसके अतिरिक्त अन्य भाषाओं से अनूदित रचनाओं के लिए भी सोवियत प्रकाशन-गृह गहरी खोज में रहते हैं। शायद ही कोई ऐसी पूर्वी या पश्चिमी भाषा होगी जिसका अध्ययन करनेवाले सोवियत में न हों, और इन भाषाओं की प्राचीन और अर्वाचीन उत्कृष्ट रचनाओं का रूसी में अनुवाद करने के लिए प्रयत्नशील न हों। मास्को में कम-से-कम दो बहुत बड़े-बड़े ऐसे प्रकाशन-गृह हैं—विदेशी साहित्य प्रकाशन-गृह और ललित साहित्य प्रकाशन-गृह - जो केवल साहित्य के प्रकाशन पर ही अपना ध्यान केन्द्रित किये हुए हैं। वे सभी भाषाओं से प्रकाशित नवीन रचनाओं के परिचय की खोज में रहते हैं और इस प्रयत्न में रहते हैं कि सुन्दर और रोचक विदेशी रचनाएँ सोवियत पाठकों के लिए सुलभ कर सकें।

समाज के पाठकों की रुचि जागरूक और गहरी होने पर लेखक का उत्तरदायित्व बढ़ जाता है। रूस तथा सोवियत के विभिन्न गणतन्त्रों के कथा और काव्य साहित्य की परम्पराएँ प्राचीन और समृद्ध हैं। उन परम्पराओं की नींव पर सोवियत के आधुनिक लेखक अपने साहित्य का विकास करने में प्रयत्नशील हैं। सोवियत के आधुनिक लेखकों और कवियों की अनेक रचनाएँ हमारी भाषा में अनूदित हो चुकी हैं और हमारे देश के पाठक अलैक्सी ताल्सताय, ईलिया एहरन बुर्ग, शोलोखोव, मायकोवस्की, तिखोनोव, पोलेवोय, लुकिनित्सकी, बर्दी कैर्बाबायेव आदि के नाम से परिचित हैं।

पूँजीवादी देशों या अपने-आपको व्यक्तिगत स्वतन्त्रता के रक्षक कहनेवाले देशों में धारणा है कि आधुनिक सोवियत साहित्य समाजवाद के प्रचार की दृष्टि से ही लिखा जाता है। सोवियत के लेखकों के निकट सम्पर्क में आने पर कोई भी व्यक्ति जान सकता है कि इन लेखकों को यह स्वीकार करने में संकोच नहीं है कि वे साहित्य-रचना की प्रक्रिया को सप्रयोजन मानते हैं। उनकी दृष्टि में साहित्य का प्रयोजन मानव समाज का सर्वतोन्मुखी विकास है और आधुनिक परिस्थितियों में वे मानव-समाज की व्यवस्था में फैले हुए अन्तर्विरोधों को दूर करने का उपाय समाजवाद की स्थापना और कम्युनिस्ट व्यवस्था तक पहुँच सकना मानते हैं। इसी दृष्टिकोण के कारण वे अपनी रचनाओं में पोजिटिव हीरो (समर्थ नायक), जिसे हम अपनी भाषा में अनुकरणीय व्यवहार भी कह सकते हैं, प्रस्तुत करना चाहते हैं। उनकी धारणा है कि सफल साहित्य पाठक के मन पर अपना प्रभाव अवश्य डालता है। ऐसा प्रभाव समाज हित के पक्ष में ही होना चाहिए।

अपने-आपको व्यक्तिगत स्वतन्त्रता के रक्षक पुकारनेवाले समाज के लेखकों की सोवियत लेखकों से यह शिक़ायत भी है कि वे अपनी शासन-व्यवस्था और आर्थिक तथा राजनीतिक पद्धति की आलोचना क्यों नहीं करते। सोवियत जाने पर पता लगता है कि पहली शिक़ायत तो वास्तविक स्थिति के अज्ञान के कारण है। सोवियत लेखक ही नहीं वहाँ के पत्रकार और पत्रों को सहयोग देनेवाले पाठक भी अपनी शासन-व्यवस्था के प्रबन्ध अथवा व्यवहार आदि में त्रुटि देखते हैं, उसकी आलोचना अवश्य करते हैं। वहाँ की सरकारी व्यवस्था ऐसी आलोचनाओं की न उपेक्षा करती है न उनका दमन करती है। ऐसी आलोचनाओं से संकेत लेकर व्यवस्था और व्यवहार-सम्बन्धी त्रुटियों को दूर करने का यत्न करती है। जहाँ तक आर्थिक और राजनीतिक पद्धति के मूल सिद्धान्तों का प्रश्न है, सोवियत नागरिक और लेखक उसमें अन्तर्विरोधों की उपस्थिति अनुभव नहीं करते इसलिए उनके विरुद्ध असन्तोष प्रकट करने में संगति नहीं देखते।

यह सच है कि सोवियत लेखक साहित्य को सप्रयोजन मानकर उसे मानव समाज के विकास का साधन बनाना चाहते हैं परन्तु वे साहित्य को केवल आर्थिक और राजनीतिक मत बनाने का साधन नहीं मानते। वे साहित्य को सांस्कृतिक, बौद्धिक और भावात्मक सन्तोष और अनुभूतियों का साधन भी मानते हैं। क्रैमलिन अस्पताल में शय्या पर पड़े-पड़े ऐसी अनेक सोवियत लघु कथाओं के अंग्रेज़ी अनुवाद मेरे हाथ लगे। उनमें से कुछ थीं– व्लादिमीर सोलोखिन की छोटी-छोटी कहानियाँ, 'विश्का', 'सफेद घास' और 'कठिन पाठ', स्तेफान ज्लोबिन की 'स्मरणीय भेंट', कोस्तिन फेदिन की 'केकड़े', निकोलाई चकोवस्की की 'पुल', ज्योर्जी गुलिया की 'अलोलो-अबोलो'। इसी सिलसिले में अलेक्जाण्डर सोलजैनित्सिन के छोटे उपन्यास 'ईवान के जीवन का एक दिन', ऐतमातोव के छोटे उपन्यास 'अम्मा का खेत' और पोस्तोवस्की के रोचक निबन्ध-संग्रह 'सुनहरी गुलाब' को भी किसी भी प्रकार प्रचारात्मक साहित्य की श्रेणी में सम्मिलित नहीं किया जा सकता।

(१९६५)

बात यह है कि बात कुछ भी नहीं

जीवन में अनुभवों के कभी ऐसे भी भँवर आ जाते हैं कि व्यक्ति प्राणान्तक आतंक अनुभव करता है और जब भय और आतंक का बहुत बड़ा बुलबुला फूटता है तो व्यक्ति अपनी भ्रान्ति से झेंप जाता है या मुस्कराकर रह जाता है। ऐसा एक अनुभव एक फ्रान्सीसी मित्र ने सुनाया था। उनकी बात, उन्हीं के शब्दों में कहता हूँ :

"मैं अनेक वर्ष पूर्व अपने सात वर्ष के पुत्र को लेकर पैदल सैर के लिए पहाड़ी प्रदेश में गया था। एक पड़ाव पर डाक बँगले में ठहरा हुआ था। लड़के को लेकर सूर्यास्त का दृश्य देखने के लिए तीन-चार मील दूर एक पहाड़ी चोटी पर चला गया था। बर्फ से ढँकी पर्वतमालाओं पर सूर्यास्त के दृश्य के सम्मोहन में अँधेरा आरम्भ हो जाने तक वहीं बैठे रहे। लौटते समय अँधेरे में पहाड़ी पगडण्डी से भटक गये। अँधेरे में राह भटके तो घबराहट में और भटकते गये। हम अँधेरे में दिशा न पहचान सकने के कारण तेज़ चलने के प्रयत्न में उलटी दिशा में बहुत दूर निकल गये। बालक थककर चलने में असमर्थ हो गया तो उसे पीठ पर उठा लेना पड़ा। एक पहर रात गये तक चलते-चलते कुछ खेत मिले और एक झोंपड़ी दिखायी दी। मैं लड़के को पीठ पर उठाये झोंपड़ी के पास पहुँचा तो झोंपड़ी के कुत्ते ने बहुत ज़ोर से भौंककर हमारे समीप आने पर एतराज किया। झोंपड़ी बहुत छोटी और काँटेदार बाड़ से घिरी हुई थी। गारे से पत्थर जोड़कर बनायी हुई दीवारें और फूस की छत। झोंपड़ी में प्रकाश नहीं था। कुत्ते के उत्तेजना से भौंकने और मेरे कई बार पुकारने पर झोंपड़ी की छत के समीप की छोटी-सी खिड़की खुली और झोंपड़ी के मालिक ने क्रोध में ललकारा, "कौन आया है आधी रात में? क्या काम है?"

मैंने बताया, "समीप पड़ाव पर डाक बँगले में ठहरा हुआ हूँ। सन्ध्या सैर को निकला था। पगडण्डियों में भटक गया हूँ। सड़क नहीं मिल रही है। साथ छोटा लड़का है। कृपा करके डाक बँगले तक पहुँचा दो तो बहुत कृपा होगी।"

किसान बिगड़ उठा, "जाओ, जाओ। इसे छह मील डाक बँगले तक पहुँचा दो! बड़े सैर करने आये। यहाँ जंगल में सैर करने को क्या रखा है। शहर के आवारा लोगों का क्या एतबार। चोरी-चकारी के सिवा तुम लोगों का क्या काम है। भाग जाओ यहाँ से नहीं तो हँसिये से काटकर दो टुकड़े कर दूँगा और कुत्ते को खिला दूँगा।"

मैंने बहुत गिड़गिड़ाकर विश्वास दिलाना चाहा, "मैं भला आदमी हूँ। साथ मेरा लड़का है। बच्चे के लिए दया की भीख माँग रहा हूँ। डाक बँगले में मेरा असबाब पड़ा है। चौकीदार से पूछने पर सब पता चल जायेगा।"

मैं गिड़गिड़ाकर प्रार्थना कर रहा था तो झोंपड़ी में दीया जल जाने से धुँधला-सा प्रकाश हो गया और एक स्त्री दीया लिये खिड़की के समीप आ गयी। स्त्री ने दीया खिड़की से बढ़ाकर मुझ पर प्रकाश डाला और दूसरे हाथ से अपनी आँख को ओट देकर ध्यान से देखा। किसान ने भी अपना सिर खिड़की से बाहर निकाल लिया। दीये के बहुत समीप उसकी छोटी घुँघराली दाढ़ी-मूँछ से ढँका चेहरा बहुत भयंकर लग रहा था। स्त्री का चौड़ा-चकला चेहरा भी निर्दय और कठोर लग रहा था। बोल पड़ी, "अरे इतने छोटे बच्चे को लेकर इस समय कहाँ जायेगा। ठहरो, खोलते हैं दरवाज़ा।"

किसान बिगड़कर बोला, "क्या कहती है तू? कहाँ रख लेगी। गैया को बाहर निकाल देगी कि मुर्गे को बाहर फेंक देगी?"

स्त्री ने कहा, "अच्छा-अच्छा हो जायेगा।" और दीया खिड़की के भीतर कर लिया।

कुछ मिनट बाद झोंपड़ी का दरवाज़ा खुला। स्त्री दीया लिये दरवाज़े में रही। किसान ने कुत्ते को चुप कराया और बाड़ का दरवाज़ा खोलकर मुझे भीतर ले लिया।

झोंपड़ी बहुत छोटी, वैसी ही थी जैसी ग़रीब पहाड़ी किसानों की होती है। झोंपड़ी के भीतर छोटा-सा जीना बनाकर परछत्ती डाल देते हैं। रात में जानवरों को नीचे के भाग में बाँध लेते हैं और परछत्ती के ऊपर के भाग में उनकी गृहस्थी रहती है।

झोंपड़ी में एक गाय बैठी जुगाली कर रही थी। उसने दीये के प्रकाश में अपरिचितों को देखकर फुंकार दिया। एक ओर बड़े-से औंधाये हुए टोकरे के भीतर से मुर्गे ने निद्रा भंग होने से खिन्नता प्रकट की। स्त्री ने किसान से कहा, "तुम थोड़ी फूस निकालकर यहाँ बिछा दो। हम यहाँ पड़ रहेंगे। इन्हें ऊपर पहुँचा देती हूँ।" स्त्री ने जीने पर क़दम रखते हुए कहा, "मैं रोशनी दिखाती हूँ। लड़के को सँभालकर ऊपर ले आओ।"

परछत्ती पर एक नीची-सी खाट थी। खाट पर बहुत गन्दा, चिथड़ा-सा बिस्तर था। स्त्री ने बिस्तर की ओर संकेत किया, तुम लोग उस पर सो रहो और स्वयं कोने में एक के ऊपर एक रखी हाँड़ियों में टटोलने लगी। उसने गुड़ का एक बड़ा-सा टुकड़ा मेरे सामने करके कहा, भूखे तो होगे ही, लो बच्चे को खिला दो। तुम भी एक टुकड़ा खा लो और पानी पी लो। उसने कोने में पड़े घड़े से लेकर एक लोटा पानी खाट के समीप रख दिया। दीया लेकर जीना उतरती हुई कहती गयी, क्या करूँ, घर में आटा ही नहीं है। आज साँझ ही चुक गया। सुबह ही पनचक्की पर जाना होगा। स्त्री नीचे उतर गयी तब भी नीचे से असन्तुष्ट किसान के बड़बड़ाने की और कुछ उठाने-धरने की आहट आ रही थी। कुछ देर बाद अँधेरा हो गया।

लड़का थोड़ा गुड़ खाकर और कुछ पानी पीकर तुरन्त सो गया। मुझे गन्दे बिस्तर की गन्ध से उबकाई-सी अनुभव हुई परन्तु कुछ देर बाद झपकी आ गयी। किसी तरह जागता – सोता, थकावट से चूर शरीर से करवटें बदलता रहा कि राह दिखायी देने योग्य उजाला हो जाये तो उठकर चल दें।

खिड़की की साँधों से पौ फटती जान पड़ी। सोचा ज़रा अच्छा उजाला हो जाये। तभी नीचे से दबे स्वर में फुसफुसाहट-सी सुनायी दी। किसान की आवाज़ थी :

"तो फिर क्या कहती हो?"

स्त्री का स्वर सुनायी दिया, "कहना क्या है, तुम कर डालो न। छुरा उस ताक में रखा है। हाँ, देखो गर्दन से ही पकड़ना कि आवाज़ न निकल सके।"

मेरे रोम-रोम से पसीना छूट गया। शरण माँगकर पिंजड़े में बन्द हो गया हूँ। कह दूँ, मेरे पास जो कुछ है, ले लो और जान बख़्श दो।

नीचे से मर्द की आवाज़ सुनायी दी, "छोटे को तो रहने दो। मेरा मन नहीं करता।"

मेरे दिल की धड़कन बढ़ गयी। स्त्री का दबा हुआ स्वर सुनायी दिया, "अब करना ही है तो छोटे को भी ख़तम करो। मन न करने की क्या बात है।"

मेरा सिर चकरा गया। नींद में बेसुध पुत्र को बाँहों में ले लिया। सोचा कि स्वयं ही उन्हें पुकारकर, गिड़गिड़ाकर प्रार्थना करूँ परन्तु गले ने साथ तक न दिया। यह जानकर कि मैंने उनकी बात सुन ली है वे हमें कभी छोड़ेंगे ही नहीं, अभी तो वे बात ही कर रहे हैं। भगवान् उनके हृदयों में दया दे।

मर्द ने कहा, "अच्छा, तो तू तब तक बाहर देख।"

नीचे से क़दमों की दबी-दबी चाप सुनायी दे रही थी। मैंने बटुआ जेब से निकालकर हाथ में ले लिया और सतर्क आँखें जीने की ओर लगाये रहा कि आक्रमणकारी को ऊपर आते ही देख सकूँ। नीचे किवाड़ों के खुलने की आहट हुई परन्तु ऊपर कोई न आया। मैं पसीना-पसीना हो रहा था। एक-एक क्षण युग के समान लम्बा जान पड़ रहा था और आशा कर रहा था कि संकट का क्षण जितनी देर टल जाये अच्छा है। मैं पिंजड़े में बन्द अपनी और अपने पुत्र की मृत्यु को टाल सकनेवाले चमत्कार के लिए भगवान् को गुहार रहा था। सूर्य का प्रकाश हो जाने पर ये पापी हत्या का साहस न कर सकेंगे। सम्भव है तब तक समीप के खेतों में दूसरे लोग भी आ जायें।

पुत्र नींद में बेसुध सोया हुआ था। उसे जगाने का साहस नहीं हो रहा था कि मेरे जाग जाने की आहट पाकर वे तुरन्त ऊपर न लपक आयें।

जीने पर क़दमों की आहट सुनते ही मेरा रोम-रोम पुनः खड़ा हो गया। मैं खाट पर सीधा होकर बैठ गया। एक हाथ में बटुआ था और दूसरा हाथ पुत्र की रक्षा के लिए उसके ऊपर रख दिया। जीने पर किसान का चेहरा दिखायी दिया। आँखें मिलने पर वह मुस्करा दिया। "नींद खुल गयी", उसने पूछा, "मैं तो जगाने के लिए ही आ रहा था। धूप चढ़ जाने पर बच्चे को लेकर इतनी दूर जाने में परेशानी होगी।" वह कहता गया, "ग़रीब के घर मेहमान आयें तो भी दुर्भाग्य ही समझो। रात तुम आये तो घर में खाने को कुछ नहीं था। घरवाली ने कहा, इस समय भी कुछ खिलाये-पिलाये या रास्ते में खाने के लिए कुछ दिये बिना कैसे विदा कर दें। बच्चा भी साथ है। आटा कल साँझ चुक गया था। एक मुर्गा ही था। वह तुम्हारे लिये भून दिया है और एक पाँच-छह महीने का चूजा था, सो बच्चे के लिए भून दिया है।" किसान ने मैले-से काग़ज़ में लम्बी घास से बँधी हुई पोटली मेरे सामने कर दी और बोला, "चाहो तो नीचे चलो, कुल्ला करके, मुँह धोकर अभी खा लो। मन चाहे तो रास्ते में खा लेना।"

मस्तिष्क को दबाये भय का घटाटोप ऐसे विलीन हो गया जैसे उँगली छू जाने से बुलबुला फूट जाता है। भय की घटा मिटकर सहसा मस्तिष्क साफ़ हो गया और किसान के

कठोर भयंकर चेहरे से मानव की सहृदयता की स्निग्ध किरणें छिटकती दिखायी देने लगीं। मैं अपने मन के भय के कारण सन्देह में कुछ-का-कुछ समझ लेने के लिए लज्जित हो गया।

मैंने लजाकर किसान को मुर्गे का मूल्य देने के लिए दस रुपये का नोट उसकी ओर बढ़ा दिया।

किसान ने हँस दिया ''बाबू, तुम तो शहर के पढ़े-लिखे अमीर आदमी हो। भला कहीं आतिथ्य का मूल्य भी लिया जाता है। बाबू, हम होटलवाले थोड़े ही हैं।''

●

आदर्श दम्पती

किसी व्यवहार को आदर्श की संज्ञा दे दी जाती है तो स्वभावतः उसे अनुकरणीय भी मान लिया जाता है। आदर्श दम्पती की चर्चा करते समय यही अभिप्राय होता है कि पति-पत्नी के किस प्रकार के व्यवहार को अनुकरणीय माना जाय। ऐसा विचार करते समय यह सावधानी आवश्यक है कि हमें पति-पत्नी के सम्बन्धों और आचरणों पर, सामयिक व्यावहारिकता की भूमि पर गौर करना है।

हम प्रायः ही आदर्शों को निश्चित करते समय अतीत की स्वीकृतियों का सहारा लेना उचित समझते हैं। मुझे सामाजिक जीवन के सभी क्षेत्रों में, अतीत के विश्वासों और सामयिक वैयक्तिक तथा सामाजिक व्यवहारों में अन्तर्विरोध दिखायी देता है। हम आदर तो परम्परागत मान्यताओं अथवा आदर्शों का करना चाहते हैं परन्तु जीवन आवश्यकताओं की मज़बूरियाँ हमारे व्यवहारों को चेतन अथवा अचेतन में सामयिक परिस्थितियों के अनुकूल बना देती हैं। इस तथ्य को हम जीवन निर्वाह के लिए आवश्यक वस्तुओं के उत्पादन और रोज़मर्रा के अपने रहन-सहन, पोशाक से लेकर आर्थिक, सामाजिक तथा राजनीतिक व्यवस्थाओं में स्वीकार करने के लिए मज़बूर हैं। बहुत स्थूल उदाहरण तो हमारे देश और समाज की शासकीय अथवा राजनीतिक व्यवस्था है। डेढ़-दो शताब्दी पूर्व तक हम देश के शासक अथवा राजा का अधिकार और स्थान भगवान् द्वारा दिया हुआ, वंशक्रमानुगत और प्रजा के पिता का मानते थे। आज हम सरकारी नौकरों को छोड़कर जिनका काम केवल शासन की नीति निश्चित करनेवालों के आदेशों को पूरा करना है, वास्तविक शासकों को स्वयं ही चुनते हैं या ऐसे लोग शासन का अधिकार और अवसर पाने के लिए हमारे सामने वोट के लिए झोली पसारे घूमते हैं। उनसे असन्तुष्ट होने पर, पाँच वर्ष बाद उन्हें बदल भी सकते हैं। हमारे देश और समाज में गृहस्थ जीवन अथवा दाम्पत्य के सम्बन्ध और व्यवहार भी परिस्थितियों के प्रभावों और आवश्यकताओं के कारण, प्राचीन मान्यताओं के अनुसार नहीं चल पा रहे हैं। एक स्थूल परिवर्तन तो हमारे गृहस्थों अथवा परिवारों की व्यवस्था और रूप में यह हो चुका है कि संयुक्त परिवारों अथवा कुनबों की प्रणाली सम्भव नहीं रही। परिवारों अथवा गृहस्थों का रूप और व्यवस्था एक दम्पती और उनकी सन्तान के परिपार्श्व तक ही सीमित हो गया है। इन छोटे-छोटे सीमित परिवारों में भी पति-पत्नी के वैयक्तिक स्थान, कर्त्तव्य और अन्योन्याश्रयता उस प्रकार के नहीं रहे जैसे आज से पचास वर्ष पूर्व भी थे। इन परिवर्तनों का मुख्य कारण है, हमारे जाने या अनजाने में, गृहस्थ अथवा परिवार निर्माण के

प्रयोजन में ही परिवर्तन आ जाना। प्रश्न की बहुत सीधी पकड़ के लिए हम कह सकते हैं कि अतीत की नैतिक और आचार-सम्बन्धी आदर्श मान्यताओं के अनुसार गृहस्थ जीवन अथवा दाम्पत्य सम्बन्धों का प्रयोजन था वंश रक्षा, मानव समाज की वृद्धि या सन्तानोत्पत्ति। कालिदास ने रघुवंश में महाराजा दिलीप की प्रशंसा करते समय सूर्यवंश की आचारनिष्ठा की घोषणा की है 'प्रजायै गृहमेधिनाम्' अर्थात् सन्तानोत्पत्ति के लिए ही गृहस्थ अथवा दाम्पत्य स्वीकार करनेवाले। तत्कालीन समाज में गृहस्थ अथवा दाम्पत्य के इस प्रयोजन के अनुकूल ही शंका के अवसर से रहित और अधिकतम सन्तान प्राप्त कर सकने के लिए ही पारिवारिक आदर्शों की, पति-पत्नी के कर्त्तव्यों अथवा अधिकारों और उनके सम्बन्धों के आदर्शों की कल्पना की गयी थी। इस प्रयोजन अथवा आदर्श को मानकर परिवार में पति का स्थान अथवा अधिकार कर्त्ता का था। पत्नी परिवार के योजन का क्षेत्र थी, उसका अधिकार सुरक्षा और सम्मानपूर्ण भरण-पोषण का था। पत्नी के लिए सम्मानपूर्ण सम्बोधन गृहिणी इत्यादि थे। पत्नी के अधिकार और सीमा का क्षेत्र परिवार का आँगन था। पत्नी के लिए अति सम्मान की कल्पना का आदर्श उसका असूर्यम्पश्या अर्थात् उसका घर के भीतर इतना बन्द रहना था कि उस पर सूर्य की किरण भी न पड़ सके। भद्र, सम्पन्न और अभिजात वर्ग में किसी की पत्नी का कुशल मंगल पूछ लेना भी वार्त्तालाप का सम्मानित ढंग नहीं माना जाता था। यदि गृहिणी के स्वास्थ्य के विषय में जिज्ञासा करनी हो तो प्रश्न किया जाता था—बाल-बच्चे स्वस्थ व प्रसन्न हैं? उस समय के सुसंस्कृत वर्ग का कोई व्यक्ति कल्पना या महत्त्वाकांक्षा नहीं कर सकता था कि उसकी बेटी देश की मन्त्री अथवा प्रधानमन्त्री बन जाये। बेटी की सबसे बड़े सौभाग्य की कल्पना यही हो सकती थी कि वह सुध-बुध सँभालने के पूर्व किसी सम्मानित और समृद्ध वंश का क्रम सुरक्षित रखने के लिए ससुराल चली जाये।

नारी के जीवन की सफलताओं के सम्बन्ध में हमारी कल्पनाओं और महत्त्वाकांक्षाओं में यह परिवर्तन हमारे देश और समाज की सामयिक नारी के विचारों और व्यवहारों पर प्रभाव डाले बिना कैसे रह सकता है? यदि हम अपने देश की आधुनिक नारी के व्यक्तित्व में इस परिवर्तन को स्वीकार करते हैं तो उसे अतीत के पारिवारिक और दाम्पत्य सम्बन्धों के आदर्शों में कसे रखने की आशा कैसे कर सकते हैं? आज हम पत्नी के लिए भी कर्त्ता के रूप में उन सब अधिकारों को स्वीकार करने के लिए मज़बूर हैं जिन्हें अतीत में केवल पति के लिए करते आये हैं। ऐसी हालत में हमें पति-पत्नी के सम्बन्धों के आदर्शों के विषय में भी अपनी कल्पनाएँ बदलनी पड़ेंगी।

आदर्श दम्पती के सम्बन्ध में मान्यताओं अथवा कल्पनाओं को बदलने की मज़बूरी का मुख्य कारण है सामयिक परिस्थितियों में गृहस्थ, विवाह अथवा दाम्पत्य सम्बन्ध के मूल प्रयोजनों का बदल जाना। प्राचीन आचार निष्ठा में आस्था की प्रतिज्ञा निबाहना चाहनेवाले लोग आज भी दाम्पत्य सम्बन्ध का प्रयोजन सन्तानोत्पत्ति मानना चाहेंगे परन्तु यह बात न वास्तविक है और न व्यावहारिक। यह बात सुनने में बुरी लग सकती है परन्तु सच्चाई यह है कि देश-समाज की परिस्थितियों के कारण देश के अधिकांश समझदार लोग और देश की सरकार भी जनता से सन्तति-निग्रह अथवा परिवार-नियोजन का अनुरोध करने के लिए मज़बूर हो गयी है। आज हमारे ही देश-समाज में नही बल्कि संसार के सभी सभ्य देशों में समझदार लोगों की राय है और अनुभव भी है कि परिवार को सुखी रखने और उन्नति तथा विकास का अवसर देने के लिए आदर्श परिवार वह है जिसमें सन्तान की संख्या दो अथवा तीन से अधिक न हो।

अब प्रश्न हो सकता है कि क्या दो अथवा तीन सन्तानें हो जाने के पश्चात् दाम्पत्य सम्बन्ध की आवश्यकता, प्रयोजन या सार्थकता रह जायगी? यथेष्ट सन्तानें हो जाने के बाद भी कुछ लोग दाम्पत्य सम्बन्ध की आवश्यकता इसलिए समझेंगे कि परिवार के स्वामी कर्त्ता पति को गृहकार्य, सन्तान के पालन अथवा अपनी सेवा के लिए पत्नी की आवश्यकता रहेगी। इस उत्तर पर आधुनिक नारी की दृष्टि से विचार कीजिये। वह अपने जीवन की सम्पूर्ण सम्भावनाओं और सामर्थ्य को गृहसेवा अथवा सन्तान पालन के लिए सीमित कर देने के लिए तैयार न होगी। आज के सभ्य समाज में नारी स्वयं को नर अथवा परिवार की सेविका मानने के लिए तैयार नहीं। वह जीवन के सभी क्षेत्रों में पुरुष के समान सामर्थ्य और सफलता पाकर दिखा रही है कि वह घर की चहारदीवारी की बन्दी बनने के लिए तैयार नहीं। वह पुरुष से बाल-भर या रत्ती-भर भी दबने के लिए तैयार नहीं। इसलिए आज दाम्पत्य जीवन के आदर्श की कल्पना पति-पत्नी की पूर्ण समता और अवसर की समता के आधार पर करनी होगी।

आज हमें यह मान्यता छोड़नी पड़ेगी कि विवाहित जीवन अथवा दाम्पत्य सम्बन्ध का प्रयोजन अथवा आदर्श सन्तानोत्पत्ति मात्र और पति के लिए सेवा पा सकने का अवसर है। आज हमें मानना पड़ेगा कि दाम्पत्य सम्बन्ध का प्रयोजन पारस्परिक सहयोग से जीवन को अधिक-से-अधिक सन्तोषपूर्ण बनाना है। यह भी मानना पड़ेगा कि दाम्पत्य सूत्र में बँधे हुए पति और पत्नी सब प्रकार से समान अवसर के अधिकारी और परस्पर दमन से मुक्त स्वतन्त्र व्यक्तित्व रखनेवाले व्यक्ति हैं। परस्पर अनुराग के कारण पति-पत्नी बन जाने पर भी उनके कार्यक्षेत्र, रुचियों और प्रवृत्तियों में भेद हो सकता है और दोनों को ही सन्तोष और सार्थकता अनुभव करने के अवसर का पूर्ण अधिकार होना आवश्यक है। दाम्पत्य सम्बन्ध का प्रयोजन परस्पर दमन और नियन्त्रण का अधिकार न मानकर परस्पर सहायक होना मानना होगा। दाम्पत्य सम्बन्ध के क्षेत्र की पूरी मीमांसा तो बहुत ब्योरे की बात होगी। संक्षेप में इतना ही पर्याप्त समझना चाहिए कि सामयिक परिस्थितियों में वही दम्पती सुखी, सफल और अनुकरणीय होंगे जो एक-दूसरे के प्रति सद्भावना, सहायता और सहानुभूति से एक-दूसरे की रुचियों और आवश्यकताओं का आदर करते हुए अधिकतम सहनशीलता का व्यवहार कर सकें।

•

मेरे क्रान्तिकारी साथी : अमर शहीद चन्द्रशेखर आज़ाद

जिन साथियों से जीवन-मरण का सम्बन्ध रहा हो, जब-तब उनकी याद आ जाना स्वाभाविक है। किसी भी पुराने साथी की याद आपसी सम्बन्धों के किसी ख़ास पहलू के रूप में आती है। कभी साथ उठाये कष्टों के रूप में, कभी साथ भोगे सन्तोषों की याद से, कभी आपसी भरोसे और अन्योन्याश्रय के रूप में। फ़रारी के जीवन में लगभग डेढ़ वर्ष के अति निकट सम्पर्क में इस प्रकार की प्रायः सभी स्थितियाँ मैंने भाई आज़ाद के साथ भोगी थीं। उस संगति का अन्त २७ फरवरी, सन् १९३१ की सुबह लगभग नौ बजे हो गया था। परन्तु उन सब स्मृतियों के जमघट में मुझे भाई चन्द्रशेखर आज़ाद की याद सदा अपने उस समय के नेता के रूप में ही आती है।

नेतृत्व के गुण या नेता की पहचान क्या है; यह चर्चा बहुत लम्बी हो सकती है। आसानी से यह भी कहा जा सकता है कि नेता देशकाल और प्रस्तुत समस्याओं के अनुकूल होता है। भाई आज़ाद के सम्बन्ध में कहना चाहूँगा कि उनमें नेतृत्व की प्रकट तड़क-भड़क, सम्मोहन वाग्मिता न होने पर भी उनमें अपनी सच्चाई से दूसरे का विश्वास और सहयोग पा लेने की क्षमता थी। अपने इसी गुण या प्रकृति से वे अपने पीछे किसी बड़े संगठनात्मक या सशस्त्र बल के बिना हिन्दुस्तान समाजवादी प्रजातन्त्र सेना के जाँबाज़ साथियों को अपने साथ बाँधे हुए थे। साथियों में अनेक प्रश्नों पर मतभेद हो जाने पर भी सबको संगठित रखने और सहयोग पा सकने में सफल रहे। निस्संकोच स्वीकार करता हूँ कि उनकी शहादत के बाद जब साथियों ने आज़ाद के समान केन्द्र बन सकनेवाले साथी के अभाव में संगठन का उत्तरदायित्व मुझ पर डाला तो आज़ाद की अपेक्षा अधिक पुस्तक ज्ञान और तर्कशक्ति के बावजूद मैं उस उत्तरदायित्व को उनकी तरह नहीं निभा सका या सफल न हो सका। यह बात अपने लिये ही नहीं दूसरे साथियों के लिए भी कहूँगा। हिन्दुस्तान समाजवादी प्रजातन्त्र सेना के उस समय के कार्यकर्त्ताओं में भगतसिंह, भगवतीचरण वोहरा, सुखदेव और दूसरे अनेक साथी हमारी तत्कालीन पहुँच के अनुसार सिद्धान्तों और नीति को समझने के लिए निरन्तर अध्ययन करते थे। उस पर चर्चा और विवाद भी ख़ूब होता था। आज़ाद स्वयं पुस्तकें न पढ़ने पर भी उस सब चर्चा को बहुत मनोयोग से सुनते थे। किसी ख़ास पुस्तक की चर्चा होने पर दूसरी आवश्यकताओं की उपेक्षा कर वह पुस्तक ज़रूर प्राप्त की जाती और उस पर चर्चा भी होती। आज़ाद की सैद्धान्तिक चेतना के प्रसंग में अन्तिम बात कहूँगा। हमारे दल ने अपनी विचारधारा को स्पष्ट करने के लिए गाँधी जी के लेख 'कल्ट आफ दी बम' के उत्तर

में 'फ़िलासफ़ी आफ द बम' नाम का पर्चा दल की ओर से प्रकाशित किया था। उसका अनुवाद मेरे संस्मरण 'सिंहावलोकन' में मौजूद है। यह पर्चा मुख्यतः भाई भगवतीचरण वोहरा ने लिखा था, उसमें मेरा भी सहयोग था। मैं गर्व अनुभव करता हूँ कि आज चालीस-बयालीस वर्ष बाद हमारी वर्तमान प्रधानमन्त्री राष्ट्रीय सरकार के लिए जिन लक्ष्यों को स्वीकार कर रही हैं, वे सब उस पर्चे में मौजूद हैं।

अस्तु बात भाई आज़ाद की कह रहा हूँ। पर्चा भाई आज़ाद के दल के उपनाम 'बलराज, कमाण्डर-इन-चीफ, हिन्दुस्तान समाजवादी प्रजातन्त्र सेना' के नाम से प्रकाशित किया जाना था। भाई आज़ाद ने उस पूरे पर्चे को तीन-चार बार पूरा पढ़वाकर उसके प्रत्येक पैरा पर लम्बी चर्चा कर लेने के बाद ही उस पर हस्ताक्षर करके उसके प्रकाशन की अनुमति दी थी। उस पर्चे का तत्त्व था—हिन्दुस्तान समाजवादी प्रजातन्त्र सेना इतिहास में स्वतन्त्रता-प्राप्ति के लिए उपयोग किये गये सभी सम्भव उपायों से एक लोकायत (सेक्यूलर) समाजवादी जनतन्त्र द्वारा मानवमात्र को जीवन के समान अवसर और अधिकार देने के लिए लड़ रही है। यही वास्तविक अहिंसा और मानववाद है। मैं आज़ाद के विचार पक्ष की चर्चा में ही उलझ गया हूँ। जान-बूझकर स्वयं को प्रकट में साधारण बनाये रखनेवाले उस महान् व्यक्तित्व के बारे में दस मिनट में कहा भी क्या जा सकता है।

मैं आज़ाद को सदा अपने नेता के रूप में क्यों याद करता हूँ? विदेशी शासन से देश की स्वतन्त्रता के लिए प्रयत्न भारत में अंग्रेज़ी शासन जम सकने के समय ही आरम्भ हो गये थे। उनकी कहानी बहुत लम्बी है। उस लम्बी कहानी में आज़ाद सामने आते हैं ऐसे ही प्रयत्नों में से काकोरी की घटना से। काकोरी की घटना के बाद गिरफ़्तारियों से सशस्त्र संगठन को बहुत धक्का लगा था। एक ओर गिने-चुने गुप्त रहने के लिए मज़बूर मुट्ठी भर लोग दूसरी ओर अमित साधन सम्पन्न ब्रिटिश सरकार जो अपनी सुरक्षा के लिए लाखों भारतीयों को अपना क्रीतदास बनाये थी। उस घटना के बाद उस दल के शेष रह जानेवाले तीन-चार लोगों में आज़ाद थे। आज़ाद के मन में विदेशी दासता के विरुद्ध घृणा की ज्वाला के उदाहरण के लिए एक ही बात पर्याप्त है। आज़ाद ने चौदह ही वर्ष की आयु में विदेशी राज विरोध प्रदर्शन में भाग लेकर सज़ा पायी थी। चौदह वर्ष के बालक को जेल नहीं हो सकती थी परन्तु अदालत में आज़ाद का व्यवहार सरकार के लिए इतना असह्य था कि उन्हें बारह कोड़े लगाने की सज़ा दी गयी थी। जेल में लगाया जानेवाला कोड़ा मामूली चीज़ नहीं होती। एक ही कोड़े की चोट से शरीर से ख़ून फूट पड़े और अच्छा तगड़ा व्यक्ति अचेत या अधचेत हो जाये। परन्तु आज़ाद प्रत्येक कोड़े के बाद वन्देमातरम् का नारा लगाते रहे। और विदेशी दासता से घृणा की यह आग आज़ाद के प्राणों में अन्तिम श्वासों तक बनी रही।

अभिप्राय यह कि काकोरी की घटना भावात्मक उत्तेजना उत्पन्न कर देने पर भी सशस्त्र संगठन के लिए बहुत बड़ी चोट थी। उस समय १९२६ में देश के अनेक भागों पंजाब, बिहार, उत्तर प्रदेश, महाराष्ट्र, बंगाल सभी जगह जाँबाज़ लोग सशस्त्र प्रयत्नों के लिए व्याकुल थे परन्तु प्रत्येक व्यक्ति और दल दूसरे से विच्छिन्न, सशंक। किसी का विश्वास करने का मतलब स्वयं को फाँसी के लिए सौंप देना। लम्बी बात का अर्थ है उस समय उन जवानों को परस्पर विश्वास भरोसे के सूत्र में बाँध सकने का काम आज़ाद ही कर सके थे। यही कारण है मैं उन्हें सदा अपने नेता के रूप में याद करता हूँ।

आज़ाद कहते थे हम सरकार को स्वीकार नहीं करते इसलिए सरकारी अदालत के सामने न्याय के नाटक में कठपुतली नहीं बनेंगे। हम स्वतन्त्रता के लिए लड़नेवाले सैनिक हैं और समर में खेत रहेंगे। आज़ाद ने अपनी वह बात २७ फरवरी, १९३१ शत्रु से सामना में शरीर गोलियों से छिद जाने पर, अपनी अन्तिम गोली स्वयं कनपटी पर मारकर पूरी कर दी।

अन्तिम बात कहना चाहता हूँ—आज़ाद विदेशी शासन से मुक्ति को जनता की स्वतन्त्रता का पहला क़दम मानते थे। उनकी दृष्टि में जनता की स्वतन्त्रता का अर्थ था, जनता की शोषण से मुक्ति। और उनके संघर्ष का लक्ष्य था—देश की सम्पूर्ण जनता को समान रूप से आत्मनिर्णय का अधिकार और अवसर। आज़ाद के वीरगति प्राप्त करने के चालीस वर्ष बाद जब हमारी पूरी राष्ट्रीय व्यवस्था अपना लक्ष्य जनता की ग़रीबी अर्थात् शोषण को समाप्त करके सबको समान अवसर और अधिकार देना मानती है तो सान्त्वना अनुभव करता हूँ कि आज़ाद की पुकार आज भी देश में गूँज रही है।

१९६७

साहित्य और साहित्यकार

केरल की साहित्य-प्रेमी जनता और केरल के प्रबुद्ध लेखक बन्धुओं, श्रीमती यशपाल और मैं आपका अभिनन्दन करते हैं।

हमारा निवास केरल के सुरम्य प्रदेश से हज़ारों किलोमीटर दूर है। हमारे प्रदेशों के बीच अनेक भौगोलिक बाधाएँ और अनेक भाषाओं की दीवारें हैं। उन सब भिन्नताओं और व्यवधानों के बावजूद आपने पहली बार आठ वर्ष पूर्व अपने साहित्यिक विमर्श के सम्मेलन में मुझे निमन्त्रित किया था। वैसा ही सौभाग्य आज मेरे लिये दूसरी बार आया है। आपके इस निमन्त्रण से मैं आश्वासन पाता हूँ कि मेरे साहित्यिक श्रम के लिए आपका प्रबुद्ध साहित्यिक समाज सराहना, समर्थन और सहानुभूति अनुभव करता है। आपकी इस उदार गुणग्राहकता के लिए मैं पुनः कृतज्ञता सहित आपकी गुणग्राहकता का अभिनन्दन करता हूँ और इससे अपने कार्य के लिए समर्थन का बल और उत्साह अनुभव करता हूँ।

मेरे श्रम के लिए आपकी सराहना प्रमाण है कि भौगोलिक व्यवधानों, भाषाओं के भेदों के बावजूद भारत राष्ट्र के सभी भागों के समसामयिक साहित्य की अन्तः अनुभूति और प्रेरणा समान अथवा एक ही हैं। हमारे वृहद राष्ट्र की अनेक भाषाओं के साहित्यों के मनकों को एक ही अनुभूति, भावना, प्रेरणा और जनगण के अपने जीवन की रक्षा और विकास के लिए उच्छ्वासों के सूत्र में पिरोये रखनेवाला भारतीय साहित्य ही हमारे राष्ट्र की एकता का प्राण अथवा अटूट सूत्र है। मानव अनुभूतियों के पुंजस्वरूप साहित्य के माध्यम से मानवीय भावना की एकता केवल हमारे राष्ट्र की सीमाओं में ही बँधी हुई नहीं है। साहित्य के माध्यम से मानव अनुभूतियों का आदान-प्रदान और परस्पर प्रभाव अन्तरराष्ट्रीय सीमाओं को लाँघकर विश्वमानव, विश्वशान्ति और विश्वमैत्री के प्रयत्नों में सहायक हो रहा है। संसार के सभी मानववादी (ह्युमैनिस्ट) लेखक विश्वमानवता के स्वप्न को मूर्त रूप देने के प्रयत्न में लगे हैं।

केरल के प्रबुद्ध लेखकों, मुझे विश्वास है कि आपके इस सम्मेलन का प्रयोजन समसामयिक समाज अर्थात् जनगण के जीवन की रक्षा और विकास के अवसर के लिए संघर्ष का समर्थन और उसे सबल बनाने में सहायक होना है। ऐसी चर्चा में सम्मिलित हो सकने से मैं गहरा सन्तोष अनुभव करता हूँ और इस विचार और प्रयत्न के लिए आपको बधाई देता हूँ। हम सब इस कार्य में सहयात्री होने के नाते जानते हैं कि हमारा यह काम कठिन है। हम अपना लक्ष्य या अपने विचार से समाजहित का मार्ग विधि-निषेध या क़ानूनों के रूप

में नहीं बना सकते। न हम जनगण को अपने विचारों के अनुसार चलने के लिए दण्ड और शस्त्रों के बल का भरोसा कर सकते हैं। साहित्यिक अथवा सर्जनात्मक लेखन का शस्त्र केवल भावोद्रेक की रसात्मक अभिव्यक्ति है। लेखक को अपनी ऐसी अभिव्यक्ति के साधन से ही जनता की भावनाओं, विचारों और विश्वासों को न्याय के लिए संघर्ष के मार्ग पर चलाना है। यह काम वास्तव में परम्परागत विश्वासों और मान्यताओं के साँचे में ढले जनगण की रक्षा और उनका सामर्थ्य बढ़ाने के लिए उन्हें समयानुसार नया मनुष्य या नया समाज बनाने का यत्न है। हम जानते हैं, यह काम बहुत कठिन है। हम यह भी जानते हैं कि हम यह कठिन काम विधि-निषेध और दण्ड बल से नहीं कर सकते। हमें यह काम कलात्मक आवरण में करना होगा। हमें समाज की परम्परागत मान्यताओं के अन्तर्विरोधों को स्पष्ट करके नयी दृष्टि जगानी होगी। इस नवीन समयानुकूल दृष्टि से पाठकों में आधुनिक सामाजिक और मानवी न्याय के पक्ष में भावनाओं और रसोद्रेक से मनोबल और मतबल खड़ा करना होगा।

साहित्यिक बन्धुओ, हम सब जानते हैं कि संसार भर के साहित्यों में देशकाल के अनुसार अभिव्यक्ति या रसोद्रेक की शैलियाँ, साहित्य के कथ्य, विषयवस्तु और प्रेरणा के लक्ष्य बदलते रहे हैं। देशकाल के अनुकूल पाठकों अथवा समाज की साहित्य रस की परख और पसन्द भी बदलते रहे हैं। हमें सन्देह है कि आज कोई प्रबुद्ध और समर्थ साहित्यकार साम्राज्य विस्तार के पराक्रम के बखान और प्रोत्साहन के लिए अथवा सम्राटों के शृंगार-विलास वर्णन के काव्य लिखकर जनगण या प्रजा को उन सम्राटों को नर रूप में देवता मानने के लिए प्रेरणा देगा या उत्पादन के लिए श्रम करनेवाले वर्गों को साधनों के स्वामी सम्पन्न वर्ग के सन्तोष और तृप्ति के लिए बलिदान हो जाने की भावना जगाने का यत्न करेगा।

आज के साहित्यकार के नायक महाराजा और सामन्त वर्ग नहीं। न आधुनिक साहित्यकार की कथावस्तु या प्रतिपाद्य विषय तलवार के बल से सब-कुछ हथिया लेनेवाले सिंहासनारूढ़ वर्ग के दिग्विजय के पराक्रम और उनके वैभव की महिमा है। आधुनिक साहित्यकार की सहानुभूति हल और हँसिया पकड़े पृथ्वी से जूझकर समाज के लिए उत्पादन करनेवाले किसानों से और सामाजिक जीवन की आवश्यकताओं को पूरा करने के लिए अनेक प्रकार के श्रम करनेवाले श्रमिक वर्गों से है। आज का लेखक इन्हीं दलित या असमर्थ कहे जानेवाले वर्गों का चारण है। आज का कलाकार इसी वर्ग के दुःखों और कराहटों को और जीवन के अवसर और अधिकार के लिए संघर्ष की हुंकार को वाणी दे रहा है। आज का लेखक उसी जनगण का प्रवक्ता है जो राष्ट्रीय स्वतन्त्रता के संग्राम में जूझकर, विदेशी दासता की जंजीरें तोड़कर भी अपनी परिस्थितियों से मोहताज़, पराधीन और बेबस है। यह जनगण स्वतन्त्र प्रजातन्त्र राष्ट्र की प्रजा कहलाता है परन्तु जीविका के अवसर और जीवन रक्षा की नितान्त आवश्यकताओं के लिए भी स्वतन्त्र नहीं है।

यह साहित्यिकों की परिषद् है। प्रबुद्ध साहित्यिक प्रकृति से स्वतन्त्रचेता होता है। हम लोगों के लिए रेजीमेण्टेशन या सबल वर्ग की लाठी से हाँका जाना सबसे असह्य स्थिति होगी। हम लोगों में समाज के हित की शासन नीति या अर्थनीति के बारे में मतभेद हो सकते हैं। इसलिए सम्मेलन के उद्घाटन के अवसर पर उन प्रश्नों को न उठाना बेहतर होगा। परन्तु हम सब लेखक सहमत होंगे कि मनुष्य को अन्य जीव-जन्तुओं से पृथक् करनेवाला गुण या मनुष्यत्व की पहचान प्राकृतिक और सामाजिक परिस्थितियों में भी मानव

की यथा सम्भव आत्मनिर्णय की प्रवृत्ति है। मनुष्य सदा ही आत्मनिर्णय के अवसर और अधिकार के लिए जूझता रहा है। सामाजिक रूप में मनुष्य आत्मनिर्णय की प्रवृत्ति, अवसर और अधिकारों का उपयोग जनगण के बहुमत से ही कर सकता है। समाज या जनगण के बहुमत से समाज की व्यवस्था को चला सकने के तरीक़े को ही जनता के प्रतिनिधियों द्वारा जनतन्त्र शासन, डेमोक्रेसी या पंचायती राज की पार्लमेण्ट्री पद्धति कहा जाता है। जनप्रतिनिधियों की पंचायतों द्वारा शासन का नियमन ही ऐसी पद्धति है जिसमें जनगण अधिक-से-अधिक मात्रा में आत्मनिर्णय द्वारा अपने शासन में अधिक-से-अधिक अवसर और अधिकार पा सकते हैं। जनहित के प्रवक्ता साहित्यिक को जनगण के इस अधिकार की रक्षा और इसे सक्रिय बनाने के लिए सतर्क रहना है।

यह सही है कि हमारे राष्ट्र ने विदेशी शासन से मुक्ति के अपने संघर्ष में अन्तरराष्ट्रीय परिस्थितियों की सहायता से राष्ट्रीय स्वतन्त्रता पा ली है और राष्ट्रीय स्वतन्त्रता पाने के बाद हमारे राष्ट्र ने वैधानिक रूप से जनगण के आत्मनिर्णय या निर्वाचन द्वारा जनप्रतिनिधियों की पंचायतों व पार्लमेण्ट द्वारा व्यवस्था की प्रणाली क़ायम कर दी है। परन्तु हमारे राष्ट्र का प्रबुद्ध वर्ग इस बात से बेख़बर नहीं कि हमारे राष्ट्र की प्रजा का बहुत बड़ा भाग अभी तक अपने आत्मनिर्णय के अधिकार का न तो महत्त्व समझ पाया है और न इस अधिकार और अवसर के उत्तरदायित्व को सम्हालने के लिए सचेत और तैयार है। ऐसे लोगों के लिए ज़िला परिषदों, विधानसभाओं और लोकसभाओं के चुनाव के अवसर या तो मेला मात्र होते हैं या वे आत्मनिर्णय के अधिकार को क्षणिक विनोद और तुच्छ वैयक्तिक लाभ के लिए बेच डालते हैं। हमारे देश की जनता का बहुत बड़ा भाग अभी तक नियति के अन्धविश्वास के दलदल में फँसा हुआ है और अपने वैयक्तिक, सामाजिक और राष्ट्रीय जीवन को उचित दिशा दे सकने के अपने अधिकार और अवसर के प्रति उदासीन बना है। इस स्थिति का लाभ प्रतिगामी वर्ग और शक्तियाँ उठाते हैं—और हमारे देश का बहुजन अपने संकटों को अपना भाग्य मानकर केवल कराहकर रह जाते हैं। हमारे राष्ट्र की प्रजा के इस नियतिवादी शैथिल्य और अपने अधिकारों और अवसर के प्रति उदासीनता को दूर करने का उत्तरदायित्व हमारे प्रगतिशील लेखकों पर ही है।

हमारा राष्ट्र निर्माण, सृजन और व्यवस्था संक्रमण की अवस्था से गुज़र रहा है। निर्माण, सृजन और परिवर्तन कष्टसाध्य होते हैं और उनकी पीड़ा भी होती है। हमारी इन कठिनाइयों को साम्राज्यवादी और पूँजीवादी व्यवस्था से मिली नौकरशाही की विरासत और अन्य पूँजीवादी, राजनैतिक और आर्थिक नीतियों की विरासतें और उग्र बना रही हैं। साम्राज्यवादी-पूँजीवादी व्यवस्था के समय इन नीतियों और इस नौकरशाही व्यवस्था का संगठन जनता को आत्मनिर्णय का अधिकार देने के लिए नहीं बल्कि शासकों और साधनसम्पन्न वर्गों को शोषण का अवसर देने के लिए किया गया था। साधन सम्पन्न वर्गों और नौकरशाही की वही शोषण की प्रवृत्ति ही आज अपने स्वार्थों को पूरा करने के लिए बहुजन के हित का बलिदान कर रही है। शोषकों की यह प्रवृत्ति ही भ्रष्टाचार का मूल है। हमारे अभावों को यह भ्रष्टाचार और अधिक प्राणलेवा बना रहा है। भ्रष्टाचार के संकट से मुक्ति का उपाय जनता का गला किसी लोकनायक या अधिनायक डिक्टेटर के पंजों में दे देना नहीं है। जो लोग भ्रष्टाचार के हथियार से भ्रष्टाचार को दूर करने के लिए जनता को ललकारते हैं, वे जनता के मित्र नहीं जनता को ठगनेवाले हैं। भ्रष्टाचार को दूर करने का उपाय केवल जनगण को उनके अधिकारों

और शक्ति से सचेत करके उनमें अपने स्वत्व की रक्षा के लिए चेतना, साहस और समूह का बल उत्पन्न करना है। निकट अतीत का अन्तरराष्ट्रीय राजनैतिक इतिहास इस बात का गवाह है कि जिस राष्ट्र में भी प्रजा डिक्टेटरों के आश्वासनों के धोखे में फँस गयी वह निरन्तर ध्वंस के गढ़े में गिरती गयी। प्रबुद्ध लेखकों को जनता का चेतन-अंग या दिशादर्शक होने के उत्तरदायित्व से जनता को ऐसे आत्महनन से बचाने के लिए सावधान बनाना है।

आज हमारे राष्ट्र में जनता के समर्थन की सहायता से राष्ट्र के शासन का अवसर पाने के लिए लालायित सभी राजनैतिक गुट जनता के लिए समान अवसरों और अधिकारों के नारे लगा रहे हैं। परन्तु सामाजिक और राजनैतिक परिस्थितियों से परिचित सभी व्यक्ति जानते हैं कि साधनों की विकट विषमता के रहते अधिकारों और अवसर की समता का सफल हो सकना कभी सम्भव नहीं। इसलिए वे प्रतिगामी और परिवर्तन विरोधी दलों के ऐसे नारों के खोखलेपन और प्रपंच को समझ सकते हैं। प्रजा को अधिकारों और अवसर की समता केवल वही व्यवस्था दे सकती है, जो पहले देश में जीवन रक्षा, उत्पादन, वितरण और विकास के साधनों पर प्रजा के समान अधिकार या स्वामित्व की पद्धति को लागू करे।

कुछ सज्जन कह सकते हैं कि यह संगम साहित्यिक विचार-विमर्श के लिए है और यहाँ राजनीतिक चर्चा विषयान्तर है। मेरा विचार है कि वर्तमान परिस्थितियों में राजनीति और शासन-व्यवस्था केवल राजा, विधायकों और शासक वर्ग का विषय नहीं रहा। जो प्रजा विधायकों को चुनती है, मन्त्रियों को राज्य की नीति और विधायकों की नियुक्ति का अधिकार देती है, राजनीति के निर्देश और निर्णय का अधिकार और अवसर उसी प्रजा को होना चाहिए। इस सैद्धान्तिक बात के अतिरिक्त आज हमारा अनुभव क्या है? समाज में कितने जन्म होने चाहिए, जच्चा और बच्चे की सुरक्षा के लिए क्या और कैसे होना चाहिए, नयी पीढ़ियों के स्वास्थ्य और शिक्षा के लिए कैसी व्यवस्था होनी चाहिए, उनकी जीविका का क्या उपाय हो और अन्त में व्यक्तियों के अन्तिम संस्कार के लिए कफन के लिए कितना कपड़ा और कितना काठ कण्ट्रोल से मिल सकेगा इन सभी बातों में शासन व्यवस्था और राजनीति का दखल है या इनके लिए जनसाधारण को व्यवस्था और राजनीति का मुँह देखना पड़ता है।

आज हमारी प्रजा के पूरे जीवन में राजनीति समायी हुई है। मानव जीवन ही साहित्य है इसलिए आज राजनीति ही साहित्य है। ऐसी अवस्था में प्रजा का प्रवक्ता साहित्यिक राजनीति की उपेक्षा कर ही नहीं सकता। विपरीत इसके प्रबुद्ध साहित्यिक का कर्त्तव्य हो जाता है कि वह प्रजा को ग़लत राजनीति में भटकने से बचाकर उसे राजनीति के सही रास्ते पर रहने के लिए सचेत करता रहे।

अन्ततः साहित्यिकों विशेषकर साहित्यकारों-राइटर्स के सम्मेलन में उनके व्यवसाय की चर्चा भी प्रासंगिक है। ऐसे लेखकों की संख्या उत्तरोत्तर बढ़ती जा रही है जो साहित्य सर्जन को ही अपनी जीविका बना लेना चाहते हैं। इस क्षेत्र के अनुभव से कहना चाहूँगा कि जीविका का यह सहारा बहुत कमज़ोर है। साहित्य सर्जन को जीविका बनाने में बड़ी कठिनाई यह है कि लेखक साहित्य का सर्जन तो करता है परन्तु साहित्य जीविका, स्वल्प या प्रचुर, तभी दे सकता है, जब उसका प्रकाशन हो जाये। इस काम के लिए लेखक को अपना कृतित्व और श्रम प्रकाशक की दया पर छोड़ देना पड़ता है। मैंने सदा ही लेखकों से प्रकाशकों द्वारा शोषण की शिक़ायतें सुनी हैं। उत्तर भारत में लेखकों ने इस कठिनाई के

उपाय के लिए कई बार राज्य या केन्द्र सरकार से प्रश्रय की माँग की है कि सरकार लेखकों को प्रकाशन के लिए धन या साधनों की सुविधा दे। मैं सरकार से ऐसे प्रश्रय की माँग को लेखकों की अभिव्यक्ति की स्वतन्त्रता के लिए बहुत बड़ा खतरा समझता हूँ। हमें यह नहीं भूल जाना चाहिए कि सरकार कोई भी हो वह सदा अपनी व्यवस्था को सही समझती है और उसे यथावत् रखने 'स्टेटस को' के पक्ष में होती है। प्रबुद्ध लेखक अपनी प्रकृति से सूक्ष्म द्रष्टा होता है और व्यवस्था के भीतर उत्पन्न होते अन्तर्विरोधों की ओर संकेत किये बिना या उनको दूर करने के लिए आवाज़ उठाये बिना नहीं रह सकता। अर्थात् सचेत और क्रान्तिद्रष्टा साहित्यकार अपनी प्रकृति से अपने समय की व्यवस्था को बदलने और विकास का हामी होता है। इसलिए वह व्यवस्था की आँखों में शूल की तरह गड़ता है। लेखक सरकार से प्रश्रय या पैट्रोनेज की आशा करेगा तो वह उसकी आलोचना का साहस कैसे करेगा? लेखकों की सरकार से प्रश्रय की माँग स्वयं को बेचने का अभियान होगा। हमें यह नहीं भूल जाना चाहिए कि प्रत्येक वस्तु का मूल्य होता है और सरकारी पैट्रोनेज की प्राइस सरकार के प्रति लायल्टी होगी। सरकार से प्रश्रय पाकर बिक जानेवाले लेखक प्रजापक्ष के प्रवक्ता न रहकर दमन के पक्ष के समर्थक बने बिना न रह सकेंगे। मेरी बात की सच्चाई की परीक्षा सरकारी प्रकाशनों पर नज़र डालकर की जा सकती है।

जीविका की दृष्टि से लेखकों को ऐसे उपाय की आवश्यकता है कि वे अपनी अभिव्यक्ति की स्वतन्त्रता की रक्षा करते हुए भी अपने साहित्यिक श्रम का पूरा फल पा सकें। इस विषय में उत्तर भारत में हम लोगों ने केरल के लेखकों की सहकारी प्रकाशन संस्था के सम्बन्ध में जो कुछ सुना है, उससे हमें आशा होती है कि लेखकों के लिए अपनी अभिव्यक्ति की स्वतन्त्रता की रक्षा और लेखन से जीविका की समस्या के सही समन्वय का उदाहरण लेखकों की सहकारी प्रकाशन संस्था हो सकती है।

अन्त में फिर हमें इतनी दूर से इतने स्नेह-आदर से आमन्त्रित करने के लिए मेरी पत्नी और मैं आभार स्वीकार करते हैं। लेखकों की अभिव्यक्ति की स्वतन्त्रता ज़िन्दाबाद!

(१९६७)

●

मेरी पाकिस्तान यात्रा

जून, १९५५ का दूसरा सप्ताह था। दोपहर ग्यारह बजे की कड़क धूप। प्रकाश जी और मैं कनाट प्लेस (नयी दिल्ली) में एयर लाइन्स के दफ्तर से निकलकर टैक्सी के लिए नज़र दौड़ा रहे थे। तभी अपने नाम की पुकार सुनी। घूमकर देखा, पदमकान्त त्रिपाठी पत्रकार थे।

'कहाँ की तैयारी? दिल्ली कब आये? आइये कुछ देरे बैठें', त्रिपाठी ने 'टी-हाउस' की ओर इशारा किया।

'टी-हाउस' की ओर बढ़ते हुए त्रिपाठी ने अपने साथ चलते सज्जन को हमारा परिचय दिया—'मिसेज यशपाल और आपने नाम सुना होगा ...।'

सज्जन ने हाथ बढ़ा दिया—'ज़रूर-ज़रूर। बहुत तारीफ़ सुनी थी। नियाज के मौके से बहुत मसर्रत हुई। खादिम को ...कहते हैं।' वह सज्जन पाकिस्तान हाई कमीशन में एक उच्चाधिकारी थे। अठारह बरस पहले की बात है यह, अब उनका नाम और पद याद नहीं रहा। चेहरे-मोहरे, कद-कामत और उच्चारण से पंजाबी होने का अनुमान। त्रिपाठी ने उनकी साहित्यिक रुचि का भी उल्लेख किया था।

'कहाँ की तैयारी है', त्रिपाठी के पुनः प्रश्न पर बताया – 'जा तो मास्को रहे हैं लेकिन काबुल, ताशकन्द के रास्ते। लगे हाथ इधर की भी झाँकी ले लें।'

'हिन्दुस्तानी मुसन्निफ (लेखक) हज़ारों मील दूर मास्को, लन्दन, न्यूयार्क जा सकते हैं। आपको काबुल का भी ख़्याल आया। लेकिन बगल में पाकिस्तान का ख़्याल नहीं आता? कम-से-कम, पंजाबी मुसन्निफों को तो लाहौर को नहीं भुला देना चाहिए!' सज्जन ने उपालम्भ दिया।

तब भारत-पाकिस्तान के सम्बन्ध इतने कड़वे न हुए थे। बल्कि दोनों ओर सामीप्य की चाह थी। उस सिलसिले में भारत से क्रिकेट की टीम लाहौर गयी थी। सैकड़ों लोग एक बार फ़िर लाहौर की झाँकी ले सकने के लोभ में मैच देखने गये थे। उस अवसर पर दोनों सरकारों ने पासपोर्ट और वीज़ा की ख़ास सुविधा दे दी थी। लाहौर से लौटे लोग लाहौर-यात्रा की बातें बताते तो उनकी पलकें भीग जातीं। उन लोगों के स्वागत के लिए स्टेशन पर बहुत बड़ी भीड़। पाकिस्तानी पूछ रहे थे—कौन लाहौर की किस गली-मोहल्ले से गये थे? लोगों को उनकी पुरानी गलियों-मुहल्लों में ले गये, जहाँ से विभाजन के मौके पर पुलिस-फौज ने उन्हें सब माल-मत्ता ज़ब्त करके खदेड़ दिया था।

लाहौरियों ने पुराने लाहौरियों को बाहों में लिया, अपने मकानों पर टिकाया। दिल खोलकर ख़ातिर की—'सरकार और मुल्क दो हो गये। दरअसल हम एक कुनबा हैं। कुनबों में बँटवारा होता है तो रिश्ता खत्म नहीं हो जाता।' वग़ैरह-वग़ैरह।

उन यादों से उबरते हुए पाकिस्तानी अधिकारी को उत्तर दिया—'हमें तो लाहौर-पाकिस्तान जाने का बहुत चाव है, सवाल है वीज़ा का।'

'आप पाकिस्तान जाइयेगा?' उसने पूछा।

'वीज़ा मिल सके तो ज़रूर।'

'आइये।' उसने रास्ता बदल दिया। बजाय 'टी-हाउस' के गाड़ियों की पार्किंग की लाइन की ओर चले। हम तीनों को अपनी गाड़ी में बैठा लिया और दस मिनट में हम पाकिस्तानी हाई कमीशन के दफ्तर में थे।

'क्या लीजियेगा, चाय-काफ़ी या ठण्डी चीज़?'

हम लोगों के लिए लेमोनेड या विमटो आ जाने पर वह पासपोर्ट लेकर दूसरे कमरे में चला गया। गिलास समाप्त कर हम लोग सिगरेट सुलगा रहे थे। पाकिस्तानी अधिकारी ने हमारे पासपोर्ट लौटा दिये। पासपोर्ट पर पाकिस्तान का वीज़ा दर्ज हो गया था। अधिकारी ने हमें कनाट प्लेस वापस पहुँचा दिया, ताकि यान का टिकट वापस कर सकें और शुभकामना की, 'पाकिस्तान का सफर मुबारिक!'

काबुल में सोवियत राजदूतावास को हमारे काबुल पहुँचने की तारीख दी जा चुकी थी। उसी रात हम दिल्ली से अमृतसर रवाना हो गये।

किसी भी देश की चुंगी (राजनीतिक और कर की) से, इधर या उधर गुज़रते समय अक्सर सन्देह भरी कड़ी जाँच-पड़ताल होती है। भारत-पाक सीमा पर वाघा में भी वैसा अनुभव हुआ। संयोग से दूसरी ओर टैक्सी मिल गयी। आधे घण्टे में हम लाहौर स्टेशन पर थे। मन में खटक थी—लाहौर के लिए हमारे पास केवल आठ घण्टे समय है।

लाहौर में कुछ ऐसा था कि लोग लाहौर को नहीं भूल सकते थे। पश्चिमी यात्री लाहौर को 'एशिया का पेरिस' कहते थे। उन दिनों लाहौर के स्टेशन के मुकाबले दिल्ली का स्टेशन बुझा-बुझा उदास-सा लगता था। शाम को लोग सज-धजकर देखने-दिखाने के लिए जैसे अनारकली या मालरोड पर निकलते थे, वैसे ही स्टेशन पर भी चले जाते। लाहौर स्टेशन पर नजर पड़ते ही दिल बैठ गया। मानों जिस रूपसी को चार दिन पूर्व शृंगार से सजे-धजे देखा था, अब सोग के मैले कपड़ों में आभरणहीन, अकेली आँसू बहा रही हो! स्टेशन के सामने न सवारियों की कतारें, न आने-जानेवालों की भीड़ और न व्यस्तता का कोलाहल। भीतर सीमेण्ट के चिकने फर्श के लम्बे-लम्बे प्लेटफार्म पर धूल, सूखे पत्ते, मैले काग़ज़ों के टुकड़े और सिगरेट की खाली डिब्बियाँ उड़ रहे थे। सफ़ाई में उपेक्षा से बदबू। एक खजुहा कुत्ता दुम दबाये, इधर-उधर सूँघता खुराक की तलाश में ओवर-ब्रिज पर से गुज़र गया। कहीं एक दरवाजा खुलने की आहट। रेलवे की मैली वर्दी में कोई कर्मचारी इस कमरे से उस कमरे में चला गया। ओवर-ब्रिज पर उम्र से नौजवान मरियल शरीर तीन-चार सिपाही बेनाप, मैली खाकी कमीजें और ढीली पेटी से खिसककर कमर की हड्डी पर अटकी हुई निकरें पहने। उनके सिर पर हरी जीन की तुर्की टोपियाँ। हाथ में चार फुट लम्बे डण्डे। ये सिविल गार्ड थे,

सम्भवतः पूर्वी यू. पी. या बिहार से गये नौजवान, बेकारी से मज़बूर होकर सिविल गार्ड में भरती हो गये होंगे।

हम मुँह-हाथ धो लेना चाहते थे। फर्स्ट-क्लास के वेटिंग-रूम में गये। अटेण्डेण्ट दुबला-पतला, खिचड़ी दाढ़ीवाला अधेड़ उम्र व्यक्ति था। सेक्रेटेरिएट के अर्दली-जैसी सफेद लम्बी अचकन या घुटने तक लम्बा कोट, खुला गरारा पाजामा, सिर पर पगड़ी। हमने उससे पंजाबी में बात की—'यह जगह तो साफ़ नहीं है, कोई दूसरा कमरा बताओ।'

'साहिब, ये फर्स्ट-किलास। इस इस्टेशन पर इससे बेहतर साफ़ जगह क्या होगी? ये ही गनीमत है।' अटेण्डेण्ट के लहजे में कुछ-कुछ यू.पी. की खड़ीबोली का असर था—'कहाँ से तशरीफ़ आ रही है?'

'हम लोग लखनऊ से हैं।' खड़ीबोली में जवाब दिया—'बड़े मियाँ, आपके लहजे से पंजाबी होने का अन्दाज नहीं होता।'

बड़े मियाँ ने हाथ माथे पर मार लिया—"हुजूर, सब क़िस्मत के खेल हैं। हम शाहजहानपुर के बाशिन्दे थे। अब क्या कहें!"

सबसे ज़रूरी काम था, रात पेशावर मेल में रिजर्वेशन करवा लेने का। अटेण्डेण्ट ने बता दिया था—रिजर्वेशन के लिए स्टेशन के बाहर सौ क़दम जाना होगा।

आरक्षण के दफ्तर में कुछ विस्मय हुआ। दफ्तर में दस-बारह कर्मचारियों में चार युवतियाँ! जैसे आजादी के बाद यू. पी., बिहार में सब जगह पान थूकने की आजादी हो गयी, शायद पाकिस्तान के दफ्तरों में हुक्के-नेचे चल गये हैं। युवतियों के कन्धों पर पारदर्शी दुपट्टे, चेहरों पर गहरा मेकअप। बहुत यत्न से कंघी, उखाड़कर पेन्सिल से बनायी पतली, कमानीदार भवें, कनपटियों तक खिंचा आँखों का काजल, गालों पर सुरखी, होंठों पर गहरी लिपस्टिक। आधुनिकता की रुझान; पाकिस्तान पिछड़ा नहीं रहना चाहता। आरक्षण की खिड़की की युवती कुछ दूर बैठे कर्मचारी से चुहल में उलझी हुई थी। आरक्षण की रसीद मिलने में ज़रूरत से ज़्यादा देर लगी।

मितव्ययता और नगर को सुविधा से देख सकने के विचार से टैक्सी के बजाय ताँगा लेना चाहते थे। ताँगेवाले से घण्टे के हिसाब से किराया पूछा। बातचीत पंजाबी में की। मैं बुशशर्ट और पैण्ट—अन्तरराष्ट्रीय पोशाक में था, परन्तु प्रकाश जी की साड़ी भारतीयता की घोषणा कर रही थी। ताँगेवाले ने हमें घूरकर देखा। फिर जैसा सब ग़रीब देशों का कायदा है, विदेशी यात्री से अधिक पैसा निचोड़ने की इच्छा। गर्दन ऐंठाकर तेवर से बोला–'घण्टे के हिसाब से रुपया घण्टे का होगा।"

उन दिनों पाकिस्तानी रुपया हमारे रुपये के लगभग सत्तर पैसे के बराबर था। घोड़ा और ताँगा बहुत अच्छे थे। मान लिया तो ताँगेवाले के तेवर ग़ायब। वह सहसा विनीत हो गया–'स्हाब हुकुम करो, किद्धर चल्लोगे?'

उस यात्रा की याद तो बहुत-कुछ है। पूरी बात कहने से बात बहुत खिंच जायेगी। संक्षेप में ताँगे को शहालमी चलने को कहा। विभाजन के झगड़ों में शहर की सम्पन्न हिन्दू बस्तियों में भयंकर आगजनी हुई थी। वही स्थान शहर के करोबार और रौनक के केन्द्र थे। सब जलकर खाक। नगर को नये सिरे से बसाने का यत्न किया जा रहा था। दस-बारह फुट

चौड़े बाज़ारों को साठ-अस्सी फुट चौड़े कर देने के लिए दोनों ओर के जल चुके या शेष मकान गिरा दिये गये थे। सब ओर सूनेपन और उजाड़ का वातावरण।

ताँगेवाले से बात की—एक जमाने में यहाँ बहुत रौनक थी, बहुत कारोबार था। अब कारोबार का क्या हाल है?

'स्हाब, कारोबार गया सतलज पार (फीरोज़पुर, भारत)। इत्थे अल्ला इ अल्ला।' ताँगेवाले ने जवाब दिया।

प्रकाश जी के परिवार के लोग झगड़ा बढ़ने से कुछ दिन पूर्व आतंक में सामान मकान में बन्द कर लाहौर से देहरादून चले गये थे। फिर लौट न सके। उनके स्वर्गीय पिता का एक ही चित्र था, बहुत बड़ा एनलार्जमेण्ट। चित्र बाक़ी सामान के साथ मकान में रह गया था। वे लोग देहरादून जाते समय पड़ोसी ग़रीब हकीम जी से मकान पर नज़र रखने और आवश्यक सूचना देते रहने का अनुरोध कर गये थे। वे लोग न लौट सके। जब स्थानीय मुसलमान और यू. पी. से गये लोग, भागे हुए लोगों के मकानों पर कब्ज़ा करने लगे तब हकीम जी साहब ने उस हवेलीनुमा मकान पर कब्ज़ा कर लिया। पिछले आठ बरस में हकीम जी ने मकान का कुछ सामान भारत भेज दिया था। प्रकाश जी को पिता के चित्र की चिन्ता थी।

शाही मुहल्ले में जाकर हकीम जी से मिले। प्रकाश जी ने हकीम जी को पचीस बरस पूर्व देखा था। वे क्रान्तिकारी दल को सहयोग देने के लिए १९३० के प्रारम्भ में घर से चली गयी थीं। हकीम जी को पहचानकर सलाम कहा। हकीम जी ने स्वर पहचाना या ध्यान से देखा तो वात्सल्य-अधीर स्वर में पुकार लिया—'ओ, पाश्शो!'

हकीम जी ने शरबत से ख़ातिर की। शरबत काँच के रंगीन फूलदार गिलासों में आया। गिलासों की सफ़ाई से कुछ हिचक हुई, परन्तु आतिथ्य के आदर में निगल लिया। बैठक में चित्र मौजूद था, शीशा मढ़े ख़ूब भारी फ्रेम में। इतनी बड़ी चीज़ को काबुल और मास्को में कहाँ लिये फिरते! प्रकाश जी की इच्छा थी कि फ्रेम में से चित्र निकाल लिया जाये। परन्तु हकीम जी ने समझाया—इतना अच्छा फ्रेम क्यों छोड़ जाओगी। फ्रेम से निकली तसवीर के भी ख़राब हो जाने का अन्देशा। उनका इरादा जियारत के लिए अजमेर शरीफ़ जाने का था। उन्हें मेरठ के पास प्रकाश जी के बड़े भाई का पता मालूम था। उन्होंने वहाँ तसवीर पहुँचा देने का आश्वासन दिया। बाद में तसवीर पहुँचा दी गयी थी।

उस रात मेल से पेशावर जाना था। मेल प्लेटफार्म पर आयी। हमने इंजन से गार्ड के कम्पार्टमेण्ट तक अपने स्थान खोजे, फिर गार्ड की ओर से इंजन तक। हमारे नाम कहीं न थे। गार्ड से पूछा, लेकिन उसकी लिस्ट से भी हमारा नाम नदारद था। इधर गाड़ी छूटने में तीन मिनट रह गये थे। जाकर स्टेशन-मास्टर से शिक़ायत की। रिजर्वेशन की रसीदें दिखायीं। मूर्खा युवती ने रिजर्वेशन मेल के बजाय एक्सप्रेस में कर दिया था। रिजर्वेशन दफ्तर के कर्मचारियों की गफलत की शिक़ायत की। मन-ही-मन चुहल में गाफिल युवती को कोसा!

'उन लोगों की गफलत के लिए अफ़सोस है।' स्टेशन-मास्टर बोला—'लेकिन आपने भी रसीद पर नज़र नहीं डाली?'

अब क्या कहता! चुहल का दर्शक बनकर रस ले रहा था। अपनी ग़लती स्वीकार की और पासपोर्ट दिखाकर सहायता का अनुरोध—पत्रकार हूँ। निश्चित तारीखों पर पेशावर, काबुल, ताशकन्द, मास्को पहुँचना ज़रूरी है। स्टेशन-मास्टर सहृदय था। उसने मेल रुकवा दी। नये टिकट और रिज़र्वेशन बनाये गये।

पेशावर में दो दिन ठहरने का विचार था, आगे सड़क से यात्रा का प्रबन्ध कर सकने के लिए। ताँगेवाले से अच्छे होटल ले चलने का अनुरोध किया। वह हमें ले गया 'डायमण्ड होटल'। ताँगेवाले कि विचार से होटल अच्छा था, लेकिन हमें बाथरूम लगा कमरा भी न मिल सका।

होटल के मालिक या मैनेजर ने हमारे सूटकेस रखवाकर सूचना दी–आप फौरेनर हैं। पहले पुलिस स्टेशन जाकर शहर में रह सकने की इजाजत ले आइये! यह फ्रण्टियर है। इस वक़्त पाकिस्तान-अफ़गानिस्तान में जंग है—'स्टेट आफ एमरजेन्सी।' यह पुलिस का हुक्म था।

पुलिस का हुक्म और विदेश में! नाश्ते के लिए जो कुछ मिला, लेकर कोतवाली से फ़ोन पर बात की। अपने आने की सूचना देकर पूछा—किस वक़्त हाजिर हो। जवाब मिला—'आ जाइये'

कोतवाली पहुँचकर सन्तरी को अपना नाम और प्रयोजन बताया। उसे हमारी ही प्रतीक्षा थी। सन्तरी हमें तुरन्त एक कमरे में ले गया। कमरा जैसा कोतवाली का मुन्शीखाना या दफ्तर होता है। खड़-खड़ बेरौनक फर्नीचर। फर्श से दीवार तक शेल्फों पर फाइलें। एक दीवार के साथ स्टील की अल्मारियाँ। कमरे में दो मेज़ों पर दो व्यक्ति, कान्सटेबलनुमा मुन्शी।

बड़े मुन्शी ने हम लोगों को कुर्सियों पर बैठने का संकेत किया। हमारे पासपोर्ट पर नज़र डाली। पल भर सोचा। उठकर स्टील की आलमारी खोली। एक फाइल निकाली, अच्छी भारी पुरानी फाइल। कुछ समय मेरे पासपोर्ट और फाइल में मिलान करता रहा। फिर प्रश्न—

'आप लखनऊ में रहते हैं?'

'जी हाँ, पासपोर्ट में दर्ज है।'

'आप हिन्दी में रिसाला बीपलो (विप्लव) और उर्दू में रिसाला 'बाग़ी' शाया करते थे?'

'जी हाँ।' यह बात पासपोर्ट में न थी।

'सन् १९२९ में लाहौर साजिश के मुक़दमे में और बाद में दिल्ली साजिश के मुक़दमे में भी आप पर वारण्ट थे?'

'जी हाँ।' यह बात भी पासपोर्ट में न हो सकती थी।

इसके बाद मेरी इलाहाबाद में गिरफ़्तारी और लखनऊ में रिहाई के बारे में प्रश्न। सही उत्तर दिये।

'जेल से रिहाई के बाद और १९४७ अगस्त से पहले आप पंजाब में कितनी बार, कब-कब और कितने अर्से के लिए आये थे?'

बताया, नौ साल में दो बार लाहौर गया था। पहली बार १९३९ में, दूसरी बार १९४४ में। पहली बार डेढ़ दिन ठहरा था, दूसरी बार तीन दिन। यह नहीं बताया कि पहली बार १९३९ में लाहौर पहुँचने के दूसरे दिन एक सूत्र से चेतावनी मिल गयी थी कि तुरन्त खिसक जाओ, गिरफ़्तारी के वारण्ट जारी होनेवाले हैं।

मुन्शी हमारे पासपोर्ट और फाइल लेकर एक पर्दे के पीछे दूसरे कमरे में चला गया। दस मिनट बाद लौटा—'आपके लिए आर्डर है कि आप चौबीस घण्टे के अन्दर पेशावर की हद से निकल जायें और जिस रास्ते आये हैं, उसी राह अड़तालीस घण्टे के अन्दर पाकिस्तान की हद से बाहर हो जायें।'

मुन्शी को फाइलों की जाँच-पड़ताल करते देखकर और मेरे पुराने रिकार्ड के विषय में प्रश्नों से कुछ आशंका हुई थी, परन्तु ऐसी विपत्ति का अनुमान न था। मुन्शी को दोनों पासपोर्ट पर पाकिस्तान हाई कमीशन की मोहर से दिये गये वीज़ा दिखाये। 'हम यहाँ बिना इजाजत नहीं आये, बल्कि आपके हाई कमीशन के एक आला अफ़सर के सुझाव पर आये हैं। आपका ऐसा हुक्म हमारे साथ बेइन्साफ़ी है।'

'ऊपर से ऐसा ही हुक्म है।'

'मैं आपके आला अफ़सर के सामने अपनी पोजीशन रखना चाहता हूँ। फिर जो तय हो?'

मुन्शी फिर दूसरे कमरे में गया। उसने कमरे से झाँककर हमें बुला लिया। आला अफ़सर ने सामने कुर्सियों पर बैठने का संकेत किया और नज़र से प्रश्न किया—कहिये?

आला अफ़सर की मुद्रा सुशिक्षित उत्तरदायी अधिकारी की थी। उसे विस्तार से परिस्थिति बतायी—'हम लोग काबुल के लिए हवाई सफर के टिकट ख़रीद चुके थे। पाकिस्तान की राह यह सफर हमने एक तरह से एक जर्नलिस्ट को पाकिस्तान हाई कमीशन के आला अफ़सर के निमन्त्रण के तौर पर मंजूर की। उसका यह नतीजा? आप इस बारे में ट्रंक-काल से नयी दिल्ली में पाकिस्तानी हाई कमीशन से तहकीकात कर सकते हैं।'

अफ़सर के चेहरे पर न गुस्सा, न सहानुभूति—'तहकीकात की ज़रूरत नहीं। आपसे कोई शिक़ायत नहीं। यह आर्डर एमर्जेन्सी कण्डीशन्स की मज़बूरी है। आपको जहमत के लिए अफ़सोस है।'

फिर बात की—'अड़तालीस घण्टे में पाकिस्तान की हद से बाहर हो जाने की पूरी कोशिश करेंगे। लेकिन हम जिस राह आये हैं उसी रास्ते लौटना हमारे लिये बहुत मुश्किल है और उससे हमारे काबुल, ताशकन्द, मास्को के प्रोग्राम बिगड़ जायेंगे।'

'मज़बूरी है।'

'एक अर्ज है।' हम चाहते हैं जितना जल्द हो सके पाकिस्तान की हद से बाहर हो जायें, इससे आपका हुक्म जल्दी पूरा होगा। हम अगर यहाँ से लाहौर लौटकर पाकिस्तान की हद लाँघे तो हमें पाकिस्तान में तकरीबन साढ़े तीन सौ मील सफर करना होगा। अगर हम काबुल की तरफ सड़क से सफर करते हैं तो पाकिस्तान में सिर्फ़ पैंतीस मील सफर करेंगे। इससे हमारे प्रोग्राम में खलल नहीं पड़ेगा और हमें किफ़ायत रहेगी। इसमें आपको क्या ऐतराज? आप सवारी हासिल करने में हमारी मदद कर सकें तो हमें इसी वक़्त काबुल के लिए रवाना हो जाना मंजूर।'

'आप काबुल की तरफ जा सकते हैं!' आला अफ़सर ने कुछ पल सोचकर मंजूर कर लिया। मियाद अड़तालीस घण्टे रही। सवारी हासिल करने में मदद के लिए उसने लाचारी जाहिर कर दी।

होटल लौटकर हमें उग्र चिन्ता काबुल यात्रा के प्रबन्ध की। पाकिस्तान-अफ़गानिस्तान में तनातनी और मुठभेड़ों की ख़बरें भारत में पढ़ चुका था। पाकिस्तान की राह यात्रा के समय वह बात बिलकुल भूली न थी, लेकिन कुछ एडवेंचर की ललक। यह भी भरोसा कि विदेशी यात्री, ख़ासकर जर्नलिस्ट, युद्ध में उलझे देशों में भी आते-जाते रहते हैं। कोई ग़ैरक़ानूनी या पाकिस्तान-द्रोही इरादा था नहीं। पेशावर पहुँचकर जाना कि सड़क की राह दोनों देशों में यातायात बिलकुल बन्द था। होटल के मैनेजर या मालिक से बात की। उस आदमी का रुख रूखा, बल्कि कुछ धूर्तता का लगा, लेकिन मज़बूरी थी। उसने बताया—'सिर्फ़ ख़ास हुक्म से ही गाड़ी या टैक्सी दूसरी तरफ जा सकती है। टैक्सी शायद मिल जाय'

उसे भरोसा दिलाया—'इजाजत पुलिस ख़ुद देगी। टैक्सी मिलनी चाहिए।'

होटलवाला स्थिति भाँप गया था। उसने बीस मिनट बाद सूचना दी—'टैक्सी के लिए पुलिस से इजाजत तुम्हें लेनी होगी। काबुल के लिए टैक्सी मिल सकती है। किराया चार सौ रुपया होगा।'

किराया सुनकर आश्चर्य हुआ। उन दिनों दिल्ली से काबुल का हवाई किराया शायद डेढ़ सौ रुपया था।

'किराया इससे कम नहीं होगा!' होटलवाले ने बहुत रूखा जवाब दिया। उसे विश्वास था कि पुलिस हमें खदेड़ रही है और वह हमारे गले में अँगूठा देकर रुपया ऐंठ सकता है।

'हम पता कर लें।' उसे टाला—'आप हमारे खाने का इन्तजाम कीजिये।' विचार था कि खाना खाकर शहर में टोह ली जाय। पेशावर से काबुल—सड़क की राह दो सौ मील। उसके लिए टैक्सी का किराया चार सौ रुपया कैसे हो सकता है?

होटल के एक बाय ने पूछा—'बियर-वियर चाहिए?'

'यहाँ प्रोहिबिशन नहीं है?' मालूम था पाकिस्तान में प्रोहिबिशन का क़ानून है।

'वो है, पर मिल जायेगा।'

'क्या दाम?'

'दस रुपया बोतल।'

इनकार में सिर हिला दिया। दाम केवल कौतूहल से पूछा था। सन्देह हो गया था। क़ानूनन नशाबन्दी है। इधर बियर का घूँट भरें, उधर कोई एक्साइज इन्स्पेक्टर आ जाये और अगले दिन पाकिस्तानी अख़बारों में छपे—हिन्दुस्तानी जर्नलिस्ट मय बीवी नशे के जुर्म में गिरफ़्तार।

खाना निकम्मा था, जैसा लाहौर स्टेशन पर। खाकर बाहर जाने के लिए जीने की तरफ जा रहे थे।

'सुनो!' होटलवाले ने टोका। लहजे में कुछ धमकी—'कोतवाली से हुक्म है कि शाम से पहले पेशावर की हद से बाहर हो जाओ!'

होटलवाले का अभिप्राय स्पष्ट था, चार सौ रुपये में टैक्सी करनी होगी। कोतवाली से फ़ोन मिलाया—'आपको याद है दो घण्टे पहले आपसे मुलाकात हुई थी। आपके आला अफ़सर से कुछ अर्ज करना चाहता हूँ।'

आला अफ़सर से शिक़ायत की—'आपने मुझे काबुल-यात्रा का प्रबन्ध कर सकने के लिए अड़तालीस घण्टे का समय दिया है। अब मुझे कहा जा रहा है कि पुलिस का हुक्म है, आठ घण्टे में पेशावर से बाहर हो जाऊँ? आपका कौन आर्डर सही समझूँ?'

'यह हुक्म किसने दिया है?'

'होटल का मैनेजर कहता है कि कोतवाली से फ़ोन पर हुक्म मिला है!'

'आपको परेशानी के लिए अफ़सोस। फ़ोन होटल-मैनेजर को दीजिये।'

'आप बात कीजिये।' फ़ोन होटल-मैनेजर को दे दिया।

फोन मुझसे तीन फुट के अन्तर पर था, लेकिन फ़ोन की गूँज से स्पष्ट, दूसरी तरफ बहुत गुस्से और डाँट-फटकार के स्वर सुनायी दे रहे थे। होटलवाले के चेहरे पर हवाइयाँ उड़ रही थीं। फ़ोन रखकर होटलवाला नज़र चुराता हुआ दूसरी ओर चला गया।

'साहब ज़रा सुनो!' पलटकर देखा, कद्दावर सरदार सामने था। सूरत और लिबास से बढ़ई या मामूली दुकानदार की हैसियत लगी।

'आपको काबुल, अफ़गानिस्तान जाना है?'

उन्हें समस्या बतायी।

'हमारे सामने भी वही सवाल है,' सरदार जी ने बताया—'आपके साथ जनाना है, हमारे बाल-बच्चे भी साथ हैं।'

सरदार ने जीने से लगी दीवार के साथ रखे बक्स पर बैठी बुरकापोश औरत और दो बच्चों की तरफ संकेत किया—'हम अफ़गानी रियाया (प्रजा) हैं। पंजाब में और दिल्ली के आसपास हमारी रिश्तेदारियाँ हैं। अफ़गानिस्तान से झगड़े की वजह से आमदोरफ्त बन्द है। ... यहाँ ऐसे ही चलता है। सब हो जायेगा। हम तीसरे–चौथे साल आते-जाते रहते हैं। इन बेइमानों के चक्कर में न फँसना।'

कोतवाली से लौटने पर सरदार जी की ओर ध्यान गया था। उन्हें होटल में कमरा न मिल सका था। जीने के समीप दीवार के साथ उनके बक्से टिके थे। बक्से पर एक महिला बुर्का ओढ़े बैठी थी। मेरा अनुमान था, कोई मुस्लिम परिवार है। बाद में मालूम हुआ उस जमाने तक अफ़गानिस्तान की हिन्दू-सिख प्रजा की स्त्रियों के लिए भी बुर्का क़ानूनन ज़रूरी था।

परिस्थितियों से परेशान सरदार ने वजनी गाली दी—'यहाँ से काबुल तक कोई टैक्सी नहीं मिल सकती। ये लोग अफ़गान-हद में क़दम रखने की जुर्रत नहीं कर सकते। यहाँ से सवारी मिल सकती है, सिर्फ़ दर्रा खैबर के उस पार, लण्डीखाना (पैंतालीस मील दूर) तक। सरहद पर सौ गज लावारिस ज़मीन। उसके बाद दूसरा इन्तजाम। मेरी वाकफियत है यह मुझ पर छोड़िये। हम-आप एक हालात में हैं। इस वक़्त रवाना होना ग़लती होगी। कल सुबह चलेंगे।' लिहाजा अपनी नाव सरदार के बेड़े से बाँध दी, जो होगा निबट लेंगे।

शहर का चक्कर लगा लेने के इरादे से होटल से उतरे। नीचे सड़क पर बहुत बढ़िया ताँगा खड़ा था। ताँगेवाले को पुकारा—'खान, ताँगा खाली है?'

'किदर जायेगा?'

'ख़ास कहीं नहीं! शहर-छावनी का चक्कर। दो-तीन घण्टे के लिए।'

'पाँच रुपिया लेगा।' खान ने पंजा दिखा दिया।

मंजूर किया। इस पर भी खान का व्यवहार रूखा—'तुम लाहौर या पिण्डी से आया? सरकारी नौकर?'

'सरकारी नौकर, अफ़सर नहीं है। हम हिन्दुस्तान से आया है।'

'ओ, तुम काबुल जायेगा, इन्दुस्तान का सफ़ारतखाना (हिन्दुस्तानी राजदूतावास) में?' खान नरम पड़ा।

'हम सरकारी आदमी नहीं हैं। सैयाशी (यात्रा) ही करके अख़बार किताब लिखता है। हम हिन्दुस्तानी है।'

'तुम मलंग (फकीर) गाँदी के मुलक का आदमी है।' खान का भाव मैत्री का हो गया। अब 'इदर सब सूर का तुख्म (सुअर का बीज) हो गया। नेक आदमी बस दो था। मलंग गाँदी, बौत फरिश्ता सीरत, दूसरा गफार खान। अम भी बौत रोज़ ख़ुदाई खिदमतगार था, कानरस का रजाकार (कांग्रेस का स्वयंसेवक) था। हम लोग के साथ बहुत दगा किया।' खान शासन के प्रति बहुत क्षोभ प्रकट करता रहा। मैं सावधान था, पाकिस्तानी शासन के विरुद्ध एक भी शब्द न कहने के लिए। उसका क्रोध बढ़ता जा रहा था।

कई जगह रुक-रुककर उसने बताया—'फिरंगी के जमाने में यहाँ खलकत पर गोली चला था। ...यहाँ जलसा होता था।'

खान को बता दिया—'हम ने भी फिरंगी को बम मारा था। फिरंगी ने हम को चौदह बरस जेल का सज़ा दिया। आजादी मिल गया तो जेल से छूटा।' सुनते ही खान की आँखों, चेहरे से सराहना झरने लगी—'बोला शाबाश! शेर मर्द है।'

एक जगह बढ़िया अलूचे दिखायी दिये। तबीयत हुई ख़रीद लें। ताँगा रुकवाया। प्रकाश जी स्वयं छाँट-चुनकर लेना चाहती थीं। खान ने टोक दिया—'ख़बरदार! नईं-नईं, माई तुम बैठो। तुम नईं उतरेगा। ये ख़राब जगा। अम तुमको नईं उतरने देगा।'

प्रकाश जी का मुँह सूख गया।

खान का घोड़ा बहुत बढ़िया था, लगातार सरपट चाल। वैसी ही तेज़ ज़बान, लगातार चलती रही। पुराने आन्दोलन की स्मृतियाँ और वर्तमान शासन के प्रति क्षोभ, पठानों से दगा की शिक़ायत।

होटल लौटकर खान की तरफ पाँच का नोट बढ़ाया।

'नईं-नईं। कुच नईं। तुम आमारा मेमान, दोस्त!' उसने हाथ बढ़ा दिया, मिलाने के लिए।

हाथ मिलाकर नोट उसकी कमीज की जेब में डालना चाहता। लेकिन खान ने मेरा हाथ पकड़ लिया। मैंने खान को समझाया—'देखो दोस्त, ये ताँगे का किराया नहीं है। हमारी तरफ से बच्चों को मिठाई है। हम कभी फिर आयेगा। ख़ुदा हाफिज।' खान ने नोट सचमुच अनिच्छा से लिया।

अगले दिन जल्दी ही नाश्ता-चाय ले लिया। सरदार ने चेतावनी दी थी, सुबह जल्दी चलेंगे। गाड़ी आठ तक आ जायेगी। ग़ैर इलाक़े के उस पार अफ़गान-मिलिट्री का ट्रक दोपहर से पहले उस जगह चौकी के सिपाहियों के लिए पानी लेकर आता है। उसी ट्रक से हम लोग बीस मील ढक्का तक चले जायेंगे। उसके आगे देखा जायेगा।

सुबह पिकअप-नुमा गाड़ी आयी। ड्राइवर के पीछे चार आदमियों के लिए बेंच की सीट, पीछे सामान की जगह। प्रकाश जी और मैं ड्राइवर के साथ सामने बैठे। सरदार परिवार हमारे पीछे सीट पर। पेशावर से कुछ ही मील आगे से प्रसिद्ध दर्रा खैबर आरम्भ हो जाता है। दर्रे के अन्त में लण्डीखाना ब्रिटिश राज की अन्तिम चौकी थी। अब वहाँ तक पाकिस्तान।

इस प्रदेश में अकबर के समय से ही बहुत चौकसी को ज़रूरत रही है। पेशवार से लण्डीखाना तक सैनिक प्रयोजन से रेल की लाइन भी है और रेलवे लाइन के समानान्तर दायें-बायें दो पक्की सुथरी सड़कें संकट-काल में शीघ्र यातायात की सुविधा के लिए।

पेशवार से आगे हर सात-आठ मील पर गढ़ीनुमा पुलिस या सैनिक चौकी है। आधे रास्ते में जमरूद का प्रसिद्ध क़िला।

सुबह हम लोग होटल से चले तो नीचे पुलिस के कई लोग मौजूद थे। सादा कपड़ों में। पुलिसवालों का ढंग छिपता नहीं।

जमरूद के किले पर पहुँच रहे थे तो सामने सड़क के बीचोबीच राइफलें लिये कुछ सिपाही और उनके साथ कन्धे से पिस्तौल लटकाये अफ़सर ने हमें गाड़ी रोकने का संकेत किया।

'यशपाल हिन्दुस्तानी जर्नलिस्ट कौन है? गाड़ी से उतरो! किले के अन्दर चलो!'

सोचा—अब यह क्या मुसीबत! प्रकाश जी साथ चलने को तैयार। उन्हें आशंका, मैं लौटूँ या न लौटूँ। पीछे अकेली रह जाने में भी खतरा। किले की ड्योढ़ी में पुलिस-दफ्तर जैसी जगह। वही सवाल—नाम, बाप का नाम, पेशा? जवाब में पासपोर्ट उनकी ओर बढ़ा दिये। फिर सवाल पाकिस्तान आने का मकसद, काबुल जाने का मकसद? सवाल-जवाब के बाद कैमरे की ओर संकेत—'ये क्या है?'

'कैमरा।'

'कितनी तसवीरें खींची हैं? किस-किस जगह की?'

'इस पूरी रील में अभी कोई तसवीर नहीं खींची गयी।'

'तो कैमरा साथ रखने की ज़रूरत?'

'ज़रूरत पड़ भी सकती है। अगर किसी ख़ास आदमी से मुलाकात हो या कोई ख़ास घटना या मार्के की जगह हो। इस सफर में ऐसा मौका नहीं आया।'

'यह कैमरा नहीं ले जा सकते।'

'कैमरा मेरी प्रापर्टी है। जर्नलिस्ट के लिए ज़रूरी चीज़। मैं बहुत मुमालिक में घूमा हूँ। आपके हाई कमिश्नर के दफ्तर से ख़ास रिक्वेस्ट पर पाकिस्तान आया था। कैमरा रख लेना चाहते हैं तो कैमरे के नाम-नम्बर की रसीद बनवायें। मैं इण्डियन गवर्नमेण्ट की मार्फत पाकिस्तान हाई कमीशन से वसूल कर लूँगा।'

'वायदा कीजिये कि यहाँ से लण्डीखाना तक कोई तस्वीर नहीं लेंगे।'

'वायदा करता हूँ।'

'इस जगह दस्तखत कीजिये तारीख समेत।'

'जा सकते हैं।'

आठ मील बाद एक और चौकी पर फिर वही नाटक।

आखिर लण्डीखाना, पाकिस्तान की सीमा पर पहुँच गये। उससे आगे पचास मीटर पर लावारिस ज़मीन। सौ मीटर के लगभग खुश्क नाले-जैसी रेतीली जगह। दूसरी ओर झोंपड़ियाँ दिखायी दे रही थीं। सरदार ने बताया—'वो अफ़गान चौकी है। अफ़गान फौज का ट्रक उसी जगह आता है।'

दस बजे थे। 'बहुत वक़्त से आ गये।' सरदार ने दबे स्वर में गाली दी, 'ये ... चुंगीवाले न परेशान करें। बाज वक़्त छीन-खसोट में वक़्त जाया कर देते हैं। इन्हें कुछ दे देना बेहतर।'

चुंगी टीन की छत के मामूली मकान में। आठ-दस सिपाही। वाघा में हिन्दुस्तानी चुंगी-जैसी सख्ती-चुस्ती नहीं। सरदार के दो बक्स खुलवाये गये। चुंगीवालों ने रेशम का एक टुकड़ा अपनी तरफ खींच लिया। आगफा का बाक्स कैमरा भी उठा लिया।

'सरकार, ये बच्चों ने शौक़ से ख़रीदा है।' सरदार गिड़गिड़ाया। सिपाही ने कैमरा रखकर एक पगड़ी का कपड़ा उठा लिया। सरदार चुप।

सरदार मुझे 'साहब, हुजूर' सम्बोधन कर रहा था। सिपाहियों ने हम लोगों से हुज्जत नहीं की।

समझा छुट्टी मिली। एक गधेवाला पास खड़ा था। हमारी तरफ देखकर उसने इशारा किया—मतलब था सामान गधे पर लादकर सूखे नाले के पार पहुँचा दे।

सूटकेस गधेवाले को सौंप रहे थे। सरदार ने टोक दिया—'अभी नहीं। पहले सियासी चुंगी से परवाना राहदारी की मोहर लगवाना ज़रूरी है।' सरदार ने बीस क़दम पर फूस की छत से ढँके छोटे बँगले की ओर इशारा किया।

बँगले के कमरे का दरवाज़ा सड़क पर था, खुला हुआ। हम भीतर चले गये। भीतर मामूली मेज़ दो-तीन कुर्सी। पेटी लगाये चपरासी मौजूद था, अफ़सर न आया था।

सरदार ने रास्ते में अपना परिचय दे दिया था। कारोबारी आदमी था, लखपती, व्यापार ख़ूब फैला हुआ। अफ़गान सरकार का आनरेरी तहसीलदार, यानी अपने इलाक़े में सरकारी लगान-मालगुजारी वसूल करनेवाला। लेकिन पुलिसवालों को वह चपरासी के विनय से झुककर सलाम करता था। दफ्तर में भी प्रकाश जी और मैं कुर्सियों पर बैठे, सरदार विनय में खड़ा रहा।

सरदार ने चपरासी से पूछा— 'साहब कब आयेंगे?'

चपरासी का उत्तर—'आ जायेंगे, वक़्त हो गया। इसी वक़्त आते हैं।'

पाँच मिनट प्रतीक्षा करने के बाद सरदार व्याकुल, 'दूसरी तरफ ट्रक के आने का वक़्त हो रहा है। ट्रक वहाँ पाँच मिनट में पानी के कनस्तर मटकों में डालकर लौट जाता है।

अगर चूक गये तो चौबीस घण्टे आसमान के नीचे पड़े रहेंगे। उस तरफ मीलों कोई बस्ती नहीं।'

मैंने चपरासी को सम्बोधन किया—'साहब से बोलो, हम लोगों को बहुत देर हो रही है, हमें बहुत परेशानी हो जायेगी।'

चपरासी ने तसल्ली दी—'बस आनेवाले हैं। वक़्त हो गया।'

दो मिनिट बाद सरदार फिर व्याकुल, गिड़गिड़ाया—"भाई मेरे, हमारे हाल पर रहम करो। उधर से सवारी निकल गयी तो हमारे बाल-बच्चों पर क्या बीतेगी?" चपरासी निश्चल।

मैंने ज़ोर से डाँटा—'तुम्हें दूसरों की परेशानी का ख़्याल नहीं है। दफ्तर के टाइम में अफ़सर की ग़ैरहाजिरी का क्या मतलब?'

चपरासी मज़बूरी में गर्दन खुजाता भीतर के गलियारे में बढ़ा। उस तरफ से कड़कती आवाज़—'क्या शोर हो रहा है, कौन है?' साफ़ उर्दू लहजा। गलियारे में एक दरवाज़े से प्रकट हो गये थे एक सज्जन। काली शेरवानी, अलीगढ़ी सफेद पाजामा, साँवले, दुबले चेहरे पर सुनहरी फ्रेम का चश्मा। कद छोटा, दुबला-पतला। तराशी हुई दाढ़ी-मूँछ, सिर पर बीचोंबीच माँग।

चपरासी ने झुककर सलाम किया और मेरी तरफ इशारा। सरदार ने कमर से झुककर फर्शी सलाम की अदा में सलाम दिया। मैं कुर्सी से न उठा–'गुड मार्निंग।'

'गुड मार्निंग।' सियासी साहब बहुत गुस्सा थे—'क्या मामला है, इतनी शोर की वजह?'

'हम लोग यहाँ आधे घण्टे से बैठे हैं। बताया इस ओर देर होने से हम कैसी मुसीबत में पड़ जायेंगे। इस आदमी को आपको इत्तला देनी चाहिए थी।'

'इतनी नाराज़गी के माइने? आप कौन हैं? कहाँ जाना है? पासपोर्ट दिखाइये।' साहब बैठ गये थे।

पासपोर्ट उनके सामने कर दिये।

साहब की नज़र पासपोर्ट पर पल भर गड़ी रही। अपने से बुदबुदाये—यशपाल जर्नलिस्ट एण्ड आथर, लखनऊ!' मुझसे मुखातिब हुए—'आप मशहूर फिसाना नवीस यशपाल साहब हैं?' स्वर कड़ा न था।

'जी हाँ।'

साहब उछलकर खड़े हो गये—'साहब देखिये क़िस्मत की ख़ूबी, कहाँ और कैसे नियाज हासिल हुआ।' बताया—'आपके कई फिसानों के तर्जुमे देखे हैं। ख़ूब लिखते हैं साहब। आज आप हमारे मेहमान।' आस-पास ऐतिहासिक महत्त्व की कई चीज़ें बताने लगे। ,बारिश हो जाये तो सामने की ढलान पर टेराकोटा के बर्तनों के टुकड़े और खिलौने, बोहमी तहजीब के नमूने मिट्टी घुलकर नमूदार होने लगते हैं। यहाँ के नाखान्दा जाहिल (अशिक्षित) लोग कुछ नहीं समझते। यहाँ आपको कुछ दिन रहकर देखना चाहिए।' सियासी साहब ने सात-आठ मिनट का भाषण दिया। सियासी साहब को साहित्य से अच्छा परिचय और गहरा अनुराग था।

मैंने अपनी मज़बूरी बतायी।

'अच्छा चाय ही सही।'

फिर जल्दी रुख़सत के लिए प्रार्थना की।

'ये बहुत ज़्यादती है। अच्छा एक मिनट।' साहब भीतर लपक गये। एक मिनट में लौट भी आये। हाथ में सफ़ेद फूलों, बेला से भरी तश्तरी—'ये ही कबूल फर्माइये।'

आदर से अंजुली फैलाकर फूल स्वीकार किये। फिर अनुरोध–'अब ज़रा ज़ल्दी।' पासपोर्ट की ओर इशारा।

सियासी साहब पासपोर्ट पर मोहरें लगाकर दस्तखत करते हुए अनुरोध कर रहे थे—'कोशिश कीजियेगा इसी रास्ते लौटने की। कम-से-कम दो दिन यहाँ ठहरिये। यू विल फाइण्ड इट वेरी मच वर्थव्हाइल।'

सोच रहा था, सरकार और साहित्यकार की दृष्टि का अन्तर।

●

पूर्वी जर्मनी में

पूर्वी जर्मनी के लेखक संघ के निमन्त्रण पर बर्लिन गया था। आशा थी, विमान के अड्डे पर ही कोई व्यक्ति मिलेगा। पूर्वी बर्लिन का विमान स्थल बहुत साफ़-सुथरा और छोटा संक्षिप्त-सा है। विमान से उतरते समय सामने चार-पाँच स्त्री-पुरुष हाथों में फूलों के गुलदस्ते लिये दिखायी दिये थे। यह सोच लेना अस्वाभाविक न था कि इनमें से कोई मेरी प्रतीक्षा में भी होगा। परन्तु मेरे प्रति मेरे भूरे रंग के बावजूद किसी ने कोई उत्सुकता नहीं दिखलायी। पाँच-सात मिनट में मेरे साथ के यात्री और फूल लेकर अगवानी करनेवाले सब लोग विलीन हो गये। विमान विभाग की पुलिस और चुंगी पासपोर्ट के लोगों के बीच मैं अकेला यात्री रह गया। निराशा के साथ चिन्ता भी हुई। कारण, मैं नये स्थान में बिलकुल अकेला था, जर्मन भाषा का एक शब्द भी नहीं जानता था। इस भरोसे कि निमन्त्रण पर जा रहा हूँ, प्राहा से यात्रा की हुण्डी तुड़ाकर कुछ जर्मन सिक्का भी ले लेना अनावश्यक समझा था। चुंगी, पासपोर्ट देखनेवाले और पुलिस के लोग मेरी ओर देख रहे थे कि बेकार क्यों खड़ा हूँ।

एक ही उपाय था कि नगर में लेखक संघ के कार्यालय में टेलीफ़ोन करके सूचना दूँ कि मैं आ गया हूँ। परन्तु इतनी बात भी अधिकारियों से किस भाषा में कहता। एक नौजवान अधिकारी से अंग्रेज़ी में बात करने का यत्न किया। उसने अपनी नीली-नीली आँखें मेरे चेहरे पर गड़ाकर मौन से अपनी विवशता प्रकट कर दी। आख़िर फ्रेंच में यत्न किया – 'पूछ ताछ का दफ़्तर?'

उसने हामी भरी और अपने पीछे आने का संकेत कर ऊपर की मंज़िल पर ले गया। यहाँ अंग्रेज़ी में अपनी कठिनाई समझायी। अंग्रेज़ी समझनेवाले एक व्यक्ति ने पूछा—"टेलीफ़ोन किया जाय तो किस नम्बर पर? निमन्त्रण किस संस्था या व्यक्ति का है।"

प्राहा से चलते समय जेब हलका करने के लिए अपने विचार में जर्मन लेखक संघ के निमन्त्रण-पत्र को भी अनावश्यक समझ वहीं डाल दिया था। उसे केवल यात्रा की तारीख़ याद रखने के लिए ही रखा हुआ था। उत्तर दिया—"निमन्त्रण-पत्र इस समय तो नहीं है।" परन्तु निराशा में ही जेब के काग़ज़ों को फिर टटोलने लगा। वह पत्र भूल से फेंका नहीं गया था। पत्र पर टेलीफ़ोन नम्बर भी था। टेलीफ़ोन नम्बर देकर साथ में लिया एक उपन्यास पढ़ने लगा, किसी तरह समय तो कटे।

लगभग आधे घण्टे पश्चात् सुना—"मिस्टर पाल!"

पुस्तक से सिर उठाकर सामने खड़ी नवयुवती को उत्तर दिया—"नमस्कार, हाँ मेरा नाम यशपाल है।"

नवयुवती अंग्रेज़ी बोल रही थी—"प्राहा से विमान ढाई बजे आना चाहिए था। मैं यहाँ सवा चार बजे तक आपकी प्रतीक्षा करती रही। फिर सोचा, सम्भव है, आकाश में आँधी और मेघों के कारण विमान आज न आये, मैं साढ़े चार बजे लौट गयी थी। आपको असुविधा हुई उसके लिए मुझे अत्यन्त खेद है।"

हम लोग विमान के अड्डे से बाहर निकले तो सुबह के मेघ छिन्न-भिन्न हो चुके थे। सूर्य चमक रहा था। यूरोप में गर्मी के दिनों में सन्ध्या पाँच बजे सूर्य काफ़ी ऊँचा रहता है। चारों ओर पूर्वी जर्मनी के मैदान फैले हुए थे।

कुमारी ज़ैलिंगर ने बताया—"आपके ठहरने के लिए पोट्सडाम में लेखकों के भवन में प्रबन्ध किया है। यहाँ से ज़रा दूर है, लगभग तीस मील। आप थके हुए हैं कुछ असुविधा तो होगी परन्तु पहुँचने पर आशा है स्थान पसन्द आयेगा।" पोट्सडाम के आसपास का प्रदेश रेतीला है और बहुत-सी झीलें हैं। झीलें एक-दूसरे से मिली हुई हैं। प्रदेश रेतीला होने पर भी झीलों और टीलों के कारण रमणीय जान पड़ता है। झीलों का यह ताँता नदियों से मिलता समुद्र तक चला गया है।

युद्ध से पहले जर्मनी का पूर्वी भाग कृषिप्रधान था और पश्चिमी भाग उद्योगप्रधान। पोट्सडाम में तब भी कुछ मिलें और कारख़ाने थे। इसके अतिरिक्त यहाँ जर्मन सम्राटों के पुराने प्रासाद भी थे। नाज़ियों को पराजित करती हुई सोवियत सेना पोट्सडाम के मार्ग से ही बर्लिन की ओर बढ़ी थी। इस नगर पर घनघोर बम वर्षा हुई थी। नगर के चौक में पुराने विशाल, प्रशस्त गिरजे आज गगनचुम्बी भग्न और झुलसे नर कंकालों की भाँति दिखायी देते हैं। किसी गुम्बद का एक पार्श्व गोलों की मार से उड़ जाने के कारण कंकाल के टूटे हुए जबड़े के समान जान पड़ता है। राजप्रासाद की छतें उड़ गयी हैं। स्थान-स्थान पर टूटी हुई दीवारें मात्र खड़ी हैं। उन प्रकाण्ड कंकालों से मूक रोदन आकाश की ओर उठता जान पड़ता है। उस प्रकाण्डता में दैन्य कितना हृदयद्रावक था। पोट्सडाम के केवल नये बने मकानों पर ही युद्ध की चोटें नहीं थीं। अधिकांश मकान पिछले सात-आठ वर्ष में ही बने दिखायी देते थे। ज़ैलिंगर का घर बर्लिन में ही है। इन स्थानों से वह ख़ूब परिचित थी। खँडहरों की ओर संकेत कर उनके पुराने वैभव की कहानी सुनाती जा रही थी।

चेकोस्लोवाकिया के पश्चिमी भागों के देहात में भी, जिन्हें सुदेटनलैण्ड पुकारा जाता था, उपनिवेश बनाकर बस जानेवाले जर्मनों के मकान देखे थे। अब तो स्वयं जर्मनी में ही था परन्तु यहाँ साधारणतः मकानों में वह ठाट-बाट नहीं दिखायी दे रहा था। यह अन्तर भारत में आकर रहनेवाले अंग्रेज़ों के रहन-सहन के ढंग में और इंग्लैण्ड में रहनेवाले लोगों में भी स्पष्ट दिखायी देता है। अपने-आपको ऊँचा और शासक समझनेवाले लोगों का व्यवहार स्थानीय लोगों से भिन्न हो ही जाता है।

लेखकों का भवन पोट्सडाम नगर से भी कुछ और आगे एक ख़ूब बड़ी झील के किनारे उपवन और फूलों से घिरा हुआ है। यहाँ कई लेखक ठहरे हुए थे। आस्ट्रेलिया से आये एक दम्पति भी थे। फ़िल्म लेखक कूबा ने बताया – यहाँ तुम्हें कठिनाई न होगी। अवसरवश इस समय यहाँ सभी लोग अंग्रेज़ी बोल सकनेवाले हैं। भवन भव्य और ख़ूब बड़ा भी है। नीचे को मंज़िल में एक ख़ूब बड़ी बैठक है और भोजन का बड़ा कमरा जिससे सात-

आठ गोल मेज़ चार-चार कुर्सियों सहित लगे हैं। भोजन मेहमानों की ख़ातिर के लिए बनाया जान पड़ता था। परन्तु सभी एक ही-सा खाना खा रहे थे और दोनों समय उसी स्तर का खाना था। साधारणतः बर्लिन के होटलों से इस खाने को बहुत बढ़िया कहना होगा। सभी के लिए अलग-अलग कमरे हैं और पूर्णतः आधुनिक सुविधाओं से सज्जित हैं।

भोजन के बाद रात बहुत देर तक बैठक में बातचीत चलती रही। आस्ट्रेलियन दम्पति भी साथ थे। बातचीत भिन्न-भिन्न देशों की साहित्यिक प्रवृत्तियों और गतिविधि, विशेषकर भारत के सम्बन्ध में थी। लेखकों की स्थिति के सम्बन्ध में भी बातचीत हुई। आस्ट्रेलियन लेखक जानना चाहता था कि भारत में लेखक कितने घण्टे प्रतिदिन काम करके निर्वाह कर सकते हैं, ऐसे कितने लेखक हैं जो कहीं नौकरी न कर केवल रायल्टी पर सुविधा से निर्वाह कर सकते हैं। मुझे स्वीकार करना पड़ा, हिन्दी-जगत् में ऐसे लेखकों की संख्या दो-तीन से अधिक नहीं है। जर्मन लेखक विस्मित थे। बीस करोड़ लोगों की भाषा के लेखकों की ऐसी अवस्था कैसे हो सकती है। मैंने अपने देश की आर्थिक अवस्था और यहाँ सदियों से छायी निरक्षरता का कारण बताकर यह भी कहा कि लन्दन में मैंने भी यह प्रश्न पूछा था और उत्तर मिला था कि ब्रिटेन में भी ऐसी स्वतन्त्र लेखकों की संख्या पाँच-छह से अधिक नहीं है। आस्ट्रेलियन लेखक को भी स्वीकार करना पड़ा कि उसके देश में भी ऐसे लेखकों की संख्या दो-तीन से अधिक नहीं है।

आस्ट्रेलियन साथी को बहुत कौतूहल था कि भारतीय लेखक कितनी देर काम करते हैं। उत्तर दिया – भारतीय लेखक के श्रम का मूल्य बाज़ार में बहुत कम है। साधारणतः एक कहानी लिखकर वह सप्ताह भर का खर्चा भी नहीं जुटा पाता। यह आवश्यक है कि वह बहुत समय तक काम करे। अपना ही उदाहरण दिया, कि कभी दो-तीन सप्ताह कुछ भी नहीं लिख पाता हूँ परन्तु काम आरम्भ करने पर सन्ध्या-प्रातः सब मिलाकर छह या आठ घण्टे कोई बड़ी बात नहीं है। जिन दिनों 'विप्लव' का सम्पादन करते हुए कहानी-उपन्यास भी लिखता था, दस घण्टे साधारण बात थी, कभी-कभी दिन में दूसरे काम आ पड़ने पर पूरी रात भी लिखना पड़ा है। आस्ट्रेलियन साथी मेरी बात पर विश्वास नहीं कर पा रहा था। उसने अपनी पत्नी की ओर देखकर दो बार कह डाला—मुझे सन्तोष है जीवन में ऐसे लेखक से भी परिचय हो गया जिसने दस और बारह घण्टे प्रतिदिन लिखा है।

सुबह नाश्ते के बाद फ़िल्म लेखक कूबा मुझे देहाती प्रदेश में घुमाने ले गया। प्रदेश प्रायः रेतीला था, परन्तु बंजर नहीं। कूबा ने बताया, यहाँ की रेत महीन है। समीप जल है। सिंचाई की सुविधा के कारण खेती ख़ूब हो सकती है। रोमन साम्राज्य के समय यह प्रदेश भी रोमन साम्राज्य में सम्मिलित था और तब से रोमन साम्राज्य की रेतदानी (Sandbox) पुकारा जाता था। कूबा समझाने लगा—अतीत में स्याही-सोख तो था नहीं। लिखावट की स्याही सुखाने के लिए काग़ज़ पर चलनीदार ढक्कन लगी डिबिया से महीन रेत डाल दी जाती थी और फिर काग़ज़ से रेत डिबिया में लौटा दी जाती थी। मैंने उत्तर दिया – "समझता हूँ। हमारे देश के कई पुरातनपन्थी व्यापारी अभी तक पुराने ढंग की रोशनाई और रेतदानी का व्यवहार करते हैं।"

"अच्छा?" कूबा ने विस्मय प्रकट किया और बोला – "क्या विचित्र समता है! स्पष्ट ही उस समय पूर्वी देशों और यूरोप में सांस्कृतिक सम्बन्ध रहे होंगे। सम्भव है यहाँ के लोगों ने यह बातें पूर्व से ही सीखी हों।"

कूबा का छोटा-सा पाइण्टर कुत्ता भी हमारे साथ हो लिया था। उसकी वजह से जिस मकान के सामने से गुज़रते बाड़े के पीछे से भौं-भौं का प्रलय-सा मच जाता। परन्तु मार्ग पर कोई आवारा कुत्ता कहीं दिखायी नहीं दिया। कुत्ते थे भी ख़ूब साफ़-सुथरे। मुझे कुत्तों की ओर ध्यान से देखते पाकर कूबा ने बताया—अब जर्मनी में अच्छे कुत्ते हैं कहाँ? युद्ध के अन्न संकट के समय नाज़ियों नें केवल पुलिस और सेना के लिए आवश्यक कुत्तों को छोड़कर सबको मरवा दिया था। तब भी कुछ लोगों ने कुत्ते छिपाकर रख लिये थे। उन्हें अपने राशन का भाग देकर पालते थे। कुत्ते भी समय की हवा पहचानते थे। वे पुलिस की वर्दी देख कहीं दुबक जाते और भौंकना भी भूल गये थे। यह भाग कृषिप्रधान है। किसान लोग अपनी खेती की रक्षा के लिए कुत्तों को शौक़ से पालते थे। यहाँ के बड़े ज़मींदारों के कुत्ते तो बहुत ही प्रसिद्ध थे। उन कुत्तों के लिए आदमी को फाड़ डालना साधारण बात थी। ज़मींदार अपना आतंक बैठाने के लिए अपने जंगलों और खेतों की सीमा में घुस आते लोगों पर कुत्तों को ललकार देते थे। यदि लोग कुत्तों से बचने के लिए उन्हें मारते तो उन्हें ही गोली मार दी जाती। इन ज़मींदारों के ख़िलाफ़ अदालत में कुछ कार्यवाही कर सकना भी असम्भव था। वे सदा ही निर्दोष प्रमाणित हो सकते थे क्योंकि सम्पत्ति के अधिकार का सम्मान ही सबसे बड़ी वस्तु थी। किसानों को ज़मींदारों की ज़मीन का लगान तो देना ही पड़ता था, इसके अतिरिक्त दूध, मुर्गी, अण्डा, घास और बेगार भी भुगतनी पड़ती थी। कूबा की बात सुनकर मैंने कहा—"हमारे यहाँ भी कुछ वर्ष पहले तक यही अवस्था थी। जैसे मानवता के सद्‌गुण सब स्थानों में एक-से हैं वैसे ही शोषण की नृशंसताएँ भी प्रायः सभी स्थानों में एक-सी रही हैं।"

लेखकों का भवन नया बना मकान नहीं है। नाज़ी शासन से पहले और उनके शासन के समय यह मकान एक फ़िल्म अभिनेत्री की सम्पत्ति था। अभिनेत्री ने मकान और स्थान किसी पुराने ज़मींदार से ख़रीदकर इसे आधुनिक रूप दिया था। मकान के पिछवाड़े झील की ओर ख़ूब बड़ा हरा-भरा दालान या छोटा-सा मैदान है। पहली छत पर इस मैदान की ओर खुलता दालान है। अभिनेत्री अपने अतिथियों को इसी स्थान पर बैठाकर आपानक (काकटेल पार्टी) किया करती थी और अपने अतिथियों के मनोरंजन के लिए नाचा भी करती थी। अनेक फ़िल्मों में झील के किनारे प्रासाद के दालान में प्रणयलीला अथवा भोगलीला के दृश्य दिखाने के लिए इस स्थान का उपयोग किया जाता था। अभिनेत्री फ़िल्म बनानेवाली कम्पनियों में ख़ूब बड़ी-बड़ी रक़में वसूल करती थी। नाज़ियों की पराजय हो जाने और समाजवादी प्रजातन्त्र व्यवस्था क़ायम होती देख अभिनेत्री यहाँ से पश्चिम जर्मनी में भाग गयी। यह भवन सरकार ने लेखक संघ को दे दिया है। भवन सरकार की भेंट है ख़र्च संघ का अपना होता है।

बाहर से घूमकर लौटने पर हम लोग झील के सामने दालान में बैठे कॉफ़ी पी रहे थे। किसी लेखक से मिलने कोई दम्पति आया था। पाँच-छह मास का बच्चा भी साथ था। बच्चे को कूबा ने बीच की मेज़ पर बैठा दिया था। स्वस्थ, सुथरा बच्चा मेज़पोश पर छपे पेंज़ी के लाल बैंगनी फूलों को उखाड़ लेने के लिए किलकारियाँ भरकर उन पर झपट रहा था। फूल उखाड़ न पाने पर क्रोध में चीखने लगता। हम लोग बच्चे को रिझाने के लिए खिलौने के रूप में जो कुछ भी जेब से निकाल सकते थे, उसे दे रहे थे। रसोई का मैनेजर कॉफ़ी का दूसरा बर्तन देने के लिए आया था। उसने बच्चे की समस्या को देखा। पल भर को भीतर गया और उसने एक बहुत छोटा-सा कछुआ ढाई-तीन इंच के व्यास का, लाकर बच्चे के

सामने रख दिया। कछुआ ख़ूब हिला हुआ था। वह चाबी लगे खिलौने की तरह मेज़ पर गोल चक्कर लगाता जा रहा था परन्तु बालक का हाथ पीठ पर पड़ते ही या उसे उठा लेने पर तुरन्त अपनी गर्दन और हाथ-पाँव भीतर समेट लेता।

रसोई के मैनेजर ने बताया—"कछुआ ढाई बरस से लेखक भवन का सदस्य है।" उसकी आयु कितनी है, इस विषय में कोई कुछ नहीं जानता था। मुझसे प्रश्न किया गया भारत में तो कछुए होते हैं? इसके आकार से इसकी आयु का क्या अनुमान किया जाना चाहिए?

"इतने आकार का कछुआ तो कभी देखा नहीं।"

"क्यों, यह बहुत बड़ा है?"

"इतना छोटा कभी नहीं देखा।"

"यह बहुत छोटा है, कछुआ कितना बड़ा होता है?"

"नौ-दस इंच से छोटा तो मैंने देखा ही नहीं। इतने छोटे कछुए तो शायद भय के कारण नदी-तालाब से बाहर निकलते ही नहीं।"

बच्चे की माँ ने कौतूहल से पूछा—"कछुए कितने बड़े-बड़े हो जाते हैं?"

"ढाई-तीन फुट पीठ के कछुए यमुना नदी में बहुत-से मिल जाते हैं। यह कछुए पाल लिये जाते हैं। बहुत-से लोग इनकी पीठ पर बैठकर नदी पार कर लेते हैं।"

"इस संसार में कितनी विचित्र वस्तुएँ और प्रथाएँ हैं।" उसने विस्मय प्रकट किया।

प्राहा में मैंने रूमानिया जाने का भी निमन्त्रण स्वीकार कर लिया था और जर्मनी आने का भी। जर्मनी में छह दिन ही ठहर सकता था। बर्लिन देखने की बहुत उत्सुकता थी। दोपहर के भोजन के बाद लेखक संघ के एक सदस्य शैलनबर्गर के साथ मैं बर्लिन रवाना हो गया।

जर्मनी इस समय पूर्वी और पश्चिमी भागों में बँटा हुआ है। बर्लिन के भी पूर्वी और पश्चिमी भाग हैं। पूर्वी भाग से पश्चिमी भाग में और पश्चिमी भाग से पूर्वी भाग में प्रवेश करते समय पासपोर्ट और परवाने की जाँच-पड़ताल होती है। परन्तु नगर के भीतर दोनों भागों में आने-जाने में मोटर से आते-जाते समय ही गाड़ी ले जाने का आज्ञा-पत्र देखा जाता है। पैदल लोग बिना किसी बाँध के आ-जा सकते हैं। बर्लिन में यातायात के दूसरे साधनों के अतिरिक्त सुरंग रेल और मकानों की छतों पर से चलनेवाली रेल (सिटी रेलवे) भी हैं। यह रेलें पूर्व से पश्चिम और पश्चिम से पूर्व लगातार चलती रहती हैं। ठहरा तो पूर्वी बर्लिन में था परन्तु दो-तीन बार पश्चिम भाग में भी घूम-फिरकर देख आया।

लन्दन की ही तरह यूरोप के दूसरे नगरों में और बर्लिन में भी समृद्ध, अमीर लोगों की बस्तियाँ और उनके उद्योग-धन्धे नगर के पश्चिम भाग में थे और ग़रीब बस्तियाँ पूर्वी भाग में। इस विभाजन का कारण प्राकृतिक है। यूरोप में वायु की गति पश्चिम से पूर्व की ओर रहती है। उत्तर भारत में भी वही बात है। कारखानों और मिलों की चिमनियों के धुएँ से बचने के लिए उन्हें नगर के पूर्वी भाग में बनाया गया है। इसलिए समृद्ध लोग पश्चिमी भाग में रहना पसन्द करते हैं। यही बात बर्लिन में भी थी परन्तु जर्मनी पार्लमेण्ट (राइख) और बड़े-बड़े सरकारी दफ़्तर और हिटलर का स्थान और नाज़ियों के अड्डे अधिकांश में पूर्वी भाग में ही थे।

बर्लिन पर आक्रमण के समय सोवियत सेना ने पूर्व की ओर से ही नगर में प्रवेश किया था। बर्लिन के भाग्य का निपटारा भी इसी भाग में हुआ था। सोवियत सेना के बर्लिन में पहुँच जाने पर भी नाज़ी लड़ते रहे थे। सोवियत बमबाज़ों ने इस भाग की अक्षरशः ईंट से ईंट बजा दी थी। पूर्वी बर्लिन पर हुई बम वर्षा का उदाहरण केवल स्तालिनग्राड में ही मिल सकता था। शायद यहाँ उससे भी अधिक हुई हो। पूर्वी बर्लिन का अधिकांश भाग इस समय भी ध्वस्त क़ब्रिस्तान-जैसा है। छतों के बिना खड़ी दीवारें क़ब्रों के सिरहाने खड़ी प्रकाण्ड शिलाओं की तरह जान पड़ती हैं। जिस स्थान पर पुरानी पार्लमेण्ट थी वह अब मलबे से भरा मैदान है। पश्चिम की ओर से अमेरिकन, ब्रिटिश और फ्रांसीसी सेनाओं ने बर्लिन में जब प्रवेश किया था, नाज़ी उससे पहले उखड़कर हथियार डाल चुके थे, इसलिए उस भाग में उतना ध्वंस होने का कारण नहीं था। पूर्वी भाग में युद्ध से पहले के मकान कहीं-कहीं ही दिखायी देते हैं। जो हैं उनमें भी मरम्मत के बड़े-बड़े चिह्न दिखायी देते हैं।

बर्लिन में घूमते-फिरते प्रतिक्षण युद्ध की भीषण विभीषिका की चेतना बनी रहती थी। एक बम के विस्फोट का कितना धमाका, उससे कितना विनाश, और उसका कितना आतंक होता है! यहाँ कई दिन तक प्रतिक्षण रात-दिन मशीनगनों और राइफलों की गोलियाँ ओलों की तरह बरसती रही हैं और तोपों के सैकड़ों गोले और बम प्रति मिनट बरसते रहे हैं। छह-सात मंज़िल की इमारतों के अरराकर गिर पड़ने का दृश्य कैसा होता है—यहाँ प्रत्येक गली बाज़ार में प्रतिक्षण अनेक इमारतें गिरती रहती थीं। यह किसी भूचाल के प्राकृतिक कोप से नहीं, स्वयं मनुष्य की अपनी समझ के परिणामस्वरूप हो रही था बर्लिन ने कितने नगरों को यों बरबाद किया और फिर उस बरबादी को समुच्चय रूप में झेला। मन में कौतूहल होता था, युद्ध के समय यहाँ के निवासियों को क्या अनुभूति रही होगी और युद्ध के कारण नाज़ीवाद के आदर्शों के प्रति और युद्ध के प्रति आज उनकी भावना क्या है?

दिन में किसी समय शैलनबर्गर का साथ रहता था और किसी समय मिस ज़ैलिंगर का। युद्ध की दुःखभरी समृतियाँ जगाने में संकोच होता था। शैलनबर्गर युद्ध से पहले भी कम्युनिस्ट पार्टी का सदस्य था। नाज़ी प्रभुत्व के समय उसका जर्मनी में रहना संकटापन्न था। वह युद्ध से पहले कम्युनिस्टों की धर-पकड़ के समय जर्मनी से भाग गया था और हालैण्ड की राह इंग्लैण्ड चला गया था। ज़ैलिंगर युद्ध के समय निरन्तर बर्लिन में ही रही थी। उस समय उसकी आयु तेरह-चौदह की थी। युद्ध के अनुभव उसे ख़ूब याद थे और प्राणान्तक भय की स्मृतियों के सम्बन्ध में बात करते भी उसका हृदय दहलता न था। सिगरेट के कश से धुएँ का लम्बा तार छोड़ते हुए उसने कहा—समीप ही बम का विस्फोट होने पर जो प्रलयंकारी धमाका होता था उससे हृदय की गति पल भर के लिए रुक-सी जाती थी। बहुत-से लोग मूर्च्छित हो जाते थे। परन्तु जब बमों के विस्फोट और इमारतों के ढहने के धमाके वातावरण में सदा बने रहने लगे तो उससे कब तक आतंकित होते रहते? यह चेतना रहती थी कि किसी भी क्षण मर जा सकते हैं। इच्छा होती थी कि हम पर बम गिरे तो ऐसे कि शरीर का पता भी न चले। ऐसा न हो कि घायल होकर चीखते रह जायँ। कहीं भी रक्षा का आश्वासन न था। ऊपर की मंज़िलों में बम की मार का भय था और नीचे की मंज़िलों में और तहख़ानों में ऊपर से मलबा गिरकर दम घुटकर मर जाने की आशंका। निरन्तर बम वर्षा से बिजली के तार टूट गये थे, यातायात के साधन ट्राम, बस, सुरंग रेल और नगर रेल सभी बन्द हो गये थे और पानी के नल फट गये थे। नगर में कुएँ कहाँ थे?

अँधेरे में ही निर्वाह करने का अभ्यास हो गया। मुँह और हाथ धोने का प्रश्न ही क्या था, परन्तु प्यास लगने पर तो व्याकुलता होती ही थी। ऐसे समय कोई बर्तन, बोतल या टीन का डिब्बा लेकर स्प्री (बर्लिन के बीचोंबीच बहनेवाली नदी) से गँदला जल ले आते थे और दो-चार घूँट पी लेते थे।

नाज़ी सिपाही छोटी मशीनगनें और लुइस गनें लिये घरों पर छापे मार-मारकर मर्दों को ढूँढ़ते-फिरते थे कि वे बाहर निकलकर सोवियत आक्रमण का सामना करें। उस समय भी नागरिकों को विश्वास दिलाया जा रहा था कि बर्लिन पर सोवियत सेना का आक्रमण कुछ समय का ही संकट है, नाज़ी सेना निश्चय ही उन्हें नष्ट कर नगर की रक्षा करेगी। नाज़ियों की श्रेष्ठता और शक्ति का अन्ध अहंकार था। नागरिकों को विश्वास था कि अन्तिम विजय नाज़ियों की होगी। जिस समय नाज़ी अपने गुप्त हथियार निकालेंगे क्षण भर में सोवियत सेना का ध्वंस हो जायगा। हज़ारों लोग बमों के आतंक से पृथ्वी के नीचे रेलों की सुरंगों में जा छिपे थे। उन लोगों को लड़ाई के मैदान में लाने के लिए सुरंगों में नदी का पानी छोड़ दिया गया। हज़ारों लोग दम घुट-घुटकर मर गये।

सिगरेट का लम्बा कश छोड़ते हुए ज़ैलिंगर बोली—ऐसे आतंक में भी जीवन चलता था। उस समय भी जो कुछ खाद्य सामग्री या दूसरी वस्तुएँ मिल सकती थी उन्हें लोग समेटकर रखने का यत्न करते थे। और इन चीज़ों पर अधिक-से-अधिक मुनाफ़ा कमाने की कोशिश करते थे। युद्ध तभी समाप्त हुआ जब लाल सेना बर्लिन का दो-तिहाई समेट चुकी थी। दूसरी ओर से अमेरिकन और अंग्रेज़ी सेनाओं ने शेष भाग पर कब्ज़ा कर लिया।

शैलनबर्गर से पूछा कि नाज़ीवाद के परिणाम में यह सब भुगतकर अब सर्वसाधारण जर्मन लोगों की नाज़ीवाद के प्रति कैसी धारणा है। उत्तर मिला, कि सर्वसाधारण को तो नाज़ी सिद्धान्तों से उस समय भी कोई सहानुभूति न थी। युद्ध के आरम्भिक भाग में नाज़ियों की सफलताओं ने साधारण जनता को सम्मोहित कर लिया था। नाज़ियों के कारण अपनी दुरवस्था देखकर वे उनसे विरक्त भी हो गये। परन्तु नाज़ियों का कब्ज़ा ऐसा गहरा था कि मुँह खोलने का अवसर किसी को न था। बहुत-से लोग अब भी समझते हैं कि नाज़ियों का कार्यक्रम ठीक ही था। हिटलर ने केवल अपने जनरलों की राय की उपेक्षा करने की ही भूल की। स्थिति यह थी कि हिटलर की असम्भव आज्ञाओं को पूरा करने में यदि जनरल असफल रह जाते तो उन्हें प्राणदण्ड दिया जाता। यदि जनरल हिटलर की आज्ञा की अव्यावहारिकता के प्रति शंका करते तो भी उन्हें आज्ञा भंग के अपराध में प्राणदण्ड दिया जाता। जनरल स्वयं हतबुद्धि हो रहे थे कि क्या करें। वे आज्ञा के प्रति कोई आपत्ति नहीं कर सकते थे। वे असफलता के उत्तरदायित्व से बचने के लिए प्रत्येक बात के लिए रणक्षेत्र से हिटलर को फ़ोन कर निर्णय चाहते। ऐसी अवस्था में उन्हें अयोग्य समझकर दण्ड दिया जाता। उनके स्थान पर नियुक्ति की आज्ञा पानेवाले नियुक्ति को ही प्राणदण्ड समझ लेते। कुछ लोगों को अब भी विश्वास है कि समय आने पर नाज़ीवाद का कार्यक्रम अवश्य सफल होगा।

मैने पूछा कि अब नाज़ीवाद के कार्यक्रम को व्यवहार में लाने के लिए साधन ही कहाँ है? उत्तर मिला कि ऐसे लोगों को आशा है कि कम्युनिज़्म के बढ़ते प्रभाव से लोहा लेने के लिए अमेरिकन और ब्रिटिश पूँजीपतियों को फिर जर्मनी को अपने रक्षक के तौर पर खड़ा करना पड़ेगा। वही नाज़ीवाद और जर्मनी के पुनरुत्थान का समय होगा।

मैने फिर भी प्रश्न किया—अमेरिका और ब्रिटेन एक बार अपनी इस चाल का परिणाम देख चुके हैं। क्या नाज़ी लोग आशा करते हैं कि अमेरिका और ब्रिटेन अपनी भूल फिर दोहरायेंगे?

उत्तर मिला—पश्चिम जर्मनी में अमेरिकी लोग पूँजीवाद की रक्षा के लिए अरबों डालर ख़र्च कर रहे हैं। नाज़ी लोगों का विचार है कि अमेरिकन और ब्रिटिश अपनी भूल समझें या न समझें, वे यदि कम्युनिज़्म को रोकना चाहते हैं तो उनके सामने दूसरा कोई उपाय है ही नहीं।

एक बार और पूछा—तो क्या नाज़ी लोग सदा ही अमेरिकन और ब्रिटिश पूँजीपतियों के प्यादे बनना स्वीकार करते रहेंगे? इसका भी उत्तर था—नाज़ियों के पास इसके अतिरिक्त कोई दूसरा अवसर या उपाय भी तो नहीं।

'नया पथ' अक्टूबर, १९५६

●

विश्व का प्रमुख नगर : मास्को

वक्ता—देवेन्द्र, बहुत दिन में दिखायी दिये, क्या तुम लखनऊ से बाहर गये हुए थे?

देवेन्द्र—चाचा जी, गर्मी की छुट्टियों में माता जी के साथ बम्बई मामा जी के यहाँ चला गया था। हम लोग कल ही लौटे हैं। बम्बई में ख़ूब दूर तक समुद्र दिखलायी देता है। पाँच-पाँच सात-सात मंज़िल ऊँचे मकान हैं, मोटरों की अटूट पंक्तियाँ। चाचा जी, आपने बम्बई देखा है?

वक्ता—हाँ बेटा, बम्बई कई बार देखा है। बम्बई से बड़े भी कई नगर देखे हैं।

देवेन्द्र (विस्मय से)—चाचा जी, क्या बम्बई से भी बड़े नगर देखे हैं आपने? बम्बई से बड़ा कौन नगर देखा है आपने?

वक्ता—बेटा, बम्बई से अधिक जनसंख्या तो कलकत्ता की ही है, परन्तु मुझे लन्दन और मास्को भी देखने का अवसर मिला है।

देवेन्द्र (विस्मय से)—आपने मास्को भी देखा है। मास्को कैसा नगर है? क्या मास्को में भी समुद्र है और बम्बई की तरह बहुत ऊँचे-ऊँचे मकान हैं?

वक्ता—बेटा, मास्को में समुद्र तो नहीं दिखायी देता। तुम मानचित्र में देख सकते हो, मास्को समुद्र से दो-ढाई सौ मील दूर है, परन्तु मास्को नगर में मास्को नदी है। उस नदी को ख़ूब गहरा और चौड़ा बना दिया गया है। इस नदी के मार्ग से बहुत बड़े जहाज तो नहीं, परन्तु छोटे-छोटे जहाज संसार के किसी भी बन्दरगाह तक आ-जा सकते हैं। तुमने पूछा कि मास्को में क्या ऊँचे मकान भी हैं? बम्बई में अभी तक शायद सबसे ऊँचा मकान ग्यारह मंज़िल का है। मास्को में उससे बहुत ऊँचे-ऊँचे मकान हैं। मास्को में मास्को विश्वविद्यालय, नगर के काफ़ी ऊँचे स्थान, लेनिन टीले पर बनाया गया है। तुम्हें सुनकर विस्मय होगा कि विश्वविद्यालय की इमारत अड़तीस मंज़िल ऊँची है। कुतुबमीनार से ढाई गुने से भी अधिक ऊँची। विश्वविद्यालय में कई विद्यालय भवन, छात्रावास और अध्यापकों के निवास के स्थान हैं। विद्यालय के अतिरिक्त छात्रावास और अध्यापकों के निवास-स्थान प्रायः सब छह-सात मंज़िल की ऊँची-ऊँची इमारतें हैं। विश्वविद्यालय का क्षेत्र कई वर्ग मील में फैला हुआ है और एक अलग नगर जान पड़ता है। मैं पिछली बार १९५८ में मास्को गया था तो यूक्रेनिया होटल में ठहरा था। यूक्रेनिया होटल का मुख्य भाग उन्तीस मंज़िल ऊँचा है। सबसे ऊपर एक बड़ा कमरा है जहाँ बैठकर नाश्ता किया जा सकता है, चाय-कॉफ़ी पी जा

सकती है। वहाँ से पूरा नगर दिखायी देता है। तुम सोचते होगे कि इतनी ऊँची-ऊँची इमारतों पर चढ़ने और उतरने में ही लोग थक जाते होंगे और समय भी बहुत नष्ट होता होगा। उन इमारतों में जीने तो ज़रूर बनाये जाते हैं, परन्तु सब लोग लिफ्ट से ही ऊपर आते-जाते हैं। लिफ्ट में खड़े होकर या बैठकर उन्तीसवीं मंज़िल तक पहुँचने में शायद एक ही मिनट लगता होगा। उससे पहले मैं मास्को के मोस्कोवा होटल में ठहरा था। वह होटल इतना ऊँचा नहीं है, केवल ग्यारह मंज़िल ऊँचा है। मास्को में चौदह और सोलह मंज़िल के मकान बहुत हैं। उन सभी मकानों में आना-जाना लिफ्ट से ही होता है। जैसे बम्बई में मैरीन ड्राइव पर लगातार पाँच-छह मंज़िल के मकानों की पंक्तियाँ हैं और आने-जाने की अलग-अलग चौड़ी-चौड़ी सड़कें हैं उसी प्रकार मास्को में सादोवाया और यूनिवर्सिटी को जानेवाली सड़कों के दोनों ओर साधारणतः लगातार आठ-आठ मंज़िल के मकान चले गये हैं। वे सड़कें मैरीन ड्राइव की सड़क से बहुत अधिक चौड़ी हैं। उन सड़कों पर पाँच-छह मोटरें बराबर-बराबर आ-जा सकती हैं। इसके अतिरिक्त सड़क के दोनों ओर पैदल चलनेवालों के लिए ख़ूब चौड़े-चौड़े रास्ते हैं। उन रास्तों के साथ भी घास की पट्टियाँ और वृक्ष लगे हुए हैं। सड़क के बीचोंबीच भी घास की पट्टियाँ और वृक्ष हैं। पूरी सड़कों की चौड़ाई शायद डेढ़ सौ फुट होगी।

देवेन्द्र—चाचा जी, क्या मास्को में भी बम्बई की तरह ट्राम गाड़ी चलती है?

वक्ता—बेटा, किसी समय मास्को नगर में भी ट्राम गाड़ी चलती थी, परन्तु अब मास्को नगर की सड़कों पर मोटर, टैक्सी, मोटर बसों और बिजली से चलनेवाली बसों की इतनी भीड़ होती है कि ट्राम के लिए निश्चित मार्ग दे सकना बहुत कठिन हो गया है। तुम यदि मास्को नगर में दो-ढाई महीने रह लो तो भी तुम्हें घोड़ा या घोड़ागाड़ी कभी देखने को नहीं मिलेगी। अब मास्को में ट्राम नगर के आस-पास के उपनगरों में ही चलती है, परन्तु मास्को में लोगों के आने-जाने के लिए एक और बड़ी सुविधा है। वहाँ नगर में धरती के भीतर, मकानों के नीचे रेल चलती रहती है। इस रेल को मेट्रो कहते हैं। मुहल्लों और बाज़ारों में स्थान-स्थान पर उस रेल के स्टेशन हैं। देखने में यह स्टेशन छोटे-मोटे हाल-जैसे लगते हैं। हाल में जाने पर नीचे उतरती बड़ी-बड़ी सीढ़ियाँ दिखायी देती हैं। सीढ़ियों पर खड़े हो जाओ तो वे तुम्हें स्वयं ही नीचे ले जायँगी। तुम चाहो स्वयं भी उतरते जाओ तो और भी जल्दी नीचे पहुँच जाओगे। इन सीढ़ियों पर प्रतिक्षण तुम्हें सैकड़ों-हज़ारों व्यक्ति दिखायी देंगे। भूमि के गर्भ में जाने की सीढ़ियाँ और ऊपर आने की सीढ़ियाँ अलग-अलग होती हैं। ऐसी सीढ़ियों से डेढ़-दो सौ फुट नीचे उतर जाने पर बिजली से चलनेवाले रेल के स्टेशन मिलते हैं। भूगर्भ रेलें तो संसार के दूसरे बड़े-बड़े नगरों में भी हैं। मैंने लन्दन, बर्लिन और पेरिस की भूगर्भ रेलें भी देखी हैं। मास्को की भूगर्भ मेट्रो के स्टेशन संसार में सबसे सुन्दर माने जाते हैं। यह स्टेशन बिजली के झाड़-फानूस से सजे हुए स्फटिक के महल मालूम होते हैं। बड़े-बड़े स्टेशनों पर तो कई-कई लाइनें होती हैं और प्रत्येक मिनट में कई गाड़ियाँ आती और चली जाती हैं। ये गाड़ियाँ बिजली से चलती हैं, इसलिए धुएँ का कोई प्रश्न नहीं होता।

देवेन्द्र—चाचा जी, बम्बई में तो उत्तर प्रदेश की तरह लू नहीं चलती। क्या मास्को में लू चलती है?

वक्ता—बेटा, मास्को भारत की अपेक्षा बहुत अधिक उत्तर में है, इसलिए वहाँ हमारे देश की तरह गर्मी कैसे हो सकती है। जुलाई-अगस्त में वहाँ सबसे अधिक गर्मी होती है,

परन्तु इतनी नहीं कि पंखे के बिना व्याकुलता हो। पंखा तो वहाँ मैंने किसी मकान में नहीं देखा। जुलाई-अगस्त में चाहो तो दोपहर में बिना गरम कोट के घूम सकते हो, परन्तु वहाँ सरदी बहुत भयंकर होती है। कभी-कभी तो अक्टूबर में भी अच्छी बरफ पड़ जाती है। दिसम्बर-जनवरी में तो इतनी सरदी हो जाती है कि मास्को नदी जम जाती है। दिन-रात सड़कों पर से बरफ़ हटाने का काम आवश्यक हो जाता है। सड़कों के किनारे-किनारे प्रायः ही दो-दो फुट ऊँचे बरफ़ के चट्टे दिखायी देते हैं। जाड़ों में यदि मकानों को गरम न किया जाय तो जीवन असम्भव हो जाय। वहाँ सबसे बड़ी समस्या मकानों को गरम रखने की होती है। पुराने समय में तो मकान के केन्द्र में बहुत बड़ी अँगीठी बना दी जाती थी, उससे कमरों की दीवारें गरम हो जाती थीं, परन्तु अब सब कमरों की दीवारों के साथ-साथ भाप के नल लगे रहते हैं। उससे सर्दी में कष्ट नहीं होता।

देवेन्द्र—चाचा जी, मास्को में कई दर्शनीय स्थान भी होंगे?

वक्ता—हाँ बेटा, मास्को नगर के केन्द्र में क्रेमलिन है। पुराने समय में वहाँ ज़ार के महल थे, परन्तु अब वहाँ सरकार के दफ्तर हैं। इसके अतिरिक्त मास्को के स्टेडियम (क्रीड़ांगन) भी देखने लायक़ हैं, जिनमें अस्सी हज़ार और एक लाख व्यक्ति बैठकर मैच देख सकते हैं। ऐसे ही मास्को का चित्र संग्रहालय है। उसमें साठ-सत्तर से भी अधिक हाल हैं। उसे एक दिन में देख सकना सम्भव नहीं है। क्रेमलिन के समीप लेनिन की समाधि है। लेनिन की मृत्यु ३६ वर्ष पूर्व हुई थी, परन्तु वहाँ रखा हुआ लेनिन का शरीर ऐसा सजीव जान पड़ता है, मानो वह जीवित हों और प्रगाढ़ निद्रा में सोये हुए हों। मास्को जानेवाले यात्री इस समाधि को अवश्य ही देखते हैं।

१९५९

●

क्या देखा?

कभी अक्सर ही तो दोपहर के भोजन के बाद खाट से पीठ लगा लेने की इच्छा होती है। विश्राम के समय संगीत भी सुना जा सके तो और भला। लेट-लेटे इच्छा करने से ही कोई सामने आकर गाने लगे, ऐसी आशा करना विज्ञान और कला-कौशल के इस युग में बहुत बड़ी स्पर्द्धा नहीं है। रेडियो घर में हो तो उसका कान उमेठ देने से वह बिना कोई नखरा या ना-नू किये गाने लगता है। समय होने पर रेडियो गाने तो लगता है पर भारत की धर्म-निरपेक्ष सरकार के रेडियो दोपहर के विश्राम के समय भी वैराग्य द्वारा संसार की माया से मुक्त होने के उपदेश के भजन गाते हैं। भोजन के बाद विश्राम करते समय मायामय संसार से वैराग्य का गीत सुनकर यही जान पड़ता है कि इस नश्वर शरीर की ममता में व्यर्थ ही भोजन किया, मिट्टी के इस बर्तन को मिट्टी से भरने से क्या लाभ? लखनऊ, देहली छोड़कर सीलोन लगा देने की इच्छा होती है। सीलोन लोगों को इसीलिए अधिक भाता है कि वह मायामय संसार से मुक्ति की बात नहीं, बल्कि नयना से नयना लगाने या शाम हो जाने और रात हो जाने पर भी बालम के न आने की बात करता है। हम सब लोग आदर तो भारत की आध्यात्मिक संस्कृति का ही करते हैं परन्तु मायामय संसार से मुक्त हो जाने की अपेक्षा इस संसार को भोग सकने की ही इच्छा स्वाभाविक है।

मतवाले नयनों और बालम के प्रसंग से मन में गुदगुदी अनुभव करने की इच्छा से सीलोन रेडियो लगाइये तो एक गीत समाप्त होते ही बिनाका टूथ-पेस्ट से दाँत मज़बूत करने और लाल घोड़ेवाला पेट्रोल ख़रीदने का उपदेश सुनायी देता है और सबसे अधिक उपदेश सुनायी देता है, उनकी दवाई की गोली खाकर शरीर में नया ख़ून पैदा करके खोयी हुई ताक़त पा सकने का या पेट में पैदा हो गयी बीमारियों के जर्म नष्ट करके स्वास्थ्य लाभ करने का। अक्सर ख़्याल आता था कि सीलोन रेडियो बहुत भला है। बिना कुछ लिये मुफ्त में ग़ज़लें और गीत सुनाकर लाखों आदमियों का मनोरंजन करता है, पर सच यह है कि ग़ज़ल और गीत सुनने के प्रलोभऩ से कान आकर्षित कर सौदा बेचने के लिए विज्ञापन ही सुनाये जाते हैं और सबसे ज़्यादा विज्ञापन होते हैं दवाइयों के।

सीलोन रेडियो से और भारत के नगरों, ग्रामों की दीवारों पर सब ओर दवाइयों के ही आदमकद विज्ञापन देख-देखकर सोचता हूँ, हमारे देश में कितनी बीमारियाँ हैं। पैसा कमाने

का बहुत बड़ा और कामयाब साधन है दवाई बेचना। बात भी ठीक है। आदमी भूख को कुछ समय तक दबा भी ले परन्तु रोग और विकट पीड़ा की उपेक्षा नहीं की जा सकती। देश में पीड़ा ही सबसे अधिक है और सबको पूरा अधिकार है कि रोग और पीड़ा से व्याकुल लोगों को आराम की आशा दिलाकर उनसे पैसा ऐंठ लें। यदि आपको दवाई खाकर लाभ नहीं होता, आप ठगे जाते हैं तो इसमें बोलने का अधिकार किसी को नहीं। यह तो व्यापार है और व्यापार की व्यक्तिगत स्वन्तत्रता ही पूँजीवादी प्रजातन्त्र की आधारशिला है।

सुना यह है कि डॉक्टर लोग बीमार हो जाने पर अपना इलाज स्वयं कभी नहीं करते, सदा दूसरे डॉक्टर की राय से इलाज करवाते हैं। डॉक्टर की फीस दे सकनेवाले लोग भी केवल दवाई का विज्ञापन देखकर या उसकी प्रशंसा सुनकर दवाई खाकर अपनी जान जोखिम में नहीं डालते। परन्तु अच्छे डॉक्टर की राय ले सकने में असमर्थ लोग सस्ते दामों संकट से छूट जाने की आशा में इश्तहारी दवाइयाँ खाते हैं। सीलोन रेडियो के सुन्दर-गोरा बन सकने और ताक़त की दवाइयों के विज्ञापनों में रस नहीं आ रहा था। दोपहर से पहले की बात याद आने लगी :

एक ख़ूब स्थूल शरीर, तीन-साढ़े तीन हज़ार तनख़ाह पानेवाले, बैंक के एजेण्ट साहब पूछ रहे थे—रूस में ऐसा क्या देखा जो हमारे देश में नहीं है?

उत्तर दिया—वहाँ लोगों की खुराक बहुत अच्छी है। कपड़े-लत्ते अच्छे और काफ़ी रहते हैं...।

एजेण्ट साहब ने टोक दिया—यह कुछ नहीं। ऐसी बात बताओ जो यहाँ नहीं है! खाना-कपड़ा क्या हमारे यहाँ नहीं है। कुछ कम हुआ या कुछ ज़्यादा हुआ।

उन्हें क्या उत्तर देता। उनके पास इतना है कि उसमें कुछ कम-ज़्यादा हो जाने से फ़रक नहीं पड़ेगा परन्तु जो अभी बहुत मुश्किल से पेट भर या तन ढाँक सकते हैं उनके लिए कुछ कम-ज़्यादा हो जाने से बहुत फ़रक पड़ सकता है। यदि एजेण्ट साहब इस समय बात करते तो उत्तर देता—सोवियत में दवाइयों का विज्ञापन नहीं किया जाता। वहाँ के नगरों और देहातों की दीवारें वेदना-निग्रह रस या बिजली तिला से मर्दानगी की ताक़त देनेवाले विज्ञापनों से रँगी नहीं रहतीं। किसी व्यक्ति को यह अधिकार नहीं कि रोग और पीड़ा से व्याकुल लोगों की विवशता से लाभ उठाकर पैसा कमाये। समाज या सरकार अपना कर्त्तव्य समझती है कि लोगों के रोग और पीड़ा का उपाय किया जाय। कोई आदमी डॉक्टर से उचित परामर्श पाये बिना दवाई खाने की मज़बूरी में नहीं है और उचित भोजन पाने के कारण लोग हमारे देश की तरह व्याधियों के शिकार भी नहीं होते। हमारे देश या पूँजीवादी व्यवस्था में किसी व्यक्ति के स्वास्थ्य का मूल्य उसके पैसा ख़र्च कर सकने के अनुपात में होता है। जो जितनी फीस दे सकता है, उतने ही अच्छे डॉक्टर की राय ले सकता है और उतनी ही विश्वासयोग्य दवाई भी। पैसा नहीं है तो आदमी को बीमारी से मर जाने की व्यक्तिगत स्वतन्त्रता है।

सोवियत के नगरों और देहातों को बाँटकर उनके स्वास्थ्य की ज़िम्मेवारी अस्पतालों और डॉक्टरों को दी गयी है। अस्वस्थ होने पर अपने मोहल्ले के समीप के अस्पताल या उस

क्षेत्र के डॉक्टर को फ़ोन कर दिया जा सकता है या ख़बर भेज दी जा सकती है। नये ढंग की सभी इमारतों में सभी लोगों के लिए फ़ोन हैं। पुराने ढंग के मकान में फ़ोन न हो तो पास-पड़ोस की गली में या चौराहे पर ज़रूर होगा। डॉक्टर आकर आपको देखेगा और दवाई भिजवायेगा। आवश्यकता होगी तो अस्पताल भिजवा देगा या नर्स आकर निश्चित समय पर इंजेक्शन देती रहेगी। आपके स्वास्थ्य और बच्चों की शिक्षा की भी ज़िम्मेवारी राज्य पर है। बीमार होने पर भी बीमारी को भुलाकर या दबाकर काम पर जाने और रोग बढ़ाने की मज़बूरी नहीं। बीमारी में काम पर न जा सकने से या अस्पताल में रहते समय परिवार के भूखे मरने की आशंका नहीं है। अस्पताल में रहते समय मुफ़्त दवाई और भोजन पाते समय भी तनख़ाह पूरी मिलती रहेगी।

एजेण्ट साहब कहेंगे—अस्पताल तो अपने देश में भी हैं और अस्पतालों में मुफ़्त दवाई मिलने की व्यवस्था भी है परन्तु अस्पताल से ली मुफ़्त दवाई से लोगों को लाभ नहीं हो पाता, क्योंकि वह प्रायः कमेटी के नल में से अस्पताल की बोतलों में भर ली जाती है। अस्पताल के डॉक्टर मरीजों से ऐसे बात करते हैं मानो भीख माँगनेवालों की भीड़ उनके मकान में घुस आयी हो। लखनऊ के सबसे बड़े अस्पताल में मेरे एक मित्र के पेट का ऑपरेशन हुआ था। ऑपरेशन के दिन ही जब नर्स और मेहतर को पुकारते-पुकारते उनका सिर दर्द करने लगा तो बिस्तर से उठकर कष्ट दूर करना पड़ा और हालत ख़राब हो गयी। उनकी अवस्था की ओर ध्यान इसलिए दिलाया जा सका कि डॉक्टर से कुछ परिचय था। इस अनुभव के बाद उन्हें मेहतर और दूसरे लोगों को दुअन्नी-चवन्नी थमाते रहने की समझ आ गयी।

रिश्वत और पक्षपात की चर्चा आते ही लोग कहने लगते हैं—जब तक इस देश के लोगों का आचार नहीं सुधरता, हमारा कल्याण नहीं हो सकता। सरकार तो रिश्वत देने के लिए कहती नहीं बल्कि रिश्वत देने के लिए मना करती है। पं० गोविन्द वल्लभ पन्त ने तो भरी सभा में यह भी कहा था कि रिश्वत देना पाप है। जो लोग रिश्वत देते हैं वे ही आधिक पापी हैं। रिश्वत छीनकर तो ली नहीं जाती। पर जिन लोगों को रिश्वत देनी पड़ती है वे जानते हैं कि रिश्वत मज़बूरी में ही दी जाती है, किसी को बिगाड़ सकने के सन्तोष के लिए नहीं।

छोटी-सी ही मिसाल लीजिये। घर के सामने की नाली और फुटपाथ की हालत बहुत ख़राब रहती है। कमेटी के जमादार का ध्यान उस ओर आकर्षित करने से कुछ लाभ नहीं होता लेकिन कभी-कभी अठन्नी थमाते रहने से कुछ लाभ ज़रूर होता है। यदि अठन्नी की रिश्वत न दें तो रास्ता यह है कि हेल्थ आफ़िसर को शिक़ायत लिखी जाये। कई दिन बाद जाँच होगी। जाँच करने के लिए जमादारों का वह जमादार आयेगा जो इस सड़क के जमादार से माहवारी लेता है। हमारे मुहल्ले की मेहतरानी का लड़का जवान हुआ। उसे काम पर लगाने के लिए उसे इलाक़े के सफ़ाई जमादार को पचास रुपये पूजने पड़े थे। बेचारी ने घर-घर अपनी विपदा सुनाकर कुछ इकट्ठा किया। कुछ उधार लिया। यों जमादार की नौकरी पाकर यह लड़का किस रास्ते चलेगा? अस्तु, वही सफ़ाई जमादार साहब जाँच के लिए आयेंगे। उनसे क्या आशा की जाये।

इस जाँच के बाद दूसरी शिक़ायत लिखिये। सफ़ाई ठीक से की जाने के लिए ताकीद कर दी जाने का आश्वासन मिलेगा और सामने की नाली से बदबू भी मिलेगी। इसके बाद हम क्रोध में हेल्थ अफ़सर से मिलने जायें तो प्रतीक्षा में दो-तीन घण्टे उनके कमरे के बाहर बैठे रहें। हमारी प्रार्थना पर फिर एक बार तहकीकात होगी और हेल्थ अफ़सर के पास रिपोर्ट पहुँच जायेगी कि सड़क पर मुनासिब सफ़ाई होती है लेकिन हम बेजा दबाव डालना चाहते हैं, इसलिए शिक़ायतें करते हैं। इस धर्म-युद्ध की कहानी जिसे सुनायें उससे, अठन्नी न देने के लिए मुकद्दमा लड़नेवाले बेवकूफ़ का खिताब पायें। अठन्नी की रिश्वत न दें तो करें क्या? रिश्वत का अवसर है तो अठन्नी की भी चलेगी और दस हज़ार रुपये की रिश्वत भी। न्याय और सरकार की शक्ति उसी के पक्ष में होगी जो रिश्वत देगा, नौकरी योग्यता से नहीं, रिश्वत से मिलेगी। जब ईमानदारी की अपेक्षा बेईमानी और रिश्वत से सुविधा होती है तो अने-जने आदमी पूरे अमले को ठीक करने के लिए कहाँ तक जूझता रहे? प्रश्न यह है कि इस व्यवस्था में सुविधा रिश्वत देनेवाले को है या रिश्वत का विरोध करनेवाले को। जमादार को या दूसरे सरकारी अमले को रिश्वत लेने में संकोच किस बात के लिए हो? जब हरिजन बनने के उम्मीदवार लोग वोट के लिए कभी झूठे वायदे की और कभी पक्षपात की रिश्वत देते हैं। कहने को पण्डित नेहरू कहते हैं कि इस देश में जितनी व्यक्तिगत स्वतन्त्रता है, उतनी किसी देश में नहीं।

एजेण्ट साहब ने भी सुबह यही बात कही थी कि सोवियत में खाने-पहनने की चाहे जितनी सुविधा हो, बोल सकने की सुविधा तो नहीं है। दिल के बहलाने को यह ख़्याल अच्छा हो सकता है कि हम भूखे रहकर भी स्वतन्त्र तो हैं परन्तु मुझे यह समझ में नहीं आता कि हमारे देश में प्रजा के सदा रोते-धोते रहने से भी जब दशा नहीं सुधरती तो क्या सोवियत की प्रजा के कुछ कहे बिना ही उनकी अवस्था सुधर गयी होगी? क्या वहाँ देवता शासन करते हैं जो प्रजा के कोई शिक़ायत किये बिना और इच्छा प्रकट किये बिना भी सब-कुछ कर देते हैं और हमारे देश के शासक किसी दूसरी जाति के हैं जिनके कान पर हमारी आहो-पुकार से भी जूँ नहीं रेंगती?

मैं यह भी मानने के लिए तैयार नहीं कि इस देश की प्रजा या जनता स्वभाव और प्रकृति से बेईमान और अधर्मी है इसलिए रिश्वत देकर सुख पाती है। जनता क़दम-क़दम पर यही अनुभव करती है कि ईमानदारी के रास्ते पर चलना कठिन है और बेईमानी की राह काम बनाना कहीं आसान। इसलिए जैसे-तैसे निर्वाह कर पाने के लिए वह बेईमानी के सामने सिर झुकाने के लिए मज़बूर हो जाती है। आदमी तो कोई बेइमान नहीं होता पर लोग बेईमान बन गयी व्यवस्था के जाल में फँसे हुए हैं। हमारी आर्थिक व्यवस्था उन लोगों के हाथ में है जो दूसरे के श्रम का भाग छीनकर समृद्ध होते हैं। दूसरे के श्रम का भाग छीन सकने के लिए उन्हें जीविका कमा सकने के अवसर के लिए अपना मोहताज़ रखना ज़रूरी होता है। सरकारी नौकर भी इस व्यवस्था के प्रभाव और परिस्थितियों से स्वतन्त्र नहीं। एक आदमी जीविका के साधन अपने बस में होने के अवसर से हमारे श्रम का भाग छीनता है, दूसरा हमारे रोग-कष्ट में हमारी बेबसी देखकर हमारी जेब खाली करता है तो तनख़्वाह में गुजारा न कर सकनेवाला या पूँजीपति के ऐश के स्वप्न देखनेवाला सरकारी नौकर भी

अपनी स्थिति से लाभ उठाकर अपनी सामर्थ्य के अनुसार हमारे प्रति अपना कर्त्तव्य पूरा करते समय यों ही हमें निचोड़कर हमारी जेब से कुछ पाना चाहता है परन्तु बेईमान वह प्रकृति से नहीं, वह बेईमान व्यवस्था का अंग है।

एजेण्ट साहब यदि इस समय सामने होते तो उन्हें समाजवादी सोवियत और पूँजीवादी प्रजातन्त्र व्यवस्था का यही भेद बताता कि समाजवादी प्रजातन्त्र में जीविका कमा सकने और अपने श्रम का पूरा फल पा सकने के समान अवसर के कारण न किसी को ऐसी बेईमानी करने का अवसर है और न बेईमानों के सामने सिर झुकाने की मज़बूरी।

नयापथ : नवम्बर, १९५५

●

हवाई जहाज से यात्रा

हमारे एक सम्बन्धी हवाई जहाज से यात्रा के बहुत विरोधी हैं। उनका कहना है कि यह भी कोई सवारी है, चील-कौए की तरह उड़ते जा रहे हैं। भगवान् न करे कि कुछ अनहोनी हो जाये तो सवारी को छोड़ भी नहीं सकते। भगवान् ने मनुष्य को धरती पर चलने के लिए बनाया है, ईंट-पत्थर की तरह एक स्थान से दूसरे स्थान पर फेंक दिये जाने के लिए नहीं। वे अपनी वसीयत में लिख जायेंगे कि उनके वंश में कोई हवाई जहाज पर न चढ़े। मैं लगभग छोटी-बड़ी बीस यात्राएँ वायु में कर चुका हूँ। मेरा अनुभव है कि जो लोग एक-दो बार हवाई जहाज पर यात्रा कर लेते हैं वे लम्बी यात्रा का अवसर होने पर यात्रा के इसी साधन को पसन्द करेंगे।

हवाई जहाज छोटे-बड़े कई आकार-प्रकार के होते हैं। उसी अनुपात में उनकी गति और उड़ान की ऊँचाई भी रहती है। दिल्ली से कलकत्ता-बम्बई-मद्रास तक अन्तरदेशीय यात्रा करनेवाले अथवा दिल्ली से काबुल तक चले जानेवाले डाकोटा या वाइकिंग प्रकार के होते हैं। यह जहाज दस-बारह हज़ार फुट से ऊँचे नहीं जाते। यदि जायें तो ऊपर वायु विरल होने के कारण साँस में कष्ट होने लगता है। इनकी गति भी डेढ़-दो सौ मील प्रति घण्टे से अधिक नहीं होती। इन जहाजों में यात्रियों के आराम की व्यवस्था भी दो-तीन घण्टे बैठने के विचार से की जाती है। अन्तरराष्ट्रीय यात्राएँ कान्स्टेलेशन या जेट जहाजों द्वारा की जाती हैं। उनमें यात्रा का अनुभव भी दूसरा ही होता है।

आप किसी भी बड़े हवाई अड्डे पालम, बम्बई, लन्दन या रोम से यात्रा आरम्भ कीजिये। कान्स्टेलेशन जहाज ख़ूब बड़ा होता है। बाहर से देखनेवालों को तो वह किसी महादैत्याकार टिड्डी या पर फैलाये यान्त्रिक पक्षी की ही तरह दिखायी देगा जिसके पेट तक पहुँचने के लिए सीढ़ी की ज़रूरत पड़े। भीतर नीची छत के लम्बे-से कमरे में बहुत आराम की कुर्सियों की कतारें होंगी। यात्रियों के भीतर आते ही कोई सुन्दरी युवती या नौजवान स्वागत करके ओवरकोट और टोपी थाम लेगा और यात्री के लिए निश्चित स्थान दिखा देगा।

यात्रियों के बैठ जाने पर और जहाज का दरवाज़ा बन्द हो जाने पर चुस्त सुन्दर सेविका मुस्कान से एक तश्तरी में कुछ लेमन ड्राप या टाफी प्रस्तुत करेगी। तभी कोई जवान या युवती एक विचित्र-सी अलाय-बलाय चीज़ लिये यात्रियों से ज़रा अरुचिकर बात कहने की क्षमा माँगकर रुकने के लिए निवेदन करेगी –

'इस यान की मशीन की मज़बूती और चालकों के अनुभव पर पूरा भरोसा किया जा सकता है। सभी प्रकार की सावधानियों की ओर ध्यान दे यात्रा आरम्भ की जा रही है, परन्तु

वायुयात्रा के अन्तरराष्ट्रीय नियमों... जीवन रक्षक कुर्ती के उपयोग का तरीक़ा आपको समझा देना आवश्यक है। इसका उपयोग केवल बीच आकाश में दुर्घटना हो जाने पर ही किया जाना चाहिए...।'

बीच आकाश में का अर्थ है पृथ्वी से पन्द्रह-बीस हज़ार फुट ऊपर। नीचे पहाड़ हों, समुद्र हो, मरुभूमि हो और आप पत्थर की तरह गिरेंगे। यात्रा के आरम्भ में ही यह प्रसंग अच्छा नहीं लगता।

आपकी आँखों के सामने की दीवार पर लाल प्रकाश के अक्षर चमक उठेंगे—'सिगरेट बुझा दीजिये, कुर्सी की पेटी कस लीजिये।' जहाज के पंखे बहुत ज़ोर से भरभर कर उठेंगे और जहाज पृथ्वी पर रेंगने लगेगा। जहाज कुछ दूर तक दौड़ेगा। खिड़की से दिखायी देते मैदान से आप समझेंगे कि भूमि पर ही हैं। सहसा भूमि कुछ नीचे, फिर अधिक नीचे दिखायी देगी। नीचे वृक्षों की चोटियाँ घिसलती दिखायी देंगी। कुछ ही मिनट बाद खिड़की से झाँकिये तो बहुत दूर नीचे दृष्टि की पहुँच तक नक़्शा-सा फैला दिखायी देगा। आप पृथ्वी से चार-पाँच हज़ार फुट ऊपर जा रहे होंगे। सामने से लाल प्रकाश के अक्षर लोप हो जायेंगे, अब आप चाहें तो सिगरेट पी सकते हैं। आरम्भ में पेटी से शरीर को कुर्सी के साथ बाँध लेना पड़ा था। वह पेटी खोल दी जाती है। पेटी और सिगरेट के लिए इसलिए चेतावनी दी जाती है कि जहाज के पृथ्वी पर दौड़ते समय वह हिलता है और पृथ्वी छोड़ते समय कुछ झटका भी ले सकता है। यही बात आकाश से जहाज के पृथ्वी पर उतरते समय होती है। उस अवस्था में यात्रियों के सिगरेट गिर जाने या उनके कुर्सी पर से उछल जाने की सम्भावना रहती है। लेकिन चालक चतुर हों तो वे जहाज को कोई झटका नहीं आने देते हैं। सोवियत में प्रायः छोटे जहाजों में ऐसी पेटियों भी नहीं रहतीं।

कान्स्टेलेशन जहाज प्रायः लम्बी उड़ानें भरते हैं। यात्रा के आरम्भ होते ही सेविका पूछ लेगी—'आराम से हैं न? कहिये तो कुर्सी की पीठ ज़रा गिरा दूँ।' वह कुछ पत्र-पत्रिकाएँ आपके सामने ले आयेंगी।

१९५२ में पहली बार यूरोप गया था। तब हवाई जहाजों में एक ही श्रेणी होती थी। अब दो श्रेणियाँ हो गयी हैं—फर्स्ट क्लास और टूरिस्ट क्लास। कहने की ज़रूरत नहीं कि फर्स्ट क्लास में कुछ अधिक आराम और सत्कार होता है। सेविका आकर बढ़िया सिगरेट का पैकेट पेश कर देगी और पूछेगी—'क्या पीजियेगा?'

यदि यात्री अनुभवी नहीं और वह पूछ ले, क्या मिल सकता है? तो उत्तर में बढ़िया-से-बढ़िया मदिराओं के नाम लिये जायेंगे और वह व्हिस्की-बियर तक गिना देगी। यदि यात्री को इन पेयों में रुचि नहीं तो वह सन्तरे-अनन्नास का रस या चाय-कॉफ़ी ले लेने का अनुरोध करेगी।

इंजन के कमरे से निकलकर कोई नौजवान टाइप किया हुआ एक पर्चा आपको दे जायगा। इस पर जहाज के कप्तान का नाम होगा, चालक का नाम होगा। कप्तान अभिवादन कर आशा प्रकट करेगा कि आप सुविधा से यात्रा कर रहे हैं। बतायेगा—'हम इस समय पृथ्वी के किस भाग के ऊपर उड़ रहे हैं। हम पृथ्वी से अठारह हज़ार फुट ऊपर हैं, इस समय हमारी गति प्रति घण्टे २७५ मील है। इस समय आकाश में तापमान शून्य से आठ-दस मान नीचे है परन्तु जहाज में बीस है। कोई सेवा हो निस्संकोच कहिये।'

सेविका तीन-चार बार अनेक प्रकार की बोतलें लिये आपके सम्मुख प्रस्तुत होगी यह नहीं तो कुछ और लीजिये। लम्बी यात्राएँ प्रायः ही प्रातः-सन्ध्या आरम्भ होती हैं। भोजन का प्रबन्ध जहाज में रहता है। सेविका आपके सामने की कुर्सी से एक तहायी जा सकनेवाली मेज़ निकालकर वह आपके सामने, आपकी कुर्सी की बाँहों में जमा देगी। इसके बाद भोजन की किश्ती आयेगी। किश्ती में इस प्रकार खाने बने रहते हैं कि हिलने पर भी कोई चीज़ दूसरी से न मिल सके। यह भोजन बहुत पुरतकल्लुफ होता है। केवियार यूरोप में बहुत महँगी वस्तु समझी जाती है परन्तु वह भी प्रस्तुत रहेगी। इसके बाद फल आयेंगे और फिर एक बार और मदिरा, कॉफ़ी, चाय, सिगरेट। यदि दिन का समय है तो आप कुछ समय अख़बार और पत्रिका देख सकते हैं। यदि रात का समय है तो सेविका आपकी कुर्सी की पीठ को कुछ और गिरा देगी। ऊपर के रेक से नरम तकिया दे देगी। एक कम्बल आपके घुटनों पर डाल देगी। जहाज में तेज़ प्रकाश बुझकर मध्यम-सा प्रकाश रह जायगा। हो सकता है आपको नींद न आ रही हो, आप अभी कुछ देर पढ़ना चाहते हों, तो समीप ही एक बटन है। उसे दबा दीजिये। एक छिद्र से आपकी पुस्तक पर पढ़ सकने योग्य प्रकाश हो जायेगा। दूसरों को चौंध नहीं होगी। समीप ही दूसरा बटन है, यदि कोई आवश्यकता हो तो सेविका को बुला सकते हैं। कान्स्टेलेशन अठारह-बीस हज़ार फुट पर और जेट तो पच्चीस-तीस हज़ार फ़ुट के करीब उड़ता है। इतनी ऊँचाई पर साँस लेने योग्य हवा नहीं रहती और सर्दी भी साँस तक को जमा देनेवाली। इसलिए जहाज के भीतर हवा का इतना दबाव रखा जाता है जैसे मसूरी, नैनीताल-जैसी ऊँचाई पर होता है और गरमी इतनी कि एक स्वेटर काफ़ी हो। यदि किसी यात्री को और ठण्डक चाहिए तो वह अपने सिर पर लगा पेच घुमाकर ठण्डी वायु ले सकता है। ठण्डी हवा की एक पिचकारी-सी आने लगती है।

नींद टूटते ही फिर चाय-कॉफ़ी शुरू हो जाती है और फिर कलेवा। हवाई जहाजों के संचालक लोग खिलाते-पिलाते रहना समय काटने का अच्छा उपाय समझते हैं। दिन का समय हो तो जहाज की खिड़की से कुछ देखने की भी सुविधा रहती है। पर याद रखिये कि आप पृथ्वी से १८ या २० हज़ार या जेट में पच्चीस-तीस हज़ार फुट ऊपर रहते हैं। प्रायः ही नीचे बादलों के विस्तार दिखायी देते रहते हैं और पृथ्वी अदृश्य रहती है। केवल बहुत बड़ी-बड़ी चीज़ें ही आप देख सकते हैं, वे भी अस्पष्ट-सी। बड़े-बड़े नगरों में नियम रहता है कि जहाज उन पर से न उड़ें। यदि बादल न हों, ऊँची पर्वतीय चोटियों के दृश्य आप ख़ूब देख सकते हैं। मुझे दो बार एल्स का शिखर देखने का अवरार मिला है। अवसरवश दोनों बार ख़ूब धूप खिलखिला रही थी। ऐसे अवसर पर चालक सूचना भी दे देते हैं कि आपके दायें या बायें अमुक शिखर है। या नीचे अमुक स्थान है। धूप में हिम के वे शिखरें बहुत प्रभावोत्पादक लगे थे। ऐसे ही मुझे एक बार उजली धूप में कोहकाफ के शिखर पर से भी उड़ने का अवसर मिला है। वह दृश्य तो बहुत ही चमत्कारिक था। दिशा भेद से चोटियाँ अनेक रंगों के स्फटिकों के पर्वतों और स्तूपों की तरह झिलमला रही थीं। अलबत्ता कोहकाफ की परियों को नहीं देख सका। इतनी ऊँचाई से भला क्या दिखायी देतीं!

जहाज का इंजन अगले भाग में रहता है। बीच का दरवाज़ा बन्द रहता है। नियमानुसार कोई यात्री इंजन की ओर नहीं जा सकता परन्तु जब मैं मास्को से 'कोहकाफ के ऊपर से बिलीसी जा रहा था, जहाज में केवल पाँच-छह ही यात्री थे। जहाज के कप्तान को भारतीय लेखक के प्रति कौतूहल हो गया। दुभाषिये के माध्यम से बातचीत होने लगी। वह

मुझे इंजन दिखाने के लिए सामने के भाग में चालक की कुर्सी पर ले गया। जहाज के चालक बिलकुल आगे जहाज की चोंच में छिपे रहते हैं। उनके सामने, दायें-बायें और ऊपर का कुछ भाग पारदर्शी होता है। बराबर दो चालक बैठते हैं। एक चलाता है तो दूसरा विश्राम करता है। कप्तान ने एक चालक की कुर्सी पर मुझे बैठा दिया। बिलकुल ऐसे ही लगा कि मसनद पर बैठा आकाश को बेधता चला जा रहा हूँ।

यह कप्तान युद्धकाल में जंगी हवाई जहाज भी उड़ा चुका था। उसे लाखों मील उड़ने का अनुभव था। उससे प्रश्न किया, यह बताओ कि अनेक प्रकार की सवारियों की तुलना में हवाई जहाज की सवारी में कितनी आशंका समझी जानी चाहिए?

इससे अधिक सुरक्षित कोई दूसरी सवारी नहीं है, कप्तान ने उत्तर दिया—दुर्घटना तो मार्ग के सीमित चौड़ाई में वेग से चलती हुई कई सवारियों के एक साथ आ जाने से होती है, हमारे लिये मार्ग की चौड़ाई का प्रश्न ही नहीं। हम एक-दूसरे के ऊपर-नीचे से भी आ-जा सकते हैं।

मैंने पूछा, परन्तु वायुयानों की दुर्घटनाएँ सुनी तो जाती हैं।

कप्तान ने उत्तर दिया—वे घटनाएँ केवल चालकों के उन्माद के कारण होती हैं। या तो वे आँखें खोलकर नहीं चलते या मशीन को ऊपर उठाने से पहले उसका उचित निरीक्षण नहीं करते। हमारे यहाँ तो दो-तीन साल में एकाध ही दुर्घटना होती है। हमारे यहाँ नियम है कि चालक अपनी ड्यूटी के छह घण्टे पूर्व से शराब नहीं पी सकता। अधिक तो उन्हें कभी भी नहीं पीनी चाहिए। मशीन के उड़ने से पूर्व अड्डे का इंजीनियर मशीन की परीक्षा करता है और फिर हम स्वयं परीक्षा करते हैं। वातावरण की स्थिति का समाचार तो सदा मिलता ही रहता है और यदि मार्ग में छोटी-मोटी आँधी मिल ही जाये तो हम उसके ऊपर चले जा सकते हैं।

हवाई जहाज से यात्रा के लिए सबसे बड़ा आकर्षण है समय की बचत। रेल-समुद्र यात्रा से दिल्ली से लन्दन तक १७ दिन लगेंगे, कान्स्टेलेशन से लगभग १६-१७ घण्टे। यदि जेट प्लेन मिल जाय तो ८ घण्टे। पूर्व से पश्चिम और पश्चिम से पूर्व जाते समय यह अनुभव बहुत विचित्र होता है। उदाहरणतः इस बार मास्को से रात का भोजन कर बारह बजे चला। अपनी घड़ी में साढ़े तीन नहीं बजे कि आकाश में ऊषा दिखायी दी। मालूम हुआ ताशकन्द में उतर रहे हैं। उस समय ताशकन्द की घड़ी में छह बजे थे। ताशकन्द से चले तो तीन घण्टे बाद पालम पर उतर गये। मेरी घड़ी में अभी सात बजे थे। परन्तु पालम में दोपहर की धूप थी, दस बज चुके थे। दोपहर का भोजन दिल्ली में किया। यदि दिल्ली से सूर्योदय के समय जेट प्लेन से चल दें तो दोपहर का भोजन साढ़े तीन हज़ार मील उड़कर मास्को में कर सकेंगे। हवाई जहाज और क्या है, वह मनुष्य की समय और अन्तरों पर विजय है।

●

जीते चले जाने की इच्छा

एक सज्जन ने प्रश्न किया है—यदि मुझे पुनः जीने का अवसर मिले तो ...?

प्रश्न से उलझन में पड़ गया हूँ। लगता है, मैंने कोई कहानी या लेख लिखा हो या चित्र बनाया हो। पारखी उस रचना से असन्तुष्ट रह जाये और मुझे अवसर दिया जाये कि मैं उस रचना को फिर से बना सकूँ।

एक बार किया प्रयत्न असफल रह जाये, तो व्यक्ति असफल प्रयत्न में प्राप्त अनुभवों के आधार पर सफलता के लिए पुनः प्रयत्न कर सकता है। यदि मुझे पुनः जीने का अवसर मिले, तो--का अभिप्राय लगता है कि आयु के पचपन-छप्पन वर्षों के अनुभवों के आधार पर, जीने का पुनः अवसर मिलने पर जीवन को कैसे आरम्भ करना चाहूँगा, उसके लिए क्या प्लान बनाऊँगा?

सोचिये, पचपन-छप्पन वर्ष के अनुभवों का बोझ मस्तिष्क पर उठाये मैं पुनः जीवन के आरम्भ का तुतलाना आरम्भ कर दूँ, तो भी क्या वास्तव में नये सिरे से जीवन का आरम्भ होगा? किसी बात के आरम्भ का तो अर्थ ही है—उसकी पूर्व स्थिति का अभाव।

ऐसे प्रश्न पर सोचता हूँ, तो कल्पना करने लगता हूँ--नींद की बेसुधी में कोई जादूगर मेरे शरीर पर जादू की छड़ी घुमा दे। जादू और तिलिस्म की कहानियों के अनुसार मैं पालने में हाथ-पाँव हिलाता, कुलबुलाता शिशु बन जाऊँ। अपने पाँव का अँगूठा मुख में ले सकने का अभ्यास करने लगूँ। मेरा जीवन पुनः आरम्भ हो जाये।

आपके सुझाव से मैं ऐसी कल्पना कर लेने के लिए तैयार हूँ। हाँ, मेरा जीवन पुनः आरम्भ हो रहा है। मेरे इस जीवन का पुनः आरम्भ कैसा होगा, वह कैसे बढ़ेगा, यह मैं उस अवस्था में नहीं बता सकूँगा। पालने में लेटा कोई शिशु कभी ऐसे प्रश्नों का उत्तर दे सका है? जिस जादूगर की छड़ी से मैं ऐसा असहाय अबोध शिशु बन जाऊँगा, वही जादूगर इस प्रश्न का उत्तर दे सकेगा। वह जादूगर जाने किस प्रयोजन से ऐसा खेल खेलना चाहेगा! मैं प्रश्न से कतरा जाने की कोशिश नहीं कर रहा हूँ। आप मुझे जीवन के पचपन-छप्पन वर्षों के सहारे का अवसर देकर जीवन को पुनः आरम्भ कर सकने की विशेष सुविधा देना चाहते हैं। मैं आभारी हूँ पर मैं सोचता हूँ—प्रकट में तो मेरी पिलपिली शिशु खोपड़ी पर कुछ कोमल रोएँ मात्र होंगे और भीतर साठ वर्ष की खोपड़ी का धूसर मस्तिष्क होगा। ठीक कच्चे नारियल के प्रतिकूल अवस्था--ऊपर कोमल गूदा, भीतर कड़ा बक्कल। मेरी वह अवस्था कितनी असह्य होगी। पिलपिलाती खोपड़ी में छिपा मेरा मस्तिष्क सामाजिक, आर्थिक समस्याओं और भौतिक सम्भावनाओं की चिन्ता करेगा और मेरे मुख में लगी बोतल से मेरे गालों पर दूध की बूँदे बह रही होंगी। मेरे गुदले-गुदले निर्बल हाथ उन्हें

पोंछ भी न सकेंगे। उस समय जीवन के आरम्भ की बेसुधी कहाँ होगी, वह तो अक्षमता की विकट ग्लानिपूर्ण यातना होगी।

जीवन को पुनः आरम्भ कर सकने के सुझाव से मन में अनेक प्रश्न और शंकाएँ उठने लगती हैं। इस प्रश्न की तह में यह विश्वास है कि जीवन का कुछ प्रयोजन था, जो पूरा नहीं हो पाया। अब योजना बनायी जाय कि जीवन के उस प्रयोजन को पूरा कर सकने के लिए कैसी चेतना, सतर्कता और परिश्रम सहायक हो सकते हैं।

यह भी सोचना पड़ता है कि अपने जीवन का प्रयोजन जीव या व्यक्ति स्वयं निश्चय कर सकता है या वह प्रयोजन जीवों और सृष्टि को उत्पन्न करनेवाली—सृष्टिकर्त्ता—शक्ति द्वारा निश्चित किया जाता है। गाँधी जी ने तो इस प्रश्न का बहुत सीधा उत्तर दे दिया है—मनुष्य-जीवन का लक्ष्य परमात्मा में लीन हो जाना है इस उत्तर से उन्हीं लोगों का समाधान हो सकता है जो यह विश्वास करते हैं कि जीव परमात्मा की इच्छा से उनके पास आता है। यह समाधान भी क्या हुआ। जीव परमात्मा के पास से केवल परमात्मा के पास लौट जाने का प्रयोजन लेकर इस संसार में आता है। यदि परमात्मा को आधार मानकर सोचा जाये, तो मुझे लगता है, परमात्मा मनुष्य को पृथ्वी पर कुछ करने के लिए भेजते होंगे। मनुष्य द्वारा वह कुछ कर सकना ही भगवान् द्वारा मनुष्य को पृथ्वी पर जीवन देने का लक्ष्य माना जाना चाहिए।

यदि यह मान लिया जाये कि प्रकृति और चराचर की सृष्टि करनेवाली सर्वोपरि शक्ति अपनी लीला की तुष्टि के लिए मनुष्यों को इस पृथ्वी पर जीवन देती है, मेरा जीवन भी लीलामय की लीला का अंश है, तो फिर आप मुझे एक बार नहीं सौ बार पुनः जीने का अवसर दीजिये। मैं स्वयं कुछ नहीं कर सकूँगा। मेरी इच्छा भी सदा उस लीलामय की लीला के अनुकूल ही होगी। वह मदारी मेरे जीवन के लट्टू को जैसा चाहेगा, उछालेगा-फेंकेगा।

यह विचार मुझे बहुत वीभत्स लगता है कि मैं किसी की लीला का खिलवाड़ मात्र हूँ। सृष्टि में जो कुछ दारुण कष्ट, विनाश और विफलता है, वह सब सर्वोपरि शक्ति की क्रीड़ा और लीला है।

हम सबका नित्य का अनुभव यह नहीं कहता कि सृष्टि-कृत शक्ति अपने पूर्व निश्चित विधान और प्रयोजन से असंख्य प्राणियों की सृष्टि केवल इसीलिए करती है कि उनका संहार कर सके। वह शक्ति अनेक बीमारियों को केवल इसलिए उत्पन्न करती है कि मनुष्य उनका उपचार करने के यत्न में दिल बहला सकें। सृष्टि की नियन्ता शक्ति मनुष्य के लिए अत्यन्त उपयोगी पदार्थों को पृथ्वी के सुदूर गर्भ में छिपाये हुए, पृथ्वी के अनेक भागों को निवास के अयोग्य बनाये है कि मनुष्य उन दुर्लभ पदार्थों को पाने का और पृथ्वी के निवास के अयोग्य प्रदेशों को निवास योग्य बनाने का चमत्कार दिखा सके। जो लोग इस लीला को सप्रयोजन विश्वास करते हैं, उन्हें ही इस लीला का प्रयोजन भी बता सकना चाहिए।

"लीलामय की लीला है" सुन लेने से मेरा कुछ भी समाधान नहीं होता। 'लीला' कह देने का अर्थ ही है कि चराचर सृष्टि और मानव-जीवन के क्रम में कोई सप्रयोजन, पूर्वापर निश्चित विधान और क्रम नहीं बताया जा सकता। इसलिए उसे 'लीला' कहकर चिन्तन और तर्क का द्वार बन्द कर दिया जाता है।

लीलामय ने आरम्भ में प्रकृति और मानव को जो रूप दिया था, उसे समर्थ और सभ्य कहलानेवाले मानव-समाज ने कहीं भी, लीलामय द्वारा बनायी गयी आरम्भिक अवस्था में नहीं रहने

दिया है। लीलामय भी मानव–सृष्टि की कुछ झलक पाना चाहते हैं तो हमारे देश के आधुनिक प्रभावों से अछूते आदिवासियों में या अन्दमान के आदिवासियों में देख सकते हैं। वे लोग वस्त्र या आग के प्रयोग से भी अनभिज्ञ हैं। मुझे इस प्रश्न से बहुत दुविधा होती है कि लीलामय की लीला का प्रयोजन आधुनिक औद्योगिक मानव समाज पूरा कर रहा है या वस्त्र और आग के प्रयोग से अनभिज्ञ आदि स्थिति के लोग लीलामय की सृष्टि का प्रयोजन पूरा कर रहे हैं। यह समझ पाऊँ, तो उत्तर दे सकूँगा कि पुनः जीने का अवसर मिलने पर क्या करना और उसके लिए कैसा कार्यक्रम बनाना उचित होगा।

मुझे तो लगता है कि इस सृष्टि का और मानव जीवन का, लीलामय लोकोत्तर शक्ति द्वारा निश्चित कोई प्रयोजन नहीं है। मैं अपने जीवन को, जैसा भी वह बीत गया है और शेष बीतने पर है, किसी भी कसौटी के आधार पर उसे असफ़ल मानकर उसे पुनः आरम्भ करने के लिए लालायित नहीं हूँ। यदि आप पूछ लें कि यह सृष्टि और मानव-जीवन निष्प्रयोजन है तो उनका उद्‌भव और अस्तित्व ही क्यों है, तो मैं उत्तर नहीं दे सकूँगा।

मैं यह जानता हूँ और आप भी देख रहे हैं कि सृष्टि तथा मानव-जीवन हमारे लिये अनुभूत ठोस तथ्य हैं। मानव इस सृष्टि में जीवन के प्रतिकूल अवस्थाओं को अपने अनुकूल बनाकर अपना विकास करता आया है। मानव अपने जीवन की रक्षा और विकास के लिए प्रतिक्षण प्रकृति से संघर्ष कर रहा है। जब भी मानव या अन्य जीव प्रकृति या परिस्थिति की तुलना में निर्बल हो जाते हैं, प्रकृति उन्हें समाप्त कर देती है।

मेरे विश्वास में मानव-जीवन का कोई प्रयोजन है तो वह स्वयं मानव-जीवन के भीतर है और मानव-जीवन के लिए ही है। वह प्रयोजन मेरी समझ में समुच्चय मानव का विकास करते जाना है। समुच्चय मानव के विकास और इतिहास में मानव-व्यक्तियों के जीवन का वही प्रयोजन है जो मधुमक्खियों के छत्ते में एक मक्खी का, चीटियों के भिटे में एक चींटी का या जल की बहती धार में असंख्य जलकणों का होता है। प्रवाह में बहते किसी जलकण के पुनः जीवन आरम्भ करने की क्या कल्पना?

आप्त पुरुषों के वचनों का प्रमाण दिया जाता है कि मनुष्य कर्म करने में स्वतन्त्र है, परन्तु हम और आप क्या देखते हैं? अभी चलकर इस मुहल्ले में देख लीजिये—नया जीवन आरम्भ करते कितने बच्चे या व्यक्ति या उनके माता-पिता अपनी सन्तानों के जीवन को अपने निर्णय या चाहत के अनुसार बना सकने में स्वतन्त्र हैं। पचपन वर्षों के पर्दों के पीछे से अपने अनुभव को खींचकर बाहर लाने की आवश्यकता नहीं। आप अभी प्रत्यक्ष देखिये :

इस मुहल्ले में तीस-चालीस लड़के-लड़कियाँ उस आयु में हैं जब व्यक्ति का जीवन बनना आरम्भ होता है। जिन्हें जीवन के विकास के लिए पर्याप्त भोजन, वस्त्र और शिक्षा की सुविधा प्राप्त नहीं है, उन्हें कर्म द्वारा जीवन का निर्माण करने की स्वतन्त्रता कैसे मान ली जाये। आप कह सकते हैं यह उनके गत जीवन के कर्मों का फल है। यदि आप की बात ठीक है, तो विश्वास रखिये कि इन लोगों का जीवन जिस प्रकार का बनने की सम्भावनाएँ मुझे दिखायी देती है, ये लोग आगामी जीवन में भी इस जन्म के कर्मों का फल भोगेंगे। उनकी परिस्थितियाँ उन्हें कभी भी कर्म करने के लिए स्वतन्त्र नहीं होने देंगी। इनके लिए या मानव समाज के बहुत बड़े भाग के लिए स्वतन्त्र रूप से कर्म कर सकने की परिस्थितियाँ न तो इतिहास में कभी थीं और न अभी तक दिखायी देती हैं। आप मुझे पुनः जीवन आरम्भ करने का अवसर देंगे, तो भी मैं अपने निर्णय

से क्या कर सकूँगा? जैसी परिस्थितियों में आप मुझे जन्म दिलवा देंगे, वैसा ही जीवन बन जायेगा। जब परिस्थितियों से लड़ने लायक़ चेतना हो सकेगी, तब देखूँगा कि समाज की अवस्था, व्यवस्था और मान्यताएँ क्या सुझाती हैं और कैसा अवसर देती हैं।

हमारे समाज में 'पुनः जीने के अवसर' का अर्थ समझा जायेगा—पुनर्जन्म पाना। हमारे समाज के लोग परम्परा से पुनर्जन्म में विश्वास करते चले जा रहे हैं। आप्त पुरुषों के वचन का भी प्रमाण है: मनुष्य जैसे पुराने वस्त्र छोड़कर नया वस्त्र ग्रहण कर लेता है, वैसे ही शरीरों के जीर्ण हो जाने पर आत्मा नये शरीर में पुनर्जन्म पाता है।

आप्त पुरुषों में भी इस बात में मतभेद रहा है कि आत्मा अणु है या विभु। कुछ आप्त पुरुष आत्मा के अस्तित्व में ही विश्वास नहीं करते थे। मैं अपने इस जन्म के अनुभवों और दूसरे लोगों के अनुभवों के आधार पर ऐसा विश्वास कर सकने के लिए कोई प्रमाण नहीं पा सकता कि किसी आत्मा ने या पुद्‌गल शरीर ने पुनः जन्म धारण किया हो। हम सबका प्रत्यक्ष अनुभव है कि आत्मा या पुद्‌गल, शरीरों के गत जन्मों के अनुभव, इस जन्म में मनुष्यों को किसी प्रकार की सहायता नहीं देते।

मानव की चेतना का विकास उसके इस जन्म में पाये अनुभवों और परिस्थितियों से ही होता है, तो पुनर्जन्म के विश्वास के चक्की के पाट को गले में डाले रहने से क्या लाभ है? कभी-कभी करोड़ों में एक-आध बच्चा गत जन्म की बातें कहता बताया जाता है। ऐसे बच्चे का प्रदर्शन सर्कस के तमाशे के रूप में किया जाता है। कुछ ही दिन बाद उस तमाशे का षड्यन्त्र फूट पड़ता है। यदि उन उदाहरणों को भी सच मान लें, तो उन्हें विधाता के साधारण नियम के विरुद्ध विकल्प या विधाता की भूलें ही मानना होगा। नियम विकल्प उदाहरणों के आधार पर नहीं, सार्वजनिक व्यवहारों को ध्यान में रखकर स्वीकार किये जाते हैं। अस्तु, यदि मुझे पुनः जीने का अवसर मिलेगा तो अपने इस जीवन के सब ज्ञान और अनुभवों को खोकर मैं जाने कैसी अजानी परिस्थितियों का खिलौना बन जाऊँगा; यह जान ही नहीं पाऊँगा कि मुझे आपके सुझाव पर पुनः जीने का अवसर मिला है और उसके लिए एक प्लान देना होगा।

मेरी इतनी लम्बी बात का अभिप्राय यही जान पड़ेगा कि जीवन आरम्भ करने के समय मनुष्य भौतिक और सामाजिक परिस्थितियों के अधीन और अक्षम होता है। ठीक है, परन्तु प्रत्यक्ष प्रमाण है कि मनुष्य और उसके समाज की क्षमता की कोई सीमा नहीं है। मनुष्य की आदिम अवस्था से लेकर आज तक के उसके विकास का इतिहास इस बात का प्रमाण है।

प्रकृति अन्य जीवों की तरह ही मनुष्य को भी सुविधा से और अधिक जीने देने का अवसर नहीं देना चाहती परन्तु मनुष्य अपने अनुभवों और ज्ञान के आधार पर प्रकृति को वश में करता चला आया है और जी सकने के अपने सामर्थ्य को बढ़ाता चला आया है, परन्तु मनुष्य की यह सब सामर्थ्य व्यक्तिगत रूप में नहीं सामाजिक रूप में ही है। मनुष्य को कर्म करने की स्वतन्त्रता व्यक्तिगत रूप में नहीं, सामाजिक या समुच्चय रूप में ही है। जीवन-रक्षा के लिए स्वयं नितान्त असमर्थ आदमी के बच्चे की शक्ति उसके परिवार और समाज की क्षमता में ही होती है। यह ठीक है कि कुछ महाप्राण लोग समाज के विकास के कार्य में और समाज का रूप बदलने के लिए बहुत-कुछ कर जाते हैं, परन्तु वे महाप्राण ऐसी शक्तियों, को समाज की परिस्थितियों और समाज से पाये अनुभवों द्वारा ही प्राप्त कर सकते हैं।

मुझे पुनः जीने का अवसर मिलने की बात सोचने पर यह मानना पड़ता है कि आज मैं जो कुछ हूँ वह अपनी सामाजिक परिस्थितियों, समाज से पाये संस्कारों और चेतना की क्रियाओं और प्रतिक्रियाओं के प्रभाव से बन गया हूँ। समाज से भिन्न मेरा कोई अस्तित्व अथवा चेतना नहीं रही और न हो सकेगी। मेरा जीवन अथवा व्यक्तित्व समाज के विराट् शरीर के असंख्य जीव-कोशों में से एक है। मनुष्य-शरीर के असखंय जीव-कोशों में से कुछ जीव-कोश मरते और कुछ नये जन्म पाते रहते हैं, वैसे ही समाज के विराट् शरीर में मनुष्य व्यक्ति जन्मते और मरते रहते हैं। कुछ समय पश्चात् मेरा व्यक्तिगत जीवन निश्चय ही समाप्त हो जायेगा। परन्तु समाज तो जीवित रहेगा और विकास भी करता रहेगा।

मैं व्यक्तिगत रूप से पुनः जीने की कामना और कल्पना करने में कोई सार्थकता नहीं समझता। समाज के जिस विराट् शरीर का मैं एक जीव-कोश हूँ, उसमें प्रतिक्षण सैकड़ों जीवन आरम्भ होते रहते हैं। कोई भी मनुष्य अपनी सन्तान को बढ़ते देखकर यह कामना नहीं करता कि वह स्वयं जीवन आरम्भ कर सके। वह यही चाहता है कि अपनी सन्तान का पोषण और विकास अच्छी तरह कर सके। मैं भी पुनः जी सकने के अवसर की बात सोचने की अपेक्षा अपने मुहल्ले, नगर और देश में प्रतिक्षण आरम्भ होते सहस्रों जीवनों के लिए अनुकूल अवसर और सुविधाओं की बात ही क्यों न सोचूँ।

जीवन के लिए अनुकूल अवसर और सुविधाओं की तालिका बहुत लम्बी हो सकती है। अपने अभावग्रस्त समाज की अवस्था को ध्यान में रखकर फिलहाल इतना ही चाहता हूँ कि आरम्भ होनेवाले जीवनों के लिए, शारीरिक और मानसिक स्वास्थ्य के लिए आवश्यक भोजन, वस्त्र और शिक्षा की सुविधा तो ज़रूर हो। इतना हो जाने से मनुष्य बहुत-कुछ कर सकता है।

आप कहेंगे मैं कोई निश्चित बात नहीं कह सका। शारीरिक और मानसिक स्वास्थ्य के लिए आवश्यक अवसर और सुविधाओं के स्तर की तो सैकड़ों कल्पनाएँ हो सकती हैं। मानता हूँ, हो सकती हैं। इस विषय में मेरा उत्तर यह है कि ऐसा प्रश्न पूछनेवाले व्यक्ति अपने और अपनी सन्तान के लिए जीवन के जिस स्तर की कामना करते हैं, कम-से-कम उसी स्तर को तो सबके लिए उचित समझें।

आप कहेंगे—मैं जीवन से थककर परास्त हो गया हूँ, पलायन चाहता हूँ। यह बात नहीं है। बहुत शीघ्र मर जाने की इच्छा मुझे नहीं है। अपने विचार से मैंने जीवन का जो प्रयोजन बना लिया है, उसके अनुरूप सार्थकता से जी रहा हूँ। इसी वर्ष आरम्भ में 'झूठा सच' का दूसरा भाग प्रकाशित हुआ है। पाठकों के अनेक पत्र आये हैं और बहुत लोगों ने माँग की है कि मैंने जिन समस्याओं को छुआ है, उन पर अभी और लिखूँ। मेरी कल्पना में दो और उपन्यासों की धूमिल रेखाएँ हैं। कुछ विषयों पर निबन्ध-रूप में भी लिखना चाहता हूँ। अभी मुझे जीवित रहकर काम करने का उत्साह है।

मैं पुनः जी सकने के अवसर के बजाय इसी जीवन को कुछ और समय तक जारी रखना चाहता हूँ, क्योंकि मुझे अपने इस जीवन में सार्थकता जान पड़ती है। लेकिन अमर हो जाने की कल्पना मुझे बिलकुल पसन्द नहीं है।

अमर होने की इच्छा तो वह करे जो पृथ्वी या संसार में अपनी सन्तान को जगह न देना चाहता हो। यदि लोग अमर हो सकते और सन्तानें भी उत्पन्न करते रहते, तो इस पृथ्वी पर जगह कहाँ रहती?

अमर हो जाने की कल्पना मुझे पसन्द नहीं है, क्योंकि अमर रहने की आशा नहीं कर सकता। सब लोगों के बुढ़ापे देखता हूँ। यह कैसे भूल जाऊँ कि मैं स्वयं आज वह नहीं हूँ जो आरम्भ में था! इसलिए जैसा आज हूँ, वैसा ही सदा नहीं रह सकूँगा।

ज़रा मुझे ज़रा भी पसन्द नहीं है। कभी मैं प्रौढ़ लोगों के बीच बैठता हूँ और कभी नौजवानों के बीच। प्रायः ही देखता हूँ कि नौजवानों के विचार और व्यवहार मुझे अधिक उत्साह और आशाप्रद जान पड़ते हैं। सम्भव है, कुछ नवजवान अपने विचारों की तुलना में प्रगति की मेरी कल्पना को भी बोसीदा समझने लगें हो। आज नहीं तो कल, विकासशील लोग ज़रूर ऐसा समझेंगे।

सड़ाँध बनकर जीते रहने में क्या सार्थकता होगी?

जनवरी, १९६१

●

समाज की वाणी

व्यक्तियों द्वारा प्रकट किये गये शब्द और वाक्य उनके प्रयोजन, चिन्तन अथवा उनके मनोभावों को प्रकट करते हैं। अथवा वाणी को हम व्यक्ति के विचारों, प्रयोजनों और मनोभावों की अभिव्यक्ति का माध्यम कह सकते हैं और कानों को दूसरों की अभिव्यक्ति ग्रहण करने का साधन कह सकते हैं। वाणी को विचारों और भावों की अभिव्यक्ति का और कानों को दूसरों की अभिव्यक्ति ग्रहण करने का मुख्य साधन मानने पर भी यह हमारा दैनिक अनुभव है कि भावों के आदान-प्रदान के दूसरे साधन भी हैं। होंठों की मुस्कान, गालों पर आ गयी लाली, आँखों में आयी सुर्खी और नमी या किसी समय माथे पर पड़ गयी त्योरियाँ अथवा शरीर में आ गया तनाव प्रायः लम्बे-चौड़े वाक्यों से अधिक प्रभावोत्पादक होते हैं। हम यह भी अनुभव करते हैं कि भावों के आदान-प्रदान के दूसरे साधन चाहे हमारी जिस्वा और कानों के समान व्यापक न हों परन्तु भाव-विशेष को अधिक मार्मिकता से दूसरों तक पहुँचा देते हैं। शायद यह कहना अनुचित न होगा कि भावों को मार्मिकता से और अधिक प्रभावोत्पादक ढंग से प्रकट करने की शैली को कला कहा जाता है। काव्य कला, संगीत कला अथवा चित्रकला कला के भिन्न-भिन्न भौतिक माध्यम हैं।

मनुष्यों से मनुष्यों का सम्बन्ध विचारों और भावों के आदान-प्रदान का ही है। विचारों और भावों की समानता और उनके आदान-प्रदान द्वारा व्यक्तियों का परस्पर सहयोग ही व्यक्तियों को समाज की माला में पिरोकर रखनेवाला अदृश्य सूत्र है। विचारों और भावों के नितान्त वैयक्तिक और स्थूल आदान-प्रदान को छोड़कर व्यक्तियों के सुन्दर और मार्मिक कहे जा सकनेवाले सब सम्बन्ध कला की परिभाषा में समा जाते हैं। हम यह भी कह सकते हैं कि कला व्यक्ति की निस्सहाय अवस्थाओं में परिवर्तन कर देती है। उदाहरणतः वर्षा होने पर अन्य जीव या तो वर्षा में भींगते रहते हैं अथवा किसी वृक्ष के नीचे अथवा गुफ़ा में शरण ले लेते हैं। कुछ जीव गुफ़ा अथवा घोंसला बना सकते हैं। कुछ ऐसे जीव हैं जो गुफ़ा बना नहीं पाते बनी-बनायी गुफ़ा की ही शरण ले सकते हैं। जीवविज्ञान की दृष्टि में अपने लिये शरण का स्थान बना सकनेवाले या जीवन रक्षा के साधन जुटा सकनेवाले जीव विकास की दृष्टि से ऊँचे हैं। मनुष्य इस दिशा में बहुत ही ऊँचा है क्योंकि वह आज प्रकृति पर शासन कर प्राकृतिक साधनों को अपनी आवश्यकता के अनुरूप चला रहा है। मनुष्य की इस विकसित और सशक्त अवस्था में उसकी बहुत बड़ी आवश्यकता अपने जीवन को भव्य, सुन्दर और मानसिक रूप से समृद्ध बनाना भी है। जीवन की भव्यता, सौन्दर्य और मानसिक समृद्धि कला का ही भाग है। सभ्यता और विकास पा जाने पर मनुष्य जीवन का लक्ष्य केवल जीवित

रह सकना और अपनी परम्परा की रक्षा कर सकना ही नहीं रहता बल्कि कलात्मक रूप से जीवित रह सकना है। यहाँ तक कि सभ्यता और विकास के ऊँचे स्तर पर पहुँचा मनुष्य जीवन में कला बिना होना जीवन को समाप्त हो जाने से भी अधिक भयानक समझने लगता है।

मनुष्य समाज में कला का गुण उसे पशुता से पृथक् करता है। मनुष्य के इस गुण को हम उसके विकास का प्रभाव कह सकते हैं परन्तु मनुष्य की कलात्मकता उसके विकास में सहायक भी है। मनुष्य की कलात्मक प्रवृत्ति ही मनुष्य को पशु बनने से रोकती है और उसमें सुरुचि की प्रवृत्तियों को बढ़ाती है। सुरुचि की ओर प्रवृत्ति ही समाज के विकास की आत्मा है और कला उस सुरुचि की अभिव्यक्ति करनेवाली वाणी है। जो स्थान मनुष्यों के नितान्त आवश्यक और स्थूल सम्बन्धों में वाणी का है वही स्थान मनुष्य समाज और अन्य समाजों के परस्पर सांस्कृतिक सम्बन्धों में कला का है। इस क्षेत्र में अर्थात् भावों के आदान-प्रदान के क्षेत्र में कला की पहुँच वाणी से भी अधिक व्यापक होती है। भाषा और वाणी के द्वारा सम्बन्ध स्थापित करने पर भौगोलिक सीमाएँ बन्धन लगा देती हैं। हमारे ही देश में उत्तर भारतीय की बात दक्षिण भारतीय के लिए अबोध हो सकती है परन्तु कला की भाषा वहाँ असफल नहीं होती। भारत की भिन्न भाषाओं के क्षेत्रों को एक सूत्र में बाँधे रखने का श्रेय भारतीय कला ने ही पूरा किया है। कला मनुष्य के सद्भावों की वह मूक वाणी है जो एक हृदय से भौतिक साधनों द्वारा प्रकट होकर जाति और देशों की सीमा की परवाह न कर दूर-दूर देशों के लाखों-करोड़ों हृदयों में प्रवेश कर सकती है। इसीलिए आज मानव समाज विश्व-कल्याण के लक्ष्यों के लिए मनुष्य की संस्कृति की इस वाणी कला को ही शान्ति और न्याय को प्रतिष्ठा देने का साधन बनाना चाहता है। अथवा कला की सहायता से अपनी मनुष्यता की रक्षा और विकास का प्रयत्न कर रहा है। मनुष्य के सद्भावों की यह मूक वाणी ही चिरंजीव हो।

●

जगदीसो

हमारे गाँव की बहू-बेटियों की ज़िन्दगी अक़सर दूभर होती है। दिन में खाना पकाने और बर्तन मल लेने के बाद वे करें तो क्या? या तो बैठे-बैठे खटिया तोड़ें या फिर इसकी सुनी उसको सुनायें, और उसकी सुनी इसको सुनायें, और फिर लड़ाई शुरू होने पर दरवाजे पर खड़ी हो पड़ोसिनों से गाली खायें और जवाब में उन्हें सुनायें! और फिर घर बैठकर रो-रोकर कोसें।

हमारे मायके के गाँव में एक लड़की है जगदीसो। वह लड़ाई-झगड़े के लिए गाँव भर में बदनाम थी। अपने और पराये सब उसे डायन समझते थे। मर्द उसका कानुपर में एक दुकान पर नौकर था। इधर मन्दी में दुकान के लाला ने उस बेचारे को नौकरी से छुड़ा दिया। ग़रीब पर और मुसीबत आ गयी। शहर में भूखा मरने लगा। शहर में उसे किसी ने नेक सलाह दी। एक कारखाने से गन्दे सूत का एक गट्ठा ले बेचारा गाँव को लौट आया। मर्द-औरत दोनों बैठ सूत सुलझा-सुलझा उसके नाले बुनने लगे और देहात में जहाँ बाज़ार लगता रामदीन वह नाले बेचने चला जाता। आज़ इस गाँव में गया तो कल उसमें, और परसों तीसरे में। अरे सुनोगे तो यकीन नहीं करोगे। बरस भर में रामदीन ने नाले बना-बनाकर बिसाती की छोटी दूकान जमा ली। जगदीसो घर बैठी बटुए और दूसरी चीज़ें बनाया करती है, रामदीन मोती पिरोकर माला और दूसरी चीज़ें तैयार करता है। तीसरे पहर अपनी दुकान की गठरी उठायी और सौदा बेचने चला गया। मज़ा यह कि पहले जगदीसो को सब डायन कहते थे, अब सब कोई उसकी तारीफ़ करते हैं। वह न किसी से लड़ती है न झगड़ती है। सच्ची बात तो यह है कि अब लड़ने-झगड़ने की उसे याद ही नहीं आती क्योंकि काम करने का चसका उसे लग गया है। हमने गाँव की दूसरी बहू-बेटियों से कहा कि देखो तुम भी जगदीसो की तरह हाथ-पैर हिलाकर कुछ करो तो क्या हरज, वक़्त ढंग से कटे और घर में दो पैसे बनें। हमने तो नेक सलाह दी थी पर रामदेई चाची हमसे बिगड़ खड़ी हुईं। बोली, हम क्या टुकड़ों के मोहताज़ हैं जो मज़दूरनियों की तरह मज़दूरी करें?

हमने लाख समझाया कि अपने पैर धोने से कोई बाँदी नहीं हो जाती, पर वे तो बुरा मान गयीं। अब हम क्या कहें? सब कहते हैं लाहौर, अमृतसर में सोना बरसता है, वहाँ की किसी औरत के हाथ में चाँदी की चूड़ी नहीं, जहाँ देखो चमाचम सोना। लेकिन असल बात तो यह है कि सोना कहीं नहीं बरसता। सब दस उँगलियों का खेल है। लाहौर, अमृतसर में हमने देखा है कि अच्छे-अच्छे खाते-पीते घरों की बहू-बेटियाँ दिन भर कुछ-न-कुछ किया ही करती हैं। और कुछ नहीं तो खरबूज़े और कद्दू के बीज ही छीला करेंगी। खाली वक़्त में बैठकर बात करेंगी तो भी हाथ या तो खरबूज़े के बीजों पर चलता रहेगा या सलाई से बुनाई करती रहेंगी या चरखा कातती जायेंगी। ...नहीं तो दो पैसे ही कमा लेंगी, और उसे

जोड़ती जायँगी और एक दिन उसी दो-दो पैसे करके जोड़ी हुई पूँजी से हाथों में सोने के कड़े पहन लेंगी। आपके घर में बाल-बच्चे हैं, भाई-बहन हैं। उन्हें सौ वक़्त सौ चीज़ की ज़रूरत होती है, और बिना पैसा ख़र्चे कोई चीज़ मिल नहीं सकती। पैसा आये कहाँ से? पैसा तो थोड़ा-थोड़ा करके सभी जगह बिखरा रहता है उसे चुग लेने के लिए आँखें चाहिए। जिसने इस बिखरे पैसे को चुग लिया वह पैसेवाला हो गया और जो निराश और बे हौंसला होकर पड़ा रहा वह मुँह ताक़ता रह गया। घर की ज़रूरत की चीज़ को अगर घर में तैयार कर लिया जाय और उसके लिए पैसा न फेंकना पड़े तो वो भी एक तरह की कमायी है। भले आदमियों जैसा लगने के लिए और बीमारी को दूर रखने के लिए घर और कपड़ों का साफ़ रहना ज़रूरी है। धोबी का ख़र्च ग़रीब को सहरना मुश्किल है, लेकिन ज़रा वक़्त निकालकर हाथ हिला देने से धोबी का खर्चा किये बिना ही साफ़ कपड़े पहने जा सकते हैं। विलायत के अच्छे-अच्छे घरों में सब कपड़े घर में ही धोये जाते हैं। इसमें न कुछ हेठी है और न बड़ी भारी मेहनत। हम तो यों करते हैं कि छठें-सातवें दिन सब कपड़ों को भिगोकर उसमें थोड़ा सोडा लगाकर धूप में डाल दिया। घण्टे भर बाद उन्हें पानी में से निकालकर सुखा दिया। देहात में लोग समझते हैं कि कपड़ा बहुत धोने से जल्दी फट जाता है। बात उलटी है, कपड़े को जब मैल खाती है तभी वह जल्दी फटता है और धोबी से न धुलाकर उसे घर में ही धोया जाय तो वह दूने दिन चल सकता है। कपड़े साफ़ रखने से लोगों की नज़र में तो इज़्ज़त होती है पर अपना मन भी ख़ूब प्रसन्न रहता है और आदमी अपने-आपको कूड़े-करकट की तरह निकम्मा नहीं समझता। हमने देखा है हमारे देहाती पड़ोसियों के घर में एक तो सामान बहुत कम होता है, और जो होता भी है वह इतनी बुरी तरह रखा जाता है, कि उसकी कोई क़द्र नहीं होती! अगर अपने खाली वक़्त में गाँव की बहू-बेटियाँ, बेचने के लिए न सही अपने घर के इस्तेमाल के लिए ही सही, छोटी-छोटी डलिया या बक्स बना लिया करें तो बिना पैसा खर्चे ही घर आरामदेह और भरापूरा मालूम हो। गेहूँ की नरही की तो ऐसी बढ़िया-बढ़िया चीज़ें बन सकती हैं कि नुमाइश में रखने लायक़ होती हैं।

एक दिन बिन्दो हमारे पास उलाहना लेकर आयी कि हमारे कहने से उसने भैया के लिए, जाड़े में पहनने की ऊन की बनियान बुनी थी। उसमें दो रुपये की तो ऊन ही लग गयी। इतने में तो शहर से बनी-बनायी ऊनी बनियान आ जाती हैं लेकिन बाज़ार से दो रुपये में ख़रीदी गयी बनियान में और घर में बनी ऊनी बनियान में बहुत फ़रक होता है और फिर घर की बनी चीज़ का फ़ायदा तो तब है जब वह तमाम घरों में बने। मसलन उसका सूत भी घर में ही काता जाय। बाज़ार से सूत ख़रीदना एक बात है, घर में कात लेना और बात है। घर में ऊन कात ली जाय तो बनियान के लिए ऊन दो या तीन आने में तैयार होगी, फिर यह शक नहीं हो सकता कि उसमें मिलावट है या नहीं।

पंजाब के गाँवों में जाकर देखिये तो गाँव की बहू-बेटियाँ रात को खाना खाकर अपने-अपने चर्खे लेकर एक जगह जमा हो जाती हैं और फिर एक सुर से गाकर एक साथ चर्ख़ा कातती हैं। उनके गीतों की लम्बी तानें हैं। जब छह पैसे दो आने गज़ कपड़ा बाज़ार में मिल जाता है तो घर में बैठ चर्ख़ा चलाने से क्या फ़ायदा? हम कहते हैं आप छह पैसे गज़ कपड़ा ख़रीदते हैं तो भी कुछ तो घर से देते ही हैं लेकिन खाली समय में चर्ख़ा कातकर जो कपड़ा आप तैयार कर लेंगे उसके लिए आपको क्या देना पड़ेगा? खाली वक़्त तो हर हालत

में गुज़रेगा ही। आप उसे मुसीबत समझकर ही झींककर लड़-झगड़कर गुज़ार दें या उतने समय में कोई काम की चीज़ तैयार कर लेते हैं तो वह एक तो आपको काहिली और सुस्ती से बचाती है दूसरे घर में कुछ नफ़ा ही करती है। और अपने हाथ से तैयार की हुई चीज़ की और बात है। आपके चर्ख़ा कातकर सूत तैयार करने से आपको तो फ़ायदा है ही, इसके साथ-साथ आपके गाँव के कपड़ा बुननेवालों का भी फ़ायदा होगा। उस ग़रीब के बाल-बच्चों की रोटी चल जायेगी। और न हो, आप मोटा-मोटा सूत ही कातिये और घर में अड्डा लगाकर उससे दरी बुन लीजिये, आसन बुन लीजिये या निवाड़ बना लीजिये। कितनी ही चीज़ें अपने खाली समय को काम में लाकर की जा सकती है, और इनकी क़ीमत क्या? क़ीमत यह है कि आप आलस और काहिली से बचें। आम के आम और गुठलियों के दाम। जो अपने खाली वक़्त का फ़ायदा उठाना न चाहे उसे हम क्या कहेंगे? वह तो उस आदमी की तरह है जो सिर्फ़ अपनी क़िस्मत का कोस-कोसकर ही सन्तोष करना चाहता है।...

●

कबीर : आधुनिक स्वतन्त्र चिन्तनधारा का महान् गुरु

हमें कबीर का जन्म-दिन तो मालूम है परन्तु मेरा विचार है कि मुझे और देश के अधिकांश लोगों को यह निश्चित ज्ञान नहीं है कि कबीर हिन्दू थे या मुसलमान अथवा ईसाई। कबीर की चर्चा करते समय मुझे अपना अज्ञान स्वीकार करने में संकोच अनुभव नहीं हो रहा है। इसका कारण है, स्वयं कबीर ने कभी ज्ञानी होने का गर्व या दम्भ नहीं किया। मेरा यह भी विचार और विश्वास है कि यह निश्चय न हो सकना कि कबीर का सम्प्रदाय या रिलीजन क्या था, मानव के रूप में उनकी महत्ता का बहुत बड़ा प्रमाण है। वे किसी भी सम्प्रदाय की घोषणा और अवलम्ब के बिना मानवमात्र थे। मेरे विचार में जीवन के लिए साम्प्रदायिक आध्यात्मिक विश्वास का सहारा खोजना मानव में आत्मबल अर्थात् अपने भरोसे हो सकने की अनिच्छा और असामर्थ्य है। केवल विश्वास के आधार पर किसी लोकोत्तर निर्देशन और नियमन के सहारे विश्वास का सहारा मानव के आत्मनिर्णय के गुण और अधिकार को भूल जाना है। मानव, व्यक्ति और समाज अपने इस आत्मनिर्णय के गुण और अधिकार के प्रयोग से जब भयभीत होता है तभी वह स्वयं को लोकोत्तर शक्ति के निर्देशन और नियमन में छोड़ देना चाहता है और उसके लिए आँख मूँदकर आप्त लोगों, गुरुओं या ख़लीफाओं के शब्द-प्रमाण पर ही चलना चाहता है। मेरे विचार में इस स्थिति को स्वीकार करना मनुष्यत्व खो बैठना है। कबीर की चर्चा के समय सबसे पहले मुझे उनके मानव को मनुष्य बने रहने का उद्‌बोधन और सीख याद आते हैं। कबीर के शब्दों :

तू कहता कागद की लेखी।
मैं कहता आँखिन की देखी।।

में हमें सम्पूर्ण लोकायत दर्शन और सांख्य तथा मीमांसा के तत्त्व लोकसुलभ भाषा में दिखायी देते हैं और यही यथार्थवाद 'रियलिज़्म, इम्पेरीसिज़्म' आदर्श लोकायत दर्शन, द्वन्द्वात्मक भौतिकवाद और व्यावहारिक दर्शन 'प्रेग्मेटिज़्म' की मूल दिशा जान पड़ती है। इतना ही नहीं, इस प्रकृति और सृष्टि के उद्‌भव के विषय में अपौरुषेय शब्द प्रमाण को न मानकर आँखिन देखी अर्थात् मनुष्य के अनुभव, परख और तर्क के आधार पर जानने का यत्न ही आधुनिक सम्पूर्ण वैज्ञानिक उपलब्धियों का मार्ग है। आज की विकट समस्याओं से भरे जीवन में यदि कोई सहज सुलझाव का मार्ग हो सकता है तो यही कि कागद की लेखी की अपेक्षा आँखिन की देखी अर्थात् परम्परागत मान्यताओं और शब्दप्रमाण या डागमैटिज़्म की अपेक्षा अनुभव और परख तथा तर्क का भरोसा किया जाय।

कबीर ने अपने अनुभव तथा तर्क में आधारित दर्शन को बहुत सरल शब्दों में जनगण के लिए स्पष्ट कर दिया है—

साखी आँखी ज्ञान की, समुझ देखु मन माँहि।
बिन साखी संसार के, झगरा छूटत नाँहि।।

कबीर केवल इहलौकिक समस्याओं और व्यवहार के लिए ही मानव, व्यक्ति और समाज के अनुभव, परख और तर्क के साधन तथा मार्ग के भरोसे लायक़ मानने का सुझाव नहीं देते परन्तु पारलौकिक अथवा आध्यात्मिक विचार के लिए भी उनकी उपर्युक्त साखी में स्पष्ट संकेत है। यदि संसार के झगड़े और बन्धन से मुक्ति की कामना है तो आँखी प्राप्त ज्ञान अर्थात् अनुभव तथा तर्क का मार्ग ही लक्ष्य की ओर ले जा सकेगा। इस विषय में भी अनुभव और तर्क का मार्ग अपनाये बिना झगड़ा छूटेगा नहीं। जो मार्ग और विश्वास मानव को लौकिक जीवन में मुक्त नहीं कर सकता, पारलौकिक मुक्ति कैसे देगा। क्या इसी विचार को ज्ञान-मार्ग का मूलसूत्र नहीं कहा जा सकता? इस भरोसे लायक़ ज्ञान की बात को कबीर ने लोकसुलभ भाषा में कह डाला है। परन्तु पण्डितों तथा अभिजात वर्ग की भाषा में भी यही बात तत्त्वरूप में कही गयी है। उदाहरणतः—'सा विद्या या विमुक्तये'—अर्थात् ज्ञान वही है जो मनुष्य को मुक्त कर दे। मुक्ति शब्द व्यापक है। उसका अर्थ स्वतन्त्रता, आत्मनिर्भरता तो है ही, पारलौकिक या आध्यात्मिक दृष्टि से जन्म-मरण से मुक्ति अथवा निर्वाण भी समझ लिया जा सकता है।

प्रसिद्ध साहित्यिक विद्वान् आचार्य हजारीप्रसाद द्विवेदी ने कबीर की भाषा का डिक्टेटर (शास्ता) कहा है। मैं कबीर को लोक-साहित्य का और आधुनिक स्वतन्त्र चिन्तन की विचारधारा का महान् गुरु, प्रमुख उद्गाता या अपोसल कहना चाहता हूँ। यह लोकतन्त्र का युग है इसलिए मैं उसे अपना मार्गदर्शक मानना चाहता हूँ। काव्य और साहित्य की मीमांसा मेरा क्षेत्र और अधिकार नहीं है। मुझसे भूल भी हो सकती है परन्तु अपना विचार प्रकट करने के लिए साहस करना चाहता हूँ। हिन्दी-काव्य-मीमांसा के दिग्गजों ने कहा—'सूर सूर तुलसी ससी, उडगन केशवदास'—अर्थात् काव्य-जगत् में सूरदास सूर्य हैं, तुलसीदास चन्द्रमा हैं, केशवदास को साधारण चमकता तारा समझ लीजिये। बाक़ी सब कवि जुगनू हैं। आधुनिक युग में और आधुनिक विचार-दृष्टि सूरदास, तुलसीदास, केशवदास आदि कवियों को प्रकाश का स्रोत या उद्गम मानने के लिए तैयार नहीं होगी। जो कवि समाज की आँखों पर शब्दप्रमाण और विश्वासमूलक भक्ति की पट्टी बाँधकर मुक्ति का मार्ग दिखाने का आश्वासन दे उसे हम प्रकाश दिखानेवाला नहीं मान सकते। सगुण आराधना का मार्ग केवल विश्वासमूलक भक्ति का मार्ग है। इसकी तुलना में कबीर के निर्गुण आराधना का मार्ग आँखिन देखी अथवा अनुभव और ज्ञान की साखी अर्थात् अनुभव द्वारा समर्थित तर्क का मार्ग है। इसी मार्ग को मानव को दिखायी दे सकनेवाला और स्वयं अपने ज्ञान निर्णय और भरोसे से चल सकने का मार्ग कहा जा सकता है। इस मार्ग पर चलने से ही समाज साम्प्रदायिक अन्धविश्वासों और बोसीदा रूढ़ियों से मुक्त होकर चल सकता है। मेरा अनुमान है कि सगुण भक्ति-मार्ग की कविता हमें मुग्धावस्था में ले जाने में इसलिए समर्थ है कि वह हमें चिन्तन के उत्तरदायित्व और कष्ट से मुक्त कर देती है और कबीर की निर्गुण भक्ति की कविता हमें मानव के रूप में अपने आत्मनिर्णय के उत्तरदायित्व के लिए सावधान करती रहती है।

आज हमारे देश के समाज के सामने राष्ट्रीय भावात्मक समन्वय और एकता का प्रश्न है। आज हम साम्प्रदायिक पार्थक्य, स्थानीय पार्थक्य और जातीय पार्थक्य की व्याधियों से बुरी तरह पीड़ित हैं। सोचिये, यदि हमारे देश के जनगण के चिन्तन और विश्वास में अन्ध सगुण

भक्ति की प्रवृत्ति के स्थान पर कबीर द्वारा ऐसे कवि द्वारा—जिसकी साम्प्रदायिक स्थिति के बारे में कुछ निर्णय नहीं किया जा सकता, जिसे सभी सम्प्रदायों ने अपना समझा—प्रतिपादित निर्गुण भक्ति की प्रवृत्ति प्रमुख होती तो शायद हमारे देश का जन-समाज साम्प्रदायिक तथा अन्य पृथकतावादी संघर्षों के अभिशाप और परिणामों से बचा रहता। यह भी सम्भव जान पड़ता कि यह भूखण्ड कबीर के समय का अखण्ड भारत या हिन्दुस्तान बना रहता। कबीर की चिन्तनधारा न केवल राष्ट्रीय भावात्मक समन्वय और एकता का भरोसा योग्य मार्ग है बल्कि वह मानवमात्र के साम्प्रदायिक, राष्ट्रीय, जातीय और साम्प्रदायिक भावात्मक समन्वय और एकता—'नेशनल, रेशल और रिलीजस इमोशनल इण्टीग्रेशन'—का मार्ग है। वह विश्व मानवता के लिए स्वतन्त्र चिन्तन और भावात्मक समन्वय एवं सामीप्य का मार्ग है। आइये, कबीर जन्म-समारोह के अवसर पर हम मानवता के उस महान् गुरु को प्रणाम करें।

●

तुलसी का मूल्यांकन

विश्व साहित्य के सौर-जगत् में तुलसी एक विराट् नक्षत्र हैं। उनके अति विराट् होने के कारण ही एक दृष्टि में उनका पूर्ण परिचय कठिन है। सम्यक् परिचय के लिए तुलसी के साहित्य को अनेक पक्षों और पार्श्वों से देखने की आवश्यकता अनेक शोधक और विद्वान् अनुभव करते हैं। इस क्षेत्र में कम श्रम और कार्य नहीं हुआ है। भारतीय वाङ्मय में सम्भवतः जितना शोध और आलोचना-कार्य तुलसी के साहित्य के लिए किया गया है, उतना किसी दूसरे कवि के लिए नहीं। तुलसी के कलापक्ष, विचारपक्ष, उनके काव्य के भिन्न-भिन्न तत्त्वों आदि के सम्बन्ध में इतने शोधकों और विचारकों ने अपने विचार प्रकट किये हैं कि कोई नयी और मौलिक बात कह देना प्रायः सम्भव नहीं रह गया है। उनके कला तथा विचारों के क्षेत्र में शायद ही कोई क्षेत्र या पक्ष अछूता रह गया होगा। आज इस बात की भी आवश्यकता अनुभव हो रही है कि तुलसी की आलोचनाओं का भी विवेचन कर यह देखा जाये कि आलोचकों ने तुलसी को कहाँ तक ठीक समझा है और व्याख्या की है, उनकी कला तथा विचारों का विश्लेषण किस सीमा तक ऐतिहासिक पृष्ठभूमि में सही किया है और कहाँ आलोचकों ने तुलसी का वास्तविक परिचय देने अथवा उनके विषयवस्तु का निरूपण करने की अपेक्षा, उस महाकवि को अपनी मान्यताओं और स्थापनाओं की घोषणा का माध्यम बनाने का प्रयत्न कर डाला है।

तुलसी के विचारों की ऐतिहासिक पृष्ठभूमि के सन्दर्भ में समीक्षा करने अथवा उनके विचारों को दिये गये रूप-रंगों की व्याख्या करने से पूर्व उस महान् कलाकार के कलापक्ष का थोड़ा-बहुत प्रसंग भी अप्रासंगिक न होगा। तुलसी की कला से उद्धरण देना बहुत पीसे हुए को फिर पीसना होगा। साहित्य के मर्मज्ञ उसमें सदा ही रस पायेंगे, यह ठीक है परन्तु वह अत्यन्त आवश्यक नहीं। हम तुलसी की कला के प्रभावों से ही उनके क्षेत्र और व्यापकता का अनुमान लगा सकते हैं। आज का ऐसा कोई भी भारतीय कवि खोज निकालना सम्भव नहीं जो तुलसी की कला से प्रभावित न हुआ हो। सम्पूर्ण कवि-समुदाय की बात छोड़कर गुरुदेव रवीन्द्रनाथ ठाकुर की उस कलाकृति को ही लीजिये जिसने उन्हें नोबल पुरस्कार का अधिकारी बनाकर विश्व-विश्रुत बना दिया। 'गीतांजलि' का बारहवाँ गीत 'विनय-पत्रिका' का १३६वाँ पद 'जिव जबते हरिते विलगान्यो। तब ते गेह देह निज जान्यो' उस परिचय के लिए उपयोगी होगा। 'गीतांजलि' पर 'विनय-पत्रिका' का प्रभाव अनेक स्थलों पर प्रत्यक्ष है। उद्धरण देने का लोभ यदि मैं संवरण न कर सकूँ तो आप क्षमा करेंगे। 'विनय-पत्रिका' के २४५वें पद की पंक्ति लें—

याके लिये सुनहु करुनामय, मैं जग जनमि जनमि दुख रोयो।
सीतल मधुर पियूष सहज सुख निकटहिं रहत दूर जनि खोयो।।

इन पंक्तियों की तुलना में. 'गीतांजलि' के २०वें गीत के अंग्रेज़ी में अनूदित अन्तिम अंश को लीजिये—

That vague sweetness made my heart ache with longing and it seemed to me that it was the eager breath of the summer seeking for completion.

I know not then that it was near, that it was mine and that this perfect sweetness had blossommed in the depth of my own heart.

मेरा अभिप्राय यह नहीं है कि बीसवीं सदी में भी रवीन्द्रनाथ ठाकुर तुलसी की ही सामाजिक नैतिकता अथवा दर्शन के अनुगामी थे। अभिप्राय है केवल तुलसी के कलात्मक माधुर्य और उनके रहस्य-तत्त्वों के प्रभाव की गहराई की ओर संकेत करना। मेरा अभिप्राय साहित्यिक चौर्य का आरोप लगाने का नहीं है, क्योंकि रवि बाबू ने स्वयं ही अपनी कला पर तुलसी के प्रभाव को भी स्वीकार किया है। तुलसी के २५० वर्ष पश्चात् भी उनकी कला के प्रभाव के पार्थिव प्रमाण निर्विवाद रूप से आँकड़ों के रूप में पेश किये जा सकते हैं। गीता प्रेस द्वारा प्रकाशित महीन अक्षरों में रामचरितमानस का गुटका १३ लाख २० हज़ार की संख्या में प्रकाशित हो चुका है। इस संस्था द्वारा रामचरितमानस के मोटे अक्षरों में अथवा सटीक अनेक संस्करण प्रकाशित हुए हैं, जिनकी संख्या इससे कम अनुमान करने का कोई कारण नहीं। यह केवल एक संस्था द्वारा प्रकाशित रामचरितमानस का विवरण है। अन्य संस्थाओं द्वारा प्रकाशित रामचरितमानस के अन्य संस्करणों को ध्यान में रखा जाये तो रामचरितमानस की प्रकाशित प्रतियों की संख्या का अनुमान कई करोड़ तक पहुँच जाना असम्भव नहीं। रामचरितमानस की प्रतियों की यह बड़ी संख्या इस बात की ओर संकेत करती है कि तुलसी रामचरितमानस द्वारा कितने वृहद् मानस-समाज की कलात्मक क्षुधा को तृप्त और उनके चिन्तन और महत्त्वाकांक्षाओं को प्रभावित करने में समर्थ हुए हैं। यह भी अत्युक्ति नहीं है कि हिन्दी-भाषी प्रदेश में आज भी सम्भवतः अधिकांश जनसंख्या के लिए विशेषकर निरक्षर जनता के लिए रामचरितमानस ही साहित्य, कला, दर्शन और नीति का आदि-अन्त है। ऐसा जान पड़ता है कि हमारी बहुसंख्यक जनता ने रामचरितमानस को अपनाया नहीं अपितु वे अनेक पीढ़ियों से रामचरितमानस की कला, दर्शन, संस्कृति और नीति में ही उत्पन्न होकर समाहित भी होते रहते हैं और इस क्रम के बहुत शीघ्र समाप्त हो जाने की आशंका भी नहीं दिखायी देती। तुलसी के कलात्मक सामर्थ्य-प्रभाव की तुलना में दूसरा उदाहरण विश्व-साहित्य में मिलना दुर्लभ होगा। तुलसी रामचरितमानस के माध्यम से जनसमुदाय को कलात्मक रस की तृप्ति देते हुए उनके विश्वासों और दृष्टि की सीमाओं तक को भी निर्देशित करने में समर्थ हुए है। यह निस्संकोच कहा जा सकता है कि रामचरितमानस में यह शक्ति है। जहाँ वह साहित्य के नवों रसों को पूर्णतः चरितार्थ करता है, वहाँ अध्यात्म, धर्म, विश्वास, दर्शन, नीति और सामाजिक व्यवहार के किसी भी प्रश्न पर एक निर्धारित मान्यता दिये बिना नहीं रहता है। कला और शास्त्र का ऐसा समन्वय विश्व-साहित्य में दुर्लभ है।

आज की पृष्ठभूमि में तुलसी के कलापक्ष पर विचार करते समय हमारे मन और मस्तिष्क में उपस्थित प्रश्न सिर उठाये बिना नहीं रह सकते। पहला प्रश्न यही होता है कि तुलसी ने हमारे सामने 'कला के लिए कला' का आदर्श रखा है अथवा सोद्देश्य कला का। इस विषय में आलोचकों की सम्मति की अपेक्षा स्वयं तुलसी की ही स्वीकारोक्ति अधिक

विश्वसनीय होगी। उन्होंने रामचरितमानस के आरम्भ में ही घोषणा की है कि –

स्वान्तःसुखाय तुलसी रघुनाथगाथा-
भाषानिबन्धमतिमञ्जुलमातनोति।।

अर्थात् कवि ने आत्म-सन्तोष के लिए रघुनाथ की गाथा का गायन किया है। तुलसी की इस उक्ति को प्रायः कला के सिद्धान्त के समर्थन के रूप में प्रस्तुत किया जाता है। परन्तु स्वान्तः सुखाय के प्रयोजन से कवि ने जिस महाकाव्य की रचना की है, उसकी प्रत्येक पंक्ति का एक स्पष्ट सामाजिक प्रयोजन है, इसका प्रमाण स्वयं रामचरितमानस है। तुलसीदास जी का स्वान्तः सुख समाज से विमुख नहीं है, उन्होंने अपने-आपको अपने समकालीन समाज में विलीन करके ही अपनी प्रेरणाओं को ग्रहण किया है। उनके समाज की समस्याओं, अनुभूतियों और महत्त्वाकांक्षाओं के रूप में उनकी कला मूर्त हुई है, उस कला की अभिव्यक्ति भी आत्म-चिन्तन के रूप में नहीं वरन् अपने समाज के उद्‌गारों और उद्‌बोधन के रूप में की है। मानव समाज से एकात्म्य प्राप्त कवि अथवा कलाकार का 'स्व' सामाजिक चेतना तथा अनुभूति से पृथक् नहीं हो सकता। गोस्वामी तुलसीदास स्वान्तः सुखाय के लिए रची अपनी कविता का जो परिचय देते हैं, वह स्वयं उनकी प्रेरणा और अभिव्यक्ति की प्रक्रिया के यथार्थ पर प्रकाश डाल देता हैं। श्रेष्ठ कविता के विषय में तुलसीदास जी कहते हैं कि—

हृदय सिन्धु मति सीप समाना।
स्वाति सारद कहहिं सुजाना।।
जौ बरषइ बर बारि बिचारू।
होहिं कबित मुकुतामनि चारू।।

अर्थात् वर-विचारों के वारि की वर्षा मति की सीप में पड़ने से ही कविता चारु मुक्तामणि बन सकती है। स्पष्ट ही तुलसी की कविता वर-विचारों से पूर्ण ही नहीं वरन् उनकी कविता का कोई भी अंश विचारों की देन से शून्य नहीं है। जहाँ हम उनकी प्रखर कलात्मकता को स्वीकार करते हैं वहाँ इस बात की भी उपेक्षा नहीं कर सकते कि रामचरितमानस की कोई भी पंक्ति विचारों, नैतिकता तथा आदर्श के प्रचारों से शून्य नहीं। रामचरितमानस को साहित्य-कला का आदर्श मानने पर प्रचारात्मक साहित्य के प्रति खड्ग-हस्त होना कहाँ तक संगत होगा। सम्भवतः यह निर्णय कर देना भी सहज नहीं होगा कि रामचरितमानस प्रधानतः रसात्मक काव्य है अथवा एक विशेष व्यवस्था का सामाजिक दर्शन और शास्त्र। इस बात से इनकार नहीं किया जा सकता कि देश की सर्वसाधारण जनता ने रामचरितमानस को काव्य की अपेक्षा शास्त्र के रूप में अधिक मान्यता दी है और यह तुलसी की क्षमता थी कि उसने शास्त्र के कठोर विधि-निषेधों को काव्य की सरसता से अंगीकार करा दिया है।

रामचरितमानस में काव्य की अपेक्षा शास्त्र का गुण प्रधान है, इसलिए तुलसी भी कवि की अपेक्षा शास्त्र-प्रणेता अथवा नीति-विधायक और मार्गद्रष्टा अधिक हैं। इसलिए यह प्रश्न कम महत्त्व का नहीं कि तुलसी अपनी समसामयिक परिस्थितियों में अथवा समाज के विचारों के विकास की परम्परा में क्या महत्त्व या स्थान रखते हैं? इस प्रश्न को प्रसिद्ध आलोचक डॉक्टर डॉ० रामविलास शर्मा ने इस प्रकार उठाया है—

"दो तरह के लेखकों ने तुलसी-साहित्य के मूल्यांकन को बहुत आसान बना दिया है। पहली तरह के लेखक वे हैं जो समझते हैं कि तुलसीदास ने रामचरितमानस लिखकर इस्लाम के आक्रमण से हिन्दू-धर्म की रक्षा कर ली और राम, सीता आदि के चरित्रों द्वारा हिन्दू-समाज और संस्कृति के लिए अमर आदर्शों की प्रतिष्ठा कर दी। दूसरी तरह के आलोचक वे हैं जो समझते हैं कि तुलसीदास ने वर्णाश्रम धर्म के छिन्न-भिन्न होने के समय फिर ब्राह्मणवाद का समर्थन किया, नारी की पराधीनता को आदर्श रूप में रखा और जनता को भक्ति-रूपी अफ़ीम की बूटी देकर सुला दिया।"

पहली तरह के आलोचक तुलसीदास को श्रद्धा की दृष्टि से उन्हें हिन्दू-धर्म का उद्धारक मानते हैं, दूसरी तरह के आलोचक उन्हें प्रतिक्रियावादी मानते हैं। उनकी कला का महत्त्व स्वीकार करते हुए भी उनकी विचारधारा को प्रगति-विरोधी मानते हैं। दोनों तरह के आलोचक श्रद्धा के बावजूद एक ही नतीजे पर पहुँचते हैं और वह यह कि तुलसीदास जर्जर होती सामन्ती-संस्कृति के पोषक थे, इसलिए आज की जातीय संस्कृति के निर्माण में 'ऊँची' और 'नीची' हिन्दुओं और मुसलमानों आदि की मिली-जुली संस्कृति-निर्माण में उनकी विचारधारा कोई मदद नहीं दे सकती।

यह याद दिलाने की आवश्यकता नहीं कि तुलसीदास ने रामचरितमानस के माध्यम राम और सीता की मर्यादा प्रस्तुत करके अमर आदर्शों की प्रतिष्ठा द्वारा इस्लामी संस्कृति के आक्रमण से हिन्दू-धर्म और संस्कृति की रक्षा की है। यह मत सर्वश्री रामचन्द्र शुक्ल, डॉ० माताप्रसाद गुप्त, श्यामसुन्दर दास आदि विद्वानों का है। तुलसी को वर्णाश्रम और सामन्ती-संस्कृति के पोषक के रूप में आधुनिक सामाजिक स्थिति में प्रगति-विरोधी कहने का श्रेय या आरोप प्रगतिवादी आलोचकों पर है। डॉ० डॉ० रामविलास के विचार में तुलसीदास के दोनों ही मूल्यांकन ग़लत हैं। उनका कहना है कि "दोनों ही तरह के आलोचक भारतीय जनता को ख़ासकर हिन्दीभाषी जनता को तुलसीदास की सांस्कृतिक विरासत से वंचित कर देते हैं।" उनका मत है कि भक्ति-आन्दोलन हमारे तत्कालीन जातीय आन्दोलन का सांस्कृतिक प्रतिबिम्ब था। यह देखना आवश्यक है कि रामचरितमानस की रचना किन ऐतिहासिक परिस्थितियों में हुई थी। गोस्वामी जी ने इन परिस्थितियों का वर्णन उत्तरकाण्ड के कलियुग वर्णन में किया है तथा 'कवितावली' का १७७वाँ पद उस पर प्रकाश डालता है—

"वेद धर्म तो लुप्त हो गये, लुटेरे ही राजा हो गये हैं, पाप की गति बढ़ गयी है, शूद्र ब्राह्मणों से स्पर्द्धा करते हैं और समता का अधिकार माँगते हैं।"

तुलसीदास जी अकबर के समकालीन थे। अकबर के पूर्व राज्यकाल में क्या सामाजिक व्यवस्था थी, इस पर प्रसिद्ध लेखक रांगेय राघव ने 'नयापथ' के जून १९५७ अंक में इस प्रकार प्रकाश डाला है—

"इस समय मुसलमान-शासक भारत में जम गये। ब्राह्मणवाद के अत्याचार से शोषित अनेक जातियाँ शाक्त और वेद विरोधी, शैव तथा बौद्ध, इस्लाम की गोद में चली गयीं। इस्लाम के नाम पर इस पूरे युग में मुस्लिम पुरोहित वर्ग और मुस्लिम-शासक वर्ग ने जनता को लूट से पामाल रखा।" विशेषतः अकबर के राज्यकाल का वर्णन करते हुए रांगेय राघव लिखते हैं कि उसने भारतीय जनता और हिन्दू-शासक वर्ग में फूट डाली। फ़ारसी को राजकीय भाषा बनाया—भारतीय संस्कृति पर विदेशी संस्कृति को लादा—उसने जनता पर से जज़िया कर हटाया पर इतने अन्य कर लगा दिये कि जनता विद्रोहोन्मुख हो उठी—औरंगजेब

को भी इसमें से ५७ कर कम करने पड़े। तुलसी के शब्दों में जनता की हालत अकालों से असह्य हो गयी थी। किसान की खेती नहीं थी, वणिक् को बनिज नहीं था, नौकर को चाकरी नहीं थी, राजा पराधीन और कायर हो गये थे। कलियुग अपने प्रचण्ड-प्रताप पर था। धर्म की हानि की ऐसी अवस्था में तुलसीदास ने रक्षा के लिए रामचरितमानस द्वारा हिन्दू-धर्म और संस्कृति के रक्षक अवतार का आह्वान करना आवश्यक समझा। इस ऐतिहासिक साक्षी की उपस्थिति में तुलसीदास को हिन्दू-धर्म की वेदविहित संस्कृति के रक्षक के अतिरिक्त और क्या कहा जा सकता है। उसे असंगत बताना सत्य को अस्वीकार करना ही है। यदि हिन्दू धर्म की वेदविहित परम्परा, वर्ण-व्यवस्था के अनुसार द्विज की सत्ता, शूद्र की पराधीनता, एकच्छत्र राजसत्ता, स्वामी-सेवक के सम्बन्ध, हमारे समाज की वर्तमान अवस्था में व्यावहारिक नहीं हैं तो तुलसीदास द्वारा प्रतिपादित मान्यताएँ अवश्य प्रतिक्रियावादी हैं परन्तु डॉ० डॉ० रामविलास इन दिनों ऐतिहासिक ग्रन्थों को अस्वीकार कर तुलसी की विरासत भारतीय जनता ख़ासकर हिन्दी भाषा-भाषी जनता को देना चाहते हैं। डॉ० रामविलास

इस विषय में सन्देह नहीं है कि तुलसीदास एक प्रकार के भक्ति-मार्ग के प्रमुख प्रचारकों में थे। इस विषय में सब इतिहासज्ञ सहमत हैं कि भक्ति आन्दोलन सामन्तशाही और ब्राह्मणवाद से जनता की मुक्ति के लिए आरम्भ हुआ था। वह जाति भेद को मिटाकर मानवता के अधिकारों की माँग करता था। डॉ० डॉ० रामविलास ने यह महत्त्वाकांक्षा प्रकट की है कि "जनता की एकता हमारा अस्त्र हो, संघर्ष हमारा मार्ग और ऐसा समाज हमारा लक्ष्य हो, जिसमें पीड़ित और अपमानित मनुष्य को हताश होकर रहस्यमय देव की तरफ फिर हाथ न उठाना पड़े।" वे कहते हैं—"इस कार्य में एक चिरन्तन प्रेरणा की तरह तुलसीदास हमेशा हमारे साथ रहेंगे।"

डॉ० डॉ० रामविलास का निष्कर्ष है कि तुलसीदास भक्ति-मार्ग के प्रमुख प्रतिनिधि होने के कारण तत्कालीन सामन्ती संस्कृति के विरोधी तो थे ही, वे आज भी हमारे सांस्कृतिक विकास में सहायक हो सकते हैं। तुलसी के दोनों ही प्रकार के भटके हुए आलोचकों को डॉ० डॉ० रामविलास यह बताना चाहते हैं कि हमारे देश की सामयिक परिस्थिति में भी सामन्ती प्रथा के अवशेषों और मानव-समाज की विषमताओं और देव-भरोसे की भावनाओं का निराकरण करने में तुलसी हमारे सहायक और मार्गद्रष्टा हो सकते हैं। डॉ० डॉ० रामविलास किस दिव्य-दृष्टि से रामचरितमानस में हमारी आज की मान्यताओं के अनुसार मानव की समता ऊँच-नीच की एकता और रहस्यमय देव के विश्वास से मुक्ति की भवना को ढूँढ़ निकालते हैं? जो तुलसीदास निर्विवाद रूप से इस सृष्टि को ब्रह्म की माया-मात्र बताकर राम की कृपा को ही मनुष्य का एकमात्र अवलम्ब बताते हैं—

"होइ है सोइ जो राम रचि राखा।
को करि तरक बढ़ावै साखा।।"

उन तुलसीदास को मानव को रहस्यमय देव से मुक्त करनेवाला बताना तुलसी को नये साँचे में ढालना नहीं तो क्या है?

डॉ० रामविलास ने यह स्वीकार क़िया है कि रामचरितमानस में जहाँ-तहाँ विप्रपद पूजा को बहुत बड़ा धर्म बताया गया है और विशेष-रूप से उत्तरकाण्ड में शूद्रों के अपना वर्णाश्रम धर्म त्यागने पर क्षोभ प्रकट किया गया है। इन पंक्तियों को अलग करके देखने पर धारणा बन सकती है कि तुलसीदास अपने समय की सामन्तविरोधी गतिविधि से असन्तुष्ट थे और वे

पुरानी व्यवस्था को ही बनाये रखना चाहते थे। क्या हम वर्ण, धर्म के समर्थन को तुलसीदास के विचारों की ऐतिहासिक सीमा मानें, जिससे उनकी मूल विचारधारा पर आँच नहीं आती। उस उद्धरण से यह ध्वनि निकलती है कि तुलसी ने वर्णाश्रम-व्यवस्था द्वारा शूद्र, नीच और नारी के शोषण, दमन और ब्राह्मण तथा सामन्त के अधिकारों का पोषण उतना नहीं किया जितना कि भक्ति-मार्ग के लक्ष मानव की समता और मुक्ति का समर्थन किया है। उन्होंने भक्ति द्वारा मानव के समतासमर्थक कुछ उद्धरण भी मानस से प्रस्तुत किये हैं। डॉ० रामविलास का कहना है–

"तुलसीदास की भक्ति, वर्ण, जाति, धर्म आदि के कारण किसी का बहिष्कार नहीं करती–जिन तमाम लोगों के लिए पुरोहित-वर्ग ने उपासना और मुक्ति के द्वार बन्द कर दिये थे, उन सबके लिए तुलसी ने उन्हें खोल दिया।" ऐसी अनर्गल बात करते समय वे राम द्वारा मुक्ति-कामी शम्बूक के वध की बात भूल गये। अपनी इस उक्ति के समर्थन में उन्होंने निषाद का उदाहरण दिया है और कहा है—"यह नीच जाति के लोग राम को प्यार करके भरत और लक्ष्मण का दर्जा पा जाते हैं।" अथवा रामराज्य के वर्णन में सरयू के राजघाट पर—

"राजघाट सब बिधि सुन्दर बर।
मज्जहि तहाँ वरन चारिउ नर।।"

अपने इन उदाहरणों से डॉ० रामविलास ने यह निष्कर्ष निकालने के लिए पर्याप्त मान लिया है कि तुलसी की भक्ति पुरोहितों का इजारा तोड़नेवाली थी। वह अभीर, जवन, किरात, खस, स्वपच आदि सभी को गले लगाती थी। उन्होंने समाज के इतरजनों का पक्ष लिया और राम के प्रेम के आधार पर उनकी समता की घोषणा की। वे यह भूल गये कि तुलसी के मत में शूद्र का वेद पढ़ने और ब्राह्मण से समता करने की इच्छा और नारी की स्वतन्त्रता पाप और कलियुग के प्रभाव का मुख्य लक्षण था, जिसके निवारण के लिए भगवान् को खड्ग हाथ में लेना पड़ा।

डॉ० रामविलास का कहना है कि तुलसीदास ने शूद्र और नीच की भाँति स्त्रियों की विवशता तथा दमन का अन्त कर दिया। स्त्रियों के लिए केवल पतिसेवा के धर्म की विवशता से उन्हें मुक्त कर दिया। स्त्रियों को दी गयी स्वतन्त्रता और पतिसेवा मात्र धर्म से मुक्ति का उदाहरण उन्होंने दिया है कि जब राम, लक्ष्मण और सीता वन को जा रहे थे तो ग्रामीण स्त्रियाँ भी पूछ सकती थी—

"कोटि मनोज लजावनि हारे।
सुमुखि कहहु को आहिं तुम्हारे।।"

और सीता जी ने अपने चन्द्रमुख को आँचल से ढाँककर प्रियतम की ओर बाँकी चितवन से देख लिया और संकेत से ही उन्हें अपना पति बता दिया। वास्तव में ही ग्रामीण स्त्रियों के प्रश्न कर लेने और सीता जी के उत्तर दे देने का साहस डॉ० रामविलास के विचार में आज की नारी के लिए भी ईर्ष्या की वस्तु हो सकती है। इस पर ग्रामीण स्त्रियों ने—

"अति सप्रेम सिय पाँय परि, बहु विधि देहिं असीस।
सदा सोहागिन होहु तुम, जब लग महि अहि सीस।"

ग्रामीण स्त्रियों द्वारा सीता को दिये गये आशीर्वाद तुलसी और डॉ० रामविलास दोनों की ही कल्पना में स्त्री की स्वतन्त्रता और व्यक्तित्व के विकास और आत्मनिर्भरता की चरमसीमा है—वह यह कि तुम सदा सुहागिन रहो। अर्थात् सीता का सम्पूर्ण अस्तित्व-व्यक्तित्व उसके पति के जीवन में है।

तुलसी द्वारा स्त्री के स्वतन्त्र व्यवहार का दूसरा उदाहरण जिस पर डॉ० रामविलास मुग्ध हैं, यह है—"तुलसीदास जेहि निरखि ग्वालनि-भजी नाथ पति तनय विसार।" स्त्रियों का राम को भगवान् मानकर देखने के लिए उन्हें पति और पुत्र की उपेक्षा कर मार्ग पर आ जाना डॉ०रामविलास के विचार में स्त्रियों की स्वतन्त्रता की कल्पना में कोई न्यूनता नहीं रहने देता। ऐसी अवस्था में हम इस देश के ग्राम-ग्राम की दीन-से-दीन स्त्रियों को भी भालू और बन्दर का नाच देखने के लिए भी अपने द्वार पर आ जाता देखकर क्यों न समझ लें कि अब इस देश में नारी-स्वतन्त्रता के आन्दोलन की आवश्यकता नहीं रही।

तुलसीदास के नारी-स्वतन्त्रता के समर्थक विचारों की दुहाई देते हुए डॉ० रामविलास कहते हैं कि तुलसीदास के पद "ढोल, गँवार, सूद्र, पसु, नारी, यह सब ताड़न के अधिकारी।" को अनावश्यक महत्त्व दिया गया है। नारी के भाग्य के प्रति तुलसी के मन में जो सहानुभूति और व्यथा भरी थी, उसका उदाहरण को डॉ० रामविलास ने यों दिया है, "सामन्ती समाज में पति-भक्ति पर सबसे सुन्दर टिप्पणी रामचरितमानस में है, जहाँ उमा अपनी माँ से विदा होती है।" वह टिप्पणी यह है–

करेहु सदा संकर पद पूजा। नारि धरम पति देव न दूजा।।
कस बिधि सृजी नारि जग माहीं। पराधीन सपनेहुँ सुख नाहीं।।

डॉ० रामविलास को इस चौपाई में स्त्रियों की स्वतन्त्रता का उद्बोधन जान पड़ता है। इस पद में उमा की विदाई के समय उसकी माता के वचन उमा को पराधीनता के विरोध के लिए ललकार के रूप में नहीं हो सकते। यह 'नारि धरम पति देव न दूजा' के सन्दर्भ में नारी की पराधीनता को विधि का न्याय और धर्म के रूप में स्वीकार करने की सीख के अतिरिक्त और क्या हो सकता है? इन सब उदाहरणों को डॉ० रामविलास तुलसी द्वारा स्त्रियों को दी गयी स्वतन्त्रता और आज भी प्रेरणा का स्रोत बताते हैं। इन उदाहरणों से चाहे अन्य जो निष्कर्ष निकले, यह आलोच्य विषय में अपनी कल्पना के आरोप का उदाहरण ज़रूर है।

इसी प्रकार मानवता के प्रचार का उदाहरण देने के लिए भक्त को भगवान् से बड़ा बताने का उद्धरण है। यह नहीं भूला जा सकता कि भक्त एक गुणवाचक संज्ञा या विशेषण है, जिसका सब मनुष्यों के लिए समान रूप से प्रयोग नहीं किया जा सकता। तुलसी से यह तो कहीं नहीं कहलाया जा सका कि मनुष्य भगवान् से बड़ा है या सब मनुष्य समान हैं। यह ठीक है कि रामचरितमानस में सामन्ती दमन अथवा अयोग्य ब्राह्मण के अहंकार के प्रति असन्तोष छुटपुट रूप में मिलता है परन्तु उसके विपरीत वर्ण-व्यवस्था के समर्थन, ब्राह्मण की श्रेष्ठता और स्वामी-वर्ग के अधिकारों के समर्थन को जो स्थान रामचरितमानस में दिया गया है, वही उसका मुख्य अंग है। रामचरितमानस की मुख्य विचारधारा को दृष्टि में रखते हुए

वर्ण-व्यवस्था और सामन्ती अन्याय के प्रति कुछ विद्रूप का प्रयोजन इन पद्धतियों का विरोध नहीं माना जा सकता। उनका प्रयोजन इन पद्धतियों के प्रति विरोध उत्पन्न करनेवाले उदाहरणों को दूर करना ही ठहरता है।

इस विषय में आचार्य रामचन्द्र शुक्ल का विश्लेषण बहुत स्पष्ट है—"गोस्वामी जी कट्टर मर्यादावादी थे—मर्यादा का भंग वे लोक के लिए मंगलकारी नहीं समझते थे।" और यह मर्यादा थी वर्ण व्यवस्था, समाज पर ब्राह्मण का शासन और स्त्री और सेवक पर पति और स्वामी का देव प्रदत्त स्वामित्व। तुलसीदास ने स्वयं अपना मत अविवाद रूप से स्पष्ट कर दिया है—"पूजिय बिप्र सील गुन हीना। सूद्र न गुन ग्यान प्रवीना।" यह पद इस विषय में भी सन्देह नहीं छोड़ता कि विप्र का अर्थ गुन, ग्यान प्रवीण व्यक्ति नहीं समझा जा सकता है, शूद्र गुण, ज्ञान प्रवीन होने पर भी विप्र नहीं हो सकता। विप्रत्व जन्मजात गुण ही है।

इस विषय में कोई सन्देह न रहने देने के लिए तुलसीदास ने उत्तरकाण्ड में फिर स्पष्ट किया है।

सूद्र करहिं जप तप ब्रत नाना। बैठि बरासन कहहिं पुराना।।
सब नर कल्पित करहिं अचारा। जाइ न बरनि अनीति अपारा।।

यहाँ यह सन्देह नहीं रह जाता कि जन्म से शूद्र द्वारा ब्राह्मण का गुण धर्म अपना लेना तुलसी की दृष्टि में अपार अनीति है। ऐसे शम्बूकों का अन्त करने के लिए भगवान् को अवतार लेना पड़ा। उनके दूसरे पद "बिप्र, धेनु, सुर, सन्त हित लीन मनुज अवतार" से यह स्पष्ट है कि प्रथम जन्मजात ब्राह्मण और फिर सुर और सन्त के हित के लिए राम ने अवतार लिया था। सम्भवतः डॉ० रामविलास के मत में दीन, दलित, शूद्र को छोड़कर विप्र, सुर और सन्त में ही सम्पूर्ण राष्ट्रीय एकता और मानवता का कल्याण समाहित होता है। तुलसी की कल्पना में अवतार की आवश्यकता सामन्तशाही रूपी विषमताओं को दूर करने के लिए नहीं, अपितु वर्णाश्रम-धर्म पर आश्रित सामन्तशाही के सम्मुख आ गयी विषमताओं को दूर करने के लिए थी।

भदन्त आनन्द कौसल्यायन का यह कहना कि रामचरितमानस में राम की अपेक्षा ब्राह्मण का ही माहात्म्य अधिक है न अत्युक्ति है, न अतिरंजना। भदन्त कौसल्यायन ने वर्ण-व्यवस्था और ब्राह्मण-महिमा के जो उद्धरण रामचरितमानस से दिये हैं, वे डॉ० डॉ० रामविलास के तथाकथित मानवतावादी उद्धरणों से संख्या में कहीं अधिक सुस्पष्ट और निर्विवाद हैं। राम की शोभा का वर्णन करते हुए भी तुलसीदास कहते हैं—"उर मनिहार पदिक की सोभा, विप्र चरण देखत मन सोभा।" अर्थात् भगवान् के अवतार की भी शोभा ब्राह्मण का चरण-चिह्न उनके हृदय पर होना ही है। रामचरितमानस में प्रत्येक सत्कार्य के समय, जहाँ दान का वर्णन किया गया है वहाँ सदा दान ब्राह्मण को दिया गया है, आवश्यकता से पीड़ित शूद्र को अथवा जनसाधारण को कहीं नहीं। रामचरितमानस में ब्राह्मण के सामर्थ्य और अधिकार का आदर्श उदाहरण राजा भानुप्रताप की कहानी है, जहाँ राजा के वास्तव में अपराधी न होने पर ब्राह्मण के अज्ञानवश राजा को शाप दे देने पर भी राजा को भगवान् अभिशाप से नहीं बचा सके —

भूपति भवी मिटई नहिं, जदपि न दूषन तोर।
किये अन्यथा होई नहिं विप्र साप अति घोर।।

यह भी ध्यान में रहे कि राजा भानुप्रताप की कथा का रामचरितमानस से सीधा सम्पर्क नहीं है। यह अन्य पुराण की कथा है परन्तु तुलसी ने ब्राह्मण के अधिकार के आदर्श में सन्देह का अवसर न रहने देने के लिए इस कथा को रामचरितमानस में सम्मिलित करना आवश्यक समझा। रामचरितमानस का मुख्य सन्देश मर्यादापुरुषोत्तम राम के शब्दों में यों हैं—

पुन्य एक जग महुँ नहिं दूजा।
मन, क्रम, बचन, बिप्र पद पूजा।।

और राम कहते हैं—

ते नर प्राण-समान मम जिनके द्विज पद प्रेम
मन क्रम बचन कपट तजि जो कर भूसुर सेवा।
मोहि समेत विरंचि सिव बस ताके सब देवा।
सुन गन्धर्व कहहुँ मैं तोही। मोहि न सुहाय ब्रह्मकुल द्रोही।।

शूद्र और दलित को रामचरितमानस मानवता के क्या अधिकार देता है इनकी ओर भी भदन्त आनन्द ने सम्यक् रूप से संकेत किया है।

डॉ० रामविलास ने तुलसीदास द्वारा वर्णित गुहराज के प्रति राम के प्रेम को मानवता का आदर्श बताया है। तुलसी ने गुहराज का आत्म-निवेदन उनकी जाति के विशेषणों सहित इस प्रकार किया है।

कपटी कायर कुमति कुजाती। लोक बेद बाहर सब भाँती।

यहाँ कुजाति शब्द और लोक और वेद से बाहर यह स्पष्ट कर देता है कि उस वर्ण के लोग कर्म से नहीं, जन्म से हीन हैं। कर्मों के लिए कपटी, कायर और कुमति शब्द पर्याप्त होने चाहिए थे। उसी प्रकरण में एक भील के मुख से तुलसीदास ने अपनी जाति का परिचय इस प्रकार कराया है।

यह हमारि अति बड़ सेवकाई। लहिं न बासन बसन चोराई।
हम जड़ जीव जीव गन घाती। कुटिल कुचाली कुमति कुजाती।।

इन पदों में किरात अपने व्यक्तिगत दोष को नहीं अपनी सम्पूर्ण जाति के गुण को स्वीकार कर रहा है। यह पद भी स्पष्ट कर देता है कि किरात भील शूद्र गुण कर्म से नहीं, जन्म से नीच है। जन्म भगवान् की देन है जिसके मार्जन का उपाय नहीं। किरात निषाद के प्रति राम का अनुग्रह राम की गरिमा है, जो किरात और निषाद को परलोक चाहे दे दें, इस लोक से उन्हें समता और मानवता का अधिकार तथा दमन से मुक्ति नहीं देता।

तुलसी की यह नैतिकता मानवता की मुक्ति के लिए क्या चिरन्तन प्रेरणा देती है, समझना कठिन है। यह उदाहरण जन्म से जातिगत मिथ्या अहंकार की प्रेरणा अवश्य देती है।

यह सत्य है कि तुलसी ने भक्ति द्वारा हिन्दू-संस्कृति की बहु-देव-पूजा का समुच्चय कर हिन्दू-जातीय एकता द्वारा और वेदविहित वर्णाश्रम-धर्म की संस्कृति की रक्षा में सहायता कर बहुत बड़ा काम किया। परन्तु तुलसी का भक्ति-मार्ग वर्णाश्रम-धर्म की सीमाओं से सीमित था, जिसमें द्विज के भाग में अधिकार और शूद्र के भाग में कर्त्तव्य ही आया। उनके भक्ति-मार्ग ने हिन्दू-सामन्तशाही को मुस्लिम-सामन्तशाही से लोहा लेने में सहायता दी। तुलसी का भक्ति मार्ग उन्मुक्त मानवता का समर्थक किसी प्रकार भी नहीं समझा जा सकता।

तुलसी को भक्ति-मार्ग का प्रमुख प्रतिनिधि कवि बताकर उन्हें आधुनिक सन्दर्भ में भी अपमानित, पीड़ित, मनुष्य को साहस देनेवाला, रहस्यमय देव से उन्मुक्त करनेवाला और प्रगति की चिरन्तन प्रेरणा का स्रोत बताना केवल मजमाबाजी है। इसे सम्यक् ऐतिहासिक विवेचन नहीं कहा जा सकता। यह कहना भी ठीक नहीं है कि तुलसी भक्तिमार्ग के कवि होने के कारण अपनी सामयिक ऐतिहासिक परिस्थितियों में मानववादी और प्रगतिवादी थे।

तुलसी का रचनाकाल सोलहवीं शताब्दी का है। यह वह समय है जब पृष्ठभूमि में रामानुज, कबीर, नामदेव और नानक का दर्शन और मानवतावाद मौजूद था। कितनी ही पक्षपातपूर्ण दृष्टि से देखा जाये, यह स्वीकार करना ही पड़ेगा कि अन्धविश्वास, रूढ़िवाद, वर्णों के जन्मजात अधिकारों और नारी के दमन के विरोध में मानवभाव की समता की पुकार जिसे रामानुज, कबीर, नामदेव और नानक ने उठाया, वह रामचरितमानस में दिखायी नहीं पड़ती। अपितु रामचरितमानस में मानवता की उस पुकार को कलियुग का पाप और प्रभाव कहकर उसके विरोध के लिए भगवान् का अवतरण बताया गया है। उपर्युक्त भक्त कवियों ने न केवल हिन्दू जाति और सम्प्रदाय की सीमाओं को तोड़ने और अन्धविश्वासों और जन्मजात तथा सामन्ती अधिकारों के विरोध की आवाज़ उठायी बल्कि इस्लामी-धर्म गुरुओं और इस्लामी सामन्ती शोषण का भी विरोध किया। उन्होंने न केवल विचार-स्वतन्त्रता और तर्कसंगत मार्ग का प्रतिपादन किया बल्कि तत्कालीन आर्थिक और राजनैतिक शोषण और दमन के विरुद्ध भी अपनी आवाज़ बुलन्द की। लोक कथा है कि कबीर के विद्रोही प्रचार के कारण लोदीशाह ने उन्हें हाथी के पाँव तले कुचलवा देने की आज्ञा दी थी। कबीर और अन्य निर्गुण भक्ति-मार्ग के कवियों का आन्दोलन मनुष्य-मात्र की समता और स्वतन्त्रता के लिए था। उसमें हिन्दू-मुस्लिम का भेद नहीं था, यह सम्पूर्ण दलित-वर्ग के उद्धार की पुकार थी। जहाँ तुलसी का भक्ति मार्ग केवल हिन्दू जनता की सांस्कृतिक एकता का प्रतिपादन करता था, वहाँ कबीर का भक्ति-मार्ग सम्पूर्ण भारतीय जनता को समता और एकता के सूत्र में बाँधने का यत्न कर रहा था। कबीर का भक्ति-मार्ग आज भी प्रगतिवादी प्रेरणा समझा जा सकता है। इसकी तुलना में तुलसीदास का भक्ति-मार्ग और भक्ति-आन्दोलन केवल हिन्दू-संस्कृति और वर्ण-व्यवस्था की पुनः स्थापना की कल्पना और उद्देश्यों से सीमित था। तुलसी की विचारात्मक देन का मूल्यांकन और निरूपण कर आधुनिक सन्दर्भ में उन्हें प्रगति की प्रेरणा का स्रोत बताते समय पृष्ठभूमि में रामानुज, कबीर, नामदेव, चैतन्य, दादू, नानक आदि को भुला देना केवल अपने जन्मजात जातिगत अधिकारों और प्रतिष्ठा का लोभ और अन्ध-अभिमान ही समझा जा सकता है।

कबीर और तुलसी दोनों को भक्ति-मार्ग का कवि कहकर एक श्रेणी में रख देना ऐतिहासिक मूढ़ता और अज्ञान ही कहा जायेगा। सम्यक् विवेचन के लिए निर्गुण और सगुण भक्ति के भेद को नहीं भुलाया जा सकता। निर्गुण भक्ति का मार्ग साकार ब्रह्म की कल्पना से मुक्त होने के कारण प्राचीन परम्परागत आदर्शों से भी सीमित नहीं रहा। इसलिए निर्गुण-भक्ति का मार्ग तर्कप्रधान रहा है। उसने परम्परागत आचार, नैतिकता और अधिकारों की चुनौती दी है और सम्पूर्ण मानवता को एक ही स्तर पर रखा है। विपरीत इसके सगुण भक्ति का मार्ग अवतारवाद से बँधा रहा है। सगुण भक्ति के कवियों और विचारकों के दल अपनी अतीत परम्पराओं और आदर्शों से मुक्त नहीं हो सके इसलिए वे अतीत की पुनः स्थापना के समर्थक रहे हैं। कबीर और तुलसी में यह मूल भेद है। कबीर निर्गुण, निराकार ब्रह्म के

उपासक होने के कारण ब्राह्मण में कोई जन्मजात विशेषता स्वीकार नहीं कर सके परन्तु तुलसी साकार सगुण ब्रह्म के मुख से उत्पन्न ब्राह्मण को भूसुर और भूदेव बनाना धर्म की रक्षा और स्थापना के लिए आवश्यक मानते रहे। कबीर अपने अतीत के और वर्तमान के इतर-विरोधों से सचेत होकर एक नवीन समन्वय की ओर देखते थे और तुलसी अपने वर्तमान के अतीत में, अर्थात् त्रेता युग की पुनः स्थापना में समाज कल्याण देखते थे। उन्हें आज भी प्रगति की प्रेरणा का स्रोत बता देना ऐतिहासिक दृष्टिकोण के अभाव का प्रमाण है।

यह सत्य है कि आज हिन्दी भाषी सर्व-साधारण में जो माहात्म्य, महत्ता और प्रभाव तुलसी का है, वह तुलसी के पूर्ववर्ती और मानवता की दृष्टि से कहीं आगे चलनेवाले कबीर तथा अन्य निर्गुण भक्ति के कवियों का नहीं है। इसके ऐतिहासिक कारण हैं। पहला कारण यह रहा है कि विगत शताब्दियों में सहित्य, शिक्षा और कला की इजारेदार ब्राह्मण श्रेणी का निर्गुण भक्ति के वर्ण-व्यवस्था विरोधी के प्रति अनादर रहा है और दूसरा सामन्त वर्ग के लिए तुलसी की विचारधारा का अनुकूल होना रहा है। तुलसी ने हनुमान और वानर जाति के प्रतीक के रूप में जिस रामभक्ति, सामन्त-भक्ति और स्वामिभक्ति की प्रतिष्ठा की है वह विशिष्ट अधिकार-सम्पन्न वर्ग के लिए क्यों अनुकूल न होती? इसलिए तुलसी को निर्गुण भक्ति के कवियों की तुलना में प्रश्रय मिलता रहा और निर्गुण भक्ति मार्ग के कवि रूढ़िवाद और जातिवाद विशेष अधिकारों का विरोध करने के कारण सामन्तशाही और विशिष्ट वर्ग की दृष्टि में विद्रोही और त्याज्य बने रहे। आज भी यह निर्विवाद तथ्य है कि निर्गुण भक्ति मार्ग के अनुयायी प्रायः दलित जातियों के लोग हैं और सगुण भक्ति मार्ग के अनुयायी विशिष्ट वर्ग के।

रामचरितमानस एक ऐतिहासिक प्रक्रिया के कारण शिक्षा की प्रगति से विहीन सर्वसाधारण की एकमात्र कलानिधि और नैतिक-शास्त्र बन गया। इसका प्रत्यक्ष उदाहरण यह है कि कुछ वर्ष पूर्व तक समाज या आज भी स्त्रियों को पुरुषों के समान शिक्षा देने के विरोधी स्त्रियों का रामचरितमानस पढ़ने योग्य हो जाना ही उनकी पर्याप्त शिक्षा समझते थे या समझते हैं। उससे अधिक शिक्षा उनकी दृष्टि में अनाचार की प्रेरक ही हो सकती थी। यहाँ हमें तुलसी के कलात्मक सामर्थ्य को स्वीकार करना पड़ता है कि रामचरितमानस आज भी जनता की बहुत बड़ी संख्या को अधिकार वंचित करके भी उन्हें सीता की तरह लक्ष्मण की लकीर से बाँधे हुए है कि मानस की सीमाओं से परे सम्पूर्ण ज्ञान पर रावण का प्रभाव है।

हमारा यह अभिप्राय नहीं है कि तुलसी विश्व-साहित्य के सारे जगत् के जाज्वल्यमान नक्षत्र नहीं हैं, या उनकी कलात्मक देन में सापेक्ष दृष्टि से कुछ भी चिरन्तन मूल्य नहीं हैं। तुलसी के चिरन्तन मूल्य उनके शास्त्र-पक्ष में नहीं, बल्कि उनके कलापक्ष की रसानुभूतियों में हैं। शैशव, वात्सल्य, सहज-शृंगार, प्रेम, शोक, सहानुभूति, रौद्र आदि रसों का जैसा परिपाक उन्होंने किया है, वह अपने में अनूठा है। उनकी उपमाएँ अनुपम हैं। उनका लालित्य अद्वितीय है। कलापक्ष और रसात्मकता में उनके मुकुटमणि स्थान को अस्वीकार नहीं किया जा सकता परन्तु इसके लिए उनके शास्त्र को भी प्रगति की प्रेरणा का स्रोत बता देना संगत नहीं है। इस प्रकार के प्रयत्नों में अपने-आपको प्रगतिवादी और सफल कलाकार भी समझने का अहंकार अन्तर्निहित है और यह धारणा है कि केवल प्रगतिवादी कलाकार ही श्रेष्ठ कलाकार हो सकता है। नवयुवक आलोचक राजीव सक्सेना ने इसे बहुत ठीक ढंग से कहा है कि प्रगतिवादियों का यह मत बन गया है कि प्रगतिवादी हुए बिना कोई कवि श्रेष्ठ कवि

नहीं माना जा सकता। यदि हम तुलसी को श्रेष्ठ कवि मानने के लिए बाध्य हैं तो प्रगतिवादी की श्रेष्ठता की इजारेदारी क़ायम रखने के लिए उन्हें प्रगतिवादी भी प्रमाणित करना आवश्यक है। परन्तु आज के सन्दर्भ में तुलसी के शास्त्र को प्रगतिवादी बताना प्रगतिवाद को भ्रम में डालना है और तुलसी के ऐतिहासिक रूप को विकृत कर देना है।

तुलसीदास को उनकी ऐतिहासिक पृष्ठभूमि में रखकर रामानुज, कबीर, नानक आदि की तुलना में उनका वास्तविक निरूपण करने का प्रयोजन उनकी महत्ता को गिराना नहीं अपितु उन्हें उनके वास्तविक रूप, उनके वास्तविक स्थान और उनकी वास्तविक देन के मूल्य की रक्षा का प्रयत्न है। इतिहास में से सत्य निकाल देने पर वह इतिहास नहीं रहता, कल्पना बन जाता है।

(हिन्दी प्रचार सभा, हैदराबाद में तुलसी जयन्ती के अवसर पर दिया गया भाषण, २ अगस्त, १९५७)

●

एक अंग्रेज़ पुलिस इन्स्पेक्टर-जनरल की डायरी

(११ दिसम्बर, १९५५ के 'साप्ताहिक हिन्दुस्तान' में 'एक अंग्रेज पुलिस) इन्सपेक्टर-जनरल की डायरी' शीर्षक से श्री एस.टी. हालिन्स के संस्मरण प्रकाशित हुए थे।

इस संस्मरण का आरम्भ 'वायसराय की गाड़ी के नीचे बम-विस्फोट' के प्रसंग से हुआ है। दिल्ली और लाहौर षड्यन्त्रों के मुक़दमों में वायसराय की गाड़ी के नीचे बम विस्फोट का मुख्य अपराधी मुझे ही करार दिया गया था। इसलिए मैं इस घटना के सम्बन्ध में बहुत-कुछ अधिकार और प्रामाणिकता से कह सकता हूँ। हालिन्स ने घटनाओं का उल्लेख सम्भवतः केवल स्मृति के आधार पर किया है। उन घटनाओं से जैसा जी-जान का मेरा सम्बन्ध था, वैसा हालिन्स का नहीं था। उस समय के मुक़दमों की फाइलें भी मेरी बात की प्रामाणिकता की साक्षी हैं। हालिन्स की भूलों से आज चाहे कुछ बनता-बिगड़ता न हो, परन्तु इतिहास में सचाई का अपना भी महत्त्व रहता है।

हालिन्स ने अपने संस्मरण में लिखा है कि वायसराय की गाड़ी के नीचे बम-विस्फोट की घटना ३१ दिसम्बर, १९२९ को हुई थी। यह ग़लत है। वायसराय की गाड़ी के नीचे बम-विस्फोट २३ दिसम्बर के दिन प्रातः ६ बजे हुआ था, जिस समय दिल्ली और समीपवर्ती कौरवों-पाण्डवों के दुर्ग के खँडहर ख़ूब गाढ़े कोहरे में डूबे हुए थे। २३ दिसम्बर का दिन इस कार्य के लिए निश्चित करने का भी एक कारण था। २४ दिसम्बर का दिन गाँधी जी और वायसराय लार्ड इर्विन की भेंट के लिए निश्चित था। गाँधी जी उस समय के आन्दोलन के सम्बन्ध में वायसराय से समझौता करना चाहते थे। हिन्दुस्तान समाजवादी प्रजातन्त्र संघ, अपनी समझ के अनुसार, वायसराय से समझौते की बात करना विशेषकर जबकि वह गाँधी जी की मुलाकात की प्रार्थना को पहले ठुकरा चुका था, राष्ट्रीय सम्मान के अनुकूल नहीं समझता था। हालिन्स ने लिखा है कि वायसराय की गाड़ी के नीचे, जहाँ विस्फोट किया गया, लाइन के दोनों ओर गहरी ढलवानें थीं। स्पष्ट है यदि विस्फोट पूर्णतः सफल हो जाता तो गाँधी-इर्विन मुलाकात न हो सकती। मैं अपनी पुस्तक 'सिंहावलोकन' के तीसरे भाग में इस घटना और इसके कारणों का बहुत ब्यौरेवार वर्णन दे चुका हूँ। उनका पुनः वर्णन बात दोहराने का दोष समझा जायेगा।

इस प्रसंग में हालिन्स ने किले के खँडहरों की तलाशी लेने और किले की एक कोठरी में, जिसकी खिड़की लाइन की ओर खुलती है, कुछ क़दमों के निशान पाये जाने और फिर एक कुएँ से एक बैटरी और एक बिजली का बहुत लम्बा तार मिलने की बात भी लिखी है। लाइन के नीचे बम गाड़ने का काम हम पाँच आदमियों ने प्रायः दो घण्टे में कर डाला

था। पाँच आदमियों में थे—भगवतीचरण, इन्द्रपाल, लेखराम, यशपाल और हंसराज वायरलेस। हंसराज हम लोगों के साथ था ज़रूर, परन्तु बम का विस्फोट वायरलेस द्वारा नहीं किया गया था। लाइन के समीप बिजली का तार और बैटरी पुलिस को घटना के दिन ही मिल गयी थी। तिस पर भी हालिन्स ने अपने संस्मरण में लिखा है—हम लोगों की धारणा थी कि बम का विस्फोट वायरलेस (बेतार) द्वारा ही किया गया है। हालिन्स बिजली का तार और बैटरी मिल जाने की बात भी कहते हैं और साथ ही अपनी और अपने विभाग की धारणा बताते हैं कि घटना बेतार के साधन से की गयी थी। बेतार से काम लेने के लिए लम्बे तार की क्या आवश्यकता होती? साधारण पढ़े-लिखे आदमी से भी ऐसी बेतुकी बात की आशा नहीं की जा सकती।

श्री चन्द्रशेखर आजाद की शहादत के सम्बन्ध में हालिन्स के संस्मरण केवल भूल ही नहीं बल्कि सप्रयोजन मिथ्या जान पड़ते हैं। प्रयोजन है, भारतीय क्रान्तिकारियों के ऐतिहासिक महत्त्व को कम करने की इच्छा। आजाद तथा दूसरे क्रान्तिकारियों के समाचार पाने के सूत्रों के सम्बन्ध में हालिन्स ने ईमानदारी से नहीं बताया है। हालिन्स ने लिखा है कि पार्क में आजाद और दूसरे दो क्रान्तिकारियों के होने का समाचार पाकर सुपरिण्टेण्डेण्ट नाट बावर खुफिया पुलिस के तीन आदमियों को अपनी गाड़ी में लेकर पार्क पहुँच गया। अर्थात् आजाद और पुलिस में जो लड़ाई हुई उस में दोनों पक्ष समान ही थे और आजाद उस लड़ाई में मारे गये। जिस समय अल्फ्रेड पार्क में आजाद शहीद हुए, कानपुर के सुरेन्द्र पाण्डेय और मैं भी इलाहाबाद में आजाद के साथ ही रहते थे। उस दिन मेरे और पाण्डेय के अफ़गानिस्तान जाने का निश्चय था। हम दोनों आजाद को पार्क के समीप छोड़कर चौक में एक-एक स्वेटर ख़रीदने गये थे। पार्क में आजाद सुखदेव राज से मिलने आये थे। चौक में ही हमें पार्क में गोली चलने का समाचार मिला। हमारे पार्क तक लौटते-लौटते सब-कुछ समाप्त हो चुका था, परन्तु उसी समय पार्क में एकत्र भीड़ से हमें घटना का ताज़ा देखा समाचार मिल सका था। सुखदेव राज पुलिस के आने पर भाग गया था। बाद में सुखदेव राज से कई बार मुलाकात हुई तो उसने कहा कि स्वयं आजाद ने ही उसे भाग जाने की आज्ञा दी थी। जो भी हो, भीड़ और सुखदेव राज दोनों का कहना था कि आजाद को घेर लेनेवाली पुलिस की संख्या तीन-चार नहीं, कम-से-कम चालीस थी और आजाद को तीन ओर से घेर लिया गया था। आजाद क्या, मामूली-से-मामूली क्रान्तिकारी की गिरफ्तारी के लिए बीस-पचीस से कम सिपाही कभी नहीं जाते थे। पुलिस से घिरकर आजाद किस प्रकार लड़े, यह ठीक-ठीक बता देने की भी उदारता हालिन्स में नहीं है। हालिन्स ने यह तो स्वीकार किया है कि आजाद ने जख्मी होकर भी सुपरिण्टेण्डेण्ट नाट बावर की बाँह में और इन्स्पेक्टर विशेशर सिंह के जबड़े पर गोली मार दी थी और आजाद पुलिस की गोली खाकर शहीद हुए। घटनास्थल पर भीड़ यद्यपि आजाद के प्राणान्त के पश्चात् ही जमा हुई थी, फिर भी उनकी गवाही महत्त्वपूर्ण है। आजाद का प्राणान्त कनपटी पर लगी गोली से हुआ था। घटनास्थल पर जमा हुई भीड़ का कहना था कि आजाद की कनपटी पर बने घाव के आसपास के बाल जल गये थे। दूर से आकर लगी गोली घाव तो करती है, परन्तु उससे खाल या बाल जल नहीं सकते। खाल या बाल तभी जलते हैं जब बन्दूक या पिस्तौल शरीर से छुआकर गोली चलायी जाती है।

आजाद बातचीत में सदा ही कहा करते थे कि पुलिस से घिर जाने पर भी वह गिरफ़्तार नहीं होंगे। अदालत में जज के सामने हाथ बाँधकर खड़े किये जाने को वह

बन्दरिया का नाच कहते थे। वह कहा करते थे—"गिरफ्तार हो जाने की नौबत आ जायेगी तो यह पिटपिटिया (पिस्तौल) कनपटी पर रखकर गोली मार लूँगा।" पुलिस से घिरकर जख्मी हो जाने पर आजाद ने ऐसा ही किया था। वह हालिन्स की वीर पुलिस की गोली से आहत नहीं हुए। अंग्रेज सरकार की पुलिस में कितना साहस था, इसका प्रमाण हालिन्स ने स्वयं दिया है। अंग्रेज सरकार को इस बात की पर्याप्त आशंका थी कि क्रान्तिकारी नाट बावर से बदला लेने का यत्न करेंगे। उदाहरण सामने था—लाला लाजपतराय पर साण्डर्स द्वारा आघात किये जाने का बदला हम लोग लाहौर में ले ही चुके थे। इसलिए घटना के पश्चात् नाट बावर इंग्लैण्ड चला गया और उसे लन्दन पुलिस में नौकरी दे दी गयी।

हंसराज वायरलेस की गिरफ़्तारी के सम्बन्ध में हालिन्स ने जो कुछ लिखा है, मेरे लिये वह और भी हास्यास्पद है, क्योंकि इस गिरफ़्तारी का समय, स्थान, गिरफ़्तारी करनेवाले स्पेशल सुपरिण्टेण्डेण्ट पुलिस का नाम और गिरफ़्तारी की घटना का वर्णन सब मेरी अपनी गिरफ़्तारी का ही है। इलाहाबाद में ही हीवेट रोड पर आयरिश महिला सावित्री देवी के मकान पर २३ जनवरी की सुबह छह बजे मेरी ही गिरफ़्तारी हुई थी। 'सिंहावलोकन' में इस गिरफ़्तारी का वृत्तान्त मैं बहुत ब्यौरे से लिख चुका हूँ, इसलिए उसे यहाँ दोहराना व्यर्थ है। गिरफ़्तारी स्वतन्त्रता सप्ताह के दिनों में प्रभातफेरी के समय हुई थी और ख़ूब गोलियाँ भी चली थीं, इसलिए इलाहाबाद के कांग्रेसी जगत् में इस गिरफ़्तारी की चर्चा ख़ूब फैल गयी थी। हंसराज वायरलेस उस समय तक कभी इलाहाबाद नहीं गया था। हालिन्स ने अपने संस्मरण में लिखा है, "आजाद के स्थान की पूर्ति तुरन्त ही पार्टी के एक और सदस्य ने की, जो आजाद से भी अधिक सख्तदिल साबित हुआ।" आजाद के शहीद होने के पश्चात् दल के लोगों ने नेतृत्व का बोझ मेरे ही कन्धों पर डाला था, वायरलेस हंसराज के कन्धे पर नहीं; उसे तो आजाद विश्वास के योग्य न पाकर १९३० में ही दल से अलग कर चुके थे। उसकी गिरफ्तारी भी दो-तीन बरस बाद, इलाहाबाद में हुई थी।

और जब कांग्रेसी मन्त्रिमण्डल बन जाने पर मार्च, १९३८ में मुझे रिहा किया गया था तब सावित्री देवी प्रायः सात वर्ष बाद मई या जून के महीने में मुझसे मिलने के लिए भुवाली आयी थीं। इसके बाद सन् १९४० तक भी सावित्री देवी के भिन्न-भिन्न स्थानों पर स्कूलों में काम करते रहने के समाचार मिलते रहे। तब सुना कि किसी अस्पताल में बीमारी से उनका देहान्त हो गया।

कुछ बातें हालिन्स बड़े मज़े में भूल गये हैं। उदाहरणतः मेरी गिरफ़्तारी के बाद जब सुपरिण्टेण्डेण्ट पिल्डिच ने सावित्री देवी से प्रश्न किया कि तुमने ऐसे खतरनाक व्यक्ति को अपने यहाँ स्थान क्यों दिया? क्या तुम उसकी वास्तविकता से परिचित नहीं थीं? तो सावित्री देवी ने साहस से उत्तर दिया—"मैं वास्तविकता से ख़ूब परिचित हूँ। मुझे गर्व है कि मैंने अपनी स्वतन्त्रता के लिए लड़नेवाले को आश्रय दिया और तुम्हें देखकर मुझे लज्जा आती है कि ऐसे आदमी भी ब्रिटेन में पैदा हुए हैं जो दूसरों की स्वतन्त्रता को कुचल रहे हैं।"

मेरी गिरफ़्तारी के घण्टे भर बाद ही हालिन्स तत्कालीन डिप्टी इन्स्पेक्टर जनरल, गुप्तचर-विभांग, के साथ हवालात में मुझसे मिलने आया था। स्वाभाविक ही था कि तुरन्त गिरफ़्तारी के बाद मैं चिड़चिड़ाहट में था। हालिन्स कोठरी में आकर गुडमार्निंग कहने के साथ ही बोला—"आखिर तुम पकड़े ही गये।"

एक कुर्सी हवालात की कोठरी में मुझे बैठने के लिए दे दी गयी थी। कुर्सी से उठते हुए मैंने कहा—"यहाँ तो एक ही कुर्सी है। आप लोगों को कहाँ बैठने के लिए कहूँ? मैं यह भी नहीं जानता कि मुझे किन सज्जनों से बात करने का सौभाग्य मिल रहा है?"

हालिन्स ने विस्मय प्रकट किया—"तुम मि. यशपाल हो। तुम हमें नहीं पहचानते? खोपड़ी उड़ा देने के लिए पिस्तौल लिये तुमने बीसियों चक्कर हमारे बँगलों के लगाये होंगे।"

हालिन्स को मैं सूरत से नहीं पहचानता था। उसकी अहम्मन्यता पर हँसी आ गयी। उत्तर दिया—"हो सकता है, ऐसी आशंका के कारण कई रात तुम्हारी नींद ख़राब हुई हो। तुमने इस बात से बहुत गौरव भी अनुभव किया होगा परन्तु मेरा दुर्भाग्य है कि तुम्हें पहचानता भी नहीं।"

हालिन्स का मिजाज़ ज़मीन पर आया। उसने अपना और उपने साथी का परिचय दिया और फिर बहुत मुलायमियत से बोला—"तुम ख़ूब पढ़े-लिखे और सुसंस्कृत आदमी हो। तुमने यह रास्ता क्यों अपनाया?"

यह स्पष्ट था कि वह हमारे सशस्त्र क्रान्ति के प्रयत्नों की ओर संकेत कर रहा था। मैंने उत्तर दिया—"दूसरा तो कोई मार्ग है ही नहीं। किसी दूसरे तरीक़े से तुम लोग सुनते ही नहीं।"

कुछ तर्क-वितर्क हुआ। हालिन्स ने अहिंसात्मक राजनीतिक आन्दोलन के मार्ग का समर्थन किया। मैंने अपनी बात कही। उसे दोहराना उचित नहीं, क्योंकि पहले 'सिंहावलोकन' में सविस्तार लिख चुका हूँ।

प्रश्न यही है कि ऐसी ज़बरदस्त स्मृति के आधार पर या ऐसे प्रयोजन से लिखे गये संस्मरणों के आधार पर जब कभी इतिहास लिखा जायेगा तब वह वास्तविकता का कितना अनर्थ कर डालेगा। यह भी सुना है कि हालिन्स की यह पुस्तक 'भारत में अराजकता और अपराध' ब्रिटेन में काफी बिकी है और उसके अनेक उद्धरण 'मेन ओनली' आदि पत्रिकाओं में भी प्रकाशित हुए।

१९५५

●

रोम में एक दिन

अनेक बार विमान से लम्बी-लम्बी यात्राएँ कर चुका हूँ। अब आकाश यात्रा करते समय नीचे देखते रहने का विशेष कौतूहल नहीं होता। अन्तरदेशीय विमान में यात्रा करते समय नीचे की बस्तियों का कुछ आभास मिल सकता है। यह छोटे विमान साधारणतः धरातल से मील-डेढ़ मील की ऊँचाई पर उड़ते हैं, परन्तु अन्तरराष्ट्रीय यात्राएँ करनेवाले बड़े विमान धरातल से लगभग पाँच-छह मील की ऊँचाई पर चलते हैं। इसलिए ऊँचे पर्वत शृंगों या पिरामिड-जैसी विराट् वस्तुओं के अतिरिक्त यात्री पृथ्वी पर कुछ देख नहीं पाता। मुझे याद है, रोम के मार्ग में मिस्र के ऊपर उड़ते समय मिस्र की विशाल नील नदी और उसकी शाखाएँ-प्रशाखाएँ नीचे ऐसे ही झलक रही थीं जैसे किसी रक्तहीन गोरी की हथेली की पीठ पर नीली नसें दिखायी देती रहती हैं। विमान उतना ऊँचा रहने पर नीचे के देश बहुत-कुछ फैले हुए नक़्शे-जैसे ही लगते हैं।

पहली बार विमान पर आकाश में उड़ते समय नीचे देखने का बहुत कौतूहल था। विमान आधी रात में बम्बई से उठा था तो आकाश में बम्बई की रोशनी बहुत आकर्षक जान पड़ी थी। सामन्तवादी साहित्य की उपमा देनी हो तो कहा जायगा—पृथ्वी सूर्य से नये मिलन की उत्कण्ठा और उमंग में रात के अँधेरे में शृंगार करने के लिए सूर्यकान्त मणियों के अनगिनत हार और मेखलाएँ और लड़ियाँ फैलाये थी। जनवादी साहित्य में शायद कहा जागगा, सूर्य के दमन और उत्ताप से मुक्त होकर पृथ्वी के असंख्य नेत्रों में क्रोध जल रहा था।

रोम जाने का अवसर १९५६ में अप्रैल में हुआ था। दिल्ली में टैक्सी से पालम हवाई अड्डे की ओर जा रहा था तो सूटकेस को हलका रखने के लिए एक गरम सूट पहन लिया था परन्तु लू में गरम सूट असह्य तो हो रहा था। साथ ही यह भी ख़्याल था कि साथ एक सूती सूट न लेकर बहुत ग़लती की।

विमान में बैठते ही बहुत गरमी लगती है। सुनकर मज़ाक मालूम होगा कि मई-जून में भी जब यात्री पसीना-पसीना हो रहे होते हैं, विमान को उठाने से पहले गरम करना आरम्भ कर दिया जाता है क्योंकि विमान उठते ही कुछ ही मिनट में मसूरी और शिमला की ऊँचाई से भी बहुत ऊपर चला जाता है। यदि विमान को पहले गरम न कर लिया जाय तो सर्दी से यात्रियों का ख़ून ही जम जाये। अस्तु कुछ ही मिनट

बाद विमान के भीतर ऐसा वातावरण हो जाता है कि गरम कपड़े खलते नहीं और गरम कपड़े पहने न हों तो जाड़ा भी नहीं लगता। विमान के बाहरी हिस्से पर प्रायः बरफ जम जाती है।

विमान की चारिका ने बताया कि विमान रोम में उतर रहा था। नीचे झाँककर देखा, घने बादल थे। पृथ्वी भूरे-भूरे कम्बल ओढ़े हुए सोयी हुई थी। विमान चेतावनी के लिए साइरन बजाता हुआ कम्बलों के आवरणों को बेंधकर पृथ्वी का स्पर्श करने के लिए उतर गया। पृथ्वी पर रिमझिम बूँदा-बाँदी हो रही थी। विमान के द्वार से सीढ़ी पर क़दम रखते ही ठण्डी हवा का झोंका लगा तो सर्दी हड्डियों तक बिंध गयी। गरम सूट जो दिल्ली में असह्य जान पड़ रहा था अब अपर्याप्त था। पछताया, ओवर कोट साथ क्यों नहीं ले आया।

रोम, ऐतिहासिक रोम! पश्चिमी सभ्यता और संस्कृति के प्रवर्तक रोम में पहुँच गया था, इस विचार और उत्साह से सर्दी की उपेक्षा कर देनी चाही।

हवाई अड्डे से नगर तक जाने के लिए बस में बैठा। भारत में प्रायः यह धारणा है कि अंग्रेज़ी सर्वदेशीय भाषा है। यूरोप में क़दम रखते ही यह भ्रम दूर हो जाता है। बहुत कम लोग अंग्रेज़ी समझनेवाले मिलते हैं, फिर भी दूसरी यूरोपीय भाषाओं का अभ्यास न होने के कारण अंग्रेज़ी ही सहायक होती है।

रोम यात्रियों को महँगा लगता है। बस कण्डक्टर ने हवाई अड्डे से नगर तक जाने के लिए पाँच सौ लीरा किराया माँग लिया। रोम का सिक्का लीरा कहलाता है। आँखें फाड़कर अपना विस्मय प्रकट किया। कण्डक्टर ने उस विस्मय की कोई परवाह नहीं की। जेब में लीरा नहीं था। कण्डक्टर को यात्रा के चेक दिखाकर आश्वासन दिया कि नगर पहुँचकर चुका दूँगा। बाद में पता लगा कि एक रुपये में लगभग एक सौ दस लीरा मिल जाते हैं फिर भी चार-पाँच मील के लिए बस का इतना किराया बहुत महँगा लगा। कह चुका हूँ कि रोम यात्रियों के लिए महँगा रहता है। अच्छे होटल में चाय के प्याले के लिए सौ लीरा दाम हो जाता है। बियर और अंगूरी आसव इससे कुछ सस्ते ही मिल जाते हैं।

रोम में केवल चौबीस घण्टे ही ठहरने का अवसर था इसलिए होटल में पहुचते ही बूँदा-बाँदी की परवाह न कर कुछ दर्शनीय स्थान देख लेने के लिए निकल गया।

स्कूल की पाठ्य-पुस्तकों में रोम की रंगभूमि 'कुलीजियम' या 'एमफीथियेटर' के विषय में बहुत-कुछ पढ़ा था। कुलीजियम होटल स्प्लेण्डोर के समीप ही था इसलिए पहले वहाँ ही गया। नगर के मध्य भाग में खड़ा कुलीजियम का दो हज़ार वर्ष पुराना, पंच मंज़िला खँडहर ऐतिहासिक परिवर्तनों की साक्षी दे रहा है। इस विराट् खँडहर में अब भी अपनी भव्यता वर्तमान है। प्रायः छह सौ फुट लम्बी और पाँच सौ फुट चौड़ी यह रंगभूमि अण्डाकार बनायी गयी थी। ऊँचाई डेढ़ सौ फुट से भी अधिक है। लखनऊ और दिल्ली में भी रंगभूमि है। मास्को, लेनिनग्राड और ताशकन्द की रंगभूमियाँ भी देखी हैं। आधुनिक रंगभूमियाँ प्रायः एक ही ढंग से बनायी गयी हैं। परन्तु दो हज़ार वर्ष पूर्व रोम की रंगभूमि बिलकुल दूसरी ही कल्पना और निर्माणं कला के आदर्शों के अनुसार बनायी गयी थी। इसकी बनावट ऐसी है कि यह रंगभूमि और रंगशाला दोनों का ही प्रयोजन पूरा करती थी।

कुलीजियम की दीवारों की मोटाई आठ-दस फुट से अधिक ही होगी। दीवारें शिलाओं से बनायी गयी थीं। पहली मंज़िल में अस्सी मेहराब हैं। यही दर्शकों के आने-जाने के द्वार थे। बीच में आँगन है। आँगन के चारों ओर दर्शकों के बैठने के लिए पाँच मंज़िलों में स्थान बने हुए थे। मनोरंजन के लिए अस्सी-नब्बे हज़ार दर्शक एक साथ बैठ सकते थे।

दो हज़ार वर्ष पूर्व की रोमन सभ्यता में मनोरंजन के आदर्श भी भिन्न थे। आज भी मनोरंजन के लिए सरकस और सिनेमा में अनेक प्रकार के करतब दिखाये जाते हैं परन्तु मनोरंजन के लिए किसी व्यक्ति के प्राणों पर आतंक सहन नहीं किया जा सकता। कुलीजियम के खँडहर में खड़े होकर तत्कालीन मनोरंजनों की स्मृति से ही रोंगटे खड़े हो जाते हैं। उस समय का प्रधान मनोरंजन मनुष्य के जीवन से खिलवाड़ और निर्मम रक्तपात ही होता था।

कुलीजियम के स्पोर्ट्स मैन या खिलाड़ियों को ग्लैडिएटर कहा जाता था। कोई भी व्यक्ति अपनी इच्छा से ग्लैडिएटर नहीं बनता था। ग्लैडिएटर सदा रोम साम्राज्य की सेनाओं द्वारा दूसरे देशों और जातियों से पकड़े हुए लोगों को ही बनाया जाता था। ग्लैडिएटर ख़ूब स्वस्थ, सुघड़, बलिष्ठ लोग ही बनाये जाते थे। उन्हें बहुत स्वस्थ भोजन दिया जाता था। उनका पूरा समय अनेक प्रकार के व्यायामों और सामरिक तथा शस्त्र कौशल सीखने में ही लगता था। ग्लैडिएटर चुने जाने के समय ही वह निश्चित हो जाता था कि उस व्यक्ति की मृत्यु कुलीजियम के आँगन में ही होगी। इसलिए उन्हें सदा चहारदीवारी और लोहे के जंगलों में क़ैद रखा जाता था।

कुलीजियम की सबसे नीचे की मंज़िल में शिलाओं और लोहे की बहुत मोटी-मोटी शलाखाओं से बनी कोठरियाँ हैं। इन कोठरियों में शेर, भालू और ग्लैडिएटर बन्द रहते थे। दर्शकों के मनोरंजन के लिए दो शेरों की लड़ाई होती थी या शेर और भालू की लड़ाई होती थी। हार जानेवाले हिंसक पशु का रक्त दर्शकों के सामने बह जाने पर ग्लैडिएटर को हिंसक पशु से लड़ना होता था। ग्लैडिएटर सशस्त्र भी हो सकता था और निःशस्त्र भी हो सकता था। हिंसक पशु को मार दे सकने पर भी ग्लैडिएटर के प्राण बच नहीं जाते थे। दर्शकों को कौतूहल रहता था कि इतना साहसी और वीर पुरुष मरते समय कैसे छटपटायेगा? ग्लैडिएटरों में आपसी युद्ध भी दोनों योद्धाओं के प्राणान्त से ही समाप्त होता था। कुलीजियम का इतिहास इस बात का साक्षी है कि दो हज़ार वर्षों में मानव समाज के विचार, कल्पनाएँ, अनुभूतियाँ और नैतिक आदर्श कितने बदल गये हैं।

रोम प्राचीन कला और अपनी मूर्तियों के लिए बहुत प्रसिद्ध है। स्थान-स्थान पर विशाल मूर्तियाँ दिखायी देती हैं। मूर्तियाँ प्रायः दिगम्बर हैं। कलाकारों का प्रयोजन वस्त्रों की तड़क-भड़क दिखाना नहीं बल्कि मानव शरीर के गठन का सौन्दर्य दिखाना ही था। प्राचीन मूर्तियों के वस्त्र प्रायः कुर्ती-जाँघिये के सैनिक वेश में हैं। अभिजात वर्ग के लोगों की मूर्तियों पर धोती या चादर लपेटी हुई दिखायी देती हैं। वह प्राचीन वेश किसी रोमन नर-नारी के शरीर पर नहीं दिखायी देता था। मैं सोच रहा था, रोमन लोगों ने अपनी प्राचीन राष्ट्रीय पोशाक क्यों छोड़ दी? सभी रोमन स्त्री-पुरुष आधुनिक औद्योगिक युग की पोशाक कोट-पतलून या

फ्राक-स्कर्ट में दिखायी देते थे। ख़्याल आ रहा था कि यदि रोमन लोग आज भी ब्रूटस और सीजर की भाँति शरीर को चादर में लपेटकर चलने लगें तो रेल, बस, ट्राम और टैक्सी में चढ़ते समय कितनी दुर्घटनाएँ हुआ करें। पोशाक के औचित्य की कसौटी परम्परा नहीं मानी जा सकती। उसका व्यावहारिक होना आवश्यक है। व्यक्तिगत या सामाजिक जीवन में भी हम परम्परा से मोह चाहे जितना करें, निर्णय और चुनाव व्यावहारिक दृष्टि से ही करना पड़ता है।

●

गुरु नानक देव

आज हमारा राष्ट्र सर्वसत्ता सम्पन्न और स्वतन्त्र है। विदेशी सत्ता से स्वतन्त्रता प्राप्त करने के लिए हमें लम्बा संघर्ष करना पड़ा है। प्रौढ़ आयु के जिन लोगों ने इस संघर्ष में भाग लिया है या जो इस संघर्ष के मौन साक्षी रहे हैं, वे जानते हैं कि विदेशी सत्ता के बन्धन तोड़ सकने के इस संघर्ष के मार्ग की बाधाओं में प्रमुख कठिनाई हमारी जनता में साम्प्रदायिक तथा रूढ़िगत विश्वासों के कारण परस्पर पृथकता की भावनाएँ और विश्वास थे। उस अनुभव तथा संसार के ऐतिहासिक अनुभवों के आधार पर हमारे राष्ट्र की प्रबुद्ध चेतना ने भविष्य में जनगण को परस्पर ध्वंस से बचाकर राष्ट्र निर्माण की प्रेरणा और अवसर देने के लिए राष्ट्र के विधान का आधार लोकायत अथवा सेक्लूर निश्चित किया है। यह चिन्ता का कारण है कि राष्ट्रीय नीति को लोकायत मानकर भी हमारी अधिकांश जनता जीवन में लोकायत दृष्टि और व्यवहार नहीं अपना सकी है। आज भी हम किसी प्रश्न पर सामूहिक लोकहित अथवा राष्ट्रहित के बजाय हिन्दू, मुसलमान, ईसाई या सिक्ख वर्गों की भावना से व्यवहार करने लगते हैं।

कुछ लोगों की धारणा है कि इस देश की जनता की परम्परागत दृष्टि और भावना लोकायत नहीं बल्कि परलोकाभिमुख, आध्यात्मिक या धार्मिक रही है। उन्हें आध्यात्मिक और लोकायत दृष्टिकोणों और जीवन-दर्शन में असंगति और परस्पर विरोध जान पड़ता है। ऐसे लोग अध्यात्म अथवा परलोक साधना का मार्ग श्रुति और स्मृतियों से प्राप्त कुछ विश्वासों और अनुष्ठानों या रूढ़ियों पर दृढ़ रहना ही मान लेते हैं। इस विश्वास से वे अन्य श्रुतियों और स्मृतियों से प्रतिपादित अनुष्ठानों और रूढ़ियों को ईश्वरीय निर्देश के विरोधी और अपना आमरण शत्रु मान लेते हैं। धर्म विरोधियों का अन्त कर देना भी ईश्वरीय निर्देश अथवा धर्म मान लिया जाता है। ऐसे विश्वास और व्यवहार मानव समाज में कभी अन्त न हो सकनेवाले पारस्परिक ध्वंस का रूप ले लेते हैं। संसार के प्रायः सभी देश ऐसे विश्वासों और व्यवहारों के परिणामों से ध्वंसक परिणाम भोग चुके हैं। इसी अनुभव ने मानव समाज को लोकायत दृष्टि से सामूहिक कल्याण की प्रेरणा दी है।

इस समय हम गुरु नानक देव की पाँचवीं जन्मशती मना रहे हैं। हमारे इतिहास में गुरु नानक का स्थान एक प्रमुख अध्यात्म द्रष्टा, परलोक साधक और धर्म संस्थापक के रूप में है। गुरु नानक ने पारलौकिक लक्ष्य की प्राप्ति के लिए जिस भक्ति मार्ग का उपदेश दिया है, वह हमारी वर्तमान परिस्थिति में विशेष महत्त्वपूर्ण है।

गौतम बुद्ध अथवा अन्य आध्यात्मनिष्ठ लोकनायकों की भाँति गुरु नानक के भी सत्य ज्ञान लाभ के लिए विचार तप की कथा है। गुरु नानक बहुत समय तक आहार और निद्रा त्यागकर एकान्त में मुक्ति—मनुष्य, व्यक्ति और समाज की दुःखों से मुक्ति का मार्ग सोचते रहे। निर्वाण मार्ग का सत्य निश्चय कर लेने पर गुरु नानक के पहले शब्द थे—"मैं न हिन्दू हूँ न मुसलमान।" गुरु नानक के इस ज्ञान की भूमिका और महत्त्व समझने के लिए याद रखना होगा कि यह घोषणा उन्होंने लगभग पाँच सौ वर्ष पूर्व की थी। उस समय इस देश में नये आये मुसलमान और इस्लामी सम्प्रदाय को स्वीकार कर लेनेवाला समुदाय इस देश के पुरातन हिन्दू वर्णाश्रम धर्म के माननेवालों को ईश्वरीय ज्ञान और धर्म के विरोधी मानकर उनके विश्वासों को बदलना और उनके साम्प्रदायिक व्यवहारों, अनुष्ठानों, प्रार्थना के स्थानों को समाप्त कर देना अपना धार्मिक कर्त्तव्य समझ रहे थे और हिन्दु समुदाय अपने वेदों-शास्त्रों द्वारा निर्दिष्ट आध्यात्मिक सत्य और व्यवहार के अतिरिक्त अन्य आस्था से अनुष्ठान तथा सामाजिक व्यवहार करनेवालों को पृथ्वी पर पाप का बोझ मानकर उनका सामीप्य और अस्तित्व सहने के लिए तैयार नहीं थे। दोनों ही सम्प्रदाय अपने-अपने विश्वासों में भगवान् की इच्छा और आज्ञा पूरी करने का कर्त्तव्य निबाह रहे थे। ऐसी अवस्था में गुरु नानक का किसी भी सम्प्रदाय को स्वीकार न कर भक्ति मार्ग को निबाहने का उपदेश ही इस देश के जन-समाज को साम्प्रदायिक दुराग्रह के ध्वंस से बचाने का एकमात्र मार्ग हो सकता था। हमारी वर्तमान परिस्थितियों में भी साम्प्रदायिक भावना से उत्पन्न संघर्षों के सुझाव का यही मार्ग हो सकता है।

गुरु नानक ने विचार-तप से यह प्रकाश पाया कि विभिन्न सम्प्रदायों के अनुयायी केवल शब्द-प्रमाण या अन्धविश्वास से ही सृष्टि की सर्जक और नियामक शक्ति की विभिन्न परिभाषाओं को माने हुए हैं और अपने अन्धविश्वासों के ईश्वर-निर्दिष्ट अनुष्ठानों तथा व्यवहार को एकमात्र सत्य मानकर उनकी स्थापना के लिए लड़-मर रहे हैं। सभी सम्प्रदाय कहते हैं—ईश्वर एक है। ईश्वर अनेक नहीं हो सकते। इसलिए ईश्वर और उसके निर्देशों को जानने के लिए परस्पर विरोधी शब्द-प्रमाणों या रूढ़िगत विश्वासों का भरोसा नहीं किया जा सकता। भरोसे का मार्ग यही है कि मनुष्य सृष्टि और घटनाओं को समाज के सामूहिक ज्ञान से परखे और विवेक से उसका निश्चय करे। जो कुछ सृष्टि और मानव समाज के लिए कल्याणकारी है, वही ईश्वरीय आज्ञा है। यही लोकायत दृष्टि है। ऐसी लोकायत दृष्टि का समाज से कोई द्वन्द्व नहीं। अढ़ाई हज़ार वर्ष पूर्व गौतम बुद्ध ने और गुरु नानक से लगभग सौ वर्ष पूर्व भक्त कबीर ने भी उस समय चारों ओर फैले क्रमागत विश्वासों के कारण द्वन्द्व में इसी विवेक मार्ग का उपदेश दिया था। भक्त कबीर ने लोकसुलभ भाषा में इस सत्य का उद्‌बोधन किया था—"तू कहता कागद की लेखी, मैं कहता आँखिन की देखी।।" यहाँ 'कागद की लेखी' धर्मग्रन्थों और शब्द-प्रमाण का और 'आँखिन देखी' मानव के अनुभवगम्य ज्ञान और परख के प्रतीक हैं। गुरु नानक ने भी अपने प्रदेश की भाषा में वही सूत्र दिया—"जिहाँ डिटठा तिहाँ किहा।' अर्थात् जैसा जाना, देखा, परखा, पाया, वैसा कहा। तात्पर्य स्पष्ट है—जो देखा या अनुभव और विवेक से नहीं जाना, उसके लिए केवल अन्धविश्वास से आग्रह मत करो। यही बात उन्होंने दूसरे शब्दों में भी कही है—'वेद कितेब कहो मत झूठे। झूठा सो जो न विचारे।" अर्थात् वेद या कुरान को झूठा मत कहो। झूठ तो बिना विचारे

विश्वास कर लेना बोलना और आचरण करना है। जो विचार और भरोसे से सत्य है, जिसे कोई भी देख-परख सकता है, वही भरोसे का सत्य है।

गुरु नानक केवल विश्वास से गृहीत सत्य को स्वीकार नहीं करते थे। इसलिए वे केवल शास्त्र और रूढ़ि के आधार पर स्वीकृति, हिन्दू वर्ण व्यवस्था, जन्म से निर्दिष्ट उँच-नीच के भेद या न्याय को भी स्वीकार नहीं कर सकते थे। वे किसी भी विश्वास से, बिरादरी या सम्प्रदाय में जन्म से मनुष्यों के भेद को अप्राकृतिक और ईश्वरीय न्याय के विरुद्ध मानते थे। इसलिए उनका भक्तिमार्ग किसी सम्प्रदाय के लिए सीमित नहीं हो सकता था। उनका भक्तिमार्ग समाज से भागकर एकान्त साधना का नहीं, सामाजिक और संगति का था। सामाजिक जीवन से ऊँच-नीच, छूत-अछूत के भेद को दूर करने के लिए उन्होंने भक्ति का मार्ग संगति में बताया और मनुष्य-मात्र के सहभोज या लंगर की प्रथा चलायी। उनकी दृष्टि में ईश्वर सान्निध्य का सबसे सार्थक मार्ग समभाव से मानव सेवा था।

वृद्धावस्था में शारीरिक शैथिल्य अनुभव होने पर गुरु नानक के सामने अपने भक्ति मार्ग के निर्देशन के लिए उत्तराधिकारी नियुक्त करने का प्रश्न आया। गुरु नानक के बड़े पुत्र प्रसिद्ध भक्त थे और गृहस्थ तथा संसार को मिथ्या मानकर परलोक साधना के लिए संन्यास ले चुके थे। गुरु नानक ने अपना उत्तराधिकारी गृहस्थ और समाजत्यागी भक्त श्रीचन्द्र को नहीं बल्कि एक गृहस्थ भक्त शिष्य लहना को चुना। यह लहना ही गुरु अंगद अर्थात् गुरु का अंग कहलाये। गुरु नानक के इस व्यवहार से स्पष्ट है कि वे ज्ञान अथवा सम्मान को वंशगत अधिकार नहीं मानते थे। इसके अतिरिक्त वे गृहस्थ और सांसारिक उत्तरदायित्व को न केवल भक्ति द्वारा ईश्वर सान्निध्य और परलोक साधना में बाधा नहीं मानते थे, बल्कि उससे भागना मानवी कर्त्तव्य की अवज्ञा मानते थे। इसी दृष्टि के कारण गुरु नानक ने अन्य भक्तों और परलोक साधकों धर्मनायकों की भाँति नारी को नरक का मार्ग या ईश्वर सान्निध्य में बाधक न बताकर उसे इहलोक और परलोक साधना की संगिनी और आदरयोग्य बताया। गुरु के इस दृष्टिकोण का आधार यह लौकिक विवेक था कि धर्म, अर्थ, काम और मोक्ष का साधन भाव शरीर है। जो मानव शरीर का उद्गम, पोषक तथा रक्षक है, किसी भी साधना में बाधक कैसे बन सकता है।

गुरु नानक द्वारा लोकायत मार्ग से परलोक साधना के उपदेशों की सफलता और सामाजिक सद्प्रभाव उनके निर्वाण या देहान्त की कथा से स्पष्ट है। नानक स्वयं को न हिन्दू मानते थे न मुसलमान परन्तु उनके देहान्त हो जाने पर दोनों सम्प्रदायों की बहुत बड़ी संख्या अपने-अपने अन्तिम रीति-अनुष्ठान के अनुसार उनके शरीर को अन्तिम आदर देने के लिए व्याकुल थी। कथा है, इस विवाद में जब उनके मृत शरीर से चादर हटायी गयी तो शव के स्थान पर फूलों की ढेरी दिखायी दी। यह स्पष्ट है कि स्वर्ग या मरणोपरान्त ईश्वर में लीन हो जाने का उपाय किसी भी समप्रदाय के अनुष्ठान नहीं है, न चिता में भस्म किये जाना, न कब्र में कयामत के दिन की प्रतीक्षा करना। यह रिवाज या रीति मात्र हैं। ईश्वर का निर्वाण प्राप्ति का मार्ग है—समभाव से मानवता द्वारा मानव मात्र को अपना सकना और उनका प्यारा बन सकना।

•

पाप का भय

काँगड़ा से कलकत्ता और कुमाऊँ से कन्याकुमारी तक जहाँ देखिये, दो ही बातें—कीर्त्तन और इलेक्शन।

लोग कहते हैं देश में पाप बढ़ रहा है। जिज्ञासु देखते हैं कि कीर्त्तन बढ़ रहा है। कीर्त्तन क्या है? पाप का भय ! पाप से दूर रहने का उपाय ! पुण्य की इच्छा ! पाप से मुक्ति का उपाय !

पाप क्या है? पाप बहुत सीधी-सादी चीज़ है। ग़रीब, साधनहीन जो चाहता है, वह पाप है?

पुण्य क्या है?

ग़रीब, साधनहीन चाहता है, पेट भरना, तन ढाँकना—पेट भरने, तन ढाँकने की आवश्यकताएँ पूरी कर सकने के साधन। इस ज़रूरत को पूरा करने के लिए वह पुकारना चाहता है और हाथ-पाँव हिलाना चाहता है। जब साधनहीन लोग मिल-जुलकर ऐसी बात करते हैं, तो उनकी माँग का अर्थ हो जाता है, समाज के पैदावार के साधनों पर सभी लोगों का समान अधिकार हो अर्थात् पैदावार के साधनों का समाजीकरण हो जाये, समाजवाद हो जाये। ऐसी माँग करने से समाजवादी आन्दोलन हो जाता है और ऐसा यत्न करने से समाजवादी क्रान्ति!

धर्म की दृष्टि से यह सबसे बड़ा पाप है, क्योंकि इसका अर्थ है, श्रेणी द्वेष और हिंसा की भावना, दूसरे के धन की इच्छा। राजनीतिक दृष्टि से यह सबसे बड़ा अपराध है, क्योंकि इसका अर्थ है मौजूदा व्यवस्था को पलट देना, क्रान्ति, बग़ावत! आध्यात्मिक दृष्टि से यह बड़ा भारी पतन है, क्योंकि इसका अर्थ है सदा एकरूप रहनेवाले परमानन्द ब्रह्म को भूलकर क्षणभंगुर संसार की माया में फँसना।

धर्म और पुण्य क्या है?

साधनवान अमीर गत जन्म के कर्म से पुण्यवान है। वह जो चाहता है, पुण्य है। साधनवान चाहता है कि तुम संसार की माया को क्षणभंगुर समझो और संसार की वस्तुओं के लिए हाय, हाय न करो। जीवन के लिए आवश्यक वस्तुएँ पैदा करनेवाले साधनों के लिए

इच्छा मत करो। यह इच्छा तुम्हें भगवान् के प्रेम के मार्ग से हटाकर माया में फँसा देगी। धन को मिट्टी समझो। किसी का धन लेने की इच्छा न करो। धन जिसके हाथ में है, उसी के हाथ में रहने दो। संसार को नहीं, भगवान् को पाने का यत्न करो। जो आवश्यकता पूरी न हो, उसका अनुभव न करो, आवश्यकताओं को कम करते जाओ और सन्तोष से बैठकर गाओ–

"हरे कृष्ण, हरे कृष्ण, हरे राम, हरे हरे।

रघुपति राघव राजाराम !"

इससे सांसारिक पदार्थों की इच्छा और लोभ घटेगा, मनुष्यमात्र में प्रेम बढ़ेगा, श्रेणी हिंसा मिटेगी और भगवान् प्रसन्न होंगे।

लोग कहते हैं, देश में अन्न संकट, वस्त्र संकट और प्राण संकट उमड़ा चला आ रहा है। जिज्ञासु कहते हैं कि इन सब संकटों का उपाय देश का साधनवान् स्वामी समाज कर रहा है कीर्त्तन कराकर। किसी संकट को मत देखो, अनुभव मत करो। देखो भगवान् को, जो इस संसार से परे है और भजो–

"हरे कृष्ण, हरे कृष्ण, हरे राम, हरे हरे !

रघुपति राघव राजा राम।"

यह कीर्त्तन सभी संकटों की एक ही और एकमात्र दवा है। इस कीर्त्तन से संसार के स्वामी भगवान् के न्याय, समाज के साधनवान् स्वामी की सम्पदा, रामराज्य के शासन की व्यवस्था और तुम्हारी कुछ न खाने-ओढ़नेवाली आत्मा की उन्नति होगी।

* * *

और क्या 'रामराज्य' का न्याय राम या भगवान् के न्याय की रक्षा नहीं करता?

भगवान् का न्याय है, 'कर्मण्येवाधिकारस्ते मा फलेषु कदाचनः'–तेरा अधिकार कर्म या मेहनत करना ही है, फल या पैदावार पर तेरा अधिकार नहीं। सो भगवान् और गाँधी जी द्वारा बनाया गया, समाज की सम्पत्ति का संरक्षक (ट्रस्टी) साधनवान् भगवान् के इसी न्याय और नियम पर चलता है कि मेहनत करनेवाले का अधिकार केवल कर्म या मेहनत करना है। मेहनत का फल समाज की सम्पत्ति के संरक्षक के पास रहना चाहिए। इसीलिए जो साधनहीन अपनी मेहनत का फल माँगता है, वह भगवान् के और रामराज्य के, दोनों ही न्यायों से मार खायेगा। जिज्ञासु कहता है, यह अध्यात्म के गम्भीर ज्ञान का रहस्य है।

'कर्मफल' के ज्ञान की मीमांसा यह है कि भगवान् ने सब मनुष्यों को कर्म करने के लिए पूर्णरूपेण से स्वतन्त्रता और अधिकार दिया है और भगवान् मनुष्यों के अच्छे-बुरे कर्मों के अनुसार उन्हें फल देते हैं।

भगवान् कर्म करने की स्वतन्त्रता और अधिकार तो सब मनुष्य को समान रूप से देते हैं, परन्तु कर्म करने के साधन और अवसर देने का ठेका नहीं लेते। दान-पुण्य, परोपकार और अध्यात्म ज्ञान द्वारा मोक्ष प्राप्त करने का सब मनुष्यों को समान अधिकार और स्वतन्त्रता है। जो लोग किसी पूर्वजन्म के पाप के कारण साधनहीन और अवसरहीन परिवार

में पैदा होकर होश सँभालने के पहले ही तपेदिक में मर गये या जो अन्दमान द्वीप के समाज में पैदा होकर शत्रु को मारकर खा जाना ही भगवान् की आज्ञा समझते रहे, ज्ञान पाने की उनकी अवसर की कमी उनके कर्मों के फल के कारण ही थी।

ऐसे ही रामराज्य में पूरी प्रजा को इलेक्शन लड़ने की पूरी स्वतन्त्रता और अधिकार है। जो चाहे चुनाव में भाग लेकर जनता का प्रतिनिधि बनने या किसी को अपना प्रतिनिधि बनाने के अधिकार का उपयोग कर सकता है।

परन्तु इलेक्शन की स्वतन्त्रता और अधिकार का उपयोग तो वही करेगा जो दस हज़ार ख़र्च कर सकता है या दस-दस हज़ार के कई प्यादे चुनाव की शतरंज पर खड़े कर सकता है। ऐसे सभी साधनवान् लोगों के लिए रामराज्य में प्रजातन्त्र और जनतन्त्र अधिकारों की पूर्ण स्वतन्त्रता है। इस बात की भी पूर्ण स्वतन्त्रता है कि इससे अधिक ख़र्च कर सकनेवाले या अधिक मोटरें दौड़ा सकनेवाले, अख़बार निकाल सकनेवाले चाहें तो अपने से कम पुण्य कर सकने का अवसर रखनेवालों के मुँह पर चाँदी का जूता मारकर उनके दाँत तोड़ दें।

परन्तु जो लोग इतना पुण्य करके नहीं आये या जिनके पास इतने साधन और अवसर नहीं कि जनता के प्रतिनिधि बनने के लिए पाँच-दस हज़ार का दाँव चल सकें, उनके लिए रामराज्य क्या कर सकता है? भगवान् के न्याय की तरह रामराज्य कर्म करने और इलेक्शन लड़ने की स्वतन्त्रता और अधिकार दे सकता है, इलेक्शन लड़ने के साधन और अवसर नहीं दे सकता।

यदि साधनहीन लोग भी ऐसा अवसर और साधन पाने की माँग और यत्न करेंगे, तो सांसारिक प्रलोभनों (रोटी-कपड़े) के लिए हाय, हाय मचा कर धर्म का नाश हो जायेगा, श्रेणी हिंसा फैल जायेगी, रामराज्य की व्यवस्था के लिए क्रान्ति का राजनैतिक संकट पैदा हो जायेगा और लोगों के भौतिक, सांसारिक संघर्ष में फँस जाने के कारण अध्यात्म का नाश हो जायेगा।

इसलिए जिज्ञासु कहते हैं—हे साधनहीन, तू संसार को माया, भ्रम समझकर इलेक्शन के इस जमाने में कीर्त्तन कर। तू साधनों के समाजीकरण की बात करेगा तो रोज़ी-रोटी से जायेगा और रामराज्य का न्याय तुझे शम्बूक की तरह धर्म की खड्ग की धार के पार उतार देगा।

तू संसार की माया का मोह छोड़ कीर्त्तन करेगा, तो कोई-न-कोई साधनवान् सेठ कीर्त्तन के भण्डारे के लिए थैली खोल देगा, क्योंकि कीर्त्तन के पुण्य से भगवान् के न्याय और रामराज्य के सेठ के न्याय, दोनों की रक्षा होती है।

●

महापुरुष भगतसिंह

जनसाधारण के विश्वास में पुरुषों और महापुरुषों की दो पृथक् श्रेणियाँ रहती हैं। महापुरुषों का काम आदर्श और मर्यादा की सीमाएँ और रेखाएँ बनाना होता है और साधारण पुरुषों का काम उन मर्यादाओं के प्रति श्रद्धा करके महापुरुषों का आदर और पूजा करते रहना। साधारण पुरुष अपने को साधारण मानकर उन आदर्शों का अनुकरण करने के उत्तरदायित्व के बोझ से बचे रहना चाहते हैं और कठिन काम के लिए जान की बाजी लगा देनेवालों के प्रति आदर प्रकट करके अपना उत्तरदायित्व पूर्ण समझ लेते हैं। परन्तु साधारण जन और महापुरुषों को पृथक् करनेवाली सीमा कहाँ है? कब और किस क्षण में कोई साधारण व्यक्ति महापुरुष बनने लगता है, यह एक पहेली है। सब पहेलियों की एक कुंजी होती है। इस पहेली की भी है। मेरे विचार में इस पहेली का उत्तर है कि जिस क्षण कोई भी व्यक्ति अपने जीवन का लक्ष्य व्यक्तिगत सफलता और सन्तोष की अपेक्षा समाज की समस्या को मान लेता है, उसका दृष्टिकोण और व्यवहार असाधारण हो जाता है। यह बात अपने स्वर्गीय वीर साथी भगतसिंह के जीवन को याद करके कह रहा हूँ। पुरुष और महापुरुष का प्रसंग मैंने इसलिए उठाया कि इस प्रश्न पर भगतसिंह के दृष्टिकोण से बात कर सकूँ। मुझे यह ख़ूब याद है कि भगतसिंह ने कभी महापुरुष बनने की कल्पना और महत्त्वाकांक्षा नहीं की थी। उचित और कर्त्तव्य को निबाह न सकने के लिए ग्लानि ज़रूर अनुभव करता था। महापुरुष शब्द हम लोगों के लिए केवल मज़ाक़ ही था।

मेरे विचार में कुछ परिस्थितियों के कारण हमारे देश के स्वतन्त्रता-प्राप्ति के इतिहास में भगतसिंह को उसका उचित स्थान नहीं मिल सका। परन्तु १९२९, १९३० और १९३१ में इस देश का वातावरण 'भगतसिंह ज़िन्दाबाद' और 'इन्क़लाब ज़िन्दाबाद' के नारों से गूँज रहा था। भगतसिंह तत्कालीन भारतीय नौजवानों की राष्ट्रीय स्वतन्त्रता की उमंग और इन्क़लाब की प्रेरणा का प्रतीक था। पण्डित नेहरू भगतसिंह के दृष्टिकोण से सहमत नहीं थे। परन्तु इस तथ्य को उन्होंने भी अपनी 'आत्मकथा' में सन् १९३० और १९३१ के राजनीतिक वातावरण की चर्चा करते हुए स्वीकार किया है।

सशस्त्र क्रान्तिकारी आन्दोलन या हिन्दुस्तान सोशलिस्टिक रिपब्लिकन आर्मी (H.S.R.A.) के जिन प्रयत्नों से मेरा व्यक्तिगत सम्पर्क था उनमें भगतसिंह का स्थान बहुत महत्त्वपूर्ण था। क्रान्ति के लिए संगठन के प्रयत्नों के अलावा भी भगतसिंह की संगति में बहुत आकर्षण

था। वह विनोदप्रिय तो था ही परन्तु दूसरों के लिए स्वयं भी विनोद का साधन बन सकता था। भगतसिंह के उस समय के रूप और व्यक्तित्व में और उसके वर्तमान ऐतिहासिक स्थान और महत्त्व में बहुत अन्तर जान पड़ेगा परन्तु वह अन्तर केवल उसे जान न सकने के कारण है।

भगतसिंह के जो सुघड़ और चुस्त चित्र तिरछे हैट रखे और मूँछों पर ताव दिये जगह-जगह दिखायी देते हैं उनसे विद्यार्थी भगतसिंह के रूप और व्यवहार की कल्पना नहीं की जा सकती। यह चित्र तो उसकी मजबूरी की अवस्था या छद्मवेश के समय के रूप का चित्र है, जब वह साण्डर्स का वध करने के बाद फरार होकर क्रान्तिकारी संगठन के प्रयोजन से घूम रहा था।

अपने सहपाठी भगतसिंह का रूप स्मृति में हूबहू देख सकता हूँ। क़द लम्बा और चेहरे का रंग साफ़ था। लाहौर नेशनल कॉलिज के पहले वर्ष में उससे फिर भेंट हुई थी तो उसके चेहरे पर हल्की-हल्की नरम-नरम दाढ़ी-मूँछ फूटने लगी ही थी जैसे मैदे की सुर्ख़ी लिये डबल रोटी पर काली फफूँदी छा गयी हो। उससे पहले डी.ए.वी स्कूल में सातवीं श्रेणी में भी हम दोनों सहपाठी थे तब भगतसिंह के सिर पर केश नहीं थे। केश भगतसिंह ने सन् १९२०-२१ में अंग्रेज़ी सरकार के विरुद्ध गुरुद्धारा सुधार आन्दोलन में भाग लेने के लिए ही रख लिये थे और फ़रारी में छद्मवेश अपनाने के समय तक रखे रहा। गुरुद्धारों को महन्तों की व्यक्तिगत सम्पत्ति के अधिकार से निकालकर उन्हें सम्प्रदाय की सम्पत्ति बना सकने के लिए जो गुरुद्धारा सुधार आन्दोलन चलाया गया था उसकी स्मृति केवल वयस्क लोगों में ही होगी। उस आन्दोलन में कई हजार सिखों ने शान्ति से सभी प्रकार का अत्याचार बिना हाथ उठाये सहा था। भगतसिंह ने, अपने धर्म के दर्शन और पारलौकिक रूप में कोई आस्था न होते हुए भी, अंग्रेज़ी सरकार के दमन के विरुद्ध न्याय की माँग के आन्दोलन में सम्मिलित हो सकने के लिए केश रखवाकर काली पगड़ी बाँधनी शुरू कर दी थी।

भगतसिंह के रूप की बात कह रहा था। भगतसिंह की भवें महीन और उभरी हुई थी, आँखें क़दरे छोटी थीं और तीखी। सिर पर ढीले-ढाले बँधे जूड़े पर लिपटी छोटी-सी पगड़ी के दोनों छोर लटकते रहते थे। पोशाक के बारे में उन दिनों वह बहुत बेपरवाह था। कपड़े खद्दर के प्रायः मैले और बेनाप होते थे। कॉलिज में पाजामे के बजाय तहमत बाँधे आ जाने में भी उसे संकोच न होता था। हम लोगों का सहपाठी झण्डासिंह (अब सरदार जसवन्तसिंह) उसकी आँखों की उपमा लड्डू में चिपके बादामों से और रूप की उपमा अल्हड़ बोते (ऊँट के बछेरे) से दिया करता था। भगतसिंह के उस समय के प्रकट रूप का प्रामाणिक चित्र मुझे उसके भाई कुलबीरसिंह से ही मिल सका था। यह चित्र कुलबीर ने जाने कैसे पुलिस की फाइल से निकलवा लिया। १९२७ में लाहौर में दुसहरा बम काण्ड के समय भगतसिंह को खामुखाह गिरफ़्तार कर लिया गया था। उसका यह चित्र लाहौर क़िले में पुलिस ने लिया था। प्रयोजन था कि वह यदि फ़रार हो जाये तो गिरफ़्तार करने में सहायता मिल सके। भगतसिंह इस चित्र में बिना पगड़ी के, तहमत बाँधे खाट पर बैठा है। हाथों में हथकड़ियाँ पड़ी हैं। 'सिंहावलोकन' के पहले भाग में पृष्ठ १३४ पर यह चित्र दे दिया गया

है। भगतसिंह को न जाननेवाला व्यक्ति इस चित्र में उसे पंजाब के देहात का कोई गिरफ़्तार अपराधी ही समझेगा।

समय आने पर भगतसिंह का रूप और करतूत कितने निखरे! बात कहने में बिलकुल अच्छी नहीं लगेगी परन्तु वास्तविक स्थिति का अनुमान उसी बात से हो सकता है। भगतसिंह को फाँसी दे दी जाने के समाचार से सम्पूर्ण जनता सन्नाटे में रह गयी थी। उस अवस्था में पंजाब की एक प्रख्यात, सम्मानित और प्रौढ़ महिला ने गहरे निःश्वास से कह दिया था—'आज देश की जाने कितनी महत्त्वाकांक्षी कुमारियों के हृदय विधवा हो गये होंगे!' सचमुच ही भगतसिंह देश के नवयुवकों व नवयुवतियों के स्वप्नों का आदर्श बन गया था इसलिए यह भी स्वाभाविक था कि उसके प्रति आदर और पूजा के कारण अनेक चमत्कारिक दन्तकथाओं ने उसे लपेट लिया था। उन चमत्कारिक कथाओं की तुलना में केवल वास्तविकता को कहते कुछ संकोच भी होता है कि पाठक यही न समझ लें कि मैं उस महापुरुष को ऊँचे आसन से गिराकर अपने समतल पर ले आना चाहता हूँ। इस प्रकार की अनेक दन्तकथाओं की चर्चा मैंने अपनी पुस्तक 'सिहावलोकन' में की है। प्रमाणस्वरूप यहाँ भी ऐसी एक दन्तकथा की ओर संकेत कर दूँ।

भगतसिंह के सम्बन्ध में एक दन्तकथा १९३५ में फतेहगढ़ सेण्ट्रल जेल में सुनी थी। कथा का प्रभाव समझा सकने के लिए यह भी बता दूँ कि दन्तकथा सुनानेवाले सज्जन ग्रेजुएट थे और अब तो वे धारासभा के मेम्बर भी हैं। वे उस समय भी कांग्रेस कार्यकर्त्ता थे और असहयोग आन्दोलन में छह मास के लिए जेल हो आये थे। वे सुनी हुई कहानी की प्रामाणिकता के लिए मेरा समर्थन चाहते थे। कहानी थी—सरदार भगतसिंह और बटुकेश्वरदत्त इंग्लैण्ड से लौट रहे थे। जहाज पर कुछ अंग्रेज़ सहयात्रियों ने भारत माता की शान के विरुद्ध कुछ अपशब्द कहे। भगतसिंह और दत्त ने उन अंग्रेज़ों को कान से उठाकर समुद्र में फेंक दिया।

इस दन्तकथा में विशेष महत्त्व भगतसिंह और दत्त द्वारा भारत माता का अपमान न सह सकने का नहीं है बल्कि उनके भीम, हनुमान और कुम्भकर्ण के समान अपौरुषेय शारीरिक बल का है। सोचिये, कान पकड़कर कुत्ते के पिल्ले के आकार से बड़े किस जीव को उठाकर फेंक दिया जा सकता है? जवान मर्द को कान से उठाकर फेंक सकनेवाले का अपना शरीर और शारीरिक बल कितना होना चाहिए? भगतसिंह और दत्त के विषय में यदि ऐसी कल्पना की जा सकती है तो उनके शरीर में दो-चार हाथी का बल होने पर भी विश्वास करना होगा। ऐसी दन्तकथा गढ़ सकने के लिए जहाजी यात्रा की परिस्थितियों से पूर्णतः अपरिचित होना भी आवश्यक है। कोई भी अनुभवी व्यक्ति जानता है कि जहाज पर से किसी आदमी के गिरते ही कितना बावेला मच सकता है और आदमी को फेंक देनेवाले की क्या गति होनी चाहिए। मैं खूब अच्छी तरह से जानता हूँ कि भगतसिंह अपने जीवन में केवल एक बार जहाज पर गोआ तक गया था। उसके परिवार में से केवल उसके चाचा सरदार अजीतसिंह ही अंग्रेज़ सरकार के विरुद्ध विद्रोह करने के कारण फ़रार होकर विदेश चले गये थे। भगतसिंह को भारत की भूमि और जल छोड़कर विदेश जाने का अवसर कभी

नहीं मिला। परन्तु मैंने उस सज्जन की कहानी का समर्थन करने में असमर्थता प्रकट की तो उन्हें सचमुच बहुत निराशा हुई। वे मुझे अविश्वास की कनखियों से देखकर रह गये; मानो मैं भगतसिंह से ईर्ष्या में उसके महत्त्व को अस्वीकार कर रहा हूँ।

इस प्रकार की दन्तकथाओं में कितना सार रहता है इसका उदाहरण एक दूसरी दन्तकथा का दे सकता हूँ। वह कथा काँगड़ा जिला में मेरे गाँव के आस-पास प्रसिद्ध थी। जेल से छूटने के बाद मैंने अपनी माँ से कहानी सुनी थी कि मैं वेष बदलकर काँगड़ा में घूमता-फिरता था। एक दिन मैंने एक मोटर बस के ड्राइवर को अपना वास्तविक परिचय देकर अपने गाँव तक पहुँचा देने के लिए अनुरोध किया। ड्राइवर के इन्कार करने पर मैंने उसकी छाती पर पिस्तौल धर दिया।। भयभीत ड्राइवर मेरा आदेश मानने के लिए तैयार हो गया। गाँव के समीप पहुँचने पर ड्राइवर ने गाड़ी रोकने का आदेश सुना। ड्राइवर ने घूमकर पीछे देखा तो गाड़ी में एक विकराल मनुष्य बैठा था, जिसके दाँत बड़ी गाजर की तरह लम्बे और लाल थे और सिर से बरगद के वृक्ष-जैसी जटाएँ लटक रही थीं। ड्राइवर बेहोश हो गया। ड्राइवर को होश आया तो उसने देखा कि सवारी ग़ायब हो गयी थी और उसकी गोद में सौ रुपये का नोट पड़ा था। इस दन्तकथा में कितना तथ्य हो सकता है, यह पाठक कभी सौभाग्य-दुर्भाग्य से मुझे देखेंगे तो स्वयं ही समझ लेंगे।

इस प्रकार की काल्पनिक और अत्युक्तिपूर्ण बातें केवल अनपढ़-अनजान लोगों में ही फैलती हों सो बात नहीं। बहुत बार समझदार समझे जानेवाले लोग भी पुस्तकों तक में ऐसी बेतुकी बातें लिख जाते हैं। उदाहरणतः भगतसिंह के सम्बन्ध में लिखी गयी एक पुस्तक में मैंने पढ़ा है कि भगतसिंह और भगवतीचरण दोनों ही लखपती घरानों के बेटे थे। यह बात भी केवल कल्पनामात्र है। भगतसिंह के पिता एक बीमा कम्पनी की एजेण्टी करते थे जिससे उन्हें छोटे से दफ़्तर का ख़र्च निबाह सकने लायक़ आमदनी भी कठिनता से होती थी। कारण सीधा था कि प्रायः मित्रों का ही बीमा करते थे और मित्रता के नाते कमीशन छोड़ देनी पड़ती थी।

भगतसिंह के दादा की अच्छी-ख़ासी ज़मीन लायलपुर के जिले में थी परन्तु सरदार किशनसिंह जी के पिता को वहाँ रहना मंज़ूर नहीं था। कुछ आमदनी के विचार से उन्होंने लाहौर के समीप नयाकोट गाँव में कुछ ज़मीन ले ली थी। वहाँ परिवार झोंपड़ीनुमा कच्चे मकान में ही रहता था। जब मालिक देखभाल के लिए मौजूद न रहे तो खेती से क्या लाभ हो सकता था? एक बार उन्होंने कुछ भैंसे रखकर दूध बेचने का व्यवसाय भी आजमाया था। वह बहुत मनोरंजक दृश्य था। एक पुरानी टमटम खरीद ली थी और बड़े गधे के आकार का मरियल-सा टट्टू भी। प्रायः उनका नौकर टमटम पर पीतल के कलसों में दूध लाहौर ले जाता था। कभी स्वयं सरदार किशनसिंह जी और कभी भगतसिंह भी दूध लेकर टमटम हाँकते शहर आते थे। मरियल टट्टू, बीमार हो जाता तो एक छोटा-सा ऊँट ही टमटम में जोते चले जाते थे। ऊँट जुती टमटम की सवारी कर सकने के लिए हम लोग भी प्रायः भगतसिंह के साथ गाँव तक चले जाते थे। भगतसिंह और भगवतीचरण को लखपती परिवारों के बेटे बताने का प्रयोजन उनके प्रति श्रद्धा प्रकट करना ही है। लखपतियों का पुराना आदर

चला आता है। श्रद्धालु लोग भगतसिंह और भगवतीचरण पर भी वह आदर न्यौछावर किये बिना नहीं रह सकते थे।

भगतसिंह ने क्या-क्या किया वह इस संक्षिप्त-सी चर्चा में नहीं बता दिया जा सकता। उसे दोहराने की आवश्यकता भी नहीं है। अपनी जानकारी और समझ के अनुसार उन सब बातों को बहुत ब्योरे से अपनी पुस्तक 'सिंहावलोकन के तीन भागों में लिख चुका हूँ। भगतसिंह ने साहस और समझ के जो भी बड़े काम किये उनमें से एक भगतसिंह और उसके साथियों द्वारा सशस्त्र क्रान्ति के संगठन 'हिन्दुस्तान रिपब्लिकन आर्मी' के कार्यक्रम में समाजवादी तत्त्व सम्मिलित करके उस संगठन का नाम 'हिन्दुस्तान सोशलिस्टिक रिपब्लिकन आर्मी' कर देना था। यह चर्चा यह बताने के लिए कर रहा हूँ कि भगतसिंह और उसके साथी निरे मारते खाँ ही नहीं थे। देश की परिस्थितियों, समस्याओं और उनके लिए सम्भव समाधानों के विषय में थोड़ी-बहुत चिन्ता भी करते रहते थे।

भारतीय राष्ट्रीय कांग्रेस ने १९५६ में इस देश की समस्याओं के समाधान के लिए समाजवादी आधार की अनिवार्यता को समझा है। इससे पूर्व १९३० में कराची कांग्रेस के समय भी देश की समस्याओं के लिए समाजवादी तथ्यों को आवश्यक समझा गया था परन्तु 'हिन्दुस्तान समाजवादी प्रजातन्त्र सेना' के सदस्यों—भगतसिंह और उसके साथियों आज़ाद, सुखदेव, यतीन्द्रनाथ, अजय घोष और शिव वर्मा आदि ने १९२८ में ही दिल्ली में हुए अपने संगठन के अधिवेशन में इस देश की समस्याओं के समाधान के लिए समाजवादी तत्त्वों को अपनी विचारधारा में मुख्य स्थान दे दिया था।

भगतसिंह और दत्त की गिरफ़्तारी ८ अप्रैल, १९२९ को केन्द्रीय असेम्बली में बम फेंकने के उपरान्त केन्द्रीय असेम्बली की गैलरी में हुई थी। बहुत ब्योरे में जाने की आवश्यकता नहीं क्योंकि अन्यत्र लिख चुका हूँ; इतना ही कहना पर्याप्त है कि असेम्बली में बम फेंकने के लिए दल ने पहले अन्य दो साथियों को नियत किया था। पहले यह निश्चय था कि असेम्बली में बम फेंकनेवाले साथियों को बचाकर निकाल लिया जायेगा। परन्तु बाद में बहुत सोच-विचार कर निश्चय बदल दिया गया कि असेम्बली में बम फेंकनेवाले साथियों को बम फेंककर गिरफ़्तार हो जाना चाहिए और सरकार और जनता को अपनी बात सुनने के लिए विवश करके अपने सिद्धान्त और सन्देश उनके सामने रखने चाहिए। इसी विचार के अनुसार उन दिनों अख़बारों में भगतसिंह के बयान छपते रहते थे।

'हिन्दुस्तान समाजवादी प्रजातन्त्र सेना' के प्रतिनिधि के रूप में भगतसिंह के इन बयानों का मूल तत्त्व राष्ट्रीय स्वतन्त्रता के अधिकार की माँग, साम्राज्यवाद का विरोध, पूँजीवादी शोषण का विरोध और देश की जनता के लिए जीविका के समान अवसर की और अपने श्रम का पूरा फल पा सकने के अधिकार की माँग थी। आज भारतीय सरकार की योजनाओं में यह भावना काम कर रही है। यह सन्देश जनता तक पहुँचा सकने के लिए दल ने अपने दो साथियों को स्वयं फाँसी की टिकटिकी पर चढ़ जाने का आदेश दे दिया था। इस प्रकार के व्यवहार को क्या हिंसा में विश्वास का मार्ग कहा जायेगा? अस्तु, नये निर्णय के अनुसार भगतसिंह और सुखदेव ने यही उचित समझा कि भगतसिंह स्वयं बम फेंककर गिरफ़्तार हो

और अपने संगठन के विचारों का उचित प्रतिनिधित्व करे। यह वे दोनों ही जानते थे कि इसका आवश्यक परिणाम फाँसी पर चढ़ना होगा। मेरे विचार में भगतसिंह का यह निर्णय उसे अपने को ही लक्ष्य समझनेवाले साधारण जन से महापुरुष की कोटि में पहुँचा देनेवाली निर्णायक रेखा थी।

परन्तु भगतसिंह के स्वभाव और व्यवहार में इस रेखा को भाँप पाने का अवसर मुझे उससे पहले भी मिला था।

नेशनल कॉलिज के हम सभी विद्यार्थी सरकारी स्कूल-कॉलिजों से असहयोग करके आये थे। पहला असहयोग आन्दोलन १९१९ में रौलट ऐक्ट के विरोध में आरम्भ हुआ था। गाँधी जी और कांग्रेस ने ख़िताबधारियों से ख़िताब, सरकारी नौकरों से नौकरियाँ, वकीलों से अपनी वकालत और विद्यार्थियों से कॉलिज छोड़ देने को कहा था। उस पुकार पर लोगों ने बहुत बड़ी संख्या में असहयोग किया था। गाँधी जी ने ३१ दिसम्बर, १९२१ तक स्वराज्य ले लेने का आश्वासन दिया था। किन्तु १९२२ फरवरी में गाँधी जी ने चौरीचौरा काण्ड से खिन्न होकर आन्दोलन को स्थगित कर दिया था। इससे नवयुवकों में कुछ निराशा फैल गयी थी। असहयोगी विद्यार्थी फिर कॉलिजों में लौट गये थे। न लौटनेवाले विद्यार्थियों से ही लाहौर नेशनल कॉलिज का आरम्भ हुआ था। हममें से अनेक विद्यार्थी पढ़ाई छोड़कर असहयोग का प्रचार भी करते रहे। ऐसे ही विद्यार्थियों में भगतसिंह और मैं भी था। उस समय हम लोग बहुत व्यर्थता और घुटन अनुभव कर रहे थे। मन में निरन्तर तड़प रहती थी कि जिस उद्देश्य के लिए हम लोगों ने अपने जीवन के भविष्य को बलिदान कर दिया था उसका क्या होगा? स्वभावतः ही राजनीतिक क्रान्तिकारी साहित्य में हम लोगों की रुचि रहती थी। हम लोग फ्रान्स की राज्य-क्रान्ति के बारे में, मेज़िनी और गेरीबाल्डी के बारे में, आयरलैण्ड के स्वातन्त्र्य युद्ध के बारे में, रूस की समाजवादी क्रान्ति के बारे में और भारत में उससे पूर्व हो चुके सशस्त्र क्रान्तिकारी आन्दोलन के प्रयत्नों के बारे में जो कुछ मिल जाता था, पढ़ते रहते थे। मैं भगतसिंह को भी ऐसी पुस्तकों पढ़ते देखता था। उसके पिता और चाचा के क्रान्तिकारी सम्पर्कों के बारे में भी सुन चुका था।

उन्हीं दिनों एक सन्ध्या मैं और भगतसिंह दिल बहलाव के लिए रावी नदी में नाव चलाने के लिए गये थे। नाव नदी के बीचोंबीच पहुँच चुकी थी। सूर्यास्त हो रहा था। नाव के चप्पू रोक दिये थे। कोई हमारी बात सुन सकेगा, ऐसी आशंका नहीं थी। मन में दबी हुई एक बात सहसा ओठों पर आ गयी। भगतसिंह से कह बैठा–"Let us predge our lives to our country." (हम लोग अपना जीवन देश के लिए अर्पण करने की प्रतिज्ञा कर लें)

भगतसिंह सहसा गम्भीर हो गया। उसका हाथ मेरी ओर बढ़ गया–"I do pledge my life." (मैं प्रतिज्ञा करता हूँ)।

हाथ मिलाने के बाद हम दोनों कुछ देर चुपचाप झुटपुटे अँधेरे में नदी के बीचोंबीच नाव पर बैठे रहे। मुझे ऐसा लगा कि मन से एक बोझ उतर गया हो। मन की भावना को सन्तोष-सा मिला।

परन्तु भगतसिंह से इतनी बात कहकर जो सन्तोष अनुभव किया था भगतसिंह ने उसे वहीं तक नहीं रहने दिया। समझने में देर नहीं लगी कि उस प्रकार की प्रतिज्ञा भगतसिंह पहले ही अन्य साथियों के साथ कर चुका था और अपने घेरे में स्वयं आ कूदे साथी को वह दुविधा में छोड़ देने के लिए तैयार नहीं था।

वह कर्त्तव्य और उचित को असाधारण नहीं समझता था। अपने साथियों को भी अपने साथ घसीटे ले चलने की क्षमता रखता था।

•

जंगे-आज़ादी के अहम् मुकद्दमे

भारत की आज़ादी की जंग को पुरअमन इन्कलाब कहा जाता है। यह सही है कि भारत की आज़ादी की जद्दोजहद में सबसे बड़ा और अहम् मोर्चा महात्मा गाँधी की रहनुमाई में कांग्रेस की निहत्थे सत्याग्रह की अदमतशद्दुद लड़ाई थी। लेकिन यह भी नहीं भुला दिया जा सकता कि कांग्रेस की सत्याग्रही तहरीक की शुरुआत से पहले और उसके दौरान भी हथियारों के इस्तेमाल से गुरेज़ न करनेवाली खुफ़िया पार्टियाँ भी अपनी जान पर खेलकर मुल्क की आज़ादी के लिए ब्रिटिश हुकूमत पर चोटें कर रही थीं। ऐसी पार्टियों और तहरीक को ब्रिटिश सरकार टेरेरिस्ट कहती थी। लेकिन ऐसी पार्टियाँ ख़ुद को और मुल्क की जनता उन्हें इन्कलाबी कहते थे। कांग्रेस की सत्याग्रही लड़ाई में गिरफ़्तार लोगों को अक्सर चार-छह माह से साल-दो साल तक जेल की सज़ा भुगतनी पड़ती थी लेकिन इन्क़लाबी लोगों के लिए उम्र क़ैद या फाँसी तक की सज़ाएँ होती थीं।

इन्क़लाबी लोगों पर ब्रिटिश सरकार के चलाये मुक़द्दमात में एक अहम् मुक़द्दमा लाहौर अदालत में बग़ावत की साजिश का था। इस मुक़द्दमे के सिलसिले में गिरफ़्तार जवानों का लीडर भगतसिंह था। इसलिए इस मुक़द्दमे को भगतसिंह केस भी कहा जाता है।

शुरू में भगतसिंह की गिरफ्तारी उस ज़माने की पार्लियामेण्ट या सेण्ट्रल असेम्बली में बम फेंककर ब्रिटिश हुकूमत के ख़िलाफ़ सभी मुमकिन तरीकों से बगावत का एलान करने के लिए हुई थी। यह ऐलान एक पर्चे की शक्ल में था। इस एलान का पहला जुमला था, बहरों को सुनाने के लिए बहुत बड़े धमाके की जरूरत होती है। भगतसिंह ने पार्लियामेण्ट में बम उस वक़्त फेंका था जब जनता की मुख़ालफ़त के बावजूद उस वक़्त के वायसराय के हुक्म से क़ौमी आज़ादी की तहरीक़ को और मज़दूरों में फैलती बेदारी को कुचलने के लिए नये ज़ालिम क़ानूनों का एलान किया जा रहा था। दिल्ली के इस मुक़द्दमे में भगतसिंह और उसके साथी बटुकेश्वर दत्त को उम्र क़ैद की सज़ा दी गयी थी।

भगतसिंह पर लाहौर साज़िश का मुक़द्दमा भी चलाया गया था। इस मुक़द्दमे में भगतसिंह पर शहीद राजगुरु और चन्द्रशेखर आज़ाद के साथ लाहौर के पुलिस अफ़सर साण्डर्स को गोली मारकर हलाक कर देने का इलज़ाम था। साण्डर्स को गोली मारने की वजह थी कि उसने कांग्रेस के पुरअमन प्रोटेस्ट के जुलूस को रोकने के लिए, जुलूस पर

पुलिस से लाठियाँ बरसवायी थीं और देश के चोटी के नेता लाला लाजपतराय पर ख़ुद लाठी से वार किया था।

इस वाके के एक माह बाद लाला जी का इन्तकाल हो गया था। साण्डर्स की मौत पर हिन्दुस्तान सोशलिस्ट रिपब्लिकन पार्टी ने एक पर्चे के ज़रिये एलान किया था कि साण्डर्स को मौत की सज़ा हमारे मोहतरिम नेता पर लाठी चलाकर हमारी क़ौमी हलक के जवाब में दी गयी है। ब्रिटिश हुकूमत याद रखे, हिन्दुस्तानी नौजवानों का ख़ून सर्द नहीं हो गया है। आइन्दा भी ब्रिटिश सरकार की ऐसी हरकतों का जवाब इसी तरह दिया जायेगा।

वह मुक़द्दमा महीनों चला। मुक़द्दमे के दौरान भगतसिंह और उसके साथियों के अमल और अदालत में उनके बयानों से मुल्क में तहलका मच गया था। उसकी तफ़सील में न जाकर हम मुकद्दमे के दो पहलुओं का ही ज़िक्र करेंगे। मुक़द्दमे के दौरान सफ़ाई के वकीलों ने इल्ज़ाम के ख़िलाफ़ क़ानूनी नुक्ते से जो सफ़ाई दी हो, भगतसिंह और उसके साथियों ने कोई सफ़ाई नहीं दी बल्कि अदालत में एलान किया कि विदेशी ग़ुलामी के ख़िलाफ़ बग़ावत हमारा इन्सानी हक़ और फ़र्ज़ है। ख़ास तवज्जो की बात है कि उन इन्क़लाबियों ने अपने बयानों में ब्रिटिश सम्राज्यशाही के साथ जागीरदारी और सरमायादारी निज़ामों के जुल्मों के ख़िलाफ़ भी जंग का एलान किया था और अपना मक़सद सोशलिज्म के लिए इन्क़लाब बताया था। भारत के लिए सोशलिस्ट निज़ाम का सुझाव देने में भगतसिंह और उसके साथी यानी हिन्दुस्तान सोशलिस्ट रिपब्लिकन एसोसिएशन ४० बरस आगे थे। हमारी क़ौमी तहरीक को 'इन्क़लाब ज़िन्दाबाद' का नारा इसी मुक़द्दमे ने दिया था।

उस मुक़द्दमे में एक नयी बात यह हुई कि भगतसिंह और उसके साथियों ने दावा किया कि 'हम इख़लाकी मुलज़िम नहीं है हम अपने मुल्क़ की आज़ादी की जंग के सिपाही हैं। हम हवालात और जेल में इख़लाकी मुलज़िमों या मुजरिमों-जैसा बेइज़्ज़ती का सलूक बर्दाश्त नहीं करेंगे। हमारे साथ जंग में पकड़े गये सिपाहियों या सियासी क़ैदियों की तरह बाइज़्ज़त इन्सानों-जैसा सलूक किया जाना चाहिए।' इस हक के लिए उन लोगों ने जेल हवालात में भूख हड़ताल के ज़रिये जद्दोजहद शुरू कर दी। यह भूख हड़ताल लम्बी चली।

सरकार इन्कलाबियों का तकाज़ा मान लेने के बजाय उनके पेट में जबरन ख़ुराक पहुँचाकर उनकी भूख हड़ताल तोड़ने पर आमादा थी। इन्कलाबियों के हाथ-पैर बाँधकर उन्हें तख्तों पर कस दिया जाता। जेल के और सरकारी डॉक्टर उनके जबड़े औजारों से खोलकर या नाक के रास्ते रबर की नालियों से उनके मेदे में ख़ुराक़ पहुँचाने की कोशिश करते थे। इन्कलाबी जिस्म बँधा रहने पर भी अपने जिस्म में जबरन ख़ुराक़ न पहुँचने देने की कोशिश करते। उनके जबड़ों या नाक से ख़ून जारी हो जाता। अन्दाज़ किया जा सकता है कि वे लोग प्रोटेस्ट में कितनी तकलीफ़ बेर्दाश करते होंगे। ऐसी जद्दोजहद में रबर की नाली शहीद यतीन्द्रनाथ दास के मेदे के बजाय फेफड़े में चली गयी। फेफड़े पर चोट खाने से भूख हड़ताल में ही उनका इन्तकाल हो गया। इन्क़लाबियों ने इस पर भी भूख हड़ताल न छोड़ी। सरकार को झुकना पड़ा और इन्क़लाबियों ने जेल में सियासी क़ैदियों के लिए इन्सानी सलूक का हक हासिल कर लिया।

भगतसिंह केस की तवारीखी अहमियत यह थी कि उस मुक़द्दमे ने मुल्क की सियासत को इन्क़लाबी मोड़ देकर भारत की आज़ादी का मतलब सिर्फ़ ब्रिटिश गुलामी से निजात नहीं बल्कि जागीरदारी और सरमायादारी गुलामी से भी निजात बताया जिससे मुल्क़ की तमाम रियाया के लिए बराबर सियासी, इक़्तसादी और समाजी हक्क और मौक़े से अपनी मेहनत का पूरा मुआविजा पा सकने का निज़ाम क़ायम किया जाये। अपने इसी मक़सद से भगतसिंह और उसके साथियों ने छियालीस बरस पहले ही अपनी पार्टी का नाम 'हिन्दुस्तानी सोशलिस्ट रिपब्लिकन एसोसिएशन' रखा था। भारत आज उसी मकसद के लिए कोशिश कर रहा है। उनके इसी एतकाद की वजह से भगतसिंह और उसके साथी सुखदेव और राजगुरु ने फाँसी के तख़्ते पर ईश्वर अल्ला से अपनी निजात के लिए दुआ माँगने के बजाय नारे लगाये थे— इन्क़लाब ज़िन्दाबाद। साम्राजशाही मुर्दाबाद। सब मेहनतकशों में एका हो।

●

काकोरी की प्रसिद्ध राजनीतिक डकैती

भारत के राजनीतिक मुकदमों के इतिहास में काकोरी की राजनीतिक डकैती के मुकद्दमे का बहुत महत्त्व है। काकोरी की घटना आज से छत्तीस वर्ष पूर्व लखनऊ से नौ मील दूर हरदोई की लाइन पर आलमनगर और काकोरी स्टेशनों के बीच घटी थी। भारत की नयी पीढ़ी के नवयुवकों को विस्मय हो सकता है कि डकैती को राजनीतिक किस प्रकार माना जा सकता है? परन्तु यह घटना दूसरे ही प्रकार की परिस्थितियों की है। उस समय देश परतन्त्रता के गलाघोंट बन्धनों में छटपटा रहा था। देश की जनता और विशेषतः आत्मसम्मान के प्रति भावुक नवयुवक विदेशी पराधीनता के बन्धनों को तोड़ने के लिए सभी कुछ करने के लिए आतुर थे।

घटना यह थी कि लखनऊ की ओर आती हुई एक्सप्रेस ट्रेन में स्टेशनों पर वसूल हुआ धन लखनऊ ले जाया जा रहा था। ट्रेन को काकोरी स्टेशन के समीप जंजीर खींचकर रोक लिया गया। युवकों ने ट्रेन को रोककर रेलवे कम्पनी के खजाने के लोहे के बाक्स को गाड़ी से नीचे गिरा दिया। उन दिनों रेलवे राष्ट्रीय सम्पत्ति नहीं, विदेशी कम्पनी की सम्पत्ति थी। युवक सशस्त्र थे। युवकों ने चेतावनी दे दी कि वे रेलवे कम्पनी का खजाना लूट रहे हैं। मुसाफिरों को कोई आँच नहीं आयेगी लेकिन बीच में पड़नेवालों पर गोली चला दी जायगी। दो-दो युवक ट्रेन के दोनों ओर खड़े होकर लगातार दोनों दिशाओं में गोली चलाते जा रहे थे। युवकों के बराबर चेतावनी देते जाने के बावजूद एक व्यक्ति गाड़ी से बाहर निकल आया और गोली की चोट से तत्काल उसकी मृत्यु हो गयी। लोहे के बड़े सन्दूक को तोड़कर सब धन ले लिया गया, तब युवकों ने ट्रेन को आगे चलने की अनुमति दे दी।

इस डकैती से देश भर में राजनीतिक सनसनी फैल गयी थी। कुछ दिन बाद अंग्रेजी शासन की पुलिस ने इस घटना का सुराग लगाकर इस घटना में भाग लेने के सन्देह में चालीस युवकों को गिरफ्तार कर लिया। उनमें से अधिकांश युवक पहले भी सशस्त्र राजनीतिक क्रान्ति में भाग लेकर कारावास भुगत चुके थे।

अंग्रेजी सरकार ने काकोरी स्टेशन के समीप हुई इस घटना को डकैती का नाम दिया परन्तु इस काम को करनेवाले युवकों ने अपने विश्वास में अपनी स्वतन्त्रता के युद्ध के लिए विदेशी शत्रु शक्ति पर आक्रमण करके उसका धन छीना था। अंग्रेजी सरकार क्रान्तिकारी युवकों के प्रति जनता में घृणा जगाने के लिए इस घटना को डकैती ही कहती रही परन्तु

जब इस घटना के लिए युवकों पर मुकद्दमा चलाया गया तो उसके विरुद्ध मुख्यतः ताजीरात हिन्द या भारत विधान की धारा १२१, १२०, १९६ और ३०२ के अन्तर्गत आरोप लगाये गये थे।

भारत दण्ड विधान की १२१वीं धारा का प्रयोजन सम्राट् के विरुद्ध युद्ध घोषणा के लिए दण्ड देना और १२०वीं धारा का प्रयोजन राजनीतिक प्रयोजन से षड्यन्त्र के लिए दण्ड तजवीज करना है। धारा १९६ सशस्त्र डकैती के लिए और धारा ३०२ कत्ल के लिए दण्ड का विधान करती हैं। नवयुवकों के विरुद्ध जिन धाराओं द्वारा आरोप लगाये गये थे उनसे स्पष्ट हो जाता है कि अंग्रेज सरकार इस घटना को डकैती का नाम देकर भी इस घटना के राजनीतिक प्रयोजन से खूब परिचित थी और युवकों को डकैती के लिए नहीं बल्कि अपने शासन के विरुद्ध सशस्त्र बगावत करने के लिए कड़े-से-कड़ा दण्ड देना चाहती थी।

देश की जनता युवकों की भावना और सरकार के प्रयोजन से भी खूब परिचित थी। मुकद्दमे के समय जनता उन युवकों को डाकू नहीं बल्कि देश की स्ववन्त्रता के लिए लड़नेवाले क्रान्तिकारी योद्धा समझती थी। डकैतियों के विरुद्ध तो देश में प्रतिदिन ही कहीं-न-कहीं मुकद्दमे चलते रहते हैं। देश के पत्रों के किसी छोटे-से कालम में उन मुकदमों की चर्चा कर दी जाती है परन्तु काकोरी की डकैती के मुकद्दमे के समाचार और मुकद्दमे के अभियुक्तों के बयान समाचार पत्रों के मुख्य पृष्ठों पर दोहरे-तेहरे कालमों के शीर्षकों से छपते थे। समाचार-पत्रों की पाठक जनता उन मुकदमों से अपना निजी सम्पर्क समझकर समाचारों को बहुत उत्सुकता से पढ़ती थी। अभियुक्तों की ओर से उत्तर प्रदेश के गण्यमान्य नेता, वकील पण्डित गोविन्दवल्लभ जी पन्त, मोहन लाल सक्सेना और चन्द्रभानु गुप्त अदालत में मुकद्दमे की पैरवी कर रहे थे। मुकद्दमा लगभग डेढ़ साल तक चलता रहा। अंग्रेज सरकार की ओर से अभियुक्तों को अधिक-से-अधिक दण्ड दिलवाने के लिए मुकद्दमे और अपीलों पर दस लाख रुपये से भी अधिक खर्च किया गया था।

दो शब्द इस विषय में भी आवश्यक हैं कि देश की स्वतन्त्रता के लिए युद्ध करनेवाले क्रान्तिकारियों को डकैती करने की आवश्यकता क्यों अनुभव हो पाती थी। अंग्रेज सरकार शस्त्र और बल का प्रयोग न करने की प्रतिज्ञा किये वैधानिक राजनीतिक संगठनों को तो अपने विचार जनता में प्रकट करने और अपना आन्दोलन चलाने का अवसर किसी सीमा तक दे देती थी परन्तु जो लोग इस देश पर अंग्रेज सरकार के आधिपत्य को अवैधानिक और अन्याय मानते थे, विदेशी शासन के विरुद्ध उस शासन द्वारा निश्चित की हुई वैधानिक सीमाओं में अपना आन्दोलन चलाने से सन्तुष्ट नहीं हो सकते थे। उनके लिए अपनी सम्पूर्ण शक्ति का प्रयोग करना आवश्यक था। जो राजनीतिक संगठन अंग्रेज सरकार के दिये अवसरों में सीमित नहीं रहना चाहते थे और अपने उद्देश्य के लिए अंग्रेज शासन पर शस्त्रों से भी आक्रमण करने के लिए तैयार थे, वे लोग देश की स्वतन्त्रता के संग्राम में रत जनता के साथ शत्रु पर छापे मारनेवाले दलों के समान थे। काकोरी की घटना से सम्बन्धित युवकों के संगठन का नाम 'हिन्दुस्तानी जनतन्त्र की सेना' था। इनके संगठन और कार्यक्रम का गुप्त

रहना आवश्यक था। इसलिए इन लोगों को अपने आन्दोलन के लिए धन का संचय भी गुप्त उपायों से ही करना पड़ता था। बहुत-से लोग इन संगठनों के उद्देश्य और प्रयोजन को समझकर इन्हें आर्थिक सहायता देते भी रहते थे परन्तु सशस्त्र क्रान्तिकारी संगठानों की सहायता करना भी अंग्रेजी शासन के समय में राजद्रोह का अपराध समझा जाता था। इसलिए क्रान्तिकारी युवकों को अनेक बार—अपनी सहायता का अपराध किसी व्यक्ति पर न डालने के लिए—जबरदस्ती धन छीनना पड़ जाता था। काकोरी की घटना में एक और भी पक्ष था कि जो धन छीना गया, वह अंग्रेजी रेलवे कम्पनी का था जो सर्वसाधारण की दृष्टि में अंग्रेज सरकार का ही रूप थी।

काकोरी की घटना के सम्बन्ध में चालीस व्यक्तियों को गिरफ्तार किया गया था परन्तु मुकद्दमा केवल चौबीस व्याक्तियों पर ही चलाया गया। वास्तव में घटना में भाग केवल दस ही व्यक्तियों ने लिया था। यह बात अंग्रेज सरकार भी जानती थी। सब लोगों पर मुकद्दमा डकैती के काण्ड में भाग लेने के लिए नहीं, बल्कि अंग्रेजी साम्राज्य के सम्राट् के विरुद्ध राजनीतिक विद्रोह का षड्यन्त्र करने के लिए चलाया गया था। काकोरी की डकैती तो उस राजद्रोह का एक सूत्र मात्र ही समझी गयी थी।

काकोरी में ट्रेन को रोककर विदेशी रेलवे कम्पनी का खजाना लूट लेनेवाले दस आदमियों के दल के नेता पण्डित रामप्रसाद बिस्मिल थे। उस समय उत्तर प्रदेश में सशस्त्र क्रान्ति के आन्दोलन के नेता भी रामप्रसाद बिस्मिल ही थे। इस काण्ड में बिस्मिल के साथ सहयोग देनेवाले शेष नौ युवक राजेन्द्रनाथ लाहिड़ी, अशफाकउल्ला, चन्द्रशेखर आजाद, रोशनसिंह, मन्मथनाथ गुप्त, शचीन्द्रनाथ बक्शी, मुकुन्दीलाल, बनवारी लाल और केशव थे। परन्तु सरकार ने षड्यन्त्र के चक्कर में सशस्त्र क्रान्तिकारी दल के अनेक नेताओं को उदाहरणतः शचीन्द्रनाथ सान्याल, योगेश चटर्जी, सेठ दामोदर स्वरूप आदि सभी को गिरफ्तार कर लिया था।

अंग्रेज सरकार के विरुद्ध सशस्त्र बगावत के लिए इस मुकद्दमे से जनता को आतंकित करने के लिए अभियुक्तों को अधिक-से-अधिक दण्ड दिया गया था। चार व्यक्तियों रामप्रसाद बिस्मिल, अशफाकउल्ला, राजेन्द्रनाथ लाहिड़ी और रोशनसिंह को फाँसी का दण्ड दिया गया और अनेक अभियुक्तों को सम्राट् के विरुद्ध विद्रोह का षड्यन्त्र करने के अपराध में आजन्म कारावास और कालेपानी की सजाएँ दी गयी थीं। फाँसी की सजा को रद्द करवाने के लिए जनता की ओर से बहुत यत्न और आन्दोलन किया गया था। ब्रिटेन के प्रधान न्यायालय प्रिवी काउन्सिल तक में अपील की गयी। तत्कालीन केन्द्रीय विधान सभा—जो आजकल की लोकसभा के समान थी - के सदस्यों ने भी काकोरी के अभियुक्तों की फाँसी की सजा रद्द की जाने के लिए संयुक्त आवेदन पत्र दिया था। दो बार फाँसी की तारीखें स्थगित भी की गयीं। जनता को आशा हुई कि शायद निर्णय बदल जायगा परन्तु अंग्रेजी शासन की नौकरशाही ने ऐसा न होने दिया और रामप्रसाद बिस्मिल, अशफाकउल्ला, राजेन्द्रनाथ लाहिड़ी और रोशनसिंह को दिसम्बर, १९२७ में उत्तर प्रदेश के भिन्न-भिन्न जेलों में फाँसी दे दी गयी।

काकोरी की घटना से सम्बन्धित अभियुक्त वास्तव में अंग्रेज शासन के विद्रोह के अपराधी थे। उनके प्रति अंग्रेज सरकार की नौकरशाही के क्रोध का कारण यह भी था कि उन लोगों ने अपराधियों-जैसा दैन्य कभी प्रकट नहीं किया। वे लोग मुकद्दमे के समय हवालात और जेल में विदेशी सरकार के प्रति विद्रोह प्रकट करते रहे। इन लोगों को मुकद्दमे के लिए अदालत में ले जाया जाता था तो भी निर्भय यह गजल गाते हुए जाते थे–

"सरफरोशी की तमन्ना अब हमारे दिल में है,
देखना है जोर कितना बाजुए कातिल में है।"

वे लोग अपनी परतन्त्रता के विरुद्ध खुला विद्रोह कर रहे थे और उस विद्रोह के लिए भयंकर-से-भयंकर दण्ड का स्वागत करने के लिए तैयार थे।

रामप्रसाद बिस्मिल ने फाँसी से एक दिन पूर्व अपनी माता को अन्तिम पत्र में यह पंक्ति लिखी थी–

"मरते बिस्मिल, रोशन, लाहिड़ी, अशफाक अत्याचार से।"

बिस्मिल की आशा पूर्ण हुई। उनके बाद भी अंग्रेज सरकार के दमन के बावजूद सशस्त्र क्रान्ति का आन्दोलन चलता ही रहा। भगतसिंह, चन्द्रशेखर आजाद आदि वीरों ने उनके मार्ग को निभाया।

काकोरी के वीर वास्तव में फाँसी पानेवाले अपराधी नहीं थे बल्कि देश के स्वतन्त्रता-संग्राम के शहीद थे। शाहजहाँपुर जिले में इन शहीदों की स्मृति में एक स्कूल का नाम काकोरी शहीद स्मारक विद्यालय रखा गया है।

●

मेरी कथा यात्रा-१

जीवन यात्रा से अभिप्राय यदि जीवित रह सकने के लिए व्यक्ति के जीविका के प्रयत्नों का वृत्त या कहानी है तो मेरे लिये 'मेरी कथा यात्रा' या 'जीवन यात्रा' में अधिक अन्तर नहीं रहा। मेरे लिये यह बात और भी तथ्यपूर्ण है। सन् १९३८ में चौदह बरस की जेल आधी काट लेने पर कांग्रेस सरकार द्वारा जेल मुक्त किया गया था। उस समय एक पत्र प्रतिनिधि ने प्रश्न किया था—अब मेरा भावी राजनैतिक या सामाजिक कार्यक्रम क्या होगा? मेरे संक्षिप्त उत्तर का सार था—जो कुछ बुलेट (गोली-बारूद) से करता रहा हूँ, अब बुलेटिन (लेखन) से करने का यत्न करूँगा। लेखन से मेरा अभिप्राय मुख्यतः ललित साहित्य से ही था। बहुत लोग जानते हैं कि मेरी कथा यात्रा और जीवन यात्रा भिन्न न हो सकीं।

उपर्युक्त बात की कुछ व्याख्या दरकार है। यह मान लिया जाय कि मैं 'दिवानों' या 'चिराग़े सहर' की हालत में अपनी कथा यात्रा या जीवन यात्रा की बात लिखने बैठा हूँ। सचाई यह है कि अपनी आयु के आधे यानी पैंतीस वर्ष तक तो मुझे सर्वसाधारण की दृष्टि से जीवन यात्रा या जीवन की बात सोचने का अवसर ही न था। किशोर अवस्था में अपने सम्पन्न सम्बन्धियों या अन्य समृद्ध लोगों को देखकर सम्पन्न-समृद्ध जीवन की कल्पनाएँ ज़रूर जागी थीं। परन्तु वह तत्काल जीवन के चक्रवात या बवण्डर में जाने कहाँ उड़ गयीं। इसका कारण आर्यसमाजी माता द्वारा घुट्टी में पिलाये आदर्शवाद के कारण अपनी प्रवृत्ति रही हो या भगतसिंह, सुखदेव और भगवतीचरण-जैसे साथियों का संग प्रभाव रहा हो। वह सब जाने दीजिये। जिन परिस्थितियों में छह मास से अधिक का भविष्य ही सामने न था, साहित्य साधना की महत्त्वाकांक्षा के लिए नींव या भूमि कहाँ से बन पाती। अंग्रेज़ सरकार ने सज़ा तो चौदह बरस यानी उम्र क़ैद दी थी लेकिन पहली कांग्रेस सरकार ने १९३८ में पैंतीसवें बरस के आरम्भ में जेल से छोड़कर जीविका की चिन्ता का अवसर बना दिया। उस समय जैसे पत्र प्रतिनिधि से कहा था, जीविका का साधन चुना लेखन को। इस चुनाव के भी कारण थे। ग्रेजुएट बनते ही डेढ़ साल अध्यापक की नौकरी की थी। जीविकोपार्जन की दूसरी किसी भी कला से नावाकिफ़। चौबीस-पच्चीस से लेकर चौंतीस-पैंतीस तक केवल सरकार के विरुद्ध षड्यन्त्र की कला, विस्फोटक बनाना और सात वर्ष जेल काटना ही सीखा था। नौकरी के लिए किसके सामने हाथ पसारता? अहंकार था और आत्मविश्वास भी कि मुझे क़लम पर क़ाबू है।

'क़लम पर क़ाबू' होने के विश्वास की कहानी ही कथा यात्रा या जीवन यात्रा की कहानी है। 'कहानी लिखना कैसे शुरू किया?' 'कहानी लिखने की प्रेरणा कैसे पायी?'

"कहानी लिखने की बात मन में कैसे आयी?' इन प्रश्नों के उत्तर संक्षेप में 'सिंहावलोकन' में और अन्यत्र पहले दे चुका हूँ। इसलिए कुछ पुनरावृत्ति-सी जान पड़ेगी।

चौदह बरस की आयु में गुरुकुल काँगड़ी में पढ़ता था। तब गुरुकुल गंगा के इस पार हरिद्वार में कनखल और ज्वालापुर के बीच नहीं बल्कि चौड़ी दुरूह गंगा के पार चार-पाँच मील दूर फूस झोंपड़ियों में बसे छोटे-से काँगड़ी नामक गाँव के समीप था। गंगा वर्षा में मीलों दुर्लंघ्य सागर बन जाती थी और शेष ऋतुओं में तीन गहरी चौड़ी धारों में बँट जाती थी। उस समय भी गुरुकुल बहुत-कुछ आधुनिक ढंग के पक्के मकानों में बनाया गया था परन्तु विद्यार्थियों या ब्रह्मचारियों के तप की रक्षा के लिए उन्हें नागरिकता के प्रभावों से सर्वथा अछूता रखने का प्रयत्न। हमारी पाठ्य-पुस्तकों में नारी की चर्चा ही न होती थी, ऐतिहासिक नारियों सीता, द्रौपदी, दमयन्ती आदि को छोड़कर। ऐसा यत्न था, ब्रह्मचारी कभी नारी को न देख सकें। इतना ही क्या? ब्रह्मचारियों को जूता पहनना वर्जित। काठ के खड़ाऊँ पहनाये जाते थे।

गुरुकुल काँगड़ी के उस समय के नियमों, जीवनचर्या, पाठ्यक्रमों और अनुशासन आदि में कई प्रकार के घोर अन्तर्विरोध भी थे। एक ओर पुरातन कल्पना के ऋषि आश्रमों के अनुकरण का यत्न दूसरी ओर पाठ्यक्रम में अंग्रेज़ी को ख़ासा महत्त्व। अंग्रेज़ी ही नहीं फिजिक्स, केमिस्ट्री, बाटनी, बायोलॉजी, आधुनिक फ़िलासफ़ी के परिचय के लिए अध्यात्म और भौतिकवाद का तुलनात्मक अध्ययन भी। विद्यार्थियों को देश-विदेश की परिस्थिति और प्रगति से परिचित रखने के लिए पुस्तकालय में अनेक हिन्दी और अंग्रेज़ी मासिक पत्र-पत्रिकाएँ आती थीं। अच्छा बड़ा पुस्तकालय था। सभी विषयों की पुस्तकें पर्याप्त मात्रा में आती रहती थीं। हाँ, केवल अश्लील पुस्तकों को छोड़कर। अश्लील से अभिप्राय नारी प्रसंग। जैसे-तैसे कुछ-न-कुछ ऐसी पुस्तकें भी सेन्सर की छलनी में से निकल ही आती थीं। विद्यार्थियों को क्रिकेट, हाकी, फुटबाल, जिम्नास्टिक की ही नहीं, संगीत नाटक की शिक्षा के साथ (उन नाटकों में स्त्री पात्र न होते थे) आधुनिक पत्रकारिता और ललित लेखन की शिक्षा के लिए प्रोत्साहन दिया जाता था।

कॉलेज (इण्टर और बी.ए.) के विद्यार्थी एक हस्तलिखित सचित्र पत्रिका निकालते थे। उनके अनुकरण में नवीं और दसवीं के विद्यार्थी भी प्रतिमास वैसी ही हस्तलिखित पत्रिका तैयार करते। इस पत्र का नाम 'हंस' था। जब मैं गुरुकुल में छठी कक्षा में था, प्रसिद्ध इतिहासज्ञ विद्वान् जयचन्द्र विद्यालंकार वहाँ दसवीं कक्षा में थे। नवीं-दसवीं श्रेणी द्वारा प्रकाशित मासिक पत्रिका से सन्तुष्ट न होकर जयचन्द्र जी ने अपना हस्तलिखित साप्ताहिक पत्र आरम्भ कर दिया था। उस पत्र का नाम था 'अगुआ'।

उस वर्ष (१९१७-१९१८ में) ऊपर की कक्षा के अनुकरण में हम लोगों (छठी-सातवीं के विद्यार्थियों) ने भी एक हस्तलिखित पत्रिका को प्रकाशित करने का निश्चय किया। उस पत्रिका का नाम याद नहीं। कुछेक विद्यार्थियों ने कुछ लेख इधर-उधर से नक़ल कर लिये। मेरे एक सहपाठी थे देवदत्त। उनके परिवार का स्थान देहरादून के समीप चूहड़पुर था। देवदत्त के पिता साहित्य-प्रेमी रहे होंगे। वे जब भी पुत्र से मिलने आते, पुत्र के लिए अनेक पुस्तकें दे जाते। यह पुस्तकें प्रायः कहानी उपन्यास होते थे।

मुझे कहानी, उपन्यास, यात्रा-वर्णन पढ़ने का शौक़ चौथी-पाँचवीं कक्षा से ही व्यसन की सीमा तक हो चुका था। उन पुस्तकों को पढ़ने में मुझे कितना गहरा सन्तोष और सुख

अनुभव होता था, इस समय भी मरे लिये शब्दातीत है। मन चाहता था, हज़ार पृष्ठ की ऐसी पुस्तक मिल जाये और सब भूलकर उसी में रम जाऊँ। गुरुकुल में अनुशासन का ध्यान रखा जाता था। सन्ध्या का व्यायाम हॉकी, फुटबाल, कबड्डी, किसी-न-किसी खेल के रूप में होता था और उस व्यायाम या खेल में अनुपस्थिति दण्डनीय। मुझे कोई रोचक पुस्तक मिल जाती या देवदत्त से कोई पुस्तकें लेता तो खेल का आकर्षण न रहता। पुस्तक को लेकर पढ़ने के लिए कहीं छिप बैठता। एक बात और थीं। छठी कक्षा से ही मेरी सेहत संग्रहणी से गिरने लगी थी। इसलिए भी शारीरिक श्रम से अरुचि होती होगी। इस प्रसंग में तीन-चार बार मार भी खायी होगी।

हाँ, बात कह रहा था कहानी लिखने की प्रेरणा के प्रसंग में छात्र अवस्था में आरम्भ की पत्रिका की। पत्रिका में कहानी तो आवश्यक थी ही। एक कहानी लिख डाली देवदत्त ने। कहानी लिख क्या डाली, पिता से पायी पुस्तकों में से एक उपन्यास का एक छोटा अध्याय नक़ल कर दिया। मुझे अब भी याद है। उस कहानी का नाम था 'कुमारी'। पुस्तक में पहले अध्याय का यही नाम था। यह नाम किसी नदी का था।

मुझे भी कहानी ही लिखने की उमंग। परन्तु देवदत्त ने अपनी पुस्तकों में से मेरी सहायता के लिए कोई पुस्तक देने से इनकार कर दिया। यह मेरी कहानी लिखने की उमंग को चुनौती थी। निश्चय कर लिया कल्पना से कहानी गढ़कर लिखने का और लिख भी डाली जो पत्रिका में सम्मिलित भी हो गयी। ज़िन्दगी में पहली लिखी कहानी का नाम था 'अँगूठी'।

मेरे लिये विस्मय और आह्लाद! पत्रिका ऊपर की कक्षाओं को दिखायी गयी। मेरी कहानी ने भरपूर सराहना पायी। ऊपर की कक्षा के विद्यार्थियों का प्रश्न था, 'क्या कहानी मौलिक है?' कहानी मौलिक थी। इस अनुभव से मुझे कहानी लिख सकने का सेहरा या कहिये आत्मविश्वास मिल गया।

बात कहने लगा हूँ तो आवश्यक ब्योरे से ही कहूँ। उस कहानी का कथानक बिलकुल भूल नहीं गया हूँ। 'क' और 'ख' में गूढ़ मैत्री थी। 'क' ने स्थायी मैत्री के चिह्न रूप अपनी क़ीमती अँगूठी 'ख' को भेंट कर दी थी। 'ख' का अन्य अभिन्न मित्र 'ग' अपनी रुग्णा पत्नी की स्थिति के कारण अर्थाभाव में अति विपन्नावस्था में था। 'ख' ने 'ग' की सहायता के लिए 'क' से पायी अँगूठी 'ग' की सहायता के लिए बेचकर पैसा उसे दे दिया। 'क' इसे अपनी मैत्री की अवज्ञा मानकर क्रुद्ध हो गया। परन्तु कुछ समय बाद दिनों के फेर से 'क' ने स्वयं 'ग' जैसी अवस्था गें फँस जाने पर समझा मैत्री का तत्त्व ठोस स्मृतिचिह्न में नहीं, मित्र के लिए सर्वस्व न्योछावर की भावना में है।

१९१८ में मेरी बीमारी गुरुकुल में लाइलाज समझ ली गयी। मुझे लाहौर लौटा दिया गया। तीन-चार बरस मैट्रिक के बाद तक लाहौर और फ़िरोज़पुर रहा। अब गुरुकुल से सर्वथा भिन्न परिस्थितियों में था। नगर-समाज को जानने-देखने का अवसर था। गुरुकुली जीवन का, समाज को जानने पर अंकुश न था। किन्तु गुरुकुल के सांस्कृतिक प्रोत्साहनों का अभाव।

फ़िरोज़पुर छावनी में मेरे एक सहपाठी मित्र लाजवन्त राय के यहाँ हिन्दी पुस्तकों का अच्छा संग्रह था। पौराणिक गाथाएँ, टॉड का राजस्थान का इतिहास, प्रेमचन्द, सुदर्शन से लेकर चन्द्रकान्ता सन्तति के सभी भाग, रविबाबू और शरत से लेकर आधुनिक और पुराने बँगला उपन्यासों के अनुवाद, लन्दन रहस्य और हिन्दी की तत्कालीन जासूसी उपन्यास-

मालाएँ सभी-कुछ। उसका मकान भी बड़ा था। मेरा वहाँ जाना किसी को खटकता न था। आर्यसमाजी, तत्कालीन स्थिति के अनुसार शिक्षित उदार परिवार था। मैंने वहाँ जो पाया, पन्ना-पन्ना पढ़ डाला। पढ़े हुए के प्रभाव से लिखने की खाज या उमंग उठती थी। कभी-कभार कुछ लिखने का यत्न भी परन्तु सभी ओर सांस्कृतिक उपेक्षा या साहित्यिक सराहना और प्रोत्साहन की शून्यता में या तो लिखा पूरा न हो पाता या लिखे को नष्ट कर डालता। साहित्यिक-सांस्कृतिक दृष्टि से मेरे लिये उल्लिखित पंक्तियों में आपके दो प्रश्नों के उत्तर हैं। पहली कहानी लिखी, १४-१५ की आयु में। वह कहानी हस्तलिपि में ही रही। आपने यह भी पूछा है कि—सबसे पहले आपके मन में कहानी लिखने की बात कैसे उठी? दूसरे शब्दों में कहानी लिखने की प्रेरणा कैसे हुई?

किसी के भी अनुभव का कोई प्रयोग है तो अनुभव की सच्चाई या उस तथ्य में, आत्मश्लाघा में नहीं। प्रत्यक्ष परिस्थितियों का ज़िक्र कर दिया। परन्तु मानसिक कारण या अन्तःप्रेरणा प्रायः प्रत्यक्ष नहीं होती। अब आत्मालोचना या स्वयं को बूझने के लिए स्मृति को कुरेदता हूँ तो दो विकल्प सम्भव जान पड़ते हैं। पहली बात—क्या यह किशोरावस्था के प्रति स्पर्द्धा या प्रतिद्वन्द्विता थी? देवदत्त को नीचा दिखा सकने का क्रोध, तुम पुस्तक न दो, मैं स्वयं कहानी गढ़ सकता हूँ, पत्रिका का लेखक बन सकता हूँ। दूसरा कारण अधिक स्वाभाविक लगता है। यानी कहानी, उपन्यास, यात्रा वर्णनों में (उस समय मेरे लिये तो वर्णन की रोचकता या उसमें रम जाना ही मुख्य बात थी, वह तथ्य रहा हो या काल्पनिक। उस समय 'रॉबिन्सन क्रूसो की यात्रा' मेरे लिये तथ्य वर्णन ही था।) आसक्ति-जैसी रुचि उन रचनाओं से अनुभव किये सुख-सन्तोष को स्वयं सृजन कर सकने के अवर्णनीय सुख-सन्तोष-गर्व की उमंग और उसके लिए ललकार!

कथा रचना के लिए प्रेरणा के सम्बन्ध में, कथाकारों से आँकड़े एकत्र करने का कभी यत्न नहीं किया। परन्तु मुझे लगता है, जो अनुभूति इतना मार्मिक सुख-सन्तोष देती है, उसे स्वयं उत्पन्न या रच सकने की ललक कलात्मक रचना के लिए स्वयं बहुत बड़ी प्रेरणा हो सकती है। वह सौन्दर्य को परखने, उससे स्पन्दित होनेवाले में वैसी रचना के लिए स्फूर्ति और स्पन्दन जगा सकती है। जो लेखक कथा रचना का प्रयोजन मनोरंजन मात्र मानते हैं, उनके सम्बन्ध में मेरा अनुमान निश्चय ही सत्य होना चाहिए। अलबत्ता बाद में मैं कथा रचना के लिए दूसरे कारण या प्रेरणाएँ अनुभव करता रहा हूँ। परन्तु सृजन सुख की सफलता की अनुभूति की ललक भी उसके साथ जुड़ी रही है।

१९१९ से १९२० तक की यह मेरी सांस्कृतिक निष्क्रियता जीवन का एक पक्ष था। उसी समय जीवन के दूसरे पक्ष में भयंकर विक्षोभ। १९१९ में भारत पर रौलेट ऐक्ट लाद दिये जाने के कारण देश भर में ख़ासकर पंजाब में भयंकर विद्रोह की लहर। एक स्मृति अमृतसर जलियाँवाला बाग़ की घटना है। मुझे केवल लाहौर की भयंकर हड़ताल और शहर में मार्शल लॉ लागू हो जाना याद है। उन्हीं दिनों मैं माँ के साथ फ़िरोज़पुर छावनी आ गया था। जलियाँवाला बाग़ की घटना के बाद गाँधी जी के नेतृत्व में जो सत्याग्रह असहयोग का विराट् आन्दोलन चला उसके प्रभाव से फ़िरोज़पुर शहर भी सनसना रहा था। अलबत्ता फ़िरोज़पुर छावनी से बाहर पत्थर की सीमा के भीतर लोगों को किसी प्रकार के आन्दोलन के लिए साहस न था। हम लोग सत्याग्रही जुलूस और पुलिस के मुठभेड़ देखने के लिए छावनी से दो मील दूर शहर जाया करते थे। मैं और लाजवन्त राय अंग्रेज़ी दमन के विरोध में भाग

ले सकने के लिए उबल-उबलकर रह जाते, अंग्रेज़ सरकार विरोधी, चरखे की अपार शक्ति के हवा में भर गये गीत गुनगुनाते रहते।

कांग्रेस के उस पहले असहयोग सत्याग्रह के शास्ता (डिक्टेटर) महात्मा गाँधी थे। महात्मा जी का ऐलान था यदि स्वराज्य फण्ड में एक करोड़ रुपया एकत्र हो जाये और कांग्रेस के एक करोड़ मेम्बर बन जायँ तो एक वर्ष के भीतर स्वराज हो जायेगा। यह बात १९१९ के अन्त और १९२० के मध्य की है। कांग्रेस और गाँधी जी का ऐलान था सब अदालतें, दफ़्तर, स्कूल, कचहरियाँ बन्द हो जायें, फ़ौज और पुलिस की नौकरी हराम है। सब विद्यार्थी सरकारी स्कूल-कॉलेज छोड़कर आन्दोलन में कूद पड़ें। लाखों नहीं तो हज़ारों विद्यार्थी स्कूल-कॉलेज छोड़कर कांग्रेस के स्वयंसेवक बन गये थे। ऐसा उग्र कार्यक्रम कांग्रेस ने बाद के किसी असहयोग और सत्याग्रह आन्दोलन में न दिया।

●

मेरी कथा-यात्रा-२

जीवन-यात्रा से अभिप्राय यदि जीवन के उद्देश्यों उन और उद्देश्यों के लिए जीवित रह सकने के प्रयत्नों का वृत्त या उनकी कहानी है, तो मेरी जीवन-यात्रा और कथा-यात्रा साथ-साथ चलती हैं। यहाँ जिज्ञासा केवल कथा-यात्रा के सम्बन्ध में है, परन्तु कथा-यात्रा की चर्चा को सार्थक बना सकने के लिए उसकी कुछ पृष्ठभूमि भी आवश्यक है, अन्यथा कथा या लेखन के प्रसंग में उठनेवाले अनेक प्रश्नों, लेखन क्यों, किसके लिए, मनोरंजन-मात्र या उद्देश्यपरक, साहित्यिक यथार्थ अथवा तथ्यात्मक, अनुभूति के स्रोत या भोगे हुए के आधार पर लिखने के औचित्य के प्रसंगों आदि पर कुछ न कहा जा सकेगा।

कहानी लिखने की चाह पहले-पहल कैसे उठी? इस प्रसंग की भूमिका यों है:

परिवार ने मेरा जीवन वैदिक ऋषियों या पुरुषों के आदर्शों के अनुकूल बनाने के लिए मुझे शिक्षा के लिए गुरुकुल काँगडी में दाखिल करवा दिया था।

गुरुकुल के विद्यार्थियों को बौद्धिक रूप से आधुनिक बनाने का यत्न भी था। अच्छा-बड़ा पुस्तकालय था। वाचनालय में कुछ दैनिक, कई साप्ताहिक, अनेक मासिक हिन्दी और अंग्रेजी की पत्र-पत्रिकाएँ मँगवायी भी जाती थीं। आधुनिकता के प्रति इतनी प्रवृत्ति थी कि विद्यार्थियों का पत्र-पत्रिकाओं में लेखन और उनके सम्पादन के अनुभव के लिए भी प्रोत्साहन दिये जाते थे।

इण्टर, बी. ए. के विद्यार्थी अनेक रंगों की स्याहियों से हस्त-सुलेख में एक सचित्र पत्रिका का प्रकाशन करते थे। इस पत्रिका का नाम था 'हंस'। इसके अनुकरण में मैट्रिक कक्षाओं के विद्यार्थी भी अपनी पत्रिका निकालते थे। प्रसिद्ध इतिहासज्ञ विद्वान् प्रो. जयचन्द्र विद्यालंकार उस समय गुरुकुल काँगड़ी की दासवीं कक्षा में थे। वे नवीं और दसवीं कक्षाओं के विद्यार्थियों की पत्रिका से सन्तुष्ट न होकर अपना पृथक् साप्ताहिक पत्र निकालते थे। उस साप्ताहिक का नाम था 'अगुआ'। ऊपर की कक्षाओं के अनुकरण में छठीं-सातवीं, आठवीं कक्षाओं के विद्यार्थी भी हस्त-लिखित पत्रिका का आयोजन करने लगे। उस समय मैं कक्षा ६ में था। कुछ विद्यार्थियों ने अपने प्रशंसित निबन्धों को पुनः लिखा। कुछ ने जहाँ-तहाँ से कुछ नकल कर लिया। हमारे अनुभव और कल्पनानुसार पत्रिका में कहानी या उपन्यास के अंश भी आवश्यक थे।

गुरुकुल का नियम था कि ब्रह्मचारियों के परिवार के लोग अपने लड़कों को गुरुकुल से दिये गये कपड़ों और अन्य उपयोग की वस्तुओं के अतिरिक्त कोई आकर्षक वस्त्र या विलासिता की वस्तुएँ ब्रह्मचारियों को न दें। लेकिन पुस्तकों पर ऐसा कोई प्रतिबन्ध न था।

अनेक विद्यार्थियों के परिवार के लोग अपने लड़कों को अपने विचार से अच्छी पुस्तकें दे जाते थे। कक्षा के अधिष्ठाता (क्लास सुपरिण्टेण्डेण्ट) पुस्तकों पर नजर डाल लेते थे कि पुस्तकें अश्लील न हों।

मेरा एक सहपाठी था देवदत्त, देहरादून के समीप चूहड़पुर का निवासी, सम्पन्न परिवार का पुत्र था। उसके पिता शायद स्वयं साहित्यिक रुचि के थे। देवदत्त के पिता जब भी आते, पुत्र को आठ-दस पुस्तकें दे जाते। ये पुस्तकें इतिहास, उपन्यास, नाटक, कहानियों या यात्रा-वर्णन की होती थीं।

मुझे कहानी, उपन्यास, यात्रा-वृत्त पढ़ने का चाव चौथी-पाँचवीं कक्षा से ही व्यसन की सीमा तक हो गया था। गुरुकुल के अनुशासन या नियमित चर्या में सन्ध्या-व्यायाम के लिए प्रत्येक विद्यार्थी को हाकी या फुटबाल या क्रिकेट या कबड्डी (उस सन्ध्या के लिए निश्चित खेल) में सम्मिलित होना अनिवार्य होता। मैं पुस्तकालयों से जो मिल सकता, उसके अतिरिक्त देवदत्त या अन्य सहपाठियों के घर से आयी सभी पुस्तकें पढ़ डालता। रोचक पुस्तकें पढ़ने का चाव मेरी तरह कुछ दूसरे विद्यार्थियों को भी था, परन्तु मेरा यह शौक कभी-कभी ऐसी अदम्य आसक्ति बन जाता कि मैं खेल-व्यायाम के समय भी छिप कर पढ़ता रहता। रोचक कहानी-उपन्यास पढ़ने से प्राप्त उस सन्तोष को मैं गूँगे का गुड़ ही कह सकता था। मन चाहता था, कभी समाप्त न हो सकनेवाली रोचक पुस्तक मिल जाये और मैं उसमें सदा के लिए डूब जाऊँ। नियम-विरुद्ध छिपकर कहानी-उपन्यास पढ़ने के लिए मैंने कुछ मार भी खायी।

प्रसंग था, पहली बार कहानी लिखने की उमंग या प्रयत्न का। हमने जो पत्रिका आरम्भ की थी, उसका नाम याद नहीं। इस पत्रिका में क्रमशः देने के लिए देवदत्त ने अपने पिता से पाये हुए एक उपन्यास का पहला अध्याय नकल कर लिया। मैं चाहता था कि देवदत्त मुझे भी कोई पुस्तक दे दे, ताकि उस पुस्तक के किसी अंश को कुछ अदल-बदल कर मैं भी अपनी रचना के तौर पर पत्रिका को दे दूँ। देवदत्त ने इनकार कर दिया।

देवदत्त का इनकार मेरे लिये चुनौती बन गया। मैंने कहानी लिख सकने की उमंग के आवेग में अपनी स्वतन्त्र कल्पना से एक कहानी लिख डाली; जो पत्रिका में सम्मिलित हो गयी। इस कहानी का शीर्षक था 'अँगूठी'। पत्रिका ऊपर की कक्षाओं को दिखायी गयी।

अपनी उस कहानी का कथानक भी संक्षेप में याद है। 'क' ने अपने गूढ़ मित्र 'ख' को अपनी अँगूठी स्मृति-स्वरूप भेंट कर दी थी। 'ख' का अन्य मित्र 'ग' पत्नी के रोग के कारण आर्थिक विपन्नता में फँस गया। 'ख' ने 'ग' की सहायता के लिए अँगूठी बेच दी। रहस्य खुलने पर 'क' ने क्रोध में 'ख' से कभी न बोलने की प्रतिज्ञा कर ली। कालान्तर में 'क' स्वयं वैसी ही आर्थिक विपन्नता में फँस कर व्याकुल हो गया। तब उसने अनुभव किया, मैत्री का तत्त्व स्मृति-चिह्न नहीं, मित्र के प्रति सहानुभूति और सहायता की भावना है।

इस कहानी की आधार पढ़ी हुई कहानियों या सुनी हुई घटनाओं के आधार पर विचार और कल्पना के अतिरिक्त क्या हो सकता था? उस वातावरण, आयु और अवस्था में अनुभव और भोगे हुए के लिए क्या अवसर था।

मेरी कहानी का भरपूर सराहना हुई। इस बात की चर्चा-जाँच भी हुई कि कहानी वास्तव में मौलिक थी। किशोरावस्था में कहानी लिखने के पहले प्रयत्न के सफल माने जाने

और उसकी सराहना के अनुभव ने मेरे अन्तस में कहानी के रूप में कल्पना और अभिव्यक्ति के सामर्थ्य का गहरा विश्वास, जीवन भर के लिए बैठा दिया। यह कहानी हस्तलिखित पत्रिका की सीमा में ही रही, कभी छपकर प्रकाशित न हुई। मेरी इस रचना की नींव या दीवारों में अनुभव या भोगे हुए यथार्थ का कितना तत्त्व हो सकता था? अथवा रचना की कल्पना के क्या सम्भव स्रोत हो सकते थे? यह चर्चा आगे करूँगा।

उल्लिखित में आपके दोनों आरंम्भिक प्रश्नों के उत्तर आ गये। परन्तु यह प्रश्न के प्रत्यक्ष या क्रिया-पक्ष का उत्तर हुआ। वास्तविक प्रश्न है, "उस उम्र में कहानी लिखने की उमंग या प्रेरणा कैसे उठी?" यह कहना सन्तोषजनक नहीं होगा कि मैंने देवदत्त के इनकार की चुनौती से कहानी लिखने की सामर्थ्य पा ली और उसमें सफल हो गया। मेरा विचार है, अच्छी रचनाएँ, कहानी-उपन्यास-यात्रा-वृत्त पढ़ने से मुझे जो अनिर्वचनीय सुख अनुभव होता था, उस सुख को स्वयं सृजन कर सकने या स्वयं उस सुख के सृजन के सन्तोष और गर्व की अचेतन परन्तु अदम्य इच्छा ही मेरी सबसे पहली कहानी लिखने की प्रेरणा का प्राण या श्वास थी। कालान्तर में कहानी लिखने की प्रेरणा में अन्य चेतना तथा प्रयोजन के कारण भी जुड़ गये। परन्तु उस प्रक्रिया में जीवों की अचेतन सृजन-कामना का वह अनिर्वचनीय सुख और तृप्ति की अनुभूति तो सदा साथ लगी ही रही होगी।

१९१७-१९१८ में मैं गुरुकुल में बहुत बीमार हो गया था। समाचार पाकर मेरी माता मुझे लाहौर ले आयीं। तब वे लाहौर में 'हरिचरण की पौड़ियाँ' की आर्य कन्या पाठशाला में अध्यापिका थीं। गुरुकुल में विद्यार्थी विदेशी शासन के प्रति अपनी घृणा और विरोध-भावना प्रकट करने में झिझकते न थे। लाहौर आते ही जुबान पर ऐसी बात न आने देने की चेतावनी दे दी गयी। इस मौन अनुभव का प्रभाव शायद मेरे पूरे रचना-प्रयत्न में देखा जा सकता है।

१९१९ में मेरी माँ फिरोजपुर छावनी में अधिक वेतन पाकर आ गयीं। उनके साथ मैं भी वहाँ गया और फिरोजपुर छावनी के हाई स्कूल में भर्ती हो गया। लाहौर और फिरोजपुर में कला-साहित्य के लिए गुरुकुल काँगड़ी-जैसा प्रोत्साहन का अवसर न था।

१९२१ में मैट्रिक परीक्षा पास की। ज़िले में मैं फर्स्ट था और कालेज में पढ़ने के लिए वजीफे का हकदार था परन्तु उसे ठुकरा कर कांग्रेस का स्वयंसेवक बन गया।

मैं अति सीमित साधनों के बावजूद आगामी शिक्षा के लिए लाहौर नेशनल कॉलेज में चला गया। लाहौर नेशनल कालेज में जाना भी मेरी कथा-यात्रा की एक मंजिल भी।

प्रश्न या शंका हो सकती है कि यदि मैं लाहौर नेशनल कालेज के बजाय शिक्षा के लिए किसी दूसरी संस्था में गया होता, तो क्या कथाकार के लिए सहायक कल्पना और अभिव्यक्ति की सामर्थ्य के विश्वास के बावजूद मैं लेखक या कथाकार ही बना होता? इस प्रश्न की विवेचना के लिए बीच के वर्षो का कुछ ब्योरा सहायक हो सकता है। यह मेरे संस्मरण 'सिंहावलोकन' से कुछ पुनरावृत्ति होगी, परन्तु आपके प्रश्न के समाधान के लिए प्रासंगिक है।

मेरी सम्पूर्ण कथा-यात्रा पर नेशनल कालेज का प्रभाव माना जा सकता है। इस कालेज की स्थापना जवानों की डिग्रियों-द्वारा सरकारी या अन्य नौकरियाँ पाने में सहायता के लिए नहीं हुई थी। संस्था की स्थापना में मूल भावना विदेशी शासन से मुक्ति की राष्ट्रीय भावना

थी और शिक्षा का प्रयोजन विद्यार्थियों के चिन्तन या मानसिकता का विकास था। लाला लाजपतराय स्वतन्त्रता-संघर्ष में गाँधी जी से पूर्व आ चुके थे। वे कांग्रेस की गाँधीवादी नीति के नहीं,तिलक-पन्थी नीति के समर्थक थे। संस्था में ऐसी ही विचाराधारा के अध्यापक भी थे। उदाहरणतः स्वर्गीय आचार्य जुगुल-किशोर। आचार्य जी कुछ ही दिन पूर्व यूरोप से लौटे थे। तब वे इतने अध्यात्म अभिमुख न थे। ऐसे ही पी.सी. मेहता, डी. आर. गुप्ता, प्रो. छबीलदास और विशेषतः प्रो. जयचन्द्र विद्यालंकार। विद्यार्थी भी यहाँ ऐसे ही थे; जो एक बार सरकारी शिक्षा-संस्थाओं को छोड़कर किसी भी प्रकार विदेशी सरकार से सहयोग के लिए तैयार न थे। यहाँ आने पर भगत सिंह, सुखदेव, भगवतीचरण वोहरा आदि से मेरी संगति हो गयी।

लाहौर के बौद्धिक क्षेत्रों में अध्ययन और विचार-विनिमय की परम्परा थी। बौद्धिक क्षेत्रों में राष्ट्रीय दृष्टि से प्रोत्साहन के लिए लाला लाजपतराय ने अपने पिता की समृति में द्वारकादास पुस्तकालय स्थापित किया था। पुस्तकालय आकार में बहुत बड़ा न था, लेकिन उसमें सभी विषयों, खासकर राजनीति, अर्थशास्त्र, पूर्वीय-परिश्चमीय दर्शन और साहित्य की स्तरीय पुस्तकों का विशिष्ट संग्रह था। सुझाने पर नवीन प्रकाशन भी मँगा लिये जाते। नेशनल कॉलेज में आकर ही हम लोगों ने समाजवाद और सोवियत की साम्यवादी क्रान्ति का अभिप्राय समझा। हम कुछ विद्यार्थी रौलट कमेटी की रिपोर्ट से जानकारी पाकर अपने देश में हुए सशस्त्र क्रान्ति के प्रयत्नों का अध्ययन और उस विषय में विचार-विमर्श करते रहते थे। यह काम कुछ गुप्त था। इसमें प्रोत्साहन का बहुत-सा श्रेय जयचन्द्र विद्यालंकार को था।

मेरी कथा-यात्रा में प्रयोजन अथवा तत्त्व-पक्ष के साथ ही मेरी कथा-यात्रा को प्रोत्साहन और सक्रियता देने में भी नेशनल कॉलेज का महत्त्व रहा। प्रसंग कुछ झेंप का है, परन्तु संस्मरण की सार्थकता सच्चाई में ही है।

इण्टर के दूसरे वर्ष में हमारे हिन्दी के अध्यापक थे प्रख्यात कवि, नाटकार और कथाकार श्री उदयशंकर भट्‌ट। उस समय तक भट्‌ट जी की ख्याति इतनी व्यापक न थी। हम उन्हें केवल कवि के रूप में जानते थे। एक दिन भट्‌ट जी ने हमारी हिन्दी कक्षा का टेस्ट लिया। प्रश्न चार थे। पूर्णांक दस। उत्तर के लिए तीस-चालीस मिनट का समय दिया गया था।

पहले प्रश्न का एक ही अंक था। उत्तर के लिए एक-दो पंक्तियाँ पर्याप्त होतीं। मैंने झोंक में या अपनी लेखन-शक्ति के प्रदर्शन के लिए पहले प्रश्न के तीन-चार विकल्प बनाकर पूरा समय पहले प्रश्न में ही लगा दिया। मन में आश्वस्त था कि भट्‌ट जी मेरे हिन्दी ज्ञान से मुझे पूर्णांक का अधिकारी समझ लेंगे।

भट्‌ट जी ने मुझे टेस्ट में एक ही नम्बर दिया, तो कक्षा में सहपाठियों की मुस्कान से मेरा चेहरा उतर गया। भट्‌ट जी भी मुस्कराये, "तुमने बात को खूब फैलाया है। हमने भी प्रश्न के पूर्णांक दे दिये।"

कक्षा के बाद भट्‌ट जी ने मुझे रोककर बात की, "तुममें कल्पना-सामर्थ्य है। अच्छा लिख लेते हो। कोई कहानी या लेख लिखो, तो हमें दिखाना।"

शीघ्र ही एक कहानी लिखकर भट्‌ट जी की राय के लिए प्रस्तुत की। कुछ दिन बाद भट्‌ट जी ने बताया, कहानी विचारार्थ अपने परिचित एक सम्पादक को भेजी है। उसकी राय बतायेंगे। मैं उत्सुक, प्रतीक्षा करने लगा।

तब हमारा बोर्डिंग ब्रैण्डलाहाल के समीप शीश महल में था। दो-तीन मास बाद डाक से एक पत्रिका मिली। इस पत्रिका का नाम था 'भ्रमर', बरेली से प्रकाशित। इस कहानी का शीर्षक अथवा कथानक कुछ याद नहीं। अनुमान है, कथानक जहाँ-तहाँ पढ़ी कहानियों या घटनाओं को जोड़कर ताल-मेल से ही बनाया होगा। परन्तु अपनी रचना को पत्रिका में छपी देखकर कितना आनन्द और उत्साह अनुभव हुआ, आज उसका वर्णन करना कठिन है। निश्चय ही उस समय अपनी रचना-सामर्थ्य के विश्वास और छपे हुए साहित्य की ड्योढ़ी में प्रवेश क गर्व से मेरी गर्दन उठ गयी होगी। सहपाठियों की नजर में चढ़ गया।

भट्ट जी से साक्षात्कार होने पर उन्होंने उत्साह बढ़ाया, "कहानी अच्छी थी। हमने प्रकाशित हो जाने से पहले कुछ कहना उचित न समझा। अभ्यास जारी रखो।"

मेरी कथा-यात्रा की इस मंजिल पर ठमककर सोचने का अवसर आ गया। कह चुका हूँ, नेशनल कालेज में आने का प्रयोजन केवल जीविका-यात्रा के लिए उपाय सीखना न था। हम लोग वैयक्तिक और पारिवारिक सीमाओं से परे दायित्व की चिन्ता-कल्पना करने लगे थे। लिखने के सम्बन्ध में भी वही प्रश्न सामने आया, क्या केवल किस्सागोई के, मनोरंजन के लिए लिखूँ? छिप-छिपकर कुछ छोटी-छोटी चीजें लिखीं। उनके अर्थ और प्रभाव के बारे में सोचा और उन्हें फाड़ डाला।

छिप-छिपकर इसलिए कि साथियों में भगवतीचरण, भगत सिंह, धर्माभिलाषी और टेकचन्द धींगड़ा को भी लिखने का चाव था। धर्माभिलाषी गद्य नहीं, कविता लिखता था। अपना लिखा निस्संकोच सुना देता। उसकी कविता हमारी राय में संगत और सार्थक होती थी, परन्तु भगत सिंह अपना लिखा हमें न दिखाता। एक बार उसकी जेब से लिखे हुए कागज निकाल लेने का यत्न करने पर असफल तो रहा ही, भुगतना भी काफी पड़ा। भगत आयु में मुझसे बरस-डेढ़ बरस कम ही था, परन्तु कद में मुझसे दो इंच ऊचा था। कलाई पकड़ ले तो छुड़ा सकना या मजाक का धौल-धप्पा अन्ततः मेरे लिये सन्तोष का कारण न होता।

आपकी जिज्ञासा है, मेरे विचार में मुझ पर किन देशी-विदेशी लेखकों का प्रभाव पड़ा है? सच तो यह है कि सब लेखकों के नाम नहीं गिना सकता। जिन लेखकों के विचार या शैली सराहनीय लगे, उन सभी का प्रभाव मुझ पर पड़ा होगा। इण्टर में ही हम प्रेमचन्द, सुदर्शन, हिन्दी में प्राप्त बँगला और मराठी के अनुवादों के अतिरिक्त विक्टर ह्यूगो, डिकंस, तालस्ताय, चेखव, जैक लण्डन, गोर्की, तुर्गनेव बहुत कुछ पढ़ चुके थे। कभी आपस में उन पर बहसें भी करते थे। इस अध्ययन से हम समाजवादी विचारों की ओर आकर्षित हो चुके थे और समाजवादी क्रान्ति से प्रभावित थे। प्रभाव के विचार से उस समय गोर्की हमें आदर्श जान पड़ता था।

मुझे पण्डित सुदर्शन के छोटे-छोटे गद्य काव्यों की शैली रुचती थी। मैं छोटे-छोटे गद्य काव्य लिखने लगा। इनमें दासता की जंजीरों में जकड़ी विदेशियों-द्वारा अपमानित भारत माता अथवा एक समय गौरवान्वित परन्तु विदेशियों के पाँव-तले रौंदी जाती हमारी राष्ट्रीयता के लिए जूझने की गुहार होती या नवयुवकों की रांष्ट्रीय क्लीवता के लिए धिक्कार अथवा रक्त की अर्ध्य माँगती स्वतन्त्रता की देवी की तृप्ति के लिए आह्वान। साहस कर किसी से चर्चा किये बिना ऐसा एक टुकड़ा कानपुर से प्रकाशित साप्ताहिक 'प्रताप' को भेज दिया। उस

समय स्वर्गीय गणेश शंकर विद्यार्थी द्वारा सम्पादित साप्ताहिक 'प्रताप' की हिन्दी-पत्रों में सबसे अधिक प्रतिष्ठा थी। 'प्रताप' का पाठक होना ही जागृति का संकेत माना जाता था।

अपनी रचना 'प्रताप' में भेजकर तीसरे सप्ताह से वाचनालय में जाकर धुकधुकाते दिल से सबसे पहले प्रताप के नये अंक के अन्तिम पृष्ठ का अन्तिम कॉलम देखता। इस कॉलम का शीर्षक रहता था,—"छाप न सकेंगे।" कुछ रचनाओं के लिए स्थानाभाव के कारण और कुछ रचनाओं के अन्य कारणों से प्रकाशित न कर सकने के लिए खेद रहता। इस कॉलम में अपनी रचना का उल्लेख न पाकर आगामी अंक की प्रतीक्षा हो जाती।

कुछ प्रतीक्षा के बाद 'प्रताप' के मुख पृष्ठ के बीच चौकोर में (विशेष सूचना या विशिष्ट कविता की तरह, मेरा गद्य लेख दिया गया था। उस अवस्था में लेखकीय गर्व या सफलता के लिए उससे बड़ा क्या कारण हो सकता था? कल्पना करने लगा, किसी दिन 'प्रताप' जैसे प्रतिष्ठित पत्र या स्वयं 'प्रताप' के ही कार्यालय में सम्पादक बन सकूँगा। इसके बाद 'प्रताप' में मेरी चार पाँच गद्य-काव्य रूप रचनाएँ प्रकाशित हुईं। मैं कालेज में लेखक या साहित्यिक माना जाने लगा। बल्कि भगत सिंह और सुखदेव कभी-कभी मुझे विद्रूप में भी लेखक या साहित्यिक पुकार लेते। संकेत होता, लिखोगे ही या कुछ करोगे भी? इस स्थिति का दूसरा पक्ष भी था। मैं ऐसी रचनाएँ अधिक लिखने लगा। भगत सिंह को उर्दू लिपि और बोली का भी अच्छा अभ्यास था। भगत सिंह कभी मेरी रचना को और कभी हम दोनों की मिलकर लिखी रचना को उर्दू लिपि में कर देता। ये रचनाएँ कामरेड रामचन्द्र कपूर के माध्यम से 'वन्दे मातरम्' में या नरेन्द्रनाथ द्वारा किसी अन्य उर्दू साहित्यिक में स्थान पा जातीं। उस समय उर्दू-हिन्दी में पारिश्रमिक या शुल्क का प्रश्न न होता था। हमारी रचना का प्रकाशन हमें उत्साहित करने का एहसान होता।

प्रो. जयचन्द्र विद्यालंकार के भाई धर्मचन्द्र और देवचन्द्र मेरे सहपाठी थे। दोनों बहुत उद्यमी थे। उन दोनों नो साहस से १९२६ के आरम्भ में ही लाहौर में हिन्दी भवन के नाम से हिन्दी की साहित्यिक पुस्तकों की दूकान और प्रकाशन आरम्भ कर दिया था। धर्मचन्द्र ने मुझे मेरी स्टोप्स की पुस्तक 'हैपी मैरिड लाइफ़' के हिन्दी अनुवाद का काम दे दिया। इस पुस्तक का प्रसंग कथा-यात्रा में अप्रासंगिक हो सकता है, परन्तु मेरी कलम से लिखा गया यह पहला प्रकाशन था। पुस्तक लगभग दो-सवा दो सौ पृष्ठ की होगी। धर्मचन्द्र ने हिसाब-लगाकर बता दिया था कि अस्सी रुपया पारिश्रमिक दे सकेगा। जरूरत के कारण दस-बारह दिनों में अनुवाद पूरा कर दिया। धर्मचन्द्र ने अगले दिन अस्सी रुपये दिये। वह अनुवाद से पूर्णतः सन्तुष्ट था।

धर्मचन्द्र ने तुरन्त दूसरा काम दिया। वह बालकों के लिए एक कहानी संग्रह तैयार कर रहा था। उसके लिए तीन कहानियाँ चुनकर प्रेस में दे चुका था। शेष तीन कहानियाँ लिखने का अवसर मुझे दे दिया। शीघ्र ही तीन मौलिक कहानियाँ लिखकर हिन्दी भवन गया। धर्मचन्द्र ने दो कहानियों के लिए सन्तोष प्रकट किया। तीसरी कहानी मुझे लौटा कर कहा, "यह कहानी मौलिक नहीं है।"

मेरे पाँव-तले की धरती खिसक गयी। मैंने उसे चुनौती दी, "यदि ऐसा प्रमाणित कर सको, तो शेष दो कहानियों का भी पारिश्रमिक छोड़ दूँगा।"

धर्मचन्द्र गम्भीर और मितभाषी था। उसने एक शेल्फ में से एक पुस्तक निकालकर खोली और पृष्ठ मेरे सामने कर दिया।

एक साँस में कहानी पढ़ गया। लग रहा था, सूर्य के प्रकाश से जगमगाता दिन अमावस की रात बनता जा रहा है। पात्रों के नामों और कुछ ब्योरे के अतिरिक्त मेरी कहानी और वह कहानी लगभग एक ही जैसी थी। वह कहानी बँगला से अनूदित थी।

मेरी आँखें डबडबा गयीं। मुँह सूख गया। उठा कि मौन लौट जाऊँ।

"मैं यह नहीं कहता कि तुमने यह कहानी यहाँ से ली है या तुम्हारी कहानी मौलिक नहीं है। दोनों मौलिक हो सकती हैं, परन्तु दोनों में इतना सादृश्य है कि दोनों एक दूसरी की अनुकृति जान पड़ती हैं। कहानी का विषय और कथानक ऐसे हैं कि ऐसी और कहानी मिल जाना भी सम्भव है।" धर्मचन्द्र ने निश्चित पारिश्रमिक के अनुसार दो कहानियों का मूल्य दे दिया।

मेरी रचना लौटा दी जाने का यह पहला अनुभव था। ऐसे अन्य अनुभवों की चर्चा आगे करूँगा।

१५ अप्रैल, १९२९ से २३ जनवरी, १९३३ की सुबह तक मैं फरार रहा। जान हथेली पर लिये फरारी का प्रयोजन साहित्य या कथा-यात्रा के लिए लगन तो थी नहीं। उस पर चिन्ता थी, विदेशी सरकार-विरोधी चेतना और भावना से उस सरकार पर चोट के लिए शस्त्र-संग्रह और विस्फोटक पदार्थों के निर्माण की। परन्तु प्रकारान्तर से फरारी या कोई भी तीव्र अनुभव साहित्य या कथा-यात्रा में उपयोगी हो सकता है। फरारी में सदा स्वयं छद्म रहकर सन्देह से दूसरों की सूक्ष्म गतिविधि को भाँपने का यत्न, यानी मानव-प्रकृति और व्यवहारों का सूक्ष्म अध्ययन करना होता है। इस सावधानी में उपेक्षा से फरार मारा जायेगा। परन्तु उस अवस्था में भी साहित्य-सुख की आसक्ति छूट न गयी थी। पढ़ सकने के अवसर का लाभ उठाता ही था। रचना या सृजन-प्रयत्न का अवसर न था।

फरारी में जब भी निष्क्रियता की बाध्यता आयी, साहित्य के अंकुर फूटने लगे। १९३१ अगस्त-सितम्बर के दिन थे। दिल्ली में उस समय जमे हुए हिन्दी पुस्तक प्रकाशक श्री ऋषभचरण जैन से परिचय हो गया। वे साहस से मुझे अपने घर ले गये। उसी दिन उन्हें पुत्र-लाभ हुआ था। ऋषभचरण जी ने मुझसे नवजात शिशु को आशीर्वाद देने का अनुरोध किया। उन्होंने अपनी सेवा-सहायता की इच्छा भी प्रकट की। सामने लुइ फिशर की पुस्तक 'गाँधी और लेनिन' रखी थी। जैन का विचार उस पुस्तक का अनुवाद प्रकाशित करने का था।

मैंने जैन जी से अनुरोध किया, यह पुस्तक पढ़ना चाहता हूँ। इसका अनुवाद भी कर सकता हूँ। अनुवाद आपको जँच जाये, तो पारिश्रमिक से मेरी सहायता हो जायेगी। जैन जी ने पुस्तक मुझे दे दी और अनुवाद के अग्रिम पारिश्रमिक के रूप में दो सौ रुपये भी दे दिये। पुस्तक के कई स्थलों पर मूल लेखक के निष्कर्षों से मैं सहमत न था। इसलिए अनुवाद में स्वतन्त्रता से काम लिया। यह बात मैंने जैन जी को बता दी थी।

जैन ने पुस्तक प्रकाशित कर दी थी। अनुवादक का नाम दिया गया था, ठाकुर राजबहादुर सिंह। परन्तु रहस्य खुल जाने पर सरकार ने पुस्तक को जब्त कर लिया था।

ऐसे ही एक अन्य अवसर पर मैं निठल्ला था। तब आस्कर वाइल्ड के नाटक 'वेरा द निहिलिस्ट' की आधी पुस्तक का अनुवाद कर डाला था। वह जाने कहाँ खो गया।

मेरी गिरफ्तारी के लिए जगह-जगह बड़े-बड़े विज्ञापन लगे रहते और लाहौर दिल्ली-षड्यन्त्र के मामलों में मुखबिरों द्वारा दिये गये बयान अखबारों में प्रकाशित होते रहने के कारण मेरा नाम अनजाना न रहा था।

मार्च, १९३२ के आरम्भ में मुझे सपरिश्रम चौदह वर्ष कारावास की सजा मिली। कानूनी भाषा में उम्र कैद।

मेरा अनुभव है कि बहुत मार्मिक रचना पढ़ने से स्वयं रचना की स्फूर्ति जाग उठती है। तब ऐसी रचना पढ़ने पर मैं पुस्तक के पन्नों में उँगली रखकर बहुत देर विचार या कल्पना में डूब जाता। कागज-कलम और समय रहते भी लिखने की इच्छा न होती या प्रयत्न निरर्थक जान पड़ता। चौदह वर्ष की सजा तो केवल गिरफ्तारी के समय गोली-काण्ड के प्रसंग में हुई थी। अभी सिर पर दिल्ली और लाहौर, षड्यन्त्र केस लटक रहे थे, जिनमें भारतीय दण्ड-विधान के अनुसार फाँसी का दण्ड तक असम्भव न था। इस आशंका से कभी-कभी भारतीय दण्ड-विधान में अपने विरुद्ध आरोपित धाराओं के विषय में पढ़ता रहता।

नैनी सेण्ट्रल जेल की गोरा बारक में आठ-नौ मास रहने पर मुझे निम्न श्रेणी के यूरोपियनों और ऐंग्लो-इण्डियन लोगों को समीप से देखने का अवसर मिला। इस अनुभव की छाया 'मेरी तेरी उसकी बात' के दूसरे परिच्छेद में है। वहाँ वास्तव में एक 'किम' था। गोरा बारक की संगति से ऊब कर मैंने वहाँ रखे जाने का विरोध किया और माँग की कि मुझे 'बी' क्लास के राजनैतिक बन्दियों के साथ रखा जाये। माँग की उपेक्षा कर मैंने अनशन करने की धमकी दी थी।

नैनी जेल में 'बी' श्रेणी के क्रान्तिकारी राजनैतिक कैदियों की उस बारक में उस समय केवल दो ही बन्दी थे, एक काकोरी केस से सम्बद्ध गोविन्दचरण कर और दूसरे ठाकुर टीकम सिंह। मैंने गोविन्दचरण कर से बंगला पढ़ने-सीखने की इच्छा प्रकट की। कर तत्क्षण सहायता करने लगे। वे छह बरस से जेल काट रहे थे। उनके पास बँगला की अनेक पुस्तकें, बंकिमचन्द्र चटर्जी की पुरातन शैली के बँगला में उपन्यासों से लेकर शरत् के नवीन शैली के उपन्यास, रवि बाबू की कविताओं के संग्रह और प्रसिद्ध मासिक पत्रिका 'वसुमति' के तीन-चार वर्षों के अंकों की जिल्दें थी। बँगला सीखने में कितनी देर लगती है। देवनागरी और बँगला की वर्णमाला एक है, केवल अक्षरों की बनावट में अन्तर होता है, बँगला की पुरानी शैली संस्कृत का गामूली ज्ञान रखनेवाले व्यक्ति के लिए बहुत सरल होती है। उससे आरम्भ किया तो नवीन शैली से परिचय में भी देर न लगी। मुहावरों या वैसी किसी बात की स्पष्टता में सहायता के लिए कर तत्पर थे ही। जो भी बँगला पुस्तक मैं आरम्भ करता, कर सद्भाव से और मुझे उत्साहित करने के लिए पुस्तक मुझे भेंट कर देते। शीघ्र ही मैं बँगला फर्राटे से पढ़ने लगा, परन्तु मैं बोलकर पढ़ता था। उच्चारण या लिखना सीखने का मैंने कोई यत्न न किया। कर की कृपा से बँगला गद्य-पद्य की अनेक पुस्तकें मैंने पढ़ डालीं। बँगला के जिन उपन्यासों के अनुवाद पहले पढ़ चुका था, अब उन्हें मूल में पढ़ा और अधिक रस पाया। हमें कागज और कलम रखने की अनुमति थी। कागज बँधी हुई कापी या रजिस्टर के रूप में, पृष्ठों पर नम्बर सहित होते थे। ताकि कागज के प्रयोग हम गुप्त पत्र-व्यवहार के लिए न कर सकें। उस समय लिखने का तीव्र प्रवृत्ति अनुभव न की। पढ़ने का सुख-सन्तोष अधिक आकर्षक था। यह भी विचार रहा होगा कि यहाँ लिखे के उपयोग की सम्भावना क्या? लिखा हुआ किसी भी समय सेंसर या जब्त हो सकता है।

१९३३ के मई के आरम्भ में मुझे नैनी सेण्ट्रल जेल से फतेहगढ़ सेण्ट्रल जेल भेज दिया गया। फतेहगढ़ सेण्ट्रल जेल की 'बी' क्लास बारक में मेरे पहुँचने के समय मन्मथ नाथ गुप्त (अब प्रसिद्ध लेखक) और मणीन्द्र नाथ बनर्जी थे। मन्मथ गुप्त का आशा और जीवट का दृष्टिकोण मुझे बहुत अच्छा लगा। उसका मुझ पर सहसा प्रभाव पड़ा। फ्रेंच स्वयं शिक्षक नैनी सेन्ट्रल जेल में ही मँगा लिया था। इस प्रकरण की 'सिंहावलोकन' से पुनरावृत्ति करूँगा। मैंने पूरे उत्साह से, स्वयं शिक्षक की सहायता से फ्रेंच सीखना आरम्भ कर दिया। अंग्रेजी हिन्दी में जो भी नयी पुस्तकें सहायक लोग भेज देते, उन्हें भी पढ़ता ही था। हम लोग बारह-चौदह घण्टे स्वाध्याय करते। मन्मथ ने फ्रेंच की आरम्भिक पुस्तकें देकर मेरी सहायता की। शिक्षा और अभ्यास में सुविधा के लिए फ्रेंच के वे उपन्यास आरम्भ किये, जिनके अंग्रेजी अनुवाद हमारे पास थे या जिन्हें पहले पढ़ चुका था। सात-आठ मास में कोशों की सहायता से दिन-भर में पचास-साठ पृष्ठ तक पढ़ने लगा। फ्रेंच की अपनी समझ पर इतना भरोसा हो गया कि कोई चीज फ्रेंच में पढ़ने के बाद उसे तत्काल अंग्रेजी में पढ़ने पर उसे कमजोर अनुवाद समझने लगा। हमारी पाठ्य-सामग्री में कहानी, उपन्यास या ललित साहित्य ही अधिक रहता था। यह हमारी कथा-यात्रा में कितना सहायक रहा होगा।

मेरे फ्रेंच समझ सकने के प्रसंग में एक घटना उल्लेखनीय है। अनातोल फ्रांस के प्रसिद्ध उपन्यास 'थाईस' का अंग्रेजी में अनुवाद मुझे नैनी सेण्ट्रल जेल में ही मिल गया था। उपन्यास इतना रोचक और अर्थपूर्ण लगा था कि उसे मनोयोग से दो बार पढ़ा था। फतेहगढ़ सेण्ट्रल जेल में मैंने 'थाईस' की मूल फ्रेंच में प्रति मँगायी। इस पुस्तक को पढ़ते समय इसके अंग्रेजी अनुवाद के साथ फ्रेंच डिक्शनरी भी ले लेता था। मूल फ्रेंच पुस्तक को दो बार पढ़ी। मुझे अंग्रेजी अनुवाद सन्तोषजनक न लगा। १९३४ के आरम्भ में प्रकाशवती भी गिरफ्तार हो गयी थीं। तब तक लाहौर और दिल्ली षड्यन्त्रों के मुकदमे वापिस ले लिये जा चुके थे। प्रकाशवती के गिरफ्तार होने पर उन्हें पंजाब और दिल्ली से निर्वासन की सजा दी गयी। प्रकाशवती मुझसे मिलने आतीं तो जितनी पुस्तक बटोर पाती, मेरे लिये ले आतीं। उन्हीं दिनों वह हिन्दी में प्रेमचन्द की नवीन प्रकाशित पुस्तक 'अहंकार' भी ले आयीं। 'अहंकार' 'थाईस' का हिन्दी अनुवाद है।

'अहंकार' को बहुत ध्यान से पढ़ा। पुस्तक बहुत अच्छी लगी। उसके बाद फिर फ्रेंच में मूल उपन्यास को पढ़ा और अंग्रेजी अनुवाद भी पुनः पढ़ा। 'अहंकार' 'थाईस' के अंग्रेजी अनुवाद की अपेक्षा थाईस के विचारातत्त्व और जीवन-चित्र की अधिक यथार्थ और सप्राण अनुकृति या प्रतिबिम्ब है। प्रेमचन्द जी के फ्रेंच जानने की क्या सम्भावना हो सकती थी। 'अहंकार' निश्चय ही अंग्रेजी अनुवाद का अनुवाद था, या प्रेमचन्द के लिए अंग्रेजी अनुवाद ही मूल था। अब समस्या थी कि क्या अनुवाद मूल से भी बेहतर हो सकता है? इस विषय में मन्मथ जी से विचार-विनिमय भी किया।

प्रेमचन्द का 'अहंकार' 'थाईस' के अंग्रेजी अनुवाद का अनुवाद है, परन्तु वह 'थाईस' का, उसके अंग्रेजी प्रतिबिम्ब से अधिक वफादार प्रतिबिम्ब है। मेरे विचार में इसका कारण है, अंग्रेज अनुवादक अनातोल फ्रांस-द्वारा 'थाईस' में प्रस्तुत पाप-पुण्य या तप की पूर्वी दर्शन और विचार धारा की भावना की सूक्ष्मता को समझने में असमर्थ था। उसने 'थाईस' उपन्यास के शरीर की अनुकृति तो कर दी, परन्तु वह भावभंगीहीन, पुतला-मात्र बन गयी। यह था

केवल प्रत्यक्ष यथार्थ को पकड़ पाना। प्रेमचन्द को 'थाईस' के उद्धारक सन्त पापनाशी के विचार और भाव हस्तामलक थे। उन्होंने अंग्रेजी अनुवाद के ढाँचे से अनातोल फाँस के प्रयोजन के गुह्म यथार्थ (यथार्थ की आत्मा) को भाँप लिया और अंग्रेजी अनुवाद के 'थाईस' उपन्यास को पुनः अनातोल फ्रांस का जीवन से स्पन्दित और भावभंगी से थरथराता शरीर दे दिया। यह है किसी घटना या वृत्त के भाव के यथार्थ के आधार पर रचना का सफल उदाहरण।

उपरोक्त अनुभव ने किसी भी रचना को पढ़ने के मेरे दृष्टिकोण पर गहरा प्रभाव डाला। सोचा, शेक्सपियर के अधिकांश नाटक इटालियन कथाकार बोकाशियों की कहानियो के आधार पर हैं।

मैंने शेक्सपियर के नाटकों को भी फिर से पढ़ा, विक्टर ह्मगो, डिकंस, गाल्सवर्दी, ताल्सतोय, रूसो, वोल्टयर, प्रोधों सभी को पढ़ डाला। पढ़ने और उस पर मीन-मेख के अतिरिक्त हमें और काम क्या था? उसे साहित्यिक शिक्षा या कथा-यात्रा की तैयारी कहा जा सकता है।

मन्मथ अपने स्वाध्याय के नियम से अभ्यास के लिए कुछ-न-कुछ लिखते भी रहते थे। कुछ बार कोई अंग्रेजी या फ्रेंच पुस्तक-पत्रिका पढ़ते समय मुझे ऐसा लगा कि इस विषय या बात को इस प्रकार से लिखा जाये (अंग्रेजी या हिन्दी में) तो भाव अधिक स्पष्ट या बात अधिक प्रभावी हो सकेगी। सम्भव है मन्मथ का उदाहरण मेरी लिखने की सुषुप्त कामना को कुरेद रहा था। हम ऐसे यत्न भी करते। सदा सहमत ही हो जाते हों, ऐसी बात न थी। एक बार की याद है। मैं अनातोल का विशेष प्रशंसक था। अनातोल के उदार विद्रूप और सूक्ष्मता को अपना सकने की महत्त्वाकांक्षा मेरे मन में सदा उमगती रहती थी। उसी प्रकार विक्टर ह्मगो के सूक्ष्म ब्योरे, चेखोव की सांकेतिकता के प्रति भी मेरा झुकाव था। उनका प्रभाव मुझ पर, अवचेतन में ही सही, जरूर पड़ा होगा। उन प्रभावों को मेरी रचनाओं में खोज निकालना किसी आलोचक का काम होगा।

जब लिखना आरम्भ हो गया, तो कहानी लिखने की पुरानी ललक के अंकुर इतने बरस की अवसरहीनता की परतों को तोड़कर फूट आये। जेल जीवन में पहली कहानी फतेहगढ़ जेल में ही लिखी। उसे सँवारकर दूसरी बार स्पष्ट अक्षरों में दूसरी कापी में लिखा। यह पहली कहानी थी, 'मक्रील'। एक काल्पनिक मनोरम पहाड़ी बस्ती में नदी का काल्पनिक नाम। यह कहानी मेरे 'पिंजरे की उड़ान' संकलन की पहली कहानी है।

'मक्रील' कहानी कल्पनाओं के ही यथार्थ के चौखट पर बुनी गयी कल्पना है। अति वृद्धावस्था में यश और कीर्ति प्राप्त कवि उफनते यौवन की ऊर्जा की तुलना में अपने जीर्ण शरीर की कायर-क्लीवता से क्षुब्ध होकर आत्महत्या कर लेता है, सम्भव है, कहानियों में मनोविज्ञान खोजनेवाले पाठक, इस कहानी को लेखक के जीवन में नैराश्य के अन्धकार की कल्पना का उच्छ्वास, या उस अभिव्यक्ति से आत्मकरुणा का सन्तोष कहना चाहें।

चालीस बरस पुरानी स्मृतियाँ जगा रहा हूँ। इन स्मृतियों का मेरे आज के विचारों से अनुरंजित हो जाना भी सम्भव है। लिखने की इच्छा फूट पड़ने पर उसकी सार्थकता के विचार भी सूझने लगे, विदेशी परतन्त्रता से मुक्ति के लिए समाज का सजग होना, स्वयं अपना भी रूढ़ियों के कारण निर्बलताओं से परिचित होना आवश्यक है। स्वतन्त्रता के लिए

सबसे आवश्यक है, स्वतन्त्रता या आत्मनिर्णय के अधिकार और अवसर की इच्छा, केवल राजनैतिक और शासन के क्षेत्र में ही नहीं, विचार और सामाजिक व्यवहार के क्षेत्र में भी। सबसे अधिक जरूरी है विकास के मार्ग की बाधक मान्यताओं से विद्रोह ! ऐसे विचारों को प्रोत्साहन मिला' विशेषतः फ्रेंच के अभ्यास के लिए रूसो, वोल्टेयर, अनातोल फ्रांस की रचनाओं को बार-बार पढ़ने से। इसमें सहायक हुआ ताल्सतोय, चेखव, तुर्गनेव और गोर्की का अध्ययन। निकट भविष्य में प्रकाशन की सम्भावना न होने पर भी, अभिव्यक्ति के रस या सन्तोष के लिए ही लिखने लगा। 'दुखी-दुखी' 'दुख', 'नीरस रसिक', 'समाज सेवा', 'तूफान का दैत्य' आदि कहानियाँ तभी लिखी थीं। लिखने की इच्छा का ज्वार-सा आ गया था। अपनी अवरुद्ध कल्पनाओं के उच्छ्वासों की कल्पना की अभिव्यक्ति या 'दिवास्वप्न' के रूप, लिखने की भड़ास में एक उपन्यास आरम्भ कर दिया, उसका नाम रखा था 'मणि'। उसका कुछ ही अंश लिख पाया था कि व्यवधान आ गया।

मुझे तपेदिक का मरीज बताकर सुल्तानपुर सैनिटोरियम जेल भेज दिया।

उस समय सुल्तानपुर सैनिटोरियमं जेल के सुपरिण्टेण्डेण्ट थे डा. गुप्ता। यहीं मैंने 'पीर का मजार' और 'प्रेम का सार' कहानियाँ लिखीं और पहाड़ की स्मृति और 'भावुक' कहानी भी लिखी।

बरेली जेल में आया तो बैरक में दूसरा कैदी राजनैतिक या क्रान्तिकारी साथी न था। एक सज्जन थे फर्रुखाबाद के सेठ लछमन दास, आयु लगभग साठ बरस। 'बी' क्लास में अपनी खानदानी रईसी के कारण थे। उन्हें नगर के साम्प्रदायिक दंगे में नौ कत्ल करने के अपराध में मिली फाँसी की सजा प्रिवी काउंसिल की अपील पर उम्र कैद में बदल दी गयी थी। पुरानी परिपाटी से शिक्षित, विचारों से आर्यसमाजी। उन्हें मुझसे सहानुभूति थी। यहाँ कई कहानियाँ लिखीं—'दूसरी नाक' और 'जहाँ हसद नहीं' याद हैं। 'दूसरी नाक' का सुझाव ओ चडवायर के पश्मिोत्तर सीमा प्रान्त के संस्मरणों में पठानों के जीवन-चित्रण से मिला था। 'जहाँ हसद नहीं' कहानी का आधार था अखबार में एक समाचार। एक पति ने पत्नी की अन्यत्र आसक्ति के कारण पत्नी का गला छुरी से काट दिया था। स्त्री की मृत्यु अस्पताल में हुई थी और स्त्री का अन्तिम बयान था, पति ने उसका कत्ल उसके आग्रह पर किया है।

अखबार में पढ़े समाचार से 'जहाँ हसद नहीं' कहानी लिखकर ही कल्पना सन्तुष्ट नहीं हो गयी। अखबार के समाचार से स्पष्ट था कि स्त्री के कत्ल का कारण पति की पत्नी के प्रेमी से हसद थी और यह भी स्पष्ट था कि स्त्री ने अन्तिम बयान अपनी हत्या करनेवाले पति से प्रेम के कारण उसे बचाने के लिए दिया था। शायद स्त्री पति और प्रेमी दोनों को ही प्यार करती थी, बेबसी की सीमा तक। प्रेम-प्रणय में त्रिकोण के ऐसे अनेक मामले होते रहते हैं। पत्नी पर स्वामित्व के अधिकार की रूढ़ि एक बात है। ऐसी स्थिति में तर्कसंगत दृष्टिकोण क्या हो सकता है? नारी दो पुरुषों से समान प्रेम और पुरुष दो नारियों से समान प्रेम क्यों नहीं कर सकता?

तभी अनातोल फ्रांस की किसी रचना में पढ़े वाक्य याद आ गये। व्यक्तियों में विचारों के साम्य और सामीप्य से संगति की रुचि स्वाभाविक है और निकट संगति की इच्छा का परिणाम परस्पर शारीरिक आकर्षण बौद्धिक और विचारशील समाज में ऐसी स्थिति की और अधिक सम्भावना। इस विचार से एक और कहानी की कल्पना जगी। प्रेम-विवाह करनेवाले

एक जोड़े में पति अपनी पत्नी के अन्यत्र लगाव का सन्देह करने लगता है। पत्नी की अनुपस्थिति में उनके फ्लैट में आग लग जाती है। पत्नी लौट कर अपने पति को संकट में देख कर उसकी रक्षा के लिए स्वयं जलते मकान में धँस कर पति को बचने में सहायता करती है, परन्तु स्वयं पीछे रह जाने से इतनी झुलस जाती है कि अस्पताल पहुँचने तक समाप्त हो जाती है। पत्नी पर सन्देह के लिए पश्चात्ताप और शोक से आतुर पति को पत्नी का दाह-संस्कार करके लौटते ही अपनी पत्नी के अन्यत्र लगाव का असन्दिग्ध प्रमाण मिल जाता है। पति अपनी मृत पत्नी अपने प्रति प्रेम के विश्वास और अपने लिये बलिदान की कृतज्ञता में पत्नी के अन्यत्र लगाव के अपराध या अपमान के प्रमाण को स्वयं जला कर सामाप्त कर देता है। इस कहानी का नाम है, 'तीसरी चिता'।

नैनी सेण्ट्रल जेल बारक में ही नहीं, मेरी भावी साहित्यिक साधना या कथा-यात्रा पर भी साथी शिवसिंह की संगति का विशेष प्रभाव पड़ा। आज हिन्दी कहानी-उपन्यास साहित्य पर मार्क्सवाद या समाजवाद के प्रभाव की चर्चा में यशपाल के कहानी-उपन्यासों की बात प्रायः ही आ जाती है। समाजवाद की ओर हमारी प्रवृत्ति थी, यह तो हमारे संगठन के नाम 'हिन्दुस्तानी समाजवादी प्रजातन्त्र सेना (या संघ)' से ही स्पष्ट है। नैनी सेण्ट्रल जेल में पहली बार ही पं. जवाहरलाल नेहरू द्वारा नेहरू परिवार में पहुँची हुई समाजवाद की परिचायक कुछ पुस्तकें, उदाहरणतः 'हिस्टोरिकल मैटिरियलिज्म'; 'ओरिजिन आफ प्राइवेट प्रापर्टी, 'फैमिली एण्ड स्टेट' आदि श्यामकुमारी नेहरू से पाकर पढ़ चुका था, परन्तु नैनी में पुनः आने पर समाजवाद या मार्क्सवाद को भावुकता की अपेक्षा तार्किक दृष्टि से समझ सकने में शिव सिंह का हम सब पर बहुत प्रभाव पड़ा।

जेल से मुक्ति के बाद स्वास्थ्य के लिए भोवाली चले जाना पड़ा। जेल से प्रकाश जी के हाथ अपनी लिखी कहानियों की लिपि भेज दी थी। उन दिनों कलकत्ता से प्रकाशित 'विशाल भारत' मासिक पत्रिका हिन्दी क्षेत्र में चोटी पर थी। प्रकाश जी ने 'मक्रील' कहानी की प्रति इस पत्रिका को भेज दी थी। 'मक्रील' प्रकाशित होने पर चन्द्रगुप्त विद्यालंकार की टिप्पणी प्रकाशित हुई— 'मक्रील' एक नये लेखक की रचना है। इस लेखक का साहित्यिक भविष्य उज्ज्वल होने की आशा है।' इसके पश्चात 'विशाल भारत' में ही 'पहाड़ की स्मृति' भी प्रकाशित हुई। उसकी भी वैसी ही प्रतिक्रिया हुई। भोवाली में निवास के समय कानपुर के साप्ताहिक 'प्रताप' को 'दुखी-दुखी' कहानी भेजी थी। कहानी प्रकाशित हो गयी। प्रतिक्रिया में सराहना के साथ पत्र में नियमित रूप से लिखने का अनुरोध मिला और पारिश्रमिक का आश्वासन भी। 'प्रताप' में प्रति सप्ताह विद्रूप का कालम 'गर तू बुरा न माने' 'दुर्मख' उपनाम से लिखने लगा। मास-भर लिखने के बाद पारिश्रमिक चार रुपये आये, तो दिल टूट गया। तब शायद हिन्दी जगत् में साधारणतः लेखन के पारिश्रमिक का ऐसा ही भाव रहा होगा। 'विशाल भारत' से कुछ भी न मिला था। उनसे क्या शिकायत करता? उन्हें रचनाएँ उनके आग्रह पर न भेजी थीं।

अगस्त, १९३८ में जीविका की चिन्ता से लखनऊ लौट आया। स्वास्थ्य भी ठीक हो गया था। लेखन से जीविका की साध थी, परन्तु मुक्त लेखन से निर्वाह का भरोसा न था। लखनऊ में सुखदेव राज से भेंट हो गयी। वह चार वर्ष पूर्व जेल से मुक्त हो चुका था। उसे आगरा के 'सैनिक' तथा दिल्ली के कुछ अन्य पत्रों के प्रबन्ध-विभागों में काम का अनुभव

था। हम लोगों में सदा खटकती रही थी, परन्तु एक-दूसरे की सूझ-सामर्थ्य से भी परिचित थे। उन दिनों लखनऊ से रामरख सिंह सहगल 'कर्मवीर' साप्ताहिक निकाल रहे थे। सुखदेव उस पत्र में मैनेजर था। उसने मेरे सहयोग की आशा से मुझे 'कर्मवीर' में पचहत्तर रुपये मासिक पर सहायक सम्पादक का स्थान दिला दिया। संचालक और सम्पादक के निर्देशन पर उनकी पसन्द से लिखने से एक ही मास में ऊब गया। अगले मास सुखदेव राज ने संचालक से असन्तुष्ट होकर वहाँ काम छोड़ दिया, तो मैंने भी 'कर्मवीर' छोड़ दिया।

सुखदेव राज ने साहस बढ़ाया, "अपना मासिक पत्र 'विप्लव' नाम से आरम्भ कर दो। एक विप्लवी-द्वारा सम्पादित वाम पक्ष का पत्र। तुम्हारी सूझ, सामर्थ्य और श्रम से पत्र के जम जाने की पूरी आशा है।"

हमारे पास मासिक की एक हजार प्रतियाँ छपवा सकने के लिए दो अंक के लिए पूँजी थी, कुल तीन सौ रुपया। सस्ता जमाना था। सुखदेव राज ने पत्र-प्रकाशन के कुछ गुर भी समझा दिये। साहस किया और पत्र निकाल दिया। प्रकाशन के विज्ञापन का परिपत्र छपवाया। प्रकाश जी वार्षिक ग्राहक और एजेण्ट निश्चित करने पंजाब चली गयीं।। मैं कुछ सामग्री एकत्र कर शेष स्वयं लिखने और अंक तैयार करने में लग गया। प्रकाश जी तीन सप्ताह में दो और अंक प्रकाशित कर सकने-योग्य पूँजी वार्षिक शुल्क के रूप में ले आयीं।

मुझे स्थानीय वामपक्षी विचार के लोगों और साथियों का अच्छा सहयोग मिला। पहले अंक का बहुत स्वागत हुआ। प्रकाश जी के दूसरे दौरे में और अधिक सफलता मिली। तीसरा अंक ही डेढ़ हजार छपा। पंजाब से माँग के कारण उर्दू संस्करण भी आरम्भ कर दिया। इसके लिए हिन्दी और उर्दू लिपि में अभ्यस्त एक सहायक जरूरी हो गया। उर्दू संस्करण का नाम रखा 'बागी'। दोनों संस्करणों की लिपि में अन्तर होता, परन्तु भाषा में साम्य का प्रयत्न। स्वयं भी और कुछ प्रयत्न से भी विज्ञापन आने लगे।

कहानी कथा-यात्रा की है, परन्तु मेरी क्रियात्मक कथा-यात्रा का आरम्भ 'विप्लव' ही था। पत्र मुख्यतः वामपक्षी राजनैतिक था, परन्तु पत्र का तिहाई राजनीति-गर्भित साहित्यिक रहता। 'विप्लव' कहानी दी थी। उससे अगले अंक में 'तूफान का दैत्य', फिर 'प्रेम का सार'। 'विप्लव' के पहले अंक में अपनी जेल में लिखी 'नीरस रसिक' में प्रकाशित कहानियों और विद्रूपों की सराहना से उत्साहित होकर पहला कहानी संग्रह जेल में तथा भोवाली में लिखी कहानियों का संग्रह, 'पिंजरे की उड़ान' और विद्रूप लेखों का संकलन 'न्याय का संघर्ष' प्रकाशित करवा दिये। दोनों की खपत उत्साहवर्द्धक हुई।

आपने प्रेरणा, प्रोत्साहन और विरोध के विषय में भी पूछा है। मैंने सबसे अधिक उत्साह पाया है बेनाम जनता से, उन लोगों से जो मेरी अभिव्यक्ति से सन्तोष के लिए अपनी कमायी खर्च करते थे। 'दादा कामरेड' की रोचकता और सार्थकता की सराहना के साथ ही अश्लील और आतंकवाद का प्रचार बताकर उसकी कड़ी आलोचना भी हुई थी। उपन्यास के विरोध के प्रसंग में एक घटना यों घटी—

१९४१ की गरमी के दिन थे। एक सज्जन हमारे दफ्तर या मकान (हीवेट रोड, लखनऊ) पर पधारे औंर 'दादा कामरेड' की एक प्रति खरीद ले गये। वे सज्जन तीसरे दिन फिर आये और 'दादा कामरेड' की पाँच प्रतियाँ माँगीं। कौतूहल से मैंने उनका परिचय चाहा।

ये सज्जन थे दिल्ली के जाने-माने पत्रकार-संवाददाता फणीन्द्रनाथ बाजपेयी। बात यों थी कि दिल्ली से लखनऊ आते समय उन्होंने एक सहयात्री को 'दादा कामरेड' बहुत मनोयोग से पढ़ते देखा। सहयात्री ने पुस्तक एक ओर रख दी तो बाजपेयी जी ने पुस्तक को देखना चाहा।

सहयात्री ने परामर्श दिया, "इस पुस्तक का न पढ़ना बेहतर। समाज से शील और धर्म-भावना को समाप्त कर हिंसा का प्रचार करनेवाली पुस्तकें जब्त हो जानी चाहिए। और ऐसे लेखकों को गोली मार देनी चाहिए!"

यात्रा में बाजपेयी जी पुस्तक के दस-पन्द्रह पृष्ठ ही देख पाये थे। लेखक, प्रकाशक का नाम-पता देख लिया था। लखनऊ आने पर कौतूहलवश पुस्तक ले गये। पढ़ने पर पाँच प्रतियाँ और खरीदीं कि पुस्तक को अधिक-से-अधिक लोगों को पढ़ा सकें। मुझे रूढ़ि के बन्धन तोड़ने के लिए बधाई दी।

दूसरे महायुद्ध के समय 'विप्लव' और 'बागी' की नीति और प्रभाव के कारण ब्रिटिश सरकार के लिए उनका प्रकाशन असह्य हो गया। १९४० में 'विप्लव' और 'बागी' से बारह हजार की ज़मानत माँगी गयी। हमने पत्रिकाओं को जारी रखने के लिए उनके नाम बदलकर 'विप्लवी ट्रेक्ट' और 'बागी ट्रेक्ट' कर दिये। जुलाई, १९४१ में मुझे विद्रोहात्मक लेख लिखने के अभियोग में गिरफ्तार कर लिया गया। गनीमत हुई कि मुझे डेटेन्यू न बनाकर उचित दण्ड के लिए मुझ पर मुकदमा चलाया गया। उस मुकदमे का ब्योरा महत्त्वपूर्ण है, परन्तु यहाँ प्रसंग 'विप्लव' की कहानी का नहीं, मेरी कथा-यात्रा का है।

१९४१ में सोवियत पर नाज़ी आक्रमण के बाद मेरा दृष्टिकोण बदल गया था। मेरा लेख वास्तव में युद्ध-विरोधी नहीं, फासिस्ट-विरोधी था। मैं मुकदमे में रिहा हो गया, परन्तु 'विप्लव' और 'बागी' के प्रकाशन में व्यवधान पड़ जाने से दोनों स्थगित या बन्द हो गये। परिणाम में हम बेरोज़गार हो गये। परन्तु इस कठिनाई का दूसरा पक्ष भी था।

रोजगार के लिए हमने पार्चमेण्ट के लैम्प शेड और भेड़ का चमड़ा स्वयं रंगकर उससे नये ढंग के बटुए और गद्दियाँ बनाना आरम्भ किया। ये चीज़े तब बाज़ार में नयी थीं। हम सामान तैयार कर थोक में बेच देते। लोगों पर 'विप्लव' का सम्मोहन था। लोग पूरे अंकों की फ़ाइलें भी ख़रीद ले जाते। अब व्यवसाय के प्रयोजन से लखनऊ के विभिन्न भागों में घूमने का अवसर रहता। मेरा व्यावसायिक श्रम हाथ का था। मस्तिष्क को विचार और कल्पना के लिए पर्याप्त अवकाश था। अपनी दस्तकारी की कमायी और 'विप्लव' की फ़ाइलों से बचे पैसे से 'गाँधीवाद की शव परीक्षा' छपवायी। कुछ नयी लिखी कहानियाँ जेल और भोवाली में लिखी कहानियों में मिलाकर 'वो दुनिया' और 'तर्क का तूफान' कहानी-संकलन इन्हीं दिनों प्रकाशित किया।

अब तक मेरे तेरह उपन्यास और लगभग दो सौ कहानियाँ तथ्य घटनाओं पर नहीं, मुख्यतः कल्पनाश्रित हैं। परन्तु लगभग सभी कहानियों के कल्पना और स्फूर्ति के स्रोतों की धुन्धली या स्पष्ट स्मृति शेष है। सीमित समय की दृष्टि से अब विवादास्पद उपन्यासों या कहानियों का ही जिक्र करूँ।

दूसरे महायुद्ध के दौरान १९४१ में सोवियत रूस पर नाजी आक्रमण के बाद भारतीय कम्युनिस्टों की युद्ध की तैयारी के विरोध और उसमें अड़चन डालने की नीति में परिवर्तन आ

गया था। कम्युनिस्टों की नीति के विरुद्ध ग़लतफ़हमी दूर करने और कम्युनिस्ट नीति के प्रति सहानुभूति उत्पन्न करने के विचार से मैंने 'देशद्रोही' उपन्यास लिखा था। अन्य आलोचकों ने उपन्यास की राजनीति पर टिप्पणी करते हुए उसकी भूरि-भूरि प्रशंसा की थी। उपन्यास पढ़कर राहुल जी ने उसे स्थायी मूल्य की कृति बताया था। इसी प्रकार अन्य पक्षों से भी सराहना हुई थी। पाठकों के कुछ ऐसे पत्र भी आये जिनमें कम्युनिस्ट पार्टी में सम्मिलित हो सकने के नियम और तरीके बताने के अनुरोध थे।

उस समय डॉक्टर रामविलास शर्मा कम्युनिस्ट पार्टी की ओर से नियुक्त या पार्टी के स्वयम्भू साहित्यिक प्रवक्ता बन गये थे। उन्होंने अपनी आलोचनाएँ में 'देशद्रोही' के कथा-पक्ष तथा सामाजिक चित्रण की शरत बाबू की रचनाओं से तुलना कर उसकी सराहना की, परन्तु उपन्यास को राजनैतिक दृष्टि से कम्युनिस्टों पर कलंक लगाने और उन्हें जनता की दृष्टि में गिराने का प्रयत्न कहा। रामविलास की आलोचना के उत्तर में मैंने राहुल जी के पत्र का प्रमाण दिया। राहुल जी भी कम्युनिज़्म को कुछ समझते थे। उपन्यास में वर्णित प्रदेशों का चित्रण यद्यपि मैंने केवल अध्ययन के आधार पर कल्पना से किया था, परन्तु वे प्रदेश राहुल जी की आँखों-देखे थे। उन्होंने उनके यथातथ्य चित्रण की भी सराहना की थी।

रामविलास ने कहा, "यदि यशपाल ने 'देशद्रोही' में अध्ययन और कल्पना से वर्णित प्रदेशों के बजाय, अपनी कहानी 'या साईं सच्चे' में आँखों-देखे स्थलों का ही वर्णन किया होता, तो उपन्यास अधिक सशक्त होता।" तथ्य यह है कि 'या साईं सच्चे' के स्थान या पात्रों-जैसे स्थान या व्यक्तियों से मुझे कभी वैयक्तिक सम्पर्क का सुअवसर नहीं मिला था। मेरे इस उत्तर का रामविलास के लिए कोई महत्त्व न था, क्योंकि वे उस समय साहित्य में कम्युनिस्ट दृष्टिकोण के शास्ता (डिक्टेटर) बने हुए थे। 'देशद्रोही' के बारे में रामविलास की राय के बावजूद गुजराती, मराठी और मलयालम में कम्युनिस्टों ने पुस्तक का अनुवाद अपनी भाषा में कर लिया। सोवियत के लोगों से मिलने पर भी जाना कि वहाँ के लोगों ने भी 'देशद्रोही' को अपने प्रति मैत्री-भाव माना। प्रतिक्रिया में ताशकन्द के साहित्यिक पत्र में विकोबा दिलोरा का लेख 'सोवियत का सच्चा मित्र—यशपाल' भी प्रकाशित हुआ था। इस तथ्य की तसदीक इस समय लखनऊ विश्वविद्यालय में उपस्थित सोवियत के विद्यार्थियों से की जा सकती है।

यदि रामविलास की नसीहत पर ही रचना करता, तो मेरी अधिकांश रचनाओं की तरह 'दिव्या' और 'अमिता' प्रथम ईसवी सदी और उससे पूर्व के उपन्यास कैसे लिखे गये होते! रामविलास की एक दृष्टि है। १९५० के लगभग पटना से प्रकाशित एक पत्रिका ने साहित्यिक क्षेत्र में गत दस वर्षों की सर्वोत्तम रचना के लिए गैलप पोल किया था। इस मत-संग्रह में 'दिव्या' और 'देशद्रोही' को सर्वाधिक मत मिले थे। प्रश्न यह है कि लेखक केवल आलोचक के लिए लिखता है या जन-समुदाय के लिए? उन्हीं दिनों स्टालिन का एक बयान छपा था, लेखक मानव-आत्मा का शिल्पी होता है। समझना होगा, लेखक मानव-आत्मा का शिल्पी है परन्तु रामविलास-जैसे आलोचक मानव-आत्मा के स्वयम्भू चीफ़ इंजीनियर हैं। वास्तविकता के निरूपण के लिए मेरी रचनाओं की ऐसी आलोचनाओं और विरोध की चर्चा आवश्यक है। 'देशद्रोही' के पश्चात मेरे दो और कहानी-संग्रह 'ज्ञानदान' और 'अभिशप्त' प्रकाशित हुए। दोनों ने साहित्य में मेरी स्थिति मजबूत की। इसके बाद १९४५

में 'दिव्या' प्रकाशित हुई। 'दिव्या' ऐसी रचना थी कि रामविलास से पूछने पर कैसी लगी, उन्हें धीमे से कहाना पड़ा, "हाँ, दिव्या अच्छी है।" प्रसंगवश यह कह दूँ, यह बातचीत कम्युनिस्ट लेखकों की अन्तरंग सभा में हुई थी। यह कह देना भी आवश्यक है कि इस बैठक के आयोजक रमेश सिन्हा ने आरम्भ में ही कह दिया था, "यह सभा केवल पार्टी मेम्बर लेखकों की है। यशपाल पार्टी मेम्बर नहीं हैं परन्तु हमारी विचार-धारा की दृष्टि से इस सभा के सभापतित्व और निर्देशन के लिए यशपाल ही सर्वाधिक उपयुक्त व्यक्ति हैं।" शायद इसीलिए रामविलास यशपाल-साहित्य को सही रास्ते पर रखना चाहते थे।

'विप्लव' बन्द हो जाने के बाद दस्तकारी पर निर्भर करते समय ही अपने श्रम का पूरा फल पाने के लिए आवश्यक था कि अपनी प्रत्येक कहानी को पहले किसी पत्रिका में दूँ, तत्पश्चात् उसे संकलन में प्रकाशित करूँ। उन दिनों कहानियों की पत्रिकाएँ अधिक न थीं। कहानियों की पत्रिकाओं में भी चोटी पर थी 'माया'। यह याद नहीं कि 'माया' को मैंने स्वयं अपनी रचना भेजी थी या 'माया' का अनुरोध था। परन्तु याद है, तब अपनी कहानी के लिए 'माया' से बीस या पच्चीस रुपये पारिश्रमिक पाकर मैंने विशेष उत्साह का अनुभव किया। तब से अपनी अधिकांश कहानियाँ 'माया' को ही भेजने लगा था। 'माया' ने कभी मेरी कोई कहानी अस्वीकृत न की।

सन् १९४६ या १९४७ की दो घटनाएँ चर्चा-योग्य हैं। मैंने एक कहानी 'धर्मरक्षा' लिखी थी। कहानी बहुत समय से उबलती अपने समाज की विश्वासगत मान्यताओं के विश्लेषण का प्रयत्न था। कहानी 'माया' को भेज दी। इस बार 'माया' के संस्थापक-संचालक श्री क्षितीन्द्र मोहन मित्र मुस्तफी का व्यक्तिगत पत्र मिला। उस पत्र की प्रति रख सकता, तो अच्छा होता। शायद 'माया' कार्यालय में उसकी प्रति हो। कहानी की सराहना से अधिक महत्त्वपूर्ण बात का आशय था, "अब तक एक कहानी के कारण अदालत में पेश होने का संकट भोग चुका हूँ। सम्भव है, इस कहानी से फिर वैसी स्थिति आये। परन्तु कहानी इतनी सार्थक और कलापूर्ण है और अस्वाभाविक व्यर्थ विश्वासों का ऐसा पर्दाफाश है कि अदालत में पेश होने के जोखिम के बावजूद यह कहानी प्रकाशित करूँगा ही।"

'धर्मरक्षा' कहानी 'माया' में प्रकाशित होने पर भर्त्सना और सराहना, दोनों ही सुनीं। इस कहानी के लिए मुझे पारिश्रमिक स्वरूप (जहाँ तक याद है) 'माया' ने पचास रुपये भेजे थे। जीवन में पहली बार एक कहानी के लिए इतना पारिश्रमिक! पारिश्रमिक से अधिक महत्त्व था, हमारे समाज में विश्वासों में व्याप्त अन्ध मान्यताओं के अन्तर्विरोधों को प्रकट करने में एक प्रभावशाली साधन के सहयोग का आश्वासन! परिणाम में इसी प्रकार की और कहानियाँ 'आतिथ्य', 'प्रतिष्ठा का बोझ', 'शिव-पार्वती' आदि लिखने की स्फूर्ति मिली। ये सब कहानियाँ मेरे 'फूलों का कुर्ता' संकलन में सम्मिलित हैं। 'फूलों का कुर्ता' के प्रकाशन पर भी मुझ पर साम्यवाद को कलंकित करने के लिए गालियों की बौछार हुई थी।

कम्युनिस्ट विधारधारा और संगठन के प्रति अपनी सहानुभूति स्वीकार कर चुका हूँ। दूसरे महायुद्ध में कम्युनिस्ट पार्टी के विरुद्ध ग़लतफ़हमी फैलाकर जनता में कम्युनिस्ट पार्टी-विरोधी भावनाएँ भड़का दी गयी थीं। बम्बई में कम्युनिस्ट पार्टी के केन्द्र पर आक्रमण करके वहाँ आग लगा दी गयी थी। और भी बहुत कुछ किया गया था। अगले वर्ष मुझे बम्बई जाने का अवसर हुआ। वहाँ से लौटकर कम्युनिस्टों के प्रति गलत आक्रोश के निराकरण के लिए

'गीता-पार्टी कामरेड' छोटा उपन्यास लिखा। 'देशद्रोही' का अनुभव था। आशंका थी, यह न हो कि मेरे इस उपन्यास को भी कम्युनिस्टों पर लांछन बता दिया जाये!

तब यू.पी. कम्युनिस्ट पार्टी के उप मन्त्री थे शफ़ीक अहमद नकवी और यू.पी. में कम्युनिस्ट संगठन और गतिविधि के निर्देशक थे श्री निवास गंगाधर सरदेसाई। इन लोगों से परिचय था। एक सन्ध्या दोनों को अपने यहाँ, बुलाकर 'गीता-पार्टी कामरेड' की पूरी लिपि तीन घण्टे में उन्हें सुनाकर उनका मत जानना चाहा। नकवी ने कहा, "वेरीगुड!" सरदेसाई सोचकर बोले, "वर्णन में एक भूल है। दफ्तर को आग लगायी जाने की घटना के समय इमारत पर पुताई गेरुए लाल रंग की नहीं, पीले रंग की थी।"

"कहानी के प्रभाव के विषय में क्या राय है?" मैने पूछां

सरदेसाई ने दीर्घ क्षण सोचकर उत्तर दिया, "मुझे यह छोटा उपन्यास 'फार हूम द बेल टोल्स' से बेहतर लगा। उन दिनों 'फार हूम द बेल टोल्स' की कम्युनिस्ट समर्थक उपन्यास के रूप में बहुत चर्चा थी। उपन्यास प्रकाशित हो जाने पर उसके कथा या कला पक्ष की अन्यत्र सराहना से अधिक सन्तोष हुआ नागपुर से आये एक पत्र से। तब नागपुर मध्य प्रदेश की राजधानी था। वहाँ पार्टी सेक्रेटरी थे बनर्जी और प्रान्त के निर्देशक गणेश माधव मोटे। पत्र था, नागपुर प्रेस वर्कर्स यूनियन से। पत्र का आशय था, "पार्टी कामरेड" का मूल्य एक रुपया गरीब जनता के लिए अधिक है। स्थानीय मज़दूर यूनियन इस पुस्तक को चार आना प्रति कापी बेचना चाहती है। यूनियन कागज़ का प्रबन्ध चन्दे से करेगी। छपायी प्रेस वर्कर मुक्त करेंगे परन्तु हम पुस्तक पर रायल्टी देने में असमर्थ हैं। पत्र के साथ यूनियन का अनुरोध स्वीकार करने के लिए गणेश माधव मोटे का भी पत्र था। मैंने तुरन्त अनुमति दे दी।

दो-तीन मास बाद पत्र द्वारा पूछा, उपन्यास प्रकाशित हुआ या नहीं? उत्तर मिला, इस काम के लिए केन्द्रीय कार्यालय से अनुमति की प्रतीक्षा है। स्पष्ट था, प्रस्ताव कम्युनिस्ट पार्टी के हिन्दी साहित्यिक परामर्शदाताओं के विचाराधीन था। नागपुर मज़दूर यूनियन को उनके अनुरोध का उत्तर कभी न मिला। 'पार्टी कामरेड' के सस्ते संस्करण की बात रह गयी। इससे मेरी आर्थिक हानि नहीं हुई, परन्तु घटना से स्पष्ट है कि कम्युनिस्ट पार्टी के साहित्यिक परामर्शदाता कितने जनवादी थे। कम्युनिस्ट पार्टी के साहित्यिक मोर्चे, प्रगतिशील साहित्यिक आन्दोलन को ऐसे साहित्यिक पुरोहितों या पुरोधाओं को ही प्रगतिशील आन्दोलन का अन्तिम श्राद्ध शीघ्र कर देने का श्रेय है।

सन् १९४४ से १९५२-५३ तक प्रगतिशील साहित्यिक आन्दोलन सक्रिय रहा। इस बीच प्रगतिशील लेखक सम्मेलनों का सभापतित्व राहुल जी या यशपाल करते थे। प्रायः कहा जाता, साहित्य के माध्यम से समाजवादी या साम्यवादी विचारों के प्रचार में राहुल सांस्कृत्यायन, यशपाल और रांगेय राघव प्रमुख हैं। ऐसी भावना से कम्युनिस्ट पार्टी की ओर से बने साहित्यिक निर्देशकों, रामविलास और कुछ समय तक अमृतराय का महत्त्व घटता था। रामविलास की राय में राहुल जी, यशपाल और रागेय राघव मार्क्सवाद से सर्वथा अनभिज्ञ थे। मार्क्सवाद के बारे में रामविलास का सही ज्ञान ही हिन्दी-क्षेत्र में मार्क्सवादी विचारधारा के प्रसार में सबसे बड़ी अड़चन बन गयी!

१९४५-४६ में बम्बई गया था। उस समय आज उ. प्र. कम्युनिस्ट पार्टी के मन्त्री रमेश सिन्हा, पार्टी के साप्ताहिक 'जनयुद्ध' के सम्पादकों में थे। एक साहित्यिक गोष्ठी का

आयोजन कर लिया गया। मुझसे आग्रह किया गया कि मैं साहित्य में प्रगतिशील दृष्टिकोण पर निबन्ध या भाषण द्वारा अपने विचार प्रकट करूँ।

यह गोष्ठी कम्युनिस्ट कार्यकर्त्ताओं के निवास रेडफ्लैट हाल में हुई थी। मैं गोष्ठी में निबंध या भाषण के बजाय अपने वक्तव्य-रूप में एक छोटी कहानी लिखकर ले गया था। यह कहानी थी 'फूलों का कुर्ता'। अन्य वक्ताओं का मत था, मेरी छोटी कहानी प्रगतिवाद के प्रश्नों पर गागर में सागर जैसा उत्तर है। कहानी इतनी पसन्द की गयी कि पार्टी के साप्ताहिक 'जनयुद्ध' में भी इसे प्रकाशित किया गया। तीन वर्ष बाद अन्य रूढ़ियों और प्रतिगामी संस्कारों का विरोध या पर्दाफाश करनेवाली अपनी कहानियों 'धर्मरक्षा', 'प्रतिष्ठा का बोझ', 'आतिथ्य' आदि के संकलन में भूमिका रूप में 'फूलो का कुर्ता' कहानी दे दी थी। इस संकलन का शीर्षक भी 'फूलो का कुर्ता' है।

'फूलो का कुर्ता' संकलन के प्रकाशन पर अमृतराय ने पुस्तक की आलोचना लिखी। उनका आशय था, "'फूलो का कुर्ता' कहानी छह बार पढ़ी। परन्तु इस कहानी को या इसका अर्थ कुछ नहीं समझ सका। इस संग्रह की अन्य कहानियाँ 'धर्मरक्षा' आदि भी निरी साम्राज्यवादी कामलिप्सा से भरी रचनाएँ हैं; जिन्हें किसी भी अर्थ में प्रगतिवादी नहीं कहा जा सकता"। नज़रिये के भेद का यह अच्छा नमूना है। कुछ वर्ष बाद विदेशों में हिन्दी जाननेवाले पाठकों से भी इस कहानी में कौशल और संक्षेप में रूढ़िनिष्ठा व्यवहारों और वैचारिक प्रगति के अनन्तर के स्पष्टीकरण की सराहना सुनी। परन्तु तत्कालीन भारतीय कम्युनिस्ट साहित्यालोचक उसे छह बार पढ़कर भी न समझ सका! 'धर्मरक्षा' कहानी के लिए प्रगतिवाद का दम्भ न करनेवाले स्वर्गीय मुस्तफी महाशय कहानी में अन्ध धर्मविश्वास से अंसगत और अस्वाभाविक आचरण के भण्डाफोड़ के लिए अदालत का सामना करने तक को तैयार थे और प्रगतिवाद के मार्गद्रष्टा को उसमें मिली केवल साम्राज्यवादी कामलिप्सा! यह जटिल प्रश्न है कि नैसर्गिक या साम्यवादी काम-प्रवृत्ति और साम्राज्यवादी कामलिप्सा में क्या अन्तर है?

रामविलास या अमृतराय को मैं अपना विरोधी नहीं मानता। रामविलास से अधिकांश बातों में, तुलसीदास के प्रगतिवादी होने की बात छोड़कर, सहमति रहती है। अमृतराय से और भी अधिक विचार-समता है परन्तु वे आलोचनाएँ उन्होंने प्रगतिवाद के माँझी की जिम्मेवारी में लिखी थी। किसी मनोवैज्ञानिक विश्लेषक को उनकी आलोचनाओं के कारण उस समय प्रगतिवाद के अखाड़े का खलीफा माने जाने की स्पर्द्धा लग सकती है।

विरोध के लम्बे प्रसंग के बाद प्रोत्साहन की एक और घटना। 'धर्मरक्षा' के बाद 'माया' में 'मनु की लगाम', 'धर्मयुद्ध', 'मंगला' आदि उस दृष्टि की कई कहानियाँ लिखीं। उसी सिलसिले में, शायद १९५० में, 'माया' को एक कहानी 'जन गण मन अधिनायक हे...' भेजी। कहानी, बदले समय पर एक विद्रूप था। बहुत संक्षिप्त। 'माया' के केवल दो पृष्ठ। यह और उपरोक्त कहानियाँ 'धर्मयुद्ध' संकलन में हैं। इस कहानी या विद्रूप की सराहना में 'माया' से पचास के बजाय पचहत्तर रुपया आया। इस घटना से मुस्तफी महाशय की सूक्ष्मता और गुणग्राहकता को मान गया। शायद सन् १९५१ या १९५२ था। इलाहाबाद जाने का अवसर बना, तो मुस्तफ़ी महाशय से साक्षात्कार करने के लिए 'माया' कार्यालय गया।

मुस्तफी जी कुछ अस्वस्थ लगे ओर मितभाषी भी। डाक देखने में व्यस्त थे। बोले, "सन्ध्या हमारे यहाँ भोजन पर आइये, तभी कुछ बात का अवसर होगा।" पता बताकर ताकीद कर दी, "ठीक सात बजे।"

इलाहाबाद से तब और भी कम परिचय था। खुरशैद बाग रोड से समय पर पहुँचने के लिए साढ़े छह बजे चला। रिक्शा की सवारी थी, जिसकी चेन रास्ते में चार बार उतरी। रिक्शावाला देहाती था। जार्जटाउन के बजाय किसी दूसरी ओर चला गया था। रो-झींककर मुस्तफी साहब के नये बनते मकान पर पहुँचा। मकान अभी अधबना था। वे वहाँ ही रहने लगे थे। मुझे यह भी मालूम न था कि आस-पास के लोग उन्हें मुस्तफी साहब के नाम से नहीं, 'माया बाबू' नाम से जानते थे। मैं पहुँचा आठ बजे के कुछ बाद।

नौकर से समाचार पाकर मुस्तफी जी आये। चेहरा क्रोध से भारी, आँखें गुलाबी, "यह सात बजा है? आप लेखकों, खासकर हिन्दी के लेखकों में तमीज या अनुशासन असम्भव है! आपको बता दिया था समय का बहुत पाबन्द हूँ। मैं तो प्रतीक्षा करके खाना खा चुका। मेरी सेहत अनियम नहीं सह सकती।"

मैं स्तब्ध, मौन! अपराधी था, कारण जो भी रहा हो। तब तक मुस्तफी जी नरम पड़ गये, "अकेले भोजन करना होगा। बुरा न मानियेगा। पहले कुछ लेंगे?"

"विलम्ब के लिए खेद है। परन्तु कारण मेरा नगर से अपरिचय है।"

मुस्तफी जी के चेहरे पर आक्रोश के स्थान पर मुस्कान आ गयी। समीप के कमरे से स्काच ले आये। गिलास केवल एक।

"मैं अकेला ही लूँ?" मैंने पूछा।

"खाने से पूर्व अपना भाग ले चुका। मेरी सेहत अनियम नहीं सह सकती।"

नौकर को थाली वहीं ले आने का आदेश देकर 'माया' में प्रकाशित कहानियों के बारे में बताने लगे। 'माया' के आरम्भ में किया कठिन परिश्रम... अधिकांश बँगला या अंग्रेजी कहानियों की भद्दी नकलें या फूहड़ अनुवाद... मौलिक लेखन का दावा करनेवालों को पात्रों के नाम तक हिन्दी-क्षेत्र के अनुकूल बना देने का ध्यान नहीं रहता था...इस प्रसंग में कुछ 'मौलिक कहानियों' के नाम अनुवादित शीर्षकों-सहित और लेखकों के नाम भी उन्होंने बताये। ऐसी रचनाओं के सम्पादन के साथ पत्रिका का वितरण-प्रबन्ध पहली कठिनाई थी, हिन्दी-क्षेत्र में पठन-रुचि का अभाव। उन्होंने गर्व से बताया 'माया' ने कितने पाठक बना दिये हैं। ठीक याद नहीं, उस समय संख्या सुनकर मुझे विस्मय और सन्तोष हुआ था। मुस्तफी जी की समीक्षा शैली और विषय-वस्तु के विचार से व्यवसायी दृष्टि की नहीं, साहित्यिक थी और साहित्य को बाजार में लाने का ढंग कुशल व्यवसायी का। यह मेरी कथा-यात्रा है, इसलिए अन्य लेखकों के नाम लेकर जो उन्होंने कहा, वह अप्रासंगिक है। मेरे लिये जो कहा, शायद आरम्भिक स्वागत से चुटियाये मेरे मन को सहलाने के लिए, उसे दोहराना अपने मुँह मियाँ मिट्ठू बनना होगा।

उनकी अन्तिम बात थी, आइन्दा जो कहानियाँ लिखूँ, 'माया' के लिए हीं होंगी और भविष्य में प्रति कहानी सौ रुपया। यह अन्तिम वाक्य स्कॉच के पेग से भी अधिक मादक था। तब मैं स्वयं इतने पारिश्रमिक की माँग दुस्साहस समझता। अलबत्ता तीन-चार बरस बाद

अपनी कुछ कहानियों के लिए इससे तिगुने, विदेश से आठ गुने से भी अधिक पाया। परन्तु पहली बार कहानी के लिए सौ रुपये के पारिश्रमिक सुनने की स्मृति अमिट है!

अब अस्वीकृत होकर आयी कहानी की चर्चा। सन् १९५४ की बात है। वाल्मीकि रामायण, बालकाण्ड के पृष्ठ पलटते समय एक जगह दृष्टि अटककर एक विचार सूझा। उसे संगत कल्पना के ढाँचे में संजो देने पर कहानी बनी, 'भगवान् के पिता के दर्शन'। चन्द्रगुप्त विद्यालंकार मेरी कहानियों के बहुत प्रशंसक रहे हैं। तब वे 'आजकल' के सम्पादक थे। कहानी के लिए उनके दो-तीन अनुरोध आ चुके थे। कहानी भेज दी उन्हें। कहानी लौट आयी। संलग्न पत्र में आक्रोशपूर्ण शिष्ट भाषा में अस्वीकृति थी,'अपने मर्यादा पुरुषों की ऐसी अश्लील विडम्बना को कला और साहित्य नहीं माना जा सकता।'

मेरे विचार में बात आयी-गयी हो गयी थी। १९६१-६२ में लखनऊ में जनसंघ का प्रान्तीय या राष्ट्रीय सम्मेलन हुआ था। तीन-चार दिन पूरे नगर में सब ओर गेरुआ टोपी। उस समय मुझे नजर का कष्ट बढ़ गया था। अपनी सवारी न थी। सन्ध्या काफी हाउस गया था। बाहर निकला तो दो बसें निकल गयीं, परन्तु बसों में भीड़ के कारण चढ़ न सका। पूरी बसें गेरुआ टोपी से भरी। सिकन्दरबाग में जनसंघ का विराट् प्रदर्शन (रैली) हो रहा था। तीसरी बस आने पर मेरे साथ के व्यक्तियों ने कहा, "ऐसे प्रतीक्षा में कब तक खड़े रहेंगे!" और उन्होंने किसी तरह बस पर चढ़कर मुझे बस में खींच लिया। बस में खड़ी भीड़ में क़दम जमा सकने के लिए मैंने ऊपर का डण्डा पकड़ लिया। एक ओर से सम्बोधन सुना, "आप यहाँ आ जाए!" एक व्यक्ति अपना स्थान देने के लिए खड़ा हो गया। उसने बीच में खड़े लोगों को मुझे मार्ग देने के अनुरोध के लिए मेरा परिचय दिया।

मेरी बगल से एक जवान उठ खड़ा हुआ, "आप यहीं बैठ जायँ।" मेरे संकोच पर वह बोला, "आपकी आयु के विचार से भी आपका खड़ा होना हमारे लिये लज्जाजनक है।" वह व्यक्ति भी गेरुआ टोपी में था। उसके अनुरोध से मैं बैठ गया। मेरे दाहिने पाँच-सात गेरुआ टोपी में थे।

बस चलते ही मेरे दाहिने बैठा व्यक्ति बोल उठा, "आपके लिए हमें बहुत आदर है। परन्तु आपकी लिखी कहानी 'भगवान् के पिता के दर्शन' हिन्दू आस्था और संस्कृति के हृदय पर छुरे की घातक चोट है।

दो-तीन बार जान पर जोखिम का सामना किया है। पर उसके लिए पहले से तैयार होने के कारण धैर्य रख सका। यहाँ जोखिम दूसरे ढंग का था। पूरी बस गेरुआ टोपी से भरी थी। भीड़ सोच से नहीं आवेग से चलती है। यदि सभी लोग हिन्दू संस्कृति पर आक्रमण के विरोध में एक-एक चपत भी मेरे सिर पर लगाने लगते।...

समीप बैठे सज्जनों को मैंने उत्तर दिया, "उस कहानी के नीचे टिप्पणी मौजूद है कि कहानी का आधार वाल्मीकि रामायण, बालक़ाण्ड आदि पर्व के आठ से तेरह तक के श्लोक हैं।"

एक अन्य व्यक्ति क्षोभ-भरे स्वर में बोल उठा, "आप संस्कृत जानते न होंगे। संस्कृत में एक-एक शब्द के चार-चार अर्थ होते हैं।"

विनम्र उत्तर दिया, "संस्कृत कम ही जानता हूँ। परन्तु मैंने वाल्मीकि रामायण के विक्रम परिषद् वाराणसी द्वारा प्रकाशित अनुवाद को प्रमाण माना है।"

तभी एक गेरुआ टोपीधारी नेतानुमा व्यक्ति साधिकार बोले, "अनुवाद के विषय में विवाद नहीं है। वह कहानी हिन्दू हृदय को चोट जरूर पहुँचाती है, परन्तु कहानी निस्सन्देह कला और कल्पना का अति उत्कृष्ट नमूना है।"

मेरी जान बची। मेरी लम्बी कहानी या छोटा उपन्यास 'क्यों फँसे', 'धर्मयुग' ने खेद-पत्र के साथ लौटा दिया था, "लिपि में कुछ-कुछ अंश ऐसे हैं, जिन्हें हम प्रकाशित न कर सकेंगे और उन्हें छोड़ देने से बात अधूरी रह जायेगी।..." पत्र की भाषा विरोध की नहीं, विचार-भेद की थी। 'धर्मयुग' सम्पादक से भी ग़लतफ़हमी न हुई। बाद में भी मेरी रचनाएँ वहाँ प्रकाशित होती रहीं। अस्तु, पुस्तक-रूप में इस रचना को भी मेरे अन्य उपन्यासों की तरह सफलता मिली। अभिप्राय कि किसी कहानी की अस्वीकृति का कारण सम्पादक का पक्षपात नहीं, अपितु सम्पादक की संस्कारजन्य औचित्य धारणा भी हो सकती है।

मेरी सर्वश्रेष्ठ कहानी कौन है, यह कभी निर्णय न कर सका। जो रचना प्रयोजन और कला की कसौटी पर सन्तोषजनक नहीं लगी, उसे नष्ट कर दिया! ऐसा अधिक बार नहीं हुआ। मेरी कहानियाँ उत्तरोत्तर वैयक्तिक भावुकता से सामाजिक मान्यताओं के अन्तर्द्वन्द्वों के विश्लेषण की ओर बढ़ती गयी है।

मेरे सामाजिक या सैद्धान्तिक दृष्टिकोण तथा विचार धारा में परिवर्तन तो नहीं आया, अलबत्ता दृष्टि की व्यापकता और गहराई में पैठ सकने के लिए प्रयत्न करता रहा हूँ। मूल प्रवृत्ति रही है विश्वास की अपेक्षा सामाजिक अनुभव और रूढ़ियों से उत्पन्न अन्तर्विरोधों की ओर संकेत की। मैं किसी भी विश्वास को पूर्ण चरम सत्य न मानकर मान के सामूहिक ज्ञान के निरन्तर विकास में विश्वास रखता हूँ। आकार की दृष्टि से अब तक मेरी सबसे बड़ी रचना 'झूठा सच' उपन्यास है। इस सम्पूर्ण उपन्यास का तत्त्व वही है, जिसे मैं छुटपुट रूप में अपनी छोटी कहानियों और उपन्यासों से बुनता रहा हूँ। इस उपन्यास में अवसर व्यापक होने के कारण और कथानक का धरातल ऐतिहासिक दृष्टि से मार्मिक होने के कारण यह अधिक सबल जान पड़ता है। यह केवल उत्तर भारत के भुक्तभोगियों के लिए नहीं है। पुस्तक के मलयालम भाषा और रूसी भाषा के अनुवादों का भी बहुत स्वागत हुआ है।

गत वर्ष फिर बड़ा उपन्यास 'मेरी तेरी उसकी बात' प्रकाशित हुआ है। इस बड़े उपन्यास में भी मैंने अपने समाज में अन्धविश्वासजनित साम्प्रदायिकता के विष और जीवन-व्यवस्था में परिवर्तनों से बन चुकी सामाजिक मान्यताओं के बन्धनों में व्यक्ति और समाज के संस्कारों के बन्धनों में बलि होते रहने की विसगतियों पर प्रकाश डालने का यत्न किया है। कुछ लोगों को मेरी यह रचना व्यापकता में अति के प्रयत्न से भारी लगी है और कुछ पाठकों को 'झूठा सच' से अगला क़दम। 'मेरी-तेरी से उसकी बात' के बाद केवल एक छोटी कहानी 'नैतिक बल' लिख पाया हूँ। वह प्रकाशित हो चुकी है।

इकहत्तर की आयु में स्वास्थ्य बहुत शिथिल हो गया है। परन्तु शारीरिक थकावट के बावजूद मेरी चेतना और संकल्प सामूहिक सामाजिक अनुभूति और दायित्व से उपराम नहीं हो जाना चाहते, इसलिए मेरी कथा-यात्रा अभी समाप्त नहीं हुई।

मैंने नये लेखकों की अनेक ऐसी कहानियाँ पढ़ी हैं, जो कथानक, शैली, अभिव्यक्ति के विचार से मुझसे पहले के और मेरी पीढ़ी के कथा-लेखकों से आगे बढ़ी हुई हैं। नये लेखकों की दो-तीन ऐसी कहानियाँ याद आ रही हैं, जिनके विषय पर मैं स्वयं भी कहानी

लिख चुका हूँ। नये लेखक की कहानी को अपनी रचना से अधिक प्रभावी पाकर अपने कथा-साहित्य के विकास का विश्वास पाया है। नाम मेरे मस्तिष्क में कई हैं परन्तु कोई नाम न लिखूँगा। कारण यह कि सब नाम न तो एक साथ याद आ सकते हैं, न उनके लिए स्थान है।

अपने अनुभव के आधार पत्र पर नये कहानी लेखकों से कहना चाहूँगा कि वे धैर्य और विवेक से अपने विकास और परिमार्जन के लिए सचेत रहकर साहित्य-सृजन की ओर ध्यान दें। मान्यता प्राप्ति की इच्छा स्वाभाविक है परन्तु उसके लिए व्यग्रता में कहानी-सृजन में नये-नये आन्दोलन चलाकर ध्यान आकर्षित करने का प्रयास अपनी क्षमता का अपव्यय है। सप्राण और सबल रचनाओं का जादू निश्चय सिर पर चढ़ेगा और उसकी अवहेलना देर तक न हो सकेगी।

(मार्च-अप्रैल मई, १९७५)

•

उमेदी

...कहता था कि श्रीमती जी और वे दोनों मिलकर भी भोजन का प्रबन्ध करते तो भी दिन के दो और रात के बारह बज जाते। दो-तीन बार चौके के लिए नौकर रखा पर उमेदसिंह ने किसी को टिकने नहीं दिया....शाले सब चोरी करते हैं। क्या है खिचड़ी में सब्जी डालकर बना लेंगे। उसी का निर्णय चलता रहा।

सन् '४० में हम लोग रामगढ़ कांग्रेस पर जा रहे थे। उमेदसिंह ने अनुरोध किया-मुझे भी साथ ले चलिये। मैं देश देख लूँगा।

श्रीमती जी ने समझाया-बहुत दूर जाना है। बहुत किराया लगेगा।

उमेदसिंह ने मचलकर कहा-ले भी चलिये, होगा तो मैं किराया पूरा कर दूँगा।

हम लोग कांग्रेस के सेशन में व्याख्यान सुनते तो उमेदसिंह घूम-घूमकर 'विप्लव' की प्रतियाँ बेचता रहता। उसने अपना किराया पूरा कर ही दिया होगा।

रामगढ़ कांग्रेस के बाद हम लोग रांची चले गये। राँची सन्ध्या विलम्ब से पहुँचे थे। अपरिचित जगह में बहुत घूम-फिरकर देखा। भोजन के लिए कोई जगह न मिली। बाजार प्रायः बन्द हो रहा था। होटल के लिए पूछताछ की तो दो रिक्शावाले होटल तक ले जाने के लिए तैयार हो गये।

रिक्शावालों ने हमें पहुँचा दिया उस समय राँची के एकमात्र यूरोपियन स्टाईल होटल में। बहुत विलम्ब हो चुका था परन्तु होटल के गोआनी मैनेजर ने आश्वासन दिया, जो कुछ सम्भव होगा, करेगा।

हम डाईनिंग हाल में चले तो मैंने उमेदसिंह को भी साथ आने का संकेत कर दिया। उमेदसिंह ठीक मेरे सामने कुर्सी पर बैठा था। बैरे ने उसके सामने भी एप्रेन, छुरी-काँटा आदि सजा दिया। अपने घर में हम नाश्ते के अतिरिक्त देशी भोजन देशी ढ़ंग से ही करते थे। उमेदसिंह ने कनखियों से हम लोगों की ओर देख-देखकर पूरा भोजन छुरी, काँटे, चम्मच से ही खाया। होटल से बाहर निकलकर मैंने उसे शाबाश दी। उसने संकोच से पूछा-क्या मुझसे ठीक नहीं बना?

उमेदसिंह के रूप और व्यवहार के विषय में एक घटना अन्यत्र भी' लिख चुका हूँ परन्तु इस प्रसंग में वह आवश्यक है। सन् ४१ अप्रैल का अन्त था। उमेदसिंह को तेज ज्वर हो गया था इसलिए अपना काम करने के बाद श्रीमती जी की सहायता से पार्सल बाँधे। दिन

भर हजामत और स्नान के लिए समय नहीं मिला था। पत्र की डाक रेलवे डाक घर में दी जाती थी। विलम्ब होने से पोस्ट मास्टर नाराज होता था। जमीन पर बैठकर बाँधने-बूँधने से पतलून पजामा बन गयी थी। सन्ध्या साढ़े सात बज गये थे। नहाने, कपड़े बदलने में और देर हो जाती। डाक लेकर साईकिल पर स्टेशन पहुँचा और डाकखाने की खिड़की पर 'विप्लव' की डाक ले लिये जाने का अनुरोध किया।

डाक बाबू ने मेरी ओर आँख उठायी-"डाक लाने का यह वक्त है?"

"मुआफ कीजिये, जरा देर हो गयी।"

"अपने साहब से कह देना आईन्दा छह बजे के बाद डाक नहीं ली जायेगी।"

"बहुत अच्छा।"

"और वो जो पहाड़ी डाक लाता था, उसे क्या हुआ।"

"उसे बुखार आ गया।"

"अच्छा, पहाड़ी को हमारी राम-राम कहना।"

"बहुत अच्छा।"

दो-तीन दिन में उमेदसिंह का ज्वर उतर गया। उसे सन्ध्या डाक ले जाने में विलम्ब करते देखा तो समझाया—हमारा टाइम छह बजे का है। इतनी देर मत किया करो।

ऐसी-तैसी उसकी—उमेदसिंह ने परवाह नहीं की।

सप्ताह-दस दिन बाद हम दोनों को हावड़ा एक्सप्रेस में देहरादून जाते किसी व्यक्ति से स्टेशन पर मिलना था। उमेदसिंह से कह दिया—तुम ताला लगाकर डाक छोड़ आना।

गाड़ी लेट थी। प्लेटफार्म पर टहल रहे थे। रेलवे डाकघर के सामने से गुजरे तो मेरी नजर खिड़की के भीतर चली गयी।

श्रीमती जी से कहा-"जरा उधर खिड़की में देखना।"

"हाय मरा कितना अच्छा लग रहा है।"

हम दोनों देखते रहे। उमेदसिंह डाक बाबू के सामने कुर्सी पर बैठा दो बीड़ियाँ उँगलियों में थामे सुलगा रहा था। एक बीड़ी उसने बाबू को दे दी। दूसरी से स्वयं धुआँ छोड़ने लगा। अपनी डाक मेज पर रखी और मोहर लेकर ठप्प! ठप्प!! स्वयं मोहरें लगाता जा रहा था।

उमेदसिंह हमारी राजनैतिक स्थिति को भी खूब समझता था। युद्ध के दिन थे। हम युद्ध विरोधी थे। 'विप्लव' से जमानत माँगी जा चुकी थी। हम 'विप्लवी ट्रेक्ट' नाम बदलकर पत्रिका चला रहे थे। पुलिस हमारे यहाँ तलाशी के लिए आती रहती थी। उमेदसिंह को समझा दिया था—पुलिसवाले हमें फँसाने के लिए खुद भी कुछ रख दे सकते हैं इसलिए, पुलिस के आने पर वह बहुत ही सतर्क, उनके साथ-साथ रहता था।

'विप्लवी ट्रेक्ट' में प्रकाशित एक लेख के कारण जून में मुझे गिरफ्तार कर लिया गया था। उस समय अधिकांश राजनैतिक लोगों के जेल में होने के कारण विप्लवी ट्रेक्ट का पूरा मैटर मुझे ही लिखना पड़ता था। उस समय तक प्रकाशित मेरी पुस्तकों की संख्या भी तीन ही थी। विकट संकट आ पड़ा था। माँ और पत्नी का निर्वाह कैसे होगा? पत्नी पहली सन्तान का जन्म बहुत निकट होने के कारण भी विवश थीं। फिर भी जो कुछ कर सकती थीं

उन्होंने किया। मित्रों और परिचितों के प्रयत्न से मैं उसी सन्ध्या दीये जलते-जलते जमानत पर छूटकर घर पहुँच गया।

घर लौटा तो देखा माँ जी बार-बार उमेदसिंह की पीठ पर हाथ फेरकर आशीर्वाद दे रही थीं। उन्होंने गदग कण्ठ से बताया :

"कह रहा था, आप लोग घबराइये नहीं। मैं भी तो आपका बेटा हूँ। बस तीन दिन लगेंगे। मेरी नानी ने तीन सौ रुपया गाड़कर रखा हुआ है। रुपया ऐसे ही वक्त के लिए तो होता है। बाबू जी आ जायेंगे, ठीक हो जायेगा तो नानी को लौटा भी देंगे।"

'विप्लवी ट्रेक्ट' को बन्द कर देना पड़ा। निर्वाह के लिए श्रीमती जी का डेण्टल सर्जरी का सामान बेच डाला। कुछ दिन हम लोगों ने लैम्प शेड और चमड़े के बटुए-गद्दियाँ बनाकर दस्तकारी से गुजारा किया। उस समय भी उमेदसिंह बहुत सहायक था परन्तु घरेलू काम में उसका मन नहीं लगता था। उसके ढंग भी आवारा होते जा रहे थे। साईकिल लेकर उड़ जाना, दोपहर भर गायब रहना या रात को बहुत देर से लौटना। अजीब ढंग के छैले लोग उसे पुकारने आ जाते थे। उसे प्रायः डाँटना पड़ जाता था।

एक दिन उमेदसिंह भाग गया। दो-तीन दिन पहले उसने अपनी शेष तनखाह घर भेजने के लिए ले ली थी। श्रीमती जी उसकी तनखाह प्रतिवर्ष बढ़ा देती थीं। उस समय पन्द्रह या अठारह रुपये ले रहा था। वह हमारी कोई भी चीज साथ नहीं ले गया था। केवल शरीर पर पहने कपड़ों में चला गया था।

तीन-चार मास बाद उमेदसिंह लौट आया। बहुत दुबला हो गया था। बहुत लज्जित भी था। उसने स्वीकार किया—बिगडैल लोगों की संगति में पड़ गया था। नौकरी की खोज में बम्बई-मद्रास तक घूम आया था।

उमेदसिंह लौट तो आया परन्तु घरेलू कामों में उसका मन नहीं लगता था। श्रीमती जी से प्रायः ही अनुरोध करता था—यहाँ ही रहूँगा। काम किसी दूसरी जगह दिलवा दीजिये। तब हमारे यहाँ दफ्तर में ऐसा काम नहीं था कि उसे दफ्तर के करिन्दे या चौथी श्रेणी के कर्मचारी का काम दे देते। न कहने पर भी वह चौके बर्तन का काम करता था पर बेमन से। श्रीमती जी महरी-महराजिन लगा लेतीं तो झगड़ता था—क्या फालतू के रुपये हैं! काम क्या है?

एक दिन उसने श्रीमती जी के साथ तरकारी कटाते हुए अपना अपराध स्वीकार किया- "बीबी जी। मेरे साथ बहुत बुरी हुई। मैं तो पुलिस में भरती होने चला गया था। अफसर कहने लगा—विप्लववाले के यहाँ नौकरी कर के अंग्रेज के यहाँ नौकरी करने आया है। वहाँ नौकरी किये आदमी को तो हम रख भी नहीं सकते। अब कभी ऐसी बात नहीं सोचूँगा।"

उमेदसिंह ने कह दिया—अब वह कहीं नहीं जायेगा। ऐसे ही सन्तुष्ट रहेगा। परन्तु उसका अनमनापन और उदासी छिप नहीं पाती थी।

उमेदसिंह रात में दफ्तर के बाहर बरामदे में सोता था। एक दिन सुबह दूधवाले की आवाज बार-बार सुनकर विस्मय हुआ-उमेदसिंह को क्या हुआ?

नीचे जाकर देखा, दफ्तर की साँकल भीतर से बन्द थी। उमेदसिंह के अपना बिस्तर चटाई खिड़की की सीखचों से भीतर फेंक दिये थे। पानी पीने का गिलास भी भीतर पड़ा था। उमेदसिंह गायब था। तनखाह की भी उसने चर्चा नहीं की। कुछ दिन हम लोग बहुत उदास रहे।

अभी हमारे देश में गैस-बिजली का इतना चलन नहीं है कि घरेलू काम आनन-फानन में निपटा दिये जायँ। इधर कुछ बरस से घरेलू नौकर कठिन समस्या बन गये हैं। माँ जी और श्रीमती जी को उनसे कभी सन्तोष नहीं होता। खाना, कपड़ा, तनखाह मिलाकर महीने में साठ-सत्तर का खर्च पड़ जाता है और आराम-सन्तोष नहीं। वे सदा यही कहती हैं– आदमी मिले तो उमेदी जैसा मिले।

मुझे याद आ जाता है, भाग जाने से पहले का उसका अनमनापन। उमेदी हम लोगों के प्रति स्नेह और वफादारी की भावना को निबाहना चाहता था परन्तु उसके आदमी होने का आत्माभिमान उसे विक्षिप्त कर देता था। मनुष्य के जीवन का लक्ष्य परसेवा ही तो नहीं होता। वह कब तक हनन करता रहता। वह जहाँ भी हो उसके प्रति मेरा आदर और स्नेह अब और भी अधिक है।

(प्रस्तुत संस्मरण का आरम्भ और अन्त उपलब्ध नहीं हो सका।)

●

राष्ट्रीय चेतना और जनतान्त्रिक भावना

नवीन चिन्तन और नये परिप्रेक्ष्य के सन्दर्भ में आज हम राष्ट्रीय चेतना और जनतान्त्रिक भावना की चर्चा कर रहे हैं। व्यावहारिक दृष्टि से और बहुत संक्षेप में कहा जा सकता है कि किसी देश या भूखण्ड के लोगों में जीवन रक्षा, निर्वाह और विकास के लिए सामूहिक चिन्तन और प्रयत्नों को राष्ट्रीय चेतना कहा जा सकता है। प्रश्न है, हमारे देश में ऐसी राष्ट्रीय चेतना है या नहीं, और हमारे देश की जनता पर उसका प्रभाव कितना है? देश के जनसमुदाय में यह भावना कब से पैदा हुई?

इस प्रश्न के उत्तर के लिए अपने देश के लोगों के चिन्तन और व्यवहार को लगभग पचास वर्ष पूर्व से देखा जाये। उस समय यह देश आज की तरह सार्वभौम सत्ता का स्वतन्त्र राष्ट्र नहीं बल्कि पराधीन राष्ट्र या देश था। बहुत-से लोग इस भूखण्ड में अनेक भाषाओं और सांस्कृतिक भेदों के कारण इसे एक राष्ट्र स्वीकार नहीं करते थे। परन्तु देश की विभिन्न संस्कृतियों में मूल समानताओं के कारण और विदेशी शासन से मुक्ति की समान भावना और उसके लिए प्रयत्नों में स्वतः सहयोग के कारण इस भूखण्ड की राष्ट्रीय एकता से इनकार भी नहीं किया जा सकता था।

इस देश में विदेशी दासता से मुक्ति के लिए भावना और प्रयत्नों ने विशेष सक्रिय रूप १९१९-२० से लिया। इस प्रयत्न के लिए संगठन का नाम ही भारतीय राष्ट्रीय कांग्रेस था। यह नाम स्वयं ही राष्ट्रीय चेतना और भावना का साक्षी था परन्तु उस समय देश के जन-समुदाय में राष्ट्रीय चेतना और भावना का प्रभाव अधिक व्यापक और गहरा न था। उस समय मेरी आयु सत्रह वर्ष थी। राष्ट्रीय कांग्रेस ने सम्पूर्ण देशवासियों को पुकारा था—ब्रिटिश सरकार से किसी भी प्रकार का सहयोग हराम है। मैं उन नवयुवकों में था जो सरकारी कॉलेज छोड़कर राष्ट्रीय मुक्ति के आन्दोलन में कूद पड़े थे। ऐसे नवयुवकों के अधिकांश सम्बन्धी और हितचिन्तक उनके व्यवहार को अल्हड़ की नासमझी कहते थे। उन्हें समझाया जाता—अपने भविष्य की सोचो, अपने माँ-बाप, परिवार की चिन्ता करो। अपनी निबेड़ तू तुझे परायी क्या पड़ी? पहले घर में दीया जलाओ चौराहे पर या मसजिद में बाद में जलाना। तुलसीदास भी ऐसी ही शिक्षा दे गये—कोउ नृप होय हमें का हानी। हम लोग हैरान थे—विदेशी लूट और जुल्म से कौम और देश बरबाद हुए जा रहे हैं। इन्हें अपना और अपने परिवार का पेट भरने की ही चिन्ता है। इनकी अक्ल को क्या हो गया? कौम और देश ही मिट जायेंगे तो ये और इनका परिवार कहाँ रहेंगे? ये दो अक्लों या चेतनाओं का विरोध था।

एक वैयक्तिक स्वार्थ या दृष्टिकोण की चेतना, दूसरी सामूहिक हित या स्वार्थ की राष्ट्रीय चेतना। उस आन्दोलन में बहुत लोगों ने भाग लिया परन्तु कितने लोगों ने? अधिक-से-अधिक एक लाख व्यक्तियों ने। देश की उस समय की जनसंख्या को देखते तीन सौ में से एक व्यक्ति ने भी नहीं। इससे इस देश की तत्कालीन जनता में राष्ट्रीय चेतना की व्यापकता का अनुमान हो सकता है।

हमारे देश में राष्ट्रीय चेतना उत्तरोत्तर बढ़ती और सबल होती गयी है। दूसरे विश्व युद्ध से उत्पन्न परिस्थितियों में हम राष्ट्रीय स्वतन्त्रता पाने में सफल हो सके। राष्ट्रीय भावना की दमनकारी परिस्थितियाँ हट जाने से उसका विकास उग्र हो गया। वर्तमान में हमारी जनता की राष्ट्रीय चेतना या भावना किस प्रकार प्रकट होती है? बहुत मामूली उदाहरण लेना हो तो किसी अन्य देश या राष्ट्र से क्रिकेट या हाकी के मैच का अवसर याद कर लीजिये। वैयक्तिक, पारिवारिक या बिरादरी की दृष्टि से उस मैच से हमारा कुछ भी सम्पर्क नहीं होता। परन्तु राष्ट्रीय भावना के कारण हम कितने उद्वेलित हो जाते हैं। उस अवसर से हम अपने राष्ट्रीय गौरव या सम्मान को जोड़ लेते हैं। गम्भीर उदाहरण लेना हो तो अपने देश पर अन्य देशों द्वारा आक्रमण या किसी अन्य राष्ट्र से हमारे राष्ट्रीय हित के संघर्ष की परिस्थिति को याद किया जा सकता है। पिछले वर्षों में हमारी जनता में ऐसी स्थिति में राष्ट्रीय चेतना और भावना की जागरूकता का पर्याप्त प्रमाण दिया है।

केवल अन्य राष्ट्रों से संघर्ष के समय राष्ट्रीय चेतना के जागरण को बहुत हद तक सामूहिक संकट या मन की चेतना कहा जा सकता है। ऐसी राष्ट्रीय चेतना अन्य राष्ट्रों से प्रतिद्वन्द्विता और संघर्ष से उत्पन्न होती है और प्रतिद्वन्द्विता और संघर्ष को बढ़ाती है। ऐसी भावना निर्माणात्मक या सर्जनात्मक नहीं होती। हमारे देश की जनता का सामना जब राष्ट्र की भीतरी समस्याओं, उदाहरणतः जीवन की आवश्यकताओं को पूर्ण कर सकने या जीवन को बेहतर बना सकने के लिए आर्थिक और व्यवस्था सम्बन्धी प्रश्नों से होता है तब अधिकांश जनता का नजरिया और व्यवहार वैयक्तिक स्वार्थ का हो जाता है या अपनी बिरादरी की संकीर्ण सीमाओं में सिमट जाता है।

राष्ट्र के भीतर सामाजिक, आर्थिक और व्यवस्था सम्बन्धी समस्याओं को वैयक्तिक या संकीर्ण बिरादरी के स्वार्थी दृष्टिकोण से देखने का कारण उसी पुरानी समझदारी के संस्कार हैं—तू अपनी निबेड़ तुझे परायी क्या पड़ी या कोई नृप होय हमें का हानी, चेरी छोड़ि होऊ नहीं रानी। ऐसी समझदारी राजतन्त्र या सामन्तशाही काल के संस्कारों का अवशेष है। उस व्यवस्था में जन या समाज के सभी सामूहिक प्रयत्न या व्यवस्था का संचालन राजा या सामन्त शासकों के निर्णयों, निर्देशों, आदेशों से होता था। न्याय और व्यवस्था के विधान और संचालन में जनता की राय स्वतः प्रयत्न और सहयोग के लिए कोई अवसर न हो सकता था। परन्तु अब हमारे देश की व्यवस्था और संचालन राजतन्त्र या सामन्तशाही नहीं जनतन्त्रात्मक है। यह कटु सत्य है कि स्वयं से मुक्ति पाकर जनतान्त्रिक व्यवस्था आरम्भ होने के समय इस देश की अधिकांश जनता अशिक्षित और राष्ट्रीय चेतना से अपरिचित थी। उन्हें अपना भाग्य शासकों के हाथ मानकर उनके निर्णयों और आदेशों के अनुसार चलने का अभ्यास था। हमारी जनता के कन्धों पर अपने शासन का अधिकार और उत्तरदायित्व सहसा आ पड़ा। देश का विराट् जनमत न जनतन्त्रात्मक अधिकारों का मूल्य समझता था न उन्होंने उसके लिए संघर्ष किया था। जनतान्त्रिक व्यवस्था को हमारे राष्ट्र की सचेत राजनैतिक

हरावल ने जन-कल्याण के प्रयोजन से देश में लागू किया। खेद है कि हमारे देश का विराट् बहुमत अभी तक जनतान्त्रिक भावना,अधिकारों और उत्तरदायित्व को समुचित महत्त्व नहीं दे सका है।

यह दूसरा कटु सत्य है कि सर्वसाधारण जनता में वर्तमान आर्थिक अवस्था और व्यवस्था की स्थिति से सन्तोष की अपेक्षा आलोचना और क्षोभ अधिक दिखायी देता है। जनता में शासन की अयोग्यता और धाँधली की शिकायतें तो बहुत हैं परन्तु असन्तोषजनक स्थिति के निराकरण के लिए सामूहिक या जनतान्त्रिक प्रयत्न नहीं दिखायी देते। दिखायी देती है वैयक्तिक स्वार्थ चिन्ता की कायर पलायनवादी प्रवृत्ति। किसी तरह अपना काम निकाल लेने की ओछी समझदारी। ऐसी संकीर्ण स्वार्थपरक प्रवृत्ति और समझदारी अयोग्यता और धाँधली को प्रश्रय देती है। हमारे राष्ट्रीय विधान के मूल सिद्धान्त जनतान्त्रिक होते हुए भी हमारी जनता के बहुमत का नजरिया पुराने संस्कारों के कारण जनतान्त्रिक नहीं बन पाया। उन्हें न अपने जनतान्त्रिक अधिकारों की चिन्ता है न जनतान्त्रिक उत्तरदायित्व की। जब भी जनसमुदाय के सामने अपने जनतान्त्रिक अधिकारों द्वारा व्यवस्था और शासन को उचित दिशा दे सकने का अवसर आता है वे उसे मेले-ठेले का खिलवाड़ मात्र समझकर टाल देते हैं।

जनतन्त्रात्मक प्रणाली में विधान और शासन के संचालन का साधन बहुमत का निर्णय होता है। जनसमुदाय बहुमत द्वारा आवश्यक विधान और व्यवस्था के निर्देशन का अधिकार चुने हुए लोगों को देता है। जनतन्त्र में चुनाव का अवसर और मतदान जनता की सबसे बड़ी शक्ति होती है। इसी शक्ति द्वारा जनता आत्मनिर्णय और स्वशासन के अधिकार का प्रयोग करती है। हमारी अधिकांश जनता अपनी उस शक्ति से कितनी बेखबर और बेपरवाह है।

हमारी अधिकांश जनता चुनावों में मतदान किसी नीति या कार्यक्रम के अधिकार से नहीं देती। बिरादरी को एक दावत, धोती जोड़े या कम्बल के लिए मत दिया जा सकता है। जो लोग जरा ऊँचे स्तर से सोचने का दम भरते हैं वे राष्ट्र निर्माण या व्यवस्था के प्रश्नों की चिन्ता न कर संकीर्ण साम्प्रदायिक या बिरादरी के दृष्टिकोण से मत देते दिखाते हैं। एक वर्ग ऐसा भी है जो स्वयं को मतदान के झगड़ों से ऊँचा समझता है। यह वर्ग असन्तोषजनक स्थिति और अव्यवस्था की आलोचना में बहुत मुखर है परन्तु व्यवस्था के लिए जिम्मेवारी उन्हीं लोगों पर छोड़ देता है जिन्हें भरोसे लायक नहीं समझता।

ऐतिहासिक दृष्टि से हमारे देश और राष्ट्र के लिए जनतान्त्रिक व्यवस्था नया परिप्रेक्ष्य है। इस परिप्रेक्ष्य में जनतान्त्रिक भावना के बिना राष्ट्रीय चेतना अपने उद्देश्य पूर्ण नहीं कर सकती। कह सकते हैं कि वर्तमान परिप्रेक्ष्य में जनतान्त्रिक भावना के बिना राष्ट्रीय चेतना अधूरी रहेगी।

●

देश के प्रति दायित्व

समस्याओं, वस्तुस्थिति और तथ्यों पर विचार करते समय अनुभवों का प्रभाव हमारे चिन्तन और दृष्टिकोण पर अवश्य पड़ता होगा। यह बात केवल नितान्त वैयक्तिक प्रसंग में ही नहीं, समष्टि के क्षेत्र में भी लागू जान पड़ती है। इस अनुमान का आधार स्वयं मेरा अपना अनुभव है। इस प्रश्न को बहुत व्यापक स्तर पर लीजिये। उदाहरणतः देश का प्रश्न, या देश के सम्बन्ध में किसी व्यक्ति अथवा समाज की धारणा और कल्पना।

इस प्रसंग में स्मृति से देश के सम्बन्ध में अपनी प्रायः ३५-४० वर्ष की कल्पना या धारणा की बात कहना चाहता हूँ। इसे अहंकार नहीं केवल तथ्य ही समझिये कि मैं उन कुछ प्रौढ़ लोगों में से हूँ जिन्होंने १७-१८ वर्ष की आयु में सन् १९१९-२० में भी देश की समस्या पर विचार करने का यत्न किया था और देश की स्वतन्त्रता की चिन्ता की थी। उस समय, विदेशी शासन की पराधीनता और दमन के जमाने में अपने देश का चित्र शब्दों से हमारे सामने भारत के मानचित्र के आधार पर इस देश की विस्तृत भूमि, पर्वतों, नदियों की कल्पना आ जाती थी और इस भूमि में बसे हुए आर्थिक-राजनीतिक दृष्टि से विवश और शिक्षा के अभाव तथा सामाजिक रूढ़ियों से निस्सहाय असंख्य नर-नारी के समूहों की कल्पना आ जाती थी। हम अपने-आपको उसी समूह का एक कण अनुभव करते थे और उसकी भलाई के लिए व्याकुलता अनुभव करते थे। मुझे याद पड़ता है कि देश के सम्बन्ध में हमारी कल्पना इतनी ही थी क्योंकि उस समय हम ज्ञान और अनुभव के आधार पर देश के सम्बन्ध में इससे अधिक नहीं जानते थे। इस देश की शासन-व्यवस्था के प्रति हमारी भावना केवल असन्तोष और विरोध की थी। देश की रक्षा या सुव्यवस्था से हमें कोई प्रयोजन नहीं था। हम देश में वर्तमान शासन-व्यवस्था को अव्यवस्थित और असफल देखना चाहते थे और अपनी सामर्थ्य भर सरकार को परेशान करना या उसे हानि पहुँचाना अपने स्वाभिमान के अनुकूल समझते थे। परन्तु आज अपने देश की कल्पना करते समय भारत के मानचित्र के आधार पर विस्तृत भूमि, नदियों, पहाड़ों और विराट् नर-नारी के समूह के साथ-ही-साथ मेरी कल्पना में उत्पादन की वृद्धि और जन-कल्याण की उन विराट् राष्ट्रीय प्रयत्नों की काल्पनिक रेखाएँ भी उभरने लगती हैं जिनके द्वारा हम समर्थ, सन्तुष्ट राष्ट्र के रूप में जीवित रहने का प्रयत्न कर रहे हैं। आज देश की कल्पना के मेरे मानसिक चित्र में लाखों वर्गमील भूमि की सिंचाई के आयोजनों के लिए बने विराट् बाँध, अपरिमेय शक्ति वाहक नसों-नाड़ियों के रूप में बिजली को देश भर में ले जानेवाले ऊँचे-ऊँचे स्तम्भ, भिलाई, टाटानगर, हिन्दुस्तान

मशीन टूल या हवाई जहाजों, इंजनों और सामरिक-सामग्री उत्पादन के आयोजन भी दिखायी देने लगे हैं। इतना ही नहीं, इन सबकी प्राण शक्ति के रूप में सबसे महत्त्वपूर्ण चेतना होती है अपने राष्ट्र की स्वायत्त सत्ता की और सत्ता के जनता के हाथों में जनता की इच्छा और निर्णय द्वारा हो सकने की। और यह चेतना अपने राष्ट्रीय स्वत्व और सामर्थ्य को अक्षुण्ण तथा अधिक समर्थ बना सकने की चिन्ता का रूप ले लेती है।

सबसे बड़ा भेद इन दोनों स्थितियों में यह है कि उस समय एक भारतीय के नाते देश की व्यवस्था और सरकार पर मैं अपना कोई अधिकार अनुभव नहीं कर सकता था इसलिए देश नाम की वस्तु के भौतिक अस्तित्व के प्रति अथवा इस भूभाग में वर्तमान व्यवस्था के प्रति कोई वैयक्तिक, समष्टि अथवा राष्ट्रीय उत्तरदायित्व या दायित्व भी अनुभव नहीं करता था। स्थूल उदाहरण बता सकता हूँ—उन दिनों देश की शासन-व्यवस्था के प्रति जनता के असन्तोष के कारण जब मैं रेलों, पुलों, सरकारी इमारतों-अथवा सार्वजनिक सम्पत्ति के विध्वंस के समाचार सुनता था, सरकार के परेशानी में होने की कल्पना मुझे सन्तोष देती थी। उस समय मेरी कल्पना में यह चिन्ता न होती थी कि ऐसे विध्वंस से कष्ट तो देश के लोगों को ही होगा और उसके पुनः निर्माण में देश का ही धन पुनः व्यय होगा। इसका सीधा कारण यह था कि ऐसे सब साधनों के उत्पादन अथवा उनकी सुरक्षा के प्रति मैं कोई वैयक्तिक, समष्टि अथवा राष्ट्रीय उत्तरदायित्व अनुभव नहीं करता था। परन्तु आज स्थिति सर्वथा भिन्न है। यदि समाचार मिलता है कि क्षुब्ध उत्तेजित भीड़ ने बसें, रेलवे स्टेशन अथवा डाक-घर का नुकसान कर दिया तो बहुत चिन्ता होती है कि यह वस्तुएँ तो रोजमर्रा के जीवन के लिए आवश्यक हैं। अभी तो हम ऐसी वस्तुओं को पर्याप्त मात्रा में ही नहीं बना पाये। बने-बनाये का विध्वंस कितनी बड़ी मूर्खता है। संकट यह है कि मैं अपने-आपको ऐसी मूर्खता करनेवाली जनता का अंश मानने के लिए भी मजबूर हूँ। मुझे ऐसी अनुभूति होती है कि हम घर के लोग किसी मतभेद पर झगड़ पड़ें और परस्पर क्रोध में अपने छप्पर को आग लगा दें। हम क्षुब्ध उत्तेजना में अपना घर फूँक रहे हैं और कल मुँह लटकाकर फिर बनाने का यत्न करेंगे। अपनी स्थिति सुधार सकने में पिछड़ जायेंगे। यदि हम व्यवस्थापकों से असन्तुष्ट हैं तो क्रोध में अपना सिर तोड़ने की अपेक्षा धैर्य से उनके सामने अपना दृष्टिकोण रखें। वे नहीं मानते तो कल नहीं तो परसों हम उन्हें चुनाव द्वारा हटा सकेंगे।

आज मुझे प्रश्नों को, जीवन के प्रयत्नों को केवल वैयक्तिक दृष्टिकोण से देखना बहुत बड़ी मूर्खता जान पड़ती है। यदि देश में अपर्याप्त अन्न के कारण कठिनाई है तो उसे दूर करना आवश्यक है। यह देश में करोड़ों टन अन्न के उत्पादन को बढ़ाने का काम है। मुझे युद्ध और जनसंहार से बहुत विरक्ति है परन्तु यह भी जानता हूँ कि आत्मरक्षा के लिए पूर्णतः तैयार न रहना बहुत बड़ी आत्मघाती मूर्खता है। देश की सामरिक सन्नद्धता भी अरबों रुपयों और लाखों मनुष्यों के श्रम का प्रयत्न है। संक्षेप में कहूँगा कि समुच्चय अथवा राष्ट्रीय रूप से निर्बल देश रहना, जीवित रहने का अधिकार खो देना है। देश के उत्पादन और सुरक्षा के सामर्थ्य की वृद्धि राष्ट्रीय कर्त्तव्य है परन्तु उनमें योगदान तो व्यक्ति को ही देना है। जिस कर्त्तव्य को हम राष्ट्रीय कहते हैं वह कर्त्तव्य प्रत्येक व्यक्ति का होता है। यह सोचना कि ऐसे विराट् आयोजन में व्यक्ति का कुछ महत्त्व नहीं, बहुत बड़ी मूर्खता है। राष्ट्र के सभी व्यक्तियों का देय ही राष्ट्रीय कर्त्तव्य होता है। राष्ट्रीय कर्त्तव्यों की पूर्ति वैयक्तिक स्तर से ही

आरम्भ होती है। मैं मानता हूँ मेरे-जैसा मामूली व्यक्ति देश की सुरक्षा के लिए एक सामरिक विमान या टैंक नहीं बना सकता या अन्न पैदावार की वृद्धि के लिए नहर नहीं खोद सकता परन्तु इन आवश्यक वस्तुओं के लिए राष्ट्रीय सामर्थ्य के संचय में व्यक्ति का ही योगदान होगा। उदाहरणतः मैं दायित्व अनुभव करता हूँ कि करों के रूप में उनकी मात्रा चाहे जितनी क्षुद्र हो, मुझे उसे उत्साह से राष्ट्रीय भण्डार में देना चाहिए। इसी प्रकार राष्ट्रीय सामर्थ्य की वृद्धि के लिए जितने प्रकार की बचत हो सकती है, उसमें भी मुझे पूर्ण योग देना चाहिए। साधारण जान पड़नेवाली मेरी किसी भी कोताही से देश के भाग्य का पासा इधर से उधर पलट जाने की आशंका बनी रहती है।

●

कुत्ते को भौंकने का भी मौका चाहिए

समाजवादी सोवियत से लौटते समय चालीस दिन तक लन्दन में ठहरा। वहाँ, और फिर भारत में पहुँचने पर भी, सोवियत के सम्बन्ध में प्रश्नों की झड़ी लग गयी—लोगों की अवस्था कैसी है? खूराक कैसी मिलती? लोगों की पोशाकों की हालत क्या थी? आदि आदि। जब बताया कि सर्वसाधारण की खूराक लन्दन की अपेक्षा बहुत अच्छी थी, किसान मर्दों और औरतों को भी बढ़िया बूट और मखमली पोशाकें पहने देखा और उनके घरों में पियानो और मोटर भी पाये, तो पूछा गया, "खाने-पहरने को खूब मिलता है पर बात कर सकने की आजादी भी है? कुत्ते को पेट भर खाने को दे दिया जाने पर उसे कभी-कभी भौंकने की भी तो स्वतन्त्रता होनी चाहिए!"

उपर्युक्त प्रश्न और आशंका बिलकुल उचित है। कुत्ते को भौंकने को अवसर न मिले तो वह खाना-पीना छोड़ दे और शायद मर जाये। आदमी के लिए यह बात और भी सही है। भौंकने के अवसर और अधिकार की बात करते समय यह भी सोचना प्रासंगिक है कि भौंकने की इच्छा और जरूरत क्यों और किस बात के लिए होती है? भौंकने के कौन अवसर होते हैं? मनुष्य को खाने-पहरने के लिए यथेष्ट देकर भी उससे विचारों की और उन्हें प्रकट करने की स्वतन्त्रता छीन ली जाये तो उसका जीवन असह्य हो जायेगा, यह बात हमें सिद्धान्त और व्यावहारिक जीवन की दृष्टि से भी माननी ही होगी। प्रश्न यह है कि हमारे देश में या अन्य देशों में प्रजा किस प्रकार के विचारों को प्रकट करने के लिए स्वतन्त्रता की माँग करती है?

सर्वसाधारण जनता की माँगें दो-तीन मुख्य बातों में आ जाती हैं – लोग अपनी जीविका के लिए अपने रोजगार या व्यवसाय की रक्षा चाहते हैं, बेकारी के भय से मुक्त होना चाहते हैं, अपने परिश्रम के लिए उचित मज़दूरी या वेतन चाहते हैं और अन्तिम बात, जिसमें सभी बातें आ जाती हैं—लोग अपने जीवन और व्यवहार के सम्बन्ध में स्वयं निर्णय करने का अवसर और अधिकार चाहते हैं। संसार के सभी आन्दोलनों और क्रान्तियों की माँगें इन्हीं बातों में आ जाती हैं इन्हीं माँगों को पूरा करने के लिए प्रजातन्त्र प्रणाली में छापने की स्वतन्त्रता, बोलने की स्वतन्त्रता और आन्दोलन करने की स्वतन्त्रता की माँग की जाती है। जब प्रजा की यह माँगे चालू व्यवस्था में पूरी होती रहती हैं, तो व्यवस्था और शासन को स्वयं ही प्रजा का सहयोग मिलता रहता है और शासन-व्यवस्था को प्रजा की व्यक्तिगत और विचार स्वतन्त्रता को दबाना नहीं पड़ता। प्रजा की ऐसी माँगे जब शासन-व्यवस्था में पूरी नहीं

हो सकतीं तो उनके असन्तोष प्रकट करने से अशान्ति की आशंका होती है और प्रजा की व्यक्तिगत और विचार स्वतन्त्रता पर बन्धन लगाना आवश्यक हो जाता है। इन मौलिक माँगों की दृष्टि से हम सोवियत प्रजा से किस प्रकार का असन्तोष प्रकट करने की आशा कर सकते हैं?

यदि पेटभर खा-पी लेने के बाद मनोविनोद के लिए ही भौंकने, विचार प्रकट करने या मन की बात कह लेने का प्रश्न हो तो उसके लिए सोवियत नागरिकों को अवसर की कमी नहीं। प्रत्येक छोटे-बड़े कारखाने, संयुक्त कृषिक्षेत्र या संस्था, अस्पताल आदि में भित्ती-पत्र (वाल पेपर) का रिवाज है जिसमें कोई भी व्यक्ति अपना मत या अपनी आलोचना लिखकर लगा सकता है। उसके लिए पत्र सम्पादक की अनुमति या सहयोग आवश्यक नहीं। सोवियत में सर्वसाधारण के आपस में मिलने या विचार परिवर्तन का मुख्य स्थान मुहल्लों, कारखानों और संस्थाओं की क्लबें हैं। हमारे देश में क्लब का अर्थ है सर्वसाधारण की पहुँच से बाहर बहुत बड़े अमीरों और साहबों की जगहें। उदाहरणतः बम्बई की सी.सी. क्लब, रेडियो क्लब या सुईमिंग बाथ क्लब, जहाँ सदस्य बनने की फीस हजार रुपये और माहवारी खर्च कुल सौ रुपये हैं ताकि सर्वसाधारण उसके समीप फटक न सकें। सोवियत की क्लबें सर्वसाधारण मज़दूर-किसान और कलम मज़दूरों के लिए हैं। मास्को के स्टैलिन मोटर कारखाने के क्लब में और दूसरे क्लबों में जाने का अवसर मिला। एक-एक क्लब में पाँच-पाँच हजार व्यक्ति एक समय सम्मिलित होते हैं। इन्हें आपस में बात करने से कौन रोक लेता होगा। ऐसे अनेकों क्लब सोवियत के सभी नगरों में हैं। सोवियत के बड़े-से-बड़े थियेटरों में मज़दूर किसानों को फर्स्ट क्लास में बैठे सेब और आइसक्रीम खाते-खाते नाटक और नाच देखते भी देखा। इसे भी व्यक्तिगत बन्धन का प्रमाण नहीं माना जा सकता।

प्रश्न यह है कि सोवियत की प्रजा से किस बात के लिए या किस प्रकार का असन्तोष प्रकट करने की आशा या उसकी कल्पना की जा सकती है? सोवियत की प्रजा में प्रति सौ व्यक्तियों में से पचास मज़दूर या शासन-व्यवस्था में काम करनेवाले हैं। समाजवादी सोवियत व्यवस्था में इनकी आर्थिक अवस्था जारशाही की सामन्तवादी और पूँजीवादी व्यवस्था की अपेक्षा आज बहुत ही अधिक सुधरी हुई है। जहाँ तक आत्म निर्णय की माँग के लिए विचार प्रकट करने का प्रश्न है, सोवियत में सभी कारोबारों का प्रबन्ध और मज़दूरी के दर का निर्णय व्यवसाय में काम करनेवाले लोगों के संघों के सहयोग से होता है। सोवियत की प्रजा में प्रति सौ में से सैंतालीस व्यक्ति किसान हैं जो सोवियत व्यवस्था मे जमींदारी समाप्त कर, हमारे देश के साधारण जमींदारों के लिए भी अप्राप्य सन्तोष का जीवन बिता रहे है। प्रति सौ में से अढ़ाई के लगभग व्यक्ति अपने धन्धों को सहकारिता द्वारा चला रहे हैं। यह लोग चाहें तो अपनी पैदावार को स्वयं बाजार में बेच लें अन्यथा समाज की शासन-व्यवस्था उन्हें खरीद लेती है। प्रति हजार में आठ व्यक्ति ही ऐसे हैं जिनकी कोई सामाजिक स्थिति नहीं। इन्हें चाहे मानसिक अस्वस्थता के कारण कोई भी काम करने के अयोग्य अथवा अपराधी वृत्ति का मान लिया जाये। ऐसी अवस्था में सोवियत की प्रजा से किस प्रकार के असन्तोष की, किस प्रकार के माँगों को प्रकट करने की आशा या उन पर किस प्रकार के दमन की आशंका की जा सकेगी?

यह आशा नहीं की जा सकती कि सम्पूर्ण सोवियत की जनता खा-पीकर उन्मत्त पड़ी रहती होगी या वे लोग कुछ सोच-विचार ही न करते होंगे। व्यक्ति को पेट की चिन्ता से

जितनी मुक्ति मिलती है उतनी ही अधिक उसकी आसक्ति समस्याओं और महत्त्वाकांक्षाओं की ओर होती है। निश्चय ही सोवियत जनता में महत्त्वाकांक्षाएँ हैं। उनकी अवस्था जितनी सुधर चुकी है उससे भी अधिक वे उसे सुधारना चाहते हैं। वर्तमान सोवियत सरकार की नीति का भी यही उद्‌देश्य है। सोवियत के पत्रों में ऐसे लेखों और सम्पादक के नाम पत्रों की पर्याप्त संख्या रहती है जिनमें स्थानीय प्रबन्ध अथवा अधिकारियों के कामकाज की कड़ी आलोचना रहती है। राजनैतिक रूप से सचेत सोवियत प्रजा ऐसी स्वतन्त्रता की माँग भी अवश्य करेगी कि उनके देश में जारी की गयी और उन्हें पशु से मनुष्य बना देनेवाली व्यवस्था पर कोई आँच न आ सके। सोवियत की वर्तमान शासन-व्यवस्था सोवियत प्रजा की ऐसी स्वतन्त्रता की माँग में या ऐसे विचार प्रकट करने में कोई बाधा नहीं डालती।

पूँजीवादी जगत् में सोवियत में विचार प्रकट करने की बाधा के प्रमाणस्वरूप यह उदाहरण दिया जाता है कि सोवियत में पूँजीवादी व्यवस्था के अनुमोदन और प्रचार के लिए कोई संस्था नहीं बनायी जा सकती। यह बात ठीक भी है। परन्तु इस बाधा का क्रियात्मक रूप समझने के लिए यह बात ध्यान में रखना आवश्यक है कि सोवियत में अब पूँजीवादी श्रेणी है ही नहीं। सोवियत में पूँजीवादी श्रेणी न रह जाने के अर्थ यह नहीं कि पूँजीवादियों को कत्ल कर दिया गया है, बल्कि यह कि समाज की आर्थिक व्यवस्था ऐसी बना दी गयी है कि उसमें किसी भी व्यक्ति को दूसरे से श्रम कराकर अपनी जीविका या मुनाफा कमाने का अवसर नहीं रहा। यह यथार्थ का विद्रूप है कि समाजवादी व्यवस्था तो पूँजीवादी श्रेणी के बिना चल सकती है परन्तु पूँजीवादी व्यवस्था मज़दूर श्रेणी या साधनहीन श्रेणी के बिना चल ही नहीं सकती।

सोवियत प्रजा के भिन्न-भिन्न अंगों का विश्लेषण ध्यान में रखते हुए, वहाँ कितने लोगों से आशा की जा सकती है कि वे पूँजीवादी व्यवस्था के पक्ष में विचार प्रकट करना या भौंकना चाहेंगे? सोवियत प्रजा को अपने हितों की रक्षा कर सकने के लिए सभी प्रकार का अवसर होने और अपने देश में अपने शत्रुओं को पनपने का कोई अवसर न देने के लिए विचार प्रकट कर सकने या खूब जोर से भौंक सकने की पूर्ण स्वतन्त्रता का ही यह परिणाम है कि वहाँ समाजवादी व्यवस्था के विरोध और पूँजीवादी व्यवस्था के समर्थन के लिए भौंक सकने का कोई अवसर नहीं। कुछ कामों की स्वतन्त्रताएँ परस्पर विरोधी होती हैं, उदाहरणतः यदि जनता को चोरी के भय से स्वतन्त्रता देनी है तो चोरी कर सकने की स्वतन्त्रता का अन्त करना ही पड़ेगा। सोवियत जनता ऐसी अवस्था को अपनी स्वतन्त्रता का दमन नहीं बल्कि अपनी पूर्ण स्वन्तत्रता की जमानत समझती है।

यदि प्रश्न यह हो कि सोवियत की प्रजा अपनी इच्छा और अपने विचार अपनी सरकार के सामने प्रकट कर सकती है या नहीं, और उन्हें अपनी इच्छा के अनुसार चलने के लिए बाध्य कर सकती है या नहीं, तो सोवियत में शान्ति आन्दोलन का जोर उसका बहुत अच्छा उदाहरण है। सोवियत की जनता अपने शान्ति आन्दोलन द्वारा शान्ति के लिए अपनी माँग का दबाव केवल अपनी ही सरकार पर डाल सकती है, किसी दूसरे देश की सरकार पर नहीं। किसी भी देश की प्रजा दूसरे देश की सरकार पर कोई दबाव नहीं डाल सकती। विशेषकर जो लोग सोवियत को लोहे की दीवार से घिरा हुआ समझते हैं, वे सोवियत में चलनेवाले शान्ति आन्दोलन का प्रयोजन दूसरे देशों की जनता और सरकारों पर प्रभाव डालना कैसे मान सकते हैं? सोवियत जनता के शान्ति आन्दोलन का प्रभाव सोवियत सरकार

की नीति पर पड़ा है, यह सोवियत सरकार की अन्तरराष्ट्रीय नीति से ही प्रमाणित हो रहा है। सोवियत जनता शान्ति क्यों चाहती ह? उत्तर सीधा है, वे लोग अपनी सुधरी हुई आर्थिक अवस्था को युद्ध से ध्वंस नहीं हो जाने देना चाहते। यदि अन्य देशों की जनता को भी अपनी सरकारों की अन्तरराष्ट्रीय नीति निश्चय करने का अवसर हो तो किसी भी देश की जनता युद्ध के संहार का अवसर न आने दे।

समाज में व्यक्ति की स्वतन्त्रता उसके अपने साधनों और अन्य व्यक्तियों के पास उसकी अपेक्षा कम या अधिक साधन होने पर भी निर्भर करती है। व्यक्ति अपने साधनों से ही अपनी इच्छा या आवयश्यकता पूरी करने का अवसर पाता है। यदि अपनी इच्छा या आवश्यकता पूरी करने का अवसर न हो तो स्वतन्त्रता का कुछ भी अर्थ नहीं रह जाता। साधनों के अभाव में अपनी आवश्यकता पूरी करने का अवसर न होना तो दुःखदायी होता ही है परन्तु दूसरों के साधनों के वश में हो जाना या उनसे परास्त हो जाना ही अति दुःखदायी परतन्त्रता होती है। किसी व्यक्ति के दूसरों की अपेक्षा बहुत अधिक साधनवान हो जाने पर उसे दूसरों की स्वतन्त्रता का दमन कर अपनी स्वतन्त्रता बढ़ाने का अवसर हो जाता है। ऐसी अवस्था में समान अधिकार के कानून व्यर्थ और निरर्थक हो जाते हैं। पूँजीवादी देशों में साधनहीनों की वैधानिक स्वतन्त्रता का कुछ अर्थ नहीं। उनकी परवशता का मूल सभी साधनों का कुछेक लोगों के हाथों में सिमट जाना है। उदाहरणतः जिन लोगों के पास प्रेस या समाचार-पत्र नहीं उन्हें छापने की स्वतन्त्रता से क्या लाभ हो सकता है? यदि किसी के भी पास प्रेस न हो तो एक बात है परन्तु करोड़ों के पास प्रेस न होने और कुछेक के पास यह साधन होने से दोनों तरह के व्यक्तियों को इस प्रश्न पर समान रूप से स्वतन्त्र नहीं कहा जा सकेगा। सर्वसाधारण के लिए व्यक्तिगत स्वतन्त्रता का अवसर केवल उसी अवस्था में सम्भव है जब जीवन रक्षा, विकास और सामाजिक व्यवस्था को चलाने के साधनों पर पूरी प्रजा का समान और सामूहिक अधिकार हो। ऐसी अवस्था में सर्वसाधारण के लिए व्यक्तिगत स्वतन्त्रता की आशा यदि कहीं की जा सकती है तो केवल समाजवादी सोवियत में ही। उसका क्रियात्मक उदाहरण आप उस देश के बाजारों, होटलों और स्टेशनों पर सभी जगह देखते हैं। वहाँ आप कुछ लोगों के व्यवहार में टुकड़ा फेंक सकने का अहंकार और सर्वसाधारण में मोहताजी का दैन्य नहीं देखेंगे।

बहुत-से लोगों ने यह भी पूछा है कि क्या सोवियत के कन्सेण्ट्रेशन कैम्प देखने का अवसर हमें मिला है? या वहाँ कन्सेण्ट्रेशन कैम्प हैं या नहीं? ऐसे कैम्प देखने का कोई अवसर नहीं आया और न इस सम्बन्ध में कुछ पूछताछ की ही आवश्यकता जान पड़ी। जो कुछ हमने नहीं देखा या जो कुछ हमें दिखाया नहीं गया, उसकी कल्पना करके दमन का अनुमान करने की अपेक्षा क्या यह उचित नहीं कि जो कुछ हमने अपनी आँखों देखा उसके आधार पर ही सोचा जाय कि सोवियत में कन्सेण्ट्रशन कैम्पों की जरूरत हो सकती है या नहीं?

मैं दावे से नहीं कह सकता कि सोवियत में कन्सेण्ट्रेशन कैम्प है हीं नहीं। सम्भव है हों परन्तु वहाँ कैसे लोगों को या किस श्रेणी के लोगो को ऐसे कैम्पों में बन्द रखना आवश्यक होगा? सोवियत में हमारे समाज जैसा श्रेणी भेद है नहीं इसलिए एक श्रेणी द्वारा दूसरी श्रेणी के दमन का प्रश्न नहीं उठता। यह नहीं कहा जा सकता कि मज़दूर मौज करते हैं और पूँजीपतियों को चक्की पीसनी पड़ती है। कन्सेण्ट्रेशन कैम्पों की आवश्यकता तभी पड़ती है जब

देश की शासन-व्यवस्था के विरोधियों की बड़ी संख्या हो। ऐसी अवस्था के कुछ कारण होते हैं जिन्हें पूर्णतः छिपाया नहीं जा सकता। पिछले महायुद्ध में सोवियत जनता का अपनी व्यवस्था की रक्षा के लिए आत्म बलिदान उनके असन्तुष्ट और विचार परतन्त्रता के जीवन का प्रमाण नहीं माना जा सकता।

यदि सोवियत में इस समय भी राजनैतिक बन्दी मौजूद हैं तो उनका दमन किसी श्रेणी के रूप में नहीं हो रहा। हाँ यह कल्पना अवश्य की जा सकती है कि कुछ प्रभावशाली व्यक्तियों की स्पर्द्धा के कारण उनके व्यक्तिगत प्रतिद्वन्द्वियों का दमन हो रहा हो। ऐसे दमन की भी प्रशंसा नहीं निन्दा ही करनी होगी परन्तु कल्पना की इतनी उड़ान भरने पर भी सोवियत में दस-पाँच व्यक्तियों के प्रति ही अन्याय और दमन की कल्पना की जा सकती है, सर्वसाधारण जनता के दमन की नहीं! और यह भी केवल कल्पना ही है।

नयापथ, मार्च, १९५४

●

क्या मिला, क्या पाया

आगामी १५ अगस्त स्वतन्त्रता-दिवस की रजत जयन्ती मनाने की तैयारी है। पच्चीस वर्ष पूर्व पहले स्वतन्त्रता-दिवस के समारोह की याद आ रही है। जमकर लिख सकने के विचार से नैनीताल में था। उस समय सर्वसाधारण जनता में कितने लोग जानते थे, स्वतन्त्र सर्वभौम सत्तात्मक राष्ट्र होने से क्या अवसर और अधिकार होंगे और उनका कितना दायित्व होगा?

नैनीताल मौसमी रौनक का नगर। बरसात जम जाने पर अधिकांश प्रवासी जुलाई में ही मैदानों को लौट जाते हैं। भीड़ न रही थी। परन्तु उस रोज १४ अगस्त को स्वतन्त्रता की घोषणा रात ठीक बारह की टंकार पर १५ अगस्त के प्रथम-क्षण में की जानी थी इसलिए १४ की सुबह से सड़कें-बाज़ार गुंजान। उत्साह-उल्लास का वातावरण। हर मकान पर राष्ट्रीय स्वतन्त्रता और गौरव का प्रतीक तिरंगा। स्थान-स्थान पर तोरण, पत्तों और झण्डियों के बन्दनवार। कुछ लोगों ने उल्लास-उमंग की छलक से मिल-जुलकर, कुछ ने अकेले ही बाजार में जलेबी-लड्डू की टोकरियाँ बँटवा दी थीं। प्रकृति भी साथ दे रही थी। बरसात से खूब पनपी गहरी हरियावल पर सुबह से साँझ तक खिलखिलाती सुनहली धूप।

नैनीताल में मेरा परिचय गिने-चुने लोगों से। मुझ पर भी सार्वजनिक उल्लास का प्रभाव। मैं भी किलक से काम छोड़कर, सबके आनन्द से आनन्दित, इधर-उधर फिर रहा था।

साँझ आजादी के स्वागत-उत्सव में सम्मिलित होने के लिए डॉक्टर प्रेमलाल साह भुवाली से आ गये। डॉक्टर साह की मुझ पर कृपा। १९३८ में जेल से रिहा होने पर इलाज के लिए भुवाली जाने की मजबूरी थी। डॉक्टर साह ने न केवल साग्रह इलाज किया बल्कि मास भर सपत्नीक अपना मेहमान भी रखा। ६ मास भुवाली में रहा। डॉक्टर साह से नित्य का उठना-बैठना। बाद में भी वह क्रम जारी रहा।

डॉक्टर साह का सुझाव, 'न्यू क्लब चलो! रात बारह बजे स्वतन्त्रता की घोषणा के स्वागत समारोह में शामिल हुआ जाये।'

नगर में दीवाली। सार्वजनिक समारोह का आयोजन न्यू क्लब के सामने, झील के किनारे चौपटिया मैदान में। पहाड़ी लोक-नृत्य-संगीत, आतिशबाजी। चारों ओर पहाड़ियों के शिखरों पर उत्सव की होली। पहाड़ियों की टोलियाँ आपस में बाँहें फँसाये गोल बाँधे, डफ और हुड़के पर नाच कर रही थीं। नैनीताल में बहुत-से पंजाबी शरणार्थी आ गये थे। शरणार्थी विभाजन से पीड़ित-त्रस्त परन्तु राष्ट्रीय उल्लास के स्पन्दन से वे भी उल्लसित। कई टोलियों ने भाँगड़ा शुरू कर दिया।

चौपटिया पर दिल्ली के कृष्ण जी दत्त से सामना हो गया। वह भी क्लब जा रहे थे। दत्त ने बहुत झटके से हाथ मिलाया, 'बधाई! मुबारक! आपको यह दिन मुबारक!'

'आपको भी मुबारक! सबको मुबारक!' दत्त को धन्यवाद दिया।

'नहीं साहब' दत्त गम्भीर हो गये। दत्त और साह परिचित। दत्त ने साह से पूछा—'आप जानते हैं इनकी हिस्ट्री?'

गिरफ्तारी से पहले फरारी के तीन बरस में दिल्ली में भी हम लोगों का केन्द्र था। दत्त परिवार की राष्ट्रीय भावना के कारण कांग्रेस से सहानुभूति। कृष्ण की बड़ी बहन सुमित्रा को क्रान्तिकारियों से भी सहानुभूति। आर्थिक सहायता देती रहतीं। कृष्ण भी पहचान गये थे, बम केस का फरार! गिरफ्तारी के लिए भारी इनाम। ऐसे आदमी से सम्पर्क रखना ही बड़ा अपराध। सामना होने पर उनके माथे पर हलका पसीना आ जाता। उनका त्रास वाजिब। उनके पिता श्री नारायण दत्त बहुत जाने-माने बड़े सरकारी ठेकेदार रईस।

दत्त साह को बताने लगे, 'कांग्रेसियों ने क्या किया? इन्हें चौदह बरस की सजा। कहिये फाँसी से बच गये। असली मुबारक तो इन लोगों को....।'

'ओ यस।' डॉक्टर साह भी गम्भीर आवेश में अंग्रेजी बोलने लगे—'आप लोग तो आजादी के हीरो। किसी को मालूम ही नहीं आप यहाँ हैं।' स्वर खिन्न— 'कांग्रेसवालों को आपकी ओर ध्यान देना चाहिए था। आपकी इतनी बड़ी कुर्बानी से क्या मिला, क्या पाया?'

किसी दूसरे ने ऐसी बात कही होती तो गुस्सा आ जाता—मुझे बना रहे हैं। डॉक्टर साह का विश्वास। वह चिकित्सक खूब गहरी सूझ के, परन्तु आदमी बहुत सरल।

उत्तर दिया, 'विदेशी दासता से आजादी मिली। राष्ट्र और देश को मिली तो क्या मुझे नहीं मिली। मुझे उतना ही सन्तोष जितना किसी भारतवासी को हो सकता है। कांग्रेस पर मुझे कुछ देने या मेरा ख्याल करने की क्या जिम्मेवारी.....'

सक्रिय राजनीति में मेरा कोई स्थान न होने के कारण कई लोगों ने डॉक्टर साह और दत्त की तरह मेरे प्रति सहानुभूति प्रकट की। ऐसे अवसर पर कचोट अनुभव हुई, यह लोग मुझे या मेरे-जैसों को क्या समझते हैं? और हम लोगों ने जो कुछ किया, क्यों किसलिए किया था? हमने क्या नहीं पाया? क्या पाया?

कहने लगा हूँ तो बात बावन वर्ष पहले की है। १९२० में मैट्रिक की परीक्षा डिस्टिंक्शन से पास की थी, वजीफे का अधिकारी। हमारे परिवार की आर्थिक स्थिति बहुत कमजोर, इसलिए वजीफा मेरे लिए बड़ी बात। रिश्ते के और नगर के वकीलों की समृद्धि और प्रभाव देखकर वकील बनने के स्वप्न। उस महत्त्वाकांक्षा की सीढ़ी वह वजीफा ही। ठीक उसी समय गाँधी जी और कांग्रेस की पुकार—विदेशी सरकार के अन्याय अत्याचार और गुलामी से मुक्ति के लिए संघर्ष की। सब सरकारी नौकरियाँ हराम हैं। अदालतों, सरकारी महकमों से असहयोग किया जाये। विद्यार्थी सरकारी और सरकार से सम्बद्ध स्कूल-कॉलेज छोड़ दें। स्वराज फण्ड के लिए एक करोड़ रुपया जमा किया जाये, कांग्रेस के एक करोड़ मेम्बर बनें। गाँधी जी का आश्वासन, यह शर्तें पूरी हों तो एक वर्ष में स्वराज। जनता ने दोनों शर्तें जल्दी पूरी कर दीं। कल्पना, स्वराज पाकर पढ़ाई जारी करने की।

गाँधी जी और कांग्रेस की पुकार पर हजारों-लाखों विद्यार्थियों ने स्कूलों-कॉलेजों से असहयोग किया। मैं वजीफे के लिए राष्ट्रीय आह्वान की अवहेलना न कर सका। मेरे सम्बन्धियों और हितचिन्तकों ने समझाया, फटकारा, 'अपनी और अपने परिवार की औकात देखो, अपने भविष्य की चिन्ता करो।' लेकिन मन में बैठ गया था, लोग जो कहे, कौम और मुल्क के प्रति फर्ज पहले। उस समय सहानुभूति पायी तो केवल माँ से, जिसे मेरे व्यवहार के कारण सबसे अधिक भोगना था। माँ ने कहा, देश का ख्याल अच्छा काम। साहस है, तो करो। मेरी चिन्ता न करो। यह कह दूँ, मेरा जीवन जैसे चला, उस पर बहुत बड़ा प्रभाव माँ का।

मैंने 'कौम और मुल्क के प्रति फर्ज' शब्द का प्रयोग किये हैं। इसे त्याग का दम्भ कहा जा सकता है। स्पष्ट कह देना उचित कि मेरे विचार और भावना त्याग के नहीं थे। कह चुका हूँ, स्वप्न थे सुख-सुविधा के जीवन के। खूब सोचा था, मेरी समस्याओं के उपाय के लिए मेरा वैयक्तिक सामर्थ्य और साधन पर्याप्त नहीं हो सकते। देश में अधिकांश की हालत मेरी-जैसी। हम बहुजन के दैन्य अवसरहीनता का कारण विदेशी शासन और व्यवस्था द्वारा हम सबका शोषण-दमन। राष्ट्रीय मुक्ति के संघर्ष में जूझने की इच्छा अपनी मुक्ति और समाधानों के प्रयोजन से ही थी, त्याग की भावना से नहीं। 'मुझे क्या मिला, मैंने क्या पाया' का उत्तर मेरी वही दृष्टि देगी।

१९२० के मध्य से कॉलेज में भर्ती होने के बजाय कांग्रेस स्वयंसेवक बन फिरोजपुर जिले के गाँव-गाँव में, अपनी गठरी पीठ पर लादे कांग्रेस का सन्देश देने लगा। १९२१ फरवरी का अन्त या मार्च का आरम्भ, चौरी-चौरा काण्ड के कारण गाँधी जी ने उस आन्दोलन को अपनी हिमालय जितनी बड़ी भूल मान लिया। सत्याग्रह असहयोग स्थगित। हजारों विद्यार्थी शायद निन्यानबे प्रतिशत, स्कूल-कॉलिजों को वापस लौट गये। कुछ नहीं लौटे, उनमें से एक मैं। लौटता कैसे? थूक को चाटना असह्य। चाटने का मौका भी कहाँ? वह स्कालरशिप तो अब मिल नहीं सकती थी। मन में दृढ़ संकल्प, गुलामी के खिलाफ संघर्ष जारी किया तो छोड़ूँगा नहीं। इस संघर्ष को जीवन भर निबाहना है तो इसके लिए योग्यता भी चाहिए, यानी शिक्षा। शायद अवचेतन में भावना—जीवन भर कांग्रेस वालण्टियर न बना रहूँ, नेता बनकर संघर्ष करूँ। वह तो बन न सका। शिक्षा के लिए सरकारी कॉलिज में जाना नामंजूर।

शेरे पंजाब लाला लाजपतराय ने उसी समय लाहौर में नेशनल कॉलिज की स्थापना की थी। विदेशी सरकारी नियन्त्रण से मुक्त कॉलिज। शिक्षा सरकारी नौकरी के लिए नहीं। स्वतन्त्र दृष्टिकोण, राष्ट्रीय भावना से मानसिक विकास के लिए। वहाँ खर्च भी अपेक्षाकृत बहुत कम। लाहौर चला गया।

लाहौर में सहपाठी मिले शहीद भगतसिंह, सुखदेव और भगवतीचरण। यह लोग राष्ट्रीय भावना और मुक्ति संघर्ष के संकल्प में मेरी अपेक्षा अधिक उग्र। एक-दूसरे से खुलने लगे और आपस में बँधने लगे। हमारा संकल्प—कांग्रेस और गाँधी जी का असहयोग-सत्याग्रह आन्दोलन स्थगित हुआ करे, राष्ट्रीय मुक्ति के लिए हमारा संघर्ष आमरण। विदेशी व्यवस्था के विरुद्ध कांग्रेस का पीसफुल एण्ड लेजिटिमेट (शान्तिपूर्ण और वैधानिक) आन्दोलन एक प्रपंच; ब्रिटिश व्यवस्था को उसी के विधान से उखाड़ने का जादू। स्वतन्त्रता के लिए हमारा संघर्ष उसी प्रकार चलेगा जैसे संसार के इतिहास में अन्य पराधीन देशों, अमेरिका,

आयरलैण्ड के स्वाधीनता-संग्राम और फ्रान्स, रूस की क्रान्तियाँ हुई हैं। सभी सम्भव उपायों साधनों और मार्गों से जैसे पंजाब की गदर पार्टी, बंगाल, उत्तर प्रदेश और देश के अन्य प्रान्तों के क्रान्तिकारी करते रहे हैं।

अपने विचारों की स्पष्टता के लिए अधिक-से-अधिक अध्ययन का प्रयत्न करते। सामयिक समस्याओं और नयी विचारधाराओं, समाजवाद और साम्यवाद को समझने का भी यत्न। हमारी राष्ट्रीय स्वतन्त्रता की कल्पना का लक्ष्य और महत्त्वाकांक्षा रामराज्य और ऋषियों के जगद्गुरू भारत की न थी। हमारा लक्ष्य था—वर्ण, वर्ग और साम्प्रदायिक भेदों से हीन ऐसी प्रजातन्त्रात्मक शासन और आर्थिक व्यवस्था, जिसमें जन गण को आत्मनिर्णय से जीवन और जीविका के लिए समान अधिकार और अवसर हों और प्रत्येक जन को अपने श्रम का पूरा फल पा सकने का अधिकार और अवसर हो। अपने संगठन का नाम ही हमने 'हिन्दुस्तानी समाजवादी प्रजातन्त्र सेना' रखा था।

मैंने या मेरे-जैसे लोगों ने अपना लक्ष्य क्या समझा था, हमने क्या पाना चाहा था, यह अपने संगठन के नाम के हवाले से और व्याख्या से भी कह दिया। अपने संस्मरण नहीं सुना रहा हूँ; यही बताना है, क्या पाया? १९२८ में साण्डर्स वध और दिल्ली असेम्बली बमकाण्ड के पश्चात् भगतसिंह और सुखदेव के गिरफ्तार हो जाने के बाद अपनी तीन बरस की फरारी में क्या किया, तत्कालीन सरकार ने मुझ पर क्या-क्या अभियोग लगाये जिनके कारण लोगों को मुझे फाँसी दी जाने की आशंका भी थी और चौदह बरस जेल की सजा पाने पर लोगों ने कहा—'बधाई! बच गये! सस्ते छूटे!' उस सबका अवसर नहीं है।

१९३२ में गिरफ्तार हो गया। १९३८ में पहले कांग्रेसी मन्त्रिमण्डलों की स्थापना के समय राजनीतिक बन्दियों की रिहाई के समय छूट गया। जेल से छूटने पर किसी भी राजनीतिक संगठन में सम्मिलित न होकर अपना काम और जीविका लेखन द्वारा चलाने का निश्चय किया था। बहुत-से लोगों ने पूछा—क्या राजनीति से बिलकुल उपराम हो गये? मेरा उत्तर था—मेरे विचार में राजनीति का अर्थ जीवन के प्रति सामूहिक चेतना से सक्रिय होना है। पहली परिस्थितियों में वह काम बुलेट (बन्दूक) से करना ठीक जँचा था। अब वही काम बुलेटिन या कलम से बेहतर कर सकने का विश्वास है। १९३८ में कांग्रेस मन्त्रिमण्डलों के सीमित अधिकारों से स्वायत्त शासन चलाने पर हमारा लक्ष्य प्राप्त नहीं हो गया था। राष्ट्रीय आत्मनिर्णय का अधिकार पाने का संघर्ष अभी चल रहा था। मेरे विचार में आत्मनिर्णय का अधिकार और अवसर मानव जीवन की सबसे बड़ी आवश्यकता है। लेकिन ऐसे अधिकार और अवसर पा लेने पर भी उसके उपभोग की इच्छा और क्षमता के बिना मानव स्वतन्त्र नहीं हो सकता। अपने जनगण में आत्मनिर्णय की इच्छा जगाकर उसके लिए क्षमता, अवसर और अधिकार प्राप्त करने की आग सुलगा सकना ही अपना लक्ष्य और निश्चित कार्य मान लिया था।

पच्चीस वर्ष पूर्व १५ अगस्त का दिन बहुत ही मुबारक था। उस दिन हमने विदेशी व्यवस्था के नियन्त्रण से मुक्ति प्राप्त की थी। परन्तु मनुष्यों की तरह जी सकने की स्वतन्त्रता? आत्मनिर्भरता के बिना स्वतन्त्रता कैसी? हम न अन्न के मामले में आत्मनिर्भर थे, न जीवन की रक्षा और विकास की दूसरी आवश्यकताओं के बारे में, न विदेशी अतिक्रमण से आत्मरक्षा कर सकने में। विदेशी सरकार की जगह अपनी सरकार ने ले ली थी, परन्तु हम वस्तुतः स्वतन्त्र नहीं थे। हमारी अन्तराष्ट्रीय नीति में सबसे बड़ी समस्या और प्रश्न था—

किससे क्या ले सकते हैं, क्या पा सकते हैं? गत पच्चीस वर्षों में हमारा राष्ट्र कैसे नाखूनों और दाँतों से खरोंच-खरोंचकर आत्मनिर्भरता और आत्मरक्षा की क्षमता की सीढ़ियाँ बना पाया, उसका विश्लेषण राजनीतिज्ञ और अर्थशास्त्री मेरी अपेक्षा बहुत बेहतर कर सकेंगे। मैं एक सामान्य भारतीय नागरिक के नाते यह अनुभव करता हूँ कि अन्तरराष्ट्रीय जगत् में आज मेरा सिर नीचा नहीं है। हमारे राष्ट्र की साम्राज्य विस्तार की महत्त्वाकांक्षाएँ नहीं हैं, परन्तु आज अन्तरराष्ट्रीय जगत् में हमारा आत्मरक्षा का सामर्थ्य नगण्य या दयनीय नहीं माना जाता। और आर्थिक क्षेत्र में अमेरिकन राष्ट्रपति के विशेष दूत का बयान। उसे आशा थी, भारत सरकार से बातचीत में भारत की सहायता की आवश्यकता का प्रसंग आयेगा। लेकिन भारत ने ऐसा कोई संकेत न दिया। अहंकार बुरा, परन्तु आत्मनिर्भर और निर्बल न होने का विश्वास, अनुभूति बुरी चीज नहीं। एक भारतीय के रूप में मैंने यह क्या कम पाया।

अब असली बात। हमने केवल विदेशी सरकार से मुक्ति को अपना लक्ष्य नहीं माना था। अपना लक्ष्य मानवी स्वतन्त्रता को माना था—वर्ण, वर्ग और साम्प्रदायिक भेदों से हीन ऐसा प्रजातन्त्रात्मक शासन और आर्थिक व्यवस्था को, जिनमें जनगण को आत्मनिर्णय से जीवन और जीविका के लिए समान अधिकार और अवसर हो और प्रत्येक जन को अपने श्रम का पूरा फल पाने का अधिकार और अवसर हो। हम लोग इसको समाजवाद, साम्यवाद कहते थे।

समाजवाद और साम्यवाद उचित लक्ष्य हैं या नहीं, यह लम्बी बहस। अपनी बात कह रहा हूँ, हमने इन्हें लक्ष्य माना था। हमारे देश का तत्कालीन राजनीतिक नेतृत्व समाजवाद और साम्यवाद से बहुत आशंकित था। परिणाम, राष्ट्र पर से विदेशी अर्थनीति का दमन और शोषण हटने पर राष्ट्रीय आय में बढ़ती हुई, परन्तु उसके साथ ही साधन-सम्पन्न वर्ग और साधनहीन वर्गों की अवस्थाओं में ऊँच-नीच के अन्तर का बढ़ना। ऐसे विकास को केवल साधनसम्पन्न वर्ग की स्वतन्त्रता कहा जायेगा, जनगण के लिए वह आर्थिक गुलामी या शोषण ही। उस अर्थव्यवस्था और परिस्थिति में, समाजवादी अर्थनीति से जनगण को जीवन के लिए अवसरों के अधिकार और क्षमता देने के कार्यक्रम में विश्वास रखनेवाले पं. नेहरू-जैसे लोगों के लिए कदम-कदम पर अड़चनें। हमने अपना विधान ही सामन्तवादी, पूँजीवादी न्याय की मान्यताओं के आधार पर बनाया था जो स्वामित्व और शोषण के उत्तराधिकार में आस्था रखती हैं। एक वर्ग के लिए स्वामित्व और शोषण कर सकने के उत्तराधिकारों का अनिवार्य परिणाम दूसरे वर्ग की शोषित और दबकर रहने की मजबूरी। ऐसी अवस्था में समाजवादी अर्थनीति द्वारा जनगण के लिए आत्मनिर्णय के अवसरों और अधिकारों की स्वतन्त्रता का मार्ग कैसे खुल सकता? विशाल जनगण वास्तविक स्वतन्त्रता कैसे पा सकता?

पिछले एक दशक में समाजवाद और साम्यवाद की परिभाषाएँ बहुत विवादास्पद बन गयीं। समाजवाद और साम्यवाद को आधुनिक वैज्ञानिक रूप देनेवाले मार्क्सवाद की व्याख्याएँ ही परस्पर-विरोधी। समाजवादियों और साम्यवादियों में इतने दल और अखाड़े और वे आपस में नितान्त असहिष्णु। अब समाजवाद-साम्यवाद शब्द का प्रयोग करते ही पहली शंका, कौन-सा साम्यवाद या समाजवाद? भला हो इन्दिरा का, इन्दिरा के नेतृत्व में संगठन का, जिसने समाजवादों और साम्यवादों के द्वन्द्व से बचने के लिए इस देश की समस्याओं के

हल के आर्थिक कार्यक्रम को 'गरीबी हटाओ' का नाम दे दिया। इस नारे का विरोध कौन करेगा?

गरीबी का अर्थ है, साधनहीनता, आर्थिक परतन्त्रता और जब तक उत्पादन के मुख्य साधनों और आयोजनों पर वर्ग-विशेष का अधिकार और नियन्त्रण रहेगा, जनगण का गरीब रहना आवश्यक। देश के जनगण की गरीबी या आर्थिक दासता दूर करने के लिए राष्ट्र उत्पादन के बड़े-बड़े साधनों और आयोजनों, जिनके चलाने में हजारों व्यक्तियों के श्रम की जरूरत पड़े, सामाजिक या राष्ट्रीय अधिकार और नियन्त्रण में होना पहली अनिवार्य जरूरत। पिछले तीन वर्ष में उत्पादनों के विराट् साधनों और आयोजनों को सामूहिक और राष्ट्रीय नियन्त्रण में ला सकने के लिए हमारी राष्ट्रीय अर्थव्यवस्था और संविधान से जो अड़चने दूर की गयीं, वे बहुत बड़ी उपलब्धि हैं।

●

लेखक और प्रतिबद्धता

मेरे विचार से साहित्य-रचना में प्रतिबद्धता एक स्वाभाविक प्रवृत्ति है। सामाजिक दृष्टि से सचेत कौन व्यक्ति है जिसकी उचित-अनुचित या न्याय-अन्याय के सम्बन्ध में कोई धारणा न हो। व्यक्ति जो उचित, संगत या न्याय मानता है, उसके प्रति स्वतः प्रतिबद्ध है। प्रतिबद्ध होकर भी कोई व्यक्ति अपनी मान्यता की उपेक्षा कर दे, या व्यक्ति की प्रतिबद्धता की अभिव्यक्ति उग्र या शिथिल रहे, यह दूसरी बात है। ऐसी उपेक्षा या शैथिल्य को कुछ लोग प्रमाद कह सकते है और कुछ लोग साहस की कमी कह देंगे। बहरहाल जो भी हो, जैसा कि मैंने अभी ऊपर कहा है, साहित्य-रचना में प्रतिबद्धता एक स्वाभाविक प्रवृत्ति है। साहित्य-रचना को मात्र मनोरंजन से जोड़ना या उसे मनोरंजन का साधन मात्र मानना उचित नहीं है।

सामान्यतः साहित्य रस या मनोरंजन का स्रोत या साधन होता है, परन्तु 'साहित्य मनोरंजन का साधन' है कह देने मात्र से बात पूरी नहीं हो जाती। आधारभूत प्रश्न है कि मनोरंजन कैसा? किसका? मनोरंजन तो तीतरों की लड़ाई देखने से भी होता है और साहित्य की उत्कृष्ट रचना से भी। ऐसे अनेक मनोरंजनों में जो अन्तर है, वह साहित्य सर्जक की प्रतिबद्धता का मूल या आधार है। एक बच्चे का मनोरंजन लाठी को घोड़ा बना कर सवारी करने से हो जाता है, क्योंकि उसके अविकसित मस्तिष्क को मनोरंजन के सार्थक या यथार्थ होने की चिन्ता नहीं होती। परन्तु विकसित या जागृत मस्तिष्कवाले व्यक्ति के मनोरंजन में सार्थकता, यथार्थ और विचारपक्ष आवश्यक होते हैं। प्रतिबद्धता से मुक्ति की ललकार केवल विचारहीन साहित्य सर्जन करनेवाले लेखक ही कर सकते हैं। मैं विचारहीन रचना को साहित्य नहीं मानना चाहता। तथ्य है कि रचना वैचारिक दृष्टि से कितनी ही शिथिल हो, उसमें कोई-न-कोई विचार जरूर होगा। एक और बात, जिस रचना से पाठक का रागात्मक सम्बन्ध नहीं हो सकेगा, उस रचना से मनोरंजन भी नहीं होगा। रचना से पाठक के रागात्मक सम्बन्ध का अर्थ ही है, रचना में प्रस्तुत काल्पनिक घटना और पात्रों के प्रयोजन या विचार से सहानुभूति अथवा विरोध। यदि लेखक के सचेत प्रयोजन के बिना ही उसकी रचना पाठक में इस प्रकार की सहानुभूति जगा देती है तो वह किसी पक्ष में जरूर है, चाहे वह रूढ़िसमर्थक पक्ष हो या विरोधी, या समाज के किसी अंग अथवा वर्ग की आवश्यकता, विवशता और महत्त्वाकांक्षा की अभिव्यक्ति।

अपनी सभी रचनाओं में मैंने अपनी धारणानुसार उचित के पक्ष और अनुचित के विरोध में पाठकों की रागात्मक अनुभूति जगाने का यत्न किया है, इसलिए मेरी सभी रचनाओं में प्रतिबद्धता है। जब मैं अपनी प्रतिबद्धता पर कला का आवरण सफलता से चढ़ा पाता हूँ, तब

लोग प्रचार या प्रतिबद्धता नहीं देखते। जब ऐसा आवरण झीना रह जाता है, या मेरी बात पाठकों की मान्यता को गहरा कचोट कर खिन्न कर देती है, तो वह मुझ पर विद्रोही प्रचार का दोष लगाने लगते हैं।

मेरी सभी रचनाओं में आप किसी-न-किसी प्रश्न पर प्रतिबद्धता पायेंगे। मैंने सामाजिक कुरीतियों, अन्धविश्वासों, रूढ़ियों, राजनीतिक भ्रष्टाचार, शोषण की व्यवस्थाओं आदि पर चोट की है। मैंने परिवार नियोजन जैसे सामयिक उत्कट प्रश्नों पर **'संकटमोचक'** कहानी में प्रकाश डाला है। शान्ति प्रयत्नों तथा पंचशील के सिद्धान्त को समर्थन देते हुए **'अमिता'** उपन्यास की रचना की है। 'अमिता' तो शान्ति के पुजारी नेहरू को ही समर्पित भी है।

मेरी रचनाएँ अपने समाज के उद्बोधन का प्रयत्न हैं जो सदा झूठ से छला जाकर भी सत्य के प्रति अपनी निष्ठा और आस्था नहीं त्यागता। **'झूठा-सच'** में स्वाधीनता के पूर्व विभाजन की विभीषिका और उसके दुष्परिणामों, हिन्दू-मुस्लिम दंगों, देश के बँटवारे के पीछे छिपी साम्प्रदायिक राजनीति का पर्दाफाश और स्वाधीनता के पश्चात् अवसरवादी राजनीति को बेपरदा करने का यत्न है। मेरे नवीनतम उपन्यास **'मेरी तेरी उसकी बात'** में पीढ़ियों और वर्गों की मान्यताओं की टकराहट के माध्यम से वैचारिक वैभिन्य को अभिव्यक्ति देने का प्रयास है। **'समय'** शीर्षक कहानी में भी पीढ़ियों का अन्तर दिखाया गया है। **'क्यों फँसे?'** उपन्यास में सामयिक बदली हुई परिस्थितियों के धरातल पर दाम्पत्य की रूढ़ि एवं नैतिकता के प्रश्न की विवेचना का प्रयत्न है। विवाह का बन्धन आधुनिक परिस्थितियों में कठिन हो रहा है और वह अनिवार्य नहीं है। 'संकटमोचक' में परिवार नियोजन की आवश्यकता और उसके उपायों का सुझाव है तो 'क्यों फँसें?' में समस्या है कि आज सन्तति निरोध राष्ट्रीय ही नहीं, बल्कि मानवीय कर्त्तव्य और धर्म बन गया है। यह उपन्यास परिवर्तित परिस्थितियों की चुनौती में सामाजिक मान्यताओं पर से परम्परागत संस्कारों के पर्दे हटा कर वैयक्तिक-सामाजिक समस्याओं के विवेचन तथा विचार का यत्न है।

मेरी कहानियों में नारी के दमन के खिलाफ विरोध है। ऐसे ही प्रसंग **'पतिव्रता'**, **'ओ भैरवी'**, **'धर्मयुद्ध'**, **'अभिशप्त'**, **'फूलो का कुर्ता'** आदि में सभी जगह प्रतिबद्धता के प्रमाण हैं। बहुचर्चित छोटी रचनाओं 'मजहब', 'हाय राम ये बच्चे', 'तूफान का दैत्य', 'उत्तराधिकारी', 'हार की जीत' आदि में साप्रदायिकता और अन्धविश्वासों से विद्रोह है।

'दादा कामरेड' और **'मनुष्य के रूप'** उपन्यासों में समाजवादी विचारधारा के प्रति मेरी प्रतिबद्धता स्पष्ट है। अपनी बात कहने के लिए मैंने कभी-कभी पौराणिक आख्यानों का भी प्रयोग किया है। **'अप्सरा का शाप'** ऐसी ही रचना है जिसमें पतिव्रत धर्म की आड़ में पुरुष द्वारा नारी के शोषण पर विद्रूप है। इसी कारण यह कृति **'अभिज्ञान शाकुन्तलम्'** पर (यों मूलतः महाभारत के एक आख्यान पर) आधारित होते हुए भी उससे सर्वथा भिन्न है शकुन्तला का आख्यान आधुनिक विचार और दृष्टिकोण से लिखने की प्रेरणा का कारण कालिदास से कलात्मक स्पर्द्धा नहीं अपितु समाज पर कालिदास की महान् कृति 'अभिज्ञान शाकुन्तलम्' के गहरे प्रभाव की स्वीकृति हैं। कालिदास अपनी कला से शकुन्तला के व्यक्तित्व और उसकी व्यथा को ऐसा मार्मिक रूप दे सके कि १५-१६ शताब्दियाँ बीत जाने पर भी पाठक शकुन्तला के प्रति सहानुभूति का उद्रेक अनुभव किये बिना नहीं रह सकता। मैं अपने युग की प्रवृत्ति के अनुसार शकुन्तला के केवल सहानुभूति अनुभव करके ही सन्तुष्ट नहीं हो सकता, शकुन्तला के प्रति अन्याय का विरोध भी करता हूँ।

प्राचीन साहित्यिक मान्यताओं के अनुसार कथा अथवा नाटक के नायक का देवता, राजा या आदर्श पुरुष होना अनिवार्य था। आधुनिक लेखक ऐसी साहित्यिक रूढ़ि से मुक्ति पा चुका है। निश्चय ही वह शकुन्तला के संकट के लिए उत्तरदायी कारणों को दैवी न मानकर उनके प्रति आक्रोश प्रकट करेगा।

कालिदास पतिव्रता शकुन्तला के प्रति चरम सहानुभूति उत्पन्न करके भी यह नहीं कहना चाहते थे कि उसके प्रति अन्याय हुआ। **'अप्सरा का शाप'** के कथानक में दुष्यन्त के प्रति अन्याय का विरोध है। ऐसी ही अन्य कृतियों में मैंने पुरुष द्वारा युग-युग से निरंकुश स्वार्थ के प्रमाद में, धर्म और व्यवस्था के नाम पर नारी पर होनेवाले अत्याचार, दमन व शोषण के प्रति विरोध प्रकट करके नारी के प्रति न्याय की माँग की है। समान अवसर, शोषण से मुक्त समाज की स्थापना, दमन एवं अत्याचार का विरोध मेरी प्रतिबद्धता है। मेरा लेखन निश्चय ही मनोरंजन मात्र नहीं, प्रतिबद्ध साहित्य है।

रचनाकार और सामाजिक दायित्व

भाई शिवप्रसाद जी,

आपका परिपत्र हस्तलिखित पंक्तियों सहित परसों ही मिला है।

रचनाकार की स्थिति में सामाजिक उत्तरदायित्व की अनुभूति को शायद दो अवस्थाओं में ही अवांछनीय या अनावश्यक बन्धन माना जा सकता है। प्रथम—जब रचनाकार अपने पार्थिव या शारीरिक अस्तित्व को समाज के भौतिक-पार्थिव अस्तित्व से पृथक्, स्वतन्त्र और आत्मनिर्भर मान सके। दूसरी अवस्था—रचनाकार समाज की व्यावहारिक अवज्ञा या विरोध के बावजूद अपने वैयक्तिक अस्तित्व की रक्षा और विकास सम्भव मान सके। रचनाकार अपने शारीरिक अस्तित्व की रक्षा और विकास के लिए स्वयं को समाज का अंश मान कर समाज का अवलम्ब आवश्यक समझे और अपने विचारों की अभिव्यक्ति जो स्वयं उसकी शारीरिक प्रक्रिया ही है—समाज से सम्बन्ध या उसके प्रति उत्तरदायित्व से इनकार करे, यह व्यवहार और विचारों का अन्तर्विरोध ही है। रचनाकार का सामाजिक अनुत्तरदायित्व का विचार, समाज से की जानेवाली आशाओं के अपूर्ण रहने पर या समाज द्वारा उपेक्षा लगने पर अनुभव होनेवाली खीझ की अभिव्यक्ति ही है। यह खीझ समाज से आश्रय-सहायता की आशा के संस्कार की, समाज से लगाव की, अपने प्रति समाज के उत्तरदायित्व के विश्वास की प्रतिहिंसात्मक प्रतिक्रिया ही है—समाज हमारी उपेक्षा, अवज्ञा कर रहा है, इसलिए समाज के प्रति हमारा भी कोई उत्तरदायित्व नहीं। यदि समाज के अंश के रूप में रचनाकार का समाज के प्रति कोई उत्तरदायित्व नहीं, उसका निजी सन्तोष ही उसका लक्ष्य हो सकता है तो समाज के सदस्यों या व्यक्तियों—डॉक्टर, इंजीनियर, व्यापारी या डकैती से निर्वाह करना चाहनेवाले भी अपने क्षेत्र में, निजी स्वार्थ की पूर्ति के लिए सामाजिक उत्तरदायित्व से मुक्त हो सकते हैं। ऐसी मान्यता को प्रश्रय देने पर समाज की क्या स्थिति होगी? यदि समाज के आम व्यक्तियों से सामाजिक उत्तरदायित्व की आशा की जानी चाहिए तो रचनाकार से भी। प्रत्येक रचनाकार अपनी रचना के प्रभाव की आशा करता है। यदि समाज की स्थिति से असन्तुष्ट रचनाकार व्यक्ति द्वारा समाज के प्रति अनुत्तरदायित्व की भावना को प्रश्रय या मान्यता देने का यत्न करता है तो वह उसी प्रवृत्ति या भावना को व्यापक बनाने का यत्न करता है जिसके कारण वह स्वयं को प्रताड़ित या पीड़ित समझता है। यह केवल निराशा और खीझ में आत्महनन का स्वप्न मात्र है।

लेकिन ऐसा न समझ लेना आयुष्मान् कि मैं तुम्हारे प्रश्न का अर्थ ही नहीं समझ रहा हूँ। शायद ठीक ही समझ रहा हूँ। लेकिन यह तो तुम निर्णय करोगे कि ठीक समझ रहा हूँ या नहीं, मैं अपनी बात बिना भूमिका के ही कहूँ तो ठीक होगा। तुम्हारे प्रश्न का आशय

यह जान पड़ता है कि नवलेखन का कलाकार क्या अपनी बात उस भाषा में और उस मिथकीय पृष्ठभूमि में दे रहा है जो भारतीय श्रोताओं को सहज ग्राह्य है। शायद नहीं, या बहुत कम। कारण तुम जानते हो, थोड़ा-थोड़ा मैं भी जानता हूँ। हमारे अधिकांश नवशिक्षित अंग्रेज़ी माध्यम से सीखते हैं। हिन्दी—वास्तविक हिन्दी—से उनका सम्पर्क छिन्नप्राय है। रचनात्मक साहित्य 'भावभेद रस भेद अपारा' को रूपायित करता है। भाषा नामक महा शक्तिशाली बताया जानेवाला साधन, बाह्य यथार्थ का इन्द्रिय-गृहीत रूप ही जैसे-तैसे प्रकट करता है, भाव-जगत् को वह इन्द्रिय-गृहीत भाषा में अनुवाद भर कर पाता है। और अनुवाद क्या सटीक होते हैं? बिलकुल नहीं। केवल परम्परा या हम उसके पूर्णार्थ का अवगमन करते हैं—अवगमन, अंग्रेज़ीवाले कहेंगे 'अवस्थिति' (अण्डरस्टेण्डिंग) पर अवगमन हो या अवस्थिति हो; है वह आवश्यक से कम ही। केवल परम्परया हम भावजगत् को यथाकथंचित् बटोर पाते हैं। और आयुष्मान्, आज यह कहने की आवश्यकता नहीं रह गयी है कि सारी भाषा मनुष्य के आदिम भावबिम्बो (आर्केटाइप) का अधकचरा अनुस्वरण मात्र है, मिथकीय परिकल्पनाओं से यथाकथंचित् परिपुष्ट और फिर भी काण और खंज! दूसरी भाषा में से ज्यों-का-त्यों या लगभग ज्यों-का-त्यों अनुकथन तो हिन्दी के लिए बोझ ही सिद्ध होता है। हमारा नवलेखन 'घर घाट से विच्छिन्न' विलक्षण पदार्थ बनता जा रहा है। आशा करनी चाहिए कि कुछ अधिक प्रयोग के बाद यह भाषा भी रींज-पींज जायेगी, पर अभी तो वह विलक्षण ही है। सिर्फ़ इतना नहीं भूलना चाहिए कि भाषा भी गतिशील होती है, ग्राहिका शक्ति से सम्पन्न होती है। संस्कारों के बदलने से वह बदलती भी है। अच्छा लगना संस्कारों के अनुकूल होने को कहते हैं। संसार नये रूप में प्रकट होने जा रहा है। हमें अच्छा लगे या न लगे, यह प्रक्रिया शुरू हो गयी है। इसका अर्थ यह हुआ कि परिवर्तन का वेग हमारे संस्कारों के अनुकूल होने की प्रतीक्षा नहीं कर रहा है। इसमें बहुत कुछ छूट जायेगा। छूटने को बाध्य है। भाषा और भाव की नयी दुनिया में बड़े उथल-पुथल की सम्भावना है। नवलेखन उसका आभास दे रहा है। यह कोई स्थायी प्रभाव छोड़ जायेगा या नहीं, यह तो भविष्य बतायेगा। शायद नहीं छोड़ेगा पर वह नयी भावभूमि और नयी अभिव्यंजना शैली के लिए संघर्ष कर रहा है। कभी-कभी ग़लती से इसे नये मूल्यों की खोज कहा जाता है। नये मूल्य खोजे नहीं जाते, विशिष्ट परिस्थितियों से उत्पन्न होते हैं। वे मनुष्य की दुर्दम जिजीविषा के आवश्यक परिणाम हैं। जो कहता है कि मैं नये मूल्यों को खोज रहा हूँ वह वस्तुतः कहना यह चाहता है कि मैं यह सोच रहा हूँ कि मनुष्य नयी परिस्थितियों में सहज-सबल गति से कैसे जी सकता है। जिसे तुम 'जीवन को जीना' कहना चाहते हो वह वस्तुतः विषम परिस्थितियों के साथ जिजीविषा के सामंजस्य का प्रयास ही है। नवलेखन इसलिए इसे प्रकट करने में हाँफ रहा है कि उसका मुख्य लक्ष्य सरस रूपविधान तो है पर उसका रूप क्या होने जा रहा है यह अस्पष्ट ही है। यह इस अस्पष्टता को ही स्पष्ट करता जा रहा है। इसमें सरस रचना सम्भव ही नहीं है। इसकी महिमा इस अस्पष्ट अनुभूति में ही है। उससे अधिक की माँग न करो।

क्या नवलेखन सामाजिक यथार्थ से बहुत दूर है? यह प्रश्न मुझे बहुत स्पष्ट नहीं जान पड़ता। नवलेखन से अभिप्राय इन दिनों प्रकाशित या लिखी जानेवाली रचनाओं से ही हो सकता है। परन्तु सामाजिक यथार्थ क्या है? शायद इससे अभिप्राय समाज की वर्तमान स्थिति, जीवन की गतिविधि और चिन्तन-प्रक्रिया और नयी उठती विचार-प्रवृत्तियों से है। समाज इतना विस्तृत, बहुविध है, उसके इतने द्वार और उनमें इतनी परिस्थितियाँ हैं कि कोई भी

एक व्यक्ति सबके विषय में साधिकार अन्तिम बात कह सकेगा, इसमें सन्देह है। यह स्वीकार करता हूँ कि आज अनेक ऐसी रचनाएँ प्रकाशित हो रही हैं जो मेरी सीमित समझ के लिए अनबूझ, जटिल या अतिसूक्ष्म, अगम होती हैं या मुझे निरर्थक भी जान पड़ती हैं। परन्तु मैं यह दावा नहीं कर सकता कि जो मुझे अगम या निरर्थक लगता है, वह यथार्थ से दूर ही है या सबके लिए अगम है। मेरी समझ और रुचि, मेरे अभ्यासों और संस्कारों से प्रभावित और सीमित है, इससे इनकार नहीं किया जा सकता। यथार्थ क्या होता है? तथ्य तो दृष्टिगोचर होता है परन्तु यथार्थ की पकड़ ज्ञान पर निर्भर करती है। मुझे यह तथ्य जान पड़ता है कि आजकल बहुत ही निरर्थक और अरोचक रचनाएँ भी प्रकाशित हो रही हैं परन्तु यह सम्पूर्ण नवलेखन के लिए नहीं कह सकता। नवलेखन में ऐसा भी बहुत है जो मुझे सार्थक और रोचक लगता है। मैं यह निश्चय से नहीं कह सकता कि जो नवलेखन मुझे निरर्थक और अरोचक लगता है, वह यथार्थ से दूर है। उस प्रकार की रचनाओं का प्रकाशन या वैसे विचारों और अनुभूतियों की अभिव्यक्ति की इच्छा और प्रवृत्ति तथ्य तो है ही। परन्तु ऐसी अभिव्यक्तियों की प्रवृत्ति और इच्छा किन स्थितियों या यथार्थों के कारण है; उसके विषय में क्या-क्या कहा जा सकता है, यह मैं नहीं जानता। यह कैसे कह दूँ कि मेरे लिये अबूझ, निरर्थक और अरोचक अभिव्यक्तियाँ यथार्थ से दूर हैं। अलबत्ता उन्हें जब तक समझ नहीं सकता, उन्हें अपने लिये नहीं समझता।

('कल्पना', सितम्बर-अक्टूबर, १९६९)

महादेवी का छायावाद

हिन्दी कविता में महादेवी नाम को छायावाद से पृथक् कर देना सम्भवतः उतना ही कठिन है जितना धूप में शरीर को छाया से। कुछ वर्ष पूर्व सामयिक परिस्थितियों और भावनाओं के कारण हिन्दी कविता क्षेत्र में छायावाद के प्रति असन्तोष का बवण्डर उठ खड़ा हुआ था। उस बवण्डर की कुछ स्मृति, उसका प्रभाव अनुभव करनेवालों में शेष होगी। वह बवण्डर तो उड़ गया परन्तु अपने साथ छायावाद की देन को नहीं उड़ा ले गया। कुछ समय के लिए उस क्षुब्ध वातावरण में छायावाद को समृद्ध और सप्राण बनानेवाले अनेक समर्थ कवियों ने सामयिक पुकार के तोष के लिए, छायावाद की परिधि के बाहर भी अपने रचना सामर्थ्य का परिचय देने का यत्न किया था। परन्तु छायावाद के मन्दिर की महादेवी ने छायावाद के अन्तःपुर की परिधि लाँघने की उत्तेजना अनुभव न की। महादेवी जी ने क्षोभ में असन्तोष की उस भावना का उपेक्षापूर्ण मौन से तिरस्कार भी नहीं किया। उन्होंने अपने उद्‌गार और अभिव्यक्ति के प्रति अविचलित आत्मतोष और धैर्य से अपने छायावाद की अन्तःप्रेरणा और दृष्टिकोण के स्पष्टीकरण का यत्न अवश्य किया।

हिन्दी कविता में छायावाद के प्रति असन्तोष-भावना के कारण क्या थे? सम्भवतः परिवर्तन और प्रगति की सामयिक उग्र भावना के उस संक्षिप्त ज्वार के समय उग्र प्रगतिकामियों को छायावादी कविता की प्रवृत्तियों और अभिव्यक्तियों में उग्र प्रगति और परिवर्तन के लिए आवश्यक असन्तोष और व्यग्रता की भावना और अभिव्यक्ति नहीं मिल रही थी। उस समय सार्वजनिक भावना कुछ ऐसी उद्वेल्लित हो गयी थी कि लोग युद्धंदेहि की ललकार ही सुनना चाहते थे। प्रगति के प्रेरक साहित्यालोचकों को अपनी व्यग्रता के कारण हिन्दी छायावादी कविता में प्रगति की बाधक या विरोधी अनेक प्रवृत्तियाँ उदाहरणतः यथावत् से सन्तोष और उसका समर्थन, आत्मतोष की निष्क्रियता, इह जीवन से परांगमुख अध्यात्मलीनता और लौकिक संघर्ष से पलायनवाद की प्रवृत्तियाँ दिखायी दे रही थीं। यह तो है कि हिन्दी छायावादी कविता में अवांछनीय परिस्थितियों के परिवर्तन और प्रगति के लिए असन्तोष की हुँकार नहीं थी परन्तु क्या उस कविता में विशेष कर महादेवी की कविताओं में, हमें यथार्थ की उपेक्षा, विकासोन्मुख जागरूकता की अवहेलना, सन्तोष की प्रवंचनाजन्य निष्क्रियता की सराहना और इहलोक परांगमुख आत्मलीनता की प्रेरणा मिलती है?

महादेवी ने छायावाद से अपने लगाव के सम्बन्ध में आत्म-निवेदन में कहा है—"मनुष्य का निरन्तर परिष्कृत होता चलनेवाला यह मानसिक जगत वस्तु जगत के संघर्ष से प्रभावित होता है; उसके संकेतों में अपनी अभिव्यक्ति चाहता है। परन्तु उसके बन्धनों को पूर्णतः स्वीकार नहीं करना चाहता। अतः जो कुछ प्रत्यक्ष है उतना ही मनुष्य नहीं कहा जा सकता।

उसके साथ-साथ उसका जितना विस्तृत और गतिशील अप्रत्यक्ष जीवन है, उसे भी समझना होगा, प्रत्यक्ष जगत् में उसका मूल्यांकन करना होगा। अन्यथा मनुष्य के सम्बन्ध में हमारा सारा ज्ञान अपूर्ण और समाधान अधूरे रहेंगे।" महादेवी जी ने मानव को या उसके मानसिक जगत् को भौतिक जगत् से पृथक् किसी अनन्त पूर्ण चेतन का अंश नहीं, स्थूल वस्तु जगत् का अंश और उससे प्रभावित उत्तरोत्तर विकसित माना है। वें मानव की चरम परिणति की कल्पना किसी लोकोत्तर पूर्ण शाश्वत लक्ष्य में समाविष्ट हो जाना नहीं अपितु मानव के निरन्तर परिष्कृत होते चलनेवाले (विकासशील) मानसिक जगत् की परिणति और समाधान अभी जो कुछ उसके लिए अगम्य और अप्रत्यक्ष है उसे भी प्राप्य और प्रत्यक्ष बना सकने में समझती हैं। 'जगन्मिथ्या' के काल्पनिक ज्ञान द्वारा लोक-संघर्ष से निर्लिप्ति में नहीं। ऐसे दृष्टिकोण को इहलोक के संघर्ष से विरत, अयथार्थवादी या पलायनवादी कैसे मान लिया जा सकता है।

महादेवी जी की कविता के दृष्टिकोण को स्थूल जगत् से सम्बद्ध और इहलोकपरक बताने के लिए किसी जोर-जबर व्याख्या की आवश्यकता नहीं है। कवयित्री के अपने स्पष्ट शब्द हैं—"ज्ञान क्षेत्र के 'तत्त्वमसि', 'सर्वखल्वमिदं ब्रह्म', 'सोहम्' आदि ने उस युग के चिन्तन को कितनी विविधता दी है, यह कहना व्यर्थ होगा। तत्त्व चिन्तन के इतने विकास ने मनुष्य को एक ओर व्यावहारिक जगत् के प्रति वीतराग बना कर निष्क्रियता बढ़ायी और दूसरी ओर अनधिकारियों द्वारा प्रयोग रूप सिद्धान्तों को सत्य बन जाने दिया, जिससे रूढ़िवाद की सृष्टि सम्भव हो सकी"...कवयित्री के यह शब्द स्पष्ट कर देते हैं कि वह मानव का लक्ष्य जीवन का निर्माण मानती हैं या जीवन से निर्वाण।

महादेवी से यह शिकायत तो हो सकती है कि उन्होंने व्यवस्था और सामाजिक परिस्थितियों के परिवर्तन के लिए सामरिक संघर्ष की प्रेरणा नहीं दी परन्तु उनसे जीवन से उपराम शान्ति या नियति से सन्तोष के सुझाव की शिकायत नहीं हो सकती। महादेवी ने तुमुल संघर्ष के लिए भेरीनाद जरूर नहीं किया परन्तु अपनी वंशी से मानव को चेतना और सतत सक्रियता का मधुर उद्‌बोधन अवश्य दिया है। उनकी अत्यन्त आत्मरति की कल्पनायें भी जीवन-संगीत की ध्वनि से गुंजरित हैं—"सिखाने जीवन का संगीत तभी तुम आये इस पार।" उनके स्वप्न भी काल्पनिक चिर सुख के नहीं, लौकिक जीवन के हैं—

स्वप्न लोक के फूलों से कर
अपने जीवन का निर्माण,
'अमर हमारा राज्य' सोचते
हैं जब मेरे पागल प्राण!

आकर तब अज्ञात देश से
जाने किस की मृदु झंकार
गा जाती है करुण स्वरों में
कितना पागल है संसार।

निर्माण के प्रयत्नों में विफलता भी कवयित्री को हतोत्साहत नहीं करती—

"स्निग्ध अपना जीवन कर क्षार,
दीप करता आलोक प्रसार।
गला कर मृत्पिण्डों में प्राण,
बीज करता असंख्य निर्माण।
सृष्टि का है यह अमिट विधान,
एक मिटने में सौ वरदान।
नष्ट कब अणु का हुआ प्रयास,
विफलता में ही पूर्ति-विकास।

महादेवी जी ने अपने दृष्टिकोण के परिचय में स्वीकार किया है कि वे सत्य को लक्ष्य मानती हैं। उनका सत्य प्रत्यक्ष जगत् का जीवन से परखा जा सकनेवाला, अनुभवगम्य सत्य है, परन्तु इस सत्य की प्राप्ति का साधन वे अपनी साधना में बनाना चाहती हैं सौन्दर्य को। वाङ्मय में सौन्दर्य के साधनों सूक्ष्मता और सांकेतिकता। महादेवी सूक्ष्म संकेत के अवलम्ब की उपेक्षा कभी कर नहीं सकीं। इसीलिए उनके जीवन के निर्माण, परिष्कार और प्रगति की प्रेरणा भी सूक्ष्म संकेतों और प्रतीकों द्वारा वाणी पाती हैं। यदि उनकी कुछ कविताओं को आध्यात्मिक व्यंजना या अभिव्यक्ति इश्क हकीकी मानने का ही आग्रह हो तो वहाँ भी अतिप्रत्यक्षता या स्थूलता नहीं आ सकी, वे संकेतों की परिधि से बाहर नहीं निकलीं। उदाहरणार्थ—

मिलन वेला में अलस तू
सो गयी कुछ जाग कर जब
फिर गया, वह स्वप्न में!
आ रही प्रतिध्वनि वही फिर
नींद का उपहार ले!
चल सजनि दीपक बार ले!

महादेवी जी को आध्यात्मिक प्रेम या भगवत मिलन को भी सूक्ष्म संकेतों से आगे स्थूल प्रतीकों में उपस्थित करना स्वीकार नहीं। मीराँ की भाँति उन्हें आध्यात्मिक प्रेम और परमात्मा और आत्मा के मिलन में भी, 'आधी रात में प्रेम नदी तीर दर्शन', कुसुम्बी साड़ी, सेज और रमण की स्थूलता सह्य नहीं। जब सेज के प्रतीक का लोभ दुर्दम ही हो गया तो—

अब आओ पलकों में
स्वप्नों से सेज बिछाऊँ।

फूल तक की स्थूलता और बोझ स्वीकार न हुआ। उनकी अपनी विशेषता ही सूक्ष्म सांकेतिकता है। प्रसंग चाहे निर्माण के संघर्ष का हो या अध्यात्म रति का। उन्हें न भूषण की ललकार, न मीराँ के स्पष्ट रति-प्रतीक स्वीकार हैं।

महादेवी जी की एक प्रसिद्ध कविता उनकी मौन निर्माण और मूक संघर्षपरक अभिव्यक्ति और प्रवृत्ति को स्पष्ट कर देती है—

पंथ रहने दो अपरिचित,
प्राण रहने दो अकेला,
और होंगे चरण हारे
और हैं जो लौटते दे शूल को संकल्प सारे।
दुखी व्रती निर्माण-उन्मद
यह अमरता नापते पद
बाँध देंगे अंक संसृति से तिमिर में स्वर्ण बेला।

जिन प्राणों को अपरिचित पन्थ में अकेले होने का भय नहीं, जो प्राण निर्माण के उन्माद में दुःख और शूलों से परास्त न होकर अनन्त यात्रा का व्रत लिये हैं, जो पद शूल, दुःख, निराशा के तिमिर को स्वर्ण बेला में परिवर्तित करने का संकल्प लिये हैं, उन्हें काल्पनिक आत्मरति में डूबे या पलायनवादी नहीं माना जा सकता। ऐसे संघर्ष-व्रती में आत्मरति की गुंजाइश कहाँ! इन स्वरों में, या इस छायावाद में जीवन-संघर्ष के लिए युद्धंदेहि का भेरीनाद न हो परन्तु मानव की सचेत जिजीविषा की वंशीध्वनि अवश्य है।

●

झूठा सच टिप्पणी

'झूठा सच' १९५७ के मध्य में लिखना प्रारम्भ किया था—विभाजन के दस वर्ष बाद तक के परिणाम देख कर।

पहला भाग १९५९ के पहले पाँच मास में 'धर्मयुग' में क्रमशः प्रकाशित हुआ। 'धर्मयुग' कार्यालय के सम्पादकीय तथा प्रबन्ध-विभाग से सुनने को मिला कि इसकी जनप्रियता के कारण पत्र की बिक्री बीस हजार बढ़ गयी थी। उत्साह अनुभव कर दूसरा भाग आरम्भ किया। पहला भाग १९५८ के अन्त में 'वतन और देश' शीर्षक से प्रकाशित हुआ। दूसरा भाग भी अगले वर्ष 'धर्मयुग' में छह मास क्रमशः चला और १९६० के आरम्भ में 'देश का भविष्य' शीर्षक से प्रकाशित हो गया।

"इस पुस्तक के कथानक के लिए प्रेरणा के दो आधार या स्रोत थे। प्रथम विभाजन की भावना उत्पन्न करने और इन भावनाओं को उग्र बनानेवाली प्रवृत्तियों और परिस्थितियों पर प्रकाश डालना। मैं ऐसी पृथकतावादी, संकीर्ण प्रवृत्तियों को समाजघाती समझता हूँ। दूसरी प्रेरणा—मैंने बचपन पंजाब, अधिकांश लाहौर में बिताया है। विभाजन के बाद उससे पूर्व का लाहौर तो रहा नहीं। इस परिवर्तन ने पूरे पंजाब के सामाजिक जीवन को भी बदल दिया है। अपने लड़कपन के लाहौर के सामाजिक जीवन के कुछ चित्र स्मृति में सुरक्षित रखना चाहता था और इन परिवर्तनों के कारणों और उनकी प्रक्रियाओं पर प्रकाश डालने की भी इच्छा थी।

"'झूठा सच' के दोनों भागों का क्रमशः अनुवाद पहले केरल के एक साप्ताहिक में प्रकाशित होता रहा। इसके पश्चात मलयालम में १९६७ तक दो संस्करण छप चुके थे। तीसरा मुद्रण मे था। गुजराती में दोनों भाग १९६४ तक ही प्रकाशित हो चुके थे। हिन्दी में दोनों भागों के तीन-तीन संस्करण (प्रति संस्करण तीन हजार) हो चुके हैं। चौथा मुद्रण में है। रूसी में दोनों भागों का पूर्ण अनुवाद १९६३ में ही प्रकाशित हो गया। १९६४ में दूसरे भाग के अनुवादक से भेंट हुई थी। उन्होंने बताया था कि प्राप्त रायल्टी के आधार पर शायद १,७५,००० प्रतियाँ बिक चुकी थीं।

"जापान से टोकियो यूनिवर्सिटी में प्राच्य भाषा-विभाग से हिन्दी के मुख्य अध्यापक लखनऊ आये थे। उन्होंने बताया था कि जापान में हिन्दी-विद्यार्थियों के लिए तैयार की गयी पाठ्य-पुस्तक में 'झूठा सच' के अनेक अंश संकलित हैं।"

●

आधुनिक साहित्य में अश्लीलता

"मेरी रचनाओं में यौन-प्रसंग अधिक है, इसका प्रमाण अधिकांश पाठकों की सम्मति ही तो है। परन्तु हमारे समाज के अधिकांश पाठक स्वयं यौनाक्रान्त (सेक्स-रिडेन) हैं। जहाँ यौन साधारण स्थिति या अनुपात में है, उन्हें अधिक दिखायी दे सकता है और जहाँ नहीं है, वहाँ भी दिखायी दे सकता है। बात उदाहरण से ही अधिक सुलभ होती है—

"एक साहित्यिक गोष्ठी में मेरी रचनाओं पर बातचीत करने के लिए मुझे निमन्त्रित किया गया था। पहला प्रश्न यही किया गया कि मैंने अपने उपन्यास 'दादा कामरेड' में नायक हरीश द्वारा नायिका को नग्न देखने की इच्छा क्यों प्रकट की है, क्या यह स्वाभाविक और उचित है?

"अवसरवश उस गोष्ठी में भिक्षु आनन्द जी भी उपस्थित थे। वे मुझसे पहले बोल उठे— 'यदि यशपाल को आपत्ति न हो तो इस प्रश्न का संक्षिप्त उत्तर मैं देना चाहता हूँ। यशपाल अपना उत्तर विस्तारपूर्वक दे सकते हैं। संन्यासी होने के नाते उपन्यास मेरा विषय नहीं है, परन्तु यशपाल के सभी उपन्यास मैंने पढ़े हैं, क्योंकि मुझे वे केवल विनोद का साधन नहीं, समस्या-मूलक जान पड़ते हैं, 'दादा कामरेड' भी दो-तीन बार पढ़ा है। इस उपन्यास को पढ़कर मेरे सामने कई प्रश्न उठे। उदाहरणतः साम्प्रदायिक मतभेद होने पर राबर्ट और फ्लोर में से कौन, अधिक नैतिक रहा? साम्प्रदायिक असहिष्णुता अधिक नैतिक है या साम्प्रदायिक नैतिकता की उपेक्षा? सशस्त्र क्रान्ति में विश्वास रखनेवाले साथियों से नायक का पृथक् हो जाना उसके नैतिक बल का प्रमाण है या कायरता का? राजनैतिक उद्‌देश्य से डकैती नैतिक है या अनैतिक? शैल का नैतिक कर्त्तव्य पिता की आशाएँ पूरी करना है या अपने सखा की, अथवा अपने राजनैतिक दल की? शैल ने एक बार गर्भपात कर अपने सामाजिक सम्मान की रक्षा की, दूसरी बार समाज की दृष्टि में अनधिकारी गर्भ को ले वह सिर ऊँचा कर खड़ी हो गयी, यह उसका नैतिक पतन था या साहस? हरीश ने शैल को नग्न देखने की इच्छा प्रकट की, 'यह क्या क्रान्तिकारी के संयम के अनुकूल है?' आनन्द जी ने पूछा—'इन सात प्रश्नों में से आपके सामने केवल यह अन्तिम प्रश्न ही क्यों उठता है? मुझे जान पड़ता है, अपना मस्तिष्क यौनाक्रान्त है।' यदि मैं अधिकांश पाठकों के लिए ऐसी ही बात कहूँ तो क्या अनुचित या यथार्थ होगा?

"दूसरा उदाहरण मेरे उपन्यास 'मनुष्य के रूप' की प्रगतिवादियों द्वारा की गयी आलोचना लीजिये।" उन्होंने कहा, "यह उपन्यास यौन-भावना से भरा, मनुष्य के विकृत रूपों का ही चित्रण है।" (प्रकाशचन्द्र गुप्त) अधिकांश में उन्होंने इतना ही कह कर 'मनुष्य के रूप' के आकार के उपन्यास का प्रसंग समाप्त कर दिया। लेकिन 'आलोचना' के पहले अंक

में डॉ. सत्येन्द्र ने 'मनुष्य के रूप' की आलोचना कर उसमें अनेक राजनैतिक और सामाजिक समस्याओं का उल्लेख किया है। उन्हें यौन-भावना से आक्रान्त मनुष्य के विकृत रूप में यौन के अतिरिक्त मनुष्य की विकृति के अनेक और कारण भी दिखायी दिये। जहाँ तक मेरे लिखने का सवाल है, मैंने यौन-विकृति को आर्थिक कारणों का परिणाम दिखाने की चेष्टा की है। एक सज्जन से मुझे अपनी रचनाओं के विषय में 'अज्ञेय' जी की आलोचना सुनने को मिली। 'अज्ञेय' का कहना है कि यशपाल की कहानियों और उपन्यासों के पात्र चलती-फिरती आर्थिक और राजनैतिक युक्तियाँ-मात्र हैं। 'अज्ञेय' जी की यदि सचमुच यह सम्मति है तो मैं समझता हूँ, मेरी रचनाओं को मेरे प्रयोजन के अनुकूल सबसे अधिक उन्होंने समझा है। यदि मेरे पात्र चलते-फिरते अर्थात् सजीव हैं तो अपनी रचनाओं के कला पक्ष के प्रति मैं सन्तुष्ट हूँ और यदि वे युक्ति-युक्त हैं तो मैं अपनी बात कह पाया हूँ, मेरा प्रयत्न सार्थक है। प्रगतिवादी आलोचक अमृतराय के अनुसार वह 'केवल लिजलिजी वासना' नहीं।

नरेन्द्र कोहली से पत्राचार

प्रिय कोहली जी, २-१-७६

नववर्ष के लिए शुभकामना।

विप्लव कार्यालय द्वारा 'दीक्षा' की प्रति मिली है। स्नेह आदर की प्रतीक आपकी इस सद्भावना के लिए आभारी हूँ।

मकान का पता इस कार्ड पर दे रहा हूँ। कल 'दीक्षा' के कुछ पन्ने पलट कर देखे। याद आया कुछ समय पूर्व किसी पत्रिका 'पश्यन्ति' या 'पहल' (ठीक याद नहीं) में इसके कुछ अंश देखे थे। वे मुझे रुचिकर और सार्थक भी लगे थे। इससे पुस्तक की सफलता का पूर्वाभास हो गया। इधर आयु और अस्वास्थ्य का शैथिल्य है। आज सुबह से पेट में कोलाइटस का कष्ट। पुस्तक मनोयोग से पढ़ सकने के लिए कुछ दिन ठहरकर सुविधा से पढ़ूँगा। इस पत्र को पुस्तक की पहुँच के लिए धन्यवाद रूप सूचना समझें।

सुविधा से अपना कुशल समाचार भी लिखें।

शुभकामना सहित।

हितू
यशपाल

प्रिय कोहली जी, ८-२-७६

आशा है, सपरिवार सानन्द हैं।

'दीक्षा' कुछ सप्ताह पूर्व ही पढ़ ली थी। आपने राम कथा जिसे अनेक इतिहासज्ञ मात्र पौराणिक आख्यान या मिथ ही मानते हैं, को यथाशक्ति यथार्थवादी तर्कसंगत व्याख्या देने का यत्न किया है। अहल्या की मिथ को भी कल्पना से यथार्थ का आभास देने का अच्छा प्रयास। आपने लिखा था, 'मेरी तेरी उसकी बात' को पढ़ा जा रहा है। शायद निकट भविष्य में उस पर विचार गोष्ठी करें। यदि गोष्ठी हो नहीं चुकी तो निवेदन है कि मैं १३-२-७६ को सन्ध्या ५ बजे थियेटर कम्यूनिकेशन बिल्डिंग हि. स. स. में या नयी दिल्ली नगरपालिका भवन में श्री गोपालदास व्यास की षष्ठि पूर्ति के अवसर पर उपस्थित रहूँगा। दिल्ली १३ को मध्याह्न में पहुँचूँगा। उस सन्ध्या तो व्यस्त रहूँगा। १५ की रात लखनऊ लौटने का विचार है।

यदि आपकी गोष्ठी १४ या १५ सन्ध्या ७.३० P.M. तक समाप्त हो सके तो उपस्थित होना चाहूँगा। लेखक अपने श्रम पर पाठकों या अन्य लेखकों की प्रतिक्रिया जानना ही चाहते हैं।

नयी दिल्ली में मैं ग्रेटर कैलाश के समीप D-५, हौज खास में श्री अजित गोपाल के यहाँ ठहरूँगा। उस मकान में फोन नं. ६१९८५६ है।

यहाँ से मैं एक आयोजन के प्रसंग में १० की रात इलाहाबाद जा रहा हूँ। वहाँ से १२ की रात चलकर १३ दोपहर तक दिल्ली पहुँचूँगा। यदि भेंट मात्र की इच्छा हो तो फोन द्वारा १४ या १५ के लिए समय निश्चित हो सकेगा।

हितू
यशपाल

प्रिय नरेन्द्र जी,

आशा है, सपरिवार सकुशल हैं।

'मेरी तेरी उसकी बात' पर समीक्षा यथासमय मिल गयी थी। उसी समय पढ़ डाली थी। पावती कुछ विलम्ब से लिख रहा हूँ।

समीक्षक ने पुस्तक पूरी और सतर्कता से पढ़कर अपने दृष्टिकोण से न्याय या निस्संकोच मन्तव्य प्रकट किया है।

आपके पत्र में सूचना थी, समीक्षा के मसविदे पर कुछ विचार-विमर्श भी हुआ था। दूसरे पक्ष या विचार के भी कुछ संकेत रहते तो मेरे लिये रोचक और उपयोगी भी हो सकता था। परन्तु समझता हूँ, इतना मसविदा साइक्लोस्टाइल करवाने में ही कितनी तवालत हुई होगी, इससे अधिक के लिए समय निकाल पाना बहुत कठिन होता।

परन्तु पत्र में शेष स्थल पर आप निजी प्रतिक्रिया तो 'निस्संकोच' दे ही सकते थे।

पत्र की पावती से सन्तोष होगा।

हितू
यशपाल

संस्मरण

साहित्यिकी के क्रम से एक संस्मरण सुना रहा हूँ। संस्मरण साहित्यिक ही हो, यह अच्छा रहेगा। उसमें साहित्यिक गुण उतना न हो सके तो उसका सम्बन्ध तो साहित्य से हो ही।

बहुत सफल साहित्यिक बन जाने का दावा तो आज भी नहीं कर सकता। संस्मरण उस प्रसंग का है जिससे साहित्य के क्षेत्र में कदम रखने का साहस पाया था। याद बहुत पुरानी है, लगभग छियालीस वर्ष पूर्व की। गुरुकुल काँगड़ी का छात्र था और संस्था के नियम के अनुसार छात्रावास में ही रहता था। उन दिनों उस संस्था के संचालक विधार्थियों में साहित्यिक रुचि और महत्त्वाकांक्षा उत्पन्न करने और बढ़ाने के अवसर प्रस्तुत करते रहते थे। संस्था के पुस्तकालय से विद्यार्थियों को अनेक प्रकार की पुस्तकें लेकर पढ़ने की अच्छी सुविधा थी। गुरुकुल का जीवन बहुत संयम-नियम का था। अभिभावक अपने छात्रों को मनचाहे वस्त्र अथवा खाने-पीने की चीजें नहीं दे सकते थे परन्तु पुस्तकों के विषय में कोई बाधा न थी। मुझे दस-ग्यारह की व्यवस्था से ही कथा- कहानी, जीवन चरित्र और इतिहास को भी कहानी ही समझकर पढ़ते रहने का चाव हो गया था। मेरे लिये यह चाव खेलकूद की अपेक्षा बहुत अधिक आकर्षक था। गुरुकुल छात्रावास के अनुशासन के अनुसार विद्यार्थियों के लिए व्यायाम अथवा खेलों में भाग लेना आवश्यक था। परन्तु मैं रोचक पुस्तक हाथ लग जाने पर किसी स्थान में छिपकर उसे पढ़ता रहता था। ऐसे अपराध के लिए कई बार धौल-धप्पा भी खाना पड़ा। जो चीज़ मेरे लिये इतनी सन्तोषदायक थी उसके सृजन की कल्पना मेरे लिये कितनी मोहक हो सकती थी।

गुरुकुल के कॉलिज विभाग के विद्यार्थी अपनी एक हस्तलिखित मासिक पत्रिका चलाते थे। नवीं-दसवीं श्रेणी के विद्यार्थी भी अपनी हस्तलिखित पत्रिका चलाने लगे। उनके अनुकरण में सातवीं-आठवीं श्रेणी के विद्यार्थियों ने भी अपनी पत्रिका प्रस्तुत करने का साहस किया। मैं छठी श्रेणी का छात्र था। स्पर्द्धा में हम लोगों ने भी अपनी हस्तलिखित पत्रिका निकालने का निश्चय कर लिया। उस पत्रिका का सब आयोजन हम पाँचवीं-छठी श्रेणी के विद्यार्थियों की समझ और सामर्थ्य के अनुसार हुआ। हम लोग संस्था के पुस्तकालय में अनेक पत्र-पत्रिकाएँ तथा अपने से ऊँची श्रेणी के विद्यार्थियों की पत्रिकाएँ तो देखते ही थे और जानते थे कि पत्रिकाओं में लेख कहानी और कविताएँ संकलित होती है। ऐसी रचनाएँ इधर-उधर से इकट्ठी कर लेना हम लोगों ने कठिन नहीं समझा था। लेख, कविताएँ और कहानियों ढूँढ़कर सुलेख से पत्रिका के लिए लिख डालने का कार्य हम लोगों ने आपस में बाँट लिया। मैंने

और मेरे एक अन्य साथी ने इस पत्रिका के लिए कहानी देने का दायित्व लिया। उस साथी के अभिभावक धनी थे और उसे अनेक पुस्तकें दे जाते थे। मैं भी प्रायः उससे लेकर पुस्तकें पढ़ता रहता था। मेरे साथी ने एक उपन्यास से एक परिच्छेद पत्रिका के लिए कहानी के रूप में लिख दिया परन्तु मुझे ऐसा अवसर देने से इनकार कर दिया। आक्रोश में मैंने कल्पना से एक कहानी लिख डाली।

वह कहानी मैंने तेरह वर्ष की आयु में लिखी थी। इस कहानी का शीर्षक था 'अँगूठी'। कथानक था—क और ख में गूढ़ मित्रता थी। क ने अपनी मित्रता के चिह्न के तौर पर ख को एक अँगूठी भेंट में दी। ख का दूसरा मित्र था ग। ग किसी ऐसे आर्थिक संकट में फँस गया था कि उसके प्राणों पर बन आयी थी। उसे कुछ धन की आवश्यकता थी। ख उसे सहायता देना चाहता था परन्तु धन उसके पास भी नहीं था। बहुत झिझक के बाद ख ने मित्रता के प्रतीकस्वरूप क से पायी अँगूठी ग की सहायता के लिए बेंच दी। यह जानकर क ने उसके प्रति विश्वासघात का आरोप किया। ख ने वह लाँछन चुपचाप सह लिया और क के प्रति मित्रता निबाहता रहा। अन्ततः क अपनी भूल समझी।

उच्च श्रेणी के विद्यार्थियों ने हमारी पत्रिका की विशेषकर मेरी कहानी की सराहना की। मेरी यह कहानी मौलिक थी यह जानकर उन्हें विस्मय हुआ। बाल्यावस्था की उस घटना से मानो मैंने अपने-आपको पहचान लिया कि मैं क्या कर सकता हूँ।

स्वास्थ्य खराब हो जाने के कारण ७वीं कक्षा में मैं गुरुकुल छोड़कर लाहौर के डी.ए.वी स्कूल में आ गया था। फिर दूसरे स्कूलों में पढ़ता रहा। लाहौर में तथा अन्य स्कूलों में साहित्यिक प्रवृत्ति के लिए उत्साहवर्द्धक वातावरण नहीं था। मुझे अपनी कहानी लिखने की इच्छा को छिपाकर रखना पड़ता था। परन्तु मैं कुछ-न-कुछ लिखता ही रहता था और फाड़ डालता था। नेशनल कॉलेज, लाहौर में हिन्दी के अध्यापक आदरणीय उदयशंकर जी भट्ट थे। भट्ट जी ने कल्पना से लिख सकने की मेरी सामर्थ्य को पहचाना और उत्साहवर्द्धन भी किया। बी.ए. प्रथम वर्ष में पढ़ते समय मेरी लिखी प्रथम कहानी उस समय बरेली से प्रकाशित 'भ्रमर' मासिक पत्रिका में छपी थी। सात वर्ष जेल में रहा, इसलिए रचनाएँ प्रकाशित कराने का अवसर नहीं मिला। मैंने जीविका के लिए इसी कार्य को उपयुक्त समझा और इसी में लगा रहा।

मेरा विचार है कि मैं अपनी रचनाओं, कहानियों और उपन्यासों में सामाजिक यथार्थ को प्रस्तुत करता हूँ। परन्तु इस संस्मरण को सुनकर कोई कह सकता है कि मैंने अपने रचना कार्य का श्रीगणेश कल्पना से किया, किसी अनुभूत यथार्थ घटना से नहीं। मैं यथार्थ का दावा कैसे कर सकता हूँ?

मैं कहना चाहता हूँ कि केवल अनुभूत घटना ही यथार्थ नहीं है। यथार्थ तो स्थिति और सम्भावनाओं की समझ होती है और उसका परिचय हम अपनी चेतना से पाते हैं। लेखक सामाजिक चेतना पाने का माध्यम केवल व्यक्तिगत अनुभवों को समझे तो वह पंगु हो जायगा। लेखक जितने भी साधनों से समाज की परिस्थितियाँ और आन्तरिक स्थिति का परिचय पा सके, वे सब उसकी अनुभूति के स्रोत होंगे। बचपन का मेरा वह प्रयत्न पारखियों की दृष्टि में एक यथार्थ को ही प्रतिबिम्बित करता था। गुरुकुल में विद्यार्थियों के पास एक पैसा भी न रहने का अनुशासन था। उस स्थिति में मैं धन की आवश्यकता, अभाव और अर्थ-संकट की अनुभूति केवल सुनी हुई बातों अथवा पढ़ी हुई घटना या कहानियों से ही पा

सकता था। यह कहा जा सकता है कि मैंने सुनकर अथवा पढ़कर जाने हुए यथार्थों से, यथार्थ का एक नया समन्वय रचने में सफलता पायी थी। कहानी और उपन्यास के क्षेत्र में मैंने जो भी सफलता पायी है, सामाजिक यथार्थों को पचाकर अपने विचार में ध्यान देने योग्य यथार्थों के समन्वय प्रस्तुत कर सकने से पायी है।

मेरा 'झूठा सच' उपन्यास जो बड़े आकार में साढ़े बारह सौ पृष्ठ की पुस्तक है, बाल्यावस्था में कहानी लिखने के मेरे प्रयत्न का वृहद् रूप मात्र है। इस उपन्यास में मेरा व्यक्तिगत अनुभव अथवा प्रत्यक्ष जानकारी कुछ भी नहीं है। सम्पूर्ण रचना सुनकर और पढ़कर जाने हुए व्यवहारों और परिस्थितियों की कल्पना से नये समन्वय में प्रस्तुत करने का प्रयत्न है।

६ मई, १९६३ रेडियो के लिए प्रेषित

●

शामे अदब

शामे अदब १९६७ में हिन्दी-उर्दू के लेखकों की गोष्ठी में, सूचना केंद्र लखनऊ में एक अजीब हंगामे में पढ़ा गया। गोष्ठी के अध्यक्ष नागर जी ने जैसे ही सज्जाद जहीर का नाम पुकारा वैसे हीं यशपाल जी ने खड़े होकर कहा-पहले मैं अपना पेपर पढूंगा। अगर ना हो तो मैं 'वाकआऊट' करता हूं!

उस हंगामे में यह फैसला हुआ कि पहले यशपाल जी ही अपना पेपर पढ़ेंगे क्योंकि एक दिन पहले वह रवींद्रालय में आयोजित 'शामे-अदब' में से उठ कर चले आये थे, क्योंकि उसमें अब्बास साहब ने अपनी कहानी में उर्दू को एक 'वेश्या की लड़की' और 'हराम की औलाद' के प्रतीक में पेश किया था, जो यशपाल जी को नागवार गुजरा और वह स्वागताध्यक्ष के पद को छोड़ कर चले आये। (वहीं यह पेपर पढ़ा जाना था)

इस पेपर को सुन कर ख्वाजा अहमद अब्बास ने कहा-इस उम्दा तकरीर के बाद मैं कभी हिन्दी-उर्दू का सवाल नहीं उठाऊंगा।

हमारे प्यारे दोस्त आदरणीय अदीब मेहमानो और सहित्य का रस पाने के लिए इस शामे अदब की महफिल में पधारे साथियो! साहित्य या अदब से शौक और प्रेम लखनऊ की पुरानी परंपरा है, आज की शाम हमारे शहर के लिए निहायत खुशी और फख्र का मौका है। मेहमान अदीब दोस्तों, मैं लखनऊ के साहित्यिकों और साहित्य में रस लेने वाले समाज की तरफ से आपका स्वागत तहेदिल से करता हूँ और ऐसा मौका पाने के लिए अपने शहर के साहित्यिक साथियों को बधाई देता हूँ। साहित्य हमारी सांस्कृतिक या तमद्दनी जिंदगी की सबसे बड़ी जरूरत है। आप हमारी इस जरूरत को पूरा करते हैं। लखनऊ से बहुत से साहित्यिक आपसे अच्छे परिचय और मित्रता का फख्र कर सकते हैं लेकिन साहित्य से वास्ता रखने वाली पूरी जनता भी आपकी रचनाओं या तसनीफों के सहारे दिमाग और भावना से आपसे वाकिफ है। इसलिए आज आपको अपने बीच पाने और आपकी रचनाएं आपके जबानी सुन पाने का मौका इस शहर की बहुत बड़ी खुशकिस्मती है।

आज की महफिल के लिए मौजूं नाम 'शामे अदब' समझा गया है। हमारे प्यारे और आदरणीय मेहमान उर्दू के शायर और लेखक कहे जाते हैं। कुछ लोग यह भी मान सकते हैं कि यह उर्दू साहित्य की ही महफिल है। लेकिन मैं इस संगत को अपनी शिक्षित जनता की भाषा की अदबी महफिल या साहित्यिक समारोह मान रहा हूं। कुछ ही मिनट में हमारे मेहमानों की रचनाएं और कलाम आपके सामने आयेंगे। उससे मेरे खयाल की तसदीक हो जायगी। आप पायेंगे कि हमारे मेहमानों की भाषा या जबान वही है, जो लखनऊ के और

इस देश के शिक्षित नागरिक बोलते-सुनते या रोजमर्रा की जिंदगी में व्यवहार में लाते हैं। यह अदब हमारी भाषा का और हम सब का साहित्य है। इस भाषा को हम हिन्दी भी कह सकते हैं और उर्दू भी। हमारी भाषा और अदब को दो हिस्सों में बांटने की कोशिश की गयी है। लेकिन हमारी खुश-किस्मती है कि उन्हें अलग-अलग करना मुमकिन नहीं। यह बदकिस्मती है कि हमारे शहर में और कुछ दूसरी जगहों पर भी परंपरा से एक हमारे अदब और भाषा को दो अलग-अलग जबानें और अदब मानने और अलग अलग कानूनी मान्यता देने के लिए आवाजें उठायी जा रही हैं। मुझे पूरा विश्वास है कि हमारे देश के अदीब ऐसे रुझानों को न सिर्फ हमारे साहित्य की बढ़ती के लिए बल्कि हमारे राज्य और जमीन की ऐतिहासिक रूप से एक बने तमद्दन और राष्ट्रीयता के विकास के लिए खतरनाक समझते हैं।

हमारी रोजमर्रा की जिंदगी और अवध की भाषा एक ही है। इसका सबूत आपको न सिर्फ इस महफिल में मिलेगा बल्कि वह हमारे साहित्य की परंपरा में भी मौजूद है। हमारे आज के अदब, जिसे हिन्दी या उर्दू के नाम दिये जाते हैं, की शुरुआत और अब तक विकास दो अलग-अलग दिशाओं और हदों में नहीं हुआ बल्कि हमारी शिक्षित जनता द्वारा बोली जाने वाली भाषा में हुआ है। मैं अपने महमानों और श्रोताओं के बीच ज्यादा देर तक रुकावट नहीं डालना चाहता, लेकिन लखनऊ में अदबी महफिल हो तो हिन्दी-उर्दू के पहले कहानी लेखक इंशाअल्लाह का खयाल था, जिसमें न फारसी की पुट न हिंदवी की छूट आवे, तब मेरा मन मयूर की तरह नाच जावे। हिन्दी और उर्दू कविता के बानी कलम है-सिराहने मीर के आहिस्ता बोलो, अभी टुक रोते-रोते सो गया है। एक सबकी सुनी गजल का शेर है-सौ बार गर तुम रूठ गये हम तुमको मना ही लेते थे, एक बार गर हम रूठ गये तुम हमको मनाना क्या जानो। ओर कोई जिद्द करे कि यह उर्दू है, हिन्दी नहीं तो अर्ज करूंगा कि इस शेर के सब लफ्ज हिन्दी के या संस्कृत धातुओं के बदले हुए रूप हैं। दूसरा शेर अर्ज है-इकबाल बड़ा उपदेशक है, मन बातों से मोह लेता है, गुफ्तार की गाजी यह तो बना, किरदार की गांज़ी बन न सका। यह शेर फारसी खत में लिखा गया था लेकिन इसमें तीन लफ्जों के अलावा, जो मेरे खयाल में, हिन्दी जानने वालों के लिए भी आम-फाम हैं। अगर ऐसा नहीं है ते मेरे खयाल में उनका हिन्दी का ज्ञान महदूद है। कुछ बरस पहले एक नज्म नजर से गुजरी थी। शायद शीर्षक था-बरसात। पहली सतर थी-दाता ऐसी रुत भी आये छायें घटा घनघोर। और कुछ बंद इस तरह थे-गोरी जूड़ा बांधे कसके, दोहरी हो जाये हंस-हंस के। अंगड़ाई ले चोली मस्के, पलटे नागिन जैसे डसके। इस बात पर झगड़ा हो सकता है कि यह हिन्दी है या उर्दू। लेकिन आप जानते हैं कि यह कलाम जोश मलीहाबादी का है और यकीनन फारसी खत में लिखा गया था। खैर यह हिन्दी-उर्दू अदबों के एक या अलग-अलग होने पर गौर के लिए बहुत अच्छी मिसाल है।

यह सही है कि हिन्दी या उर्दू के माने-जाने लेखक या कवि हमेशा अपना पूरा साहित्य इस ढंग से नहीं लिख सकते। हमारे अदब में खयालों और कल्पनाओं की गहराइयों और ऊंचाइयों और समस्याओं का मैदान लगातार बढ़ता जा रहा है और अदीबों को ऐसे बहुत से लफ्जों की जरूरत होती है जो हमारी रोजमर्रा की बोल-चाल में काम नहीं आते। ऐसी हालत में हमारे अदीब अपनी जानकारी, आदत और अवसर को सही रंगत देने के

खयाल से कभी संस्कृत के, कभी अरबी-फारसी के और कभी अंग्रेजी के भी शब्द इस्तेमाल कर लेते हैं। लेकिन ऐसे कुछ लफ्जों के कारण ही हमारे अदब या भाषा को जिसकी जड़ और तना एक है दो दरख्त नहीं मान लिया जा सकता। मैं खुद छोटा-मोटा लेखक हूँ। मेरी रोजी, मेरी किताबें या मेरी लिखी भाषा जनता को समझ और पसंद आने पर ही निर्भर करती है। इसलिए हमारे अदब या भाषा के बारे में कुछ राय जाहिर करने का हक मुझे भी होना चाहिए। मेरी राय है कि लेखकों को पूरी आजादी होनी चाहिए कि अपने खयाल और कल्पनाओं को असर और खूबसूरती से पेश कर सकने के लिए अपनी पसंद के लफ्जों और शैली का इस्तेमाल कर सकें। यह लेखकों पर छोड़ दीजिए कि वे अपनी बात कितने लोगों और कितनी दूर तक पहुंचाना चाहते हैं।

असलियत यह है कि आज हमारे अदब को भाषा के खयाल से नहीं बल्कि उसके खत से बांटने की कोशिश की जा रही है। यह खत का ही सवाल देश के कुछ भागों में हिन्दी के साथ उर्दू के भी कानूनी तौर पर सेकेण्ड लेंग्वेज माने जाने की मांग के आंदोलन की बुनियद है। यह सही है कि हमारे बहुत से अहम लेखक अपनी सहूलियत और आदत से फारसी रस्मुलखत में लिखते हैं और उनसे बहुत ज्यादा नागरी लिपि में। लेकिन उनकी रचनाएं दोनों ही लिपियों में छपती हैं। यह भी सब जानते हैं कि जो साहित्य फारसी खत में लिखा जाता है वह बिना किसी तबदीली के नागरी लिपि में छप जाता है और उसे नागरी लिपि में पढ़ने वालों की तादाद फारसी खत में पढ़ने वालों से कहीं ज्यादा होती है और वो लोग उसे हिन्दी साहित्य समझ कर ही उससे रस लेते हैं। इसी तरह नागरी लिपि में लिखी जाने वाली रचनाएं फारसी खत में छप सकती हैं। खुद मेरी कई कहानियां इस तरह छप चुकी हैं। लेकिन आज नागरी में लिखा साहित्य फारसी में बहुत ही कम छप रहा है। वजह है कि फारसी खत पढ़ने वालों की तादाद इतनी कम है कि प्रकाशक इस खत में प्रकाशन से फायदा नहीं समझते। इस बारे में कुछ कहने का हक मुझे इसलिए है कि मैं अपना रिसाले 'विप्लव' और 'बागी' चार बरस तक दोनों खतों में छपवा चुका हूं। खतों का फरक होने पर भी हिन्दी-उर्दू पुकारी जाने वाली भाषा एक ही है। भाषा खत से नहीं जानी जाती। कोई भी भाषा किसी भी खत में लिखी जा सकती है। नागरी लिपि का मतलब हिन्दी नहीं है। नागरी लिपि में संस्कृत, मराठी, कन्नड़, नैपाली कई भाषाएं लिखी और छापी जाती हैं। उर्दू का अपना खत नहीं, वह नागरी या फारसी खत में लिखी जाती है।

केवल फारसी लिपि में लिखे जाने या छपने वाले अदब को उर्दू कहना, उर्दू को हिन्दी से अलग करना, उर्दू के दायरे को तंग बनाना और उसके साथ बेइंसाफी है। कुछ लोग उर्दू के मुहाफिज होने का दावा करते हैं और उत्तर प्रदेश, बिहार, मध्य प्रदेश और राजस्थान में उर्दू को सेकेंड लेंग्वेज या दर्जा दोयम की जबान माने जाने का आंदोलन चला रहे हैं। आखिर उर्दू का दर्जा दोयम क्यों माना जाये? उर्दू की इस तौहीन में ही उर्दू की हिफाजत है। असल में हिन्दी-उर्दू एक है और बराबर है। उर्दू में से हिन्दी निकाल दी जाये तो उसका वजूद ही नामुमकिन है। पिछले सौ बरस से जिस भाषा और शैली में हिन्दी साहित्य रचा जा रहा है और जिस भाषा में मैं बोल रहा हूं, उसमें से उर्दू या खड़ी बोली का पुट निकाल दिया जाये तो वह लंगड़ी हो जायेगी। वह आज की हिन्दी नहीं रहेगी अवधी, ब्रज भाषा, मैथिली या बुंदेली बन जायेगी।

आज की हिन्दी-उर्दू इस देश की भूमि पर इस देश की जनता की जिंदगी से पैदा भाषा है। हमारे लेखक अपनी सहूलियत से साहित्य रचना के लिए और जनता अपने काम-काज के लिए चाहे जिस खत या लिपि का इस्तेमाल कर सकती है। किसी भी खत में साहित्य के प्रकाशन पर केाई पाबंदी या रुकावट हमें मंजूर नहीं हो सकती। लेकिन इस देश की उपज उर्दू की पहचान फारसी खत को बना देना जो इस देश की उपज नहीं है, उर्दू के साथ बेइंसाफी और जुल्म है और उर्दू को दर्जा दोयम की भाषा या अदब माने जाने का तकाजा भी गलत है। उर्दू हिन्दी का अलग न किया जा सकने वला जुज है और उसका वही स्थान है जो हिन्दी का है। उसकी हिफाजत के लिए किसी आंदोलन की जरूरत नहीं। आंदोलन दरअसल है फारसी खत के लिए कानूनी मान्यता की मांग का और यह बात ईमानदारी से कही जानी चाहिए।

लेकिन उर्दू को फारसी खत की कैद में रखने की तहरीक उर्दू अदब के फैलाव और विकास में रुकावट ही डालेगी। मैं अभी हाल ही में केरल में देख कर आया हूं कि वहां लोग साहिर, मखदूम और मजरूह की गजलों और गीतों के रिकार्ड चाव से सुनते हैं लेकिन उसे हिन्दी म्यूजिक कहते हैं। वहां लोग कृष्नचंदर, अब्बास और बेदी की कहानियों से भी वाकिफ हैं लेकिन फारसी खत की बदौलत नहीं। बल्कि 'धर्मयुग' और 'सारिका' में उन्हें नागरी लिपि में पढ़ कर। मलयालम के इलाके में कई हिन्दी रिसालों और अखबारों की दस-दस हजार कापियां खप रही हैं। मेरा ख्याल है फारसी खत में छपने वाले बहुत कम अखबारों की इतनी बिक्री पूरे भारत में होती होगी। जाहिर है कि उर्दू अदब को फारसी खत से बांधे रखने की जिद्द का नतीजा उस उर्दू का गला घोंटना होगा।

हिन्दी-उर्दू के मामले में मातृभाषा या मादरी जबान का सवाल उठाना भी गलत नजरिया है। अगर हिन्दी-उर्दू में मौजूदा चोटी के अदीब मादरी जबानों में ही लिखना शुरू कर दें तो कृष्नचंदर, राजेन्द्र सिंह बेदी और साहिर पंजाबी में लिखेंगे। सुमित्रानंदन पंत कुमायूनी में, भगवतीचरण वर्मा अवधी में, वृन्दावनलाल वर्मा बुंदेली में, अमृतलाल नागर गुजराती में और मुझे हिमांचल की पहाड़ी में लिखना होगा। प्रोग्रेसिव राइटर्स एसोसिएशन के सेक्रेटरी और आज की महफिल के कर्त्ताधर्ता सज्जाद जहीर अवधी में लिखेंगे। जहीर भाई इस बात से इनकार नहीं कर सकते कि मम्मीजान लेडी वजीर हसन अवधी में ही बोलती थी। हिन्दी-उर्दू में लिखेगा कौन? हिन्दी उर्दू का फरक इतना खयाली है कि पंडित जवाहरलाल नेहरू कभी तय न कर सके कि उनकी भाषा हिन्दी थी या उर्दू। सन् १९६१ की जनसंख्या के मौके पर उन्होंने उलझन में अपनी भाषा हिन्दी-उर्दू लिखा दी थी। लेकिन माता स्वरूपरानी नेहरू की भाषा क्या थी, अगर यह उनकी लिखावट से तय किया जा सकता है तो उनके हाथ के लिखे दो पत्रों के फोटो रायकृष्णदास जी की पुस्तक में मौजूद है। इन पत्रों की लिपि नागरी है। मातृभाषाएं तो बोलियों की शक्ल में सब देशों में अनेक ईलाके-इलाके में अलग अलग होती है। लेकिन एक देश में राजकाज की राष्ट्रभाषा और साहित्यिक भाषा एक ही होती है, जिसमें कई शैलियां मौजूद रहती हैं और पनपती हैं।

इसलिए मैं उर्दू अदब के खैरख्वाहों से अर्ज करूंगा कि जैसे हमारे साहित्यिक तंग खयाली और बोसीदा रवायात की हदों को तोड़ कर हमारे साहित्य को ऊंचा उठाने और बढ़ाने की कर रहे हैं, हमारी जनता भी भाषा की राजनीति में तंग खयाली को छोड़ कर हमारे साहित्य और संस्कृत की तरक्की और विकास में रुकावटें न डालें। इस शामे अदब का एक और अहम पहलू है। यह आयोजन हमारे नागरिकों को साहित्य का रस देने की आड़ में बिहर की मुसीबतजदा जनता की सहायता के लिए प्रधानमंत्री के फंड में सहयोग देने के लिए किया गया है। हमारे मेहमान इसी नेक काम में सहायता देने के लिए बहुत लम्बे सफर की तकलीफें बर्दाश्त करके पधारे हैं। मैं उनकी सहृदयता के लिए आदर से उन्हें धन्यवाद देता हूं और आशा करता हूं हमारी यह शामे अदब अपने दोनों मकसदों को पूरा कर सकेगी।

(वह संयुक्त विज्ञप्ति जिस पर १९६७ में हिन्दी-उर्दू के लेखकों ने हस्ताक्षर किये

"हिन्दी हमारी राष्ट्रभाषा है। सभी राष्ट्रभाषाओं (नेशनल लेंग्वेज) को अधिकतम सुविधाएं और सभी संभव अवसर उनके विकास के लिए मिलने चाहिए।

हमारी धारणा है कि उत्तर प्रदेश के लिए हिन्दी के साथ उर्दू भी उसकी एक इलाकाई जबान है। अतः हिन्दी और उर्दू दोनों के सर्वाधिक विकास के लिए हम प्रयास करेंगे।

हम उर्दू के विकास और उर्दू लिपि के प्रयोग में पैदा किये जा रहे गतिरोध का विरोध करते हैं। हम हिन्दी और उर्दू के उचित विकास तथा हिन्दी और उर्दू साहित्य की दोनों शैलियों को शिक्षा स्तर पर शैक्षणिक संस्थानों की पाठ्य पुस्तकों में सम्मिलित किये जाने की जोरदार शब्दों में सिफारिश करते हैं।

हम हिन्दी को उत्तर प्रदेश की एकमात्र राजभाषा के रूप में स्वीकार करते हैं मगर साथ ही इस बात पर भी जोर देते हैं कि किसी प्रासंगिक और व्यावहारिक उद्देश्यों तथा उर्दू के प्रयोग और विकास के लिए सभी अनुकूल सुविधाएं प्रदान की जानी चाहिए।

भाषा के प्रश्न पर उभरने वाले तनाव के किसी प्रयास की, चाहे वे जिस खेमे से हों, हम तीव्र भर्त्सना करते हैं।")

●

भारत की राजभाषा और राष्ट्रीय भाषा

दिल्ली से प्रकाशित 'हिन्दुस्तान' के १२ फरवरी रविवारीय अंक में प्रथम पृष्ठ के शीर्ष स्थान पर समाचार था—'जनगणना के अन्तर्गत प्रधानमन्त्री पण्डित नेहरू ने अपनी भाषा हिन्दी-उर्दू लिखाई है और राष्ट्रपति ने हिन्दी (भोजपुरी) लिखायी है।'

समाचार को इस प्रकार महत्त्व से छापा गया है कि वही सर्वसाधारण का पथ निर्देशन कर सके, परन्तु देश में भाषा की समस्या पर ध्यान देने वालों के लिए यह समाचार भटकाव ही पैदा करेगा।

मातृ भाषा के सम्बन्ध में राष्ट्रपति की बात, हिन्दी के साथ (भोजपुरी) लिखाना समझ में आता है। इसका अभिप्राय है हिन्दी भाषा की भोजपुरी बोली। परन्तु नेहरू जी की बात, हिन्दू-उर्दू (अर्थात् हिन्दी और उर्दू) दोनों उनकी मातृभाषाएँ है, समझ पाना कठिन है। न तो किसी व्यक्ति की भाषाए हो सकती है, न दो मातृ भाषाएँ ही। किसी परिस्थिति में दो भाषाएँ माननी पड़े तो वास्तव में एक सौतेली होगी। यही बात मातृभाषा के भी के सम्बन्ध में है। मातृभाषाएं किसी भी व्यक्ति की दो नहीं हो सकती हैं न मातृभाषा बदल सकती है। व्यक्ति परिस्थितियों के कारण किसी दूसरी भाषा को अपना ले सकता है, परन्तु अपनायी हुई भाषा को मातृभाषा कह देना ठीक नहीं होगा। पण्डित नेहरू इससे पूर्व भी कई जनगणनाओं में अपनी मातृभाषा का ऐलान कर चुके होंगे। निश्चय ही इससे पूर्व वे दो मातृभाषाएँ नहीं बताते आये हैं।

मातृभाषा या अपनी भाषा के सम्बन्ध में पण्डित नेहरू का उत्तर सरल और स्वाभाविक नहीं माना जा सकता, वह कूटनीतिक उत्तर है। पण्डित नेहरू की अपनी भाषा के सम्बन्ध में कूटनीतिक उत्तर देना पड़ा है, क्योंकि चुनाव सामने है। कूटनीति उत्तर देने के लिए उनकी मजबूरी स्पष्ट है। कि हमारे देश और परदेश में भाषा की मान्यता स्वाभाविक नहीं है। राजनीतिक कारणों के कारण बना दिया है और इस विषय में सर्वसाधारण का सतर्क रहना आवश्यक है।

कुछ लोग नेहरू की बात (हिन्दी-उर्दू) का अर्थ भी हिन्दी-उर्दू एक ही भाषा लगाना चाहेंगे। भाषा-विज्ञान की दृष्टि से हिन्दी और उर्दू को अलग-अलग दो भाषाएँ नहीं माना जा सकता। साधारणतः उत्तर भारत के नगरों में बोली जानेवाली एक ही भाषा 'खड़ी बोली को हिन्दी या उर्दू' कह दिया जाता है। इस भाषा के हिन्दी या उर्दू माने जाने का प्रश्न तभी उठता है जब हम भाषा में सावधानी से संस्कृत या फारसी शब्दों के व्यवहार को प्रधानता दी जाती है। उत्तर भारत की भाषा संस्कृत या फारसी नहीं है, इन दोनों भाषाओं से भिन्न

एक भाषा है। उस भाषा में ही संस्कृत फारसी और अंग्रेजी के भी शब्दों का प्रयोग हो जाने से मूल भाषा बदल नहीं जाती, उसे हिन्दी की फारसी मिली शैली कहा जाना चाहिये। उर्दू शैली के लेखक और कवि उसी शैली का प्रयोग करने आये हैं।

नेहरूजी की बात का अर्थ हिन्दी-उर्दू को एक ही भाषा बता देने से उन लोगों को संतोष नहीं होगा जिनकी तसब्ली के लिए नेहरू जी ने कूटनीतिक उत्तर दिया है। हिन्दी को उत्तर प्रदेश की राजभाषा मान लिये जाने से उन लोगों को संतोष नहीं है क्योंकि ये लोग उर्दू को हिन्दी के अन्तर्गत नहीं मानते। 'अंजुमने तरक्कि उर्दूए हिन्द' के नेतृत्व में उनका आन्दोलन है कि उत्तर प्रदेश हिन्दी के साथ फारसी लिपि में लिखी जानेवाली उर्दू को भी राजभाषा माना जाय।

उर्दू को हिन्दी से पृथक स्वतन्त्र भाषा मानकर उसे राजकीय मान्यता देने की माँग के लिए सबसे बड़ी दलील यह दी जाती है कि भारतीय संविधान में इस देश की चौदह भाषाओं में उर्दू को भी एक भाषा गिना गया है। उर्दू का उद्भव और विकास इसी देश में हुआ है। यह भारत की ही भाषा है। जहाँ तक भारतीय संविधान में उर्दू को एक भाषा गिनने का प्रश्न है, भारतीय संविधान भाषा विज्ञान के पण्डितों की रचना नहीं है। भारतीय संविधान में अनेक भूलें और न्यूनताएँ हैं, उनमें संशोधनों की आवश्यकता हो सकती है, यह कांग्रेस के नेता और कांग्रेस सरकार के प्रमुख लोग भी स्वीकार करते रहते हैं। संविधान में यदि परिस्थिति विशेष में उर्दू को भी एक भाषा लिख दिया गया है तो यह उसके स्वतंत्र भाष बन जाने का प्रमाण नहीं माना जा सकता।

यह ठीक है कि उर्दू शैली का उद्भव और विकास भारत की हिन्दी भाषा में अरबी-फारसी शब्दों के समाहित हो जाने से हुआ है, यह पृथक भाषा के रूप में नहीं। उर्दू को हिन्दी से पृथक करनेवाली वस्तु है उर्दू शैली द्वारा अपनायी हुई फारसी लिपि। हिन्दी और उर्दू एक ही भाषा है, परन्तु नागरी लिपि और फारसी लिपि एक वस्तु नहीं है। उर्दू को भी हिन्दी के समान राजकीय मान्यता देने की मांग का अर्थ फारसी लिपि मान्यता देना ही होता है। वास्तव में प्रश्न हिन्दी और उर्दू का नहीं, नागरी लिपि और फारसी लिपि का ही है।

उर्दू का उद्भव और विकास इस देश की भाषा नागरी के अन्तर्गत हुआ है। इसलिए उसे नागरी की शैली या इस देश की भाषा का अंश स्वीकार करना होगा, परन्तु फारसी लिपि का उद्भव और विकास इस देश में नहीं हुआ है। हम देश में फारसी लिपि का प्रयोग इस देशपर आक्रमण करने वाले लोगों द्वारा अपनी सुविधा के लिए ही आरम्भ किया गया था। फारसी लिपि का इस देश की जनता पर यही एकमात्र दावा हो सकता है।

मुसलमानों की पृथक राष्ट्रीयता के जन्मदाता सर सैयद अहमद ने उर्दू शैली और फारसी लिपि को उत्तर भारत के मुसलमानों की साम्प्रदायिक्तता प्रतीक बना दिया था। पाकिस्तान की स्थापना के बाद फारसी लिपि और हिन्दी भाषा की उर्दू शैली निश्चित रूप से मुसलिम साम्प्रदायिकता की प्रतीक बन गयी है। उर्दू पाकिस्तान किसीभी भूखण्ड की भाषा नहीं थी, परन्तु पाकिस्तान ने उसे मुसलिम कौमिय तकी जबान करार दे दिया।

अज्जुमने तरक्कि उर्दू ए हिन्द और उर्दू को राजभाषा की मान्यता देने का आन्दोलन चलाने वाले लोग अपनी माँग में साम्प्रदायिक भावना से इनकार करते हैं। परन्तु हमने इन्हीं लोगों को इस मांग के लिए मुसलिम जनता में आन्दोलन करते समय इसे मुसलमानों की

अपनी मादरी जबान बताना मुसलमानों का सजहबी फर्ज बताते भी सुना है। १९५२-५३ में उत्तर प्रदेश की कम्युनिस्ट पार्टी भी इस माँग के आन्दोलन में सहयोग दे रही थी और वे इस मांग को 'मुसलिम माइनोरिटी का लिग्विरिटक राइट' कहते थे। इस तर्क से इस माँग को साम्प्रदायिक माँग के अतिरिक्त और क्या कहा जायगा।

परन्तु उर्दू का इस्लाम से क्या सम्बन्ध है? इस्लामी धर्म-पुस्तक की भाषा उर्दू नहीं है, न उस पुस्तक की लिपि फारसी लिपि है। न केवल हम देश के अधिकांश प्रदेशों के मुसलमान उर्दू न जानते हुए भी मुसलमान हैं बल्कि उत्तर भारत के भी गाँवों में रहनेवाले और स्थानीय बोलियाँ बोलनेवाले निरक्षर मुसलमान उर्दू न जानते हुए भी मुसलमान हैं और उर्दू के अज्ञान से उनकी धार्मिक स्वतंत्रता पर कोई आघात नहीं होता। परन्तु आज मने तरफि उर्दू ए हिन्दी और उत्तर प्रदेश में फारसी लिपि के लिए भी राजकीय मान्यता की माँग करने वाले लोग हिन्दी या नागरी भाषा को, जिसमें उर्दू शैली समाहित है और जिसकी लिपि नागरी है, उत्तरप्रदेश की राजभाषा स्वीकार कर लिये जाने से सन्तुष्ट नहीं। उनका तकाजा है कि राज्य में नागरी लिपि के लाभ ही फारसी लिपि को मान्यता दी जाय और 'जनता को स्वतंत्रता होनी चाहिए कि जो चाहे जिस लिपि में साक्षर बन कर....आरम्भ कर सके। इस सु...का अर्थ केवल यही होता है कि हिन्दुओं की सन्तान की शिक्षा नागरी लिपि में और मुसलमानों की सन्तान की शिक्षा फारसी लिपि में आरम्भ करने की स्वतंत्रता रहे। हम मांग को सम्प्रदाय के आधार पर भिन्न संस्कृति और जाति को मांग के अतिरिक्त और क्या कहा जायेगा।

यदि उत्तरप्रदेश की कम्युनिस्ट पार्टी का तर्क माना जाय कि उर्दू शैली और फारसी लिपि मुसलमान सम्प्रदाय का भाषा सम्बन्धी अधिकार है और यह भी मान लिया जाय कि उर्दू शैली और फारसी लिपि मुसलमानों का मजहब-तर्ज और इक़ है तो भी साम्प्रदायिक भाग यही हो सकती है कि फारसी लिपि को शिक्षा के सम्बन्ध में कोई प्रतिबन्ध या बाधा नहीं होनी चाहिए। उर्दू शैली के सीखने में भी कोई बाधा नहीं होनी चाहिए परन्तु फारसी लिपि को राजकीय मान्यता देने और शासन-कार्य में ....देने की ...अर्थ सम्प्रदाय के भाषा पर भिन्न-भिन्न नीतिक-समाज या वर्ग माने जाने के लिए हो जाता है।

फारसी लिपि में उर्दू शैली को स....मांग साम्प्रदायिक ...को सांस्कृतिक भिन्नता के आकार पर सम्प्रदायों को राष्ट्रों का रूप दे सकने की मांग है। यह सर सैयद अहमद के दो भिन्न जातियों और राष्ट्र के जेहाद (धर्मयुद्ध) का पुनः आरम्भ है।

प्रश्न केवल साम्प्रदायिक भिन्नता को बढ़ाने वाली मांग के औचित्य का ही नहीं, बल्कि ऐसी मांग को स्वीकार करने के औचित्य का भी है। चुनाव के समय यह मांग सदा सामने आती रही है ओर अब फिर यह मांग जोर पकड़ रही है। यह चिन्ता की बात है कि राजनीतिक नेता और राजनीतिक दल वोटों के सौदे के लिए न केवल अपने सिद्धान्तों, बल्कि देश के भविष्य की भी उपेक्षा करने के लिए तैयार हो जाते दिखाई देते हैं। नेहरूजी का दो मातृभाषाओं का ऐलान इसी व्यवहार का नमूना है।

जलटा-सीधा तर्क तो किसी भी चातक लिए बिना लिया जा सकता हैं। वोट के सौदे के लिए अल्पसंख्यक....लोगों को रिझाना हो स.....और भापना की क्ष....परन्तु इस देश में मुसलमान अल्पसंख्यक धर्म या साम्प्रदायिक विश्वास के नाते है। हमारे संविधान द्वारा इस

देश का शासन सम्प्रदाय निरपेक्ष है। किसी भी सम्प्रदाय का दमन करना था किसी सम्प्रदाय को प्रोत्साहन देना या किसी सम्प्रदाय का प्रसार हमारे शासन का काम नहीं होना चाहिए। किसी भी साम्प्रदाय की स्वतंत्रता में हस्तक्षेप न होने देना हमारे शासन की जिम्मेदारी जरूर है, परन्तु उर्दू और फारसी लिपि का इस्लाम धर्म से सम्बन्ध नहीं। आवश्यकता इस देश के लोगों की इस्लाम स्वीकार कर संस्कृति, भषा और कौमियत बदल गयी है। ऐसी भावनाओं के प्रसार का परिणाम एक बार हमारे सामने आ चुका है। यदि वोटों के नामपर ऐसी भावनाओं को प्रश्रय दिया जायगा तो इसका परिणाम अन्य सम्प्रदायों में भी साम्प्रदायिक विरोध-भावना का प्रसार होगा।

हिन्दी का प्रश्न उत्तर भारत में ही नहीं, भारतीय स्तर पर भी विकट समस्या बन गया है। १९४७ में आत्म-शासन को अधिकार पाकर भारतीय लोकसभा ने तर्क युक्त दृष्टिकोण और देश की प्राचीन परम्परा के आधार पर देश के संविधान में भारत की राष्ट्रीय भाषा अथवा केन्द्रीय शासन की भाषा हिन्दी स्वीकार कर लिया था। परन्तु अब हिन्दी प्रान्तों को आपत्ति है कि उनपर हिन्दी क्यों लादी जाय? और केन्द्रीय शासन की नौकरियों में हिन्दी भाषियों के लिए अपेक्षाकृत सुविधा का पक्षपात क्यों किया जाय?

समस्या यह है कि भारत के विभिन्न प्रदेशों की अपनी भाषाएँ हैं जो हिन्दी के समान ही समृद्ध है। प्रदेशों में अपनी अपनी भाषा द्वारा शिक्षा और शासन का काम निभा सकती है, परन्तु केन्द्रीय शासन के लिए और प्रदेशों के परस्पर सम्पर्क के लिए एक साझी भाषा के माध्यम की आवश्यकता है। अंग्रेजों ने अपनी अमलकारी में अपनी सुविधा के लिए भारत के सभी प्रदेशों पर अंग्रेजी को लाद दिया था। विदेशी राज्य की बिरासत में अंग्रेजी का वह बोझ आज भी हमारे सिरों पर मौजूद है।

स्वतंत्रता की पहली उमङ्ग में भारत के सभी प्रदेशों के प्रतिनिधियों ने संविधानसभा में विदेशी भाषा के स्थानपर हिन्दी को केन्द्रीय शासन के लिए और देश के सब प्रदेशों के पारस्परिक सम्पर्कों के लिए भारत की साझी भाषा स्वीकार कर लिया था। परन्तु उस प्रस्ताव को व्यवहार में लाने का यत्न करने पर अहिन्दी प्रान्तों को जान पड़ा कि हिन्दी को केन्द्रीय और राष्ट्रीय भाषा मन लेने से वे कई राष्ट्रियों से क्षति में रहेंगे। हिन्दी उनपर क्यों लादी जाय? हमारे राजनीतिक नेता इस आपत्ति की अपेक्षा नहीं कर सकते। फलतः केन्द्रीय शासन के लिए और देश के सब प्रदेशों के पारस्परिक सम्पर्कों के लिए पहले अंग्रेजों की ५ वर्ष तक यथावत् रहने देने का प्रस्ताव स्वीकार किया गया, फिर१० वर्ष तक और अब अनिश्चित कालतक के लिए अंग्रेजी को ही केन्द्रीय शासन की भाषा स्वीकार कर लिया गया है।

अहिन्दी प्रदेशों की कठिनाई और आपत्ति की उपेक्षा नहीं की जा सकती। परन्तु यह भी प्रश्न है कि हिन्दी भारत के किस प्रदेश की अपनी भाषा है? कौन लोग हिन्दी वाले कहे जा सकते हैं? साधारणतः हिन्दी को उत्तर भारत की भाषा मान लिया जाता है। परन्तु यह तथ्य नहीं है। उत्तर-भारत सभी मागों की अपनी-अपनी भाषाएँ हैं, उन भाषाओं का अपना साहित्य भी मौजूद है। हिन्दी को उत्तरप्रदेश की भी भाषा नहीं कह दिया जा सकता, क्योंकि अवध प्रान्त की भाषा अवधी है, अवधी में अपना साहित्य है। आगरा प्रान्त की भाषा ब्रजभाषा है, ब्रजभाषा में भी अपना साहित्य और परम्परा है। पश्चिमी उत्तर प्रदेश के दिहात

में नागरी हिन्दी का चलन नहीं है। पूर्वी उत्तर प्रदेश की भाषा भोजपुरी ...जिलों की अपनी भाषाएं हैं। बिहार और राजस्थान में अपनी-अपनी भाषाएँ हैं हिन्दी का नागरी नाम ही .....और पस्पर सम्पर्क लिए बोली जाने वाली भाषा है। हिन्दी की यही परम्परा है।

बहुत प्राचीन समय से भारत के विभिन्न प्रदेशों गूढ़ सांस्कृतिक, दार्शनिक तथा साम्प्रदायिक एकता चली आ रही है। उस एकता और सम्पर्क को निबाहने के लिए किसी भाषा का माध्यम भी रहा ही होगा। यह अनुमान कर लेना उचित नहीं जंचता कि अग्रेजी का चलन हो जाने से पहले विभिन्न प्रदेशों के भारतीय पारंपरिक सम्प्रदा को गूगों की भाँति केवल संकेतों से निबाह लेते होंगे।

आज भी अंग्रेजी केवल सरकारी स्तर पर और राजनीतिक नेताओं के लिए ही भारत के विभिन्न प्रदेशों की साझी भाषा का काम दे रही है, सर्वसाधार के लिए नहीं। देश के गत जनगणना के अनुसार इस देश में डेढ़ प्रतिशत से अधिक लोग अंग्रेजी नहीं जानते। इन अंग्रेजी दो लोगों में उनकी भी गणना है जो अंग्रेजी की एक रीडर पढ़ चुके हैं।

प्रश्न यह है कि क्या भारत के विभिन्न प्रान्तों के १८% लोग जो अंग्रेजी नहीं जानते, अशिक्षित ही हैं और वे अंग्रेजी के अभाव में उनका काम किस भाषा से चल रहा है, यह बड़े-बड़े नगरों की मजदूर बस्तियों अथवा तीर्थस्थानों में देख लिया जा सकता है।

लगभग डेढ़ सौ सरकारी अंग्रेजी अमलदारी के परिणाम में देश के डेढ़ प्रतिशत लोग ही अंग्रेजी सीख सके हैं। अंग्रेजी को इस देश की सर्वजनसुलभ साझी भाषा बना सकने के लिए दस हजार वर्ष का समय तो चाहिये ही।

यह हमारे प्रजातंत्र का कितना विकट विद्रूप है कि देश का केन्द्रीय शासन और मुख्यतः प्रदेशों के शासन भी उस भाषा में निबाहे जायं जिसे देश के डेढ़ प्रतिशत लोग ही जानते हैं और उस भाषा को देश की साझी भाषा मान लिया जाय। यह भी कितना बड़ा बिद्रूप है कि भारत की सभी भाषाओं में अपना-अपना ऊँचे स्तर का साहित्य मौजूद है। परन्तु उन भाषाओं में शिक्षित लोगों को सरकारी नौकरियों के अयोगय मान लिया जाय और टूटी-फूटी अंग्रेजी जानेवाले लोगों को ही शिक्षित और योग्य माना जाय। यदि अहिन्दी प्रान्तों पर हिन्दी लादना अन्याय है तो उनपर अंग्रेजी लादना भी अन्याय ही है। हम देश में मां के दूध के साथ तो अंग्रेजी बोल भी नहीं सीख लेता। कोई कारण नहीं दिखलाई देता कि देश के भिन्न-भिन्न राज्यों में शासन और शिक्षा की व्यवस्था राज्यों की अपनी भाषाओं में न निभा सके।

सभी राज्यों में शासन और शिक्षा के लिए अंग्रेजी का स्थान राज्यों की भाषा को मिलना चाहिये। इसके लिए न किसी पर अंग्रेजी लादने की जरूरत है न हिन्दी लादनें की।

समस्या हो सकती है विभिन्न राज्यों और केन्द्रीय शासन में सम्पर्क को भारत के स्वतंत्र राष्ट्र हो जाने के बाद से हमारे अन्तर्राष्ट्रीय सम्पर्क काफी व्यापक हो चुके हैं। हमारी सरकार का सभी राष्ट्रों से कुछ न कुछ पत्र-व्यवहार चलता है। उसकी प्रणाली यह है कि विभिन्न राष्ट्रों को पत्र उनकी भाषाओं में भेजे जाते हैं। उनकी भाषाओं के साथ-सन्देश की अवस्था में निश्चय के लिए—पत्र की एक प्रति हिन्दी में भी संलग्न रहती है। हमारी सरकार दूसरे राष्ट्रों के लिए जिस सुविधा का प्रबन्ध कर सकती है, वह सुविधा को

प्रबन्ध कर सकती है, वह सुविधा भारत के बिलिन्न राज्यों को क्यों नहीं दे सकती? सभी राज्यों को अवसर होना चाहिए कि केन्द्र से अपनी भाषा में सम्पर्क स्थापित रख सकें। केन्द्र से सभी राज्यों को उनकी भाषाओं में ही निर्देश जाने चाहिए। आवश्यकता समझी जाने पर मूल प्रति हिन्दी में भी संलग्न की जा सकती है।

अधिक महत्वपूर्ण समस्या शायद केन्द्रीय शासन का माध्यम हिन्दी हो जाने से उत्तर भारत के लोगों के लिए अहिन्दी प्रान्तों की तुलना में पक्षपात की सम्भावना रहेगी। उसका उपाय कुछ कठिन नहीं है। केन्द्रीय शासन में नौकरियों को राज्यों की जनसंख्या के अनुपात में बांट दिया जा सकता है। इसके साथ जहाँ केन्द्रीय शासन में सेवा के, अहिन्दी रज्यों के उम्मीदवारों के लिए हिन्दी का सम्यक ज्ञान आवश्यक समझा जाय, वहाँ उत्तर भारत के उम्मीदवारों के लिए किसी न किसी अहिन्दी राज्य की भाषा का सम्यक ज्ञान भी आवश्यक समझा जाय। ऐसी अवस्था में उत्तर भारत के लोगों के लिए केन्द्रीय शासन की नौकरियों में हिन्दी भाषा सुलभ होने से प्रतियोगिता में आगे बढ़ जाने की विशेष सुविधा नहीं रहेगी। इस प्रणाली से भारत न केवल एक विदेशी भाषा की अस्वाभाविक दासता से मुक्त हो सकेगा, इसके साथ ही देश के अग्रेजी न जानने वाले साढ़े अट्ठानवे प्रतिशत लोग भी देश की समस्याओं के निकट सम्पर्क आ सकेंगे और देश के विभिन्न राज्य भावना और संस्कृति के क्षेत्र में निकटतर हो सकेंगे।

देश के लोगों को जीविका के लिए अंग्रेजी सीखने की मजबूरी से मुक्त करने का अर्थ अंग्रेजी के ज्ञान की उपयोगिता से इनकार करना नहीं है। अंग्रेजी बहुत व्यापक भाषा है। विज्ञान, साहित्य और कला के विकास में वह हमारे लिए उपयोगी हो सकती है परन्तु इसी दृष्टि में उसका उचित ज्ञान प्राप्त किया जाना चाहिये। इस दृष्टि से केवल अंग्रेजी का ही नहीं, हमारे देश-वासियों को अंग्रेजी के समान ही समृद्ध फ्रेंच, जर्मन, रूसी भाषाओं का भी ज्ञान होना चाहिए। लेकिन अंग्रेजी की मजबूरी हमें उस ओर ध्यान देने का अवसर ही नहीं रहने देती, हम अंग्रेजी के कूपमण्डूक बनकर रह जाते हैं।

मेरी ५५वीं वर्षगाँठ

३ दिसम्बर, १९५८

आज मेरी पचपनवीं वर्षगाँठ है। प्रति वर्ष, इस दिन मुझे कुद उलफन अनुभव होता है। कारण यह कि इस तारीख पर पत्नी प्रातः ही बच्चों को मुझे जन्म-दिन की बधाई देने और शुभ-कामना प्रकट करने के लिए याद दिला देती हैं। सन्ध्या समय दो चार सीमिपियों को भी किसी बहाने से चाय या भोजन पर बुला लेती हैं। मैं अपनी वर्षगाँठ की डोंठी पीटने में संकोच और अनिच्छा प्रकट करता हूँ तो वे विश्वास दिला देती हैं—किसी को कुछ बता कर थोड़ी ही बुलायेंगे। परन्तु समय पर बात मुंह से जरूर निकल जाती है या बच्चे ही चिल्ला देते हैं। तब आगत प्रसन्नता प्रकट बधाई कैसे न दें। मैं झेंप जाता हूँ।

वर्षगाँठ या जन्मदिन मनाने में मुझे सैद्धान्तिक आपत्ति नहीं है। अपने बच्चों की वर्षगाँठ मनाते ही हैं। हमें उपहार देने में अच्छा लगता है। वे उपहार पाकर सन्तुष्ट होते हैं। यह भी अच्छा लगता है। कि बच्चे एक वर्ष और बढ़ गये। वे उत्तरदयित्त्व सम्मालने योग्य हो रहे हैं।

अपने बच्चों के जन्म-दिन मनाना इसलिए संगत लगता है कि उससे हमें व्यक्तिगत और पारिवारिक प्रसन्नता और सन्ताष होता है। कुछ महापुरुषों के जन्म-दिन मनाना भी संगत हो सकता है। यों तो आज भारत के राष्ट्रपति की भी वर्षगाँठ है। पत्रों में उसकी चर्चा है। मालूम नहीं वे राष्ट्रपति नहीं रहेंगे तब भी यह दिन मनाया जायगा या नहीं परन्तु महापुरुषों के जन्म-दिन मनाना इसलिए संग जान पड़ता है कि पूरा समाज उनके प्रति आभार और आत्मीयता अनुभव करता है। समाज से उनके चले जाने पर भी उन्हें याद रखना चाहता है। ऐसे लोग मानवता और समाज के विकास में आशा और दिखाने वाले स्तम्भों के समान होते हैं।

अपने लिए महापुरुषों के प्रति किये जाने वाले व्यवहार की बात सोचने से भी झेंप लगती है। बल्कि व्यंजना से एक व्यर्थता की अनुभूति होती है। जब से पचास पार कर लिये हैं, इस दिन उम्र और बढ़ जाने का सन्तोष नहीं, हाथ से या आशा में से कुछ चले जाने का ही विचार होता है।

अपने मन की बात लिख रहा था कि पत्नी ने एक तार लाकर दे दिया—यह शुभ दिन बार-बार आयें। याद आ गया, ऐसे ही अवसर पर गालिब ने बादशाह की वर्षगाँठ पर अपनी शुभ-कामना, कितने उद्गार से प्रकट की है—तुम जियो हजार बरस और हर

बरस के हो दिन पचास हजार। यानी मृत्यु का दिन कभी न आये। कामना चाहे जैसी भी की जाये, तथ्य यह है कि प्रतिवर्ष इस दिन मृत्यु एक वर्ष समीप आ जाती है।

सभी जानते हैं कि मृत्यु ही सबसे अधिक निश्चित बात और प्रकृति का अनिवार्य नियम है। यह जान कर भी विचार अच्छा नहीं लगता कि एक दिन मर जायेंगे। यह याद करते रहना मुझे भी अच्छा नहीं लगता।

कई बार सोचा है, क्या मैं मृत्यु से डरता हूँ? तर्क से सोच चुका हूँ कि सृष्टि के आदि से जब तक मृत्यु से कोई बच नहीं सका। मैं मृत्यु से डरूँ तो भी उससे बच नहीं सकूँगा। इस डर से क्या लाभ?

पुरानी बाते है: दो-तीन ऐसे अवसर आ चुके हैं जब मालूम था कि अमुक काम करने में बचे रहने की सम्भावना बहुत कम और मारे जाने की ही अधिक थी। उस प्रयोजन से जाते समय साथियों ने अन्तिम बिदाई दे दी थी। मर नहीं गया, यह अवसर की बात थी। उस समय ऐसा विश्वास था कि उन कामों को कर सकने का महत्त्व, मेरे जीवित बने रह जाने से अधिक था। जीवन में ऐसा कोई उद्‌देश्य हो तो मन में बहुत उत्साह रहता है और जान पड़ता है कि जितना जी रहे हैं, सार्थक हैं। जीवन के प्रत्यनों का लक्ष्य केवल प्राण-रक्षा को ही बना लेने से जीवन में वैसी उत्साह और सार्थकता अनुभव नहीं हो सकती। यदि जीवित रह सकने के लिए आवश्यकताओं को पूरा करना ही लक्ष्य हो तो फिर आवश्यकताओं के लिए नैतिकता को भी बलिदान कर दिया जाता है। नैतिकता एक विचार-मात्र है जिसकी पहचान और अनुभूति परिस्थितियों और तुलना में से ही हो सकती है। कहने में अच्छा नहीं लगेगा परन्तु जान पड़ता है, बहुत संख्या इसी प्रकार जी रही है या सदा ऐसे ही जीवन निवाहती रही है।

जीवन में लक्ष्य तो होना ही चाहिए पर प्रश्न का सकता है कि लक्ष्य कैसा हो? लक्ष्य आध्यात्मिक हो या सामाजिक? आध्यात्मिक लक्ष्य से अभिप्राय है, संसार से विरक्त होकर, अनासक्ति से अपनी पूर्णता या अपनी आत्मा की मुक्ति की इच्छा करना। समाज भौतिक और पार्थिक वस्तु है इसलिए सामाजिक लक्ष्य सांसारिक और पार्थिक होता है।

हमारे देश के परम्परावादी नेता हमारे समाज के सामने लक्ष्य या आदर्श के अभाव से चिन्तित हैं। उनका विचार है कि लक्ष्य के अभाव में सांसारिक समृद्धि से भी व्यक्ति का कल्याण और सामाजिक सुव्यस्था और शान्ति नहीं हो सकती। इस विचार से वे सांसारिक लक्ष्यों के अतिरिक्त मनुष्य के लिए, स्वयं अपने भीतर असंसारिक लक्ष्यों की भी आवश्यकता समझते हैं। जैसे गाँधी जी के विचार में मनुष्य के जीवन का चरम लक्ष्य ईश्वर को प्राप्त करना था या कुछ लोगों के अनुसार व्यक्ति का जीवन मुक्त हो जाना और उसकी आत्मा का ब्रह्म में लीन हो जाना चरम लक्ष्य है।

समाज की भौतिक समस्याओं से विच्छिन्न, व्यक्तिगत आध्यात्मिक लक्ष्य की इच्छा कर सकने में मुझे सफलता नहीं मिल सकी। जीवन से परै क्या है, यह चिन्ता भी मुझे व्यर्थ जान पड़ती है पर जीवन को अनुभव करता हूँ। जीवन को मैं, प्रकृति और संसार के सम्बन्ध से, क्रिया और प्रतिक्रिया के रूप में ही देख सकता हूँ।

हमारे समाज के लिए आध्यात्म का मार्ग नया सुझाव नहीं है। हमारा समाज आध्यात्म की कल्पना और विचारधारा से चिरकाल से परिचित है। परन्तु यह मार्ग हमारे

जन-साधारण की समस्याओं की, से समस्यायें जैसी भी थीं या है, सुलझाने में सहायक नहीं हो सका।

आध्यात्म का मार्ग समाज और संसार से अनासक्ति की साधना है। बाह्य संसार से अनासक्ति या संसार की ओर प्रवृत्ति की रुकावट प्रवृत्ति को अन्तर्मुखी और आत्मरत करेगी ही। यह "अहं" मैं समा जाना है। आध्यात्म, बात तो "अहं" को समाप्त करने की करता है परन्तु अभ्यास में वह "अहं" का अतल भंवर मात्र है, ऐसा भंवर जिसमें "अहं" सूक्ष्म और अमूर्ख होकर भावना मात्र रह जाता है।

यदि जनता अनेक संघर्षों में प्राप्त हुए अनुभवों, विज्ञान के संसर्ग और शिक्षा के प्रसार से विश्वास के बजाय तर्क की प्रवृत्ति को अपना रही है तो चिन्ता का क्या कारण है? मेरा विश्वास है कि व्यक्तिगत, सामाजिक और राष्ट्रीय रूप में मैं ह्रास की ओर नहीं जा रहा हूँ। मुझे अपने बुढ़ापे से निरूत्साहित नहीं होना चाहिए।

●

यूनाईटेड उर्दू फ्रन्ट

स्वतन्त्रता प्राप्ति के पश्चात उत्तर प्रदेश की विधान सभा ने अपने प्रदेश की हिन्दी और राष्ट्रीय भावना की मूर्त्त रूप देने के लिए इस भूमि की परम्परागत भाषा हिन्दी और देवनागरी लिपि की सर्वसम्मति से सरकारी भाषा स्वीकार कर लिया था। प्रदेश की जनता की इस स्वाभाविक राष्ट्रीय अभिव्यक्ति के बाद विधान सभा के लिए हर चुनाव से पहले, प्रदेश की जनता के एक छोटे से भाग में वोट समैट सकने के लिए, उर्दू और फारसी लिपि को भी इस राज्य की सरकारी भाषा स्वीकार कराने का बवन्डर उठाया जाता है। उर्दू-फारसी लिपि को भी हिन्दी के साथ राज्य भाषा स्वीकार कराने की पुकार एक बार और उठने से कोई न चौंकता परन्तु जनता चौंक उठी है क्योंकि इस बार इस पुकार ने मोर्चे, फ्रन्ट, महाज़ का रूप लेकर अपने लक्ष्य के लिए ''डाइरैक्ट एक्शन'' की धमकी भी दे दी है। ''डाइरैक्ट एक्शन'' शब्द जिन्ना साहब के नेतृत्व तके तूसलिम लीग की देन है। इसका प्रयोग मुसलिम लीग ने देश के विभाजन के लिए वीर पाकिस्तान की स्थापना के लिए किया था। ऐसी धकमी से न चौंकना आत्मघाती उपेक्षा ही होगी।

युनाइटिड उर्दू फ्रन्ट : मोर्चे : के प्रधान हैं डाक्टर अब्दुल जलीज फरीदी। मोर्चे के सेक्रेटरी हैं वहीबुर्रहमान हरफानी और मोर्चे के प्रमुख सहायकों में हैं आनन्द नारायण मुल्ला। इस उर्दू मोर्चे के लक्ष्य और भावना की वास्तविकता को रामझने के लिए इसस सज्जनों के कक्तव्यों और व्यवहार पर गौर सहायक हो सकता है।

डाक्टर फरीदी ने उर्दू महाज़ के संघर्ष का आरम्भ किया है ४ मार्च, १९६५ की और उत्तर प्रदेश की विधान परिषद् से वाक आउट करके। डाक्टर फरीदी ने १४ मार्च, १९६५ के ''नेशनल हैरल्ड'' में प्रकाशित पत्र द्वारा अपनी स्थिति स्पष्ट की है। विधान परिषद् से वाक आउट का कारण उन्होंने बताया है कि परिषद् में जो भाषण डा. फरीदी ने उर्दू में दिये थे उन भाषणों की रिपोर्ट उन्हें हिन्दी-देवनागरी लिपि में दी गयी थी। इस पत्र में अपने विरोध का कारण स्पष्ट करने के लिए डा. फरीदी का वक्तव्य है'' मैं हिन्दी-देवनागरी लिपि का बहुत आदर करता हूँ और उसे हृदय से राष्ट्र भाषा स्वीकार करता हूँ परन्तु उनका तक़ाज़ा है कि वे विधान परिषद् में जिस भाषा में भाषण देते हैं, उनके मातृभाषा की रिपोर्ट उन्हें, संविधान की धारा २१० के अनुसार उसी भाषा, उनकी मातृभाषा उर्दू-फारसी लिपि में दी जानी चाहिए। उनके भाषणों की रिपोर्ट फारसी लिपि में पेश की जाने से उनकी मादरी जवान का दमन होता है और परिषद् की कार्यवाही में भाग लेना उनके लिए कठिन हो जाता है।

डा. फरीदी या उर्दू महाज़ का कहना है कि हिन्दी और देवनागरी लिपि की ही उत्तर प्रदेश की सरकारी भाषा मानने से हस प्रदेश की जनता के एक माग की मातृभाषा और संस्कृति का दमन होता है, उन्हें बहुत कठिनाई अनुभव होती है। उनकी मांग है कि उर्दू फारसी लिपि की भी इस प्रदेश की सरकारी भाषा स्वीकार किया जाये। विधान परिषद और विधान सभा से लेकर इस राज्य की सभी अदालतों, सरकारी महकमों, म्यूनिस्पैल्टियों और शिक्षा संस्थानों आदि में भी हिन्दी के समान उर्दू : फारसी लिपिः का उपयोग हो सके।

जो लोग युनाइटिड उर्दू फ्रन्ट के प्रधान डा. फरीदी के दृष्टिकोण पर विश्वास करना चाहते हैं उनके वक्तव्य के अन्तर-विरोधों से चिन्तित हुए बिना नहीं रह सकते। डा. फरीदी हिन्दी का आदर करते हैं और उसे हृदय से राष्ट्र भाषा भी स्वीकार करते हैं परन्तु अपनी भाषणों की रिपोर्ट उसी राष्ट्र भाषा में तैयार की जाने का विरोध भी करते हैं। यह विचित्र स्थिति है कि डा. फरीदी और उर्दू और फारसी लिपि को प्रदेश की सरकारी भाषा स्वीकार करने की मांग करने वाले १५-१६ वर्ष पूर्व उत्तर प्रदेश में हिन्दी-देवनागरी लिपि को सरकारी भाषा स्वीकार किये जाने के समय में हिन्दी का बहुत आदर करने और उसे हृदय सैहराष्ट्र भाषा स्वीकार करते आ रहे हैं परन्तु वे इतने लम्बे समय में भी हिन्दी और देवनागरी लिपि सीखने का यत्न नहीं कर सके।

हिन्दी के प्रति "युनाइटिड उर्दू फ्रन्ट" की भावना क्या है इस सच्चाई को फ्रन्ट के सैक्रेटरी वहीदुर्रहमान इरफानी ने २३ अप्रैल, १९६५ के "नेशनल हैरल्ड" में प्रकाशित अपने पत्र में स्पष्ट कर दिया है। उनका कहना है कि उत्तर प्रदेश में एक मात्र हिन्दी-देवनागरी लिपि को सरकारी भाषा स्वीकार कर लेना ही उर्दू के प्रति अन्याय और उसका दमन है। उनकी मांग है कि भारत की स्वतन्त्रता और पाकिस्तान की स्थापना से पूर्व जैसे सभी सरकारी महकमों, दफ्तरों और शिक्षा संस्थानों में हिन्दी देवनागरी लिपि और उर्दू फारसी लिपि को समान स्थान और अवसर था, उर्दू के प्रति न्याय के लिए वैसा ही आज भी होना चाहिए ताकि जनता स्वतन्त्रता से अपनी-अपनी मातृभाषाओं या राष्ट्रीय भाषाओं का प्रयोग कर सके। "युनाइटिड उर्दू फ्रन्ट" एक ही राज्य के प्रत्येक नगर, प्रत्येक गली मोहल्ले में, एक नस्ल और एक साथ हरने वाली जनता के लिए दो मादरी जवानों और दो राष्ट्रीय भाषाओं के समान प्रयोग के अधिकार के लिए ही "डाइरैक्ट एक्शन" की धमकी दे रहा है। ऐसी धमकी के प्रति चिन्ता को व्यर्थ की आशंका नहीं कहा जा सकता। एक देश की, परम्परा के एक जनता को साम्प्रदायिक आधार पर दी भाषाओं और दो राष्ट्रीयताओं में बांटने के सिद्धान्त का परिणाम एक देश के दो देशों में बंट जाने के रूप में हमारे सामने मौजूद है।

अप्रैल २३ के "नैशनल हेरल्ड" में राजा एस. साजिद हुसैन ने "जनता की भाषा" शीर्षक अपने पत्र में उत्तर प्रदेश में जनसमूह की दो मातृभाषाओं और उस दृष्टिकोण से दो राष्ट्रीयताएँ मानने के दुराग्रह और उराके घातक परिणाम की चेतावनी "युनाइटिड उर्दू फ्रन्ट" के अलंमवरदारों को दे दी है। युनाइटिड उर्दू फ्रन्ट उत्तर प्रदेश की राज्य भाषा हिन्दी स्वीकार कर ली जाने से असन्तुष्ट है। फ्रन्ट उर्दू फारसी लिपि को भी सरकारी राजभाषा का

स्थान दिलाना चाहता है और इस लक्ष्य के लिए उत्तेजित होकर डाइरैक्ट एक्शन, प्रदर्शन और सत्याग्रह द्वारा विरोध की धमकी दे रहा हे। उत्तेजना में धमकी देने की अपेक्षा बेहतर होगा कि फ्रन्ट प्रदेश में हिन्दी और उर्दू की स्थिति पर और अपनी मांग के परिणाम पर गम्भीरता से गौर करे। ऐसे विचार के लिए विधान परिषद् से डा. फरीदी परिषद् में जिस भाषा या शैली में बोले उसकी रिपोर्ट उनके सामने हिन्दी में प्रस्तुत की गयी। फरीदी साहब यह शिकायत नहीं कर सकते कि उनके भाषणों के शब्दों और मुहावों या तर्ज को ठीक ठीक पेश नहीं किया गया। वे परिषद् में जो कुछ, जैसा कुछ : उर्दू में : बोले उसकी रिपोर्ट हिन्दी : देवनागरी : लिपि में उन्हें दे दी गयी। स्पष्ट है परिषद् के सेक्रेटेरियट की नज़र में फरीदी साहब के भाषण हिन्दी में ही थे। परिषद् के सेक्रेटेरियट ने फरीदी साहब के भाषणों में उनकी मादरी जवान के शब्दों और मुहावरों में हिन्दी उर्दू का भेद अनुभव नहीं किया। एतराज़ है फरीदी साहब को ही क्योंकि उनकी मादरी जवान को हिन्दी देवनागरी में लिखा गया हालांकि फरीदी साहब और युनाइटिड उर्दू फ्रन्ट के समर्थक उनके साथी हिन्दी का बहुत आदर करते हैं और उसे हृदय से राष्ट्रभाषा मानते हैं।

उत्तर प्रदेश में सरकारी भाषा हिन्दी है। उत्तर प्रदेश की विधान परिषद् में डा. फरीदी की मादरी जवान में दिये गये भाषणों पर कोई भी आपत्ति न किया जाना और उनके भाषणों की सही रिपोर्ट हिन्दी में प्रस्तुत किया जाना इस बात का प्रमाण है कि उत्तर प्रदेश विधान परिषद् के बहुमत : हिन्दी भाषियों : और उत्तर प्रदेश सरकार की नज़र और भावना में युनाइटिड उर्दू फ्रन्ट के समर्थकों की मादरी जबान : उर्दू : और हिन्दी दो अलग-जलग भाषाएँ नहीं है। २३ अप्रैल के "नेशनल हेरल्ड" में राजा एस. साजिद हुसैन ने भी इस बात पर जोर दिया है कि उत्तर प्रदेश में ग्रामों की अशिक्षित और शिक्षित जनता, जो प्रदेश की जनसंख्या का ८० प्र.श. है, एक समाज है और उनकी दो अलग-अलग मातृभाषाएँ अथवा राष्ट्रीयताएँ नहीं हैं। किसी भी समाज जनता अथवा जाति की मातृभाषा को बोल-चाल से ही पहचाना जा सकता है। नगरों में रहने वाले जानते हैं कि उनके नगरों की गलियों, मोहल्लों और बाजारों में सभी सम्प्रदायों और बिरादियों के बच्चे परस्पर सम्पर्क में आते हैं और एक ही बोली बोलते हैं। मादरी जवान की दृष्टिसे हिन्दी और उर्दू का भेद करना निराधार दुराग्रह है। आनन्द नारायण मुल्ला साहब निस्सन्देह उर्दू शैली के बहुत बड़े कवि हैं परन्तु उनका और उन जैसे कुछ लोगों का यह दावा कि उर्दू उनकी मादरी जवान है, बहुत हास्यास्पद है। किसी व्यक्ति की मादरी एक व्यक्ति की नहीं बल्कि पूरी बिरादरी अथवा कम्यूनिटी की और परम्परा से होती है। यह अच्छाखासा मजाक है कि युनाइटिड उर्दू फॅन्ट के प्रमुख सहायक और नरक्कीय अंजुमन उर्दू-ए-हिन्दू आनन्द नारायण मुल्ला साहब के खून और दूध के सम्बन्ध में रिश्तैदार अधिकांश में अपनी मातृभाषा हिन्दी बताते है। और मुल्ला साहब उर्दू, यह भी किसी से छिपा नहीं कि कश्मीरी बिरादरी में ३०-४० वर्ष पहले स्त्रियाँ : माताएँ : केवल हिन्दी की और देवनागरी लिपि ही पढ़ती थीं। कश्मीरी बिरादरी यदि अपनी ऐतिहासिक लिपि के लिए आग्रह करे तो वह "शारदा" लिपि के लिए होगा जिससे मुल्ला साहब शायद ही परिचित हों। मादरी जवान के नाते फारसी लिपि से मुल्ला साहब का अनुराग एक पहेली हैं।

साधारण बोल-चाल या कारोबार में ही नहीं, बौद्धिक विचार और साहित्य में भी हिन्दी-उर्दू का भेद केवल शैलियों का भेद माना जायगा, भाषाओं का नहीं। हिन्दी और उर्दू के लिए लड़ने वाले अक्सर आपस में इस तरह बातचीत करते देखे जाते हैं कि यह बताना मुश्किल हो जाता है कि वह हिन्दी बोल रहे हैं या उर्दू! उर्दू और हिन्दी की पहचान भाषा में संस्कृत और फारसी के शब्दों से की जाती हैं। हिन्दी साहित्य में ऐसी बहुत सी गद्य और पद्य रचनाएँ मौजूद हैं जिनमें संस्कृत के शब्द नहीं हैं परन्तु फारसी के बहुत से शब्द हैं। हिन्दी में फारसी के शब्दों के लिए कोई रुकावट नहीं है। यही हालत उर्दू आदि की है। उर्दू के सबसे बड़े कवि इकबाल "की शायरी में ऐसे पूरे क़ते मौजूद हैं जिनमें फारसी के नहीं संस्कृत के ही शब्द है। उदाहरणतः "इकबाल बड़ा उपदेशक है मन बातों से मोह लेता है।" जोश मलिहाबादी, फिराक गोरखपुरी, मजाज लखनवी और उर्दू शैली के बहुत से दूसरे कवियों ने भी ऐसी रुबाइयाँ और नज़्में लिखी है। जिनमें पूरी रूवाई या नज़्म में अरबी-फारसी का एक भी शब्द नहीं आया। ऐसी रचनाओं को हिन्दी-देवनागरी लिपि में लिखा जाय तो वे हिन्दी कविता मानी जायेगी। यह रुबाइयाँऔर नज़्में फारसी लिपि में लिखी गयी हैं, इसलिए उर्दू अदब को इनपर फक्र है। ऐसी रचनाओं को हिन्दी और उर्दू दोनों ही शैलियों की प्रतिनिधि रचना माना जा सकता है। इन रचनाओं की हिन्दी और उर्दू में बांटने वाली पहचान इनकी लिपि हो सकती है।

स्पष्ट है कि हिन्दी और उर्दू में भेद जबानों या मादी जवानों का नहीं, देवनागरी लिपि और फारसी रसमुल ख़त का है। यह ध्यान रख्ना आवश्यक है कि हमारी रोजमर्रा के बोल-चाल और व्यवहार संस्कृत, फारसी और अंग्रेजी के शब्दों के बिना सरल हिन्दी या उर्दू में चल सकते हैं, परन्तु साहित्य रचना गम्भीर बातों और टेक्निकल चर्चा के लिए हमें नये शब्दों की आवश्यकता भी पड़ रही है। हम अंग्रेजी से पीछा छुड़ाकर अपनी भाषा को आत्मनिर्भर बनाना चाहते हैं। यह समस्या हमारे देश की अन्य प्रमुख भाषाओं के सम्मुख भी है। वे भाषाएँ ऐसे शब्दों से लेना अधिक व्यावहारिक है। ऐसा करने से टैक्निकल शब्द देश भर की सभी भाषाओं में एक हो सकेंगे। और इन भाषाओं से बोलने बाले भावी विकास और शिक्षा के काम में परस्पर सहायक हो सकेंगे। यदि हिन्दी-उर्दू में ऐसे शब्द अरबी-फारसी से लिये जायेंगे तो हमारी भाषा पाकिस्तान की भाषा के तो कुछ समीप हो सकेंगी परन्तु हम भारतीय भाषाओं के सहयोग और सहायता से वैचित हो जायेंगे।

हिन्दी उर्दू की बोलचाल और साहित्य के जो उदाहरण दिये गये हैं उनसे स्पष्ट हो जाता है कि हिन्दी और उर्दू वस्तुतः दो पृथक जवाने या भाषाएँ नहीं है उनमें भेद है केवल लिपि का। इससे यह भी स्पष्ट हो जाता है कि युनाइटिड उर्दू फ्रन्ट का संघर्ष किसी मादरी जबान की रक्षा के लिए नहीं है। फ्रन्ट की डाइरैक्ट एक्शन की धमकी उत्तर प्रदेश में सम्पूर्ण सरकारी और सार्वजनिक काम-काज में हिन्दी-देवनागरी लिपि के समान ही फारसी लिपि को भी स्थान दिलाने के लिए है। फ्रन्ट इसी लक्ष्य के लिए प्रदर्शनों और सत्याग्रह द्वारा सरकार और जनता पर जोर डालना चाहता है।

फ्रन्ट लिपि में आधार पर ही हिन्दी और उर्दू को पृथक भाषाएँ बनाता है। और मुख्यतः फारसी लिपि में ही उर्दू कहता है। विधान परिषद् में डा. फरीदी का व्यवहार इस बात का स्पष्ट प्रमाण है। हमारे विचार में उर्दू युनाइटिड फ्रन्ट के प्रयोजन और लक्ष्य को देखते हुए उसके लिए उचित नाम युनाइटिड फ्रन्ट होना चाहिए और इस फ्रन्ट के लक्ष्य की सफलता का परिणाम इस प्रदेश की जनता को जो, रक्त, मांस और भूमि के सम्बन्ध में एक है दो लिपियों के दायरों में बांटकर उनमें साम्प्रदायिक, सांस्कृतिक और भिन्न राष्ट्रीयता की भावना को बढ़ाना होगा। ऐसी भावना का प्रभाव मुसलिम लीग के आन्दोलन के परिणाम देश के विभाजन के रूप में हमारे सामने मौजूद है।

हिन्दी के समान उर्दू की भी इस प्रदेश के सार्वजनिक जीवन और सरकारी काम-काज में स्वीकार कराने के लिए सबसे बड़ा तर्क है कि उर्दू का जन्म इसी भूमि में हुआ है और वह इस देश के अतिरिक्त किसी अन्य देश की भाषा नहीं है। यदि यह दावा उर्दू-शैली के लिए है—फारसी लिपि के लिए नहीं—तो सही है और जन भावना के अनुकूल है। इसका प्रत्यक्ष प्रमाण यह है कि उर्दू शैली में जो भी साहित्य मौजूद है या रचा जा रहा है—चाहे वह फारसी लिपि में हो—वह बहुत शीघ्रता से और बहुत बड़े है। उर्दू के लेखक इस तथ्य से परिचित है कि उनकी रचनाएँ फारसी लिपि में जितने क्षेत्र में पहुँच सकती है, देवनागरी लिपि में प्रकाशित होने पर उससे कई गुना बड़े क्षेत्र में पहुँच जाती है। उर्दू शैली के सभी सफल लेखक अपनी रचनाओं की हिन्दी : देवनागरी लिपि : में प्रकाशित करवाने के लिए आतुर रहते हैं और उससे लाभ उठा रहे हैं। उर्दू शैली के लिए कही कोई विरोध नहीं है क्योंकि वह इस भूमि और जन समाज की उपज है परन्तु क्या यह बात युनाइटिड उर्दू फ्रन्ट फारसी लिपि के लिए भी कह सकता है, ?फारसी लिपि न केवल इस भूमि और इस प्रदेश के जन समाज की उपज नहीं वह लिपि भारत में उत्पन्न और विकसित किसी भी भाषा को उचित रूप से लिपिबद्ध करने के लिए भी अनुपयुक्त है। भारत में उत्पन्न सभी प्रमुख भाषाओं की लिपियों की प्रणालियों में एक आधारभूत समता है परन्तु फारसी लिपि की उस प्रणाली से कोई समता नहीं, फारसी लिपि ठीक उनके विपरीत हे। फारसी लिपि का इस देश से यदि कोई सम्बन्ध या दावा है तो यही कि इस देश में इस लिपि का व्यवहार इस देश पर आक्रमण करने वाले लोगों की सुविधा के लिए आरम्भ किया गया था। शासन शक्ति के बल पर फारसी लिपि का व्यवहार इस देश में पाँच-छह सौ वर्ष किये जाने के बाद भी देश की सर्वसाधारण जनता ने उसे अपनाया नहीं वह केवल दरवारों और सरकारी हलकों के आपसास सिमटी रही है। फारसी लिपि इस देश की जनता के लिए स्वाभाविक और प्रिय नहीं बन सकी। आत्मनिर्णय का अवसर पाते ही देश की जनता ने विराट बहुमत से इस देश और भूमि की उपज, देश की परम्परा, स्वभाव और भावना के अनुकूल लिपि देवनागरी को अपना लिया। सार्वजनिक जीवन और सरकारी काम काज के लिए उस लिपि से सन्तुष्ट न होकर एक विदेश लिपि में इस देश की लिपि में समान स्थान देने की मांग पृथक राष्ट्रीयता और संस्कृति की भावना के अतिरिक्त क्या समझी जा सकती है। उर्दू शैली की फारसी लिपि से जोड़कर, उसे पृथक भाषा बनाने और उसे अपनी मादरी जबान का दावा वही लोग कर सकते हैं जो इस देश की राष्ट्रीयता और राष्ट्रीय भाषा से पृथक रहना चाहते

हैं। उर्दू को फारसी लिपि का आधार देकर पृथक भाषा बनाया जा सकता है। तो वह केवल पाकिस्तान की और पाकिस्तानी मनोवृत्ति की ही भाषा हो सकती है।

उर्दू की फारसी लिपि से जोड़ और उसे हिन्दी से पृथक भाषा मानकर उत्तर प्रदेश में उर्दू की हिन्दी के समान सरकारी भाषा स्वीकार कराने का आन्दोलन १९५५ के चुनावों से पूर्व अंजुमन-सरकारी-ए-उर्दू-ए -हिन्द के नेतृत्व में उठाया गया था। उस समय मुसलमानों के वोट पा सकने के लाभ में उत्तर प्रदेश की कम्यूनिस्ट पार्टी साम्प्रदायिकता से दूर रहने या दावा करते हुए भी उर्दू को हिन्दी के समान इस राज्य की सरकारी भाषा स्वीकार किये जाने का समर्थन कर रही थी। अंजुमन तरक्की-ए-उर्दू-ए-हिन्द की मांग के पक्ष में कम्यूनिस्ट पार्टी का तर्क था कि उर्दू इस राज्य के अल्पसंख्यक मुसलमानों का साम्प्रदायिक अधिकार है। यदि युनाइटिड उर्दू फ्रन्ट भी अल्पसंख्यक मुसलमानों के साम्प्रदायिक अधिकार के नाम पर उर्दू के लिए : फारसी लिपि की : अपील करे तो जनतन्त्र के समर्थक जरूर यह स्वीकार करेंगे कि मुसलमानों की साम्प्रदायिक भावना की तुष्टि के लिए उन्हें अरबी और फारसी लिपि के अध्ययन और उपयोग की स्वतन्त्रता और सुविधा होनी चाहिए। यदि कुछ लोग फारसी और अरबी लिपि से साम्प्रदायिक और सांस्कृतिक लगाव के कारण अपने रोज-मर्रा के जीवन में अथवा साहित्यिक प्रयोजन के लिए भी फारसी लिपित का उपयोग करना चाहते हैं तो इसकी भी स्वतन्त्रता होनी चाहिए। यदि इस माध्यम से हमारे साहित्य का कुछ विकास हो सकता है तो उसका भी स्वागत किया जाना चाहिए। इस बात से इनकार नहीं किया जा सकता है कि भारत सरकार, पंजाब सरकार और उत्तर प्रदेश की सरकार भी उर्दू के माध्यम से साहित्यिक विकास के लिए न केवल पूरा अवसर दे रही है बल्कि पुरस्कार और अनुदान द्वारा उसे प्रोत्साहन भी दे रही है। अभिप्राय है कि जनतन्त्रवादी लोग उर्दू शैली और फारसी लिपि पर भी किसी प्रकार का बन्धन उचित नहीं समझेंगे परन्तु इसका अर्थ यह नहीं है कि फारसी लिपि को सार्वजनिक क्षेत्रों और सरकारी काम-काज के लिए हिन्दी के समान स्थान देने की मांग का समर्थन किया जा सकता है अथवा ऐसे आन्दोलन की ललकारों को सहा जा सकता है। फारसी लिपित को इस देश में सार्वजनिक और सरकारी काम-काज में, शिक्षा संस्थाओं में, अदालतों और दफ्तरों, रेलवे, म्युनिस्पिल कमैटियों और चुंगी तक में हिन्दी के समान स्थान देने का अर्थ होगा, इस राज्य की सरकारी भाषा के लिए दी लिपियां स्वीकार लेना। इस राजय में सरकारी और सार्वजनिक कामकाज से जीविका चाहने वालों और ऐसे कामों से सम्पर्क रखने वालों के लिए दो लिपियां सीखने की मजबूरी कर देना जनता की विराट बहुसंख्या के लिए इस मजबूरी का कारण होगा नौ या दस प्रतिशत लोगों का साम्प्रदायिक दुराग्रह और इस अल्पसंख्या में से भी शायद दस में से आठ अपना नाम फारसी लिपि में नहीं लिख सकते। फारसी लिपि की भी राष्ट्रीय भाषा के साथ राजभाषा का स्थान देने के आग्रह को अल्पसंख्यकों के जनतन्त्रात्मक मांग नहीं कहा जा सकता। ऐसी मांग की विराट बहुमत की भावना और सुविधा को कुचलने की इच्छा ही कहा जायेगा।

विस्मय है कि बहुमत के दमन के लिए दुराग्रह जनतन्त्रात्मक अधिकारों के नाम पर किया जा रहा है और दुःख है उन लोगों की अदूरदर्शिता पर जो राजनैतिक अवसरवाद से

ऐसे दुराग्रहों का समर्थन करने लगते हैं। युनाइटिड उर्दू फ्रन्ट के तर्काज को व्यर्थ असंगत और राष्ट्रीय तथा जनतन्त्र की भावना के विरुद्ध समझकर यह विश्वास कर लेना कि ऐसे तर्काज सफल नहीं हो सकते उनके आन्दोलन की उपेक्षा से ही सन्तुष्ट हो जाना उचित नहीं। हमारी जनता इस प्रकार की साम्प्रदायिक दुराग्रह की अराष्ट्रीय और जनतन्त्र विरोधी भावनाओं की उत्तेजना ओर संगठन के प्रभावों के परिणाम देख चुकी है।

युनाइटिड उर्दू फ्रन्ट आज फिर उसी भावना से डाइरेक्ट एक्शन की धमकी दे रहा है। भारत की एक राष्ट्रीयता में आस्था रखने वाले सभी जनतन्त्रवादियों का यह कर्त्तव्य है कि ऐसी भावना और धमकी के प्रति सतर्क रहें और जी-जान से उसका विरोध करें।

●

बंग प्रादेशिक हिन्दी साहित्य सम्मेलन

उपस्थित महिलाओं और सज्ज़नो,

बंगाल प्रान्त का यह पहला हिन्दी साहित्य सम्मेलन इतनी सफलता पूर्वक करने के लिए एक हिन्दी लेखक के नाते मैं आपको बधाई देता हूँ। हम सबको आशा करनी चाहिए कि बंगला के समृद्ध और विकसित साहित्य से हिन्दी का घनिष्ट सम्बन्ध होने पर बंगाल और हिन्दी दोनों साहित्यों के विकास में परस्पर सहायता मिलेगी।

आज यहाँ हम लोग अपने साहित्य के कहानी-भाग पर विचार करने के लिए एकत्र हुए हैं। कहानी संभवतः आदिकाल से ही साहित्य का प्रधान अंश बनी रही। इसलिए उस पर विचार करना स्वाभाविक भी है और आवश्यर्क भी।

साहित्य का प्रधान अंश होने के नाते कहानी के रूप, गुण और प्रयोजन वही होंगे; जो साहित्य के समझे जाते हैं। हमारे प्राचीन साहित्य-ग्रन्थों में साहित्य की व्याख्या और परिभाषा यह की गई है कि वह हितकारी हो। साहित्य समाज की वस्तु है और साहित्य के हितकर होने का अर्थ है, वह समाज के लिए हितकर हो। साहित्य मानसिक रूप से रस प्राप्ति का साधन है। साहित्य द्वारा रस-प्राप्ति में रस के ग्राह और अग्राह्य होने की कसौटी है—उसका समाज के लिए हितकर होना। साहित्य का प्रधान अंग कहानी भी साहित्य की इस व्याख्या और परिभाषा से मुक्त नहीं हो सकती; अर्थात् कहानी मानसिक रूप से रस-प्राप्ति का साधन तो है; परन्तु कहानी को समाज के लिए हितकर और कल्याणकारी भी होना चाहिए।

सिद्धान्तों और पम्परागत मन्तव्यों की लम्बी-चौड़ी बहस में न पड़कर कहानी के विषय में अपने आजकल के समाज के पाठक का मत जान लेना ही हमारे लिए यथेष्ट है। हमारा पाठक अनेक समय के कहानी-साहित्यों की तुलना करके देखता है कि भिन्न-भिन्न देशों और समर्थों का कहानी-साहित्य भिन्न-भिन्न रूपों का रहा है। कहानी के इन भिन्न-भ्ज्ञिन्न रूपों में भी एक समता सदा मौजूद रहती है। वह समता है प्रत्येक देश और काल में कहानी-साहित्य का अपने समाज के अनुरूप होना; अथवा अपने समाज की प्रतिच्छाया होता है। इसीलिए कहानी को समाज का दर्पण कहा जाता है। इस दर्पण में जिस प्रकार के समाज की छाया पड़ती है, उसी प्रकार का प्रतिबिम्ब दिखाई देता है। कहानी पद्यात्मक और गद्यात्मक भी हो सकती है। और कहानी को रङ्गमञ्च पर दोहराने के लिए उसे नाटक का रूप भी दिया जा सकता है। यहाँ हम कहानी को उसके व्य।पक रूप में ले रहे हैं। कहानी के दर्पण को जब कालिदास उठाते हैं, तब उसमें प्राचीन भारत के रथों पर आरूढ़ राजा दिखाई देते हैं जो तपोवन में तप करते तपस्वियों की दुष्टों से रक्षा करते हैं और अनेक

सुमुखि नारियों से भोग कर सकने की व्यवस्था को सम्भव बना सकते हैं। वे संतुष्ट एक सत्तात्मक राज की राजनैतिक और आर्थिक व्यवस्था का प्रतिबिम्ब हमें दिखाते हैं, जिसमें उत्पादन के लिए श्रम करनेवाली श्रेणी उत्पादन के साधन के मालिकों कि पूर्णतः वश में है। इस समाज की स्त्री श्रम और भोग का साधन है। राजा की इच्छा ही देश का नियम है। राजा के मन में किसी इच्छा का उत्पन्न होना ही उस अच्छा के उचित और न्याय-सम्मत होने का प्रमाण है।

कहानी के इस दर्पण को जब चन्द्र बरदाई उठाते हैं तो उसमें मध्यकालीन सामन्तों को परस्पर संघर्ष से एक व्यापक राजनैतिक संगठन में बँधता हुआ देखते हैं, जिसमें पेशेवर योद्धओं और सेनाओं का विकास हो चुका है। इस समाज में स्त्री व्यक्तिगत सम्पत्ति है, जिसके लिए छीनाझपटी और लूटमार होती है। शेक्सपियर जब इस दर्पण का प्रयोग करते हैं तो उसमें हम समाज को व्यापारिक विकास से मध्ययुग के भूमिपतियों के शासन से निकल व्यवसायी वर्ग के शासन में आता हुआ देखते हैं, जिसमें प्रजा शासकों के न्याय के औचित्व और अनौचित्य पर शंका करने लगती है। शासन के अधिकार और अवसर प्रजा के सम्पत्तिशाली अंगों के हाथ में आने लगते हैं। इस परम्परा में काफी दूर जाकर इस देश में ब्रिटिश शासन कायम हो जाने के बाद आरम्भिक काल का जो कुछ भी कहानी-साहित्य हमें मिलता है, उसमें हम अधिकांश में राजमहलों और तपोवनों के प्रतिबिम्ब नहीं; बल्कि सौदागारों, सरायों के चित्र देखते हैं। फिर भारतेन्दु और प्रेमचन्द कहानी के दर्पण में हमें जो प्रतिबिम्ब दिखाते हैं, वह पहले देखे हुए प्रतिबिम्बों से कितने भिन्न हैं, यह तो हम सब की जानी-पहचानी बात है।

कहानी-साहित्य समाज का दर्पण है, यह बात तो निर्विवाद मान ली जाती है। परन्तु दर्पण का कुछ उपयोग और प्रयोजन भी होता है। व्यक्तिगत रूप से दर्पण का जो प्रयोजन और उपयोग होता है, सामाजिक रूप से भी दर्पण का वैसा ही प्रयोग और प्रयोजन होना चाहिए। दर्पण में अपना प्रतिबिम्ब देख पाने पर हम भावशून्य, निरपेक्ष या तटस्थ नहीं रह सकते। यदि हम अपने प्रतिबिम्ब को स्वस्थ अथवा सुश्री देखते हैं, तो हमें संतोष होता है। जैसे कि कालिदास को अपने साहित्य में अपनी स्वामी-श्रेणी की निरंकुश शक्ति देखकर होता था। दर्पण में हम अपने चेहरे पर कोई भी विकृति या अव्यवस्था देखते हैं, तो हमारा हाथ उसका उपाय करने के लिए उठे बिना नहीं रह सकता। दर्पण में अपना प्रतिबिम्ब देखने का प्रयोजन निश्चेष्ट और निष्क्रिय रह जाना कभी नहीं हो सकता। इसलिए समाज का कहानी रूपी दर्पण तैयार करने का प्रयोजन समाज को सुधारना ही है। कहानी समाज का दर्पण है और उसके सुधार का समाज है।

कहानी के दर्पण में समाज का प्रतिबिम्ब प्रकट करके जब उसे सुधारने का प्रश्न आता है, तो समाज की सुव्यवस्था और उन्नति के सम्बन्ध में आदर्शों का प्रश्न भी आ जाता है। ठीक वैसे ही जैसे दर्पण में अपना प्रतिबिम्ब देखने पर यदि हमें अपने माथे पर कोई चीज़ लगी हुई दिखाई दे या किसी चीज़ का अभाव दिखाईं दे, तो हम स्वतः सोचने लगते हैं कि इस चीज़ का हमारे माथे पर लगे रहना उचित है या अनुचित। उदाहरणतः माथे पर यदि दीवार से रगड़ कर चूना लग गया दिखाई दे, तो उसे दूर कर दिया जायगा। यदि चन्दन

लगा दिखाई दे तो उसे रहने दिया जायगा। यदि किसी युवती को अपने माथे पर लाल बिन्दी का अभाव दिखाई दे, तो वह उसे तुरन्त लगाने की चेष्टा करेगी या बिन्दी फैल गई दिखाई दे तो उसे सँवारने का यत्न करेगी। मनुष्य के चेहरे के सम्बन्ध में यह छोटी-छोटी बातें मान्यताओं या आदर्शों के रूप में हमारे विश्वासों में चली आती हैं और कभी-कभी यह बदल भी जाती है। इसी प्रकार कहानी के दर्पण में समाज की अवस्था, उसके क्रिया-कलाप और व्यवस्था को दिखाने और देखने का प्रयोजन यही होता है कि समाज में आदर्शों के अनुसार अव्यवस्था को दूर करने और सुव्यास्था लाने का प्रयत्न किया जाय।

कहानी-साहित्य समाज का प्रतिबिम्ब है। समाज के बिना समाज की कहानी की कल्पना नहीं की जा सकती; परन्तु समाज की कहानी से एक स्वतन्त्र सत्ता है। किसी भी समाज की कहानी उस सामाजिक व्यवस्था का चित्रण और प्रतिपादन होती है और समाज में उत्पन्न हो जानेवाली विषमताओं का भी दिग्दर्शन कहानी-साहित्य में रहता है। इन विषमताओं के उल्लेख का प्रयोजन होता है विषमताओं का समाधान ढूँढ़ना। समाज की विषमाताओं को हम अपने आदर्शों से परखते और तोलते हैं और इन विषमताओं के समाधान भी हम अपने आदर्शों के अनुरूप ही सोच सकते हैं। कहानी वास्तव में समाज के आदर्शों का ही ऐसा प्रतिबिम्ब है जो इन आदर्शों की व्यवस्था और विश्लेषण करता है और कभी-कभी आदर्शों के परिवर्तन की भी आवश्यकता हम अनुभव करने लगते हैं।

हमारे वैयक्तिक और सामाजिक जीवन में आदर्शों का बहुत महत्त्व है। उतना ही महत्त्व जैसा कि मकान बनाने के समय एक नक्शे का होता है। इस उपमा से एक भ्रान्ति भी पैदा हो सकती है। यह भ्रान्ति यह है कि सामाजिक वास्तविकताएँ आदर्शों को जन्म देती हैं अथवा आदर्श सामाजिक वास्तविकताओं को निश्चित करते हैं। इस प्रश्न को यों ही रखा जा सकता है कि समाज के जीवन से समाज की विचारधारा का जन्म होता है अथवा समाज के विचारों के अनुसार उसका निर्माण होता है। यह प्रश्न कुछ अध्यात्मिक तर्क का रूप लेता जान पड़ता है; क्योंकि इसका अर्थ यह भी समझा जा सकता है कि चेतना का विकास पहले होता है अथवा शरीर और समाज का। इस समय हम आध्यात्मिक दृष्टिकोण से तर्क नहीं कर रहे हैं, कहानी और समाज के जीवन की बात कर रहे हैं। हम इस ऐतिहासिक सत्य पर भरोसा कर सकते हैं कि समाज जैसी अवस्थाओं और परिस्थितियों में रहा है, उसीके अनुसार उसके आदर्श और विचार बनते हैं और बदलते रहे हैं। प्रत्येक समाज अपनी ही परिस्थितियों के अनुसार अपनी कहानी लिखकर अपने विचारों और आदर्शों को प्रकट करता रहा है। उदाहरणतः अफ्रीका के जंगली समाज की कहानी में विचारों और आदर्शों का कोई साम्य नहीं हो सकता। कालिदास द्वारा प्रतिबिम्बित समाज की कहानी में दासों के विद्रोह और मुक्ति के आन्दोलन के प्रतिबिम्ब नहीं देखे जा सकते। या वेदव्यास द्वारा प्रतिबिम्बित कहानी में पुरुषों के समान अधिकारों की मांग करनेवाली स्त्रियों के प्रतिबिम्ब नहीं देखे जा सकते। कालिदास और वेदव्यास के कहानी साहित्य में हम न तो जमींदारी उन्मूलन, न मिलों के राष्ट्रीयकरण और न तलाक के औचित्य-अनौचित्य पर बहस पा सकते हैं। इसका कारण सीधा है कि इन प्रश्नों को जनम देनेवाली परिस्थितियाँ उनके समाज में मौजूद न थीं। आज के हमारे कहानी-साहित्य में इस प्रकार के चित्रों का मिलना क्या हम अपने प्राचीन आदर्श से उन्मुख हो जाना और पतित हो जाना समझेंगे?

भिन्न-भिन्न समयों में अंकित किये गये समाज के भिन्न-भिन्न चित्र अपने-अपने समय के समाज के निर्वाह के ढंग के कारण पैदा हो जाने वाली समस्याओं, परिस्थितियों, और आदर्शों के चित्र हैं। इसके अतिरिक्त ये चित्र इस बात का भी संकेत करते हैं कि इस प्रकार के समाज का विकास भविष्य में किस ओर होना संभव है। अर्थात् ये नये आदर्शों और विचारों की उत्पत्ति का भी संकेत करते चले जाते हैं। बल्कि नवीन आदर्शों की कल्पना और खोज ही कहानी का मुख्य प्रयोजन है; ठीक उसीप्रकार जैसे पुराने ढंग के मकानों में रहने का अनुभव पाकर हम नये ढंग के मकानों के नक्शे-बनाने लगते हैं।

यदि कहानी-साहित्य को हम समाज के कल्याण और हित का साधन बनाना चाहते हैं तो हम समाज की प्रकृति और गुणों से निरपेक्ष नहीं रह सकते। सजीव समाज का सबसे बड़ा गुण उसकी गतिशीलता और परिवर्तनशीलता है। समाज के जीवन-निर्वाह के साधन और ढंग बदलने से या परिस्थितियों में परिवर्तन आ जाने से व्यवस्था में परिवर्तन की आवश्यकता अनिर्वाय रूप से होती है। किसी भी अवस्था की रक्षा या परिवर्तन की चेष्टा एक नये आदर्श को जन्म देती है। इन आदर्शों की रक्षा और नये आदर्शों का निर्माण ही साहित्य का प्रधान लक्ष्य है। आदर्शों का उपयोग समाज के लिए होता है। समाज के अभाव में आदर्शों की कल्पना नहीं की जा सकती! समाज के आगे बढ़ जाने पर जो आदर्श अव्यवहार्य हो जाते हैं समाज उन्हें बदल देता है। जैसे कि हमारे समाज ने स्त्रियों, शूद्रों और दासों के सम्बन्ध में मनु महाराज द्वारा प्रतिपादित आदर्शों को बदल लिया है। हम दुष्यन्त या राजा हरिश्चन्द्र बनने की कल्पना भी नहीं करना चाहते। उसे असम्भव समझते हैं!

कहा जा सकता है कि यदि साहित्य का प्रधान लक्ष्य आदर्शों की रक्षा और निर्माण ही है तो साहित्य में और समाज की नैतिकता और न्याय की स्थापना करनेवाले विधि-निषेध के ग्रन्थों में क्या अन्तर है? यह अन्तर बड़ा गहरा है। समाज के विधि-निषेध के ग्रंथ अथवा स्वीकृत नैतिकता की धारणाएँ और मान्यताएँ समय विशेष में समाज की आर्थिक पद्धति द्वारा स्वीकृत आदर्शों को ही लागू करती हैं। इन आदर्शों के विश्लेषण और विकास का काम समाज की विधि-निषेध की धारणाएँ और ग्रन्थ नहीं कर सकते। विधि-निषेध तर्क पर नहीं चलते उदाहरणतः मनुस्मृति और भारतीय दंड-विधान जिन नियमों और आदर्शों का प्रतिपादन करते हैं, उन्हें कठोरता से लागू करने की व्यवस्था मात्र लागू करते हैं, उनकी परिवर्तनशीलता को स्वीकार नहीं करते, न परिवर्तन के सुझाव ही रखते हैं। साहित्य और विशेष कर कहानी-साहित्य प्रधानतः तर्क का आश्रय लेता है और उसका काम विश्लेषण द्वारा समाज की मान्यताओं का प्रतिपादन करना और उनमें विषमता देखकर विकासके लिए दिशा ढूँढ़ना रहता है। वह विधि-निषेध और नैतिकता को मान्यता देने वाले साहित्य से बहुत आगे-आगे चलता है। वह समाज में आवश्यक परिवर्तन के लिए चेतना उत्पन्न करता है।

हमारे समाज की नैतिकता और आदर्शों का मूल प्रयोजन समाज में मुख्यवस्था बनाये रखना है और उनका मूल आधार समाज का आर्थिक ढाँचा है। आर्थिक ढाँचे से अभिप्राय है, समाज के व्यक्तियों के वे पास्परिक संबन्ध जिनके आधार पर समाज अपने जीवन के लिए आवश्यक वस्तुओं को पैदा करते हैं और परस्पर सांमाजिक संबन्धों से आवश्यक वस्तुओं को पैदा करके उपयोग के लिए उनका बँटवारा करते हैं। ऐसे संबन्धों की रक्षा को ही हम अहिंसा, नैतिकता और न्याय का नाम देते हैं। हमारे समाज की कहानी इस बात का

निर्विवाद प्रमाण है कि अपने जीवन के लिए आवश्यक वस्तुएँ पैदा करने में मनुष्य के साधन और पारम्परिक संबंध बदलते-बदलते आज बहुत बदल गये हैं। इन साधनों के बदल जाने के अनुपात में ही समाज का रूप और व्यक्तियों के जीवन का ढंग भी बदल गया है। ज्यों-ज्यों व्यक्तियों के जीवन का ढंग, उनका अनुभव और उनका ज्ञान बदलता गया उनके विचार और कल्पना के रूप और सीमायें भी बदलती गईं और उनकी सामाजिक, आर्थिक और राजनैतिक व्यवस्था भी बदल गई। आज के समाज में दो पत्नियाँ रखने वाला व्यक्ति हास्यास्पद समझा जायगा। परन्तु महाराज दुष्यंत के सम्मुख इस बात पर हँसने वाला व्यक्ति हास्यास्पद समझा जाता। आज हम अपने देश के सभी नगरों में विश्वशांति के आन्दोलन चलते देख रहे हैं। परन्तु महाराज रघु, अलाउद्दीन खिलजी और पृथ्वीराज चौहान के समय में प्रजा इस बात की कल्पना नहीं कर सकती थी कि शान्ति और युद्ध के सम्बन्ध्या में निर्णय करने के लिए प्रजा का भी कोई महत्व या कोई अधिकार हो सकता है। उस समय अलाउद्दीन खिलजी के यह निश्चय कर लेने पर कि पद्मिनी उसके हरम की जीनत बढ़ाए या भीष्म पितामह के यह निश्चय कर लेने पर वे कि अपने भाइयों के लिए अंबा, अंबिका और अंबालिका का अपहरण करेंगे, प्रजा इस विषय में आपत्ति करने की कल्पना नहीं कर सकती थी। परन्तु इस युग में ब्रिटिश साम्राज्य के सम्राट, ऐडवर्ड आठवें को भी अपने विवाह के सम्बन्ध में प्रजा का निर्णय स्वीकार न करने पर गद्दी छोड़ देने के लिए विवश हो जाना पड़ा। आज के रामराज्य में जिन शंबूकों पर राजक्रोध की तलवार गिरती है, वे म्यान की दुहाई दिए बिना नहीं मानते। परन्तु बाल्मीकि के रामराज्य में इस प्रकार की न्याय की दुहाई की कल्पना नहीं की जा सकती। भिन्न-भिन्न समयों में समाज की ये नैतिकता और भिन्न-भिन्न कहानियाँ समाज में नयासंबंधी आदर्शों के परिवर्तन की कहानियाँ ही तो हैं।

कहानी लेखक का मुख्य कर्त्तव्य है समाज की बदली हुई आवश्यकता के अनुकूल आदर्शों के लिए भूमिका तैयार करते रहना। हमारे समाज का कहानी लेखक आज जब अपने इस कर्त्तव्य को पूरा करने के लिए समाज में अव्यवस्था और विषमता की ओर निर्देश करके परिवर्तन के लिए चेतना को जागृत करता है तो उस पर लांछन लगाया जाता है कि वह साहित्य को राजनीतिक और आर्थिक उद्देश्यों का साधन बनाकर प्रचार में साहित्य के शुद्ध रस को गँदला बना रहा है। परन्तु सभी साहित्यिकों ने अपने-अपने समय अपनी-अपनी कहानियों में अपने समय की आर्थिक और राजनैतिक व्यवस्था को व्यक्त किया है या उसका ही प्रचार किया है। कवि कालिदास के रघुवंश में उनके समय की राजनैतिक व्यवस्था का प्रतिपादन नहीं तो क्या है? सावित्री और सत्यवान की कथा पतिव्रत धर्म का प्रतिपादन नहीं तो क्या है? सत्यहरिश्चन्द्र की कथा दास-धर्म के महात्म्य की कथा नहीं तो क्या है? और अभिज्ञान शाकुन्तल गृहस्थ में पुरुष के आधिपत्य और स्त्री के दैन्य की स्तुति नहीं तो क्या है? आज के कहानी लेखक से दास-धर्म और एक सत्तात्मक राजनीतिक व्यवस्था के प्रतिपादन की आशा कोई नहीं करता क्योंकि आज का समाज इन चीजों को क्रियात्मक नहीं समझता। परन्तु व्यक्तिगत सम्पत्ति की रक्षा का प्रतिपादन और उसे महत्व देने की आशा आज के कहानी लेखक से की जाती है। जब वह इस प्रकार की कहानियाँ लिखता है तो उसकी कहानियों को सुरुचिपूर्ण और शिक्षाप्रद कहा जाता है। परन्तु जब आज लेखक देश में मौजूद पूँजीवादी आर्थिक पद्धति और पूँजीवादी प्रजातन्त्र से आगे बढ़ कर नैतिकता को

सामाजिक रूप देने की बात करता है अथवा जीवन में सब के लिए समान अवसर कीबात करता है तब उस पर कहानी और साहित्य को राजनीतिक उद्देश्य का साधन बनाने का लांछन लगाया जाता है। यूँ तो साहित्य यदि समाज के हित का साधन है तो वह समाज के आर्थिक और राजनैतिक समस्याओं से न कभी पृथक् रहा है न रह सकेगा। साहित्य को राजनैतिकता का दोष कभी दिया जाता है तब वह मौजूदा व्यवस्था का समर्थन न करके उसमें दोष दिखाता है और परिवर्तन के लिए चेतना पैदा करता है। यही बात आर्थिक व्यवस्था के सम्बन्ध में है। अंग्रेजी राज में जो कवि और लेखक अंग्रेजी राज की बरकतों के गुण गाते थे उन पर राजनैतिकता का दोषारोपण नहीं किया गया। लेकिन जिन्होंने उस व्यवस्था के प्रति असंतोष प्रकट किया, उनपर राजनैतिकता और विद्रोह का दोषारोपण जरूर किया गया। वही बात आज भी हमारे समाज में हो रही है। परम्परागत आर्थिक समन्बन्धों को कायम रखने श्रेणी सहयोग की बात जो साहित्यिक या कहानी लेखक कहता है, उसे समाज की व्यवस्था की मालिक रेणी शान्ति और अहिंसा के रक्षक होने का श्रेय दे देती है, परन्तु जो साहित्यिक और कहानी लेखक आदर्शों में परिवर्तन की बात कहता है, उस पर प्रचार का दोष लगाया जाता है। परन्तु इंमानदार साहित्यिक समाज के हित के प्रति अपने कर्त्तव्य को निभाने के लिए परिवर्तन के लिए चेतना की पुकार उठाने के लिए बाध्य हैं।

साहित्यिक और कहानी लेखक परिवर्तन के लिए चेतना की पुकार उठाने के लिए इसलिए बाध्य है कि वह प्राचीन व्यवस्था के आधार पर बने आदर्शों को भौतिक प्रगति के मार्ग पर बढ़ते हुए समाज के पैरों में उलझता देखता है। उदाहरण के तौरपर समाज के जीवन की रक्षा करने वाले पैदावार के साधनों के स्वामित्व के सम्बन्ध में उठनेवाली समस्या को ही ले लीजिए। जिस समय समाज ने पैदावार के संबंधों पर एक व्यक्ति के अधिकार को स्वीकार किया था उस समय व्यक्ति पैदावार अपने और परिवार के उपयोग के लिए करता था। उस समय पैदावार के इन साधनों का उपयोग आदमी अकेला कर सकता था। आज न तो पैदावार के साधनों—बड़ी-बड़ी मिलों, खानों और रेलों का उपयोग परिवार की आवश्यकता पूर्ति के लिए चलाता है। आज इन चीजों से पैदावार सम्पूर्ण समाज को लक्ष्य बनाकर की जाती है और उसका उपयोग व्यक्तिगत रूप से नहीं बल्कि सामूहिक रूप से होता है। उस समय पैदावार के साधनों का मालिक जिन मनुष्यों के श्रम का उपयोग करता था वे उसके दास होते थे। तत्कालीन समाज में मालिक और दास, स्वामी और सेवक के सम्बन्ध का आदर्श यह था कि दास और नौकर अपने स्वामी के हित के लिए अपने प्राण दे दें और मालिक अपने दासों और नौकरों को अपनी संतान के समान समझे।

दासों और नौकरों को अपनी संतान के समान समझने के आदर्श को हमारे समाज में बड़े-बड़े पैदावार के साधनों के मालिक आज कहाँ तक पूरा कर सकते हैं। कोई भी व्यक्ति अपने जीवन की अपेक्षा अपनी संतान के जीवन को अधिक महत्व देता है। यह बात क्या आज मालिक और मजदूर के सम्बन्धों में सत्य और संम्भव है? आज का कहानी लेखक समाज के इस अन्तर्विरोध को प्रकट करता है जो समाज की सम्पूर्ण आर्थिक और राजनैतिक अवधारणा का मेरुदण्ड है। ऐसे लेखक की बात आज प्रचार इसलिएण जान पड़ती है कि वह हमारी परंपरागत मान्यताओं से भिन्न है। हमें ऐसी बातों पर मनन करने का मानसिक अभ्यास नहीं है। आज का लेखक ऐसी बातें कहता है जो पहले कभी नहीं कही गई परन्तु

हम यह क्यों भुल जाते हैं कि आज समाज के सामने ऐसी समस्यायें हैं जो पहले कभी नहीं आई! कहानी लेखक की एक कठिनाई याद रखना आवश्यक है—किसी विद्वान की वह बात—इतिहास में नामों और तारीखों को छोड़कर सब झूठ होता है और कहानी में नामों और तारीखों को छोड़कर सब सत्य होता है।

आज के कहानी लेखक पर लगाये जानेवाले प्रचार के दोष की इतनी सफाई दे देने के बाद कहानी लेखकों की आपसी बातचीत में यह कह देना अप्रासंगिक नहीं होगा कि कहानी लिखने के हमारे उद्देश्य चाहे कितने ही स्तुत्य क्यों न हों, यदि हम पाठक को अपने ऊपर प्रचारक का दोष लगाने का अवसर देते हैं, तो हम कहानी लेखक की कला की निर्बलता है। यह बात तो ठीक है कि आज के कहानी लेखक के लिए कहानी लिखना अपने पूर्वज कहानी लेखकों की अपेक्षा कठिन है। परन्तु फिर भी कहानी लेखक की कला ही उसका मुख्य साधन है। इस साधन प्रभवा कहा है कि प्रति उपेक्षा हमारे कहानी लिखने के उद्देश्य की पूर्ति में सहायक नहीं हो सकती बल्कि बाधक ही होगी। कोई भी कलाकार अपने कला के साधन की उपेक्षा नहीं कर सकता। यदि हमारे उद्देश्य की अभिव्यक्ति कहानी को अरुचिकर बना देती है, तो यह हमारे उद्देश्य की त्रुटि नहीं बल्कि हमारी कला की त्रुटि है। या कलाकार अपने उद्देश्य को अपनी भावनाओं और कल्पना में आत्मसात नहीं कर पाया है। पाठक न्यायाधीश की कुर्सी पर बैठ कर हमारी कहानी पर निर्णय देता है। यदि उसे हमारी कहानी की वास्तविकता और सचाई पर विश्वास नहीं होता तो वह उससे प्रेरणा ग्रहण नहीं कर सकता। हम अपने उद्देश्य के वकील हैं और अपने उद्देश्य के प्रति कर्तव्य को निबाहने के लिए हमारी कला हमारा साधन है। इस कला में पूर्णता प्राप्त करने में हम जितना भी यत्न करें वह अनुपयोगी नहीं हो सकता।

(मार्च १९५१)

•

इस बार मास्को में देखा-सुना

लखनऊ-दिल्ली में अप्रैल के आरम्भ से केवल सूती कमीज या बुशशर्ट से निर्वाह लायक मौसम हो जाता है। जानता था, मास्कों में अभी काफी सर्दी होगी। ४ अप्रैल प्रातः "पालम"८ हवाई अड्डे की ओर जाते समय गरम सूट पहन कर बांह पर ओवर कोट भी ले लिया था। यान के आकाश में उठने से पूर्व गरमी लग रही थी, परन्तु ऊपर जाने पर सूट असुविधा का कारण नहीं रहा। "जेट" यान पालम से ७-२० पर उड़ा और २ बजे के लगभग मास्कों के हवाई अड्डे पर उतर गया। वहां उस समय हल्की-हल्की बरफ पड़ रही थी। सोवियत लेखक संघ के भारतीय विभाग की कार्यकर्त्री मीरा सलगानिक हिन्दी-उर्दू अच्छे उच्चारण से और बामुहाविरा बोल लेती हैं। उनकी सहायता से हवाई अड्डे पर जांच-पड़ताल में तीन मिनट भी न लगे। हवाई अड्डे से नगर तक सब कुछ बरफ से ढंका हुआ था। नगर भी बरफानी फुहारों के कुहासे में अंधता सा जान पडत्रता था। मार्गो में सब और कालेभूरे ओवर कोट।

गाड़ी होटल के सामने रुकी। मैने ड्योढ़ी पर लिखे अक्षर पढ़े—"पीकिंग होटल" मीरा बोली—"नाम आपको नहीं सुहायेगा। हमीं को कौन अच्छा लगता है। किसी दूसरे अच्छे होटल में कमरा नहीं मिला। इस मरे होटल के कमरे बहुत अच्छे हैं और खाना भी। नाम से क्या लेन्ना-देना है।

स्वीकार किया—चीन के नाम से कोई चिढ़ नहीं है। उनकी सरकार की नीति से है। कुछ चीनी खाने तो वास्तव में ही मजेदार होते हैं।

भारत से चलते समय वृद्धा माता का स्वास्थ्य अच्छा नहीं था। अन्य कुद काम भी अधूरे छोड़कर चिकित्सा के लिए मजबूरी से मास्कों गया था। विचार था शीघ्र लखनऊ लौट सकूँ। दूसरे दिन प्रातः से ही डाक्टरों से परामर्श के लिए क्लिनिक्स के चक्कर आरम्भ कर दिये। डाक्टरों ने एक मात्र उपचार "आपरेशन" बताया। १४ अप्रैल की क्रेमिनल अस्पताल की एक शाखा में भरती हो गया। यह अस्पताल नगर के केन्द्र से अठारह किलामीटर के अन्तर पर है। प्रयोजन है, चिकित्सा के लिए शानत और स्वच्छ वातारण। अस्पताल की मुख्य इमारत आठ मंजिल की है। अन्य तीन से पांच मंजिल की हैं। मुझे सातवीं मंजिल पर ७-७१ नम्बर के कमरे में पलंग मिला। ७-७१ में तीन पलंग थे। ख़ूब खिड़की से दूर तक दृश्य दिखाई देता था। नगर की वीस-पच्चीस मंजिला इमारतें और कुछ कारखानों की चिमनियां भी। अस्पताल के बाग-बगीचे और उपवन प्रायः दो वर्गमील में फैले हुए हैं, एक झील भी है। रोगियों के विश्राम और विनोद के लिए बाग और उपवन में, झील के किनारे

बेंचें पड़ी हुई हैं। मध्य अप्रैल तक यहां सब और बरफ थी। केवल देवदार का जाति के छोटे वृक्षों पर हरियाली थी या इमारत के भीतर कांच की दीवारों से सुरक्षित और बिजली के उष्णता पाने वाले "शरत उद्यान" के गमलों में फूल और हरियावल थी। जून के आरम्भ से प्रायः सब और हरियाली और फूल दिखाई देने लगते हैं। यहां हरियाली और फूलों की अवधि केवल साढ़े चार मास ही होती है। अटूक्बर के आरम्भ में पतझड़ की भूरी-लाली और अंत तक फिर हिम की सफेदी। इसलिए मास्को वासियों में हरियावल, फूलों और गरमी के प्रति कुछ असाधरण उत्सुकता, आकर्षण और आदर होता है। मास्को के प्राकृतिक दृश्यों और मौसम के सम्बन्ध में एक रोचक बात सुनने को मिली।

मास्को के "मैत्री विश्वविद्यालय" में अनेक देशों के विद्यार्थी हैं। इन छात्रों को अढ़ाई मास का ग्रीष्मावकाश अपनी जन्मभूमि में बिता सकने का अवसर रहता है। एक अफ्रीकी छात्र अवकाश में घर गया था। परिवार के लोगों ने मास्को के मौसम के सम्बन्ध में कौतूहल प्रकट किया। विद्यार्थी ने उत्तर दिया—"बहुत सर्दी होती है।"

परिवार के लोगों ने शंका की—क्या सदा सरदी ही रहती है, कुछ अन्तर नहीं पड़ता? विद्यार्थी ने समाधान किया—"नहीं, अन्तर तो पड़ता है। चार-साढ़े चार मास हरी सर्दी होती है, वह बुरी नहीं होती। परन्तु शेष समय सफेद सर्दी असह्य होती है। अफ्रीकी लोगों के इस विचार से मास्कोवासी भारतीय सहमत नहीं होंगे। मास्को में भारतीय जुलाई-अगस्त में कुद गरमी मानने लगते है। विशेषकर इसलिए कि वहां पंखों का रिवाज़ नहीं है।

अस्पताल में अनुमान और आशा से बहुत अधिक समय लग गया। तीन सप्ताह तो निदान और अनेक प्रकार की जांच-पड़ताल में और मुझे आपरेशन के योग्य बनाने में लग गये। शरीर के अवयवों, रक्त तथा अन्य बातों का शायद ही कोई निदान होगा जो मुझे भुगतना न पड़ा हो। मेजर आपरेशन था और पूर्ण मूर्छा में किया जाना था। इस विचार से स्वयं जो-जो आशंका, तनाव और घड़कन अनुभव की हो परन्तु पीड़ा आपरेशन कक्ष में ले जाये जाने से लेकर पलंग छोड़ देने तक कभी अनुभव नहीं की। चार सप्ताह शैया पर रहा। शैया छोड़ चलने-फिरने लगने पर भी मास भर अस्पताल से छुट्टी नहीं मिली। डाक्टर, शरीर के भीतर घाव में किसी भी प्रकार का कच्चापन रहने की अवस्था में छुट्टी नहीं देना चाहते थे। जब भी डाक्टरों से संकेत किया—स्वस्थ अनुभव कर रहा हूँ, क्या अभी अस्पताल में रहना आवश्यक है? उत्तर मिला—"क्यों, क्या जल्दी है? भोजन नहीं रुचता या कोई अन्य असुविधा है?

निठल्लेपन की अनुभूति या अपने काम-काज की चिन्ता के अतिरिक्त कोई असुविधा नहीं थी। प्रातः, मध्याह्न और सन्ध्या के भोजनों की तालिका (मेनू) काफी लम्बी रहती थी। तीन-तीन, चार-चार वस्तुयें परोसी जाती थीं। दही-पनीर प्रचुर मात्रा में और मिष्ठान भी रहता था। मध्याह्न भोजन से पूर्व फल और फलों का रस भी नित्य । हमारे यहाँ आयुर्वेद में रात्रि में दही का सेवन निषिद्ध है। सोवियत के डाक्टर विस्तर पर जाने से पूर्व दही का सेवन बहुत उपयोगी बताते है। अपने अनुभव से उसे सहमत हूँ। भोजन के चुनाव में मूल्य का विचार नहीं होता। अस्पताल में भोजन-वस्त्र, जूते-मोजे, डेसिंग गाउन सभी कुछ अस्पताली होती है। मन बहलाव के लिए अस्पताल में पुस्तकालय तो हैं ही। प्रत्येक वार्ड या मंजिल पर एक बैठक सी बनी रहती है। यहां ताश, शतरंज, कैरम और डोमिनों भी रहते हैं। सन्ध्या

समय दो घण्टे टेलीविज़न भी देखा जा सकता है। सप्ताह में एक-दो बार फिल्म भी। प्रत्येक पलंग के साथ दाई या नर्स की पुकार कसने के लिए दो स्विचों के साथ ही रेडियों-हेड फोन लगे रहते हैं। जब चाहे, कमरे के दूसरे साथियों की नींद में विघ्न डाले बिना रेडियो से संगीत या अन्य कार्यक्रम सुन जा सकते हैं। स्वच्छता और व्यवस्था में बुटि ढूंढने के लिए काफी सोचना पड़ेगा।

अपने देश में डाक्टरों और नर्सों के व्यवहार के विषय में मित्रों, संबन्धियों और निजी अनुभव से भी जानता हूँ। इग्लैण्ड से नर्सों के सहानुभूतिपूर्ण और कर्त्तव्यपरायण व्यवहार की बहुत प्रशंसा सुनी थी। लंदन में तो नर्सो की कर्त्तव्यपरायणता की प्रतिष्ठा के लिए एक बहुत बड़े अस्पताल का नाम "नर्सिज हास्पिटल" रख दिया गया है। सुना, युद्ध काल में नाज़ियों ने उस अस्पताल पर भी बम फेक दिये थे। बमवर्षा से छत के खपरैल टूट-टूट कर मरीजों पर गिरने लगे तो ड्यूटी की नर्सो ने रोगियों को चोट से बचाने के लिए अपने शरीरों से ढंक दिया। इस घटना में कई नर्सो के प्राण चले गये। सोवियत की नर्से ऐसे अवसर पर क्या करेंगी अनुमान ही करना होगा। नर्सें रोगियों की मनोवस्था और भोजन में रूचि-अरूचि तक के विषय में डाक्टरों को सूचना देती रहती है। आपरेशन के पश्चात् तीन-चार दिन तो वे रोगी के पलंग से ही चिपकी रहती है। बाद में भी एक घण्टे में तीन बार बुला लेने पर भी उनका मुँह नहीं फूलता। इन नर्सो के काम का बोझ अधिक होने की शिकायत तो सुनी है परन्तु उनमें अपने काम या भविष्य के प्रति उपेक्षा और निराशा नहीं देखी। वे अपने अवकाश के समय रसायन, जीवविज्ञान आदि की कक्षाओं में जाती हैं ताकि मेडिकल कालेज में प्रवेश पा सके या अस्पतालों अथवा सैनीटोरियम में आहार विशेषज्ञ का काम कर सके। नर्सों की रूचि विदेशी भाषाओं के अध्ययन में वैसी। नर्सें चौबीस घण्टे की ड्यूटी देकर तीन दिन का अवकाश पा जाती हैं। इसके घर के काम-काज और अध्ययन के लिए सुविधा हो जाती है। यदि अस्पताल में निठल्ले पड़े रहने अथवा उदार मेहमाननवाज़ी से अनुचित लाभ उठाने का संकोच न हो, अस्पताल में रहने न रहने की इच्छा केवल डाक्टरों और नर्सों के व्यवहार पर निर्भर करे तो शायद लोग अस्पतालों में ही पड़े रहें।

चिकित्सा के सम्बन्ध में सोवियत डाक्टरों और वहां के अस्पतालों के दृष्टिकोण की चर्चा अप्रसांगिक न होगी। अस्पताल के उपवन में झील के किनारे एक जहाजी इंजीनियर से परिचय हो गया था। इंजीनियर अपने काम के सिलसिले में यूरोप-अमेरिका के पतनों में हो आये थे। अंग्रेजी सुविधा से बोल लेते थे। यह वार्ड नं. ५ में थे। उपवन में भेंट होने पर कुछ न कुछ बात हो जाती थी। एक सन्ध्या इंजीनियर द्वारा कुशलमंगल की जिज्ञासा करने पर उत्तर दिया—"आपरेशन के पश्चात विस्तर से उठे मुझे तीन सप्ताह हो चुके हैं। बिना बीच में विश्राम किये पूरा किलोमीटर चल लेता हूँ। पर आपके डाक्टर अस्पताल से छुट्टी देना ही नहीं चाहते। मेरे दो मित्र मेरे नगर के अस्पताल में यही आपरेशन करवा चुके हैं। उन लोगों के अनुभव से जानता हूँ, वहाँ ऐसे आपरेशन में सप्ताह-दो-सप्ताह से अधिक नहीं लगते । वहां तो मरीज़ के विस्तर से उठने लायक हाते ही अस्पताल से छुट्टी मिल जाती है।"

इंजीनियर ने हाथ की छडत्री धरती पर टकोर कर धीमे स्वर में उत्तर दिया—"आपरेशन के पश्चात् मुझे भी पूरा मास होने को आ रहा है। मुझे भी अभी घर जाने की अनुमति नहीं मिली है। आपके यहाँ अर्थात् पूंजीवादी देशों के अस्पतालों और डाक्टरों के और समाजवादी

देशों के डाक्टरों और अस्पतालों के दृष्टिकोण में अन्तर होना स्वाभाविक है। पूंजीवादी व्यवस्था में चिकित्सा का अवसर और सुविधा व्यक्ति की आर्थिक स्थिति और साधनों पर निर्भर करती है। डाक्टरों को ध्यान रखना पड़ता है, कोई व्यक्ति अपनी चिकित्सा पर कितना व्यय कर सकता है या कितने दिन अपनी जीविका का कार्य स्थगित रख सकता है, अथवा डाक्टर या अस्पताल रोगी से कितने धन की आशा कर सकता है। समाजवादी व्यवस्था में डाक्टर या अस्पताल के सामने यह प्रश्न नहीं होता कि व्यक्ति अपने जीवन की रक्षा अथवा स्वास्थ्य के लिए कितना व्यय कर सकता है, वह जीविका कमाये बिना कितने दिन रह सकता है! यहां यह उत्तरदायित्वत्त्व समाज का है। यहां अस्वस्थ होने पर व्यक्ति बेरोजगार नहीं हो जाता, चिकित्सा काल में उसे वेतन मिलता रहता है। स्वास्थ्य के सम्बन्ध में यहां महत्त्व व्यय का नहीं है सबसे अधिक महत्त्व है, व्यक्ति को पूर्णतः स्वस्थ बनाने का। डाक्टर इसी दृष्टि से सोचते है। वे जल्दबाजी या अनिश्चय के व्यवहार से जोखिम का अवसर नहीं जाने देना चाहते।

सोवियत में अस्पताली चिकित्सा के पश्चात् लोगों को प्रायः किसी स्वास्थ्य-वर्द्धक स्थान में दो-तीन सप्ताह विश्राम का अवसर दिया जाता है। मेरे लिए याल्टा में प्रबन्ध किया गया था। मास्को से याल्टा की दूरी दिल्ली से लंका से समान ही समझिये। सोवियत में वायुयात्रा की व्यवस्था ख़ूब विकसित हो चुकी है। मास्को में एक हवाई अड्डे विदेश यात्राओं के लिए सुरक्षित है। दूसरे दो सोवियत सीमा के भीतर की यात्राओं के लिए। यहां आठ-दस मिनिट के अंतर में यान चलते रहते हैं। हवाई यात्रा ऊचें दर्जे की रेल यात्रा से महँगी भी नहीं पड़ती। समय की बचत सोची जाये तो सस्ती रेल यात्रा से भी सस्ती लगेगी। याल्टा कृष्णसागर के उत्तरी-पश्चिमी तट की पहाड़ियों में एक पतन है। वहां के लिए वायु से या रेल से पहले सिंफ्रोपोल जाना पड़ता है। रेल से वह साठ घण्टे की यात्रा है और जेट से दो घण्टे की। सिंफ्रोपोल से याल्टा तक पहाड़ियों पर एक सौ किलामीटर लम्बी ख़ूब चौड़ी और अच्छी सड़क है। इस सड़क पर बिजली से बस चलती है। टैक्सी भी मिल जाती है और हैलीकाप्टर से भी जा सकते हैं। सडत्रक के किनारे-किनारे पूरे प्रदेश ने बगीचों और उपवन का रूप ले लिया है। खेती अधिकांश अंगूर की होती है और मुख्य उद्योग विभिन्न मद्यों का निर्माण है।

अनेक देशों की अनेक पहाड़ी नगर और समुद्री पत्तन भी देखने का अवसर मिला है परन्तु याल्टा निराला ही स्थान है। इस पत्तन की कृष्णसागर की रानी कहना अत्युक्ति नहीं है। ज़ारशाही के समय याल्टा मुख्यतः ज़ार और उसके सामन्तवर्ग का विनोद और विश्राम का स्थल था। गहरे नीले कृष्णसागर के, दृष्टि के लिए निस्सीम आंगन के किनारे-किनारे ऊँची-ऊँची चट्टानों पर उनके भव्य प्रासाद खड़े है। नगर के समीप गहरे नीले समुद्र पर बरफ की तरफ सफेद समुद्री कौवों (सी गल्स) के समूह भंडराते रहते हैं या उत्तुंग लहरों पर तैरते रहते हैं। समुद्र तट पर वने भव्य प्रासादों के पीछे छोटी पहाड़ियों के तकियों की आड़ में सम्पन्न वर्ग के लिए आवश्यक सेवक माली, धोबी, ग्वाले तथा अन्य शिल्पी रहते थे। उस समय याल्टा की यात्रा कठिन थी और यहां बस्ती संक्षिप्त थी। अब मुख्य नगर के दोनों ओर सागर तट के साथ-साथ तीस-चालीस किलोमीटर तक बस्तियां फैल गयी हैं। यह बस्तियां विभिन्न उद्योगों , सिनेमा, रेल, खजिन कार्य, सचिवालय, डाक्टर-नर्स, अध्यापकों के उपनिवेशों

(कालोनी) के रूप में है और इन व्यवसायों से सम्बन्धित लोग विनोद, विश्राम अथवा स्वास्थ्य सुधार के लिए बारी-बारी से आकर रहते हैं। इन बस्तियों की प्रायः सैनीटोरिया कहा जाता है। यहाँ छोटे-छोटे बंगलों के रूप में मकान और सौ गज लम्बी, चौमंजिला इमारतें भी हैं। यह सभी बस्तियाँ उद्यानों से घिरी हुई हैं। बस्तियों के बीच छोटे-छोटे उपवन हैं। मुख्य नगर में लोगों के निजी मकान भी हैं। ऐसे मकान किराये पर भी मिल जाते हैं। ज़ार काल की इमारतों और आधुनिक इमारतों को पहचानने में दुविधा नहीं होती।

समुद्र किनारे पत्तन के साथ की सड़क खूब चौड़ी हैं इस सड़क का कुछ अनुमान बम्बई की 'मैरीन ड्राइव' सड़क से किया जा सकता है। इस सड़क पर भी इमारतें केवल एक ओर हैं दूसरी ओर सागर फैला हुआ है। भेद यह है कि इस सड़क पर पदातियों की भीड़ के कारण मोटर, बस और ट्रक को जाने का निषेध हैं नीचे की मंजिल में दुकानों और रैस्तरों का सिलसिला है। लोग रेस्तोरां में बैठ कॉफी, बियर चुसकते या स्वप्लाहार करते सन्मुख लहरों की उछालें और उन पर श्वेत पक्षियों की किल्लीलें देखते रहते हैं। पत्तन से प्रातः छह से रात नौ तक छोटे-छोटे स्टीमर और मीटर जोट तट की सैर अथवा समुद्र की एक घंटे से तीन घंटे तक की सैर के लिए छूटते रहते हैं। किराया बहुत कम रहता है। स्वयं खे सकने के लिए छोटी-छोटी नावें और पतवार भी किराये पर मिल जाते हैं। समुद्र के किनारे जुहू की तरह रेत नहीं, छोटी चिकनी पथरी बिछी हुई है इसलिए समुद्र का जल गंदला नहीं होता। सहस्रों नर-नारी दिन भर पुरुष केवल कच्छा पहने और स्त्रियाँ केवल अंगिया-कच्छा पहने समुद्र में तैरते-नहाते रहते हैं या सूर्य की किरणें सेंकते कुछ पढ़ते या ट्रांजिस्टर लगाये ताश, शतरंज, डैमिनी खेलते रहते हैं।

जैसे हमारे यहाँ सहूलियत के लिए 'य' का उच्चारण 'ज' भी चलता है, वैसे ही सोवियत में भी। यहाँ याल्टा को जाल्टा भि लिख या बोल लेते हैं। याल्टा में जाइये तो लगता है कि पहाड़ पर हैं। बचपन में भूगोल के पाठ में पहाड़ की परिभाषा पढ़ी थी—जो स्थान समुद्र तल से दो हजार फुट या अधिक ऊँचें हों, पहाड़ कहे जाते हैं। याल्टा में ऊँचे स्थानों पर बने मकान और बस्तियाँ, उदाहरणतः लेखक संघ का विश्राम भवन, समुद्र तल से तीन-चार सौ फुट से अधिक ऊँचे न होने। यहाँ की सबसे ऊँची चोटी 'आई पैत्री' जहाँ जुलाई में भी बरफ जमी रहती है, समुद्र तल से पाँच हजार फुट ऊँची भी नहीं है। यह दर्शनीय स्थान समझा जाता है। यहाँ बस्ती नहीं है केवल एक रेस्तोरां या होटल सैलानियों के लिए है। समुद्र तट पर यहाँ मैदान नहीं केवल चौड़ी सड़क पर की जगह समतल बना ली गयी है। वहीं से सहसा चट्टाने उठ खड़ी हुई हैं और बस्ती ऊपर की ओर फैलती जाती है। इसलिए नगर को पहाड़ी ही कहना पड़ेगा। वहाँ परिचितों से बातचीत में कभी भारत के पहाड़ी स्थानों के विषय में बता देता—हमारे पहाड़ी नगर समुद्र तल से ६ से आठ-नौ हजार फुट की ऊँचाइयों पर बसे हुए हैं। नैनीताल, मसूरी, शिमला, दार्जिलिंग में आप सड़कों पर इठलाते बादलों के बीच से चल सकते हैं, बादल कमरों में भी घुसकर वस्तुओं को सीला कर देते हैं, तो उनकीं पलकें और ओंठ खुले रह जाते।

याल्टा में लेखक संघ के स्थान 'द्वौर त्वैरचस्तवा' रचना गृह में ठहरा था। सोवियत कें सभी गणतंत्रों के लेखक इस संघ के सदस्य बन सकते हैं। सभी सदस्य बारी-बारी से इस भवन में अपने लिए स्थान सुरक्षित करा सकते हैं। भोजनालय का भवन भव्य है। उसकी

नीचे की मंजिल में पुस्तकालय, बिलियर्ड रूम और फिल्म दिखाने के लिए बड़े-बड़े कमरे हैं। पियानी भी मौजूद है। भोजन स्वाद और स्वास्थ्य की दृष्टि से बहुत अच्छा रहता है। चुनाव के लिए काफी गुंजाइश रहती है। भोजन-कक्ष में मद्य और सिगरेट निषिद्ध हैं। अपने कमरे में स्वतंत्रता है। यहाँ अतिथि नियमित अवधि इक्कीस से चौबीस दिन तक ठहर सकते हैं। यहाँ से समुद्र तट पौन मील ही होगा परन्तु अतिथियों को समुद्र तट तक पहुँचाने और लौटाने के लिए संघ की अपनी छोटी-छोटी बसें भी हैं। यहाँ निवास और भोजन का व्यय नब्बे रूबल : ४५० रु. होता है। यह सोवियत में मूल्यों और मजदूरी के स्तर के विचार से अधिक नहीं। पत्र-पत्रिकाओं में प्रकाशित प्रति लेख अथवा कहानी के लिए पचास से डेढ़ सौ रूबल तक पारिश्रमिक मिल जाता है। याल्टा में लेखक अधिक ठहरना चाहे तो होटलों में निजी प्रबन्ध से ठहर सकते हैं। अच्छे होटलों में एक मास के लिए दो-ढाई सौ तक व्यय हो जाता है।

याल्टा के पत्तन से कृष्णसागर तट के अनेक सोवियत नगरों के लिए जहाज आते-जाते रहते हैं और 'डार्डेनत्स' की राह भूमध्यसागर के यूरोपीय नगरों तक भी जहाज आते-जाते हैं। समुद्र तक की बस्ती होने के कारण याल्टा समुद्र तल से चाहे जितनी कम ऊँचाई पर हो यहाँ समुद्र तट की सड़क और काफी ऊँचाई पर बनी नगर के मध्य की मुख्य सड़क के अतिरिक्त शेष सड़कों पर खूब आड़ी-तिर्छी चढ़ाइयाँ और उतराइयाँ हैं। या तो लुढ़कते हुए चलिये या हांफ जाइये। सड़कें अच्छी चौड़ी और सुथरी हैं और सभी स्थानों पर मोटरें और बसें सुविधा से पहुँच जाती हैं। सभी सड़कों और गलियों के दोनों ओर खूब ऊँचे-ऊँचे विशाल हरे खम्भों जैसे सरू वृक्ष एक दूसरे को छूते हुए, ऊँची-ऊँची हरी दीवारों की भांति खड़े हैं! समुद्र तट की सड़क पर शोभा के लिए अनेक प्रकार के ताड़ और श्रीश और गरम देशों के अन्य वृक्ष भी लगाये गये हैं। ढ़लवानों पर चीड़ और देवदार की जाति के वृक्ष भी हैं परन्तु यहाँ यह वृक्ष हिमालय और शिवालिक की घाटियों की भाँति पनप नहीं पाते।

याल्टा की विशेषता उसकी वायु है। डॉक्टर यहाँ की वायु को प्राणपोषक औषध ही मानते हैं। समुद्र वायु ओशजन की अधिकता के कारण ५९ स्वास्थ्यकर होती है परन्तु उस वायु में सीलन होती है जो फेफड़ों की निर्बलता में अच्छी नहीं होती। याल्टा समुद्री वायु तो पाता ही है परन्तु उसके पहाड़ों पर सरू और देवदार के जंगलों के प्रभाव से वायु में सीलन नहीं रह पाती और ओशजन और भी बढ़ जाती है। यहाँ भूख खूब अनुभव होती है और शरीर पर घाव लग जाने पर वह विस्मयजनक शीघ्रता से भर और सूख जाता है।

याल्टा के साथ विश्वविख्यात कथाकार एण्टन चेखब का नाम जुड़ा हुआ है। चेखब व्यवसाय से डाक्टर थे परन्तु स्वयं बहुत स्वस्थ्य नहीं रहते थे। उन्होंने याल्टा की रक्षणीयता और स्वास्थ्यकर वायु से आकर्षित होकर याल्टा में ही मकान बना लिया था। सोवियत सरकार ने इस मकान को ऐतिहासिक स्मारक और संग्रहालय के रूप में सुरक्षित कर दिया है। मकान औसत दर्जे का दोमंजिला और अच्छा है। छोटे-मोटे पाँच कमरे हैं। सामने और पार्श्व में छोटा बगीचा भी है। ड्योढ़ी के सामने वह बेंच भी मौजूद है जिस पर बैठकर चैखब और गोर्की में बातचीत होती थी। कमरों में सामान, पर्दे, फर्नीचर और उपयोग की वस्तुयें ठीक उसी अवस्था में है जैसे चेखब रहते थे। लिखने की मेज पर कलमें, दावात, पेंसिलें, चिकित्सा की आलमारी में चिकित्सा के उफारण और भोजन की मेज पर कांटे-छुरी-चम्मच-

रूमाल यथास्थान रखे हैं। भोजन के कमरे में पियानो भी है। चेखब भोजन के पश्चात् संगीत सुनना पसन्द करते थे। सब मेजों पर कांच के ढक्कन लगा दिये गये हैं। तब कुछ देखने से स्पष्ट हो जाता है कि चेखब गोर्की की तरह बेघरबार फक्कड़ नहीं थे।

सोवियत से साहित्यिक ही नहीं सर्वसाधारण भी चैखब के मकान को तीर्थ समझते हैं। मकान की दिखाने और उसका विवरण देने के लिए यहाँ दो परिचायक : गाइडः रहते हैं। दर्शकों के लिए मकान प्रातः ८ से १ तक और दोपहर बाद ३ से ६ तक खोला जाता है। दर्शकों की संस्था देखकर कुछ विस्मय हुआ। मालूम हुआ कि दर्शकों की संख्या प्रतिदिन औसतन पौने दो-दो सौ तक रहती है। हमारे यहाँ अच्छे मंदिरों में भी इतने भक्त मंगल के दिन को छोड़कर न जाते होंगे। यह मकान केवल एक साहित्यिक का स्मारक है।

याल्टा में चेखब के निवास के कारण अनेक अन्य लेखक पुश्किन, गोर्की आदि भी आते रहते थे। याल्टा के चौराहों, बागों तथा अन्य स्थानों पर अनेक मूर्तियाँ हैं। सबसे बड़ी मूर्ति तो पत्तन के समीप चौक में जरूर लेनिन की है परन्तु अन्य स्थानों पर राजनीतिक नेताओं के बजाय लेखकों चेखव, पुश्किन, गोर्की, मायकोवस्की आदि की तथा केवल कलात्मक मूर्तियाँ ही अधिक हैं। इसे सोवियत जनता की साहित्यिक और कलात्मक रुचि का संकेत समझा जा सकता है। इन लोगों की ऐसी रुचि का अनुभव अन्य अवसर पर भी हुआ।

अस्पताल के प्रसंग में बता चुकी हूँ कि वहाँ पुस्तकालय था और पुस्तकालय की एक कर्मचारिणी एक ठेले पर पुस्तकें लादकर कमरों में भी घुसा देती थी। शैयारुढ़ रोगी मनपसन्द पुस्तकें चुन सकते थे। मेरे अस्पताल में प्रवेश के तीसरे-चौथे दिन ही वह पुस्तकें लेकर हमारे कमरे में आयी। मेरे चेहरे से मेरी राष्ट्रीयता का अनुमान कर बोली—मेरे पास एक 'औचेन इंतेरेस्तेय इंदस्की रोमान' : बहुत रोचक भारतीय उपन्यास : भी है। उसने पुस्तक चुनकर मेरी ओर बढ़ा दी। मैं रूसी नहीं पढ़ सकता परन्तु जिल्द के ऊपर चित्र से और भीतर हिन्दी में मुद्रित एक पृष्ठ से पहचान कर कहा—'इस पुस्तक से परिचित हूँ। दिव्या का मूल लेखक मै ही हूँ। उसने तसदीक के लिए मेरा नाम जानना चाहा। विश्वास हो जाने पर पुलक उठी। इतने दूर देश का और उसे पसन्द लेखक उसके सामने था। मेरे दोनों ही सहकारी उपन्यास को पढ़ने के लिए उत्सुक हो गये। उनमें से एक मोटर इंजीनियर था। पुस्तक पहले उसके हाथ लगी। वार्ड के लोगों को लेखक के रूप में मेरा परिचय मिल जाने पर बहुत से लोग मुझसे बात करने के लिए उत्सुक हो उठे। मेरे रूसी भाषा के अति सीमित ज्ञान के कारण बातचीत जम न पाती थी। वे लोग भारतीय साहित्य से परिचय और रुचि प्रकट करने के लिए विचित्र उच्चारण में अनेक नाम लेते थे—टैगोर, चट्टोपाध्याय, प्रेमचन्द्र, कृष्णचंदर, वत्लाथोल, वृन्दावनलाल, नारायण आदि आदि।

मोटर इंजीनियर को दिव्या रोचक लगी। बृहस्पतिवार की इंजीनियर की पत्नी और बेटी उनसे मिलने आयीं तो इंजीनियर ने उन्हें भी मेरा परिचय दिया। माँ, बेटी मेरे स्वास्थ्य के लिए शुभकामना कर इंजीनियर से बात करने लगीं और मैं अपने पलंग पर पसर कर पुस्तकालय से ली हुई अंग्रेजी की एक पुस्तक पढ़ने लगा?

पाँच-छह मिनिट बाद इंजीनियर ने पुकार लिया—'क्षमा कीजिये, मेरी पत्नी और बेटी कह रही हैं, उन्होंने एक खूब बड़ा भारतीय उपन्यास 'लोज़न्या प्रवदा' : झूठा सच : पढ़ा है।

हमारे घर में है। इनका अनुमान है उसके लेखक भी शायद आप ही हैं। उन्हें आपका नाम परिचित लग रहा है। माँ, बेटी मेरी ओर ही देख रही थीं। मुझे 'लोज़न्या प्रवदा' की प्रतियाँ भारत में ही मिल चुकी थीं। स्वीकार किया मेरा ही लिखा हुआ है। आपको कैसा लगा।

माँ-बेटी अपनी कुर्सियाँ मेरे पलंग के समीप खींच लायीं। माँ ने बताया—'मेरे पास लोज़न्या प्रवदा के दोनों भाग हैं। ओफ उसमें अनेक वीभत्स काण्ड हैं। भारतीय समाज का अच्छा परिचय मिलता है। खूब रोचक है।' बेटी ने अनुरोध किया—'रविवार को दोनों प्रतियाँ ले आऊँगी। उन पर हस्ताक्षर कर दीजियेगा।'

लुदमिला रविार के दिन 'झूठासच' के रूसी अनुवाद की प्रतियाँ ले आयी। वह केवल हस्ताक्षर पाकर संतुष्ट नहीं हुई। बोली—'मेरे नाम कुछ संदेश भी लिख दीजिये। अपनी सहेलियों को दिखलाऊँगी। आपके पास अपना कोई छोटा सा फोटो नहीं है?

लुदमिया और उसकी माँ अपने आत्मीय के लिए 'नैज़ाबूरकी' : फागैट भी नाट-भुलाना ना : के फूल और उजुबेकिस्तानी खुर्मानियाँ लायी थीं। दोनों चीजों का भाग मुझे भी मिला था। अपने फोटो कहाँ लिए फिरता पर लुदमिला के नाम संक्षिप्त सा संदेश लिख देना पड़ा—'मेरा विश्वास है कि अन्तर्राष्ट्रीय रूप से साहित्य का आज्ञान-प्रदान मानव मात्र के पारस्परिक परिचय और उनमें सोहाई बढ़ाने में सहायक हो सकता है। मुझे आशा है, इस उपन्यास से भारतीय जनता का परिचय पाकर तुम उनके प्रति अधिक स्नेह और सहानुभूति अनुभव कर सकोगी।'

क्रैमलिन अस्पताल में मुझसे मिलने के लिए मास्को स्थित भारतीयों के अतिरिक्त कुछ सोवियत लेखक और मास्को यूनीवर्सिटी के हिन्दी विभाग के छात्र भी आते रहते थे। 'झूठासच' के प्रथम भाग के रूसी में अनुवादक लेल कुज़नेत्सोव भी सपत्नीक तीन बार आये। वे 'झूठासच' के दोनों भागों की अपने हस्ताक्षर सहित प्रतियाँ मुझे भेंट करना चाहते थे। उन्हें प्रतियाँ बहुत कठिनाई से मिल सकीं। उन्होंने उत्साह से बताया—रूसी में दोनों भागों की १७०००० प्रतियाँ छपी थीं परन्तु अब बाजार में अप्राप्य हैं। मैंने मुस्कराकर शंका प्रकट की 'आपके हिसाब में भूल से एक शून्य अधिक तो नहीं हो गया?' उन्होंने भूल नहीं मानी। शंका के लिए मेरे मन में काफी कारण था। हिन्दी में पुस्तक का तीसरा संस्कारण चल रहा है। परन्तु अभी तक एक शून्य कम संस्था से लगभग आधी ही प्रतियाँ बिकी होंगी। यह बात ध्यान के योग्य है कि 'झूठासच' के रूसी संस्करण की पृष्ठसंख्या लगभग हिन्दी संस्करण के बराबर है, दोनों भागों की जिल्दें कपड़े की हैं परन्तु मूल्य हिन्दी की अपेक्षा दो-तिहाई ही है।

कुजनेत्सोव की सूचना में अत्युक्ति की गुंजाइश मान कर भी यह तो जान सका कि सोवियत के दूर गाँवों और कृषक वर्ग में भी साहित्यिक रुचि है।

मुझे मास्कों में सोवियत लेखक संघ की मार्फत 'झूठासच' की सराहना के सम्बन्ध में दो पत्र मिले थे। उनमें से एक ग्रामीण कृषक युवक का था। उसमें 'झूठासच' जैसे अन्य और उपन्यास लिखने तथा अपने सभी उपन्यासों का रूसी में अनुवाद कर देने का अनुरोध था। पत्र को लाइनें खिचे कागज पर, बड़े-बड़े अक्षरों को संवार कर लिखने अथवा उसके व्याकरण से पत्र के लेखक की स्थिति का अनुमान हो सकता था।

याल्टा का महत्व पत्तन के अतिरिक्त स्वास्थ्य सुधारक स्थान होने और स्वास्थ्य गृहों से है। स्वास्थ्य पर याल्टा की वायु का और समुद्र स्नास्तान का भी प्रभाव पड़ता है। याल्टा में समुद्र तट : बीच : पर स्नान या धूप में विश्राम करने वालों की ओर ध्यान गये बिना नहीं रहता। समुद्र तट के साथ-साथ पन्द्रह किलोमीटर तक, असुविधाजनक तट के कुछ व्यवधान छोड़कर जलक्रीड़ा करने वाले बिखरे रहते हैं, इक्के-दुक्के नहीं, भीड़ों में। समुद्र तट पर ऐसी-ऐसी भीड़ें अन्य देशों के सागर तटों पर नहीं दिखाई देतीं। सागर तट पर पहरों ऐसे ही व्यक्ति किल्लोल और विश्राम कर सकते हैं जो दूर नगरों से इसी प्रयोजन से सागर तट पर आते हैं। यहाँ ऐसे किल्लोल और विश्राम का अवसर पूँजीवादी व्यवस्था में केवल सम्पन्न वर्ग को ही होता है। सम्पन्न लोगों की भीड़ें नहीं होतीं। याल्टा की नगर पंचायत के आंकड़ों के अनुसार गत दो वर्षों में प्रति वर्ष दस लाख व्यक्ति विश्राम के लिए आये हैं। सोवियत में ऐसा स्थान केवल याल्टा ही नहीं कृष्णसागर पर सोची गागरा आदि में भी ऐसी ही अवस्था रहती है। समाजवादी अर्थव्यवस्था का प्रत्यक्ष परिणाम दर्शकों के ध्यान में खाये बिना नहीं रहता।

याल्टा से २२ जून को मास्को लौटा। उक्रेनिया होटल में ही स्थान मिल सका वह भी कुछ यत्न से। कारण था, इस वर्ष मास्को में पूंजीवादी देशों से आये यात्रियों की भीड़। सोवियत की वर्तमान अंतर्राष्ट्रीय नीति के कारण उन देशों में सोवियत के लौह दीवार से रक्षित होने का विचार दूर हो गया है। मास्को पहुँचते ही उपचार की व्यस्था में व्यस्त हो जाने, अढ़ाई मास अस्पताल में और तीन सप्ताह याल्टा में रहने के कारण नगर को देख सकने का अवसर न था। नगर पहले भी देखा हुआ था परन्तु इस बार देखने पर परिचित नगर की अवस्था में भेदर दिखायी दिया—जैसे ६ वर्ष पूर्व परिचित तेरह-चौदह वर्ष के अपूर्ण शरीर, लमढींग किशोर ने परिपूर्ण यौवन पा लिया हो।

इससे पूर्व मास्को आने पर नगर में स्थान-स्थान पर दैत्याकार सारसों की भांति गर्दनें उठाये क्रेन दिखायी देते रहते थे। नागरिकों के निवास तथा अन्य आवश्यक कार्यों के लिए शीघ्र से शीघ्र इमारतें बना लेने की व्यवस्ता दिखायी देती थी। नगर में जगह-जगह बन चुकी बीस-तीस मंजिला इमारतें विलग सी जान पड़ती थीं। अब नगर गंजा हुआ लगा नगर की पहली परिधि को घेर कर उद्यान पथ : सादोवाया : नाम की खूब चौड़ी सड़क बना दी गयी थी। वह सड़क अब नगर के भीतर हो गयी है। क्रेन अब नगर केन्द्र से पन्द्रह सोलह किलोमीटर की परिधि पर व्यस्त हैं। अब इमारतें नगर के अंचल में बनायी जा रही हैं। केन्द्र से सब ओर आंचल तक खूब चौड़ी सड़कों—जिन पर चार-चार गाड़ियाँ आमने-सामने से सुविधा से आ-जा सकें—के दोनों ओर आठ-नौ मंजिला आधुनिक सहेलियाँ : फ्लैटों की पातें : चली गयी हैं। सड़कों और हवेलियों की बीच पदातियों के लिए मार्ग के साथ एक आकार में कतरे हुए वृक्षों की पातें और फूलों की क्यारियाँ बनी हैं। जुलाईं में क्यारियाँ फूलों से भरी हुई थीं। चौराहों और मुख्य सड़कों पर पदातियों की सड़कें पार करने में विलम्ब की असुविधा से बचाने के लिए सुरगें बना दी गयी हैं। दुकानों की संख्या, उनमें सामान और साजसज्जा में भी पूवपिक्षा बहुत अंतर दिखायी दिया। नागरिकों, विशेषकर स्त्रियों और बच्चों की पोशाकों में अधिक वैविध्यत्रय और रुचिरता से समृद्धि का आभास मिलता है।

औद्योगिक रूप से अविकसित देशों के यात्री मास्कों की ऊँची इमारतों, सुन्दर सड़कों पर यातायात की व्यवस्था और वहाँ की सुन्दर सुरंग रेल से प्रभावित हो सकते हैं, परन्तु औद्योगिक क्षेत्र में सोवियत से पूर्व और अधिक उन्नत अनेक पूँजीवादी देश हैं, जहाँ सौ-डेढ़ सौ मंजिल ऊँची इमारतें और जीवनोपयोगी साधन बहुत अधिक विकसित हैं। उन देशों के और उन देशों से हो आये यात्रियों की मास्कों की समृद्धि प्रभावित नहीं कर सकती। विज्ञान और विकास से प्राप्त साध्य स्वयं लक्ष्य नहीं हैं। इन सब साधनों का प्रयोजन मानव समाज को आतंक से मुक्त, पार्थिव संतोष का जीवन और मानसिक तथा बौद्धिक विकास का अवसर देना है। किसी समाज की व्यवस्था की सफलता की कसौटी वही समझी जानी चाहिए जो कि पूरे समाज को निर्भय सुंतुष्ट, सुसंस्कृत जीवन और विकास का अवसर दे सके।

इससे पूर्व सोवियत में सर्वसाधारण की अवस्था पर समाजवादी व्यवस्था के प्रभावों को समझने के लिए मुझे अपनी ही परख और सोवियत नागरिकों से जानी हुई बातों का ही भरोसा करना पड़ा है। इस बार उक्रेनिया के विशाल ६४ आहार कक्ष में विदेशी यात्रियों का ही आधिक्य रहता था। अफ्रीका, अमेरिका, ब्रिटेन, फ्रांस, पश्चिम जर्मनी, सभी देशों के यात्री थे। भारतीय जनता का राजनीतिक बहुमत और यहाँ की सरकार, देश की आर्थिक समस्याओं को सुलझाने के लिए समाजवादी ढंग की अर्थव्यवस्था के पक्ष में है। इसलिए भारतीयों में सोवियत व्यवस्था के प्रति पूर्वाग्रह और सहानुभूति की शंका की जा सकती है। यह जानने का कौतूहल था कि समाजवादी प्रणाली को वैयक्तिक स्वतंत्रता के लिए बाधक मानने वाले लोग सोवियत व्यवस्था के विषय में क्या अनुभव करते हैं।

मास्को में होटलों के आहार कक्ष प्रातः आठ बजे खुलते हैं। साढ़े आठ बजे आने पर मेजें प्रायः घिर चुकी थीं। एक कोने की मेज सूनी देखकर आसन जमा लिया। दो ही मिनिट बाद एक प्रौढ़ा उस ओर बढ़ आयी। 'गुड मार्निंग, असुविधा न माने तो मैं भी यहाँ बैठ जाऊँ!' महिला ने अंग्रेजी में सम्बोधन किया। महिला का स्वागत किया—'संगति से अनुगृहीत कीजिये। मैं रूसी नहीं बोल सकता। आप अंग्रेजी बोल रही हैं, दो बातें ही बोल सकेंगी। आप अमेरिकी हैं?' उसकी भाषा से अनुमान प्रकट किया।

महिला ने अपना बटुआ और हाथ में थमा रूसी दैनिक पत्र संभाल कर बताया—'अमेरिका में ६ वर्ष थी। मैं दक्षिणी अफ्रीकन हूँ। कैपटाउन में रहती हूँ।'

बातचीत बढ़ाने के लिए पूछा—'आप ब्रिटेन से अमेरिका गयी होंगी। आप रूसी भी जानती हैं, यह भाषा कुछ कठिन नहीं ?'

महिला मुस्करायीं—'मेरा जन्म-स्थान मास्कों ही है। क्रांति के समय : १९१७ : मैं अठारह वर्ष की थी। हाल ही में मेरा विवाह हुआ था। मेरे श्वसुर परिवार ने नयी परिस्थिति में यहाँ रह सकना संभव न समझा। हम लोग यहाँ से यूरोप और फिर अमेरिका चले गये, फिर दक्षिण अफ्रीका जा बसे।

हूँ, आपको जिज्ञासा होगी कि छियालीस वर्ष आप के देश में यहाँ कितने परिवर्तन हो गये हैं। आपने कौतूहल में बहुत लम्बी यात्रा कर डाली ?'

'हाँ, महिला ने स्वीकारा—'केवल जिज्ञासा ही नहीं, मुझसे बड़ी दो विवाहिता बहनें और भाई भी था। मेरे भाई और बहनों के परिवारों की स्थिति ऐसी नहीं थी कि यहाँ से जा सकते। जब सुना कि यहाँ विदेशियों के आने पर प्रतिबंध नहीं है तो संबंधियों के बारे में बहुत जिज्ञासा होने लगी। इस वर्ष आ ही गयी।'

'उनसे भेंट हुई?'

'बहनों से भेंट हुई। दोनों स्वस्थ हैं। भाई तीन वर्ष पूर्व समाप्त हो गया।'

'वे लोग प्रसन्न-संतुष्ट हैं?'

'उन्हें होना ही चाहिए'—बात पर बल देने के लिए महिला के माथे पर तेवर पड़ गये—'जैसी स्थिति में हम उन्हें छोड़ गये थे, उनकी अवस्था के लिए चिंता और आशंका। ही हो सकती थी। परन्तु उनके लड़के-लड़कियाँ टैक्सीजीशियन, मैनेजर और अध्यापक हैं। पोते दोहते इंजीनियर, डॉक्टर और यूनीवर्सिटी में लेक्चरार हैं। पड़ुपोते-पड़दोहते किंडरगार्टन और नर्सरी में हैं। ऐसा अवसर हमारे यहाँ कुछ विशिष्ट परिवारों को ही सुलभ हो सकता है। मैंने स्वयं जाकर किंडरगार्टन और नर्सरी स्कूल देखे हैं। विशेष बात है बच्चों के लिए संगति और परिस्थितियों की। हमारे यहाँ बच्चों की शिक्षा के लिए चाहे जितना खर्च किया जाये, उनके लिए ऐसी संगति और परिस्थितियाँ कैसे जुटाई जा सकती हैं। उसके लिए तो पूरे समाज के सहयोग की आवश्यकता होगी।'

मन में सोच रहा था—दक्षिण अफ्रीका की गोरी आवादी की यह महिला जिसका परिवार संमाजवादी प्रणाली के आतंक से मातृभूमि छोड़ गया था! जो राष्ट्र आज साम्राज्यवाद और उपनिवेशवाद का सबसे कट्टर समर्थक और मानव मात्र की समता का विरोधी है, उसी राष्ट्र की यह महिला यहाँ क्या देख रही है?

२५ जुलाई, संध्या। संध्या समय आहार कक्ष में भीड़ के कारण बहुत लोगों को स्थान के लिए प्रतीक्षा करनी पड़ जाती है। कुछ परिचारकों परिचारिकाओं के शैथिल्य के कारण भी ग्राहकों को भोजन में आवश्यकता से काफी अधिक समय लग जाता है। भोजन के पश्चात भी यदि गाहक गप्प के लिए ही बैठे रहें तो भी कोई ध्यान नहीं देता। दुभाषिये ने कक्ष के मैनेजर को मेरा परिचय देकर मेरे लिए एक छोटी मेज पर छोटी सी भारतीय पताका रखवाकर मेज सुरक्षित करवा दी है। साढ़े आठ से नौ बजे के बीच वह यहाँ अन्य गाहकों को नहीं बैठने देता। आठ से भी कुछ मिनिट पहले ही आहार कक्ष में पहुँच गया। एक व्यक्ति उस मेज पर बैठा हुआ था। उसने पताका की ओर देखा, मेरा चेहरा ध्यान से देखा और संकोच से अंग्रेजी में बोला—'अन्य स्थान न होने के कारण मैनेजर ने मुझे यहाँ बैठा दिया है। अनुमान है आप अंग्रेजी बोल लेते हैं।'

आश्वासन दिया—'हाँ, थोड़ी-बहुत बोल लेता हूँ। आप सानन्द बैठिये। अकेला हूँ। मुझे संगति मिलेगी।'

सज्जन पश्चिमी जर्मनी, फ्रैंकफर्ट के निवासी और इलैक्ट्रोनिक्स इंजीनियर थे। प्रसिद्ध सीमान्स की ओर से व्यावसायिक प्रयोजन से मास्को में थे। अपने काम के प्रसंग में लेनिनग्राह, कीव, खादकोव आदि नगरों में हो आये थे।

हर ब्रुक से जिज्ञासा की—'सीमान्स के विद्युत उपकरण और घरेलू सामान तो संसार प्रसिद्ध हैं। हमारी सरकार ने भारतीय विद्युत उद्योग को संरक्षण देने के लिए विदेश से ऐसे सामान की आयात पर प्रतिबंध लगा दिये हैं। भारत में सीमान्त के सामान की बहुत मांग थी, अब भी उसकी याद है। आप जर्मनी में तैयार होने वाले विद्युत उपकरणों की तुलना में सोवियत लोगों के विद्युत सम्बन्धी ज्ञान और योग्यता के बारे में क्या ख्याल करते हैं?

ब्रुक ने उत्तर दिया—'बहुत अच्छी! विज्ञान और उद्योग के इस क्षेत्र में और विद्युत के सृजन और उपयोग में यहाँ थोड़े ही समय में जिस प्रकार उन्नति हुई है, उससे अब यहाँ कुछ भी कमी नहीं जान पड़ती।'

शंका प्रकट की—सर्वसाधारण लोग बिजली के अति सूक्ष्म और पेचीदा यंत्रों अथवा विशाल जैनरेटर्स आदि के सम्बन्ध में तो कुछ राय नहीं दे सकते वे लोग तो घरेलू उपयोगी वस्तुओं उदाहरणतः बिजली के चूल्हे, समावार, रेफरीजरेटर, पंखे आदि के ही गुण-दोष जांच सकते हैं। यहाँ के बने हुए ऐसे उपकरण जर्मनी या यूरोपीय देशों में बनी वस्तुओं की तुलना में उतने सुधरे और भरोसे योग्य नहीं जंचते।'

ब्रुक ने स्वीकार किया—'ऐसा हो सकता है। परन्तु इस देश में विद्युत उत्पादन विशाल मशीनें और सूक्ष्म-पेचीदा विद्युत यंत्रों का स्तर नीचा नहीं है। यहाँ उन्हीं की ओर अधिक ध्यान दिया जाता है। पारिवारिक उपयोग के बाजारू सामान में सुधार की ओर खास ध्यान नहीं दिया जाता।'

'परन्तु साधारण नागरिक क्या समझेगा?' ब्रुक ने कहा—'ठीक है, यह इस कारण है कि यहाँ उत्पादन में और उद्योगों के सुधार और विकास की योजनाओं में सरकारी दृष्टिकोण प्रधान रहता है। यहाँ विद्युत को भी राष्ट्रीय उपयोगिता की दृष्टि से देखा जाता है। राष्ट्रीय और सरकारी दृष्टिकोण से विद्युत को बहुत मात्रा में उत्पन्न कर सकने का महत्व रहता है और राष्ट्रीय सुरक्षा की दृष्टि से अति सूक्ष्म और पेचीदा यंत्रों का। यहाँ उन्हीं का महत्व अधिक है। यहाँ नागरिकों के पारिवारिक उपयोग की वस्तुओं को बाजार में अधिक खपा सकने की चिन्ता और प्रतियोगिता नहीं है। औद्योगिक ज्ञान और क्षमता की कमी यहाँ नहीं हैं।' आपने यहाँ की घड़ियाँ देखी हैं? हमारे यहाँ सोवियत घड़ियाँ स्विस घड़ियों से कहीं सस्ती मिल सकती हैं और बुरी भी नहीं होतीं। यहाँ विदेशी सामान आने लगेंगे। या ये लोग अंतर्राष्ट्रीय बाजार में सामान बेचना चाहेंगे तो स्तर को सुधार लेंगे।

२६ जुलाई, संध्या। दुभाषिया नहीं था परन्तु दुबे संध्या से ही साथ था। नौ बजे हम दोनों भोजन के लिए साथ ही आये थे। मेरे पड़ोस की मेज एक फ्रेंच दम्पतित की थी और उस मेज पर फ्रेंच पताका रहती थी। फ्रेंच दम्पति संध्या समय प्रायः ही भोजन के लिए दूसरे होटलों में चले जाते हैं। हम लोग भोजन समाप्त हो जाने पर भी बातचीत करते बैठे थे। आहार कक्ष के भीतर आते एक रूसी नौजवान की ओर ध्यान गया। वह बैठने के लिए स्थान ढूँढ़ रहा था। उसके कदम नशे से डगमगा रहे थे और आँखें खूब चढ़ी हुई थीं। हमारे पड़ोस की मेज खाली देख उस ओर आ गया। मेज पर रखी पताका—मेज सुरक्षित होने के चिह्न की परवाह न कर उसी पर बैठ गया। उसने एक नवयुवती परिचारिका का ध्यान आकर्षित कर उसे बुलाया। परिचारिका आहार की तालिका उसके सामने रख आदेश के लिए खड़ी रही।

नौजवान ने तालिका की ओर ध्यान न दे परिचारिका की बिना आस्तीन की बांह पर हाथ फेर मुस्कान से कुछ कहा। परिचारिका झेंप कर पीछे हट गयी। नौजवान ने दूसरी परिचारिका का ध्यान आकर्षित कर बुलाया। उससे भी वही हरकत। वह झपक कर पीछे हट गयी। मैं और दुबे यह तमाशा देख रहे थे। नौजवान की नज़र हमसे मिल गयी तो आँखें झुका लीं। कौतूहल के कारण नज़र उसकी ओर गयी तो वह हमें ही देख रहा था। फिर आँखें फिरा लीं परन्तु वह उठकर हमारी ओर आ गया। खाली कुर्सी पर हाथ रख उसने पूछ लिया—मीज़नी (अनुमति है?) इनकार कैसे करता। उत्तर दिया—'जरूर!'

दुबे ने धीमे से हिन्दी में कहा—'यह बिलकुल धुत है। मुँह न लगाइये, पीछा छुड़ाना मुश्किल हो जाता है।' वह बैठ चुका था। मेज पर दोनों कोहनियाँ टेक कर कुछ आगे झुक उसने लरजते लहजे में पूछा—'आप लोग भारतीय हैं?' स्वीकार करने पर वह हमें पल भर चुप-चाप देखता रहा और बोला—'नेहरू!—मीर मिरा : विश्वशांति :—'और उसकी आँखों से टप-टप आँसू गिरने लगे। कुछ बोलने का यत्न किया तो हिचकी आ गयी। दुबे ने उसे रूसी में उत्तर दिया—'धन्यवाद! नेहरू वास्तव में बिश्वशांति के दूत और हमारी राष्ट्रीय भावना के प्रतीक थे।' मेरे कान में कहा—'अब उठ चलिये। यह अपने आप में नहीं है। बहक गया तो उलझन में पड़ जायेंगे।'

कमरे की ओर लौटते हुए हम बात कर रहे थे—इस आवारा युवक को सोवियत के चतुर राजनीतिज्ञों या बुद्धिजीवियों का प्रतिनिधि नहीं समझा जा सकता। इसे गली-मुहल्ले के साधारण जन की भावना का या चेतना के निम्न स्तर का ही उदाहरण कहेंगे। यह अनुभव सोवियत के सर्वसाधारण की विश्वशांति और नेहरू के प्रति भावना का प्रतीक माना जा सकता है।

दुबे ने बताया—नेहरू जी की मृत्यु के समाचार से मास्को में सचमुच सार्वजनिक शोक छा गया था। कोई भी परिचित और कई अपरिचित भी राह रोककर शोक प्रकट करते थे, अधिकांश की आँखें भीग जाती थीं। वे नेहरू जी को सचमुच ही विश्वाशांति का दूत समझने में विश्वास करते थे। भारतीय दूतावास में समवेदना प्रकट करने के लिए हजार से अधिक व्यक्ति पहुँचे होंगे।

मैंने भी दुबे को अपना अनुभव बताया—'उसे समय अस्पताल में, आपरेशन के बाद पलंग से उठने योग्य नहीं था। हम तीनों सहकक्षियों के आपरेशन एक साथ हुए थे। २८ मई को, प्रातःकाल एक साथी लेटे-लेटे कानों पर रेडियो का हैडफोन लगाये समाचार सुन रहा था। यह साथी रिटायर्ड बैंक मैनेजर था। किसी समय कुछ अंग्रेजी सीखी होगी, अब सोच-सोच कर दो-चार शब्द बोल लेता था। रेडियो सुनते-सुनते वह सहसा आधा उठ गया। मुझे सम्बोधन कर बोला 'नारू उड्ड!' मेरे समझ न सकने पर उसने बहुत यत्न से कहा—'डेल्ही नहरू डैड्ड!' उसके नेत्र भीग गये। इंजीनियर साथी को उसने रूसी में समाचार दिया। इंजीनियर ने भी जैसे घबराकर समाचार सुनने के लिए तुरन्त हैडफोन लगा लिया। उस दिन कई डॉक्टरों, नर्सों और रोगियों ने इस दुर्घटना के लिए मेरे प्रति समवेदना प्रकट की। लेखक संघ के साथी समवेदना प्रकट करने के लिए अस्पताल आये। जिस समय याल्टा से लौटा नेहरू जी की मृत्यु को सात सप्ताह बीच चुके थे। उस समय भी देखा कि सड़क के साथ भारतीय दूतावास की दीवार पर एक बड़े फ्रेम में नेहरू जी के कई चित्र लगे हुए थे। तीन

चार बार भारतीय दूतावास गया। प्रति बार कुछ न कुछ रूसी नागरिकों को वे चित्र देखने के लिए ठिठ्का पाया।

पड़ोस की मेज पर बैठने वाले फ्रांसीसी दम्पत्ति से २४ जुलाई दोपहर से आँखें चार होते ही दोनों ओर से परिचय और वार्तालाप की इच्छा प्रकट हो गयी। महिला और सज्जन ने मुस्कान से सम्बोधन दिया—'गुड मार्निंग हाउ डू यू डू? इस सौजन्य से उत्साहित हो, उनसे हाथ मिलाकर प्रसन्नता प्रकट की—'आप फ्रांसीसी हैं परन्तु अंग्रेजी खूब बोल लेते हैं। हम लोगों में वार्तालाप की सुविधा हो सकती है। आपके साथ ही न बैठ जायें? यही तो हम लोग भी चाहते हैं दम्पत्ति ने अनुमोदन किया। उस दिन से दोपहर में भोजन के लिए प्रायः नित्य ही, कभी-कभी संध्या भी एक ही मेज पर बैठते थे। शनै-शनै उनका परिचय मिलता गया।

फ्रेंच सज्जन को परिचारक से रूसी में सुविधापूर्वक बात करते देख वेरा (दुभाषिया) उनसे रूसी में बात करने लगी। मैंने विस्मय प्रकट किया—'आप फ्रेंच हैं, अंग्रेजी सरलता से बोलते हैं और रूसी भी जानते हैं। आप तो पालीग्लाट (बहुभाषी) हैं।'

सज्जन ने मुस्करा कर अपना परिचय दिया—वरिस इलियाचेफ तिहत्तर वर्ष पूरे कर चुके हैं। आयु के विचार से अच्छे स्वस्थ हैं। जन्मभूमि लेनिनग्राड थी। श्रीमती बरिस जन्म से फ्रेंच हैं। आयु पचपन से कम न होगी पर अपने आपकी ऐसे सम्भाले हुए हैं कि चेहरे पर जरा के चिह्न पहचानने न जा सकेंगे। बरिस क्रान्ति के पूर्व मास्को विश्वविद्यालय में शिक्षा समाप्त कर उसी विद्यालय में अर्थशास्त्र के अध्यापक नियुक्त हो गये थे। १९१६ के आरम्भ में उन्हें लन्दन स्कूल ऑफ इक्नामिक्स में विशेष अध्ययन के लिए भेजा गया था। समाजवादी क्रान्ति के समय रूस लौट सकना कठिन था। उसके पश्चात् बोल्शेविक सरकार की नीति से असहमत होने के कारण बाहर ही रहे। विदेश में रहते समय उन्होंने कई पापड़ बेले। इंगलैण्ड में अर्थशास्त्र के अध्यापक रहे। फ्रांस जाकर फ्रांसीसी राष्ट्रीयता ले ली और फ्रेंच सेना में काम किया। सेना से मुक्ति पाकर पत्रकारिता के प्रसंग में कई वर्ष उत्तरी और दक्षिणी अमेरिका में रहे। वे स्पेनी भाषा भी जानते हैं। वहाँ से पेरिस लौट लेखक का व्यवसाय अपनाया। वे मूख्यतः आर्थिक और सामाजिक समस्याओं के लेखक हैं। दक्षिणी फ्रांस, रोबोत सोलील में मकान बनाकर बस गये हैं। यह उनकी सोवियत की दूसरी यात्रा थी। पहलीबार १९६१ में आये थे। यात्रा का प्रयोजन सोवियत की अर्थनीति के सम्बन्ध में गम्भीर पुस्तक लिखना था। इस प्रयोजन से वे इस क्षेत्र के सोवियत विशेषज्ञों से मिलते रहते थे। श्रीमती बरिश महायुद्ध के समय फ्रांसीसी सेना की चिकित्सा शाखा में थीं। १९४२-१९४३ में दो वर्ष लंका में रही हैं। कुछ दिन बम्बई और मद्रास में भी बिताये हैं। भारतीय मसालेदार कबाब—कोरमे और इंडियन राइस की स्मृति से इनके मुख में पानी आ जाता है। कुछ भारतीय तरकारियाँ बना सकने का भी दावा है। बरिस ज़ारशाही रूस की स्थिति से और आधुनिक अन्तर्राष्ट्रीय स्थिति से भी खूब परिचित सजग लेखक हैं। सोवियत में हुए परिवर्तनों के सम्बन्ध में उनकी राय के प्रति कौतूहल स्वाभाविक था।

आरम्भिक बातचीत में ही मैंने पूछा था—दीर्घ प्रवास के पश्चात् यहाँ आने पर उनका ध्यान सबसे अधिक किस बात पर गया था?

बरिस ने मुख में लिया ग्रास काफी देर तक चबा कर कहा—'सर्वसाधारण के रंगढंग और उनके दृष्टिकोण पर।' मुझे जिज्ञासा में मौन देख बरिस ने पूछा—'आप यहाँ के चित्र-संग्रहालयों में या अन्य सांस्कृतिक स्थानों में गये होंगे। आपने अन्य देशों में भी ऐसे स्थान देखें होंगे। आपको कुछ अंतर दिखायी दिया?'

सोचकर उत्तर दिया—'यहाँ ऐसे स्थानों पर अपेक्षाकृत बहुत भीड़ दिखाई देती है।' बरिस ने कहा—'यही मेरा उत्तर है। ज़ारशाही के समय में यहाँ सर्वसाधारण के पास ऐसी बातों के लिए समय न था इसलिए उन्हें ऐसी बातों का न ज्ञान था, न उनमें रुचि थी। माना कि सर्वसाधारण की वैसी अवस्था और दृष्टिकोण का कारण यहाँ कृषि और औद्योगिक धंधों के बहुत पिछड़े होने से गरीबी थी। परन्तु देश में औद्योगिक अथवा आर्थिक उन्नति हो जाने से ही व्यापक रूप से सर्वसाधारण का सांस्कृतिक स्तर ऊँचा नहीं हो सकता। उसके लिए, सर्वसाधारण को ऐसे अवसर और साधन देकर शिक्षा द्वारा उसको सांस्कृतिक दृष्टिकोण को भी प्रोत्साहित करना आवश्यक था। मुझे यहाँ ऐसा लगा कि पूरे समाज का सांस्कृतिक स्तर ऊँचा उठ गया हो। ऐसी बात केवल कुछ आर्थिक सुधार और साक्षरता के प्रसार से नहीं हो सकती। उसके लिए सांस्कृतिक साधनों, अवसर और सांस्कृतिक शिक्षा का सुलभ होना ही आवश्यक है। साक्षरता आपको प्रायः सभी पश्चिमीय देशों में भी मिलेगी, परन्तु सांस्कृतिक शिक्षा के साधन और अवसर वहाँ वर्गों की स्थिति और वैयक्तिक साधनों से सीमित रहते हैं। यही बात वहाँ व्यक्तियों के स्वास्थ्य के सम्बन्ध में भी है। यहाँ शिक्षा सांस्कृतिक जीवन और सर्वसाधारण का वैयक्तिक स्वास्थ्य राष्ट्रीय और सामाजिक जीवन के अंग हैं जैसे अन्य देशों में राष्ट्रीय सुरक्षा के लिए सैनिक व्यवस्था आवश्यक समझी जाती है। ऐसा जान पड़ता है कि यहाँ राष्ट्रीय व्यय का महत्वपूर्ण अंश सर्वसाधारण के लिए शिक्षा, स्वास्थ्य और सांस्कृतिक अवसर और परिस्थितियाँ जुटाने में लगाया जाता है। इसका स्थूल उदाहरण ऐसे देखिये—पूँजीवादी व्यवस्था में यदि निम्न आर्थिक स्तर के युवक उच्च शिक्षा या सांस्कृतिक शिक्षा पाना चाहें तो या तो वे विशेष प्रतिभा दिखाने पर छात्र वृत्ति का भरोसा करें अन्यथा स्वयं जीविकार्जन करते हुए शिक्षा पायें। उनके लिए उच्च शिक्षा और सांस्कृतिक शिक्षा संघर्ष की बात होगी, सुविधा की नहीं।

उस समय दुबे भी साथ थे। वह नौ वर्ष से मास्को में हैं। दुबे ने समर्थन किया यहाँ विद्यार्थियों या शिक्षार्थियों को निर्वाह के साधन और शिक्षा का अवसर देना राष्ट्र का उत्तरदायित्व है। यूनिवर्सिटी में प्रवेश चाहनेवाला प्रत्येक व्यक्ति छात्रवृतित पाता है। स्वास्थ्य के लिए चिकित्सक से परामर्श और चिकित्सा निःशुल्क है। चिकित्सा के लिए विश्राम की आवश्यकता हो तो छुट्टी सदा सवेतन मिलेगी। बाजार से दवाई खरीदना चाहें तो दवाई सबसे सस्ती चीजों में से है! गत वर्षों में कई वस्तुओं के दाम बढ़े हैं परन्तु दवाइयों और पुस्तकों के नहीं।'

वेरा ने दुबे को याद दिलाया—कैमरे, रेडियो, टेलीविजन और घड़ियों के दाम तो काफी घट गये हैं। दुबे ने स्वीकार कर कहा—'सोवियत में ऐसे कम ही लोग होंगे जिनके यहाँ रेडियो और टेलीविजन न हों।' उसे हँसी आ गयी—'यहाँ एक दिन रेडियो पर मसखरी के कार्यक्रम में सुना—एक व्यक्ति किसी गाँव या मुहल्ले में नया आकर बसा था। उसने पड़ोसी से पूछा—रात में खिड़की-दरवाजे खुले रह जायें तो कुछ आशंका तो नहीं?' पड़ोसी ने उत्तर

दिया—'यदि कमरे में रेडियो-टेलीविजन के अतिरिक्त अन्य महंगी चीजें नहीं तो कोई आशंका नहीं।' अर्थात्, चोर रेडियो-टेलीविजन को चुरा ले जाने योग्य नहीं समझेगा।'

श्रीमती वरिस ने शंका की—'रेडियो-टेलीविजन सुलभ बनाने में राजनीतिक प्रयोजन भी हो सकता है। यह चीजें जनतम को ढालने में भी सहायक हो सकती हैं।'

बरिस ने कहा—'यह बात तो दूसरी सरकारें भी जानती हैं। जनता भी जानती है कि उनके लिए कौन कार्यक्रम रुचिकर है परन्तु यह वस्तुयें हैं तो सांस्कृतिक आवश्यकता की पूरक!'

एक दोपहर में सोवियत में समाजवादी प्रणाली द्वारा औद्योगीकरण के प्रसंग पर चर्चा में बरिस ने मत प्रकट किया—यदि इस देश में पूँजीवादी प्रणाली के अनुसार व्यवसायियों के मुनाफे की प्रयोजन मानकर औद्योगीकरण किया जाता तो भी आधी शताब्दी में बहुत कुछ हो सकता था परन्तु उस अवस्था में उद्योगों का आरम्भ बाजार में तुरन्त खपने वाली घरेलू वस्तुओं के उत्पादन से होता। उसमें आधारभूत धंधे, जो सर्वसाधारण के उपयोग में आने वाली सस्ती वस्तुयें बनाते। उदाहरणतः लोहा-फौलाद या छोटी मशीनों को बनाने वाली बड़ी मशीनों के धन्धे पिछड़े रह जाते। ऐसा औद्योगीकरण रेत की नींव पर होता और यह देश सदियों तक परमुखापेक्षी रहता। परन्तु यहाँ बरसों तक रोजमर्रा के अभाव में कठिनाई सहकर भी बुनियादी उद्योगों को खड़ा कर दिया गया है। जड़ें मजबूत हो चुकी हैं, अब यह लोग सभी कुछ सुविधा से कर सकते हैं।

स्वीकार किया—'ठीक है। इसीलिए हम लोग औद्योगिक विकास के किसी भी पक्ष की उपेक्षा नहीं कर रहे हैं। हमारे यहाँ साधारण बाजार का उत्पादन मुनाफे के प्रयोजन से निजी व्यवसाय के क्षेत्र में बढ़ रहा है तो मूलभूत उद्योग राष्ट्रीय क्षेत्र में कायम किये जा रहे हैं।'

बरिस ने माना—'यह अधिक उचित है परन्तु आपके सामने दूसरों का अनुभव है और सहयोग भी। इन्हें तो विरोध की अवस्था में पाँव जमाने पड़े हैं।'

३ अगस्त संध्या। वरिस दम्पत्ति जानते थे कि ३ अगस्त संध्या दस बजे भारत लौटने के लिए रात को हवाई अड्डे की ओर चल दूँगा। दोपहर में निश्चय हो गया था कि अंतिम संध्या भोजन एक साथ करने के लिए साढ़े सात बजे ही मेज पर आ जायेंगे कि कुछ समय सुविधा से बातचीत हो सके।

बरिस ने अंतिम दिन उसी प्रसंग की चर्चा की जिसे वे कई दिन से मन में दबाये हुए थे। बोले—'सोवियत-कम्युनिस्ट पार्टी चीनी-कम्युनिस्ट पार्टी के सैद्धान्तिक मतभेद और अंतर्राष्ट्रीय नीति के मतभेद से सभी लोग परिचित हैं। इस विषय में विशेषकर इनकी अंतर्राष्ट्रीय नीतियों के सम्बन्ध में आपका क्या विचार है?

संक्षेप में उत्तर दिया—हम भारतीयों को तो चीन की नीति और व्यवहार में स्टेलिन के पश्चात् कम्युनिस्ट जगत का नेतृत्व संभालने की स्पर्द्धा और अपनी सैनिक शक्ति के प्रदर्शन से ऐशिया में अपना प्रभाव बढ़ाने का प्रयोजन ही दिखायी देता है।'

बरिस बोले—'इतने संक्षेप में नहीं। समस्या को जरा गहराई से और व्यापक रूप से भी देखा जाये। यह ठीक है कि सोवियत से भी चीन-का सीमा विवाद उठ खड़ा हुआ है। फिलहाल उस समस्या को भी छोड़कर दोनों के मतभेद को सैद्धान्तिक रूप से, तटस्थ दृष्टि

से देखा जाये। यह तो मानना पड़ेगा कि इस समय चीनी कम्युनिस्ट पार्टी के नेता माओ असाधारण विचार शक्ति का और साहसी नेता है। उसने सदियों से सामन्तवाद और साम्राज्यवाद द्वारा दलित चीन की जनता को सचेत और संगठित कर एक बड़ी शक्ति बना दिया है। स्वयं चीन देश में क्या स्थिति है इस विषय में मतभेद हो सकता है परन्तु यह निस्सन्देह है कि वह दूसरों के लिए आशंका का कारण बन गया है। माओ ने चीन में अपनी सल्तनत नहीं, समाजवाद कायम किया है। उसका सोवियत से मतभेद भी मार्क्सवाद की शुद्धता के प्रश्न पर है। चीनी कम्युनिस्ट सोवियत नेताओं, मुख्यतः खुश्चैव पर मार्क्सवाद में 'रिवीजन' (संशोधन या पुनर्विचार) करने का आरोप लगाते हैं।

उत्तर दिया—'कोई भी समझदार व्यक्ति मार्क्सवाद या किसी भी सिद्धान्त को मानव समाज के हित का साधन अथवा विकास के लिए उपयोगी होने की दृष्टि से देखना चाहेगा। किसी सिद्धान्त या मार्क्सवाद को मानव समाज के जीवन का लक्ष्य नहीं मान लेगा।'

बरिस ने सुनने का संकेत किया—'हम मार्क्सवादी हों या न हों, हम मार्क्सवादी सिद्धान्तों की मौलिकता को ध्यान में रखकर तटस्थ वकील की दृष्टि से माओ के आरोप पर विचार कर सकते हैं। मार्क्स ने किसी एक देश में समाजवाद या कम्युनिज्म की स्थापना और सफलता को संभव नहीं माना। उसका स्वप्न संसारव्यापी समाजवाद या कम्युनिज्म का था। मार्क्सवाद के इस मूल सिद्धान्त में परिवर्तन या संशोधन करने का एक उदाहरण खुश्चैव की सहअस्तित्व की नीति और 'क्यूबा' के सम्बन्ध में सोवियत का व्यवहार निश्चय माओ के आरोप, जो लोग इसे आरोप समझें उनके मत से, आरोप का समर्थन करते हैं।

स्वीकार किया—'मैं उसी दृष्टि से बात कर रहा हूँ। आपने अभी कहा—मार्क्स किसी एक देश में समाजवाद की सफलता संभव नहीं मानता था। इस दृष्टि से क्या सोवियत नेताओं की, और माओ की भी मान लेना चाहिए कि सोवियत और चीन में अभी समाजवाद स्थापित नहीं हो सका है और उस समय तक नहीं हो सकेगा। जब तक अमरीका में भी समाजवाद स्थापित न हो जाय! अस्तु तथ्य क्या है? हम क्या जानते हैं? सुनिये, मार्क्स.....कहा है कि समाजवादी प्रणाली की स्थापना केवल मजदूरों द्वारा सशस्त्र शक्ति प्रयोग से शासन शक्ति पर कब्जा कर लेने से ही हो सकती है। परन्तु खुश्चेव और सोवियत नेता अंतर्राष्ट्रीय घटनाओं के अनुभव के आधार पर मानते हैं कि संसार की वर्तमान परिस्थितियों में समाजवादी प्रणाली की स्थापना जनतंत्रात्मक या जनमत के उपयों से भी हो सकती है। आज भारतीय सरकार या भारत का राजनीतिक बहुमत समाजवादी अर्थनीति और श्रेणीहीन समाज बना सकने के पक्ष में है। परन्तु भारत का बहुमत मजदूरों द्वारा सशसत्र शक्ति से समाजवाद की स्थापना को कभी न सह सकेगा।

'मार्क्स पूँजीवाद और समाजवाद के सहअस्तित्व की कल्पना नहीं कर सकता था। परन्तु खुश्चेव और अन्य सोवियत राजनीतिज्ञ देख रहे हैं कि समाजवादी और पूँजीवादी शक्तियाँ भी विश्व संहारक शस्त्रों से लैश हैं। यदि दोनों पक्ष अपना दृष्टिकोण दूसरे पर लादने के लिए अपनी पूर्ण शस्त्र-शक्तिं का भरोसा करें तो कौन बचा रहेगा? खुश्चेव और मिकोयान की दृष्टि में समाजवाद का हित, पूँजीवाद को अपने ही अंतरविरोधों से—यदि पूँजीवाद उन्हें स्वयं दूर न करता जाये—समाप्त हो जाने में है। इसी नीति का व्यावहारिक रूप सहअस्तित्व है। सोवियत नेता अपने अनुभव से समाजवाद की रचनात्मक शक्ति का भरोसा करना चाहते हैं।

माओ नयी पायी शक्ति के मद में अपनी ध्वंसात्मक शक्ति का। यदि मार्क्सवादी केवल मार्क्स के शब्दों की ही पूजा नहीं करते, मार्क्सवादी सिद्धान्तों को विकासशील मानते हैं तो उन्हें मानना पड़ेगा कि मार्क्स की मृत्यु के पश्चात् भी अनुभव और चिन्तन के आधार पर मार्क्सवाद का विकास हो सकना चाहिए! मार्क्सवाद में रिवीजन—संशोधन और पुनर्विचार को मार्क्सवाद की हत्या नहीं उसका विकास समझना चाहिए और खुश्चेव और उसके सहयोगियों को उसका श्रेय है।'

बरिस ने निश्वास लिया—'मैं पूर्णतः सहमत हूँ। पर कहना चाहता हूँ कि सामाजिक अनुभव के आधार पर मार्क्सवाद में संशोधन या सुधार का श्रेय खुश्चेव, मिकोयान या उनके सहयोगियों को ही नहीं है। सबसे पहले यह काम किया था—बरिस ने तर्जनी उठायी—लेनिन ने!' में अध्ययन के लिए लंदन जाने से पूर्व तत्कालीन क्रान्तिकारी दल का सदस्य था। लेनिन से वैयक्तिक परिचय था। १९१७ में क्रान्ति के समय और १९२० तक लेनिन की किसी एक देश में समाजवाद की सफलता संभव नहीं समझते थे। उस समय यहाँ के वोल्शेविक आशा कर रहे थे कि संसार के औद्योगिक रूप से अधिक विकसित देशों के संगठित मजदूर भी अपने देशों में सफल क्रान्तियाँ करके विश्व समाजवाद की स्थापना में सहायक होंगे। हम सब जानते हैं, अन्य देशों में क्रान्तियाँ नहीं हो सकीं। यहाँ रूस में पूँजीवादी राष्ट्रों द्वारा संगठित और सम्मिलित आक्रमण के रूप में विरोध द्वारा स्थिति कठिन से कठिन होती जा रही थी। लेनिन ने अनुभव के आधार पर विचार कर अपनी नीति बदली। उसने समाजवादी क्रान्ति को संसार भर में फैलाने की अपेक्षा वोल्शेविक सरकार का शासन मध्य एशिया से ही नहीं उक्रेन से भी समेट लिया और पहले समाजवाद को रूस में ही कायम रखने और सफल बनाने का निश्चय किया। यह ऐतिहासिक सत्य है।

मुझे इस बात से चोट लगी। मैं जोखिम झेलकर लेनिनग्राड आया। लेनिन से भेंट की और उसके मार्क्सवादी सिद्धान्त के विरुद्ध नीति परिवर्तन के प्रति असंतोष प्रकट किया। उस दिन १९२१ का अप्रैल था? लेकिन के एक मुझे तितालीस वर्ष बाद भी याद हैं। उन शब्दों को मैं भूला नहीं क्योंकि इस तारीख और लेनिन के शब्दों को मैं अपने कई लेखों में हूबहू उद्धृत कर चुका हूँ। लेनिन ने कहा—हम-अपने अनुभव और परिस्थितियों की उपेक्षा कैसे कर सकते हैं? इस समय संसार भर के पूंजीवादी राष्ट्र सशस्त्र आक्रमण द्वारा यहां नवस्थापित समाजवादी प्रणाली की और हमे मिटा देने के लिए कटिबद्ध हैं। हमें किसी से सहायता पा सकने की आशा नहीं है। हमारे सामने पहला काम है अपनी भूमि और अपनी सरकार की रक्षा कर सकना। हम अपनी सीमित सैन्य शक्ति द्वारा जितने क्षेत्र पर अपने शासन की रक्षा कर सकते हैं, उसी सीमा के भीतर समाजवादी प्रणाली को स्थापित कर उसकी रक्षा कर सकते हैं। अपने सामर्थ्य से अधिक फैलकर शत्रु को हमें नष्ट कर डालने का अवसर देना आत्महत्या और अव्यावहारिक होगा। जो कुछ हमारे सामर्थ्य में है उसे भी स्वप्नों की प्राप्ति के लिए ध्वस्त हो जाने देना उचित नहीं। लेनिन ने ऐसा ही किया। इसी नीति पर ट्रात्सकी से उसका मतभेद था, यह संसार जानता है। क्यों लेनिन का यह काम, मार्क्स द्वारा प्रतिपादित सिद्धान्तों में, सामयिक अनुभव और स्थिति के अनुकूल रियोजन : पुनर्विचार और संशोधन : नहीं था?

मैने स्वीकार किया—"जरूर था।"

वरिस ने और सुनने का संकेत किया—लेनिन के इस वार्तालाप के उल्लेख का एक प्रयोजन है। आज चीनी कम्यूनिस्ट लेनिनवाद की कस्मे खाकर सोवियत नेताओ पर मार्क्सव में संशोधन का आरोप लगा रहे हैं, यह कितनी बेतुकी बात है! लेनिन की देन तो यह है कि उसने मार्क्सवाद की मार्क्स के शब्दों की पूजा रूढ़िग्रस्त हो जाने से बचाकर अनुभव और सामयिक परिस्थितियों के अनुकूल विकासशील होने का सुझाव दिया। लेनिन की उस परम्परा को माजों नहीं, खश्चेव और मिकोयान जैसे नेता निमा रहे हैं और मार्क्सवाद मानवता के कल्याण में जो योगदान दे सकता है उसे पूरा कर रहे हैं।

बरिस दम्पत्ति जानते थे मुझे हवाई अड्डे के लिए प्रस्थान की जल्दी थी। श्रीमती ने अंतिम प्याला ढालकर कामना की—"शुभातुते पंथानः" : बीं वोयाज़ :। फ्रांस या भारत में मिलने की आशा रखेंगे! तावत् : सी लोंग :!

●

लौकिक लक्ष्य की ओर

प्रश्न—अब भारत और बँगलादेश के लोगों के कर्त्तव्य क्या होने चाहिए?

उत्तर—इस बात पर उत्तर निर्भर करता है कि हम किस सन्दर्भ में विचार कर रहे हैं,एक पहलू है कि बँगलादेश में जो कुछ हुआ उसमें भारत का क्या योगदान रहा, भारत ने इतना बड़ा बोझ करीब ९० लाख शरणार्थियों का और युद्ध में अपेन जवानों और खर्च का बोझ उठाया, इससे भारत को क्या आशा थी? शरणार्थियों के लिए व्यवस्था के आर्थिक बोझ और अपने हजारों जवानों की आहुति के मूल्य से भारत को सिर्फ यह सन्तोष मिला कि अपने देश के कल्याण के लिए उसने जो लक्ष्य अपनाये, उन्हीं लक्ष्यों की प्राप्ति के लिए वह पड़ोसी देश को सहायता दे सका। जाहिर है भारत ने अपने किसी पार्थिव या संकुचित स्वार्थके लिए यह बोझ नहीं उठाया। इसके पीछे केवल कर्त्तव्य-बुद्धि थी। यदि भारत का कोई स्वार्थ था तो वह मानवीय दृष्टि से व्यापक मानवीय न्याय की स्थापना में अपना हित समझने का स्वार्थ था। भारत ने जिसकी लाठी उसकी भैस नीति के अनुसार स्वयं बलशाली बनने की महत्त्वकांक्षा से सन्तोष न करके मानवीय न्याय के दृष्टिकोण को महत्त्व दिया। बँगलादेश की जनता का आत्मनिर्णय का अधिकार कुचलकर उनका दमन और शोषण किया जा रहा था। भारत जो अवसर-अधिकार अपने लिये चाहता था, वही अवसर और अधिकार पाने में उसने बँगलादेश की सहायता की। हमारे लये न्याय और आत्मनिर्णय के अधिकार की गारण्टी इसी में हो सकती है कि हम अन्तरराष्ट्रीय क्षेत्र में इस न्याय-धारणा का समर्थन करें और अन्य राष्ट्रों का दमन और शोषण न होने दें।

हमने संकीर्ण राष्ट्रीय स्वार्थ की नीति के बजाय पड़ोसी राष्ट्रों में पारस्परिक सहयोग, सुरक्षा और विकास की जो नीति अपनायी है, बँगलादेश में भी हमारे उस नीति और व्यवहार के अपनाये जाने की आशा है।

प्रश्न—इस देश की साम्प्रदायिक उलझनों के प्रति आपका क्या विचार है? मुसलमानों के प्रति यहाँ क्या करना है?

उत्तर—मेरे विचार में इस दश के लोगों को उनके साम्प्रदायिक दृष्टिकोण से देखने का रवैया ही गलत है। भारत के नागरिकों को हिन्दी, मुसलमान, सिख, ईसाई आदि के रूप में पहचानने के बजाय उन्हें भारतीय नागरिक मात्र ही समझा जाना चाहिए। उन्हें पृथक रखनेवाली दीवारों को जितनी जल्दी गिरा दिया जाये, हमारे मानवीय और राजनैतिक विकास के लिए उतना ही बेहतर होगा। साम्प्रदायिक विश्वास की मनुष्य की नितान्त वैयक्तिक चीज

बताते हुए उन्होंने आगे कहा—साम्प्रदायिक विश्वासों का लक्ष्य प्रायः पारलौकिक होता है—एक पारलौकिक लक्ष्य में विश्वास रखनेवाले लोग अलग-अलग बिरादरियों या समाजों में बँट जाते रहे हैं क्योंकि हमारे धर्मगुरु जीवन के लक्ष्य पारलौकिक लक्ष्यों की प्राप्ति बताते रहे। उन लक्ष्यों को किसी ने पाया या नहीं, उनकी वास्तविकता क्या है? सब संदिग्ध इसके विपरीत लौकिक लक्ष्य प्रत्यक्ष होते हैं। लौकिक लक्ष्यों का प्रयोजन इहलोक में मानव जीवन को सफल और समर्थ बनाना होता है। मेरे विचार में बेहतर यही है कि हम जीवन के सन्दिग्ध, काल्पनिक, परलौकिक लक्ष्यों को इहलौकिक लक्ष्यों की प्राप्ति में अड़चन न बनने दें।

२४ वर्ष पूर्व पाकिस्तान को पारलौकिक लक्ष्यों की भूमिका में एक थियोक्रेटिक या हुकूमते-इलाही राष्ट्र बनाया गया थाा एक राष्ट्र की भूमि और जनसमुदाय को दो भागों में बाँटने की कल्पना और प्रयोजन का आधार था कि दो सम्प्रदायों के लोग एक साथ नहीं रह सकते और एक सम्प्रदाय के लोगों के एक ओर हो जाने पर उनमें भेद और वैमनस्य का कोई कारण न रहेगा। अनुभव से ये बातें गलत साबित हुईं। हाल में श्री भुट्टो को स्वीकार करना पड़ा कि पिछले २४ वर्षों में पाकिस्तानी जनता को झूठ चराकर धोखे में रखा गया और एक छोटे से वर्ग के निहित स्वार्थों के लिए उनका शोषण किया जाता रहा। भुट्टो इसके लिए अपने पूर्व शासकों को दोषी बततो हैं। वास्तव में दोष उस साम्प्रदायिक दृष्टिकोण या व्यवस्था का था, जिससे पाकिस्तानी जनता का भाग्य, उनके आत्मनिर्णय का अधिकार, उकने लोकतान्त्रिक अधिकार निहित स्वार्थों की मुट्ठी में आ गया। जब तक वहाँ की जनता को पारलौकिक वायदों पर मुजाहिद, गाजी और शहीद बनने के भ्रम में रखा रखा जायेगा उनके कल्याण की आशा नहीं की जा सकती।

प्रश्न—देश की अनेक भाषाओं में स्पर्द्धा भी एक समस्या है, इसके प्रति क्या करना है?

उत्तर—भाषा को स्वयं एक लक्ष्य मान लेना मेरे विचार से ठीक नहीं। उसे समाज के उपयोग और विकास का साधन होना चाहिए। यह बहुत अव्यावहारिक होगा कि प्रत्येक बोली को एक क्षेत्र विशेष की शिक्षा, शासन और व्यावहारिक जीवन का माध्यम बनाने का यत्न किया जाये। ऐसा करने से वह क्षेत्र अत्यन्त सीमित और पंगु बन जायेगा। किसी भाषा का दमन करना भी उचित नहीं है। इस प्रश्न को व्यावहारिक दृष्टि से ही देखना उचित होगा। जिन भाषाओं को भारतीय भाषाओं के अन्तर्गत गिना गया है, उन्हें अपने क्षेत्रों में पूरी मान्यता दी जानी चाहिए।

पूर्वाग्रह छोड़कर हमें यह स्वीकार करना होगा कि हमारे देश का बहुत बड़ा जनसमुदाय (करीब ९० या ९५ फीसदी) विदेशी भाषा यानी अंग्रेजी से अपरिचित हैं, परन्तु वह समुदाय भी पारस्परिक सम्पर्कों की आवश्यकताएँ पूरी करता है वह जिस माध्यम को अपनाता है, हमें उसी को महत्त्व देकर विकसित करना चाहिए। भाषा के सम्बन्ध में स्पर्द्धा का कारण, मुख्यतः नौकरियों का प्रश्न है—वह भी केन्द्रीय आज ऐसा समन्वय निश्चित करने की आवश्यकता है, जो विदेशी भाषा का बोझ लादे बिना ही देश की विभिन्न क्षेत्रों की जनता को सरकारी सेवाओं के समान अवसर दे सके।

प्रश्न—अब बँगलादेश के उदाहरण से भारत में कौन से परिवर्तन उपयोगी होंगे?

उत्तर—यह बँगलादेश का उषाकाल है, हमारी कल्पना में उसके विकास की अनेकों आशाएँ हैं। मेरे विचार में सबसे उज्ज्वल आशा बँगलादेश का अनिवार्यतः लोकायत (सेक्युलर) दृष्टिकोण है। हमारे भारत में लोकायत दृष्टिकोण को केवल तर्क के आधार पर वैधानिक रूप से अपनाया गया है परन्तु वैधानिक और शासकीय स्तर से नीचे वह दृष्टिकोण हमारे जीवन में गहरा नहीं उतर पाया है। बँगलादेश साम्प्रदायिक की आग में झुलसने का संत्रास भोग कर लोकायत दृष्टिकोण स्वीकार कर रहा है। मेरा अनुमान है कि वे लोग हमारी अपेक्षा शीघ्र इस दृष्टिकोण के सामर्थ्य को समझ सकेंगे और उसे व्यवहार में ला सकेंगे, उनका निकटतम सम्पर्क हमारी आँखें खोलने में सहायक होगा। हमने जिस सत्य को तर्क द्वारा विधान के रूप में स्वीकार किया है, उसे हमें क्रमशः व्यावहारिक रूप में अधिकाधिक अपनाना चाहिए। तभी हम अपने राष्ट्रीय जीवन की अनेक असुविधाओं और जटिलताओं को सुलझाने में सफल हो सकेंगे।

●

आचार्य तुलसी की प्रेरणा

लाहौर षड्यन्त्र के शहीद सुखदेव और मैं लाहौर के नेशनल कालेज में सहपाठी थे। एक दिन लाहौर जिला कचहरी के समपी हमें दो श्वेताम्बर जैन साधु सामने से आते दिखायी दिये। हम दोनों ने मनत्रणा की कि इन साधुओं के अहिंसा व्रत की परीक्षा की जाय। हम उन्हें देखकर बहुत जोर से हँस पड़े। सुखदेव ने उनकी ओरसंकेत करके कह दिया, "देखो तो इनका पाखण्ड।" उत्तर में हमें जो क्रोध भरी गालियाँ सुनने को मिलीं उससे उस प्रकार के साधुओं केप्रति हमारी अश्रद्धा गहरी विरक्ति में बदल गयी।

मेरी प्रवृत्ति किसी भी सम्प्रदाय के अध्यात्म की ओर नहीं है। कारण यह है कि मैं इहलोक की मार्मिक परिस्थितियों और समाज की जीवन व्यवस्था से स्वतन्त्र मनुष्य की। इस जगत् के प्रभावों से स्वतन्त्र चेतना में विश्वास नहीं कर सकता। आध्यात्म का आधार तथ्यों से परखा जा सकने वाला ज्ञान नहीं है। उसका आधार केवल शब्द-प्रमाण ही है। इसलिए मैं समाज का कल्याण आध्यात्मिक विश्वास में नहीं मान सकता। अध्यात्म में रति मुझे मनुष्य की समाज से उन्मुख करनेवाली और तथ्यों से भटकानेवाली स्वार्थ पर आत्मरति ही जान पड़ती है। इसलिए अणुव्रत आन्दोलन के लक्ष्यों में सामाजिक और राजनैतिक उन्नति के अपेक्षा उन्नति को महत्त देने की घोषणा से मुझे कुछ भी उत्साह नहीं हुआ था।

जैन दर्शन का मुझे सम्यक परिचय नहीं है। 'कागचंचु' न्याय से ऐसा समझता हूं कि जैन-दर्शन ब्रह्माण्ड और संसार का ......की शक्ति में विश्ववास नहीं करता। न वह कभी अजर-अमर आत्मा में विश्वास करता हहै। इसलिए जैन मुनियों और आचार्यों द्वारा आध्यात्मिक उन्नति को महत्त्व देने के आन्दोलन की बात मुझे बिलकुल असंगत और निरर्थक जान पड़ी। ऐसे आन्दोलन को मैं केवल अन्तर्मुख चिन्तन की आत्मरति ही समझता था।

दो-तीन वर्ष पूर्व आचार्य तुलसी लखनऊ में आये थे। आचार्य के सत्संग का आयोजन करनेवाले सज्जनों ने मुझे सूचना दी कि आचार्य ने अन्य कई स्थानीय नागरिकों में मुझे भी स्मरण किया है। लड़कपन की कटुस्मृति के बावजूद उनके दर्शन करने के लिए चला गया था। उस सत्संग में आये हुए अधिकांश लोग प्रायः आचार्य के दर्शन करके ही सन्तुष्ट थे।

मैंने आचार्य से संक्षेप में आत्मा के अभाव में भी पुनर्जन्म के सम्बन्ध में कुछ प्रश्न पूछे थे और आचार्य ने मुझसे समाजवाद की भावना को व्यावहारिक रूप दे सकने के सम्बन्ध में बात की थी।

आचार्य का दर्शन करके लौटा तो उनकी सौम्यता और सद्भावना के गहरे प्रभाव से सन्तोष अनुभव हुआ। अनुभव किया, जैन-साधुओं के सम्बन्ध में लड़कपन की कटु-स्मृति से ही धारणा बना लेना उचित नहीं था।

दो-चार और एक बार अकेले और एक बार पत्नी सहित आचार्य के दर्शन के लिए चला गया था औरउनसे आत्मा के अभाव में भी पुनर्जन्म की संभावना के सम्बन्ध में बात की थी। उनके बहुत संक्षिप्त उत्तर मुझे तर्कसंगत थे। उस सम्बन्ध में काफी सोचा और फिर सोच लिया कि पुनर्जन्म हो या न हो, इस जन्म के दायित्वों को ही निर्वाह करूँ, यही बहुत है।

एक दिन आचार्य की प्रेरणा से दो जैन मुनियों ने मेरे मकान पर पधारने की कृपा की। उनके आने से पूर्व उनके बैठ सकने के लिए कुर्सियाँ हटाकर एक तख्त डालकर शीतल पाटी बिछा दी थी। मुनियों ने उस तख्त पर बिछी सीतल पाटी पर आसन ग्रहण करना स्वीकार नहीं किया। तख्त हटा देना पड़ा। फर्श की दरी भी हटा देनी पड़ी। तब मुनियों ने अपने हाथ में लिए चँवर से फर्श को झाड़कर अपने आसन बिछाये और बैठ गये। मैं और पत्नी उनके सामने फर्श पर ही बैठ गये।

जैन मुनियों ने मार्क्सवादी दृष्टिकोण से शोषणहीन समाज की व्यवस्था के सम्बन्ध में मुझसे कुछ प्रश्न किये। मैंने अपने ज्ञान के अनुसार उत्तर दिये। मुनियों ने बताया कि आचार्य भक्तों द्वारा अर्पण किये प्रचुर धन का उपयोग जनता की बेकारी और गरीबी को दूर करने के लिए करना चाहते हैं। वे जनता की बेकारी दूर करने के लिए उस धन को उद्योग-धन्धों में लगाना चाहते हैं परन्तु उद्योग-धन्धों का ढंग ऐसा होना चाहिए कि श्रमिक वर्ग का शोषण न हो। शोषण, उद्योग-धन्धों से लाभ उठाने के उद्देश्य के कारण होता है। आचार्य की इच्छा है कि मिल या फैक्टरी मिलों और फैक्ट्रियाँ का उद्देश्य लाभ नहीं होना चाहिए।

मैंने अर्थशास्त्र के दृष्टिकोण से उत्तर दिया कि उद्योग-धन्धों से यदि लाभ नहीं होगा तो हानि होगी। उद्योग-धन्धों अथवों उत्पादन को तो प्रयोजन ही होता ही कि उत्पादन में श्रम और व्यय के रूप में जितना मूल्य लगे उससे अधिक मूल्य का फल हो। सेर भर गेहूँ बोकर सेर भर गेहूँ पाने के लिए खेती नहीं की जाती। शोषण उद्योग-धन्धों से होने वाले लाभ के कारण नहीं होता बल्कि वह लाभ एक व्यक्ति द्वारा ही हथिया लिया जाने के कारण या लाभ का वितरण सब श्रम करनेवालों में समान रूप से न किया जाने के कारण होता है। आप जनहित के विचार से उद्योग-धन्धे आरम्भ करें तो उनकी सफलता न्यूनतम व्यय और अधिक-से-अधिक उत्पादन में होगी। उस उद्योग-धन्धों द्वारा श्रमिकों को उचित जीवित देने के बाद भी यथेष्ट लाभ होना चाहिए परन्तु वह लाभ

किसी व्यक्ति विशेष की सम्पत्ति नहीं बल्कि श्रमिकों की ही सम्मिलित सम्पत्ति माना जाना चाहिए। साधनों को कायम रखने और बढ़ाने के अतिरिक्त उन उद्योग-धन्धों में लगे हुए श्रमिकों को शिक्षा, चिकित्सा तथा सांस्कृतिक सुविधाएँ देने के लिए उपयोग किया जा सकता है। परन्तु उद्योग-धन्धों से लाभ अवश्य होना चाहिए। समाजवादी देशों में ऐसा ही किया जाता है।

मेरी बात से मुनियों का समाधान नहीं हुआ।

तुर्गनिव

साधारण विश्वास है कि 'गुरु बिन गति नहीं'।

मनुष्य विचारों के भँवरों में डूबने-उतराने लगता है तो गुरु की खोज करता है और एक गुरु में आस्था जमाकर उसे अपनी जीवन-नैया की पतवार बना लेता है। विश्वासी लोग 'गुरु' और 'गोविन्द' दोनों को एक ही स्तर पर मानते हैं। गोविन्द एक है तो गुरु भी एक ही होना चाहिए। दत्तात्रेय ने अपने चौबीस गुरु माने थे, इस बात का उल्लेख परिहास से किया जाता है। मैं नहीं जानता मैं कितने बड़े परिहास का पात्र हूँ। मैं अपने चौबीस से कहीं अधिक गुरु मानता हूं। उनमें से एक श्रद्धास्पद इवान तुर्गनिव हैं और संसार के कई महान कलाकार और मनीषी हैं।

सन् १९१९-२१ का समय हमारे देश में विकट राजनैतिक विक्षोभ का था। जनता ने पहली बार सामूहिक रूप से विदेशी शासन के विरुद्ध सिर उठाया था। हमारे नेताओं ने देश को विदेशी सरकार से असहयोग के लिए पुकारा था—विदेशी सरकार की नौकरी हराम है। सब लोग सरकारी के नौकरी छोड़ दें। वकील अदालतें छोड़ दें। विद्यार्थी स्कूल-कॉलिज छोड़ दें। जनता विदेशी सरकार से पूर्ण असहयोग कर दे तो पूरे एक वर्ष में देश स्वतन्त्र हो जायेगा।

मैंने उस वर्ष अपने स्कूल में प्रथम हरकर मैट्रिक की परीक्षा पास की थी और छात्रवृत्ति पायी थी। कॉलेज की शिक्षा पूरी करके अच्छी सरकारी नौकरी पा सकने या वकील बन सकने की महात्त्वाकांक्षा मन में थी परन्तु मैं पढ़ाई छोड़कर आजादी के लिए असहयोग-आन्दोलन में स्वयंसेवक बन गया था। सोच लिया था देश की आजादी पहले, व्यक्तिगत सफलता की बात एक वर्ष बाद सोच ली जायेगी।

सन् १९२१ में चौरीचौरा में जनता ने विदेशी शासन के विरु जैसा प्रदर्शन किया, उसके कारण स्वराज्य आन्दोलन के नेता गाँधी जी ने असहयोग आन्दोलन को स्थगित कर दिया था। आन्दोलन स्थगित हो जाने का क्षोभ मन लिये मैं 'नेशनल कॉलिज' में भरती हो गया था।

मुझे पाठ्य-पुस्तकों के अतिरिक्त दूसरी पुस्तकें पढ़ने की आदत बचपन से ही थी, विशेषकर, कहानी, उपन्यास, जीवनियाँ और यात्रा-वर्णन। हिन्दी में ऐसी जितनी भी पुस्तकें मेरे हाथ लग सकीं, पढ़ चुका था। कॉलेज में आने से अंग्रेजी शिक्षा का स्तर बढ़ा तो अंग्रेजी

में भी उपन्यास पढ़ने का साहस किया। परिस्थितियों के कारण क्षुब्ध मन को पाठय-पुस्तकों के अतिरिक्त अन्य पुस्तकों से सांत्वना भी मिलती थी। मैं ही नहीं, दूसरे विद्यार्थी भी मन में आन्दोलन के स्थगित हो जाने की खिन्नता का बोण लिये थे। उसी मनःस्थिति में पुस्तकालय से ईवान तुर्गनेव के उपन्यास 'पिता और पुत्र' का अंग्रेजी अनुवाद हाथ लगा और उसे भी पढ़ा।

लगभग चालीस वर्ष पूर्व की बात याद है। अंग्रेजी का ज्ञान तो उस समय सीमित ही रहा होगा परन्तु उपन्यास के पहले ही अध्याय में मन को ऐसा पकड़ लिया था कि पुस्तक को आधी-आधी रात तक छोड़ नहीं पाता था। उस उपन्यास को दूसरे साथियों—भगतसिंह और सुखदेव ने भी पढ़ा था और उस पर आपस में चर्चा भी हुई थी। हमें लगा था, हमने अपनी मानसिक क्षोभ की अवस्था में समझ का एक सूत्र पा लिया हो। हमें घेरे हुए मान्यताएँ और आस्थाएँ ही सब कुछ नहीं हैं विश्वासी और अनुगत बने रहने से ही काम नहीं चलेगा। हममें भी विवेक है।हमें आत्म-निर्भर होकर अपने समाज की परिस्थितियों को स्वयं परखकर, सोचकर मार्गनिर्णय करना होगा।

तुर्गनेव के मानस पुत्र बजारोव ने मेरे चिन्तन और कल्पना को इतना अभिभूत कर लिया था कि वह मुझे अपने साथ चलता-फिरता, बात करता दिखायी देता था। वह मेरे जीवन का पथ का निर्देशक बन गया। गुरु तुर्गनेव से पायी इस प्रेरणा ने एक जिज्ञासा की व्याकुलता जगा दी थी जो प्रत्येक क्षेत्र में विश्वासों और मान्यताओं से आगे बढ़कर देखना चाहती थी। वही प्रभाव मेरे दूसरे साथियों पर भी पड़ा था। मैं उस प्रेरणा को मानसिक छाप के रूप में सदा भरोसे से सँजोये रहा हूँ।

चालीस वर्ष चार दशक का समय कम नहीं होता। इस बीच में मैं अपने समाज में दो नयी पीढ़ियों को आ गया देख रहा हूँ। दोनों पीढ़ियों से अनेक प्रकार की बातें, आदर्शों और महत्त्वकांक्षाओं के बारे में सुनता हूं। अपने देश के नेताओं से कभी-कभी नयी पीढ़ियों में जीवन के ऊँचे आदर्शों की कमी की बातें भी सुनता हूँ। स्वयं मेरे मन में भी यह प्रश्न उठता है—क्या हमारे नेताओं की यह चिन्ता ठीक है? यदि ठीक है तो नवजवानों के सामने कौन-सा सतत आदर्श बना रह सकता है? इन ख्यालों में या अपनी रचना शक्ति को जगत-मान्य कलाकारों की रचनाओं से उत्साहित करने के लिए गुरु तुर्गनेव का उपन्यास 'पिता और पुत्र' फिर पढ़ा।

इस बार पुस्तक को मास्को विदेशी भाषा प्रकाशन गृह के अनुग्रह से अपनी भाषा में पढ़ सका हूँ। निश्चय ही इस बार उपन्यास में अधिक रस पाया। ठीक सौ वर्ष पूर्व लिखे गये इस उपन्यास को आज भी उतना ही सजीव, सार्थक और संवेदनापूर्ण पाया जैसा कि मैं स्वयं लिख सकना चाहता हूँ।

मुझे तुर्गनेव की इस रचना में अपने समाज के लिए सतत आदर्श भी मिलता है—बजारोव की तरह मानसिक और बौद्धिक आत्म-निर्भरता से अपने पाँव खड़े होकर सामाजिक दृष्टिकोण से देखने का प्रयत्न। यह आदर्श मुझे सदा विकासशील और कभी न खिसक सकने वाली चट्टान जान पड़ता है। यदि परम्परा में आस्था की पट्टी आँखों पर बाँधकर रहनेवाले लोग

विवेक और आत्म-निर्भरता के दृष्टिकोण को 'निहिलिज्म' या 'नास्ति' कहें तो भी घबराने की जरूरत नहीं। अन्ध-परम्परा और बौद्धिक दासता का अन्त तो आवश्यक है ही परन्तु विवेक और आत्म-निर्भरता का लक्ष्य 'नास्ति' और 'ध्वंस' कभी नहीं हो सकता।

आत्म-निर्भरता और विवेक का जन्म ही निर्माण का उत्तरदायित्व लेने की इच्छा और साहस से होता है। विपरीत इसके निहिलिज्म' और 'नास्ति' की भावना आत्म-विश्वास की कमी और निराशा का परिणाम होती है।

आत्म-विश्वास और विवेक, विकास के अजस्र स्रोत हैं, यही मानवता का सतत आदर्श है। गुरु इवान तुर्गनेव का यह सन्देश अमर है।

●

उत्तर प्रदेश के प्रगतिशील लेखक और भाषा की समस्या

उर्दू के लेखकों के बीच हाल में बढ़े हुए मतभेदों को देखकर चिन्तित है। प्रान्तीय समिति की राय में दो समानान्तर भाषाओं का सिद्धान्त मानने योग्य नहीं है। हिनी और उर्दू एक ही भाषा की, जिसका परम्परागत नाम हिन्दी है, दो साहित्यकि शैलियाँ हैं। ये हमारी राष्ट्रीय विरासत का अंश हैं, और इस एक ही भाषा की दो शैलियों का स्वतंत्र और मुक्त विकास हमारी एक संस्कृति को समद्ध करने और राष्ट्रीय एकता के विकास के लिए आवश्यक है। विशेष ऐतिहासिक परिस्थितियों के कारण इन रूपों में अलग बहने की प्रवृत्ति रही है, लेकिन राष्ट्रीय चेतना के विकास के साथ-साथ वे फिर समीप आयेंगे। इन दोनों साहित्यों की समृद्ध जनवादी परम्पराएँ हैं और हमारी विकसित होती हुई संस्कृति को बहुत कुछ दोनों देंगे। जैसे-जैसे लेखक जनता के समीप आयेंगे, हिन्दी और उर्दू शैलियाँ भी एक होंगी। इसीलिए प्रान्तीय समिति की रा में हिन्दी और उर्दू शैलियों की समृद्ध, सांस्कृतिक विरासत की रक्षा होनी चाहिए और एक ही समान लिपि, देवनागरी की मान्यता के साथ उनके एकीकरण के लिए पूरे प्रयत्न होने चाहिए।

"हम हिन्दी को उत्तर प्रदेश की राजभाषा के रूप में स्वीकार करते हैं और राज्य के शासन कार्य और शिक्षा के माध्यम के लिए उसकी मान्यता का समर्थन करते हैं। हम चाहते हैं कि राज्य के सभी नागरिकों के लिए हिन्दी की शिक्षा अनिर्वाय हो। हम यह भी मानते हैं कि जहाँ भी समुचित संख्या हो, उर्दू की शिक्षा और विकस के लिए सुविधाएँ दी जायं और राज के कार्यों में, जहाँ भी पहले उर्दू का प्रयोग होता रहा है, एक विशेष अवधि के लिए उर्दू के प्रयोग की आज्ञा दी जाय। योग्य लेखकों को पुरस्कार, मदद और अन्य प्रोत्साहन देते समय उर्दू साहित्य को भी शामिल करना चाहिये।

"एक ही विरासत के बंधन दृढ़ करने और दोनों रूपों को समीप लाने के लिए निम्नलिखित कदम उठाने चाहिए :

अ. स्कूल और कॉलिजों में हिन्दी और उर्दू साहित्य के पाठ्यक्रमों में दोनों साहित्य के सर्वोत्तम अंश रखे जाएँ।

ब. उर्दू का सभी साहित्य देवनागरी लिपि में प्रकाशित किया जाय।

स. लेखकों को सरल शैली में लिखने का प्रयत्न करना चाहिए, जो जनता की भाषा के निकट हो।

"हम हिन्दी और उर्दू के सभी लेखकों से अपील करते हैं कि जहाँ कहीं भी दूरी पैदा करने वाली प्रवृत्तियाँ हों उनका मजबूती से मुकाबिला करें और एकतापूर्ण, जनवादी, राष्ट्रीय संस्कृति के विकास में सहायक हों।

१. प्रगतिशील लेखक संघ हमेशा से निश्चित तौर पर यह एलान करता आया है कि हिन्दी और उर्दू एक ही भाषा की दो शैलियाँ हैं। इतिहास में इस एक ही भाषा को हिन्दी के नाम से पुकारा गया है। संघ का यह भी विश्वास रहा है कि इन दोनों शैलियों को एक ही भाषा में विलीन हो जाना चाहिए जिसकी लिपि देवनागरी हो। उपरोक्त कारणों से प्र.ले.सं. के लिए ज़रूरी है कि वह अंजुमने-तरक्किये-उर्दूये हिन्द की इस माँग का कि उर्दू को हिन्दी से पृथक एक भाषा के रूप में क्षेत्रीय भाषा और हिन्दी के साथ साथ उत्तर प्रदेश की राज भाषा के तौर पर मान्यता दी जाय विरोध करे।

२. प्रगतिशील लेखक संघ ने हिन्दी उर्दू शैलियों का एकीकरण और देवनागरी लिपि को भाषा के क्षेत्र में अपना अन्तिम उद्देश्य माना है। उत्तर प्रदेश की मौजूदा सरकार की भाषा सम्बंधी नीति इस आदर्श की पूर्ति के लिए बाह्यगत परिस्थितियाँ प्रस्तुत करती है। इसलिए प्र. ले. सं. को चाहिये कि वह उत्तर प्रदेश की सरकार की भाषा संबंधी नीति का विरोध करने के बजाय जनता से अंजुमने-तरक्किये उर्दू की मांगों के घातक परिणामों से अवगत कराये क्योंकि इन मांगों के परिणाम स्वरूप दोनों शैलियाँ हमेशा एक दूसरी से अलग रहेंगी और इस प्रकार उनसे राज्य में समान राष्ट्रीय भावनाओं के विकास में बाधा पड़ेगी।

मनोरमा से साक्षात्कार

अति व्यस्तता के बावजूद कभी विश्राम का समय मिलता है तो मन बहलाव के कुछ मनोरंजन पढ़ने का विचार आता है। बहुधा मनोरमा का नया अंक उण लेती हूँ तो मनोरमा से साक्षात्कार समाप्त करने में समय लग जाता है। आवश्यक काम भी मजबूरी थी पत्रिका को एक ओर रख देने को मजबूर कर सकती है। पत्रिका उठाते समय विचार मनोरंजन का रहता है। परन्तु वह पहले रंजन उपादेय होता है। अर्थात मनोरंजन ढंग से वैयक्तिक, विशेषतः नारियों के पास में पारिवारिक और समाजिक जीवन को सुखद तथा सफल बनाने के उपयों की चर्चा, आजकल शीघ्रता से बदलती परिस्थितियों और जीवन निर्वाह की परम्परागत प्रणाली को बदलने की मजबूरी में गृहस्थ जीवन को स्वस्थ बनाये रखने और परिवार के सभी अंगों को मनोरंजक भाषण में संतोष और विकास का पूर्ण अवसर और मार्ग सुझाने के तरीके सामाजिक और राष्ट्रीय दृष्टि से निर्माणात्मक जान पड़ते हैं। हमारे अतीत सामाजिक इतिहास में सेक्स एक प्राकृतिक प्रवृत्ति और समाज के आधार रूप स्वस्थ सम्बंध था हमारे इतिहास के विकृति और हासोन्मुख काल में सेक्स सम्पन्न लोगों के लिए अहंकार पूर्ण विलास और सामान्य लोगों के लिए लज्जाजनक और अपराध भावना से पूर्ण दुरतिवार प्रवृत्ति बन गयी। मनोरमा से इस प्रसंग की चर्चा हमारे समाज को इस मानसिक रुग्णता के उपाय का यत्न कर रही है। प्रायः प्रत्येक अंक में एक सत्य वृत्त कथा रहती है हमारे अतीत से कोई गौरव गाथा और हमारे समाज को कोई आधुनिक मर्मात्तक अनुभव। इस प्रसंग में मई १५ के अंक में तीन एकड़ जमीन-चक्र ब्यूह वृत्त बहुत दिन याद रहेगा हमारे देश की नारी यदि नारी समाज में चोटी का स्थान पाने में सफलता के उदाहरण दे रही है तो उसकी अधिकांश बहने किसी असह्य स्थिति में गल रही हैं। भारतीय नारी को सावधान रहना है कि देश की प्रधनी मंत्री एक महिला है और दो नारियाँ मुख्य मंत्री हैं और कई सौ विधान सभा की सदस्य परन्तु अभी देश में उन्मुक्त नारियों की संख्या प्रतिलाख एक भी नहीं। हमारी औसत नारी समुदाय हमी तक दमन शोषण और भीषण अन्याय की चक्की में पीसा जा रहा है। उन व्यथित नारियों की अवस्था और भावना को मनोरमा जिह्वा दे रही हैं। मनोरमा आश्वासन भी दे रही है कि यदि अतीत में विद्युतमा और तील रौते ली जैसी भारतीय नारियां हो सकती थीं और आज अनेक भारतीय नारियाँ पुरुषों से अधिक योग्यता तथा सामर्थ्य दिखा सकती हैं तो शेष भारतीय नरियों के लिए समान अधिकार और अवसर का जीवन पा सकना सम्भव होना चाहिए।

उपरोक्त गम्भीर विषयों के अतिरिक्त मनोरमा स्त्रियों के मसरफ़ या निजी व्यवहारिक को भी नहीं भूलती। उसमें सीते पिरोने और बुनाई के उपयोगी गुर और ढोर के अतिरिक्त आधुनिक रुचि से घर और कमरों के रखरखाव और सजावट के लिए भी उपयोगी सुझाव रहते हैं। मनोरमा नारी के विशेष कौशल रसोई रासायन की भी उपेक्षा नहीं करती। बाज वक्त उसमें अनेक चमत्कार चटोरे नुस्खे मिल जाते हैं।

आज के नागरिक समाज के लिए मनोरंजन के प्रमुख साधन सिनेमा और फिल्म की चर्चा भी मनोरमा नहीं भूलती। उसमें इस माध्यम के कलात्मक पास के निरूपण के साथ फिल्म जगत के साथ जुड़े स्वप्न जगत की मृगमरीचिका के जाल का भी यथेष्ट परिचय मिल जाता है।

हमारे नागरिक समाज में अधिकांश स्त्रियों के जीवन का अधिकांश भाग घर की चार दीवारी में ही बीतता है। ऐसे परिवारों में मरोनमा जैसी पत्रिका पहुँच जाने पर घर को संसार समाज से पर्दे में रखने वाली दीवार में एक खिड़की खुल जाती है और परिवार की नारियाँ चार दीवारी के भीतर बन्द रह कर भी समाज से मानसिक सम्पर्क में आ सकती हैं। इसी दृष्टि से मैं मनोरमा को स्त्रियों की पत्रिका समझती हूँ। इस कसौटी पर मनोरमा न केवल हिन्दी में बहुत अच्छी पत्रिका है अपितु भारतीय नारी पत्रिकाओं में भी उच्च कोटी की पत्रिका है।

●

एक अपरिचिता का पत्र

यश दा,

सादर

मैं एक अपरिचिता आज आपको पत्र लिख कर कुछ कष्ट देना चाह रही हूँ। आशा ही नहीं पूर्ण विश्वास है कि आप पिता की तरह मुझे नेक सुझाव देंगे जिससे कि मैं शान्ति से जीवन बिता सकूँ और भूले हुए को ठीक राह पे ला सकूँ। मुझ पर कृपा करिये, दो सप्ताह के बाद या तीन याद खूब सोच कर गंभीर समस्या का हल 'धर्मयुग' द्वारा दे हें तो बहुत अनुग्रहित होउंगी। लिखने को बहुत कुछ है पर कैसे लिखूँ? यह समझ लीजिये आँसुओं भरी दास्तान है।

मैं २४ वर्ष की एक पंजाबी घराने की लड़की हूँ। अधिक समय नयी दिल्ली में ही बीता। शादी एक अलीगढ़ के पास के गाँव के जमींदार घराने में हुई। पतिदेव मैं लेक्चरर हूँ। मैं ससुर भी ट्रेनिंग कॉलेज के प्रिंसीपल हूँ। सास हूँ, एक देवर एम. ए. फाईनल में। एक पुत्र ढाई वर्ष का, एक बच्चा दिसम्बर तक आने वाला है। मैं एम. ए., बी. एड. हूँ। एक छोटा सा, प्यारा सा परिवार है फिर भी मैं बहुत दुखी हूँ क्यों कि मेरे पतिदेव का व्यवहार मुझसे बहुत ही खराब है। मैं उनसे बहुत डरती हूँ। शादी हुऐ चार वर्ष हो गये लेकिन आज तक उन्होंने मुझसे कभी कोई ठीक बात नहीं की। मेरे अपमान और ठुकराने में कोई कसर नहीं छोड़ी। घर बाहर नौकरों के सामने मुझे ऐसा जलील किया कि मैं उनको दूध या रोटी भी नहीं दे कर जा सकती। नौकर तक मुझे देख कर हँसते हैं। पास जाते डर लगता है कि अभी जाऊँगी तो जोर-जोर से चिल्ला कर बातें करेंगे। सब सुनेंगे। कुछ भरोसा नहीं, पास बैठने पर मार-पीट भी कर सकते हैं और मुझे सिर्फ इसी कसूर पर जोर से तमाचा भी लड़ दिया कि उनका बेटा उनके पास जाना चाह रहा थ, मैने छोड़ दिया। बस फिर क्या था, मारा ऊपर से बोलना बंद। हाय क्या बताऊँ पिताजी ४ वर्ष से कोई दिन ऐसा नहीं गया मैं रोते रोते ना सोई हूँ। कभी भी साथ ले जाने को तैयार नहीं हूँ। पिछली छुट्टियों के बाद मैने साथ जाने को कहा था तो मुझे घर वालों के सामने बेशर्म, १६ साल की बनती है, तुझे कहते शर्म नहीं आती साथ चलूंगी। घर वालों से उसने कह दिया है अब क्या मैं जिन्दगी

भर इसे नहीं ले जा सकता। मुझे इससे घृणा है, यह मेरे साथ रहने लायक नहीं। जब मैं हाथ जोड़कर रो-रो कर पैर पड़ते हुए ले जाने को कहा तो कहा कि अपने बेटे को भी साथ ले चल, सारा सामान ले चल।जो तुझे यहाँ घर का मुँह दिखा दूँ तो याद रख। यदि लड़के को कुछ हो गया तो तुझे काट कर के रख दूँगा। बच्चा अपनी अम्मा के पास बहुत खुश रहता है। वैसे तो जब अपनो का होता है तो मुझे दिल्ली भेज देते हैं। एम. ए. कहीं की। फर्स्ट डिलीवरी के लिए भी नहीं भेज दिया लेकिन जब कोई दुःख होता है तो मुझे वहाँ भेजा ही नहीं जाता। माता जी पिता जी की बरसी पर सब भाई बहिन इकट्ठा हुए लेकिन मैं अकेली यहाँ पड़ी रोती रही। उनकी चिट्ठियाँ आती हैं तो पतिदेव पढ़ने का कष्ट भी नहीं करते। वे भाई रोते है कि हमारा कितना अपमान है। क्या जवाब दूँ उन्हें मैं भी कम पत्र लिखने लगी हूँ। उन्हें अपना दुःख रोऊँ भी तो कैसे। मैं भाइयों से इसलिए शरमिन्दा रहती हूँ कि मेरे लिए कितना करते पर मैं उनका कभी दुःख भी न बंटा सकी। समाज वाले भी उन्हें कहते हैं सब आये मुन्नी भी आई। उनका ध्यान कैसे करूँ यदि मुझे ही प्यार से कोई बोल दे। मैं सीधी हूँ वे ....किन्तु खाली बाहर में गाली गलौच करके ही रह गये मैं नहीं निकली। जमालपुर का बच्चा-बच्चा तमाशा देख रहा था और मुझे गालियाँ दे रहा था कि मैं पति की बात नहीं मानती हूँ। मैं आवारा और बदचलन हूँ।

पड़ोस का एक लड़का जो आजकल आसाम में ए. एस. एम. है उसे मुझसे सहानुभूति थी। वह मुझे बहुत मानता था। वही एक ऐसा था जिसे मैं अपना कह सकती थी। उसे भी मेरे पति ने मुहल्ले वालों की मदद से मारा। और सब जगह इस बात का प्रचार कर रहे हैं कि मैं उसी से शादी करना चाहती हूँ। मुहल्ले के शरीफ मुझे जो समाज के सम्मानित व्यक्ति हैं और जिन लोगों ने मेरे अकेलेपन का नाजायज फायदा उठाना चाहा था, अवसर नहीं मिल सकने पर आज हमारे शत्रु हो गये हैं। मि. सिन्हा तो मारपीट कर बेइज्जत कर २२ मार्च को चले गये किन्तु अब मेरा यहाँ रहना बहुत कठिन हो गया है। रात में मेरे आंगन में आदमी की खोपड़ी, नर कंकाल के टुकड़े, पत्थर आदि फेंकते हैं। मैं एकदम डर गयी हूँ भैया। मैंने थाने में सनहा करा दिया है। मगर पुलिस भी केवल पैसा का साथी है। वह मुहल्ले वालों पर १०७ चलाने के लिए मुझसे २००रु. मांगती है नहीं देने पर मुहल्ले वाले के दिये गये गलत रिपोर्ट के आधार पर चुप हैं

सब लोग मिलकर मुझे मुहल्ला से निकालना चाहते हैं। मेरा स्कूल जो अर्द्धसरकारी है और प्रबन्धकारिणी समिति के अधीन है, उन लोगों ने भी मुझे धमकी दी है।

इस विषय में वकील से पूछने पर वकील ने राय दिया है कि पाँच साल के बाद बच्चा पर पिता का अधिकार हो जायगा।

मेने माँ-बाप भी ऐसे समय में मेरा साथ नहीं देते हैं और कहते हैं कि तुम चाहे जो कुछ भी करो मैं तुम्हारा साथ नहीं दूँगा।

इस समय परिस्थितियों ने मुझे बुरी तरह फंसा लिया है भैया। मैं क्या करूँ कुछ नहीं सूझता, मेरे चारों ओर अंधकार ही है न जाने मैं कहाँ गिर पडूँगी। आत्महत्या करने का साहस नहीं होता। बच्चों का मोह होता है कि मेरे बाद वे कितना रोयंगे। मैं किससे किससे लड़ूँ समाज से, पुलिस से, मैनेजिंग कमेटी से, पति से या माता-पिता से? मुझे सर्वत्र निरासा लाती है कहाँ जाऊँ मुझे कोई अपना कहीं नहीं।

तलाक देकर मैं इनसे छूट सकती हूँ किन्तु मेरा दोनों बच्चा चला जायगा जो मेरा जीवन है। मि. सिन्हा दूसरी शादी करके बच्चे पैदा कर सकते हैं किन्तु मुझे तो दूसरा बच्चा भी नहीं हो सकता क्योंकि मेरा आपरेसन हो गया है। और मेरा मुन्ना-मुन्नी इनके पास कभी नहीं बच सकेगा। मैं अपने पति से कुछ नहीं चाहती हूँ वो सहर्ष तीसरी शादी करें मैं उनसे एक पैसा नहीं माँगूँगी मगर मुझे केवल मेरा बच्चा चाहिए। किन्तु वो इतने निष्ठुर और हृदयहीन हो गये हैं भैया कि इनसे बचना मुझे बहुत मुश्किल है। अकेले मैं क्या करूँ। केस करने मैं भी तो किसी की मदद और पैसा चाहिए।

मेरा मन एकदम पागल सा हो रहा है सोचते-सोचते परेशान हो गयी हूँ। निराशा की इस स्थिति में मैं क्या कर लूँगी कुछ कह नहीं सकती। इतना रोना-रोना आता है कि क्या बताऊँ। लगता है कि इतने बड़े संसार में मैं एकदम अकेली हूँ। दोनों बच्चों के साथ मेरी ...गति होगी भगवान जाने।

...सामने कुछ पीछे कुछ। सब अपने अपने काम में मस्त हैं। मैं रात-रात तड़पती हूँ कोई इस बात की ओर ध्यान ही नहीं देता। उनका एक लड़की से सम्बंध है। मैंने अपनी आँखों से देखा है। जिस दिन मैंने देखा था मैं हैरान रह गयी थी। आँखों पर विश्वास नहीं होता था। यही कारण है वह मुझे कभी साथ नहीं ले जाना चाहते। उसी लड़की के घर में रहते हैं। वह भैया कर के बोलती है। दिन रात पास आती है। मै केवल एक सप्ताह उनके पास रही मैं बिमार हो गई। डॉक्टर ने रेस्ट करने को बताया एक हफते का। नीचे गली में है लड़की का घर, सामने है। टट्टी भी उनकी नीचे ही है। हमें भी वहाँ जाना पड़ता हैं वह लड़की घर से कुछ भी बहाना करके आती है। यदि घर में ये हों तो फट कुछ ना कुछ इशारा करके बुला लेती है। जैसे साइकिल की घंटी बजा कर या कुछ चीज उपर फेंक कर। इशारा पाते ही चले जाते हैं। मैं उपर सुनती हूँ उनकी हँसी-मजाक। दंग रह जाती हूँ कि जिस आदमी की मैंने कभी हँसी आवाज नहीं सुनी वह ऐसा खुश रह सकता है। मैं तो एक बात के लिए ही तड़पती रही। कभी भी प्यार तो क्या बात नहीं मिली। पास बैठने का अधिकार नहीं है। अपने आप बैठती हूँ तो डांट-फटकार कर उठा दिया जाता है जा तू लेट, आराम कर। मेरे से क्या लेगी। हाँ कभी पास बैठने पर मन होता है तो वासना की तृप्ति के लिए बैठा लेते हैं। फिर ऐसे भगा देते हैं कि तू आई क्यों। ना वे मकान बदलने को तैयार हैं, न मुझे ले जाने को। जानकर भी क्या करूँ। मैं पड़ी तड़पती रहती हूँ। वे रात के बारह-एक बजे तक उससे रंग-रेलियाँ मनाते रहते हैं। मैं सब कुछ सहती हूँ। रोती रहती हूँ। शर्म आती है। वे लड़की उनकी स्टूडेन्ट है। १०वीं में पढ़ती है। माँ-बाप को इन पर और लड़की

पर पूर्ण विश्वास है कि भैया बवन बन कर रह रहे हैं। उनक सारि बाबई में बदनामी है पर माँ कहती है भैया कह कर खसम नहीं बनाया जाता। आठ दिन रख कर मुझे यहाँ छोड़ गये। डेढ़ मास हो गया। घर में कभी भी आता है तो मुझे पता नहीं। सब कुछ छिपाया जाता है। हिन्दी लिखनी नहीं आती। पंजाबी पढ़ी या इंगलिश। आशा है आप गलती के लिए क्षमा करेंगे। लड़की का नाम शकुन मालवीय कक्षा १०वीं एच.एस.एस. बाबई होशंगाबाद। पिता का नाम हरप्रसाद मालवीय है। लड़की बड़ी बदमाश है। एज्जत के मारे न किसी से कुछ कह सकती हूँ। बस जलती हूँ। स्वास्थ्य खराब है। आप सुझाव दें। उन्हें रास्ते पर ला सकूँ। पत्र लिखने में इतनी अड़चनें आ रहीं हैं कि बीच-बीच में कोई न कोई काम बता दिया जाता है। मुझे उठना पड़ता है।

●

अपरिचिता बेटी को उत्तर

अपरिचिता एम.ए., बी.एड. बेटी,

तुमने मुझे पिता-तुल्य मान कर अपनी समस्या का 'धर्मयुग' द्वारा समाधान करने के लिए पुकारा है। तुम यह भी प्रकट नहीं कर सकतीं कि तुमने अपनी असह्य अवस्था के विषय में कोई आवाज उठाई है। तुम्हारे नाम और पते पर उत्तर आने पर तुम्हें संकट में पड़ जाने का भय है। इसीलिए 'धर्मयुग' के माध्यम से उत्तर चाहती हो। संभवतः तुम्हारा विश्वास है कि तुम्हारी समस्या एक सामाजिक प्रश्न है और हमारे समाज की अन्य सैकड़ों युवतियाँ तुम्हारी जैसी परिस्थितियों में तड़प रही होंगी। तुम बताओ जिस व्यक्ति को अन्याय के विरुद्ध दुहाई देने का भी साहस नहीं, वह किससे सहायता की आशा कर सकता है? बुरा न मानना, कोई कह कसता है—तुम अपनी 'आँसू भरी दास्तान' सुना कर केवल दूसरों का हृदय दुखाना और उनकी निष्क्रिय सहानुभूति पाना चाहती हो। यदि तुम्हें इससे संतोष मिल सकता है तो तुम्हें अपनी बात मेरे जैसे अन्याय से खिन्न होकर उसके विरुद्ध भड़क उठने वाले लोगों की अपेक्षा अविचल, निर्विकार भगवान को ही सुनानी चाहिये जो तुम्हारी पारिवारिक स्थिति, मनःस्थिति और अनुभूति को खूब जानकर भी, शायद इसे ही न्याय समझकर अविचल और तटस्थ है। यदि तुम इसे भगवान का न्याय समझने को तैयार नहीं हो तो चुप क्यों हो?

मैं बाल-बच्चोंदार हूँ। स्वयं मेरे परिवार में बेटियाँ हैं। तुम्हारा उदाहरण देखकर मेरा मन घुट-घुट कर रह जाता है कि लड़कियों को एम.ए. और बी.एड. तक शिक्षा दिला कर भी उनमें व्यक्तित्व, आत्मसम्मान और आत्मनिर्भरता का भाव और साहस उत्पन्न नहीं किया जा सकता। जो व्यक्ति तुम्हारे सामीप्य से ग्लानि अनुभव करता है, जो तुम्हें अपने गले की मुसीबत समझता है, जिसे तुम्हारा सामीप्य क्रोध में आप से इतना बाहर कर देता है कि वह तुम पर हाथ भी चला दे, तुम उसी से चिपटी रहना चाहती हो। तुम समाज से या मुझसे क्या प्रत्याशा करती हो? तुम चाहती हो तुमसे आकर्षण-अनुभव न करने वाले तुमसे विरक्त व्यक्ति को तुमसे प्रेम करने के लिए विवश कर दिया जाये। समाज और कानून उस व्यक्ति को तुम्हें रोटी-कपड़ा, आश्रम या 'गुजारा' देने के लिए तो विवश कर सकता है परन्तु उस व्यक्ति के हृदय में तुम्हारे प्रति प्रेम और आदर नहीं उत्पन्न कर सकता। तुम्हारा प्रेम भी विचित्र है जो किसी प्रतिदान के बिना भी बना है। तुम अपने पति से प्रेम चाहती हो या उस पर पत्नित्व का अधिकार?

संभवतः तुम्हारी धारणा है कि तुम्हें पत्नि के रूप में जिस व्यक्ति को सौंप दिया गया है, तुम्हारा कर्तव्य उसे ही आराध्य मान कर तन-मन से उसी की दासी बने रहना है। यदि तुम्हारी ऐसी ही आस्थ है तो उस आस्था के अनुसार अपनी अवस्था से असंतुष्ट होना अन्याय और दुर्भाग्य अनुभव करना, अपने पति की प्रेमिका और पति की रास-लीला के प्रति ग्लानि अनुभव करना भी मानसिक पाप है। क्या यह पतिदेव के व्यवहार के प्रति मानसिक विद्रोह अनुभव करना अथवा हिन्दू पतिव्रत धर्म से मानसिक स्खलन नहीं? बिटिया, उस आस्था के अनुसार तो नारी का आदर्श 'पद्म.... के सृष्टि स... वर्णित शव्या बा... थी जो अपने मंगु पति के वेश्यागमन के लिए अपनी पीठ पर बैठा कर वेश्या के घर ले गई थी और जिसके पतिव्रत के प्रताप से सुर्योदय तक रुक गया था। यदि उसी धारणा में तुम्हारी आस्था है तो तुम अपनी समस्या का समाधान उन्हीं लोगों से पूछो जिन्होंने तुम्हें ऐसे आदर्शों का उपदेश दिया।

परम्परागत पतिव्रत धर्म की धारणा के अनुसार पतिदेव की किसी व्यवहार की आलोचना करना, पति के व्यवहार से खिन्नता अथवा दुःख अनुभव करने को मानसिक पाप समझना चाहिए। तुमने निःसंकोच अपनी वास्तविक परिस्थिति और मानसिक स्थिति लिख दी है कि पति के अन्याय के प्रति असंतोष अनुभव न करना संभव नहीं। मैं भी निःसंकोच पूछना चाहता हूँ कि क्या तुम्हें विवादित जीवन से ऐसी ही आशा थी? क्या तुम अपनी स्थिति से असंतुष्ट नहीं हो, माता-पिता द्वारा किये गये इस विवाह को एक भूल नहीं समझ रही हो? तुम्हारा यह विवाह, तुम्हारी या तुम्हारे माता-पिता की एकभूल के कारण हो गया है। जीवन में भूलें होती हैं। समझ लेने पर जीवन को भूलों पर न्योछावर नहीं कर दिया जाता। भूलों का मार्जन किया जाता है। हमारे समाज में इस प्रकार की भूलों के असंख्य उदाहरण प्रकट होने लगे हैं। ऐसी भूलों के कारण स्त्री-पुरुषों के जीवन नष्ट न कर देने के लिए समाज ने कानून स्वीकार कर लिया है। आवश्यकता होने पर इस कानून द्वारा ही संकट का उपाय करना चाहिए।

यदि तुम विवाह को जीवन भर की यातना का संयम न मान कर दो व्यक्तियों का प्रेम या सम्बन्ध मानना चाहती हो और विवाहित जीवन में प्रेम, सद्भावना और परस्पर आदर के स्वप्न देखना चाहती हो तो तुम्हारी समस्या का समाधान स्पष्ट है। तुम्हारा अनुभव है कि तुम्हारा पति, तुमसे प्रेम नहीं घृणा करता है। मैं यह कैसे मान लूँ कि तुम ऐसे व्यक्ति को जो तुमसे प्रेम नहीं, घृणा करता था, सचमुच ही हृदय से प्रेम कर सकती हो। प्रेम तो भावों का आदान-प्रदान होता है। यदि तुम्हारे हृदय में उसके लिए प्रेम होता तो तुम उसके अन्याय की दुहाई देकर उसकी शिकायत करतीं। और यदि उस व्यक्ति के मन में तुम्हारे लिए प्रेम होता तो वह तुम्हारे सामीप्य से भिन्न होकर तुमसे दुर्व्यवहार न करता। तुम क्या चाहती हो मैं उसे विवश कर दूँ कि वह तुमसे झूठ-मूठ प्रेम का नाट्य करे? या तुम पति को पड़ोसिन कुलटा के प्रभाव से मुक्त कर उसका मन जीतने के लिए मुझसे कोई वशीकरण मंत्र चाहती हो? या मैं तुम्हें कोई तावीज भेज दूँ? ऐसी सहायता के लिए तुम अपने नगर में ही कोई ज्योतिषी या ओझा ढूँढ सकती हो।

तुम्हें यह मानना होगा कि पति कहलाने वाले उस पुरुष से तुम्हारा सम्बन्ध आदरपूर्ण प्रेम का नहीं, विवशता और दासता की स्वीकृति का है। तुम्हें अपनी स्थिति को असह्य समझ

कर भी या तो केवल रोटी-कपड़े के लिए निबाह रही हो या केवल लोक-निन्दा के भय से। रोटी-कपड़े की बात समझना तुम्हारा अपमान होगा एम.ए. और बी.एड. पास कर पर जो व्यक्ति रोटी कपड़ा तक कमाने के योग्य नहीं हुआ मैं सम्पन्न परिवार की बात नहीं कर रहाः उसे अपने आपको मनुष्य समझने का क्या अधिकार? तुम्हारी मजबूरी केवल लोक-निन्दा के भय की है। तुम 'बुरी' समझे जा और कहलाने में डरती हो। तुमने 'आँसुओं की दास्तान' सुना कर मुझे बहुत बी....के लिए उत्तेजित कर दिया है—तुम बुरी न समझे जाने और कहलाने के भय से सबसे बुरा काम कर रही हो अर्थात् जीवन-निर्वाह के साधनों को न पा सकने की आशंका और लोक-निन्दा के भय से अपनी मानवता का हनन कर रही हो। तुम अपने शरीर का दुरुपयोग होने दे रही हो। तुम आसन्न भविष्य में जिस सन्तान की प्रतीक्षा कर रही हो, वह तुम्हारे प्रेम की नहीं वरन अपमान की प्रतीक होगी। नर-नारी का स्वाभिमनायुक्त निस्वार्थ, केवल प्रेम से प्रेरित शारीरिक सम्बन्ध ही विवाह कहा जाना चाहिए। किसी अन्य कारण से ऐसे सम्बन्ध को स्वीकार करना किसी प्रकार की विवशता में शारीरिक समर्पण, व्यभिचार की कहलायेगा। इससे बुरा काम और क्या हो सकता है? यह नारी का घोर अपमान है। तुम उपाय रहते भी ऐसे काम को रूढ़िवादी लोगों द्वारा बुरी न सकझी जाने और बुरी न कहलाने के लिए सह रही हो।

मैं तो अपने परिवार, समाज और बिरादरी की बेटियों को यही सलाह दे सकता हूँ, वे चाहे जो कुछ करें, पर ऐसा बुरा काम न करें। किसीभी अवस्था में अपने व्यक्तित्व और मानवता से न गिरें।

•

मेरी रचनाओं में अश्लीलता का प्रश्न

मेरी गणना हिन्दी के प्रगतिवादी और यथार्थवादी लेखकों में होती रही है। मेरी स्थिति कुछ विचित्र रही है। सर्वसाधारण पाठकों और गाँधीवादियों की दृष्टि में मैं घोर प्रगतिवादी अर्थात् पुरानी मान्यताओं पर प्रहार करनेवाला रहा हूँ। आदरणीय दद्दा (श्री मैथिलीशरण जी गुप्त) प्रायः काकोक्ति से पूछ लेते हैं, आजकल किस सत्य का निरूपण कर रहे हो? फिर स्नेह से कह देते हैं, हमें तुम्हारे तर्कों से क्या मतलब। हम तो केवल तुम्हारी कला का रस ले लेते हैं।

प्रगतिशील साहित्य की माँग करनेवाले सर्वसाधारण पाठक मेरी रचनाओं से सन्तोष और उत्साह पाते रहे हैं। उन दिनों अनेक प्रगतिवादी साहित्यिक सम्मेलन हुआ करते थे। इन सम्मेलनों में मुझे अनेक बार सभापति बनाया गया। मैं पुरानी मान्यताओं पर प्रहार करनेवाला समझा जाता रहा हूँ, परन्तु प्रगतिवादी पथ के आलोचकों और कम्युनिस्ट मत के विचार-नियामकों की ओर से मुझे प्रतिक्रियावादी होने की प्रतारणा भी मिलती रही है।

प्रगतिवादी आलोचकों का तकाजा था कि मैं इस देश में आसन्न समाजवादी क्रान्ति के लिए श्रेणी-संघर्ष की ललकार का ही साहित्य लिखूँ। मध्यवर्ग और निम्न मध्यवर्ग के रूढ़िगत संस्कारों, व्यवहारों और उनके जीवन के अन्तर्विरोधों को छोड़कर केवल मज़दूर और किसानों के जीवन को प्रतिबिम्बित करने के लिए लिखूँ।

मैंने तब और बाद में भी मज़दूर और किसानों के जीवन की अनेक कहानियाँ—'भवानी माता की जय', 'नमक हलाल', 'नयी दुनिया', 'गुलाम की वीरता' आदि लिखीं, परन्तु अपने-आपको उसी में सीमित नहीं रख सका। निम्न मध्यवर्ग से होने के कारण निश्चय ही मुझे इस वर्ग का और इसकी अनुभूतियों का परिचय अधिक है। वही मेरे साहित्य में अधिक प्रतिबिम्बित हुआ है।

आदर्शवादी आलोचक तो मेरी कहानियों और उपन्यासों में नग्नता और अश्लीलता का दोष बताते ही थे, उस समय प्रगतिवादी आलोचकों ने भी मेरे साहित्य को मिथुन-समस्याओं से बोझिल, अश्लील ही नहीं, साम्राज्यवादी लिजलिजी कामलिप्सा से भरा हुआ कहकर उसे प्रगतिवाद के क्षेत्र से बहिष्कृत करना चाहा। मेरे 'फूलो का कुर्ता' संग्रह की 'फूलो का कुर्ता' कहानी सन् १९४४ में बम्बई में प्रगतिवादियों को बहुत पसन्द आयी थी। उस समय वह कहानी कम्युनिस्ट पार्टी के साप्ताहिक पत्र 'जनयुग' में साहित्य के प्रगतिवादी पक्ष के वक्तव्य

के रूप में प्रकाशित की गयी थी, परन्तु ५१-५२ में उसी कहानी को निस्सार और निरर्थक बता दिया। मेरी 'धर्मरक्षा', 'प्रतिष्ठा का बोझ' आदि कहानियों की भी बहुत कड़ी आलोचना हुई। ऐसी कहानियों को प्रगतिवाद कहना प्रगतिवाद को कलंकित करने का यत्न बताया गया। यह राय केवल आलोचकों की थी। पाठकों की ऐसी राय होती, तो सम्भवतः 'फूलो का कुर्ता' कहानी-संग्रह के अन्य संस्करण बाद में न हुए होते। उन आलोचनाओं के बावजूद इस पुस्तक के चार संस्करण और हो चुके हैं।

आलोचनाओं की चर्चा में अश्लीलता का प्रसंग आया। अश्लीलता और नग्नता का आरोप मुझे बहुत सुनना पड़ा। उस विषय में दो-चार शब्द ज़रूरी हैं। विचारों और दृष्टिकोण के भेद से अश्लीलता का प्रश्न काफी नाजुक हो सकता है।

अश्लीलता का अभिप्राय बोल-चाल की भाषा में आवरण रखने योग्य को उघाड़ देना है। किसी वस्तु अथवा समस्या पर आवरण बनाये रखने के कई प्रयोजन हो सकते हैं। एक प्रयोजन आवृत्त, वस्तु, तथ्य अथवा यथार्थ के प्रति आकर्षण और प्रलोभन न होने देना है। पहले इसी पक्ष पर विचार किया जाये।

सभी जानते हैं कि जिस समाज में स्त्रियों को पुरुषों अथवा परिवारों की सम्पत्ति मात्र माना गया है, वहाँ स्त्रियों को अनधिकारियों के आकर्षण और प्रलोभन से बचाने के लिए परदे में रखा गया है। यह व्यवहार अथवा सावधानी दूसरी आकर्षण और प्रलोभन उत्पन्न करनेवाली वस्तुओं के प्रति भी की जाती है। साहित्य में सौन्दर्य पर आवरण की ऐसी सावधानी अथवा व्यवहार के लिए क्या गुंजाइश हो सकती है? साहित्य का तो प्रयोजन ही सौन्दर्य का अभिव्यक्ति द्वारा प्रसार करना है।

साहित्य में शृंगार रस का भी स्थान है। शृंगार के रसोद्रेक के लिए सज्जा सहायक मानी जाती है, परन्तु सज्जा रसोद्रेक का माध्यम मात्र हो सकती है और कभी सज्जा वास्तविक सौन्दर्य का आवरण भी बन जाती है। रस की ऐसी ग्राह्य शक्ति मानसिक अवस्था पर भी निर्भर करती है। किसी भावोद्रेक की स्पष्टता के लिए सज्जा अथवा आवरण को दूर कर देना भी आवश्यक हो सकता है। जहाँ तक मैं समझता हूँ, साहित्य में ऐसी अभिव्यक्ति या चित्रण से समझ सकनेवाले सभी पाठक रस पाते हैं। कलाकार का यह भी काम है कि जो रसानुभूतियाँ साधारणतः दुर्लभ हों, उन्हें साहित्य के माध्यम से प्राप्य करा दे। इस विषय में हमारे अतीत के महान् कलाकारों ने जो किया है, हम उनकी बराबरी का साहस नहीं कर सकते।

कठिनाई यह है कि आलोचक और पाठक आधुनिक परिवेश में शृंगार के चित्रों से सन्तोष तो पाते हैं, परन्तु अपनी नैतिकता का विश्वास दिलाने के लिए ऐसे साहित्य की निन्दा करना भी आवश्यक समझते हैं। या ऐसे प्रसंग उनके किशोरावस्था में कौतूहल को विक्षिप्त कर देते हैं। इसका एक उदाहरण दे सकता हूँ। लगभग सन् ५०-५१ में लखनऊ विश्वविद्यालय के विद्यार्थियों ने मुझे एक साहित्यिक गोष्ठी में आमन्त्रित किया था। सौभाग्य से गोष्ठी में भदन्त आनन्द कौसल्यायन भी आये थे। मुझसे अनुरोध किया गया कि अपने साहित्यिक दृष्टिकोण के सम्बन्ध में कुछ कहूँ।

गोष्ठी में अधिक बोलने से बचने के लिए मैंने कह दिया– सम्भव है, मैं कुछ ऐसी बातें कह दूँ, जिनके प्रति आपको जिज्ञासा न हो। बेहतर है कि आप ही प्रश्न करें, उत्तर देने का यत्न करूँगा।

एक विद्यार्थी ने तुरन्त पूछ लिया, 'दादा कामरेड' उपन्यास में हरीश के अनुरोध पर आपने शैल का निरावरण हो जाना क्यों दिखाया। क्या यह उचित था?

विद्यार्थियों से अनुरोध किया कि आप अपने सब प्रश्न बता दें, यथाशक्ति सबका उत्तर एक साथ देने का यत्न करूँगा।

तीन-चार विद्यार्थियों ने घुमा-फिराकर यही प्रश्न पूछ लिया। मैं उत्तर देना ही चाहता था कि आनन्द जी बोल पड़े, यदि यशपाल अनुमति दें तो मैं उनके उत्तर देने से पहले प्रश्नकर्त्ताओं से एक प्रश्न पूछना चाहता हूँ।

आनन्द जी ने मेरी अनुमति से विद्यार्थियों को सम्बोधित किया–मैं साधु-संन्यासी हूँ, आशा नहीं की जाती कि मैं कहानी-उपन्यासों में रुचि लूँगा, परन्तु यशपाल के उपन्यास और कहानियाँ अवश्य पढ़ता हूँ, क्योंकि वे मुझे सामाजिक समस्याओं पर रूपकों के रूप में निबन्ध जान पड़ते हैं। 'दादा कामरेड' उपन्यास को मैंने एक बार नहीं, दो बार पढ़ा है। मैं उस उपन्यास के सम्बन्ध में यशपाल से कई प्रश्न पूछना चाहता था।

आनन्द जी ने 'दादा कामरेड' में उठायी गयी आर्थिक, सामाजिक और राजनीतिक समस्याओं के सम्बन्ध में सात प्रश्न गिनाकर कहा, आठवाँ प्रश्न मेरा भी वही है, जो आपने किया है। परन्तु आप लोगों के विचार केवल शैल के निरावरण हो जाने की घटना पर ही क्यों केन्द्रित हैं? अन्य समस्याओं की ओर आपका ध्यान क्यों नहीं गया? इसके लिए यशपाल की ज़िम्मेवारी है या आपकी? इसीलिए आपकी दृष्टि में शैल के निरावरण हो जाने का महत्त्व बहुत अधिक हो गया है।

हरीश के अनुरोध पर शैल का अपना निरावरण रूप दिखा देना सम्भवतः किशोर मनों को इतना उत्तेजित और विचलित कर देता है कि शेष बातों की ओर उनका ध्यान नहीं जाता, परन्तु स्पष्ट समझना चाहिए कि हरीश के मन में भी नारी के प्रति स्वाभाविक आकर्षण है। वह अपनी उस स्वाभाविक प्रवृत्ति का दमन कर रहा है। शैल को फाँसी का दण्ड पाये क्रान्तिकारी युवक के प्रति इतनी सहानुभूति है कि वह उसके कौतूहल को पूरा कर सकने के लिए अपनी व्रीड़ा का दमन करने के लिए तैयार हो जाती है। उस घटना में शैल जिस मुद्रा में पलभर के लिए निरावरण होती है, हरीश नारी के अंगों को नहीं देख पाता, नारी शरीर के प्राकृतिक आकर्षण की ही झलक पाता है, जिसे वह अपने भाग्य में नहीं समझता। यह चित्र अश्लीलता की उच्छृंखलता का है या आत्मदमन के कठिन संयम का। शैल में उस भावना की छाया भी पायी जा सकती है, जिससे प्रेरित होकर वीनस की संसार-प्रसिद्ध निरावरण मूर्ति बनायी गयी थी।

नंगे (नैकेड) और निरावरण (न्यूड) की भावना में अन्तर होता है। चित्रों और मूर्तियों को नंगा नहीं किया जाता, उनका निरावरण करने को उद्घाटन कहा जाता है। जब आवरण उच्छृंखलता से दूर किया जाता है, तो नंगापन हो जाता है और वह घृणा

उत्पन्न करता है। जब आवरण सौन्दर्य की महिमा अथवा रस को प्रकट करने के लिए आदर से हटाया जाता है, तो नंगापन नहीं, भाव और रस का उद्घाटन होता है। ऐसे भाव और रस स्थूल शारीरिक वासना की तृप्ति के उपकरण नहीं, बौद्धिक, सूक्ष्म रसबोध के उपकरण होते हैं।

क्या यह मानना होगा कि वीनस की मूर्ति नारी के अंग सौन्दर्य का उत्तेजक एवं बाजारू विज्ञापन ही है? वीनस की मूर्ति को किसी नारी-विशेष की प्रतिमा न मानकर नारीत्व के सौन्दर्य, लावण्य और कमनीयता का प्रतीक ही माना जाता है। ऐसे सौन्दर्य की दृष्टि उच्छृंखलता से नहीं, रूप से ही सम्भव हो सकती है।

साहित्य में किशोर-कौतूहल को उकसाने के लिए आवरण हटा देना मैं भी उचित नहीं समझता। जिस रचना में बौद्धिक और भावना का तत्त्व न हो, उसे मैं साहित्य ही नहीं मानता। आवरण उठाना मैं उसी समय उचित समझता हूँ, जब वह भावना रस के उद्रेक को व्यक्त करे। उसे नग्नता नहीं कहा जा सकता। नग्नता स्थूल की होती है, सूक्ष्म भाव की नहीं।

श्लील-अश्लील की अनुभूति बहुत सीमा तक समझनेवालों के संस्कारों और मानसिक अभ्यासों पर भी निर्भर करती है। एक उदाहरण अप्रासंगिक न होगा— रूसी बैले (मुद्रा अभिनय) संसार भर में कला की उत्कृष्ट अभिव्यक्ति समझा जाता है। ऐसे मुद्रा-अभिनयों के चित्र प्रायः पाठकों ने देखे होंगे। नर्तकियों के शरीर पर केवल कंचुकी तथा कटि पर बहुत संक्षिप्त-सा आवरण रहता है। उनके बाहु, पीठ, जंघाएँ और पिण्डलियाँ आदि निरावरण रहती हैं। मूक नृत्यों में वे अंग भंगिमा से ही सब भावों का प्रदर्शन करती हैं। रंगमंच पर एक-दो या चालीस-पचास नर्तक-नर्तकियाँ प्रस्तुत हो सकते हैं। ये नृत्य सहस्रों दर्शकों के सम्मुख प्रस्तुत किये जाते हैं।

१९५८ में भारतीय लेखकों का एक प्रतिनिधि-मण्डल मास्को गया था। मण्डल में बँगला के एक बहुत प्रख्यात लेखक भी सम्मिलित थे। वे पहले दिन हमारे साथ बैले देख आये थे। बैले का टिकट मिलना आसान नहीं होता और प्रतिदिन बैले देख सकना दुस्साध्य ही होता है, परन्तु अतिथियों के लिए दूसरे दिन भी बैले देख सकने की व्यवस्था कर दी गयी थी।

बँगला के प्रख्यात लेखक ने इस अवसर का लाभ उठाने से अनिच्छा प्रकट कर दी। रूसी साथियों ने और हम लोगों ने भी उनकी कला के प्रति उपेक्षा और अरसिकता पर विस्मय प्रकट किया।

बंगाली लेखक उबल पड़े, मुझे नारी-जंघाओं के प्रदर्शन में रुचि नहीं है।

एक रूसी लेखिका ने विस्मय से पूछ लिया, नारी-जंघाओं के प्रदर्शन में अरुचि और विरक्ति उत्पन्न करनेवाली क्या बात हो सकती है।

बंगाली लेखक ने भी स्पष्ट उत्तर दे दिया, मुझे उससे उत्तेजना की असुविधा और घृणा अनुभव होती है।

बंगाली लेखक के उत्तर में अश्लीलता के प्रति घृणा की ध्वनि स्पष्ट थी और रूसी लेखिका के प्रश्न में एक सुसंस्कृत समझे जानेवाले साहित्यिक के असंस्कृत, असभ्य संस्कारों के प्रति विस्मय की ध्वनि भी स्पष्ट थी। बंगाली लेखक का उत्तर उनके व्यक्तिगत और सामाजिक संस्कारों और मानसिक अभ्यासों से उचित माना जा सकता है। हमारे देश में उनकी भावना का समर्थन करनेवाले सहस्रों व्यक्ति हो सकते हैं, परन्तु क्या इस कसौटी पर संसार भर में प्रतिष्ठित बैले की कला को त्याज्य समझ लिया जाये?

कला, साहित्य और संस्कृति पर व्यक्तिगत, देश-काल से सीमित सामाजिक संस्कारों और अभ्यासों के बन्धन लगा देना उचित नहीं। न उस दृष्टिकोण से साहित्य, कला और संस्कृति की उपलब्धियों के औचित्य, अनौचित्य, श्लीलता अथवा अश्लीलता का निर्णय किया जाना चाहिए। इन उपलब्धियों को व्यक्तिगत और संस्कार विशेषक दृष्टिकोण से सीमित करने का प्रयत्न उन्हें पंगु और विरूप बना देना है।

आलोचकों ने मेरी रचनाओं पर अश्लीलता के आरोप के तर्क में कहा है– ऐसे व्यवहार पश्चिम के लिए भले ही यथार्थ हों, परन्तु भारतीय आदर्शों के अनुसार स्वाभाविक और यथार्थ नहीं, अश्लील ही माने जायेंगे। साहित्य, कला और संस्कृति में देश-काल का पुट तो अवश्य रहता है, परन्तु ज्यों-ज्यों यह उपलब्धियाँ विकास पाती हैं अथवा इनके प्रति हमारी ग्राह्य-शक्ति बढ़ती है, देश-काल की सीमाएँ विलीन होती जाती हैं। सौन्दर्य और रसानुभूति का क्षेत्र व्यापक और सार्वभौम होता जाता है। एक देश में भी काल-विशेष की परिस्थितियों से श्लीलता और अश्लीलता के सम्बन्ध में दृष्टिकोण संकुचित या उदार हो सकता है। 'मेघदूत' में कालिदास का कहना है– ज्ञातस्वादः विवृतजघनां प्रोज्झितुं को समर्थः। (अनावृत नारी-जंघा के रस से परिचित व्यक्ति उसकी उपेक्षा कैसे कर सकता है।) कालिदास यदि मास्को में हमारे साथ होते, तो तीसरे दिन भी बैले देखना चाहते और उन प्रतिष्ठित बंगाली लेखक से ज़रूर पूछते कि तुम साहित्यिक कैसे बन गये।

अश्लीलता का आभास तथ्यों की अपेक्षा दृष्टिकोण अथवा भावनाओं से होता है। वर्ष-डेढ़ वर्ष के अन्दर स्वस्थ शिशु के निरावरण चित्र या वर्णन से मन वात्सल्य और सौन्दर्य के उत्साह से उमग उठता है, कोई उस पर आपत्ति नहीं करता। अच्छे, स्वस्थ, सुदर्शन पुरुष-शरीर के निरावरण चित्र या वर्णन से घृणा नहीं, सन्तोष ही प्रकट किया जाता है या किया जा सकता है, परन्तु यौवनोन्मुख अथवा पूर्ण युवा, लावण्य की आभा से आवृत निरावरण नारी के शरीर के चित्र अथवा वर्णन पर अश्लीलता की आपत्ति की जाती है, पर क्यों? क्या नारी की आकृति, मुद्रा और उससे प्रतिबिम्बित सौन्दर्य शिशु और पुरुष के शरीरों की भाँति ही सौन्दर्य का उल्लास नहीं दे सकता। यह आपत्ति आवरण दूर किये जाने के तथ्य के प्रति नहीं नारी के शरीर के प्रति है। यदि उससे उत्तेजना की असुविधा का क्षोभ उत्पन्न होता है तो उसका कारण नारी के चित्र और वर्णन के निरावरण होने के तथ्य में नहीं, अपितु सन्तोष के स्थान पर क्षोभ उत्पन्न करनेवाले संस्कारों और असंस्कृत मानसिक अभ्यासों में है।

क्या यह तथ्य ध्यान देने योग्य नहीं कि शिशु अथवा पुरुष-शरीरों की शोभा का कलात्मक निरावरण अश्लीलता नहीं जान पड़ता और उस पर क्षोभ नहीं होता। नारी-शरीर

की शोभा अथवा उसके व्यवहार का कलात्मक निरावरण अश्लीलता जान पड़ता है और उससे क्षोभ होता है। क्या इस क्षोभ की तह में यह भावना नहीं कि नारी-शरीर की शोभा और उसका व्यवहार पुरुष की व्यक्तिगत उपयोग की सम्पत्ति है? कला के क्षेत्र में भी उस सौन्दर्य का बँटवारा सामन्तवादी युग की मान्यताएँ रखनेवाले पुरुष को सह्य नहीं हो सकता। ऐसे पुरुषों को तो आज के औद्योगिक युग की नारी के वेश, आँचल में लिपटे बिना, अपने शारीरिक सौन्दर्य के गौरव को छिपाये बिना चलना भी अश्लील जान पड़ता है।

किसी व्यवहार के वर्णन में अश्लीलता की अनुभूति का कारण तथ्य की अपेक्षा पाठक की समझ एवं दृष्टिकोण ही हो सकता है। पात्रों के व्यवहार-चित्रण में साहित्यिक या कलाकार का प्रयोजन उनके भावोद्वेग की अभिव्यक्ति होता है। पात्रों के भावों और उद्वेगों की प्रकट व्याख्या करके वह अनुभूति पात्रों के व्यवहार और भंगिमा से देना ही कला है। व्यवहार और भंगिमा का वर्णन भावों के सम्प्रेषण के लिए ही किया जाता है। पात्रों के व्यवहार में आलिंगन और चुम्बन शब्दों का प्रयोग संक्षेप में भावोद्वेग की बहुत बड़ी पृष्ठभूमि की ओर संकेत कर देता है परन्तु किशोर मानस उसे दो व्यक्तियों के अंगों का मिलन मात्र समझ सकते हैं। ऐसे किशोर की दृष्टि उस वर्णन में अश्लीलता के अतिरिक्त और क्या देखेगी? यह वर्णन के भाव को नहीं, भाव प्रकट करने के उपकरण मात्र को देखता है।

अश्लीलता के आरोप का अथवा तथ्य को निरावरण करने पर क्षोभ का दूसरा पक्ष भी हो सकता है, वह है जघन्य को निरावरण करने का। मुझ पर अश्लीलता का आरोप प्रायः ऐसी ही रचनाओं के कारण लगाया गया है, जिनके उदाहरण 'फूलो का कुर्ता', 'आतिथ्य', 'धर्मरक्षा', 'प्रतिष्ठा का बोझ', 'ज़िम्मेवारी', 'तुमने क्यों कहा था मैं सुन्दर हूँ', 'हलाल का टुकड़ा' कहानियों और 'मनुष्य के रूप' उपन्यास के प्रकरणों से दिये जाते हैं। मैं स्वीकार करता हूँ कि मैंने समाज की जघन्यता को अनेक स्थानों पर निरावरण किया है और उसका प्रयोजन यथार्थ को प्रकट करके उसके कारणों के निराकरण के लिए भावना को सचेत करना रहा है। ऐसा इसलिए आवश्यक समझा है, क्योंकि वह जघन्यता और अनाचार, सदाचार की रक्षा के लिए बनाये गये नियमों और मान्यताओं के आवरणों में प्रश्रय पा रहे हैं।

आदर्शवादी साहित्यिक ऐसे तथ्यों अथवा जघन्यताओं के निरावरण करने पर क्षोभ प्रकट करें, तो मुझे आश्चर्य नहीं होता, क्योंकि आदर्शवादी लोग अनाचार और जघन्यता का कारण व्यक्तिगत दुर्बलताओं को मानते हैं और उनका उपाय दमन ही समझते हैं। वे जघन्यता के कारणों को परिस्थितियों में खोज़ने का कोई उपयोग नहीं समझते। वे अपने आदर्शों को अपौरुषेय और शाश्वत मानते हैं। वे जघन्यता की उपेक्षा करके भी आदर्शों की पूर्ति सम्भव समझते हैं। परन्तु अपने-आपको यथार्थवादी और प्रगतिवादी कहनेवाले आलोचक जघन्य तथ्यों के निरावरण किये जाने पर असन्तोष प्रकट करते हैं तो मुझे आश्चर्य होता है क्या वे जघन्यता से मुख मोड़कर उसे आवरण में प्रश्रय देना ही उचित समझते हैं? क्या प्रकट में सदाचार की रक्षा करनेवाली उन मान्यताओं का विश्लेषण और भण्डाफोड़ आवश्यक नहीं है, जो अनाचार की परिस्थितियों को प्रश्रय देती हैं और उन्हें आदर के परदे में छिपाये रखती हैं?

काव्यशास्त्र में अश्लील की व्याख्या व्रीड़ा अर्थात् लज्जा, जुगुप्सा (घृणा) और अमंगल की भावना को जगाना है। लज्जा और घृणा उत्पन्न करनेवाले कारणों और परिस्थितियों को छिपाकर उन्हें प्रश्रय देते रहना मंगल नहीं है। लज्जा और घृणा को छिपाकर सन्तोष का विश्वास करना घातक रोग को छिपाकर अपने-आपको स्वस्थ समझ लेने के विश्वास के समान ही है। समाज के नैतिक रोगों, लज्जा और घृणा के कारणों को दूर करना है तो सबसे पहली आवश्यकता उनकी और उनके कारणों की वास्तविकता और यथार्थ को प्रकट करना है। यह भावना मंगल की है, अमंगल की नहीं, इसलिए यह अश्लील भी नहीं। अश्लीलता तो केवल अमंगल की भावना से ही होती है।

●

राष्ट्र निर्माण और स्वदेशी भाषाएँ

भारतीय नव जागरण के प्रारम्भिक उन्मेष के समय देश के चिन्तकों, विचारकों, सामाजिक-धार्मिक-राजनीतिक कार्यकर्त्ताओं और नेताओं तथा साहित्यकारों का यह निश्चित मत था कि अपनी भाषा के बिना कोई भी समाज या राष्ट्र अपने सम्पूर्ण सम्भाव्य विकास तथा अभ्युदय से अनिवार्यतः वंचित रह जाता है। राष्ट्रीय आन्दोलन के प्रमुख उन्नायकों तथा सांस्कृतिक पुनरुत्थान के उद्घोषकों ने निरन्तर इस बात पर बल दिया था कि हम अपनी स्वाधीनता और प्रतिष्ठा को अपनी भाषा के माध्यम से ही पूरी तरह प्राप्त कर सकते हैं। स्वाधीनता-प्राप्ति के बाद हम इस सम्बन्ध में कोई निश्चित कदम उठा सकेंगे ऐसा हमारा विश्वास था। परन्तु देश की राजनीति ने तभी से कुछ ऐसा रुख पकड़ा कि वह लक्ष्य अस्पष्ट और दुष्प्राप्त होता गया। आज भाषा जैसे सुस्पष्ट और स्वयंसिद्ध प्रश्न ने कुछ ऐसा जटिल रूप धारण कर लिया है कि इस सम्बन्ध में विचार करने अथवा मत प्रकट करने में ही हमें अनेक शंकाएँ होने लगती हैं। राष्ट्रीय जीवन के इतने मार्मिक और व्यापक प्रश्न को इस सीमा तक उलझा दिया गया है कि आज सारे देश में भाषा के विषय में भारी विभ्रम है।

ऐसी स्थिति में हम लेखकों का यह कर्त्तव्य है कि हम अपने विचारों और मन्तव्यों से इस सम्बन्ध में फैली हुई भ्रान्तियों का निराकरण करके दिशा निर्देशन करने में अपना योगदान दें। दलों, पक्षों, मतवादों, निहित स्वार्थों से अलग रहकर अपनी जनता की व्यापक भावनाओं और आकांक्षाओं के साक्षी और प्रतिनिधि रूप में इस विषय में अपना सुचिन्तित और निर्भ्रान्त मत प्रकट करना हम लेखकों का इस क्षण महान् दायित्व है।

हम लेखक गत वर्षों में अधिकाधिक अनुभव करते आ रहे हैं कि इस देश की वास्तविक स्वाधीनता का अर्थ लोक-मानस की स्वाधीनता है। स्वाधीनता-प्राप्ति के बाद इस देश ने बड़ी-बड़ी योजनाएँ बनायी हैं, और अनेक क्षेत्रों में मौखिक, सात्त्विक परिवर्तन करने का संकल्प लिया है। पर हमारे सामने प्रश्न यह है कि जनता देश की इन योजनाओं, घोषणाओं तथा कार्यों से यथेष्ट प्रेरणा क्यों नहीं ग्रहण करती? उनके प्रति आकर्षित क्यों नहीं होती? इनके कारण अपने भविष्य के विषय में अधिक आश्वस्त क्यों नहीं होती? इनसे लगाव का अनुभव क्यों नहीं करती? हम कारण जानना चाहते हैं। किसी भी देश के लिए स्वाधीनता प्राप्त करना साधारण घटना नहीं है। फिर हमारी स्वाधीनता प्रजातान्त्रिक है और अगणित नवीन सम्भावनाओं से समृद्ध भविष्य की पूर्व-पीठिका बनकर आयी है। इतना बड़ा देश, उसकी इतनी जन-शक्ति और उसका नया तथा भव्य भविष्य उद्घाटित हो, परन्तु जनता के जीवन में अपेक्षित आवेश न हो, उत्तेजना न हो, यह गम्भीर चिन्ता का विषय है।

क्या हम स्पष्ट नहीं देख रहे हैं कि वास्तव में हमारी स्वाधीनता अधूरी है, हमारा जन-मानस अभी मुक्त नहीं हुआ है। सत्य तो यह है कि जब तक जन-मानस को संघटित करनेवाली भाषाएँ पूर्ण स्वाधीन न होंगी, न तो जन-मानस की मुक्ति की कल्पना की जा सकती है और न वास्तविक इच्छा-शक्ति की प्रक्रिया आरम्भ हो सकती है।

यह तभी सम्भव हो सकेगा जब अंग्रेजी के स्थान पर हमारी अपनी भाषाएँ हमारे जन-जीवन के सभी व्यावहारिक क्षेत्रों में प्रतिष्ठित हो जायँ।

हम लेखकों का विश्वास है कि स्वाधीनता का वास्तविक अनुभव जन-मानस के स्तर पर अपनी भाषाओं के माध्यम से ही सम्भव है। इस अनुभव के अभाव में स्वाधीनता की उपलब्धियों की आशा करना भी बहुत-कुछ व्यर्थ ही है। हम भाषा को देश, समाज और राष्ट्र के व्यक्तित्व का अंग मानते हैं। वह हमारे लिये बाह्य उपकरण न होकर आन्तरिक प्रक्रिया है। पर लगता कुछ ऐसा है कि हम यह जानते ही नहीं कि देश की जागृति अपने-आपमें न गत्यात्मक है और न सर्जनात्मक। गति और सर्जन के लिए जन-मानस में उस विवेक की आवश्यकता होती है जो परिवेश और परिस्थिति से तादात्म्य स्थापित कर सके, नव-निर्माण की दिशाओं और विधाओं के लिए उनसे प्रेरणा के साथ-साथ अपेक्षित निर्देश भी प्राप्त कर सके। भविष्य की आशा और महत्त्वाकांक्षाओं का ठीक अनुमान लगाये बिना किसी राष्ट्र या व्यक्ति की गत्यात्मक सर्जन शक्ति संचालित नहीं हो सकती। हमारा विश्वास है कि जब तक हमारी भाषाएँ जनता के मानस को इस प्रकार गतिशील और सर्जनशील नहीं बनातीं, वह नवीन सामाजिक, राजनीतिक, आर्थिक, नैतिक तथा वैज्ञानिक प्रगति के किसी पक्ष को ग्रहण करने और आशापूर्ण भविष्य की कल्पना से स्फुरित होने में असमर्थ रहेगा।

हम लेखक यह स्मरण दिलाना चाहते हैं कि हमारे देश की स्वतन्त्रता प्रजातान्त्रिक व्यवस्था पर प्रतिष्ठित है, जिसका आधार समाजवादी भी घोषित किया जाता है। स्वतन्त्रता, विकास, प्रगति अथवा जीवन के स्तर की कोई भी कल्पना इस देश में तब तक सार्थक नहीं मानी जा सकती, जब तक उसमें हमारी साधारण जनता चेतना, भावना और व्यवहार के स्तर पर सहयोगी और सहभोगी न हो। अंग्रेजी भाषा के माध्यम से यह कभी सम्भव नहीं हो सकता। जनता की वाणी का मुक्त होना प्रजातान्त्रिक व्यवस्था का मौलिक आधार है। अंग्रेजी भाषा के माध्यम से प्राप्त जिस क्षमता, योग्यता और दक्षता की प्रायः चर्चा की जाती है, वह उस उपलब्धि की तुलना में नगण्य है जिसकी अनिवार्य शर्त है जन-मानस की मुक्ति। देश में वास्तविक और मौलिक क्षमता, योग्यता और दक्षता इसी आधार पर विकसित होगी। हमारे प्रजातान्त्रिक आदर्शों की पूर्ति अपनी भाषाओं की प्रतिष्ठा के बिना सम्भव नहीं है।

हम लेखक यह अनुभव करते हैं कि स्थिति का समाधान अंग्रेजी भाषा को पूर्ववत् पदासीन रखते हुए अपनी भाषाओं को उन्नत करने की चेष्टा में नहीं है। वर्तमान स्थिति में हमारी भाषाएँ सारे प्रोत्साहन के बावजूद दयनीय बनी हुई हैं।

यह कहने की तो वास्तव में कोई आवश्यकता नहीं होनी चाहिए कि हम लेखकों की दृष्टि में किसी विदेशी भाषा से विरोध का प्रश्न नहीं उठता। विज्ञान, चिन्तन, मनन के संसारव्यापी आन्दोलन से परिचित होने के लिए और सम्पर्क बनाये रखने के लिएं हमें जिस भी विदेशी भाषा का सहयोग मिलेगा, हम उसे सादर और साभार ग्रहण करेंगे। अंग्रेजी भाषा से अब तक हमने बहुत-कुछ ग्रहण किया है और आगे भी यह हमारे लिये इस दिशा में

बहुत सहायक सिद्ध हो सकेगी। परन्तु इस दिशा में भी हमारा मत उतना ही निश्चित है कि अंग्रेजी को अन्य विदेशी भाषाओं की तरह हम विशिष्ट उपयोग और प्रयोजन के स्तर पर ही स्वीकार कर सकते हैं। (वास्तव में अंग्रेजी के साथ हमारे सम्बन्धों का इतिहास और अद्यतन जगत् में उसका उत्कर्ष हमारी दृष्टि में अन्य विदेशी भाषाओं की अपेक्षा अधिक महत्त्व और निकटता प्रदान करते ही हैं।) हमारा उद्देश्य सारे ज्ञान-विज्ञान को अपनी भाषाओं में लाना है। इस दृष्टि से विदेशी भाषाएँ विशेषतः अंग्रेजी हमारे लिये आवश्यक हो सकती है। अतः उसके अध्ययन का समुचित और व्यवस्थित प्रबन्ध होना अपेक्षित है पर सामान्य व्यावहारिक स्तर पर देश के जीवन में उसका अनिवार्य होना, हमारी दृष्टि में अनुचित और असंगत है। ज्ञान-विज्ञान, चिन्तन-मनन की हमारी मौलिक प्रक्रिया हमारी अपनी भाषा में ही सम्भव हो सकती है।

हमारे सामने देश की जो कल्पना है, हम जिन आदर्शों पर अपने देश को संघटित करना चाहते हैं, हम जिस सामाजिक, राजनीतिक व्यवस्था में विश्वास करते हैं, उसमें भारतीय भाषाओं में किसी एक का दूसरे पर आरोपित होने का प्रश्न नहीं उठता। इस प्रकार की शंका के मूल में जो भी है, वह मात्र भ्रम ही है। इस प्रकार का भ्रम प्रायः सरकारी नौकरियों आदि के प्रश्न को लेकर उठाया जाता है, जिसका समाधान न तो बहुत कठिन है और न देश के व्यापक जीवन के सम्मुख बहुत महत्त्वपूर्ण है। हमारे प्रदेशों की भाषाएँ जन-जीवन को भावी युग के नवीन मूल्यों के प्रति, नयी योजनाओं की ओर प्रेरित तथा आन्दोलित करेंगी, यह उनका सहज और पवित्र कर्त्तव्य है। ये भाषाएँ ज्ञान-विज्ञान के क्षेत्र का इस प्रकार सन्तुलन रखेंगी जिससे उन प्रदेशों में कोई वर्ग, कोई दल, कोई उपक्षेत्र, कोई व्यक्ति अन्य किसी को आक्रान्त करने की स्थिति में ही नहीं, मनःस्थिति में भी न होगा। फिर अन्तर-प्रादेशिक, अन्तर-देशीय स्तर पर एक भाषा को स्वीकार करना सहज सम्भव हो सकता है और उस भाषा का यह एक अतिरिक्त दायित्व मात्र होगा कि वह सारे देश और राष्ट्र को उन्हीं मूल्यों के स्तर पर एक सूत्र मे बाँध सके– और यह सूत्र किसी के लिए बन्धन सिद्ध न हो।

●

क्या नवलेखन पश्चिम की नकल है?

मैं अभी अपने एक साथी से कह रहा था कि यह बहुत ही साहस की योजना है, और इस योजना को आरम्भ करने के लिए काफी जोखिम और इन्वेस्टमेण्ट करना जरूरी होगा। आप मुझे इस बात के लिए क्षमा करेंगे कि मैं इस बारे में कोई सैद्धान्तिक बात नहीं करूंगा। मैं केवल व्यावहारिक रूप से इस ओर आपका ध्यान दिलाने की कोशिश करूँगा। मेरा विश्वास है कि जो लोग इतने साहस और इतने बड़े जोखिम को उठा रहे हैं वे स्वयं ही इस विषय में काफी सूझ और परख से काम लेंगे ताकि उनकी इतनी बड़ी इन्वेस्टमेण्ट व्यर्थ न जाय!

बाकी हमारे पास संसार को देने के लिए क्या है यह एक टेढ़ा प्रश्न है। यह कहना एक हद तक ठीक है कि हमारी आधुनिक विचारधाराएं यूरोप के औद्योगीकरण के बाद की संस्कृति के प्रभाव से उत्पन्न हो रही है। और बहुत अंशों में हमारे राष्ट्रीय, सामाजिक और व्यक्तिगत लक्ष्य भी उन विचारधाराओं से प्रभावित हैं। इसलिए वे भावनाएँ जिन्हें हम अभिव्यक्त करते हैं वे भी प्रतिध्वनि हो सकती हैं किन्तु फिर भी मैं समझता हूँ कि साहित्य और कला ऐसा नहीं जो हू-ब-हू प्रतिबिम्बित हो सके। एक देश से दूसरे देश में उनके अभिव्यक्ति के प्रकार में ही कला होती है, उसमें ही भेद की गुंजाइश होती है जिसकी कद्र सभी जगह हो सकती है।

सभी लोगों ने अपने अनुभव बताये। मुझे भी लन्दन में एक बार ऐसा अनुभव हुआ कि एक अंग्रेज ने मेरी कहानी का अनुवाद करके सुनाया। मैं गदगद् हो गया और बहुत उत्साहित होकर कहा कि तुम और कहानियों का अनुवाद कर दो या करा दो तो शायद मैं भी इंग्लैण्ड में प्रसिद्ध हो जाऊँ। उसने बहुत गम्भीरता से मुझे सलाह दी। "देखो अंग्रेजी काफी समृद्ध भाषा है। यदि तुम सोचो कि तुम इसे और समृद्ध करोगे तो भावना तो बुरी नहीं पर व्यावहारिक नहीं है। तुम अपनी ही भाषा को समृद्ध करो। फिर उसमें से कोई ऐसा रस छलकेगा जो उसमें समा नहीं सकेगा तो उससे हम आकर्षित होंगे और अनुवाद करेंगे ही।" इसी तरह का सुझाव हमारे साथियों ने पहले भी दिया है और वही मुझे व्यावहारिक मालूम देता है। परन्तु मैं उस दिन की प्रतीक्षा करता हूँ कि रस छलके और लोग हमारे पीछे भागें उसके पहले भी यदि इस प्रकार की साहसपूर्ण योज़ना बनायी जाय तो मैं उसका स्वागत करूँगा।

अभी एक वक्ता ने कहा कि हमारे देश के कुछ साहित्य का अनुवाद बाहर हुआ है और अनुवाद कराने वाले देश ने चुनाव ऐसा ही किया है जो भारत के एक खास प्रकार के

मानक को प्रतिबिम्बित करता है। मैं समझता हूँ कि इससे कोई बच नहीं सकता क्योंकि मन एक प्रकार का होता ही नहीं। वह होता ही अनेक प्रकार का है और जो प्रकार हमें रुचता है उससे भिन्न प्रकार का मानस या भिन्न विचारधाराएँ हमें निस्सार या 'ट्रैश' मालूम होने लगती हैं। न केवल वह कुछ देश एक खास प्रकार के भारतीय मन को अपनी भाषा में अनूदित कर संतोष पाते हैं वरन् दूसरे प्रकार के भी देश अब यही कर रहे हैं।

संक्षेप में इस समस्या पर अपने सुझाव देने के बजाय जिन लोगों ने इस योजना का बोझ उठाया है और जोखिम सह रहे हैं मैं तो उन्हीं की सूझपर निर्भर रहना चाहूँगा कि वास्तव में वे ही अपनी योजना की सफलता के लिए एक व्यापक दृष्टिकोण को लेकर आगे बढ़ेंगे।